Otto Schumann

Handbuch der Klaviermusik

Heinrichshofen's Verlag
Wilhelmshaven

CIP-Kurztitelaufnahme der Deutschen Bibliothek

Schumann, Otto
Handbuch der Klaviermusik / Otto Schumann. –
4. Aufl. — Wilhelmshaven: Heinrichshofen, 1979.
ISBN 3-7959-0006-9

1. Auflage 1963
2. Auflage 1969
3. Auflage 1977
4. Auflage 1979

Printed in Jugoslavia by Mladinska knjiga, Ljubljana
Gesamtherstellung: Heinrichshofen's Druck, Wilhelmshaven
ISBN 3-7959-0006-9

INHALT

Ergänzende Übersicht:

Weitere Klavierkomponisten aus vier Jahrhunderten in zeitlicher Reihenfolge

VORWORT

Das Klavier, insbesondere der Flügel, ist trotz allem, was man zuweilen an ihm aussetzen zu müssen glaubt, dasjenige Tonwerkzeug, auf dem sich die mannigfachsten Wirkungen hervorbringen lassen. Sein Klangvermögen reicht von der Wiedergabe des schlicht gesetzten Volksliedes oder Chorals über alle großen Zwischenstufen und zarten Zwischentönungen bis zur fast orchestralen Wucht mächtiger Tondichtungen. Es erlaubt klangliche Fülle und zeichnerische Feinheit, akkordische Farbigkeit und linienhafte Polyphonie, ermöglicht gehämmerte Rhythmen und träumerisch schwingende Melodien, baut harmonische Räume und ziert sie mit gestichelten Motivranken. Dem Einzelspieler bietet es die Möglichkeit, gleichermaßen im Konzertsaal vor Tausenden als Mittler künderischer Werke aufzutreten, wie im stillen Heim vor wenigen Freunden — oder nur sich selbst — den Wunderschrein zu öffnen, in dem erlesene Kostbarkeiten künstlerisch geformten Erlebens ruhen und auf klingende Auferstehung im rechten Augenblick harren.

Ob ein Klavierwerk der Konzertmusik oder der Hausmusik zuzuordnen ist, läßt sich nicht immer eindeutig bestimmen; sehr viele Werke gehören beiden Gattungen gemeinsam an. Demgemäß muß das vorliegende Buch Konzert- und Hausmusik in gleicher Weise berücksichtigen, sie als Einheit auffassen. Das macht allerdings — bei der ungeheuren Werkfülle — die Auswahl der zu besprechenden Kompositionen recht schwierig; doch glaube ich, die wesentlichen Schöpfungen vollständig und die übrigen für den deutschen Musikfreund zureichend berücksichtigt zu haben. In der Hauptsache wurde nur aufgenommen, was lebenswert erscheint und was uns als weltaufgeschlossene Deutsche wirklich angeht. Man erwarte also keine Geschichte der Weltklaviermusik und erst recht keinen Katalog alles Geschaffenen. So wichtig diese Dinge auch sind, — hier sollen nicht der Musikwissenschaftler oder der Berufsmusiker angesprochen werden (obwohl auch ihm mancher Hinweis gelegen kommen mag), sondern der Musikliebhaber; und dessen Liebe zur Musik soll nicht unter dem Reif einer sogenannten wissenschaftlichen Vollständigkeit erstarren.

Im Mittelpunkt der Betrachtung stehen natürlich die großen Meister von Bach bis Reger; aber wir greifen um mehr als ein Jahrhundert vor Bach zurück und führen unsere Betrachtung außerdem bis in die allerjüngste Zeit weiter. Dabei gilt die Aufmerksamkeit zu allen Zeiten auch den kleineren Meistern; auch ihr Schaffen enthält viel Kostbares und setzt kein allzu großes spieltechnisches Können voraus. Vor allem wird der Musikfreund unmerklich darauf aufmerksam, daß neben den Prachtstraßen der Musikentwicklung auch zauberhafte Pfade und Wege einherlaufen, die manchem heute kaum noch bekannt sind.

Die neueste Zeit freilich hat nicht viel gebracht, was den im Gewohnten groß gewordenen Hörer oder Spieler ohne weiteres ansprechen wird. Da laufen die Wege kreuz und quer, scheinbar planlos und ohne Zusammenhang. Wer die Musik des 18. und 19. Jahrhunderts liebt, wird sich auf den verschlungenen Dornenpfaden des 20. Jahrhunderts manches Mal die Ohren blutig ritzen, ehe er an einen der überraschend-großartigen Aussichtspunkte gelangt, die einen Blick in ein fremdes, vielleicht kühles, auf jeden Fall aber fesselndes Neuland gewähren. Wer hier zu einem Urteil kommen will, darf sich nicht hinter die Mauer der Überlieferung zurückziehen; Bequemlichkeit ist kein geeignetes Mittel zur Urteilsfindung. Ebensowenig soll er sich freilich den unglaublich törichten Satz zu eigen machen, man müsse sein Gehör an das Neue gewöhnen; der Mensch gewöhnt sich auch in der Musik schneller an Schlechtes als an Gutes. Die Neue Musik verlangt zur Beurteilung angespannte musikalisch-logische

Denkkraft und nicht Bequemlichkeit oder Gewöhnung. Die Logik ist ihre stärkste und zugleich ihre schwächste Seite. Ihre stärkste, wenn man die Musik überhaupt als tönendes Bauwerk betrachtet; ihre schwächste, weil die Neue Musik vorwiegend (vielfach sogar ausschließlich) mit dem Verstand erzeugt wird, der Verstand aber alles Lebendige verdorren läßt. Kunst jedoch ist eine der erhabensten Erscheinungen des Lebendigen, nicht des Erdachten. Vor allem verzage man nicht vor den tausend trommelnden Mitläufern. Auch in der neuen Klaviermusik hat man sich zu entscheiden vor den wirklich bedeutenden Persönlichkeiten wie Hindemith, Strawinsky oder Bartók — und vor ihren Wandlungen.

Klaviermusik aus fünf Jahrhunderten zieht in ihren Hauptlinien am Benutzer dieses Buches vorüber. Der Konzertbesucher und Rundfunkhörer möge sich bei meiner Betrachtung, Wertung und Deutung der Werke stets vor Augen halten, daß ich mir nicht anmaße, meine Meinung als die allein richtige hinzustellen. Wohl aber habe ich das Recht, sie ebenso zu äußern wie jene, die nicht meiner Meinung sind. Ausgangspunkt der Wertungen ist für mich dieses: das echte Kunstwerk entwächst stets einem — wie auch immer gearteten — sozialen Untergrund, einer gesellschaftlichen Schichtung, deren Wesenskern der Künstler gestaltet; ist es einmal geschaffen, so strahlt es seinerseits auf geheimnisvolle Weise gemeinschaftsbildende Kräfte aus. Wo diese Voraussetzungen fehlen, hat man — selbst bei hervorragender technischer Vollendung — gute oder beste Werkstatt- und Laboratoriumsarbeiten vor sich, nicht aber Kunstwerke. „Frei" ist der Künstler bei der Wahl der vorhandenen oder von ihm neu zu schaffenden Formen; erlebt er aber nicht gleichzeitig demütig-dankbar die Bindung an und das Bezogensein auf das Gemeinschaftliche, so ist er kein Künstler, sondern ein Artist.

Beziehungslose Kunst — das ist ein Widerspruch in sich selbst.

O. S.

WILLIAM BYRD

Geboren 1543 in London, Organist und Kapellsänger, zusammen mit seinem Lehrer Tallis auch „alleinberechtigter Musikalienverleger und -händler". Gestorben am 4. Juli 1623 in London. Katholischer Kirchenkomponist von hohem Rang („der englische Palestrina"). Schrieb außer kirchlichen Gesangswerken viele Orgel- und Klavierstücke.

Das in verschiedenen Sammelwerken verstreute Klavierschaffen Byrds ist selbst heute noch nicht völlig bekannt, ja, nicht einmal einzusehen. In zwei berühmten Sammlungen (dem Fitzwilliam Virginal Book" und dem „Lady Nevills Book") finden sich jedoch etwa hundert Stücke, die einen Einblick in seine Art ermöglichen. Byrd, Zeitgenosse Shakespeares, zählt mit John Bull, Giles Farnaby und anderen zu den bedeutendsten englischen Virginalisten („Virginal" war das englische Spinett jener Zeit). Wie diese insgesamt, so hat auch Byrd ein unstreitiges Verdienst um die Ausbildung von hauptsächlich drei Besonderheiten: eines wirklich klaviermäßigen (also nicht orgelmäßigen!) Stils, der Kunst des Variierens und der frühen Programm-Musik. Wesentlich ist dabei, daß Spieltechnik und Variationsstil sich gegenseitig unterstützen. Damit werden die Variationen zu Bewegungsvariationen, das will sagen: jede einzelne Veränderung erhält ihre Besonderheit durch die ihr zugrundeliegende Bewegungsform. Dabei wird die Bewegung bald gleichmäßig festgehalten, auch schon auf beide Hände abwechselnd verteilt (ein Verfahren, das noch in der Wiener Klassik, vereinzelt selbst noch später, lebendig ist!), bald werden sogar mehrere Bewegungsrhythmen gleichzeitig durchgeführt. In der 9. Variation über „John come kisse me now" (Beisp.) liegen sogar drei solcher Bewegungsrhythmen übereinander (Thema in der Oberstimme), und aus ihnen entwickelt sich weiterhin noch eine fließende Sechzehntelbewegung. So werden die einzelnen Variationen sinnvoll voneinander abgehoben, zugleich sind sie aber auch wieder in großen Zügen verbunden.

Ein solches Verfahren führt zu fesselnden Bildungen. Man benutzt nämlich die reine Bewegungsvariation zu „programmatischer" Darstellung. Bekanntestes auch heute noch wirkungsvolles Beispiel ist Byrds Tonstück „The bells" („Die Glocken"). Es handelt sich um die Form des damals in England beliebten „ground" („Grund"): ein ganz kurzer Grundbaß kehrt ständig wieder, und über ihm vollzieht sich ein immer reicher werdendes Bewegungsspiel. Bei den „Bells" ist der Grundbaß ein kurzes Glockenmotiv, und immer neue und beweglichere „Glocken" fallen in das Spiel ein. Solche „Charakterstücke" wurden auch wohl aneinandergereiht und mit einem Obertitel versehen. Byrd hat zum Beispiel eine Folge geschrieben mit der Gesamtbezeichnung „Die Schlacht". Er gibt darin nicht etwa eines jener musikalischen Schlachtengemälde, wie sie vor und nach 1900 das Entsetzen des Musikfreundes erregten, sondern er läßt in kleinen Einzelstücken die verschiedenen Kampfgruppen an uns vorüberziehen: das Fußvolk, die Reiterei, bald mit „Trommel und Flöte", bald mit „Dudelsack und Brummbaß". Der stillen, empfindsam-weichen Art Byrds entspricht es, bei diesen Bildern nicht die „gemeine Deutlichkeit der Dinge" wiederzugeben, sondern sie zierlich und fein zu stilisieren.

JAN PIETERS SWEELINCK

Geboren 1562 in Amsterdam oder Deventer als Sohn eines Organisten. Studierte in Venedig (Zarlino), wurde schon mit achtzehn Jahren Organist an der Alten Kirche in Amsterdam (die gleiche Stelle hatte sein Vater innegehabt). Schrieb u. a. Psalmen, Motetten, Orgel- und Klavierwerke. Gestorben am 12. Oktober 1621 in Amsterdam.

Der „deutsche Organistenmacher", wie Sweelinck wegen seiner Schüler und seines Einflusses genannt wurde, hat sein Bestes in den noch heute lebendigen Orgelwerken (vor allem Fugen) gegeben. Für Klavier hat Sweelinck verschiedene Liedvariationen geschrieben. Es handelt sich um zeitgenössische, allgemein bekannte Lieder, die er auf besondere Weise variiert. Harmonisch wurzelt der Amsterdamer Meister in den Kirchentonarten, doch machen sich die Einflüsse seines Lehrers Zarlino überall bemerkbar (Betonung von Dur und Moll als entscheidend, daraus folgend eine neue Art der Kadenzierung). In der Satzweise verbindet Sweelinck kontrapunktisches Denken mit dem spielfrohen Variationsstil der englischen Virginalisten, ohne sich dem einen oder anderen einseitig zu verschreiben. Zucht ist alles. Die Bedeutung der Liedvariationen liegt in der inneren Vorstellungskraft und Tiefe. Die äußeren Mittel sind dagegen nicht vielseitig und abwechslungsreich. Werden die Unterabschnitte des Themas (Liedes) in der Urform wiederholt, so behält Sweelinck die Wiederholung auch in den Variationen bei, bildet sie aber jedesmal neu (Doppelvariation). Unser Beispiel genügt zur Kennzeichnung des Stils (aus den Variationen über „Mein junges Leben hat ein End"): bei a kontrapunktischer Satz, bei b Auflösung zu Figurenwerk; diese Auflösung führt oft zu Achtel-, Sechzehntel- und Triolengängen, zuweilen durch parallele Terzen oder Sexten klanglich verstärkt. Die Art der Bewegung wird innerhalb der Einzelvariation nicht immer festgehalten, so daß sich durch

2a

2b

Doppelvariation und rhythmische Vielfalt ein lebendiges Bild ergibt.

JOHN BULL

Geboren 1563 in Sommersetshire. Seit 1582 Organist in verschiedenen englischen Orten. 1601 erfolgreiche Festlandsreisen als Orgelspieler. 1613 Organist in Brüssel, seit 1617 Organist an der Kathedrale in Antwerpen. Dort ist er am 12. März 1628 gestorben. Schrieb vor allem Klavierwerke.

Neben Byrd zählt Bull zu den bedeutendsten englischen Virginalisten. Im wesentlichen trifft auch auf ihn zu, was wir über Byrd gesagt haben, so daß wir auf die Kennzeichnung der Virginalisten bei Byrd verweisen dürfen. Von Byrd unterscheidet er sich nicht grundsätzlich, sondern durch die Art seiner Persönlichkeit. Er gibt sich kraftvoller, härter, packt mächtig zu. (Die Namen machen es dem Gedächtnis leicht: „bull" heißt Bulle, „bird" heißt Vogel). In der Art des Variierens, in der Neigung für volkstümliche Themen und in der wirklich klavier-gemäßen Spielweise sind die Virginalisten ebenso verwandt wie in der Vorliebe für Charakterstücke oder „Programm-Musik". Wir geben zur Ergänzung des bei Byrd Gesagten und zugleich als Kennzeichen für Bulls kraftvolle Art und Schlagtechnik einen Takt aus „The king's hunting jigg" („Des Königs Jagd-Tanz); (Bei-

spiel 1) er zeigt das Nachschlagen der linken Hand in vollen Akkorden. Sehr bezeichnend ist auch Beispiel 2; es entstammt

einer anderen Gigue, in der sich das volksnahe Tanzmusizieren im Nebeneinander zweier verschiedener Taktarten offenbart (an den bayerischen „Zwiefachen“ erinnernd). In Beispiel 2 sind diese beiden Taktarten sogar polyrhythmisch ineinander verwoben. Die Doppelstriche in den Notenstielen bedeuten eine trillerartige Verzierung mit dem oberen Ton.

SAMUEL SCHEIDT

Geboren 1587 in Halle/Saale, Unterricht bei Sweelinck in Amsterdam. Seit 1608 Organist und Kapellmeister in seiner Vaterstadt. Dort gestorben am 30. März 1654. Schrieb kirchliche Gesänge, Orgelwerke, „Sinfonien auf Konzertenmanier", Klavierwerke.

Der Hallische Orgelmeister unterscheidet sich in seinem Klavierschaffen nur wenig von dem seines Lehrers Sweelinck (um so mehr freilich von dem, was vor ihm in Deutschland auf diesem Gebiet geschaffen wurde). Auch er bevorzugt die Liedvariationen, und zwar Variationen über zeitgenössische Lieder. Diese Werke (aus der sonst vor allem Orgelstücke enthaltenden Tabulatura Nova von 1624) sind wie bei Sweelinck harmonisch an die Kirchentöne angelehnt und gleichzeitig der neuen Harmonik aufgetan. In der Art gehören sie vielfach zur Doppelvariation, d. h., wenn im Lied selbst eine Zeile wiederholt wird, so bringt Scheidt die Wiederholung anders variiert. Unterteilen lassen sie sich in kontrapunktisch gesetzte und spielerisch-bewegungsmäßige, wobei der Bewegungsablauf selbst in der einzelnen Variation nicht streng beibehalten wird; es finden sich Terz- und Sextenverstärkungen. Diese und andere Ähnlichkeiten mit Sweelinck bedeuten keineswegs ein Nachahmen; dazu ist Scheidt als Persönlichkeit zu stark, wie der Gehalt seiner Variationen beweist. Die Unterschiede im Stil äußern sich nicht allzu deutlich, aber sie sind nicht zu verkennen. Scheidt strebt mehr zu einheitlicher Bewegung innerhalb der Einzelvariation, wechselt auch nachdrücklicher die Rolle der Ober- und Unterstimmen und zugleich auch der Hände, sei es, daß er (z. B. 3. Variation zu „Ach du feiner Reiter") Thema und Kontrapunkt zwischen Unter- und Oberstimme abwechseln läßt, sei es, daß die Bewegungsfiguration zunächst in der einen und dann in der anderen Hand durchgeführt wird oder sich auf beide Hände gleichzeitig erstreckt (z. B. 2., 3. und 10. Variation über „Wehe, Windgen, wehe“). Das Thema selbst bleibt in den meisten Fällen erhalten, wird also nur kunstvoll umspielt; gelegentlich ändert Scheidt freilich auch ganz behutsam das Thema, meist aber nur durch Taktveränderung. Er versucht auch, Eigenarten anderer Instrumente auf das Klavier zu übertragen. So in der „5. Reiter-Variation“ das Tremulant der Orgel und in der letzten „Windgen-Variation“ das Legato der Geigen, wo er förmliche Legato-Bogen zieht, damit man spiele „gleich wie die Violinisten mit dem Bogen schleiffen zu machen pflegen“.

JOHANN JAKOB FROBERGER

Geboren am 19. Mai 1616 in Stuttgart, 1637 Hoforganist; bald ermöglichte ihm der Hof eine Studienreise nach Italien (1637—1644), wo er Schüler Frescobaldis war. Anschließend dann Hoforganist in Wien (bis 1645), die gleiche Stellung hatte er 1653—1657 inne. Dazwischen ausgedehnte Kunstreisen nach Dresden (wo er sich mit Weckmann befreundete), Paris und London. Gestorben am 7. Mai 1667 zu Héricourt. Schrieb, soweit bekannt, nur Orgel- und Klavierwerke.

Froberger hat die dreisätzige Klaviersuite zur Viersätzigkeit entwickelt. Man pflegt zu sagen, die Satzfolge Allemande/Courante/Sarabande/Gigue gehe auf ihn zurück; doch hat er zwar Zahl und Art der Sätze endgültig festgelegt, nicht aber deren Folge: die Gigue stand bei ihm an zweiter, nicht an vierter Stelle. Da die Gigue aber bei früheren Bearbeitern und vor allem bei späteren Meistern den Schluß der Klaviersuite bildet, hat man sich daran gewöhnt, auch Frobergers Suiten mit der Gigue enden zu lassen.

Die Anregungen, die Froberger an Ort und Stelle durch die Italiener, Franzosen und englischen Virginalisten empfangen hat, sollen gewiß nicht unterschätzt werden. Aber es handelt sich dabei um Dinge, die den Wesenskern des Meisters nicht berühren. Was Froberger zu sagen hat, ist deutscher Ernst und deutsche Gemütstiefe. Auffallend ist eine starke geistige Zucht. So frei er sich zuweilen über die Strenge des Zeitmaßes und über die Taktstriche hinwegsetzt, so sehr er sich in rhythmische Besonderheiten vergrübelt, so oft ihn die Phantasie entführen will, — stets legt er sich Zügel an. Bezeichnend für seine geistige Rückbindung sind seine Harmonik, die sich bei aller sonstigen Freiheit noch häufig an die Kirchentonarten lehnt, sein — wenn auch freies — stimmiges

Denken und die oft zu beobachtende thematische Einheit mehrerer Sätze.

Aus den etwa zwanzig Suiten heben wir einige hervor, in denen die Einheit des thematischen Stoffes besonders deutlich wird. Bei der F-dur-Suite genügt es, die Anfänge der vier Sätze nebeneinanderzustellen (Beisp. 1a, b, c, d), um den gemeinsamen Kern herauszufinden. Außerdem

gehören der erste und der zweite Satz sowie der dritte und vierte gruppenweise zusammen, da sie gleiche Bewegungsrichtung im Kopfmotiv aufweisen. Noch reizvoller sind solche motivischen Bindungen in einer e-moll-Suite. Dort ist die Motiveinheit zwar auch zu spüren, doch teilweise in den Hauptsätzen etwas verschleiert. Die ersten drei Sätze haben aber je eine Variation („Double"), und deren Beginn stellt die Motivbeziehung entweder untereinander oder zu den Hauptteilen deutlich her. Noch weiter geht Froberger in der „Mayerin"-Suite. Er legt dieser Suite das auch von Reinken bearbeitete Lied „Schweiget mir vom Weibernehmen" zugrunde. Der erste Satz besteht nun aus sechs Variationen über dieses Lied, der zweite Satz (Courante mit eigener Variation) und der dritte (Sarabande) sind abermals Variationen über die Grundweise. In einer frühen a-moll-Suite verfährt Froberger so, daß er die Courante als Variation der Allemande gestaltet.

Der stille Ernst und die gesammelte Kraft der Suiten lassen vermuten, daß die Einheit der Werke nicht nur im

Motivischen, sondern auch im Gedanklichen zu suchen ist. Wäre die Motiv-Einheit nur als musikalisches Spiel zu verstehen, so hätte Froberger sicher nicht versäumt, „virtuosen“ Bestandteilen einen größeren Platz einzuräumen; denn schließlich war er einer der bedeutendsten Klavierspieler seiner Zeit. Manche Suiten haben zudem nachweislich bestimmte Anregungen musikalisch umgesetzt. Eine g-moll-Suite schrieb er in Erinnerung an den Überfall durch verwilderte Soldaten. Unter der Allemande einer a-moll-Suite steht (auf französisch): „Klage. Verfaßt in London, um die gedrückte Stimmung zu vertreiben“. Eine seiner bekanntesten Allemanden aus einer C-dur-Suite trägt die Bezeichnung (italienisch): „Klage über das schmerzliche Verscheiden der königlichen Hoheit Ferdinands IV., Römischen Königs usw.“. Diese Allemande ist eigentümlich gemischt aus verinnerlichter Klage (Beispiel 2 gibt den rhythmisch ausdrucksvollen,

2 Sehr langsam

beredten Beginn) und äußerlicher Tonmalerei (die Seele des Verstorbenen steigt auf einer langen Tonleiter zum Himmel empor).

Kirchentonartlichen Wendungen begegnet man zwar auch in den Suiten (so in den Doubles der Allemande und Courante der erwähnten e-moll-Suite gleich im Auftakt); deutlicher aber findet sich die Verwurzelung in den Kirchentonarten bei einigen anderen Stücken. So in einer „Fantasia e“, deren Stufen durchaus der phrygischen Tonart angehören („e-moll“ mit der Tonleiter e/f/g/a/h/c/d). Beispiel 3 mag das verdeutlichen. Der Form nach stellt diese Fantasia ein Mittelding zwischen Variation und Fuge (mit zwei Gegenstimmen) dar. Mixolydisch („G-dur“ mit f statt fis)

3

ist das prachtvoll herbe „Ricercar“. Dieses steht ebenfalls der Fuge nahe (Beispiel 4), bringt aber das Thema in

4

fünf getrennten Abschnitten in jedesmal geänderter Gestalt.

In den Capricci verfährt Froberger ganz ähnlich: die Themen werden fugenartig behandelt, jedes Capriccio besteht aus mehreren Teilen, in denen das Grundthema jeweils in anderer Gestalt auftritt und durch Takt, Rhythmus oder Richtungsänderung (auch alles gleichzeitig) gewissermaßen variiert wird. Man bemerkt, daß bei all diesen Stücken die Form im wesentlichen unverändert die gleiche bleibt, ob die Überschrift nun „Fantasia“ oder „Ricercar“ oder „Capriccio“ lautet. Besonders eindrucksvoll ein C-dur-Capriccio, dessen chromatisches Thema in imitierendem Satz den verschiedensten Änderungen unterworfen wird.

Eine Tokkata in d-moll (stark dorisch, d. h. mit großer Sexte h, aber mit kleiner Septime c) drängt alles seelisch Schweifende und alles virtuose Spielwerk stark zurück; es ist nicht ganz verschwunden, doch überwiegt die fugenartige Arbeit der verschiedenen Unterabschnitte. In diese wird aber die Freude am Spielerischen eingebaut, und zwar dadurch, daß Froberger das Grundthema außerordentlich beweglich umgestaltet und in dieser wechselnden Gestalt kontrapunktiert.

MATTHIAS WECKMANN

Geboren 1621 in Oppershausen/Thüringen. Schüler von Heinrich Schütz in Dresden, 1637—1640 von J. Prätorius in Hamburg. 1641 Hoforganist in Dresden, 1642 Hoforganist in Kopenhagen, 1647—1655 wieder in Dresden, seit 1666 Organist an der Jakobi-Kirche in Hamburg. Dort ist er 1674 gestorben. Schrieb vor allem Kantaten, Orgel- und Klavierwerke.

An wertvollen Anregungen hat es Weckmann nicht gefehlt: erster Unterricht bei Heinrich Schütz, dann bei dem Sweelinck-Schüler J. Prätorius, in Kopenhagen lernte er die Werke der englischen Virginalisten kennen, bei der Rückkehr nach Dresden befreundete er sich mit Froberger und kam durch ihn in Berührung mit der Welt der Wiener Klaviermeister. Aber Weckmann war Persönlichkeit genug, die Anregungen nicht nur zu bewahren, sondern auch selbständig zu gestalten. — Seine Klavierwerke sind erst im 20. Jahrhundert wiederentdeckt worden (1903 durch Richard Buchmayer in der Lüneburger Stadtbibliothek). Es handelt sich um je fünf Tokkaten, Kanzonen und Suiten sowie ein Variationenwerk.

Die Tokkaten sind verschiedenartig angelegt; die einen haben fugierte Einschübe, die anderen sind freie Gebilde; Froberger und Frescobaldi mögen Weckmann als Vorbild gedient haben. Die e-moll-Tokkata entfaltet die Tonart aus einer langsam aufsteigenden Akkordbrechung mit liegenbleibenden Tönen und emporschwebenden Akkorden. Daran schließt sich als erster Hauptteil ein unregelmäßiger Wechsel bewegten Laufwerks und breit ruhender Akkordfolgen. Aus diesen Akkorden entwickeln sich im zweiten Teil wandernde Sequenzen zweifach angeschlagener Doppelgriffe zu einem punktierten (später leicht ausgezierten) Gegenmotiv (Beispiel 1). Doppelgriffe und Gegenmotiv tauchen wie „registriert“ in allen Stimmlagen auf. Freies Laufwerk führt zum Schluß in Dur. Ganz ähnlich aufgebaut

1 (Ruhig)

(zur Sequenzenreihe des zweiten Teils erscheinen allerdings verschiedene Gegenmotive) die a-moll-Tokkata. Merkwürdig, wie sich hier die einzelnen Unterabschnitte schärfer voneinander abheben, während die kühne Vorstellungskraft noch weiter schweift als in dem Schwesterwerk. Ausklang ebenfalls in Dur.

Nicht so phantasievoll, aber Gebilde von feinem musikalischen und geistigen Reiz sind die Kanzonen. Ihre gern mit Tonwiederholungen beginnenden Themen werden fugiert, und zwar nicht nur in der Grundgestalt, sondern in zweimaliger Umbildung, so daß drei gesonderte Abschnitte entstehen (Beispiel 2 gibt zwei verschiedene Gestalten des Themas

2

der d-moll-Kanzone und zugleich die Engführungstechnik wieder). Während die Kanzonen in d-moll und in C-dur (Nr. 1) durch spielerische Lebendigkeit bezaubern, zeichnet sich die ruhiger gehaltene c-moll-Kanzone dadurch aus, daß sie von Abschnitt zu Abschnitt mächtiger heranwächst, förmlich stufenweise emporführt und von einem prachtvollen Klangschluß gekrönt wird.

Bei den Suiten hält sich Weckmann hinsichtlich Zahl und Anordnung der Sätze an Frobergers Muster: Allemande/Gigue/Courante/Sarabande. Natürlich ließe sich — wie mit Frobergers Suiten geschehen ist — die Gigue auch an den Schluß stellen; im „Konzertsinne" würden die Suiten dadurch gewinnen. Der Allemande der h-moll-Suite stellt Weckmann ein kleines Präludium voran. Die c-moll-Suite ist durch eine „Double" der Sarabande bereichert, die als einziger Satz der Moll-Suiten in Dur endet. Die Zartheit und Keuschheit der Suiten erschließen sich nur bei ganz vergeistigtem Spiel, ein Zeichen, daß in diesen Tanzsätzen nichts obenauf liegt.

Die feinsinnigen a-moll-Variationen über „Die lieblichen Blicke" zählen zu den weitaus besten älteren Schöpfungen der Gattung. Es sind zwar nur vier Veränderungen, aber Weckmann hat sie nicht allein der Spieltechnik des Klaviers gut angepaßt, sondern sie wirklich aufgebaut (Beispiel 3 gibt die Anfänge), und zwar so, daß jede Variation

ihren besonderen Ausdruck erhält und daß sie sich zugleich paarweise entsprechen (1 und 3, 2 und 4), für seine Zeit eine wirkliche Leistung. Aber auch eine Leistung, die heute noch zu bestehen vermag, — wie das ganze Kunstwerk des Meisters.

JOHANN REINKEN

Geboren am 27. April 1623 in Wilshausen (Niederelsaß). Seit 1637 in Holland, Schüler von Heinrich Scheidemann (zusammen mit Matthias Weckmann) in Hamburg, 1657/58 Organist in Deventer (Holland), seit 1663 Nachfolger Scheidemanns als Organist der Katharinenkirche in Hamburg. J. S. Bach ist mehrfach von Lüneburg nach Hamburg gekommen, um Reinken als Orgelspieler zu hören. Gestorben fast hundertjährig am 24. November 1722 in Hamburg. Hauptwerke: „Hortus musicus" für Streichinstrumente (von Bach teilweise für Klavier umgearbeitet), Orgel- und Klaviermusik.

Durch seinen Lehrer Heinrich Scheidemann ist Reinken in Sweelincks Schule verwurzelt. Als glänzender Orgel- und Klavierspieler hat er sich dann vor allem durch den spielfrohen Froberger und die Italiener (Poglietti) anregen lassen, so daß in seinen Klavierwerken eine gewisse Nüchternheit der strengen Teile von einem geradezu virtuosen Glanz der freien Abschnitte überstrahlt wird.

Bedeutender als die beiden Variationenwerke über das Lied „Schweiget mir vom Weibernehmen" (schon von Froberger bearbeitet) und über ein „Ballett in e-moll"

sind zwei andere Schöpfungen: eine Fuge in g-moll und eine Tokkata in G-dur.

Die G-dur-Tokkata, stark orgelmäßig empfunden, beginnt mit einem rauschenden, langsamen Satz, dessen Grundgedanke (Beispiel 1) alles überspinnt und überflutet. Gegenüber dieser mächtigen Einleitung wirkt bei der nun einsetzenden ersten Fuge eigentlich nur das kräftig beginnende, dann verrieselnde Thema und der spielerische, klingende Schluß, während die Durchführungen matt und ausdruckslos erscheinen. Ein kleiner Zwischenteil greift dann die Gebärde der Einleitung wieder auf, wandelt sie aber (harmonisch fesselnd) aus dem Instrumentalen ins „Sprechende". Auch das folgende Adagio bekennt sich zum Einleitungssatz, indem es eine einfache Akkordbrechung, jeweils von einem Akordgriff abgeschlossen, zum einzigen Träger des Stückes macht, allerdings harmonisch reicher. Die einzelnen Abschnitte der zweiten Fuge werden mit einfachen Mitteln von einander abgehoben; doch die eigentliche Wirkung des Stükkes liegt in der Zügigkeit des Ganzen. Mit dem Laufwerk des angehängten Schlusses wird dieser zum Anfang der Tokkata zurückgebogen. Erwähnt sei, daß Bach dieses Werk Reinkens als Vorbild für seine Tokkaten in g- und fis-moll gewählt hat.

Auch in der einzelnen g-moll-Fuge offenbart sich die — wenn man so will: Schwäche der bei der Verarbeitung angewendeten Kunstmittel. Aber das ganze, über hundert Takte lange Werk hat einen vorwärtstreibenden, heiter-

2

kraftvollen Zug, dem sich niemand widersetzen kann. Schon das aus der Wiederholung kleinster Motive bestehende Thema (Beispiel 2) offenbart eine humorvolle Kraft besonderer Art (die Tonwiederholungen sind wahrscheinlich als Nachahmung des Hühnergegackers gedacht) und ist stark genug, über das dünne Eis der anspruchslosen Durchführungen hinwegzutragen. Von erlesenem Geschmack zeugt das Verfahren, in die tokkatenartigen Zwischenspiele hinein- und aus ihnen wieder herauszuleiten. Eine Bewegungsfuge, die zu den packendsten und sprechendsten ihrer Gattung gerechnet werden muß.

JOHANN KASPAR FERDINAND FISCHER

Geboren 1650. Von 1696 bis 1716 markgräflicher Kapellmeister zu Schlackenwerth (Böhmen), dann in Baden-Baden. Gestorben am 27. März 1746 in Rastatt. Schrieb vor allem Orgel- und Klavierwerke.

J.K.F. Fischer, als hervorragender Orgel- und Klavierspieler berühmt, wurde fünfunddreißig Jahre vor Bach und Händel geboren und war, da er sechsundneunzig Jahre alt geworden ist, dennoch ihr Zeitgenosse. Sein Klavierwerk steht denn auch dem von Bach sehr nahe, ist nur nicht so mächtig geweitet und tief durchgearbeitet. Fischer gibt seinen Hauptwerken (für Orgel und Klavier) gern sinnige Namen: „Musikalisches Blumenbüschlein" (1696/98), „Ariadne Musica" (1702), „Musikalischer Blumenstrauß" (nach 1732), „Musikalischer Parnaß" (1738). Das Blumenbüschlein und der Parnaß sind für Klavier gedacht. Und zwar besteht das Blumenbüschlein aus „unterschiedlichen Galanterien: als Präludien, Allemanden, Couranten, Sarabanden, Bouréen, Gavotten, Menuetten, Chaconne etc". Der Parnaß wird bezeichnet als „ganz neu unter dem Namen der IX Musen, gleicherweiß in IX Parthien bestehend".

Die Bedeutung Fischers als Suitenkomponist liegt vor allem darin, daß er den Charakter der einzelnen Tanzsätze so genau festlegt, daß selbst ein Bach nichts mehr an ihm geändert hat (am Charakter, nicht an der Ausarbeitung!). Zahl und Reihenfolge der Sätze wechseln freilich von Werk zu Werk, und zwar so stark, als habe Froberger mit seiner recht strengen Beschränkung auf die vier Grund-Sätze der Suite auf Fischer überhaupt keinen Eindruck gemacht. Im Blumenbüschlein finden sich auch eine Variationsreihe und eine Chaconne. Die neun Suiten des Parnaß tragen die Namen der neun Musen; Namen und Inhalt haben jedoch keinerlei Beziehung zueinander. Zu bemerken ist, daß sich Fischer von den Kirchentonarten im wesentlichen freigemacht und der neueren Harmonik zugewandt hat. Fischers Fugen sind im allgemeinen sehr kurz (zuweilen nur acht Takte!). Sehr beachtlich der Gedankenreichtum und die Einfallsfülle

1

2

der Präludien. Einige Takte aus verschiedenen Präludien mögen das belegen. Beispiel 1 (aus dem „Blumenbüschlein“)

3

4

bringt für Fischer charakteristische Vorhalte und rhythmische Bildungen, Beispiel 2 (aus der „Ariadne“, einem

Orgelwerk mit Präludien und Fugen in neunzehn verschiedenen Tonarten, Vorläufer des wohltemperierten Klaviers) deutet ein Präludium im strengen Stil an, Beispiel 3 (aus dem „Parnaß“) bringt einfache Akkordbrechungen, und Beispiel 4 (aus dem „Blumenbüschlein“) zeigt eine Art, die Bach für sein erstes B-dur-Präludium des wohltemperierten Klaviers als Vorbild gewählt hat.

JOHANN PACHELBEL

Geburtstag nicht bekannt, getauft am 1. September 1653 in Nürnberg. 1674 Organistengehilfe in Wien, 1677 Hoforganist in Eisenach, 1678 Organist an der Erfurter Predigerkirche, 1690 Hoforganist in Stuttgart, 1692 Organist in Gotha, 1695 Organist an der Nürnberger Sebalduskirche. Gestorben am 3. März 1706 in Nürnberg. Schrieb vor allem Orgel- und Klavierwerke.

Pachelbels Klavierwerk nimmt in mehrfacher Hinsicht eine Mittel- und Mittlerstellung ein. In den Suiten, Variationen, Ciaconen, Fantasien, Choralbearbeitungen, Tokkaten, Ricercars und Fugen treffen zusammen süddeutsche und mitteldeutsche Eigentümlichkeiten, kirchentonartliche und „modern"-harmonische Einstrahlungen, Orgelstil und Klavierstil, überkommene Holzschnittstrenge und flüssige Lokkerkeit, zartes Empfinden und ernster Ausdruck, ein zugleich spielfroher wie gedanklich gebändigter Klaviersatz. So wird Pachelbel zu einem der bedeutendsten und wichtigsten Vorgänger Bachs. Aus seinem umfangreichen Klavierschaffen seien die Hauptgebiete kurz gestreift; innerhalb dieser bleibt die Sprache verhältnismäßig einheitlich, so daß je ein Werk meist als Beispiel für die Gattung dienen kann.

1 (Allemande)

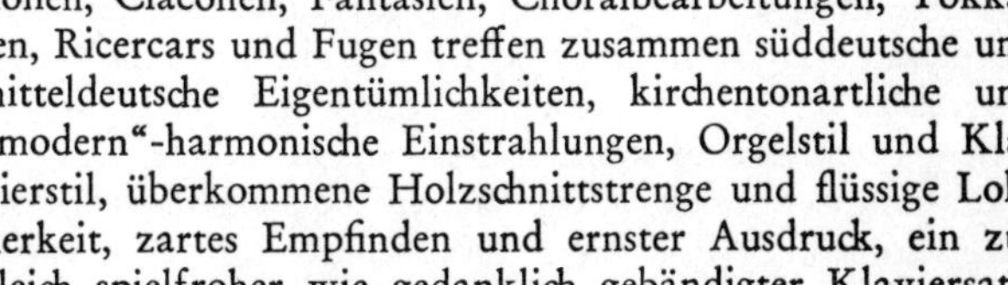

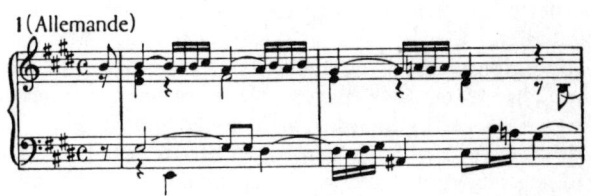

Unter den neunzehn S u i t e n (in der Tonartenwahl wesentlich „moderner" als selbst J. S. Bach in seinen Inventionen und Sinfonien!) befindet sich eine in E-dur, deren Beginn (Beispiel 1) erkennen läßt, wie Pachelbel auf fließende Bewegung bedacht ist und den melodischen Stillstand der einen Stimme durch Beweglichkeit der anderen überbrückt. Courante und Sarabande sind der Allemande motivisch verbunden; in der Gigue wirkt diese Bindung nur noch verborgen weiter. Als Einschub steht zwischen Courante und Sarabande eine zierlich-heitere Gavotte.

Die Variationen sind im wesentlichen in zwei Sammlungen vereinigt: in den „Musikalischen Sterbensgedanken" von 1683 und dem „Hexachordum Apollinis" („Sechssaiter Apolls") von 1699. Schlichter und einfacher, gleichwohl von ergreifender Innigkeit und Empfindenstiefe die „Musikalischen Sterbensgedanken". Es gibt nicht viel Klaviermusik, die man nur für sich ganz allein spielen muß, wie diese Variationen. Pachelbel hat sich mit ihnen die Trauer über den Verlust seiner Familie (durch die Pest) von der Seele gebetet. Es sind wirklich musikalische Gebete, rein, ungekünstelt, gelöst von allem Wollen, voller Hingabe, doch ohne schwächliche Preisgabe. Hervorzuheben die acht Variationen über „Alle Menschen müssen sterben", fast durchweg in ruhig fließender Sechzehntelbewegung, die Bewegung bald in die rechte und bald in die linke Hand verlegt, bald in wechselseitiger Ablösung der Hände, bald in den Außenstimmen, bald in der Mittelstimme, schließlich (8. „Partita") in parallelen Dezimen oder Terzen beider Hände. Spieltechnik der englischen Virginalisten, doch vertieft durch die wunderbare Gemüts-„Einfalt" eines deutschen Menschen. Kompositionstechnisch bedeuten die Variationen des sechzehn Jahre später erschienenen „Hexachordum" einen Fortschritt, weil sie rhythmisch feingliedriger und vielgliedriger sind; insbesondere die bei den Suiten bereits genannte Überbrückung des Stillstandes der einen Stimme durch gelenkige Zwischenstimmen geschieht jetzt in sorgfältig gestichelten Kleinstfiguren; an unmittelbarem Gefühlsausdruck stehen die Hexachord-Variationen jedoch hinter denen der Musikalischen Sterbensgedanken etwas zurück: sie sind nicht mehr sosehr Bekenntnismusik, sondern wahren Abstand.

Die Ciacona steht bei Pachelbel auf der Grenze von Orgel und Klavier und läßt sich auf jedem der beiden Instrumente gleich gut, freilich mit verschiedener Wirkung wiedergeben. Bezeichnend für diese Zwischenstellung ist eine Ciacona, die sich harmonisch ebenso nach d-moll wie zum „Dorischen Ton" (große Sexte, aber kleine Septime) neigt. Der Themenbaß (Beispiel 2) wird in dreißig Variatio-

2 (Ciacona)

nen streng beibehalten, die Variationen selbst sind vorwiegend Bewegungsvariationen (meist in Sechzehnteln), doch spielt der im Thema durch die Sextenparallelen bereits unterstrichene Klang eine bedeutende Rolle (Terzen- und Sextenparallelen, auch Brechungen). Nicht so mächtig, aber stark verinnerlicht und völlig ausgereift eine f-moll-Ciacona.

Auch die kurzen Fantasien Pachelbels stehen zwischen Orgel und Klavier, vereinigen kirchentonartliches mit neuem harmonischen Denken und schreiten stilistisch weiter, indem sie das Fugierte vernachlässigen und an dessen Stelle ein kontrapunktisch gebundenes Motivspiel setzen, und zwar wiederum (z. B. in der g-moll-Fantasie „dorisch"), indem liegende Töne der einen Stimme durch Bewegung einer anderen überbrückt werden.

Kontrapunktik und fugierter Stil verbinden sich in den Choralbearbeitungen zu herb-großartiger Wirkung (abermals auf der Grenze zwischen Orgel und Klavier). So etwa in der Bearbeitung des Weihnachtschorals „Der Tag, der ist so freudenreich": die Einleitung besteht aus einem Fugato über den Choralbeginn, und der Choral mit seinen Zwischenspielen nimmt seine Antriebe aus der kontrapunktischen Motivik der Einleitung.

In den Tokkaten drängt Pachelbel das Nordisch-Schweifende auf wenige Takte zusammen; es ist unzweifelhaft vorhanden, doch wird es gezügelt und selbst in seiner zuchtvollen Gestalt noch weiter zurückgedrängt durch besonders klare, knappe, man möchte sagen: diesseitig-heitere Fugen.

Hervorragend Pachelbels Denken in Fugen und fugierten Formen. Seine Fugen machen nur ganz selten den Eindruck kunstvoller Verwicklung, sondern entfalten sich schlicht und natürlich (Beispiel 3 gibt den Anfang einer Fuge

3 (Fuge)

mit chromatischem Thema). Stets hat man den Eindruck des Gewachsenseins, als könnten sie gar nicht anders sein. Sein größtes Fugenwerk sind die 94 Fugen über das „Magnificat" (Lobgesang Mariae), ein Wunderwerk stiller Größe, nach innerer Haltung fromm, aber kaum kirchlich, obwohl ein großer Teil sicher für die Orgel bestimmt ist. Sehr fein entwickelt darin die Doppelfugen. Wenn die Themen dieser Doppelfugen, nachdem sie zunächst einzeln durchgeführt worden sind, im dritten Teil (also der eigentlichen Doppelfuge) zusammentreten, steht man immer wieder bewundernd vor der selbstverständlichen — und daher auch stillen — Kraft, die alle Themen verstandesmäßig aufeinander abstimmt und zugleich mit tiefer Empfindung beseelt.

JOHANN KUHNAU

Geboren am 6. April 1660 in Geising (Sachsen), Unterricht bei Jakob Beutel in Dresden. Vorübergehend Organist in Zittau. Seit 1682 Universitätsstudium in Leipzig, wo er Advokat wurde. 1684 Organist an der Thomaskirche, seit 1701 Thomaskantor. Gestorben am 5. Juni 1722 in Leipzig. Schrieb Kantaten, Orgel- und Klavierwerke.

Der Advokat und sprachbegabte Übersetzer, der gewandte Buchverfasser (heute noch lesenswert seine heiter-witzige, romanhafte Schrift „Der musikalische Quacksalber"; gegen die Ausländerei), der hervorragende, von Bach und Händel bewunderte Musiker Johann Kuhnau wird viel gelobt ob seiner bedeutungsvollen Stellung in der Geschichte der Klaviermusik, aber wenig gespielt. Daß er auf den Spielfolgen der Konzerte nicht zu finden ist, kann man nicht bedauern. weil er uns im Konzertsinne nichts zu geben hat. Und einen wirklichen Platz in der Hausmusik wird sich sein Klavierwerk wohl nur dort zu erobern vermögen, wo Klavichord und Cembalo zur Verfügung stehen oder wo man mit Leidenschaft musikgeschichtlichen Erinnerungen nachspürt. Denn auf dem heutigen Klavier oder Flügel läßt sich Kuhnaus Art nur teilweise befriedigend wiedergeben. Darin liegt zugleich schon die Begrenztheit von Kuhnaus künstlerischer Haltung: Bach und Händel werden auch auf neuzeitlichen Instrumenten lebendig.

Drei Sammelwerke hat der Vorgänger Bachs im Thomaskantorat hinterlassen. Das erste Werk heißt "Neue Clavier Uebung"; es besteht aus zwei Teilen zu je sieben „Partien", dazu kommt im zweiten Teil noch eine Sonate. Kuhnau hat die einzelnen „Partien" (Suiten) auf die damals geläufigen Tonarten verteilt: der erste Teil (1689) bringt sieben Werke in Dur (C, D, E, F, G, A, B), der zweite Teil (1692) sieben in Moll auf den gleichen Grundtönen außer dem letzten, das nicht in b-moll, sondern in h-moll steht; die Vorzeichnung geht also nicht über vier Versetzungszeichen hinaus. Um aber nicht auf die B-Tonart verzichten zu müssen, hat Kuhnau noch eine Sonate in B-dur angehängt; und dieses „Anhängsel" wurde sein wichtigstes Werk. In diesen Suiten betont Kuhnau mit Nachdruck seine deutsche Haltung: so fortschrittlich er sonst ist, so fern hält er sich nach Möglichkeit von allen ausländischen Zutaten, indem er Präludium, Allemande, Courante, Sarabande und Gigue nur ganz gelegentlich durch einen ausländischen „Schlager-Tanz" ergänzt. Und die Kernsätze selbst erfüllt er mit ruhigem Gehalt. Besonders hervorzuheben sind die Präludien. Diese sind entweder polyphon gehalten (motivisch sehr einheitlich in ihrem fugierten Stil) oder homophon-figurativ, ganz aus der Spieltechnik des Instruments erfunden.

Wichtiger als die „Partien" ist die angehängte „Sonata aus dem B". Es ist, soweit wir sehen, die erste aus mehreren Sätzen bestehende Klaviersonate. Die Form mischt Eigentümlichkeiten der Kirchen- und der Kammersonate. Der Anfangssatz besteht aus zwei scheinbar ganz unterschiedlichen Teilen: der erste (Beispiel 1 gibt den Beginn) ruhig

1

und homophon, der zweite etwas schneller im Zeitmaß, bewegter durch die Unterteilung (Sechzehntel- statt Achtelbewegung), polyphon, nämlich fugiert. Und doch sind die beiden Teile innerlich verwandt. Im siebenten Takt (und folgende) des zweiten Teils (Beispiel 2) zeigt sich die Verwandtschaft besonders deutlich; denn das rhythmische Motiv der Oberstimmen ist dem ersten Teil entnommen, und das Gegeneinander dieses Motivs der Oberstimmen und der fließenden Baßbewegung war im ersten Teil bereits vorweg-

2

genommen (vgl. dazu Takt 3 und 4 von Beispiel 1). Noch wichtiger erscheint die Tatsache, daß der zweite Teil oft den fugierten Stil vergessen macht und an sonatenartige Durchführungsteile erinnert. Zweiter Hauptsatz ist ein harmonisch fesselnd voranschreitendes Adagio, dessen rhythmische Grundfigur vom Schlußsatz (Allegro) wiederaufgenommen wird. Wesentlicher Unterschied gegenüber den Suiten: die Sätze der Sonate stehen nicht übereinstimmend in der gleichen Tonart.

1696 erschienen „Frische Clavier Früchte oder Sieben Suonaten von guter Invention und Manier". Wesentlich Neues gegenüber der B-dur-Sonate bringen sie nicht, bestätigen vielmehr nur die Loslösung von der „Partie". Auffallend bleibt vor allem, daß Kuhnau die Satzart der Sonate nicht weitergebildet hat: Stellen wie die unseres Beispiels 2 wiederholen sich oft, so daß man den Eindruck hat, als handele es sich um Stücke für zwei Flöten oder Geigen mit Continuo.

Wieder vier Jahre später veröffentlichte Kuhnau ein weiteres Sammelwerk, und zwar dieses Mal ausgesprochene Programm-Sonaten: „Musicalische Vorstellung einiger Biblischer Historien in 6 Sonaten / Auff dem Claviere zu spielen / Allen Liebhabern zum Vergnügen versuchet von Johann Kuhnauen / Leipzig / 1700". Um welche Bibelgeschichten es sich handelt, zeigen die Überschriften der sechs Sonaten: 1. „Der Streit zwischen David und Goliath“, 2. „Der von David vermittelst der Music curirte Saul“, 3. „Jacobs Heyrath“, 4. „Der todtkranke und wieder gesunde Hiskias“, 5. Der „Heyland Israelis/Gideon“, 6. „Jacobs Tod und Begräbniß“. Das wären also lauter Geschichten aus dem Alten Testament. Man könnte nun meinen, dem Kantor der Thomaskirche sei das Neue Testament für eine musikalische Ausdeutung auf dem Klavier zu heilig gewesen und er habe sich nicht an diesen Stoff gewagt. Galt aber wirklich das Alte Testament im kirchlichen Sinne soviel weniger als das Neue, daß Kuhnau seinen Spaß damit treiben konnte? Es ist zwar nicht zu beweisen, aber doch sehr wahrscheinlich, daß Kuhnau über die von ihm „vertonten“ Geschichtlein herzlich gespottet hat. Jede der Geschichten war doch allgemein bekannt, aus welchem Grunde hat sie Kuhnau vor jeder Sonate noch einmal nacherzählt? Und zwar nicht etwa mit den Worten der Bibel, sondern auf seine eigene, höchst belustigend ausgeschmückte Weise. Man darf annehmen, daß der starke Absatz, den die Biblischen Sonaten gefunden haben, nicht allein auf die neuartige Form und auf das Programmhafte zurückzuführen sind, sondern ebenso auf die witzigen Nacherzählungen Kuhnaus. Leider ist nicht bekannt, wie das Programmatische der Sonaten von den Zeitgenossen aufgefaßt und verstanden wurde; der Spieler von heute muß seine Vorstellungskraft jedenfalls tüchtig einschirren, wenn er aus den Tönen das heraushören will, was die Überschriften besagen.

Als Beispiel wählen wir die erste Sonate, den „Streit zwischen David und Goliath“. Kuhnau erzählt also mit seinen Worten umständlich und witzig den Inhalt der Bibelworte nach und setzt an den Schluß der Erzählung die Worte: „Diesem nach exprimiert die Sonata (1) Das Pochen und Trotzen des Goliaths / (2) Das Zittern der Israeliten und ihr Gebet zu GOtt bey dem Anblicke dieses abscheuligen Feindes / (3) Die Hertzhafftigkeit Davids / dessen Begierde dem Riesen den stoltzen Mut zu brechen /

und das kindliche Vertrauen auff GOttes Hülffe / (4) Die zwischen David und Goliath gewechselten Streit-Worte / und der Streit selbsten / darbey dem Goliath der Stein in die Stirne geschleudert / und er dadurch gefället / und gar getödtet wird. (5) Die Flucht der Philister / ingleichen wie ihnen die Israeliten nachjagen / und sie mit dem Schwerte erwürgen. (6) Das Frohlocken der Israeliten über diesem Siege. (7) Das über dem Lobe Davids von denen Weibern Chorweise musicirte Concert. (8) Und endlich die allgemeine in lauter Tantzen und Springen sich äußernde Freude." Vor jedem der acht Abschnitte der Sonate werden die Überschriften wiederholt, nun aber in italienischer Sprache. Musikalisch verwirklicht werden die Satzüberschriften im allgemeinen auf ziemlich äußerliche Art. Goliaths Pochen wirkt einigermaßen stilisiert, weil der pochende Rhythmus (Beispiel 3) zu gleichförmig beibehalten wird; die auf- und

3 (Takte 6 ff)

abfahrenden Akkordbrechungen sollen dann wohl ein wütendes Schnauben nachahmen. Bei dem Zittern und Beten der Israeliten bedient sich Kuhnau dreier Mittel: die Oberstimme bringt den Choral „Aus tiefer Not schrei ich zu Dir", die linke Hand spielt chromatisch getönte Akkordfolgen, und diese Akkorde werden nicht zwei Mal angeschlagen, sondern beim zweiten Achtel nur nachgedrückt, wodurch die für das Klavichord so kennzeichnende „Bebung" entsteht; das Instrument „bebt" also im wahren Sinne des Wortes für die Juden (Beispiel 4). Davids Mut äußert sich recht naiv durch allerlei Terzengänge. Im Kampf der beiden

Streiter muß wieder eine klopfende rhythmische Figur herhalten; ein sehr geschwinder Lauf malt das Schleudern des Steins, worauf sich der lange Goliath höchst anschaulich auf

der Erde ausstreckt. Als Flucht der Philister und Verfolgung erscheint natürlich eine Fuge (fuga heißt ja wörtlich „Flucht"). Die Freudensätze haben tanzartigen Charakter; sehr hübsch die Nachahmung der „Pauken, Geigen und andern Musicalischen Instrumente" im vorletzten Satz.

GEORG BÖHM

Geboren am 1. September 1661 in Hohenkirchen (Thür.) als Sohn eines Organisten. Studierte in Jena, lebte mehrere Jahre in Hamburg. Seit 1698 Organist in Lübeck, wo er am 18. Mai 1733 gestorben ist. Schrieb vor allem Klavier- und Orgelwerke, Kantaten.

Böhm gehört zu jenen bedeutenden Klaviermeistern um 1700, die von der Forschung längst wiederentdeckt, jedoch nicht so bekannt sind, wie sie es verdienten. Da Böhm immer als vorbachischer Tonmeister bezeichnet und sein Einfluß auf Bach stets hervorgehoben wird, hält man ihn wohl für einen Vorläufer, den man ehren, aber nicht kennen muß. Dabei kann Böhm als Klavierkomponist durchaus für sich bestehen.

Als sein bedeutendstes Werk darf angesehen werden „Praeludium, Fuge und Postludium g-moll", also eine Fuge, die von einem Vor- und einem Nachspiel umschlossen wird. Eine schlichte, tiefinnerliche Schöpfung. In dem einige achtzig Takte langen Präludium mit seinen nur langsam weiterschreitenden breiten Akkorden „geschieht" nichts, und doch ergreift es durch die ruhige Kraft stiller Versenkung. Einige beredte Adagio-Takte schließen das Präludium ab und bereiten zugleich die Fuge vor, die nun, in Thema und Bau äußerlich anspruchslos, innerlich das geheimnisvolle Ruhen des Präludiums in gemessene Bewegung wandelt. Eine „Wandlung" fast im kirchlichen Sinne, die in dem sanften Harfen des Nachspiels verhalten und feierlich ausschwingt.

Nicht die gleiche Höhe erreichen die verschiedenen kleineren und größeren Suiten, oder vielmehr: sie loten nicht die gleichen seelischen Tiefen aus, sind diesseitiger, spielfreudiger und doch von verborgenem Ernst gelenkt. Die umfangreichste seiner Suiten nennt Böhm „Französische Suite" oder „Französische Ouvertüre D-dur" nach dem ersten Satz, der die Form einer französischen Ouvertüre aufweist (zwei feierliche Grave-Teile umschließen einen fugierten Allegro-Mittelsatz); aber auch die übrigen Sätze entfernen sich von der deutschen Suitenform und haben mit „Air/Rigaudon/Rondeau/Menuett/Chaconne" eine ungewöhnliche Satzfolge, die auf französische Vorbilder schließen läßt, zumal Böhm stilistisch manchmal etwas Prunkendes in die Außensätze bringt. Doch bleibt seine innere Haltung deutsch, ja mitteldeutsch. In den übrigen Suiten hält sich Böhm fast immer an die bekannte Satzfolge Allemande/Courante/Sarabande/Gigue. Wirken sie auch nicht so geschlossen wie die beiden Großwerke, so bergen sie dafür Kostbarkeiten, die ebenso von der stillen Größe des Meisters wie von seinem echt klaviermäßigen (klavichordgemäßen) Denken zeugen.

FRANÇOIS COUPERIN

Geboren am 10. November 1668 in Paris als Sproß einer berühmten Organistenfamilie. Im Alter von dreißig Jahren wurde er Organist von St. Gervais, eine Stelle, die vor ihm sein Vater und zwei Onkel bekleidet hatten. Am Hof Ludwigs XIV. wurde er sehr geschätzt und geehrt. Gestorben am 12. September 1733 in Paris. Schrieb vor allem Klavier- und Kammermusik.

Couperin „der Große" (wie er oft genannt wird) hat Bach angeregt, ist durch Brahms neu herausgegeben worden und hat Richard Strauß bezaubert. Sein Klavierwerk behauptet in der Musikgeschichte einen wichtigen Platz, und sein Lehrwerk „Die Kunst, das Klavier zu spielen" (1717) ist eine Fundgrube für die Erforschung des damaligen französischen Klavierstils. Dennoch wagen wir zu bezweifeln, ob sein Klavierschaffen heute noch allgemein anspricht. Gewiß, das müßte ein merkwürdiger Musiker sein, dem es nicht eine stille, geistige Freude bereitete, den zierlichen Verschlingungen der hauchdünnen Silberfäden dieses zitternden Klangnetzes nachzuspüren und den zarten Verästelungen dieser Feinrhythmik nachzutasten. Ob aber die Fülle der Kleinglieder und der förmliche Regen von Verzierungen, die über das Werk herniederrieseln, dem Musikfreund noch viel zu sagen haben, erscheint doch mindestens fraglich. Das oft empfohlene (und sehr zu empfehlende) Verfahren, die Auszierungen stark einzuschränken, ist gerade bei Couperin nicht möglich; denn sein eigentliches Wesen äußert sich gerade in dieser überreichen Ornamentik. Auf dem neuzeitlichen Klavier wirkt sie viel zu schwer, und wem steht ein altes französisches „Clavecin" mit dem zart-beweglichen Ton zur Verfügung!

So sehr es verlocken möchte, Couperins Werk ausführlich zu besprechen, — wir müssen uns mit knappsten Andeutungen begnügen, weil wir die Klaviermusik des französischen Altmeisters nicht als lebendig im Sinne unseres Vorwortes ansehen können.

In vier Sammlungen (1713, 1716, 1722 und 1730) hat Couperin sein hauptsächliches Klavierschaffen zusammengefaßt. Jede Sammlung besteht aus fünf bis acht (insgesamt 27) sogenannten „Ordres", also Ordnungen, Folgen und Suiten. Zum Teil sind die Einzelstücke der Ordres musikalisch oder gedanklich untereinander verbunden, zum Teil läßt sich keinerlei Verbindung erkennen. Auf jeden Fall kann man jedes Einzelstück aus ihnen lösen und selbständig betrachten. Zuweilen findet man zwanzig und dann wieder nur vier Einzelstücke in einem Ordre vereinigt. Schon die Satzzahl schließt also oft einen inneren Zusammenhang aus. An „Suiten" in der Art Frobergers oder Bachs darf man daher nicht denken; vielmehr ist alles bunt gereiht. Die Art der Sätze ist ebenfalls unterschiedlich und keineswegs regelmäßig. Man findet Allemanden, Couranten, Sarabanden, Giguen, Menuette, Chaconnen, Rondos, Charakterstücke mit und ohne Variationen und so fort.

Besonderes Kennzeichen Couperins ist, daß er seine Anregungen aus der Sinnenwelt nimmt und jedes Stück entsprechend bezeichnet. Einige Überschriften mögen zeigen, daß Couperin fast alle Sinneseindrücke musikalisch umzusetzen sucht: „Die Fliege, Die betrübte Seele, Die Weckuhr, Die wehende Haube, Die Jungfrau, Die Strickerinnen, Die keimenden Lilien usw.". Manchmal faßt der Komponist Gruppenbilder zusammen. So stehen im 14. Ordre hintereinander „Die verliebte Nachtigall, Der erschreckte Hänfling, Die klagenden Grasmücken, Die siegreiche Nachtigall" oder im 24. Ordre „Die alten Herren, Die jungen Herren". Auch werden in einer Variationenreihe die einzelnen Variationen mit besonderen Eigenschaften überschrieben: „Treue, Ausdauer, Eitelkeit usw.". Gern zeichnet Couperin kleine

„Damenporträts", sei es von Frau und Tochter, sei es von befreundeten oder allbekannten Frauen seiner Zeit.

Die bisherigen Bemerkungen lassen schon erkennen, daß die Kunst des Meisters sich nicht im Großzügigen, Mächtigen oder in Zusammenhängen äußert, sondern in liebevoller Kleinstzeichnung. Und hier wiederum fesselt ihn das Ornamentale, die Aneinanderreihung und veränderte Wiederholung zierlichster Kleinornamente. Wir haben also anmutigstes spielerisches Rokoko französischen Gepräges vor uns. Wir geben (Beispiel 1 bis 4) die Satzanfänge eines der

kürzeren Ordres (Nr. 4) wieder. In ihnen spiegelt sich das Wesentliche von Couperins Kunst: die Reihung von Kleinstmotiven, die verschwenderische Verzierung, der feingliedrige Rhythmus (nicht zu verwechseln mit dem Takt, den Couperin sehr frei behandelt wissen will!), die biegsame Schlankheit des Satzes und die Bildhaftigkeit der Überschriften: La Marche des Gris-vetus / Enjouements bacchiques / Tendresses bacchiques / Fureurs bacchiques / La Pateline / La Réveille-matin.

GEORG PHILIPP TELEMANN

Geboren am 14. März 1681 in Magdeburg als Sohn eines Predigers. Obwohl ihn die Mutter nach dem Tode des Vaters von der Musik fernzuhalten suchte, blieb ihm die Tonkunst das Höchste, — während der Gymnasiumszeit in Zellerfeld und Hildesheim wie während seines Rechtsstudiums in Leipzig. 1704 Organist in Leipzig. Abwechselnd mit Kuhnau schrieb er für die Thomaskirche Kantaten, komponierte Opern, begründete ein Collegium musicum. Einige Jahre gräflicher Kapellmeister in Sorau, 1708 Hofkapellmeister in Eisenach, 1712 Kapellmeister der Barfüßer- und Katharinenkirche in Frankfurt a. M. Seit 1721 städtischer Musikdirektor in Hamburg. Die Wahl zum Leipziger Thomaskantor nach Kuhnaus Tode nahm er nicht an. Gestorben am 25. Juni 1767 in Hamburg. Auf allen Gebieten der weltlichen und geistlichen Musik hat er eine bis heute noch nicht zu übersehende Menge von Kompositionen geschrieben.

Telemann wurde vier Jahre vor Bach und Händel geboren und starb, als Haydn 35 Jahre alt war. Jede Stilwandlung in diesen Jahrzehnten hat er hellhörig erlebt und feinfühlig mitgestaltet. Immer überfließend von Einfällen, immer sicher im Gestalten, stets volksnahe in der Sprache, stets geschmeidig in der Prägung, jederzeit dem Überkommenen tief verpflichtet und gleichzeitig fortschrittlich wie kaum einer („Ist in der Melodie nichts Neues mehr zu finden, so muß man es mit der Harmonie versuchen“). Vor der Gefahr, die in der Vielschreiberei liegt, bewahrte ihn sein vielseitig gebildeter Geist, vor der damals wuchernden Ausländerei, die ihm eine nur spielerische Freude bereitete, schützte ihn sein gefestigtes Wesen.

Die bedeutenden, wahrhaft großen Werke Telemanns sind nicht auf dem Gebiet der Klaviermusik erwachsen; denn dem Klavierschaffen hat er nur nebenher ein wenig Zeit gewidmet. Er geht in diesen Werken nicht in die Tiefe, bleibt jedoch auch nicht an der Oberfläche; er gibt Spielmusik im schönsten Sinne, nicht mehr und nicht weniger. Um so wichtiger ist er als Mitbegründer und Träger des neuen flüssigen Klavierstils, der sich in der Vorklassik ausbildete und in der Wiener Klassik den ersten Gipfelpunkt erreichte. Diese Tatsache macht Telemanns Klavierwerk so bedeutungsvoll; nicht minder aber die andere, daß er als Norddeutscher zwar dem neuen Stil huldigte und ihn mitgestaltete, zugleich aber die Bindung an die Vergangenheit niemals fallen ließ.

Zu den Werken selbst nur einige Hinweise. Die Sechs leichten Fugen heißen eigentlich (der Titel ist französisch gewählt) „Leichte Fugen und kleine Spiele für Klavier allein“ und kennzeichnen sich dadurch als knapp geformte Reihenwerke, von denen jedes mit einer einfachen Fuge beginnt und dann drei oder vier spielerische Sätzchen bringt. „Leichte“ Fugen nennt man sie, weil sie zwar mancherlei in echt polyphoner Fügung enthalten, aber vielfach — besonders in den Zwischenspielen — in einfaches homophones Spielwerk hineingleiten. An die Art der Zwischenspiele knüpfen dann die angehängten Sätzchen an. Das Ganze locker und ansprechend, jedoch durch Satzfeinheit und innere Haltung geeint. Die „Zwanzig kleinen Fugen“ sind strenger im Satz, ziehen die Zwischenspiele auffallend zusammen, haben jedoch nicht die natürliche Frische und sprühende Lebendigkeit des zuvor genannten Werkes. Da Telemann selbst sagt, er wolle den Lernenden zeigen, wie man vierstimmige Fugen zu schreiben habe, handelt es sich also um ein Unterrichtswerk (vergl. die Vorrede mit der zu Bachs Inventionen und Sinfonien).

In den „Sechs Ouvertüren“, benannt nach dem Kopfsatz in französischer Ouvertürenform, überzeugen am meisten die geschwinden Schlußsätze, während die langsamen Sätze nicht sonderlich beredt wirken.

Als „Kleine Fantasien“ bezeichnet man heute das umfassendste Klavierwerk Telemanns, das die (französische) Bezeichnung trägt: „Fantasien für das Klavier. Drei Dutzend". Das Ganze ist sehr ebenmäßig aufgebaut. Von den 36 Stücken gehören je 12 zusammen; von den drei Dutzend nimmt das mittlere eine Sonderstellung ein (französische Bezeichnung, französische Anordnung der Sätze von Langsam/Schnell/Wiederholung des langsamen Teils, dem dann allerdings noch ein kurzes geschwindes Stücklein folgt). Weiter entsprechen sich das erste und dritte Dutzend, indem ihre Fantasien fast immer die Satzfolge Schnell/Langsam/Wiederholung des schnellen Satzes aufweisen und die Überschriften italienisch gehalten sind. Aber die Verbindung geht noch weiter; denn nach jeder geradzahligen Fantasie (2., 4., 6. usw.) ist die vorangehende ungerade (1., 3., 5. usw.) zu wiederholen. Der Art nach erinnern die Hauptteile der Fantasien ein wenig an Bachs Inventionen, doch ist ihre Sprache beweglicher, heiterer, weniger dicht in der Polyphonie, oft durchaus homophon, jedoch bei aller Fröhlichkeit sehr zucht-

voll (vergl. die Beispiele). Die langsamen „Trios" sind sehr kurz gefaßt.

JEAN PHILIPPE RAMEAU

Geboren am 25. September 1683 in Dijon als Sohn eines Organisten. 1701 in Italien, vorübergehend Organist in Avignon, dann vier Jahre Organist in Clermont. Seit 1706 (abgesehen von einigen Unterbrechungen) vorwiegend in Paris. Musikmeister beim Generalpächter La Pouplinière, später „Compositeur de cabinet" Ludwigs XV. Gestorben am 12. September 1764 in Paris. Hauptwerke: Opern, Kantaten, Motetten, Klavierwerke, Kammermusik, bedeutende theoretische Schriften über Musik.

Rameau vermag zwar in der zierlichen Feinarbeit nicht mit seinem um eine Generation älteren Landsmann Couperin zu wetteifern, überragt ihn jedoch als Gesamterscheinung wie als Klavierkomponist nicht unbeträchtlich, oder sagen wir vorsichtig: er steht uns als Klavierkomponist näher. Das liegt einmal an seiner Harmonik (Rameau gilt als entscheidender Mitbegründer des neueren harmonischen Denkens), zum anderen an seiner großzügigeren Themenbildung, die zuweilen schon in die spätere Klassik vorausgreift, und endlich an seiner weiträumigen Gestaltung. Gewiß, auch bei ihm begegnet man mancher Kleinbildung im Geiste Couperins, gewiß ist meist das Einzelstück bedeutender als der Zusammenhang mit anderen; aber mit fortschreitendem Schaffen entfernt er sich zusehends von der spielerischen Reihung ständig wiederholter Rokoko-Kleinglieder und wächst in größere Bindungen hinein. Couperin bleibt trotz behendgelenkiger Rhythmik im wesentlichen statisch-lyrisch; Rameau wirkt trotz geringerer Vielfalt und Lebendigkeit der Kleinrhythmen eher dynamisch-dramatisch. Seine melodischen Linien schwingen weiter aus, sind wohl an einen Grundkeim gebunden, entwickeln diesen jedoch zu größeren Gebilden, und zwar in der melodischen Linie (Thema, während man bei Couperin eher von Motiven sprechen sollte) wie im Gesamtaufbau der einzelnen Stücke, die sich zuweilen bereits der neueren Sonate nähern und (in den zahlreichen Rondos) gedanklich-musikalische Beziehungen zwischen Haupt- und Nebenteilen aufweisen.

Die Hauptwerke des französischen Klaviermeisters sind erschienen zwischen 1706 und 1741. Ob wir uns zu den Suiten in ihrem vollen Umfang zurückfinden werden, steht dahin. Dagegen haben manche Rondos, Variationen, Tanzsätze und Charakterstücke auch heute noch nichts von ihrer Kraft verloren. Einige der bekannteren Stücke Rameaus seien hier kurz gestreift.

Reizend und bedeutungsvoll zugleich das „Zyklopen-Rondo“. Das Hämmern der Zyklopen stellt Rameau so dar, daß nicht nur der Zuhörer, sondern auch der Zuschauer auf seine Kosten kommt: Akkordbrechungen bringt Rameau nämlich so, daß beide Hände in schnellem Wechsel die gleichen (oder verschiedene) Töne anschlagen, sodaß der Eindruck des „Hämmerns“ entsteht (eine Schlagtechnik, die bei Rameau auch sonst gelegentlich anzutreffen ist, etwa in Nr. 4 der Variationen-Gavotte). Wichtiger freilich ist die Form des „Zyklopen-Rondos“. Sie nähert sich stark der Sonate mit den zwei großen Hauptteilen, von denen der zweite durchführungsartige Züge aufweist.

Dem Sonatenhaften nähert sich Rameau auch thematisch. Thema und begleitende Figuren des Rondos „Die zärtlichen Klagen" („Les tendres plaintes") muten im Ansatz wie im Fortspinnen schon ganz sonatenartig an (Beispiel 1); die Zwischensätze dieses Rondos sind wieder motivisch an den Hauptteil gebunden. Noch von einer anderen Seite nähert sich Rameau der Sonate (oder mindestens: sonatenhaften Besonderheiten) in dem vergnüglichen Charakterstück „Das Huhn". Das Thema (Beispiel 2)

2

erscheint im ersten Augenblick als bloße Nachahmung des Gackerns, in Wirklichkeit ist es innerlich gespannt, fast dramatisch in seinen Gegensätzlichkeiten. Eine neue Spannung tritt wenige Takte später hinzu (Beispiel 3, chroma-

tische Rückungen, Umformung des Grundgedankens). An diese wiederum schließt sich eine bewegliche Sechzehntelfigur. Alle diese Einzelheiten werden im Verlauf thematisch-motivisch auf immer neuen Tonstufen durchgeführt.

Will man endlich den treibenden Rhythmus Rameaus (im Gegensatz zu Couperins stillstehender Feingliedrigkeit) kennenlernen — und zwar wiederum als gestaltbildende, größere Räume schaffende Kraft —, so genügt dazu ein Blick auf die stürmischen, auf beide Hände (teilweise gekreuzt) verteilten Sechzehntelfiguren und Triolen der „Egyptienne", auf den tänzerischen Schwung der „Winzerinnen" und vor allem auf das „Tambourin", wo zwar die kleingliedrige Reihung Couperins wiederkehrt, aber elastisch gespannt ist.

GEORG FRIEDRICH HÄNDEL

Geboren am 23. Februar 1685 in Halle als Sohn eines Hofbarbiers und Chirurgus. Erst nach dem Tode des Vaters lebte er ganz der Musik. 1706/07 in Hamburg, 1707/10 in Italien, wo er mit den bedeutendsten italienischen Meistern zusammenkam. Nach kurzem Zwischenaufenthalt in Hannover ging er nach England, wo er von 1712 bis zu seinem Tode (14. April 1759 in London) wirkte. Begraben in der Westminsterabtei, der Krönungs- und Begräbnisstätte der englischen Könige. Schrieb vor allem Oratorien, Opern, Orchesterwerke, Kammermusik, Orgel- und Klavierwerke.

Obwohl Händel einer der bedeutendsten Tondichter und einer der hervorragendsten Klavierspieler seiner Zeit gewesen ist, hat er das Klavier, gemessen an den Großwerken des Oratoriums, der Oper und der Orchesterschöpfungen, mit verhältnismäßig wenigen Kompositionen bedacht. Und selbst diese sind uns zum Teil in einer Form überliefert (etwa als wilde Drucke, ohne Händels Billigung), die den Stempel des noch nicht Endgültigen unverkennbar auf der Stirn trägt. Der Tondichter mag auch selbst kein allzu großes Gewicht auf manche seiner Klavierwerke gelegt haben. Dadurch ist eine gewisse Unordnung und Unsicherheit entstanden, die im Zusammenhang mit der oft unklaren Ausführungsart dazu geführt haben mag, daß des Meisters Klavierwerk bei weitem nicht so bekannt geworden ist wie seine anderen Schöpfungen oder wie die Klaviermusik anderer Tondichter. Nur selten trifft man im Konzertsaal auf eine Klavierkomposition Händels (und selbst dann nur auf eine oder zwei ganz bestimmte), und auch die Hausmusik hat sich dieser Schöpfungen viel zu wenig angenommen. Dabei gehört ein großer Teil von ihnen zum kostbarsten Gut des älteren deutschen Klavierschaffens.

Viele Werke stellen sich dar als verkleinerte Spiegelung der Händelschen Großwerke, mindestens in der Haltung. Da findet sich nichts von der grüblerischen Versenkung Bachs, alles ist klangbetont, strebt nach außen, — freilich weniger nach Wirkung um der Wirkung willen, als vielmehr willensbetont, tätig, Aufmerksamkeit heischend, mit der selbstverständlichen Gebärde des geborenen Herrschers. Die Formen werden als gegeben vorausgesetzt, nicht aus- oder umgestaltet; Händel erfüllt sie mit seinem gewaltigen Atem, ohne an ihnen zu rütteln oder zu deuten. Sicher gezeichnet die kraftvolle Thematik mit ihrem schreitenden Rhythmus, festgebaut und nicht sehr wandlungsreich die Harmonik, der Stil bald homophon und bald polyphon, wie es der Ausdruck gerade fordert, und selbst die meisterhaft gehandhabte Polyphonie mehr auf machtvolle Klarheit als auf vielfältige Verästelung gerichtet. Wohl spürt man, wie zuchtvoll und streng Händel zu denken gewohnt ist; aber selbst über den dichtest gefügten Werken liegt der frische, starke Glanz von etwas eben erst Geschaffenem, Stegreifartigem, unerschöpflich in jedem Augenblick sich Erneuerndem. Fast überflüssig, zu sagen, daß Händel, der schon als junger Mensch im Wettspiel auf Orgel und Klavier mit den berühmtesten Meistern seiner Zeit ehrenvoll abgeschnitten hatte, klaviermäßig im besten Sinne zu schreiben weiß. Gewiß dankt er da manches den italienischen Freunden (wie Scarlatti), mit denen er jahrelang zusammen war; doch die Freude, sich am Klavier nicht einzuspinnen, sondern sich strömend mitzuteilen, ist ihm so wesenseigen, daß man sicher sein kann, sie sei in Italien wohl gestärkt, aber nicht erst hervorgerufen worden. Diese Art unterscheidet Händel von den meisten (nicht allen!) Klavierwerken seines Zeitgenossen Bach. Beiden ist der gleiche Erlebniskern eigen; während aber Bach diesem zumeist immer wieder sinnend nachspürt, läßt ihn Händel sich unmittelbar frei entwickeln. Bach wandelt auf den Bahnen des Suchers, Händel zieht den Weg des Künders.

Händels Klavierwerke liegen vor in den vier „Sammlungen" der deutschen Händelgesellschaft, in der sogenannten „Aylesford-Sammlung" sowie in einigen Jugendkompositionen.

Erste Sammlung

Die „Erste Sammlung" enthält acht von Händel selbst herausgegebene „Suiten" (1720). Der Name Suite war damals längst zu einem Formbegriff geworden und umfaßte die Kernsätze Allemande / Courante / Sarabande / Gigue, die in gleicher Tonart standen und durch „Modesätze" mehr oder weniger häufig ergänzt wurden. Obwohl vor Bachs Suiten geschrieben, halten sich Händels Suiten nur gelegentlich an das überkommene Muster, verzichten auf thematisch-motivische Satzverwandtschaft, stellen im Wortsinne „eine Folge von Klavierstücken" dar und nähern sich der Sonate. Nur die Tonart wird innerhalb der Gesamtsuite fast ausnahmslos festgehalten. Der freien Formung entspricht die aufgelockerte Sprache.

Das Präludium der A-dur-Suite (Nr. 1) gibt für die Auflockerung ein gutes Beispiel; es besteht aus geharften Akkorden mit rezitativischen Zwischengängen; während aber bei Bach (etwa im ersten Präludium des Wohltemperierten Klaviers) die geharften akkordischen Harmonien einem strengen Baugesetz gehorchen, dienen sie hier der Entwicklung eines stegreifartigen Klangspiels, ja, der einlei-

1

tenden Lockerung der Finger. Es folgen dann eine teilweise stimmig verzahnte, teilweise homophone Allemande, eine fließende Courante und eine rhythmische straffe, fast starre Gigue; Sarabande und Einschubsätze fehlen also völlig.

In der F-dur-Suite (Nr. 2) verläßt Händel den Boden der eigentlichen Suite vollkommen. Sie beginnt mit einem Adagiosatz, dessen durch Couperin beeinflußte rhythmische Themenauszierung (Beispiel 1) mit seiner Kleinverästelung sich stark von der rhythmischen, fast möchte man sagen: motorischen Gleichförmigkeit mancher Händel-Sätze abhebt (vergl. auch den letzten Satz der A-dur-Suite). Es folgt ein Allegro, zweistimmig, Unterstimme in Achteln, Oberstimme meist in Sechzehnteln, trotz starken motivischen Spiels vorwiegend homophon mit verschleierten Terz- oder Dezimenparallelen (Beispiel 2), ebenfalls ein fast „moto-

2 Allegro

rischer“ Satz, zweiteilig mit Wiederholungen, der zweite Teil auf der Dominante beginnend. Daran schließt sich ein kurzes, wiederum stark ausgeziertes Adagio in d-moll (die Tonart F-dur wird also verlassen). Als vierter Satz erscheint ein Allegro, und zwar eine Fuge über eines jener Händel-Themen (Beispiel 3), die so einfach und festlich froh anmuten, deren guter fugierter Vortrag jedoch allerlei spielerische und geistige Gewandtheit voraussetzt. Die ganze Suite mit ihrer Satzfolge und Satzart ist jedenfalls eine Sonate.

3 Allegro

Völlig frei die Satzordnung in der d-moll-Suite

(Nr. 3): ein meist in Akkordbrechungen abrollendes kurzes Präludium, eine in der Themenmitte die anstürmende Bewegung hemmende Fuge, dann als Überbleibsel der Stammsätze eine Allemande und eine Courante, weiterhin ein Variationensatz (stark ausgeziertes zweiteiliges „Air“ mit fünf „Doubles“), endlich ein ebenfalls zweiteiliges längeres Presto nach Art mancher Scarlatti-Sätze. Besonders in dieser Suite erweist sich, daß innere Haltung fester zu binden vermag als eine noch so verdichtete Form.

Die e-moll-Suite (Nr. 4) beginnt sogleich mit einer breitausgeführten Fuge; der ausgesprochene Bewegungscharakter ihres Themas wird dadurch unterstrichen, daß die drei Anfangsviertel wie Trompetenstöße das Geschehen zwar ankündigen, aber noch stauen, bevor die eigentliche Sechszehntelbewegung losrast. Darauf folgen die vier Stammsätze der üblichen Suiten, wobei die ersten beiden sogar durch den Themenkopf motivisch verbunden sind.

Dagegen bleiben in der E-dur-Suite (Nr. 5) wieder nur zwei der Stammsätze erhalten: Allemande und Courante. Voran geht ein orgelartiges Präludium, stimmig, mit breiten Haltetönen. Als Schluß folgt ein Air mit fünf Doubles, die sogenannten „Grobschmied-Variationen“ (Herkunft der Bezeichnung unklar). Dieser Satz gehört zu Händels bekanntesten Klavierwerken, gibt aber von dem wirklichen Händel nur ein kleines Bild. Es sind Spielvariationen überkommener Art: das Thema meist in Achtelbewegung, die erste Variation mit Sechzehntelfigurierung der rechten, die zweite Variation mit Sechzehntelbewegung der linken Hand. Sechzehnteltriolen der rechten Hand in der dritten und gleiche Bewegung der linken Hand in der vierten Variation, Zweiunddreißigstel schließlich im Wechselspiel beider Hände in der Schlußvariation. Also nichts anderes als ständig beschleunigte Bewegung, freilich zauberhaft locker gestaltet.

In der fis-moll-Suite (Nr. 6) erinnert nur die Schlußgigue an die Kernsätze der eigentlichen Suite. Die anderen Sätze bestehen aus einem rhythmisch punktierten Largo und einer als Allegro bezeichneten Fuge, deren Thema sich im zweiten Takt eine durch Vergrößerung des abwärtsgerichteten Themenbeginns gewonnene Gegenstimme gesellt.

Wieder ganz anders die Zusammensetzung der g-moll-Suite (Nr. 7). Am Anfang eine französische Ouvertüre (langsame mit Trillern und auffahrenden Tonleitern durchsetzte Einleitung / fugiertes Presto mit unablässig punktiertem Rhythmus und klangbetonten Parallelführungen / Wiederaufnahme des Adagios). Dann ein von nachahmenden Einsätzen durchzogenes Andante, zweiteilig mit Wiederholungen, und ein ähnlich geformtes Allegro. Weiterhin eine Sarabande mit dem bei Händel so oft wiederkehrenden Grundrhythmus 𝅗𝅥 𝅗𝅥 𝄽 ♩ | 𝅗𝅥 𝅗𝅥 . Darauf eine knappe Gigue, jedoch nicht als Schlußsatz. Diesen bildet vielmehr eine Passacaglia; Händel nimmt sich die Freiheit, sie im 4/4-Takt (statt in dem für eine Passacaglia kennzeichnenden 3/4-Takt) vorzuführen. Die Variationen des viertaktigen Grundgedankens haben ähnlichen Bewegungscharakter wie bei den Grobschmied-Variationen der E-dur-Suite.

In der f-moll-Suite (Nr. 8) haben wir eines der stärksten Werke der ganzen (wahrlich nur aus starken Werken bestehenden!) Sammlung zu erblicken. Prachtvoll die Gewichtsverteilung: an der Spitze ein motivisch verzahntes Adagio-Präludium von großem Schnitt, dem sich eine Allegro-Fuge von prunkender Klangpracht anschließt (Beispiel 4

4 Allegro

gibt eine wuchtige Stelle mit Akkordgriffen und Oktaven; Fugenthema in der Oberstimme). Diesen beiden Einleitungssätzen entsprechen gewichtsmäßig die nun folgenden Sätze

Allemande, Courante und Gigue, alle drei mit Dreiklangsmotiven beginnend (wie das Adagio-Präludium), alle drei zwischen stimmiger Verdichtung und frei ausschwingendem, klanglich betontem Motivspiel wechselnd. Das Ganze in der stolzen Männlichkeit ein ausgesprochener Händel.

Zweite Sammlung

Die heute so genannte „Zweite Sammlung" ist 1733 zum ersten Male erschienen, und zwar als Zweiter Band der „Suites de pieces pour le clavecin". Händel selbst wußte nichts von dieser Veröffentlichung, die manches enthält, was der Meister sicher anders geordnet, ausgebaut oder gar unterdrückt haben würde. So steht nun Gutes neben Schwachem, und es bleibt dem Spieler überlassen, auszuwählen, was seinem Geschmack und seinem Spielvermögen entspricht.

Gleich die „Suite in B-dur" wirkt unausgeglichen und meist schwach. Ein Präludium beginnt mit geharften, wenig fesselnden Akkordfolgen und läuft in inhaltlich magere Kleinvariationen aus. Bezaubernd in seiner anmutigen Strenge das Thema des „Air" (Brahms hat es seinen „Händel-Variationen", Werk 24, zugrundegelegt), während die fünf Variationen des Themas wieder sehr dürftig anmuten. Als letzter Satz erscheint ein Menuett (in g-moll!), das unter den zahlreichen Menuetten Händels eines der gleichgültigsten ist. Die ganze „Suite" trägt also alle Kennzeichen des Nichtvollendeten, Nichtausgeführten.

Das nächste Stück der Sammlung, eine Chaconne G-dur, gehört — neben den erwähnten „Grobschmied"-Variationen — zu den bekanntesten Klavierwerken Händels. Die Chaconne umfaßt 21 Variationen, die meist nach dem bereits angedeuteten — bei Händel zum Schema gewordenen — Muster der gruppenweisen Bewegungssteigerung angeordnet sind: 1. Variation mit Achtelfiguration der rechten

Hand, 2. Variation mit Achtelfiguration (Oktaven!) der linken Hand, 3. und 4. Variation entsprechend mit Achteltriolen, 5. und 6. mit Sechzehntelläufen der rechten und dann der linken, 7. und 8. mit „geschüttelten" Sechzehnteln; die Sechzehntel bleiben dann in verschiedener Spielart herrschend bis zum Schluß. Die dadurch entstehende Gleichförmigkeit wird einigermaßen ausgeglichen durch die in g-moll stehenden Variationen 9 bis 16; nicht nur der Molltonart wegen, sondern weil in diesen Variationen dem Thema neue Seiten abgewonnen werden (besonders in Nr. 16). Unbeschadet einer gewissen Größe, kann diese Chaconne weder mit anderen Chaconnen (aus der Aylesford-Sammlung) noch mit den acht Suiten der „Ersten Sammlung" oder gar mit den großen Fugen der „Vierten Sammlung" wetteifern, so daß ihre Bevorzugung kaum zu verstehen ist.

Daran reihen sich weitere fünf Suiten von recht ungleichem Wert im Ganzen wie in Einzelheiten. Zunächst eine in d-moll mit den Sätzen Allemande / Allegro / Air / Gigue / Menuett; am stärksten das zügige Allegro und das innige Air, wenigsagend die drei Variationen des Menuetts, das nach der lebhaften Gigue wie ein fremdes Anhängsel erscheint. Auch die nächste Suite steht in d-moll. Sie hält sich zwar genau an die Stammsätze der älteren Suite; aber das ist auch das einzig Bemerkenswerte. Allemande und Courante sind ausgesprochen trocken und einförmig, nach den beiden Variationen der Sarabande wartet man vergeblich auf Fortsetzung, und die Gigue ist so winzig, daß man sie für einen ersten Entwurf halten möchte. In der dreisätzigen e-moll-Suite spielt die Allemande ständig mit einem kurzgliedrigen Sechzehntelmotiv, die gelenkige Sarabande trägt manche courantenartige Züge, während die Gigue dadurch fesselt, daß zu unablässiger Triolenbewegung ruhende Töne in synkopiertem Wechsel die Harmonie sequenzartig weiterschieben. Auch die g-moll-Suite ist dreisätzig. Durch das unablässige Dahinlaufen der Bewegungsfiguren wirken die drei Sätze sehr gleichartig, freilich auch sehr gleichförmig. Die Allemande mutet an wie ein Präludium, die Courante setzt das Bewegungsspiel (sogar im Wechsel der Hände der Allemande ähnlich) unverändert fort, und die starke Gigue findet überhaupt kein Ende (Händel hat sie später verschiedentlich gekürzt; vergl. die Aylesford-Sammlung). Die B-dur-Suite umfaßt wieder einmal alle vier Stammsätze, und zwar in knapper, bündiger Form; polyphone Ansätze wandeln sich meist bald in homophones Klangspiel. Eigentümlich hüpfend die kleine, mit dem Volltakt beginnende Gigue. Dagegen bringt es die G-dur-Suite auf nicht weniger als sieben Sätze, obwohl von den Stammsätzen die Sarabande fehlt. Eine gewisse Einheit kommt dadurch zustande, daß in allen Sätzen, so seltsam sie gereiht sind und so ungleichwertig sie erscheinen, eine, man möchte sagen: zuchtvolle Spielfreude herrscht. Auf eine vielfach rhythmisch punktierte, knappe Allemande folgt ein Sonatenallegro (Wechselspiel eines Kurzmotivs mit Akkordbrechungen); sehr einförmig im Rhythmus die Courante. Dann eine munter dahineilende Presto-Aria. Daran schließt sich zunächst ein ungewöhnliches Menuett (3/8-Takt, Wechsel zweier Rhythmen und zwar von ♪ ♩ und schnellen Sechzehntelgängen), dann eine überwiegend in Vierteln schreitende Gavotte mit fünf bewegungsmäßig gesteigerten Variationen (einige in Moll). Als Schluß eine Gigue, homophon, das Thema durch einen Triller ausgeziert.

Letztes Stück der Sammlung bildet eine G-dur-Chaconne mit 62 Variationen, wahrscheinlich für den Unterricht bestimmt und nur insofern bemerkenswert.

Dritte Sammlung

Auch die „Dritte Sammlung" enthält (aus den gleichen Gründen wie die zweite) neben Wertvollem mancherlei Unausgereiftes, nicht zur Veröffentlichung Bestimmtes oder nicht mehr Überarbeitetes. Die beiden Suiten (d- und g-moll) sind kurz gefaßt und beschränken sich genau auf die Stammsätze Allemande/Courante/Sarabande/Gigue. Stärker ist das g-moll-Werk (Nr. 2): frisch die Thematik und zügig das nachahmende Motivspiel (Beispiel 5), einheit-

5

lich das harmonische Gerüst (in den Ecksätzen schließt der erste Teil jeweils in der Paralleltonart B-dur, in den Mittelsätzen in der Dominante D-dur), klar und herb die Haltung. Ein wahres Prunk- und Prachtstück ist das zweistimmige, fugierte Capriccio g-moll Nr. 3, kernig im Schnitt des stark von verminderten Terzen durchsetzten Themas (Beispiel 6), hinreißend im Schwung des Ganzen, dabei nur

6

sechsunddreißig Takte lang. Recht ansprechend auch die C-dur-Fantasie Nr. 4 mit ihrem — vorwiegend homophon erfundenen — Gemisch von ausgreifendem Thema, rieselnden Akkordbrechungen, Sequenzen und Echowirkungen. Sehr schwach dagegen die eintönigen Variationen der F-dur-Chaconne Nr. 5, die Händel sicher für irgend eine Gelegenheit komponiert hat, aber kaum veröffentlichen wollte. Auch die a-moll-Lesson Nr. 6 mit ihrer nur in Akkorden mit einigen rezitativischen Zwischengängen umrißhaft angelegten Einleitung (wohl zum Arpeggieren bestimmt) und dem nur thematisch reizvollen Allegro-Hauptsatz ist wenig ergiebig. Wie das Bruchstück einer Suite mutet Nr. 7 an: eine inventionsartige F-dur-Courante und zwei Menuette, deren zweites leicht überarbeitet in den „Stücken für Clavicembalo" wieder auftaucht. Das F-dur-Capriccio Nr. 8, obwohl recht ausgedehnt und der Sonate angenähert, kann sich mit dem Meistercapriccio Nr. 3 in keiner Hinsicht messen. Dem frischen „Preludio ed Allegro g-moll" Nr. 9 begegnet man ebenfalls noch einmal in den „Stücken für Clavicembalo": dort steht allerdings nur der Allegrosatz und heißt „sonata". Während die neunzehntaktige B-dur-Sonatina Nr. 10 wenig besagt, ist die einsätzige C-dur-Sonate Nr. 11 ein kraftvoll-lebendiges Stück Spielmusik mit leichten Anklängen an den Tokkaten- und den Inventionenstil. Hell und zierlich, wie für eine Spieluhr geschrieben (zur Darstellung des Notenbildes bedarf es für beide Hände nur des Violinschlüssels) die C-dur-Sonate Nr. 12; der erste schnelle Satz streng zweistimmig (bis auf die Schlußtakte), homophon erfunden und kontrapunktisch durchgearbeitet, der zweite Satz, ein langsames „Trio" in a-moll, wie ein dreistimmiges Stück für Holzbläser, die Schlußgavotte wieder zweistimmig, rhythmisch etwas vielfältiger, als man es bei Händel sonst gewöhnt ist.

Vierte Sammlung

Die „Vierte Sammlung" ist wieder eine rechtmäßige, von Händel selbst herausgegebene Werkreihe (1735). Sie besteht aus sechs großen Fugen, die in ihrer Art ganz dem Tasteninstrument angepaßt sind, also nicht — wie manche Bachfuge — gedankliche Bauwerke darstellen. Wer an Bachs Fugen geschult ist, wird sich zunächst vor den Fugen Händels umstellen müssen (vielleicht sind sie aus diesem Grunde so wenigen Spielern vertraut). Bei Bach wird im Thema ein Gedanke aufgeworfen und dann schrittweise, mit unabdingbarer Folgerichtigkeit weitergeleitet, bis dann schließlich das fertige Gedankennetz so dicht und bedachtsam gesponnen ist, daß man glaubt, es könne gar nicht anders sein. Anders ausgedrückt: Bachs Fugen des Wohltemperierten Klaviers sind als Gedankenbauten zwar auch klaviermäßig, doch lassen sie sich — worauf schon Zeitgenossen des Meisters hingewiesen haben — ebensogut durch mehrere andere Instrumente darstellen. Händel meistert die Fuge als Form nicht minder, doch scheint er mit dieser Form in den Klavierfugen weniger zu denken als zu spielen, und zwar im zweifachen Sinne: in der formalen Gestaltung wie im Sinne des Klavierspielens. Wenn er — und dafür hat Händel eine besondere Vorliebe — dem Thema gleich ein zweites gesellt und dieses so betont und behandelt, als sei es wichtiger noch als das erste (vergl. Beispiel 7, wo sich das hämmernde zweite Thema vorgenommen zu haben scheint, die ruhig schwingende Linie des ersten Themabeginns zu erschüttern), wenn er sich in Zwischenspielen ergeht, die das eigentliche Thema fast vergessen lassen, so hat man den Eindruck, als handele es sich um kunstvolles Stegreifspiel, nicht um folgerichtiges Bauen. Stegreifspiel aber (unnötig zu betonen, daß es natürlich nicht ein wirkliches Stegreifspielen oder Stegreifkomponieren ist) erfindet aus den besonderen Bedingungen eines einzelnen Instruments und weiß um die Wirkung nach außen. So ergeben sich bei Händel Klangfugen mit starker Betonung des Melodischen (und zwar des Melodisch-Eingängigen), während es sich bei Bach zumeist um Denkfugen mit Betonung strenger Stimmigkeit handelt. (Das alles gilt auch für die Händel-Fugen aus den Suiten!)

Die erste der sechs großen Fugen aus der „Vierten Sammlung“ beginnt sogleich mit der bereits erwähnten melodisch-klanglichen Gegensätzlichkeit zweier g-moll-Themen (Beispiel 7), sie wirkt somit schon in den ersten Takten als weitausholende Ausdrucksfuge. An der zweiten Fuge (G-dur) fesseln die Tonwiederholungen des Themas und mancherlei

7

motivische Arbeit. Darauf folgt als Nr. 3 eine B-dur-Fuge mit abermals zwei Themen (Beispiel 8), sichtlich dem musika-

8

lischen Stoff der ersten Fuge verwandt, jedoch von völlig eigener Sprache durch die Freiheit des Gestaltens. In der vierten Fuge (h-moll) spricht das feingliedrige, klangschöne Motivspiel mindestens ebenso an wie die feste Themenzeichnung. Von wirklich sprechender Charakterisierung das Thema der fünften Fuge mit seinen weiten Septimen und gepreßten Halbtonschritten (Beispiel 9). Wenn wir an anderer Stelle

9

gesagt haben, Händels Klavier- und Kammermusik bilde gewissermaßen die Stufen, die zu den Großwerken hinführen, so haben wir hier ein auch äußerlich kenntliches Beispiel dafür: das Thema dieser Fuge kehrt in dem vier Jahre später entstandenen Oratorium „Israel in Ägypten“ wieder, und zwar als Ausdruck des Ekels und Abscheus. Ausgesprochenen Spielcharakter hat dagegen die letzte Fuge (c-moll), die mehr des Klanges als der Stimmigkeit wegen geschrieben zu sein scheint.

„Aylesford-Sammlung“

Mehr als anderthalb Jahrhunderte konnten verstreichen, ehe die Welt Kenntnis erhielt von einer anderen Sammlung Händelscher Klavierwerke: diese fand sich in der 1918 versteigerten Musikbibliothek des Earl of Aylesford und trägt daher den Namen „Aylesford-Sammlung“. Es handelt sich um 76 Tonstücke, wie Sonaten, Sonatinen, Präludien, Fugen, Chaconnen, Giguen, Menuette, Sarabanden, Allemanden und anderes. Ein herrlicher Schatz edelster Hausmusik (zum Teil auch „konzertfähig“), technisch nicht schwer, inhaltlich eine Fundgrube erlesener Musik von kraftvoller Haltung. Nur gelegentlich treffen wir auf bereits Bekanntes: die Giguen Nr. 20 und 21 sind zwei verschiedene Kürzungen der erwähnten langen g-moll-Gigue aus der Zweiten Sammlung (hier mit einer geharften Akkordeinleitung versehen, Nr. 19), die Chaconne Nr. 38 entspricht der Chaconne F-dur aus der Dritten Sammlung (Nr. 5), nur ist sie hier auf vier Notensystemen für zwei Manuale ausgeschrieben. Ebenfalls für zwei Manuale ausgesetzt (drei oder vier Notensysteme) sind die G-dur-Sonate (Nr. 35), ein Air in g-moll (Nr. 36) und eines in B-dur (Nr. 37, dieses zwar nur auf zwei Systemen, jedoch für oberes und unteres Manual bestimmt). Dabei wechseln die Manuale nicht etwa gleichmäßig ab, sondern ihr Klang wird auch gemischt, so daß also die eine Hand auf dem oberen und die andere auf dem unteren Manual spielt. Zuweilen handelt es sich um ausgesprochene Echowirkungen, jedoch nicht immer. Der Sonatensatz und die beiden Airs sind lebendig und spielfroh gestaltet; bedeutsamer freilich ist es, daß wir auf Grund dieser Aufzeichnungen feststellen können, wie das zweimanualige Cembalo gespielt wurde.

Über ein Drittel der Sammlung besteht aus Menuetten, darunter viele von nur sechzehn Takten, leicht zu spielen, aber eines das andere übertreffend an Geschlossenheit und Schönheit des melodischen Einfalls. Die kleinen Fugen könnte man mit Bachs zweistimmigen Inventionen in eine Reihe stellen; erreichen sie nicht deren Dichte, so bezaubern sie doch durch ihren offenen Wohllaut. Verschiedene Sonatensätze (oder Sonatinen) erinnern an Händels Lehrjahre in Italien. Manche Allemande, Courante oder Gigue mag für eine Suite bestimmt gewesen sein (etwa die Nummern 40, 41, 42). Möglich auch, daß die ersten fünf Nummern als zusammenhängende Suite in g-moll angesehen werden dürfen: auf die machtvoll anhebende und in einen zierlich fugierten Teil (Beispiel 10) mündende Ouvertüre mit ihrem leichten Orchesterglanz folgt eine fließende „Entrée“, dann ein höchst

10

anmutiges Doppelmenuett und endlich als „Schlußsatz“ eine kurze Chaconne, von deren klingenden Einfällen wenigstens

11

einer wiedergegeben sei als Beispiel dafür, wie Händel mit einfachsten Mitteln starke Wirkung erzielt (Beispiel 11).

Neben einer weiteren g-moll-Chaconne (Nr. 45) enthält die Sammlung eine große C-dur-Chaconne mit 49 Variationen. Manches wird in diesen Variationen mehrfach gesagt, so daß sich das Werk zugunsten erhöhter Wirkung kürzen ließe; das übrige aber eignet sich ebenso für Hausmusik wie für den Konzertvortrag (Nr. 15 der Sammlung). Vieles entspricht stilistisch der überlieferten Variationsart der englischen Virginalisten und der von Händel meist angewandten Variationenreihung (Spiel mit wachsender Bewegung, abwechselnde und dann gleichzeitige Beschäftigung der Hände in reinen Figurationen usw.); doch sind alle diese überlieferten Dinge persönlich gefärbt und klangstark gestaltet. Das Thema erscheint in immer neuem Klanggewand, man könnte sogar sagen: in immer neuer Instrumentation (dabei ist der Satz

durchaus klaviermäßig!). Beispiel 12 gibt den Themenkopf. Wie ein seliger Oboenreigen der Terzenbeginn von 12 a, heitere Cellofiguren im Baß von 12 b, mächtiges Harfenrauschen in 12 c, festliche Bläserchöre in 12 d. Neben den Spiel- finden sich auch verschiedene Charaktervariationen, vor allem in der Mitte des Werkes. Als Ganzes übertrifft dieses alle anderen Chaconnen Händels. — Daß im übrigen die Aylesford-Sammlung Werke aus verschiedenen Schaffenszeiten des Meisters enthält, wird dem Spieler bald bewußt.

* * *

Zu gedenken ist noch kurz einiger Jugendwerke. Die kleine Sammlung „Klavierbuch aus der Jugendzeit“ fesselt dabei weniger als Ganzes denn die Sechs Fughetten, durch die auch derjenige der Fuge als Kunstform nähergeführt werden kann, der ihr bisher fremd gegenüberstand. (Händels Urheberschaft wird vielfach angezweifelt.)

JOHANN SEBASTIAN BACH

Geboren am 21. März 1685 in Eisenach als Sproß einer weitverzweigten Musikerfamilie, erzogen und unterrichtet von seinem Bruder Johann Christoph in Ohrdruf. Weiterer Unterricht in Lüneburg (Georg Böhm). Erste Anstellung als Geiger in Weimar; seit 1703 Organist in Arnstadt, 1707 in gleicher Eigenschaft in Mühlhausen (Thüringen). Ein Jahr später Hoforganist und Kammermusikus in Weimar. 1717 bis 1723 in Köthen als anhaltischer Kapellmeister und Kammermusikdirektor. Von 1723 bis zu seinem Tode (28. Juli 1750) Thomaskantor in Leipzig. Wie Händel ist er im Alter erblindet. In zwei Ehen wurden ihm zwanzig Kinder geboren, aber nur sechs Söhne und vier Töchter haben ihn überlebt. Als Tonschöpfer hat er sämtliche Zweige der Musik bereichert — außer der Oper. Er schrieb Kantaten, Motetten, Passionen, Messen, Werke für Orchester, Kammermusik, Orgel, Klavier, Geige, Lieder usw.

Bachs gewaltiges Klavierwerk ist besonders geeignet, in Stil, Wesen und Persönlichkeit des Meisters einzuführen. Der Zugang zu Bachs geistiger und künstlerischer Welt ist ja keineswegs leicht, so daß man ihn am besten dort sucht, wo er den umfassendsten Überblick verspricht und zugleich in die Werkstattarbeit des Meisters führt. Die gesamte völkische, gesellschaftliche, kulturelle und musikalische Entwicklung von fast zweihundert Jahren hat sich wie ein riesenhafter Block zwischen Bach und das Verständnis der Spätgeborenen geschoben, so daß viele das Werk des großen Thomaskantors wohl als etwas Ehrwürdiges, Hohes und Bewundernswertes gelten ließen, es aber nicht als lebendige Unmittelbarkeit zu erleben vermochten. Es gab eine Zeit, da sein Werk vergessen war; dann, als man es wiederentdeckt hatte, glaubten unzählige, in der ersten Hälfte des 18. Jahrhunderts hätten nur die zwei Großen Bach und Händel Bedeutendes geschaffen, während ihre Zeitgenossen kleine trockene Schulmeisterlein gewesen seien. So brachte also selbst die Wiederentdeckung ein entscheidendes Mißverständnis in Schwang: Bach — und auch Händel — ist als Einzelpersönlichkeit im Sinne des 19. Jahrhunderts überhaupt undenkbar. Das Barock als letztes Zeitalter eines verhältnismäßig eindeutigen Kulturbewußtseins vermochte noch eine große Anzahl hervorragender Menschen und ähnlich gearteter Künstler hervorzubringen; bezeichnend, daß Bach zu Lebzeiten zwar als tüchtiger, aber keineswegs einzigartiger Musiker betrachtet wurde. Der Meister erscheint uns daher nicht nur groß als schöpferischer Einzelgeist, sondern als Verkörperung eines starken Zeitgeistes. Einsichtige Männer haben zwar immer wieder auf Bach als den großen Zuchtmeister (nicht nur musikalisch!) hingewiesen, aber erst in den vergangenen Jahrzehnten hat diese Auffassung allmählich auch in weiteren Kreisen Raum zu gewinnen vermocht. Bach gilt uns heute als großer Musiker, als großer Mensch, als Erfüller und Vollender einer Zeit. Wie sehr er im Ganzheitserlebnis wurzelte, ist nicht nur aus seinem Werk, sondern auch aus seinen Worten abzulesen; so, wenn er seinen Schülern einschärfte: „Des Generalbasses Finis und Endursache soll anders nicht als nur zu Gottes Ehre und Recreation des Gemüths seyn. Wo dieses nicht in Acht genommen wird, da ists keine eigentliche Music, sondern ein teuflisches Geplärr und Geleyer." Man setze neben die Worte den Begriff des „L'art pour l'art", der nun schon seit mehr als einem Jahrhundert (1837) lehren will, die Kunst sei nur um der Kunst willen da, ein Begriff, der naturnotwendig von Bachs Ganzheitserlebnis weg- und zur Vereinzelung hinführt und merkwürdigerweise oft noch von Musikern aufrechterhalten wird, die in ihrem Schaffen Bach nachzustreben behaupten.

Wie sich Bachs Ganzheit in seinem Klavierwerk widerspiegelt, mag den folgenden Besprechungen entnommen werden. Über des Meisters Stellung in der Musikgeschichte sei hier nur ganz allgemein bemerkt, daß Bach zwei große Zeitabschnitte in sich vereinigt: den polyphonen, in dem er verwurzelt ist, und den harmonischen, den er mit heraufgeführt hat. Und der Zugang zu der Welt Bachs ist aus dem Grunde verhältnismäßig am ehesten über die Klavierwerke zu gewinnen, weil sie von ihrem Schöpfer zum Teil als lehrhafte Einführungen gedacht wurden für das „polyphone" Spiel, für das „cantable" Spiel, für die „Composition" und zur „Gemüths Ergetzung". Daß unter der Hand des Meisters selbst die Lehrstücke zu herrlichen Kunstwerken geworden sind, mag abermals für die selbstverständliche Ganzheit dieses Mannes zeugen.

Und endlich: bei Bach ist das Große bereits im Kleinen beschlossen. So selbständig und übergeordnet der Bauplan seiner Werke erscheint, so kunstvoll die mächtigen Stufen der Harmonie zu dem Gesamtbau emporführen, so dicht die Stimmführung den Bau überzieht oder trägt, — alles das ist schon keimhaft vorgebildet im knappsten musikalischen Motiv. Bachs Motive sind im eigentlichen Wortsinne das „Bewegende", so daß der Gesamtaufbau, gemessen am Grundmotiv, stets als etwas Natürliches, Nicht-anders-sein-können-des anmutet. Daß es ihm gelang, so beschaffene Motive zu finden, ist Begnadung der Seele; daß er sie ihrem Wesen gemäß zu entwickeln vermochte, ist Begnadung durch den Geist.

Kleine Präludien und Fugen, zwei- und dreistimmige Inventionen

Bach hatte um das Jahr 1720 ein „Clavierbüchlein für Wilhelm Friedemann", seinen ältesten Sohn, zusammengestellt. In diesem Unterrichtsbuch befanden sich neben Übungsstücken anderer Tonmeister (so Telemann) zahlreiche Eigenschöpfungen. Später hat Bach die bedeutendsten seiner Kompositionen dieses Buches gesondert bearbeitet oder in andere Zusammenhänge eingegliedert. Die kleineren Stücke und auch knappe Werklein für andere Schüler des Meisters sind heute allgemein bekannt unter der Bezeichnung „Kleine Präludien und Fugen für Anfänger". Sie bilden die geeignetste Einführung in das Bachspiel, reichen vom schlichten Menuett-Trio (g-moll) und Kleinpräludium (C-dur Nr. 2) über inventionsartige Präludien bis zu zweistimmigen Fughetten und endlich bis zu Doppelstücken „Präludium und Fuge", von denen etwa die a-moll-Fuge mit ihrer Vierstimmigkeit schon erhebliche Anforderungen an das polyphone Denken und Spielen des „Anfängers" stellt.

Damit greifen manche dieser Stücke schon stark den Inventionen vor. Wir sprechen von diesen insgesamt dreißig Stücken meist als von den „Zwei- und dreistimmigen Inventionen". Bach hatte sie in Friedemanns Klavierbuch als „Präambulum" (zweistimmig) und „Fantasie" (dreistimmig) bezeichnet. Bei der nochmaligen Überarbeitung im Jahre 1723 nannte er die zweistimmigen Stücke „Inventionen" und die dreistimmigen „Sinfonien". Über Form und Inhalt besagen diese Benennungen nichts. So wie sie heute vorliegen, darf man sie als eine Vorstufe zum „Wohltemperierten Klavier" auffassen; beide Reihen durchschreiten gleichmäßig die Tonarten C-dur, c-moll, D-dur, d-moll, Es-dur, E-dur, e-moll, F-dur, f-moll, G-dur, g-moll, A-dur, a-moll, B-dur, h-moll. Bach schließt sich also noch dem überlieferten Brauch an, nicht mehr als vier Vorzeichen zu verwenden, ein Brauch, der erst nach dem Vorgang des „Wohltemperierten Klaviers" an Bedeutung verlor.

Wie wichtig und bedeutsam Bach die Inventionen und Sinfonien für den angehenden Musiker (und zwar für den Hörer, den Spieler und den künftigen Komponisten) waren, geht aus den Zeilen hervor, die er diesen Werken mit auf den Weg gegeben hat: „Auffrichtige Anleitung, wormit denen Liebhabern des Clavires, besonders aber denen Lehrbegierigen, eine deutliche Art gezeiget wird, nicht alleine mit zwo Stimmen reine spielen zu lernen, sondern auch bey weiteren progressen mit dreyen obligaten Partien richtig und wohl zu verfahren, anbey auch zugleich gute inventiones nicht alleine zu bekommen, sondern selbige wohl durchzuführen, am allermeisten aber eine cantable Art im Spielen zu erlangen, und darneben einen starcken Vorgeschmack von der Composition zu überkommen." — Aus der Bemerkung „am allermeisten eine cantable Art im Spielen zu erlangen" darf man schließen, daß Bach die meisten dieser Stücke für das Clavichord mit seinem singenden Ton bestimmt hat; ob alle, ist mindestens fraglich.

Die zweistimmigen Inventionen sind formal leicht zu überschauen: sie sind dreiteilig, und zwar wird die Teilung vorwiegend verursacht durch harmonische Neustufung, der zuweilen durchführungsartige Bildungen parallellaufen. Jede Invention hat eine besondere Haltung; das wird am deutlichsten dort, wo der Rhythmus des Themas oder Motivs das eigentlich Tragende bildet. Sehr abwechslungsreich ist die Art der stimmigen Fassung; bald setzen die beiden Stimmen nacheinander mit den Themen ein, bald formen sie einen Kanon (c-moll), bald gesellt sich dem Thema sofort eine Gegenstimme, bald ist diese Gegenstimme frei

1

erfunden und bald aus dem Thema selbst gewonnen. Als Muster für die dicht gewobene, gleichwohl klare Ausdrucksweise mögen die ersten vier Takte der g-moll-Invention hier stehen (Beispiel 1). In der Oberstimme das ruhig fließende Thema (bis zum ersten Sechzehntel des dritten Taktes) und ein Themenanhang. Bereits im ersten Takt setzt die Unterstimme mit einem selbständigen, chromatisch getönten Kontrapunkt ein. Während im dritten Takt die Oberstimme den Themenanhang beginnt, übernimmt die Unterstimme das Thema. Mit dem letzten Achtel des gleichen Taktes nimmt die Oberstimme den Kontrapunkt auf, nun aber bereits in der Umkehrung. Wie schlicht muten die Anfangstakte der

2

ersten Invention an (Beispiel 2), aber wie kunstvoll und zugleich natürlich ist da alles gefügt. Das kurze Thema besteht aus einem Hauptmotiv (der Sechzehntelfigur einschließlich des ersten Achtels) und einem Nebenmotiv (c/h/c/d). Da das Hauptmotiv in der Unterstimme einsetzt, wenn es in der Oberstimme kaum verklungen ist, erscheint das Achtel-Nebenmotiv als Kontrapunkt des Hauptmotivs. Im dritten Takt wird das Sechzehntelmotiv umgekehrt in der Oberstimme und vergrößert in der Unterstimme.

Bei den dreistimmigen Sinfonien ist die stimmige Verflechtung entsprechend dichter durchgeführt. Man spürt das jedesmal sogleich zu Beginn der einzelnen Stücke: das Thema tritt in keinem einzigen Falle mehr allein auf, sondern wird stets von einer Baßstimme unterstützt, die Themenanhänge werden gewichtiger, es erscheinen mehrere, zum Teil scharf voneinander abgehobene Kontrapunkte, das Einsetzen der Themen erfolgt fugenmäßig, und zwar bei der ersten Wiederholung in der Dominante, bei der zweiten wieder in der Grundtonart. In der Haltung ähneln die Sinfonien den Inventionen. Welcher Reichtum in dem Gesamtwerk der Sinfonien und Inventionen nicht nur kompositionstechnisch, sondern stimmungsmäßig, gefühlshaft und geistig enthalten ist, mag man ermessen, wenn man die zierlich spielerische B-dur-Invention und ihre gegen Schluß sich immer mehr jagenden, heiteren Engführungen vergleicht mit der tiefsinnig-schmerzlichen f-moll-Sinfonie, deren aus Seufzern gebildetes Thema, deren chromatisch schwer herabsinkender erster und ebenfalls chromatisch getönter, förmlich gequälter zweiter Kontrapunkt an alte Passionsbilder denken lassen. Oder man halte die kecke F-dur-Invention mit ihrer rhythmischen und klanglichen Klarheit gegen die mit Mischfarben (wenn auch streng motivisch) arbeitende h-moll-Sinfonie. Und wer ist noch nie in Versuchung geraten, etwa die e-moll-Sinfonie nicht klaviermäßig, sondern als von drei verschiedenen Instrumenten vorgetragen zu hören!

Französische und Englische Suiten

Es ist noch nicht einwandfrei geklärt, ob zuerst die Französischen und dann die Englischen Suiten Bachs entstanden sind oder ob die Entstehung in umgekehrter Folge anzunehmen ist. Beide Reihenwerke wurden jedenfalls geschaffen in der letzten Köthener und der ersten Leipziger Zeit des Meisters. Wenn wir die Französischen Suiten voranstellen, so geschieht das aus einem äußeren Grunde: die Englischen Suiten werden durchweg von einem Präludium eingeleitet, während die Französischen Suiten unmittelbar mit der Allemande beginnen.

Grundgerüst der Französischen (und Englischen) Suiten bildet das von Froberger festgelegte Formmuster: zunächst eine Allemande ($^4/_4$-Takt mit kurzem Auftakt, ruhiges Zeitmaß), dann eine Courante (dreigeteilter Takt), geschwinderes Zeitmaß, meist in Achteln oder Sechzehnteln gleichmäßig dahinlaufend, „courant" heißt ja laufend), nun eine Sarabande (wieder dreigeteilter Takt, aber würdevoll, gemessen und ein wenig stilisiert in Haltung und Bewegung, auf dem zweiten Viertel gern gedehnt), endlich eine Gigue (meist dreiteiliger Takt, sehr schnelles Zeitmaß, stimmig ausgebaut). Vor den Schlußsatz, die Gigue, werden nun allerlei andere Formen eingeschoben, wie Gavotten, Menuetten, Airs, Bourrées usw., ohne daß sich für diese Einschübe eine bestimmte Regel angeben ließe. Dieser in Frankreich besonders geübte Brauch hat vielleicht den Französischen Suiten zu ihrem Namen verholfen; vielleicht, denn man bleibt da auf Vermutungen angewiesen, von Bach selbst stammt die Bezeichnung jedenfalls nicht. Im großen und ganzen handelt es sich um eine Musik, in der das Wesen der alten Tanzsätze vergeistigt erscheint, ohne daß dadurch der — vor allem rhythmisch betonten — Spielfreude Hemmungen auferlegt würden. Selbstverständlich bleibt die Tonarten-Einheit der verschiedenen Sätze gewahrt.

Als Beispiel wählen wir die E-dur-Suite (Nr. 6), weil sie die meisten Sätze aufweist, und beschränken uns bei den übrigen auf Andeutungen. Ruhig ziehen im ersten Teil der Allemande die Sechzehntel der Melodiestimme und die Achtel der begleitenden Gegenstimme dahin (Beispiel 3), gegen Ende tritt ein neues, anmutig nickendes Motiv hinzu,

3 Allemande

während das Thema in der Unterstimme erklingt. Der zweite Teil beginnt in der Dominanttonart H-dur und führt Thema und Nebenmotiv teilweise straff gegeneinander. Die ganze Allemande ist zweistimmig. Zweistimmig auch die Courante, eine wirkliche „Läuferin“, der Allemande verwandt, verteilt jedoch die Sechzehntelläufe häufig ablösend auf beide Hände, zweiter Teil wiederum in der Dominanttonart, jetzt aber das Tonleiter-Thema mehrmals in der Umkehrung; zu einem Gegeneinander der Stimmen kommt es nicht. Würdig, ja ein wenig gespreizt, die ausdrucksvolle Sarabande, mit gemessenen, breiten Schritten, durchaus akkordisch bestimmt, aber stark ausgeziert durch Triller, Praller und bewegte Gegenstimmen. Sehr schlicht die Gavotte mit den charakteristischen zwei Auftaktvierteln, dreistimmig, aber durchaus melodiebetont. Ebenso auf der Melodie ruhend die Polonaise, zweistimmig mit gleichmäßiger Achtelbewegung des Basses. Beispiel 4 mag verdeutlichen, daß man

4 Polonaise

bei einer Polonaise von Bach nicht an gleichnamige Werke späterer Meister denken darf. Zweistimmig auch die nun folgende Bourrée (altfranzösischer Tanz in lebhaftem $^4/_4$-Takt mit Viertelauftakt), das Thema vielfach mit heiteren Sprüngen, die Gegenstimme treibend, zu Beginn des zweiten Teils

5 Menuett

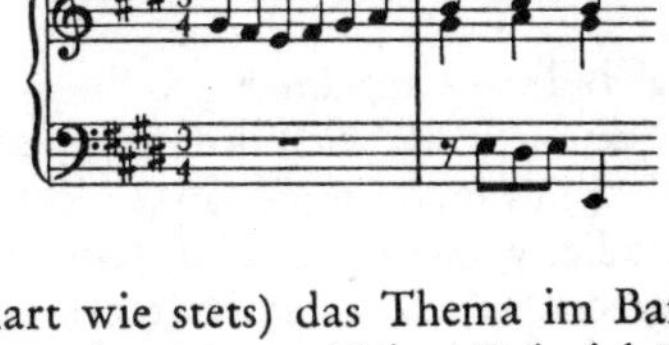

(Dominanttonart wie stets) das Thema im Baß. Ganz zierlich das Menuett, dessen erste Takte (Beispiel 5) bereits alles

aussagen: deutlich in Achtel- und Viertelmotive untergeteilte Thematik, im zweiten Motiv durch parallele Terzen (weiterhin auch Sexten) gestützt und durch eine kleine Baßfigur belebt. Durch die vier Einschübe Gavotte, Polonaise, Bourrée und Menuett ist das erwartete Einsetzen der Schluß-Gigue weit hinausgeschoben worden, wirkt also nun mit doppelter Kraft und als lösender Ausklang. Wie immer ist diese Gigue stimmig gehalten, hier zwei Stimmen mit nachahmendem

6 Gigue

Einsatz (Beispiel 6), im zweiten Teil wirkt die Gigue — wie meist üblich — schon fugenartiger: die Oberstimme setzt auf der Dominante in Umkehrung ein, die Unterstimme folgt in der Grundtonart, geschwinde Kontrapunkte in Sechzehntelläufen, die langen Ruhenoten in Triller aufgelöst.

d-moll-Suite (Nr. 1), vor der Gigue nur ein Einschub, und zwar in Gestalt eines Doppel-Menuetts. Das Giguenthema selbst ausnahmsweise nicht fließend, sondern kühn zerklüftet, 4/4-Takt (Beispiel 7). Die übrigen Sätze — Allemande/

7 Gigue

Courante/Sarabande — „regelmäßig".

c-moll-Suite (Nr. 2). Den drei Hauptsätzen folgt zunächst ein „Air", das man zweckmäßig nicht mit Arie, sondern mit Melodie verdeutscht, weil seine Linie durchaus instrumental getönt ist; daran schließt sich als zweiter Einschub ein ruhig fließendes Menuett. In der Gigue wird der

Rhythmus der Canarie (französischer Schnelltanz) im $^3/_8$-Takt mit punktiertem ersten Achtel straff durchgeführt.

h-moll-Suite (Nr. 3). Vor der Gigue drei Einschaltungen, nämlich zwei Menuetts und eine Anglaise. Da das zweite Menuett kürzer und auch weniger bewegt ist, darf man es als Trio des ersten Menuetts auffassen; zwar bleibt die Tonart erhalten, doch wird sie stark eingetrübt. Eine Anglaise ist ein englischer Kontertanz, der in Deutschland erst auf dem Umweg über Frankreich eingeführt wurde und bei uns unter der Bezeichnung „Française" bekannt geworden ist. Sehr schön das allmähliche motivische Dichterwerden der zweistimmigen Gigue: die Unterstimme nimmt in Engführung zwar das Thema der Oberstimme auf, aber anfangs gewissermaßen nur deren Hauptpunkte, nicht jedoch die Verzierungen und Durchgangstöne; erst im Verlauf entwikkelt sich die wechselseitige Jagd der Motive.

Es-dur-Suite (Nr. 4). Die Allemande ähnelt in Haltung und in den vorwiegend der Oberstimme anvertrauten Akkordbrechungen zu ruhigen Bässen einem Präludium; beachtenswert gleich zu Beginn die Ausweichung zur Unterdominante As-dur. Courante im wesentlichen ebenfalls zweistimmig unter abermals starker Bevorzugung der Oberstimme. Die Sarabande wendet sich ebenfalls zu Beginn schon nach As-dur; ausgleichende Gegensätzlichkeit zwischen dem rhythmisch bestimmten Hauptmotiv und der in gleichmäßigen Achteln strömenden Gegenstimme. Humorvoll die nachahmenden Engführungen der eingeschobenen Gavotte. Ein kurzes Menuett weicht wiederum im ersten Takt zur Unterdominante aus. Dritten Einschub bildet ein bewegtes zweistimmiges Air. Die Gigue bildet ein klares Musterbeispiel für den Typ überhaupt: geschwinder $^6/_8$-Takt, einfacher Rhythmus, fugenartiger Satz, Themenumkehrung im zweiten Teil.

G-dur-Suite (Nr. 5). Drei Einschaltungen vor der Gigue: eine Gavotte, die stark an die der 6. Suite erinnert (s. o.), eine überaus anmutige, fast bildhafte Bourrée und eine in gemäßigtem Zeitmaß und gemessener Haltung vorüberziehende Loure, deren charakteristischer Rhythmus ($\frac{6}{4}$ ♪♩|♩.) das Stück durchädert. Die Gigue, wiederum fugenartig mit Themenumkehrung im zweiten Teil, ist mit ihrer unablässigen Sechzehntelbewegung im $^{12}/_{16}$-Takt fast spritzig zu nennen.

Es wurde bereits erwähnt, daß den Englischen Suiten stets ein Präludium vorangestellt ist; dementsprechend vermindert sich die Zahl der Einschübe vor der Schlußgigue. Die Präludien sind aber weit mehr als nur hinzugefügte „Vorspiele“ oder „Einleitungen“; abgesehen von der ersten Suite werden sie geradezu als tragende Hauptsätze ausgebaut, meist mit fugenartiger Stimmführung, weitgespannt in der Anlage, die einzelnen Unterabteilungen sorgfältig gegeneinander abgesetzt und aufeinander abgestimmt, überwiegend dreiteilig (also aus Formerwägungen geboren), aber auch in reizvollem Wechselspiel (also aus Klangvorstellungen erwachsen). Als Muster wählen wir abermals nur eine Suite aus und beschränken uns bei den übrigen auf Hinweise.

g-moll-Suite (Nr. 3). Das Präludium, etwa zweihundert Takte lang, ist stark durch Klangvorstellungen bestimmt. Die Art, in der es sich zu Beginn durch Hinzutritt immer neuer „Instrumente“ entfaltet, hat etwas Orchestrales (Beispiel 8). Zweiunddreißig Takte bleibt diese Haltung

8 Präludium

bestehen; dann beginnt in dünnerem Satz die „Solistengruppe“ (das „Concertino“ oder das „Cembalo“), die nach weiteren vierunddreißig Takten wieder vom „ganzen Orchester“

abgelöst wird. Dieser Wechsel von großer und kleiner Klanggruppe macht das Wesen des formal im Grunde sehr schlichten Präludiums aus. Gefühlsreich die Allemande mit ihren zwei ineinandergreifenden Hauptstimmen. Dieses Ineinandergreifen bleibt in der Courante erhalten. Fast schmerzlich die Melodik der Sarabande; sie erscheint zweimal: zunächst einfacher, dann sehr reich verziert. Vor die Gigue werden zwei Gavotten eingeschoben; eigentlich ist es nur eine Gesamt-Gavotte, da die zweite mit ihrem das ganze Stück hindurch ruhenden G im Baß, mit ihrer eng kreisenden Mittelstimme und mit ihrer gewandelten Tonart (G-dur) als Trio aufgefaßt werden darf. Fugiert die Einsätze der Gigue, das Thema knisternd von innerer Spannung (Beispiel 9), im

9 Gigue

zweiten Teil ständig in Umkehrung bis auf die letzten beiden Takte, in denen das Thema in der Urgestalt erscheint.

A - d u r -Suite (Nr. 1). Am wenigsten bedeutend, kurzes Präludium ohne besondere Eigenart. Von den übrigen Sätzen zeigt nur die Allemande ein eigenes Gesicht.

a - m o l l - Suite (Nr. 2). Das Präludium besteht aus drei gleich langen Teilen (je etwa vierundfünfzig Takte), wobei der dritte nur eine Wiederholung des ersten darstellt. Obwohl der Mittelteil neue Gedanken bringt, wird er ständig durch das Auftreten des Hauptthemas gegliedert. In der Satzanordnung ähnelt die Suite der oben besprochenen g-moll-Suite: die Sarabande erscheint in doppelter Fassung (das zweite Mal stärker ausgeziert), und die vor der Gigue stehende Doppel-Bourrée läßt sich wieder als Hauptteil mit nach Dur gewandeltem Trio auffassen. Der zweite Teil der in stürmischen Achteln dahinsausenden Gigue beginnt diesmal nicht mit Themenumkehrung, sondern setzt das Thema zunächst von a-moll nach C-dur. Rein zweistimmig, aber von erstaunlich kraftvoller Wirkung.

F - d u r - Suite (Nr. 4). Das Präludium wieder dreiteilig, und zwar in der Art, daß der dritte Teil nur eine Wiederholung des ersten darstellt; am ausgedehntesten der mit dem 22. Takt einsetzende Mittelteil. Gleichzeitig ist das Präludium — wenn auch nicht so ausgeprägt wie das der g-moll-Suite — konzertartig gehalten, also klangbestimmt. Vor der Gigue als Einschub zwei Menuette, von denen das zweite in d-moll als Trio des ersten in F-dur erscheint. Die Gigue selbst hat offenbar mit ihrem Thema und dessen Verarbeitungsart der D-dur-Sonate (K 576) von Mozart als Vorbild gedient.

e - m o l l - Suite (Nr. 5). Präludium abermals dreiteilig (Wiederholung des ersten Teils am Schluß, dabei zu Beginn streng fugenmäßig angelegt). Als Zwischenstück zwischen Sarabande und Gigue ein doppelter Passepied (alter französischer Schnelltanz, 3/8-Takt), ungemein frisch bei kunstvoller Stimmführung, der erste (e-moll) zweistimmig, der zweite (E-dur) dreistimmig. Der Gigue wird durch die gleiche Taktart und Bewegung der Passepieds vieles von ihrer sonst abschließenden Kraft genommen.

d - m o l l - Suite (Nr. 6). Sehr schwer zu spielen, besonders die Gigue. Das dreiteilige Präludium sehr ausgedehnt, eine Komposition, die des eigentlichen „Präludium"-Charakters völlig entkleidet ist und für sich allein zu bestehen vermag. Die Allemande stark polyphon.

Partiten
(„Klavierübung I. Teil")

In den Jahren 1726—1731 schrieb Bach je eine Partita für Klavier. Die Partiten müssen ihrem Meister immerhin wichtig erschienen sein; denn Bach hat gleich die erste im Jahre

1726 veröffentlicht (übrigens die erste Komposition, die er hat drucken lassen). Und alle sechs Partiten bilden den ersten Teil der von ihm 1731 herausgegebenen „Klavierübung" (unter Übung hat man hier etwa zu verstehen: Beschäftigung, Ausübung). Bezeichnet wurde der erste Teil als „Clavir Übung, bestehend in Praeludien, Allemanden, Couranten, Sarabanden, Giguen, Menuetten und anderen Galanterien; denen Liebhabern zur Gemüths Ergoetzung verfertiget". Bach nennt also die Einzelstücke, aus denen sich die Partiten zusammensetzen, nicht die Zusammenfassungen selbst im Titel. Eine Partita ist nichts anderes als eine Suite mit dem Grundgerüst der vier Sätze Allemande/Courante/Sarabande/Gigue mit Einschüben vor der Gigue und einem vorangestellten Eingangsstück. Das wäre also eine Satzfolge nach Art der Englischen Suiten; aber von ihnen unterscheiden sich die „Deutschen Partiten", wie man sie gern nennt, bereits äußerlich durch größere Freizügigkeit der Satzfolgen und Satzbehandlung. So nennt Bach die Eingangsstücke nicht mehr durchweg Präludium und gestaltet sie auch verschieden; so verfährt er freier mit den Einschüben, ja, er lockert sogar zuweilen den Stil (Einzelheiten vergl. bei den Werkbesprechungen). Die künstlerisch großartigen Partiten sind, wie der Verfasser es an anderer Stelle einmal ausgedrückt hat, „nach Anlage und Gehalt nur noch sehr bedingt Hausmusik (im hohen Sinne des frühen 18. Jahrhunderts); in ihnen tritt die Verantwortung gegenüber der Tonkunst sehr in den Vordergrund, zugleich aber auch ein Streben nach absolutem Spiel". Und der erste Bach-Biograph Forkel berichtet: „Man hatte noch nie solche vortrefflichen Klavierkompositionen gesehen und gehört; wer einige Stücke daraus recht gut vortragen lernte, konnte sein Glück in der Welt (!) damit machen."

Als Muster wählen wir die zweite Partita; bei den anderen sollen nur Besonderheiten hervorgehoben werden.

c-moll-Partita (Nr. 2). Zunächst ein Überblick über die Satzanordnung. Vorangestellt eine „Sinfonia" (also nicht mehr ein „Präludium"), dann die übliche Folge Allemande/Courante/Sarabande, als Einschub ein Rondo, und das Schlußstück nennt Bach nicht Gigue, sondern Capriccio. Schon an dieser äußeren Reihung spürt man einen freier schaltenden Geist. Diese Beobachtung vertieft sich bei Betrachtung der einzelnen Stücke. Bei der Sinfonia verschmilzt Bach zwei Formen: die der alten französischen Ouvertüre und der alten italienischen Geigensonate. Der französischen Ouvertüre ist das einleitende Grave entnommen, der italienischen Geigensonate das folgende, in der Melodiestimme ausgezierte Andante und der fugierte Schlußteil. Dreiteilig also ist die Sinfonia, jeder Teil von ausgeprägter Eigenhaltung und das Ganze doch einheitlich gestaltet. Wuchtig der orchestrale Grundgedanke des kurzen Grave (Beispiel 10),

10 Grave

zierlich schwebend über ruhigen Achteln die Melodie des Andante (Beispiel 11), keck und bestimmt das Thema des

11 (Andante)

zweistimmigen Fugatos der Sinfonia (Beispiel 12). Überaus kunstvoll das Spiel der Motive in der Allemande. Der Motive, sagen wir bewußt; denn das „Thema" besteht eigentlich nur aus einer ständigen Reihung zweier kurzer Motive

12 (Allegro)

(Beispiel 13, vergl. die eckigen Klammern). Der ganze Satz

13 Allemande

in ständigem ruhigem Fluß, dem kleine Verzierungen nur gelegentlich einige „Spritzer" aufsetzen. Die wuchtige, leidenschaftliche Courante entfernt sich weit vom Wortsinn ihres Namens: sie „läuft" nicht, sondern stemmt sich fest und ist in der Haltung dem Grave der Sinfonia verpflichtet; genau so entspricht die Sarabande dem Andanteteil der Sinfonia. Aber auch das spitzige Fugato der Sinfonia wirkt nach, nämlich in den federnden Sprüngen des eingeschobenen Rondos und des Schlußsatzes. Dieser wird von Bach ausnahmsweise nicht als Gigue bezeichnet, sondern als Capriccio; aber es handelt sich doch wohl um eine Gigue. Darauf deuten die allgemeine Haltung, der fugierte Satz und die Themenumkehrung im zweiten Teil. Daß hier nicht der übliche dreigeteilte, sondern ein gerader Takt vorgezeichnet ist, entscheidet nicht; denn das ist bei Bach auch in dem ausdrücklich „Gigue" genannten Schlußsatz der ersten Französischen Suite der Fall.

B-dur-Partita (Nr. 1). Entspricht in der Satzanordnung derjenigen der Englischen Suiten: den vier Kernsätzen

(Allemande/Courante/Sarabande/Gigue) und dem vor der Gigue eingeschobenen Doppelmenuett geht ein Präludium voraus. Bemerkenswert die beiden Schlußtakte der Allemande, in der Bach die strenge Dreistimmigkeit preisgibt zugunsten fünfstimmiger Klänge (sogar mit Baßoktaven!). Daß die Betonung des rein Klanglichen kein Zufall ist, lehrt der Beginn der Allemande mit den Akkordbrechungen im Wechselspiel beider Hände. Ähnliches findet sich in der Courante, wo die Taktviertel in Achteltriolen-Brechungen aufgelöst werden. Die letzte Lösung von der polyphonen Schreibweise vollzieht sich in der Sarabande: hier siegt die Homophonie in der ausgezierten Ein-Melodie über ruhigen Bässen. Klare Homophonie auch in den beiden Menuetten, von denen das zweite Trio-Charakter hat. Den letzten Zweifel hinsichtlich des Preisgebens der Stimmigkeit beseitigt die Gigue: hier herrschen nur noch Freude am Klang und an spieltechnischen Besonderheiten (ständiges Übergreifen der linken Hand), wie sie Bach bei Domenico Scarlatti kennengelernt hatte. Enthält die B-dur-Partita anfangs noch französische, italienische und deutsche Stilbestandteile, so setzt sich in ihrem Verlauf der „italiänische Gusto“ immer mehr durch.

a-moll-Partita (Nr. 3). Das einleitende Stück, von Bach „Fantasia“ genannt, ist eine regelrechte zweistimmige Invention. Kennzeichen der Allemande ist eine peinlich genaue rhythmische Auszeichnung auch der winzigsten Motive. Rhythmisch reizvoll auch die Courante mit dem Nebeneinander laufender Sechzehntel- und gezackt-punktierter Rhythmen. Stark mit Triolen durchsetzt die Sarabande. Die nun folgenden zwei Einschübe tragen die bei Bach seltenen Bezeichnungen „Burlesca“ und „Scherzo“. Der Tondichter geht also äußerlich von dem Brauch ab, als Einschübe zwischen den älteren, bereits stilisierten Tanzsätzen der Sarabande und der Gigue wirklich tanzmäßige Zeitstücke zu bringen. In der Haltung sind diese Einschübe hier verkappte Tanzstücke, aber eben nicht mehr als Tänze, sondern ebenfalls als stilisierte Sätzchen gedacht. Sehr heiter der stelzende Humor der Burlesca (Beispiel 14), hinter der sich ein Menuett verbirgt. Als Schlußstück dieses Mal wieder eine Gigue in geradem Takt, aber sonst mit allen Kennzeichen

14 Burlesca

der Art: geschwindes, triolenartiges Thema, fugierte Einsätze, Umkehrung im zweiten Teil.

D-dur-Partita (Nr. 4). An der Spitze eine „Ouverture" mit einer breiten, in punktierten Rhythmen und schnellen Zwischenläufen prunkenden Einleitung sowie einem in A-dur (!) einsetzenden schwungvollen Fugato. Die Allemande von homophoner Haltung mit fließender, reich gezierter Oberstimme. Wie in der 2. Partita zeigt die Courante weniger laufende als haftende Züge. Gegen alle sonstige Gepflogenheit stellt Bach nun den ersten Einschub (eine „Aria") vor die Sarabande (diese wieder mit stark ausgezierter Oberstimme über nur begleitendem Baß). Als zweiter Einschub — nun jedoch nach der Sarabande — ein Menuett, das durch die Gleichzeitigkeit von punktiertem und Triolenrhythmus bestimmt ist. Eine Überraschung bringt auch die heitere Schlußgigue: ihr zweiter Teil beginnt unerwartet nicht mit Themenumkehrung, sondern mit einem neuen thematischen Gedanken, so daß wir hier eine Art kleiner Doppelfuge vor uns haben: beide Themen werden (freilich in knappen Zügen) gegeneinandergestellt.

G-dur-Partita (Nr. 5). Beachtenswert die Anlage des Präambulums: vier Teile mit einer Koda, jeder Teil eingeleitet durch eine Tonleiter-Figur mit abschließenden Akkordschlägen, zunächst forte (echo-artig) wiederholt; die vier Teile von Passagen oder passagenähnlichen Sechzehnteläufen mit eingestreuten melodischen Wendungen. Also nach

Art italienischer Konzertsätze. Die Allemande auffallenderweise von Triolen durchzogen. Ungemein flüssig die Courante, die das Bewegungsspiel des Beginns (Beispiel 15) im

15 Courante

zweiten Teil umkehrt, also die Sechzehntel in die Unterstimme, die Achtel in die Oberstimme verlegt. Durchgehend punktierter Rhythmus in der dreistimmigen, durch Terzen- und Sextenparallelen klanglich getönten Sarabande. Den ersten Einschub bezeichnet Bach mit „Tempo di Minuetto", wohl um von vornherein anzudeuten, daß er mit dem Zeittanz Menuett frei umzugehen gedenkt. Der in Achtel aufgelöste 3/4-Takt wird jeweils auf dem ersten und vierten Achtel leicht betont, wirkt also synkopisch, eine Bildung, die in regelmäßig wiederkehrenden Schlußwendungen in den taktgerechten Rhythmus zurückgeführt wird. Zweiter Einschub ein frisches Passepied. Der zweite Teil der abschließenden Gigue beginnt mit einem neuen Gedanken und führt zu einer Doppelfuge (also ähnlich wie in der vierten Partita, nur stärker ausgezeichnet).

e - m o l l - Partita (Nr. 6). Mächtig ausgebaut und für sich bestehend der Anfangssatz: die Außenteile eine rauschende, konzertmäßige Toccata wie eine Fantasie, der Innenteil eine großangelegte, dreistimmige Fuge von reifster Gestaltung. Die Allemande stark ausgeziert, rhythmisch punktiert. Bemerkenswert die Courante: im 3/8-Takt gleitet die Baßstimme ununterbrochen auf ruhigen Achteln dahin, darüber schwebt, im Wechsel von Synkopierung und Auszierung, die Melodie wie ein unendlicher Gesang (also nur zweistimmig und ausgesprochen homophon). Wie in der vierten Partita liegt der erste Einschub v o r der Sarabande, und zwar in Gestalt eines ruhig fließenden Airs. Die ungewöhnlich (nämlich mit einem Auftakt) beginnende Sarabande ist melodisch wieder stark ausgeziert. Ihr folgt als zweiter Einschub (also an „richtiger Stelle") ein „Tempo di Gavotta", fröhlich im Thema, rhythmisch bestimmt durch das Gegeneinander von Triolen und punktiertem Rhythmus der zwei Stimmen. Gezackter Rhythmus auch in der abschließenden Gigue; diese steht im geraden Takt, wächst sich zur Fuge aus, führt die Umkehrung des Themas im zweiten Teil voll durch (ähnlich wie auch die dritte Englische Suite).

Italienisches Konzert und h-moll-Partita
(„Klavierübung II. Teil")

Der 1735 erschienene zweite Teil der Klavierübung besteht „in einem Concerto nach Italiänischem Gusto und einer Overture nach französischer Art vor ein Clavicymbel mit zweyen Manualen".

Bei dem „Italienischen Konzert" handelte es sich für Bach darum, auf einem Instrument den Wechsel des großen und des kleinen Klangkörpers — also „Tuttti" gegen „Solo" — nachzuahmen. Es verstößt daher gegen den Stil des Werkes und gegen die besondere Absicht des Tondichters, wenn es mit allen möglichen dynamischen Schwellungen und Zwischenstufen gespielt wird (wie freilich in den meisten Ausgaben durch die Herausgeber vorgeschrieben). Bach setzt ganz klar „forte", wo er das „Orchester" meint, und „piano", wo das „Solo" eintritt. Das gilt es gerade in den Ecksätzen genau zu beobachten. Kann man bei vielen Werken Bachs und seiner Zeit darüber streiten, ob man sie dynamisch dem Gegenwartsempfinden nähern soll oder nicht, — beim Italienischen Konzert Bachs ist ein solcher Streit unmöglich, weil eben das forte und das piano in diesem Werke mehr sind als nur Stärkegrade, nämlich ganz verschiedene Klanggruppen. Der Aufbau ist übersichtlich: ein innig singender, langsamer Satz in d-moll wird umschlossen von zwei feurigen, rauschenden Ecksätzen in F-dur. Innerhalb der einzelnen Sätze werden die Gedanken durchweg homophon ausgebreitet. Das ganze Konzert wird getragen von einem einheitlichen thematischen Grundriß. Beispiel 16

16 (Allegro)

gibt den Beginn des ersten Satzes, dieses Thema erscheint im Kopfsatz in neuen Tonarten, so daß dieser nach Art eines Rondos gegliedert ist; dazwischen verschiedene mehr oder weniger selbständige Zwischenglieder. Im langsamen Satz taucht der Themenkopf nicht in der unendlichen, schwebenden, reich ausgezierten „Flöten“melodie auf, sondern verbirgt sich in der Begleitung (vergl. die eckige Klammer in Beispiel 17). Angesichts des zierlichen Gesangs der Melodie-

17 (Andante)

stimme und der zarten, dünnen Begleitung würde man ohne Bachs ausdrückliche Vorschrift „vor ein Clavicymbel“ ohne weiteres an einen ausgesprochenen Klavichord-Satz denken. Der ähnlich wie der erste Satz angelegte Schlußsatz bringt den einheitlichen Themenkopf gleich zu Beginn (Beispiel 18).

Aber auch die Nebengedanken sind vielfach in Übereinstimmung mit denen des Kopfsatzes angelegt.

18 Presto

Man hat sich daran gewöhnt, die „Overture nach französischer Art“ zu bezeichnen als „h-moll-Partita“; die Namengebung „Suite“ ist insofern unglücklich, als Bach die bei der Klaviersuite übliche Satzanordnung nicht innehält. So fehlt vor allem die Allemande, die Einschübe stehen nicht sämtlich zwischen Sarabande und Gigue, auch ist die Gigue nicht der letzte Satz. Im ganzen ist die h-moll-Partita ähnlich locker und spielerisch gehalten wie das Italienische Konzert. An der Spitze steht eine französische Ouvertüre, d. h. hier, ein ausgedehnter Allegrosatz, der von einem prunkenden Adagio umrahmt wird. Daran schließt sich eine kurze Courante. Nun folgen bereits die ersten Einschübe, und zwar zunächst eine Doppelgavotte (die zweite in tiefer Lage und streng zweistimmig) und ein doppelter Passepied (der zweite in H-dur); zweite Gavotte und zweiter

19

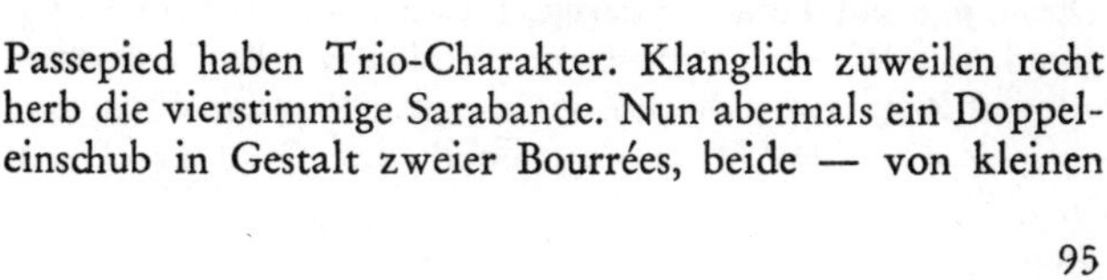

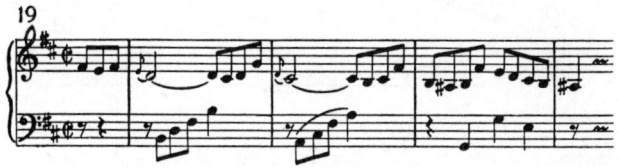

Passepied haben Trio-Charakter. Klanglich zuweilen recht herb die vierstimmige Sarabande. Nun abermals ein Doppeleinschub in Gestalt zweier Bourrées, beide — von kleinen

Schlußwendungen abgesehen — zweistimmig, die zweite in wundervoll schlichtem Fluß (Beispiel 19). Wie erwähnt, bildet nicht die rhythmisch punktierte und mit allerlei Auszierungen versehene Gigue, sondern ein als „Echo" bezeichnetes Tonstück den letzten Satz. Um des zauberhaften, echoartigen Wechsels von forte und piano willen hat Bach Cembalo mit zwei Manualen vorgeschrieben.

Vier Duette
(Aus „Klavierübung III. Teil")

In dem 1739 erschienenen „III. Teil der Klavierübung" stehen überwiegend Orgelkompositionen; nur vier „Duette" sind für das Klavier bestimmt. Duette heißen diese Stücke, weil sie zweistimmig gehalten sind. Ihrem Wesen nach gehören sie zu den Inventionen, übertreffen diese jedoch durch Breite und Bedeutung der Themen und Kontrapunkte wie durch die Kunst des fugierten Satzes.

Von kühner Bildner- und Vorstellungskraft das e-moll-Duett mit seinem gewaltig schweifenden und doch gebändigten Hauptgedanken (Beispiel 20). Wesentlich „nüchterner"

20

erscheint demgegenüber das F-dur-Duett mit seinen aus Dreiklang und Tonleiter gefügten Gedanken; aber hier zeigt gerade der Mittelsatz mit seinen unablässigen Engführungen, wieviel Phantasie sich auch in strengem Satz zu offenbaren vermag. Ganz auf Bewegung gestellt das G-dur-Duett, während das a-moll-Duett schon mit dem Beginn (Beispiel 21) sich zu jenen Fugen Bachs bekennt, in denen das

21

Widerspiel von Ruhe und Bewegung die eigentliche Kunst und den eigentümlichen Reiz ausmacht.

Goldberg-Variationen
(„Klavierübung IV. Teil")

1742, also in der reifsten Zeit des Meisters, erschien als vierter Teil der Klavierübung die „Aria mit verschiedenen Veränderungen vors Clavicimbal mit 2 Manualen". Diese dreißig Variationen hatte Bach für den damaligen russischen Gesandten in Dresden, den Freiherrn von Kaiserling, geschrieben. Der Freiherr litt an Schlaflosigkeit und bat Bach, er möge ihm Klavierstücke „von sanftem, dabei etwas munterem Charakter" komponieren; er wollte sie sich in den quälenden Stunden der Schlaflosigkeit von seinem Clavecinisten Johann Gottlieb Goldberg vorspielen und sich dadurch die Zeit vertreiben lassen. Goldberg (geboren in Königsberg) war Schüler von Friedemann und zeitweilig auch von J. S. Bach; nach ihm wurde später das Werk als „Goldberg-Variationen" bezeichnet. Ein goldener Becher mit 100 Louisdor war Kaiserlings Gegengabe an Bach.

So geringfügig der Anlaß, so großartig das Werk. Bach hat sich nur wenig mit Variationen befaßt; wahrscheinlich war ihm der damalige Modegeschmack mit der klingelnden Auszieherei des Variationenthemas zuwider. Aber diese Variationen sind so voll an kunstreichem Satz, tiefem Gehalt und virtuoser Spieltechnik, daß sie nicht nur Bachs ernste Orgelvariationen übertreffen, sondern als bedeutendstes Werk der Gattung überhaupt gelten, — selbst Beethovens Variationen nicht ausgenommen. Sie eingermaßen zu erfassen, setzt beim Spieler und beim Hörer eine Arbeit voraus, wie kein anderes Werk der Klavierliteratur. Mit Worten läßt sich da nur das Allernotwendigste sagen, und auch das kann nur Umriß bleiben.

Die „Aria“ beginnt nach Chaconnen-Art (Beispiel 22 gibt

22

nur das viertaktige Kernmotiv; die Aria ist zweiteilig, jeder Teil ist zu wiederholen und besteht aus je sechzehn Takten). An die Chaconne gemahnt der vom Grundton stufenweise absteigende Baß, der für die Variationen bedeutsamer wird als das eigentliche Thema. An die Chaconne gemahnt auch die Tatsache, daß die Wichtigkeit des Basses (taktweise G/Fis/E/D, anschließend C/H) durch die lebendig geführte, für sich bestehende Oberstimmen-Melodie völlig verschleiert wird.

Bach hat die Gesamtanlage sehr genau bestimmt, man möchte sagen: berechnet. Die ersten beiden Variationen bringen das Geschehen in Gang, sind Anlauf-Variationen, stimmig, ohne besondere Kunstgriffe oder rhythmische Schwierigkeiten. Der Beginn der ersten (Beispiel 23) mag

23

dieses scheinbare Verändern aus dem Stegreif, dieses scheinbare Vorfühlen charakterisieren. Es folgt dann eine Dreier-Reihe: die dritte, sechste, neunte usw. bis zur siebenundzwanzigsten Variation sind Kanons; der erste im Einklang, der zweite in der Sekunde ... und der neunte (27. Variation) in der None. Und zwar sind die Kanons meist so angelegt, daß die beiden Oberstimmen sich im Kanonspiel verflechten, während die Baßstimme selbständig oder motivisch verwandt dazutritt (die 27. Variation, also der Kanon in der None, ist nur zweistimmig). Variation Nr. 6 (Beispiel 24, Kanon in der Sekunde) kann als Muster dienen; das Thema ent-

24

spricht in seinem Absinken genau dem Beginn des Basses in der Aria. Verlagerung des Basses in die Oberstimme finden wir auch in dem Kanon in der Sexte (18. Variation). In der 21. Variation schiebt sich die Baßstimme zwar ebenfalls vom Grundton zur Dominante herab, benutzt jedoch auch die chromatischen Zwischentöne; gleichzeitig wird das Thema durch Umkehrung der ursprünglichen Baßlinie (also aufsteigend) begonnen. Regelrechte Kanons in der Umkehrung finden sich in der 12. und 15. Variation (Beispiel 25; auch hier entspringt das Thema der Grundform des Basses, nur

25

nach Moll gewendet. G-moll an Stelle von G-dur findet sich übrigens außer in der 15. noch in der 21. und 25. Variation).

Neben der Dreierreihe der Kanons (3., 6., 9., . . . 27.) steht eine zweite Dreierreihe (5., 8., 11., . . . 26.), in der sich die Freude an spieltechnischen Besonderheiten auslebt. Äußerlich ist diese zweite Reihe dadurch gekennzeichnet, daß in ihren sämtlichen Stücken das Kreuzen der Hände eine Rolle spielt. Und diese Reihe mit ihrem Übergreifen bildet den eigentlichen Anlaß für Bach, das ganze Werk für zwei Manuale zu bestimmen; denn die Kanons lassen sich ausnahmslos auf einem Manual ausführen, während diese Reihe zur wirklich vollendeten Ausführung zweier Manuale bedarf (obwohl man sie auch auf dem heutigen einmanualigen Klavier ausführen k a n n). Verschieden die Art, in der sich das Spielfreudige äußert: sie beginnt bei inventionsartigen Gebilden und steigert sich immer mehr ins Bewegungsspiel, zu geschwindem Nachschlagen und (in der 23. Variation) zu nachschlagenden Terzen, zu Terz- und Sextengängen beider Hände in Gegenbewegung und Ablösen der Hände in schnellstem Zeitmaß (Beispiel 26).

26

Die nun noch übrig bleibende dritte Dreierreihe (4., 7., 10., . . . 25. Variation) ist bewußt — nämlich um jedes Schema und damit jede Ermüdung zu vermeiden — freier gehalten. Bach füllt sie mit verschiedenen Formen aus. So könnte die 7. Variation die Unterbezeichnung „alla Siciliana" tragen, die 10. ist eine dreistimmige Fughette, die 13. eine reich verzierte Sarabande, die 16. eine französische Ouvertüre mit prunkendem Beginn und kleinem Fugato, in der polyphonen 22. Variation tritt die Grundform des Basses wieder nachdrücklich hervor, die 25. (chromatisch getönt) könnte ein langsamer Konzertsatz sein nach Art des Mittelteils aus dem Italienischen Konzert.

Im Gleichmaß dieses Aufbaus fehlen nun noch die Entsprechungen für die ersten beiden Variationen. Sie werden gebildet durch die 28. und 29. Veränderung. Bezeichneten wir die Nummern 1 und 2 als Anlaufsvariationen einfacher

Art, so erscheinen die 28. und 29. als virtuose Krönung. Ketten von (ausgeschriebenen) Trillern und Doppeltrillern mit scharf dagegengesetzten Baß- und Diskantspitzen geben der 28. Variation ein geradezu Beethovensches Aussehen, und der Beginn der 29. mag hierhergesetzt werden (Beisp. 27)

27

als eine bei Bachs Klavierwerken ganz ungewöhnliche Satzart.

Und nun kommt etwas sehr Schönes, eine der rührendsten, menschlichsten Stellen in des Meisters Werk. Bach beendet seine großartige Schöpfung nicht mit den wehenden Fahnen stürmischer Virtuosität und nicht mit der tiefen Mystik insichruhender Polyphonie, nicht als hervorragendster Klavierspieler seiner Zeit und nicht als Herrscher im Reich überirdischer Stimmkünste, sondern — als schlichter Hausvater, der er Zeit seines Lebens gewesen ist. Als 30. Variation erscheint nämlich über dem Grundbaß ein Quodlibet (gleichzeitiger Vortrag verschiedener Melodien mit verschiedenen Texten, wörtlich: „Was beliebt") von zwei recht alltäglichen Melodien mit ausgesprochenen Küchentexten (Beispiel 28 gibt den Anfang). Dieser Scherz ist mehr als eine sonst sehr

28

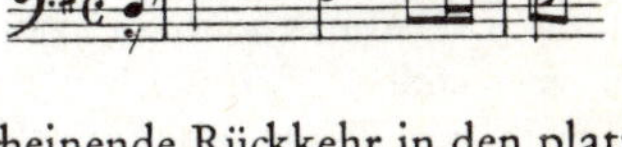

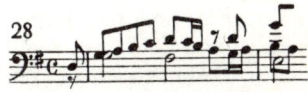

gewaltsam erscheinende Rückkehr in den platten Alltag, sondern ein gutmütiger Spott auf Bachs Verfahren, sich in den Variationen so weit vom Thema zu entfernen und allerlei „Durcheinander" aneinanderzureihen. Wenn also der eine Gassenhauer singt: „Ich bin so lange nicht bei Dir gewest; ruck her", so heißt das, das Thema sei so lange nicht bei dem

Grundbaß gewesen. Und warum dieses Nicht-bei-Dir-sein? „Kraut und Rüben (die sehr freien Variationen) haben mich vertrieben. Hätt mein Mutter Fleisch gekocht, so wär ich länger blieben.“ Die „Mutter“ ist Bach, der eben „Kraut- und Rüben-Variationen“ anstelle von thema-nahen „Fleisch-Variationen“ geschrieben hat. Und nach dieser scherzhaften Erklärung „rucken“ Thema und Baß wieder zusammen: die Aria wird in ihrer Grundgestalt wiederholt, Thema und Baß haben sich wiedergefunden.

Wohltemperiertes Klavier

Die Bezeichnung „wohltemperiert“ geht zurück auf die um die Wende des 17. zum 18. Jahrhundert vollendet durchgeführte Neu-Stimmung des Klaviers (Andreas Werckmeister hat sie 1691 erstmalig überzeugend begründet). Man stimmte die C-dur-Tonleiter nicht mehr „rein“, weil die Töne der rein gestimmten Tonleiter, wenn sie in anderen Zusammenhängen vorkamen, nicht zu den neuen Akkorden paßten, und zwar um so weniger, je weiter man sich im Quintenkreis von C entfernte (G, D, A usw.). Früher hatten sich die Komponisten damit geholfen, daß sie in ihren Werken nur bis zu vier Vorzeichen verwendeten, also noch verhältnismäßig in der Nähe der „Grundtonart C“ blieben. Die zweistimmigen Inventionen und dreistimmigen Sinfonien Bachs halten an diesem Verfahren noch fest. Dann ging man dazu über, die Grundoktave von C bis c in zwölf gleiche Halbtonschritte einzuteilen. Dadurch wurden sämtliche Tonarten auf dem Klavier verwendbar. Beispielsweise war das F nun brauchbar als Quarte von C-dur, als Terz von Des-dur, als Quinte von b-moll und B-dur, als Leitton (umgedeutet als ëis) von Fis-dur und so fort. War die Stimmung auch nicht mehr ganz rein, so war sie doch „temperiert“.

Schon in der Zeit, in der sich Bach noch dem alten Verfahren unterwarf (mit Inventionen und Sinfonien), ging er daran, sich die stimmtechnischen Neuerungen zu eigen zu machen: im Jahre 1722 stellte er den ersten Teil des „Wohltemperierten Klaviers“ zusammen (erstmalig gedruckt 1799, fast fünfzig Jahre nach dem Tode des Meisters). Jede Dur- und Molltonart wurde mit je einem Präludium und einer Fuge erforscht und geklärt, so daß also der erste Teil des Werkes vierundzwanzig Präludien und Fugen umfaßt. Der zweite Teil war erst mehr als zwei Jahrzehnte später fertig (1744), unterscheidet sich daher auch in mancher Beziehung vom ersten. Das Werk durchmißt also zweimal die zwölf Dur- und die zwölf Moll-Tonarten. Bach war nicht der einzige, der dem neugewonnenen Kreis der vierundzwanzig Tonarten auf dem Klavier nachspürte; wohl aber war er der Bedeutendste.

Bei der Betrachtung der achtundvierzig Präludien und Fugen als eines Gesamtwerkes verschlägt es wenig, daß manche von ihnen ursprünglich in einer anderen Tonart gestanden haben, daß andere umgestaltet und wieder andere ausgewechselt wurden. Bach hat eben in diesen Frühzeiten der temperierten Stimmung so lange versucht und erprobt, bis ihm jedes Präludium und jede Fuge paarweise zusammen- und mit der jeweiligen Tonart charakterlich übereinzustimmen schienen. Charakterlich; in der Tat sind durch Bachs großes Klavierwerk die Charaktere der vierundzwanzig Tonarten so eindeutig festgelegt worden, daß man ihnen später zwar noch Einzelzüge hinzuzufügen, nicht aber ihr Wesen anzutasten vermochte. Und Bach wäre nicht der große Künstler und Mensch gewesen, den wir in ihm verehren, hätte er die Tonarten-Charaktere lediglich musikalisch-technisch erforscht. Das mag seine schlichte Absicht gewesen sein, — gegeben hat er mehr, nämlich eine Weltanschauung in Tönen. Alle wesentlichen Seelenregungen und Kräfte des Menschen werden im Wohltemperierten Klavier kunstvoll gestalteter Ausdruck: edler Schmerz und gebändigte Freude, gläubige Versenkung und zupackender Scharfsinn, türmende Baukraft und selig verrinnendes Träumen.

Überwältigend, daß solches in den Formen einer oft wie Mathematik anmutenden musikalischen Technik ausgesprochen werden konnte.

Die paarweise Koppelung von Präludium und Fuge, schon früher geübt und doch erst seit Bach zum feststehenden Begriff seelisch-geistiger Einheit geworden, spiegelt Bachs Stellung in der Musikgeschichte und sein musikalisches Glaubensbekenntnis: das Präludium gibt die malerisch-bildhafte Grundstimmung, auf der sich die Fuge als geistiges Bauwerk erhebt. Die Präludien ruhen demzufolge zumeist im Harmonischen, und die Fuge — wie schon der Name sagt — im Polyphonen; beide zusammen aber wachsen musikalisch, stimmungsmäßig und geistig zu höherer Einheit zusammen, werden zu einmaligen, persönlichkeitsstarken Gebilden.

Während die Unterschiede zwischen dem ersten und zweiten Teil des Wohltemperierten Klaviers weiter unten gestreift werden, sei hier schon der Besonderheiten der Fugen des Werkes kurz Erwähnung getan. Friedrich Stade hat diese Fugen einmal in Partitur herausgegeben, also je nach der Stimmenzahl auf mehrere Notensysteme verteilt. Um die grundsätzliche Bedeutung einer solchen Arbeit begreifen zu können, muß man sich einmal Fugen aus den Klaviertokkaten ebenfalls in Partitur aufzeichnen. Dabei wird man erkennen, daß die Tokkatenfugen viel stärker an die Spieltechnik des Klaviers gebunden sind als die des Wohltemperierten Klaviers. Letztere sind vielfach Fugen an sich, denkerische Werke, die sich nicht übel auch vom Streichtrio, -quartett oder -quintett wiedergeben lassen (natürlich nicht immer!). Daraus geht nicht etwa hervor, daß diese Fugen unklaviermäßig gesetzt seien; denn sie lassen sich auf dem Klavier vortrefflich darstellen. Vielmehr darf man aus dieser Besonderheit entnehmen, daß Bach in sein großes Sammelwerk vorwiegend solche Fugen aufgenommen hat, die außer den Bedingungen des Klaviers auch denen einer reinen, d. h. vom Instrument und von dessen Möglichkeiten abgelösten musikalischen Geistigkeit entsprechen, — ein Verfahren, das er später in der „Kunst der Fuge" bis zur letzten Folgerichtigkeit weiterentwickelt hat.

Erster Teil

Im ersten Teil des Wohltemperierten Klaviers bilden die Präludien wirkliche Vorspiele, Einleitungen zu den Fugen, so daß diese im allgemeinen als die Hauptsache erscheinen. Die Präludien sind daher vorwiegend harmonisch bestimmt, nicht polyphon, bilden oft nur Akkordbrechungen oder Akkordfigurationen. Dem entspricht ihr einfacher Bau. Um so fester und gesammelter heben sich die Fugen heraus als zusammengedrängter Ausdruck polyphonen Denkens. Gefühlsmäßig vorbereitende Stimmung und denkerisch ausführende Tat sind also zwar aufeinander abgestimmt, greifen aber nicht ineinander über.

C-dur (Nr. 1). Besonders kennzeichnend für die allgemeine Art des ersten Teils. Das allbekannte Präludium breitet in ruhigen Akkordbrechungen ohne jedes Thema oder rhythmische Besonderheiten die Grundtonart C-dur aus und weist auf die nächstverwandten Abzweigungen; nur in den beiden Takten vor dem Schlußtakt deutet sich eine schwache selbständige Linie an. Dem völligen Ruhen im Harmonischen beim Präludium entspricht ein ebenso völliges Verdichten des Polyphonen in der Fuge: sie ist vierstimmig, enthält nicht ein einziges Zwischenspiel, wohl aber Engführung über Engführung.

c-moll (Nr. 2). Die Tonart c-moll bezeichnet man seit Beethoven gern als die „heldische". Zwar läßt sich das Präludium „heldisch" spielen, aber dann verliert sich jeder Zusammenhang mit der anmutigen Fuge. Bach hat nicht an den Konzertflügel von heute, sondern an das Klavichord von damals gedacht; man wird das Präludium daher eher als federnde Bewegung denn als Kraftentladung auffassen müssen. Im Grunde dem C-dur-Präludium verwandt, breitet es die c-moll-Tonart ohne eigentliche Thematik aus, nur nicht in Akkordbrechungen, sondern in Figurationen mit Nebentönen. Wiederum stellt die zweite Takthälfte nur eine Wiederholung der ersten dar, wiederum gleichförmiger Rhythmus, wiederum gegen Schluß (jetzt aber ausgedehnter und mit verschiedenen Zeitmaßen) eine andeutende Bewegungslinie. Ebenfalls federnd, jetzt aber zugleich anmutig und — durch die Betonung des Grundtons im Thema — eigenwillig die Fuge, dreistimmig, durch mannigfache Zwischenspiele gelöst, fast ständig durch einen Kontrapunkt in Achteln geleitet.

Cis-dur (Nr. 3). Abermals Akkordfigurationen, und zwar nun mit leichten Melodiespitzen, zweistimmig, Bewegung und ruhigere Gegenstimme abwechselnd in beiden Händen, gegen Ende werden die Akkordbrechungen des $^3/_8$-Taktes auf beide Hände verteilt, ebenso der auf- und absteigende Lauf vor dem Schluß. Da Bach statt des uns gewohnteren Des-dur die Vorzeichnung Cis-dur wählt, hält er entsprechend dem Charakter der Cis-Tonart das Präludium sehr hell und licht (in Des müßte es dunkel wirken, also anders erfunden sein). Die Fuge ist dreistimmig, hat zwei Kontrapunkte (der erste in Sechzehntel-, der zweite in noch ruhigerer Bewegung als das Thema), zahlreiche Zwischenspiele und Themeneinsätze. Das Thema selbst (Beispiel 29) heben wir hervor als Muster anspruchsloser, aber

29

alles tragender Gedankenformung, als in sich ruhend (die Harmonie endet wieder in der Grundtonart) und doch alles bewegend.

cis-moll (Nr. 4.) Groß gedacht, tief empfunden, musikgewordene Religiosität. Das Präludium eine weihevolle Zwiesprache der Seele, die sich im All wiedererkennt (Beispiel 30 gibt den Beginn), wundersam der Wechsel der

30

beiden Hauptstimmen: sie sind ganz in Harmonien gebettet, lösen sich bald gleichgerichtet und bald in Gegenbewegung ab, verschmelzen auch zu gleichzeitigem Ausdruck. Wunderwerk die Fuge. Sie ist fünfstimmig, wächst nur ganz allmählich in die Fünfstimmigkeit hinein, gesellt dem Thema (Beispiel 31) Kontrapunkte, von denen der zweite als Gegen-

31

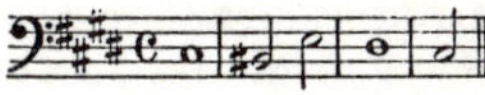

32

33

thema aufgefaßt werden muß. Um dem Hörer die Auffassung des nicht einfachen Werkes zu erleichtern, geben wir die beiden Gegenstimmen wieder (Beispiel 32 und 33). Das Ganze ein einziges Entfalten und Wachsen: in jeder Stimme tritt nach und nach das Thema hinzu, sodann der erste und weiterhin der zweite Kontrapunkt, bis schließlich eine mit dem Ohr allein kaum noch wahrnehmbare Verschlingung von Engführungen des Themas und des Gegensatzes den Bau überzieht und krönt. Das Hauptthema gehört (nur wenig verschleiert) der Gattung der b/a/c/h-Themen an.

D - d u r (Nr. 5). Das Präludium zählt zu der gleichen Gruppe wie die von Nr. 1 und 2, weil es die Akkordfolgen figurativ auflöst (in der rechten Hand unablässig Sechzehntel mit Durchgangstönen, in der linken leicht getupfte Betonung jedes Taktviertels), wie in Nr. 2 wird ein einziges Motiv beibehalten unter stärkerer Betonung der Melodiespitzen, sehr duftig und hell; gegen Ende wächst der Ausdruck mit zunehmender Stimmenzahl ins Kraftvolle. Diese Haltung übernimmt dann die Fuge mit dem anrollenden Zweiunddreißigstel-Kopfmotiv und der punktierten Fortführung des Themas, beide Motive ergänzen sich, verzichten also auf eigentliche Kontrapunkte. Im ganzen abermals locker und hell: obwohl vierstimmig, macht die Fuge den Eindruck einer fast homophonen „Overture“.

d-moll (Nr. 6). Wiederum gehört das Präludium zur Gruppe der in Figuration aufgelösten akkordischen Präludien. Hier sehr zierlich und spielerisch der stets wandernde Baß in Achteln und die Akkordbrechungen der Oberstimme in Sechzehntel-Triolen; diese verdichten sich in den Schlußtakten zu chromatisch herabrollenden verminderten Terzakkord-Triolen und münden in den akkordisch mächtig verstärkten Ausklang. Die dreistimmige Fuge gleicht den homophonen Anschein der vorigen Fuge gründlich wieder aus durch zahlreiche Engführungen und Umkehrungen. Auch sie in den letzten Takten verstärkt, wobei die vier Zwischenstimmen mit ihren gegeneinanderlaufenden Terzengängen das Kopfmotiv des Themas wiederaufnehmen, nach Dur wandeln (am klarsten in der Unterstimme) und umkehren.

Es-dur (Nr. 7). Sehr fesselnd und ungewöhnlich die Form des Präludiums. Sieben Takte lang nachahmende, wirklich präludierende Stimmeinsätze, dann zwei Takte tokkatenartige Läufe. Das eigentliche Präludium ist damit beendet; denn mit Beginn des zehnten Taktes setzt ein fünfzehntaktiges Fugato ein (ständige Engführungen), dessen Thema im Quartenanstieg anhebt. Nach dem Fugato beginnt ein dritter Teil, der sich als dicht gearbeitete Doppelfuge erweist: erstes Thema wiederum mit Quartenbeginn, zweites Thema in flüssigen Sechzehnteln, und zwar in Nachbildung des Motivs aus dem eigentlichen Präludium. Diese Fuge innerhalb des Präludiums ist wesentlich straffer als die sehr einfache dreistimmige „eigentliche" Fuge; zweites und drittes Viertel des Fugenthemas entsprechen ziemlich genau einer doppelten Verkürzung des Fugenthemas aus dem Präludium.

es-moll (Nr. 8). Erschauernde Geheimnisse durchwehen das Präludium; aus den leisen, beschwörenden „Worten" des Beginns (Beispiel 34) erwächst ein Zwiegespräch von tiefster deutscher Mystik. Die Fuge, enharmonisch nach dis-moll versetzt, überhöht noch diese Stimmung. Fällt es sonst schwer, ein so strenges Gebilde wie eine Fuge anders als rein musikalisch zu hören, so ist es hier fast unmöglich, die dis-moll-Fuge nicht als Sinnbild deutscher Mystik aufzufassen. Das ruhige Kreisen des Themas (Beispiel 35)

34

35

in den drei Stimmen, die Engführungen, Umkehrungen, das stille Fließen der Kontrapunkte, vor allem der großartige Schluß, wo das Thema in der Vergrößerung und zugleich in der Grundform erscheint und außerdem noch zuweilen die Urbewegung umkehrt, — dieser ganze kunstvolle Bau hat etwas von der mathematischen Genauigkeit der Gestirnbahnen und weckt darüber hinaus unablässig Vorstellungen von göttlicher Dreieinigkeit, von der mystischen Wesensgleichheit und Einheit in der Dreiheit, — Bach hat diese Fuge sicher nicht nur aus musikalischen Gründen dreistimmig gesetzt.

E-dur (Nr. 9). Gegenüber dem es-moll-Werk licht und heiter; das Präludium zieht in fröhlichem 12/8-Takt vorüber (nur vierundzwanzig Takte), und die dreistimmige Fuge beginnt zwar mit einem rhythmisch kraftvoll treibenden Motiv, gerät aber in ein bezauberndes Schlendern, das durch zahreiche Terzen- und Sextenparallelen noch unterstrichen wird.

e-moll (Nr. 10). Das Präludium scheint ursprünglich (Friedemanns Klavierbüchlein) eine Geläufigkeitsstudie für die linke Hand gewesen zu sein: die rechte Hand markierte nur mit halbtaktweisen Akkorden die Harmonien, während die linke in unablässiger Sechzehntelbewegung geführt wurde. Später hat Bach eine geigenartige Oberstimme hinzugefügt sowie einen Presto-Schluß, in dem die Sechzehntelbewegung nunmehr von beiden Händen gebracht wird. Die Sechzehntelbewegung bestimmt auch das Wesen der einfachen zweistimmigen Fuge.

F-dur (Nr. 11). Dem schlichten inventionsartigen Präludium (zweistimmig) folgt eine einfach zu überschauende dreistimmige Fuge.

f-moll (Nr. 12). Im vierstimmigen Präludium fesselt der Gegensatz der ruhenden oder in gemächlichen Vierteln gehenden Stimmen zur Sechzehntel-Beweglichkeit der oft nachahmenden übrigen Stimmen. Diesen Gegensatz übernimmt die vierstimmige Fuge: das stark chromatische Thema geht in gemessenen Vierteln, umspielt von beweglichen Gegenstimmen.

Fis-dur (Nr. 13). Anmutiges Wiegen der kurzen, stellenweise synkopierten oder gespitzten Motive im zweistimmigen Präludium; ruhige Naturanschauung in der dreistimmigen Fuge mit dem in stillen Wellen herabsinkenden Thema und dem leise klopfenden (zweiten) Kontrapunkt. Beide Stücke ohne die geringste Spur tätigen Wollens, ganz naturversunken und hingegeben.

fis-moll (Nr. 14). Das Präludium überwiegend zweistimmig mit einem durch die Stimmen wechselnden Thema, dessen erste Hälfte aus einer sinkenden Reihung eines beweglichen Sechzehntelmotivs besteht, während der zweite Teil in zierlichen Sprüngen ausläuft. Die Fuge (vierstimmig) hat ein nicht einfaches zu erfassendes Thema, der erste Kontrapunkt erinnert an den klopfenden zweiten Kontrapunkt der Fis-dur-Fuge. Wehmütiger Grundzug.

G-dur (Nr. 15). Ständige Akkordbrechungen und Figurationen (drei Sechzehntel gegen ein Achtel) in dem heiter-schlanken Präludium. Die dreistimmige Fuge behält den Bewegungsantrieb und die frohe Heiterkeit selbst in kunstvollen Fügungen bei (Engführung, umgekehrter Kontrapunkt zu umgekehrtem Thema). Das Thema ist nicht nur fröhlich, sondern geradezu schalkhaft.

g-moll (Nr. 16). Kennzeichen des Präludiums sind ein rhythmisches Ziermotiv von innerem Gewicht und langgehaltene Triller. Sinnend und nachdenklich das Fugenthema (Beispiel 36), das zu Beginn den ersten Halbtonschritt gleich

36

wieder umkehrt und den Rhythmus des zweiten Motivs als Kontrapunkt verwendet; dadurch wird die vierstimmige Fuge sehr einheitlich. Auffallend, daß sie vielfach nur dreistimmig gehalten ist.

As-dur (Nr. 17). Sanftes Spiel in dem — von Füllungen abgesehen — zweistimmigen Präludium, Spiel mit einem kurzen, träumerischen, traumhaft gaukelnden Motiv. Auch in der vierstimmigen Fuge herrscht ein nur kurzes, in sich geschlossenes Thema (akkordisch erfunden), das sich — eben infolge der Kürze und Geschlossenheit — bei vielen Einsätzen ändert, um nicht einförmig zu wirken. Der gleichartigen Achtelfolge des Themas entspricht die Gleichartigkeit des fließenden Sechzehntelkontrapunkts. Viel vorweggenommene Romantik.

gis-moll (Nr. 18). Wiederum (wie in Nr. 8) enharmonisch gis-moll statt as-moll, nun allerdings für beide Stücke einheitlich. Auffallend die Ähnlichkeit dieses Präludiums mit dem cis-moll-Präludium (ähnlich im Thema und ähnlich im Ablösen der Stimmen). Dementsprechend eine verwandte Stimmung, nur diesseitiger. Daß die Ähnlichkeit nicht zufällig zustandegekommen ist, zeigt die deutliche Verwandtschaft auch des Fugenthemas (Beispiel 37) mit dem

37

Thema der cis-moll-Fuge: nimmt man die beiden Sechzehntel des ersten Taktes als Durchgangstöne, so entspricht das Motiv gis/doppel-fis/h/ais einer Verkürzung des viertonigen Kopfmotivs der cis-moll-Fuge. Das herrliche Ebenmaß der Fuge und ihre innere Haltung stellen ebenfalls eine Verbindung zur cis-moll-Fuge her, nur wird deren Religiosität ins Weltanschauliche gewandelt. Ausdrucksvoll entfaltet sich das Thema. Musikalisch und geistig bedeutsam und von der cis-moll-Fuge unterscheidend, die Tonwiederholungen im zweiten Takt; aber auch diese scheinen im zweiten Kontrapunkt der cis-moll-Fuge bereits vorweggenommen. Ausdrucksvoll vor allem die von der dritten über die zweite zur ersten Stimme aufsteigenden und dann so beruhigend in den Baß sinkenden Einsätze des Beginns. Kunstvoll und doch ganz unauffällig die Verbindung des Themas mit den beiden Kontrapunkten.

A-dur (Nr. 19). Hell, freundlich, bewegt, bei scheinbarer Einfachheit sehr kunstvoll, aber etwas gläsern, Abstand wahrend, mehr anmutig darstellend als persönlich. Das Präludium in strenger Dreistimmigkeit, wobei die chromatische Baßlinie des Anfangs für die Kontrapunktierung nicht minder wichtig wird als das zierliche Thema. Die in gleichmäßiger Achtelbewegung (später mit einem ebenso gleichmäßigen Kontrapunkt in Sechzehnteln versehen) dahinlaufende dreistimmige Fuge bringt schon beim ersten Themeneinsatz die erste Engführung.

a - m o l l (Nr. 20). Noch „unpersönlicher" als das A-dur-Werk, durchaus spielerisch empfunden. Das Präludium — von gelegentlichen Füllungen abgesehen — zweistimmig nach Art einfacher Inventionen, Thema und Gegenstimme ohne inneren Antrieb schwebend. Aus dem Thema des Präludiums wächst das Thema der vierstimmigen Fuge, ohne sich dabei durch stärkere Antriebe bemerkbar zu machen. Die Fuge kunstvoll mit Engführungen und Umkehrungen, das Thema kontrapunktiert sich selbst; aber auch in kunstvoller Fügung bleibt das spielerisch Glatte erhalten.

B - d u r (Nr. 21). Ebenfalls stark spielerisch empfunden. Das Präludium lebhaft und frisch, fantasieartig aus drei Hauptbestandteilen zusammengesetzt: Akkordbrechungen mit melodischer Baßlinie, tokkatenartiges unbegleitetes Laufwerk, punktierte Akkorde als Gliederung. Die dreistimmige Fuge einfach und vollendet ebenmäßig mit schön aus dem zweigeteilten Thema herauswachsenden Gegensätzen und Kontrapunkten.

b - m o l l (Nr. 22). Eines der religiös-mystischen Werke des Wohltemperierten Klaviers, die dunkle Mollstimmung wird bis in die letzten Tiefen ausgelotet, Präludium und Fuge wie aus einem Guß zur Einheit gestaltet und gleichzeitig jeder Takt Abbild des Ganzen. Die Anfangsstimmung des Präludiums (Beispiel 38) bleibt durchgehend erhalten,

38

gleich in welcher Stimme das Thema verläuft, ob das Kopfmotiv in seiner Urform oder in der Umkehrung erscheint oder wie die harmonischen Begleitstimmen „registiert" werden. Wesentlich die Orgelpunkt- und Vorhaltbildungen. Schwer fällt das Fugenthema herab, greift dann gleich eine kleine None empor und zieht in sanftem, nach oben geöffnetem Bogen weiter, eine sinnbildhafte Deutung förmlich herausfordernd (Beispiel 39). Gleich zu Beginn die erste

39

Engführung. Der im vierten Takt mit den beiden Achteln anhebende Gegensatz ist sichtlich aus dem Hauptmotiv des Präludiums hervorgegangen. Besonderes Merkmal dieser fünfstimmigen Fuge sind die Engführungen. Zuweilen setzt das Thema in zwei Stimmen zugleich ein. Überwältigend die Engführung am Schluß: mit der zweiten Hälfte des neunten Taktes vom Ende aus gerechnet folgen sich die fünf Einsätze von der höchsten bis zur tiefsten Stimme im Abstand von nur einer halben Note, so daß der jeweils zweite Ton des Themas gleichzeitig zum Einsatz der nächsten Stimme wird.

H-dur (Nr. 23). Das Präludium mit seiner ruhigen Sechzehntelfiguration ist ganz Bewegung gewordenes, sanftes Licht, quellender Wohllaut, wunschloses Schweben. Von ähnlicher Haltung die vierstimmige Fuge: sie übernimmt als äußeres Zeichen der inneren Verwandtschaft das Figurationsmotiv des Präludiums (h/ais/h/cis) als Themenkopf und führt vielfach die Sechzehntelbewegung des Kontrapunktes in ähnlichem Sinne wie die Figuration des Präludiums. Dementsprechend wirken die Kunstmittel der Umkehrung und Engführung nicht verschränkend, sondern licht und selbstverständlich.

h-moll (Nr. 24). Die Tonart der h-moll-Messe, wie diese schwer, lastend, schmerzdurchbebt, schicksalhaft. Bach hat (was sonst selten ist) die Zeitmaße selbst vorgeschrieben. Das Präludium (Andante) dreistimmig, harmonisch zuweilen sehr herb, die Baßstimme bis auf die jeweiligen Schlußtakte in geradezu unerbittlicher Gleichmäßigkeit auf Achteln dahinschreitend, gleichsam Pendelschläge einer ewigen Uhr, darüber zwei Stimmen in meist langsamerer, ja schleppender Bewegung (oft gegeneinander synkopiert), gefesselt und ringend, durch wiederholte Quartenschritte nach oben strebend, motivisch im Wechselspiel. Die bildhafte Wirkung ringenden Schmerzes gegen den gleichmäßigen Schritt der Zeit wird dadurch verstärkt, daß Bach — nur dieses eine Mal im ersten Teil des Wohltemperierten Klaviers — die beiden Teile des Präludiums wiederholen läßt. Die an sich schon lange vierstimmige Fuge wird durch das langsame Zeitmaß (largo) noch mehr gestreckt. Ihre schmerzliche Herbheit übertrifft noch die des Präludiums. Stimmführung und Thema (Beispiel 40) wirken zusammen, den Leidensweg des

40 Largo

Menschen zu versinnbildlichen; aber der Mensch geht seinen Weg in sicherer Haltung.

Zweiter Teil

Der zweite Teil des Wohltemperierten Klaviers mutet weniger einheitlich an als der erste. Er ist mehr zusammengestellt als (wie der erste) zusammen-gefügt. Beim ersten Teil schwebte Bach ein einheitlicher Plan vor, als er Vorhandenes und Neues zusammengab; auch sind die Stücke in kürzerer Zeit fertig geworden. Die Präludien und Fugen des zweiten Teils dagegen sind entstehungsmäßig über mehrere Jahrzehnte verstreut und auch wohl zunächst ohne Planung auf ein neues Gesamtwerk geschrieben worden. Wahrscheinlich hat Bach nach 1740 eine „Bestandsaufnahme" seiner einzeln vorhandenen Präludien und Fugen gemacht und die ihm geeignet erscheinenden sowie hinzugefügte, neugeschriebene, umgearbeitete und in andere Tonarten versetzte zu einer Sammlung vereinigt, die dann 1744 veröffentlicht wurde. Während er den ersten Teil des Wohltemperierten Klaviers mehrfach sorgsam für seine Söhne abgeschrieben hatte, wußte man bis vor etwa fünfzig Jahren nichts von einer eigenhändigen Niederschrift des zweiten Teils. Diese ist nun zwar gefunden worden; aber es fehlt noch immer jeder Hinweis darauf, daß Bach diese vierundzwanzig Präludien und Fugen wirklich als „Zweiten Teil des Wohltemperierten Klaviers" bezeichnet hätte.

Aus dieser mehr sammelnden und ergänzenden als gestaltenden Entstehung des zweiten Teils erklärt sich die Verschiedenartigkeit der einzelnen Gruppen: neben solchen, in denen Präludium und Fuge wirklich aufeinander abgestimmt sind, stehen andere, die eine unmittelbare Zusammengehörigkeit nicht ohne weiteres erkennen lassen. Auch spürt man deutlicher als im ersten Teil, daß die Werke zu verschiedener Zeit geschrieben worden sind.

Darüber hinaus finden sich allgemeine Stilunterschiede zum ersten Teil. Rein äußerlich bemerkt man bereits an den Präludien eine Wandlung: fast die Hälfte besteht aus zwei Teilen, von denen jeder wiederholt wird (im 1. Teil des Gesamtwerkes begegnen wir dieser Form nur im h-moll-Präludium). Die dadurch entstehende Sonatenähnlichkeit findet sich aber auch in anderen Präludien, obwohl die Unterabschnitte nicht durch Doppelstriche getrennt sind. Damit im Zusammenhang treten solche Präludien, die überwiegend aus geharften oder figurierten Akkordfolgen bestehen, selbstverständlich an Zahl stark zurück und machen einer motivisch-thematisch-polyphonen Satzweise Platz. Nähern sich so die Präludien dem Ausdrucksbereich der Fugen, so tritt umgekehrt bei diesen zuweilen eine Auflockerung ein, die sie den Präludien näherbringt. Durch Umgestaltung des dritten

Hauptteils der Fugen zielen auch diese zuweilen in den Formenbereich der Sonate. Alle diese (freilich nicht durchweg zu beobachtenden) Umformungen lockern das frühere Gefüge: aus vorbereitender Einleitung (Präludium) und ausführender Tat (Fuge) werden nun häufig zwei gleichberechtigte (wenn man will: Sonaten-) Sätze. Schließlich ist kaum zu übersehen, daß der Charakter der jeweiligen Tonart nicht mehr so untersucht und gestaltet wird wie im ersten Teil des Wohltemperierten Klaviers.

C-dur (Nr. 1). Großartig breitet sich im Präludium (Beispiel 41 gibt den Beginn) die Grundtonart aus; dem

41

Lichteinfall anderer Harmonien wird Raum gegeben, doch das Festhalten an der Grundtonart geschieht nicht wie im Ersten Teil durch rein harmonische Mittel (dort Akkordbrechungen), sondern durch zwingende motivische Arbeit der vier selbständig behandelten Stimmen. Die sonst einfache dreistimmige Fuge ist beachtenswert, weil sich im dritten Hauptteil und dem angehängten Schlußstück durch die Art des motivischen Spiels deutlich Sonateneinflüsse bemerkbar machen.

c-moll (Nr. 2). Im Präludium auffallende Anklänge an frühere Werke (das fis-moll-Präludium des ersten Teils beginnt mit einem wesensgleichen Thema, der dritte und vierte Takt erinnern an das f-moll-Präludium aus dem ersten Teil, die Sechzehntelbewegung knüpft an das erste c-moll-Präludium an); zweiteilig mit Wiederholungen. Die kurze vierstimmige Fuge arbeitet stark mit Engführungen und thematischen Bestandteilen, verzichtet daher auf einen eigentlichen Gegensatz.

C i s - d u r (Nr. 3). Das Präludium ist im harmonischen Hauptteil mit seinen Akkordbrechungen dem C-dur-Präludium des ersten Teils verwandt, mündet in ein Fugato von sechsundzwanzig Takten. Starker Bauwille beherrscht die dreistimmige Fuge; das zeigen sogleich die ersten Takte (Beispiel 42): das in der Unterstimme einsetzende Thema

42

ist scharf gegliedert in Untermotive, schon im ersten Takt setzt die Oberstimme mit Engführung ein, die Mittelstimme bringt zu Beginn des zweiten Taktes das Thema in Umkehrung.

c i s - m o l l (Nr. 4). Das deutlich zweigeteilte (zweiter Teil eine umgestaltete Wiederholung des ersten) Präludium mit seiner strengen Dreistimmigkeit erinnert in der Themenfassung an die dreistimmige Sinfonie (Invention) in Es-dur, ist aber im Ausdruck wesentlich vertieft. Die Fuge, ebenfalls dreistimmig, wirkt wie eine geschwinde Gigue, unablässig in Sechzehnteltriolen dahineilend. Ohne innere Beziehung zum Präludium.

D - d u r (Nr. 5). Als Präludium erscheint (zweigeteilt mit Wiederholung) eine Gigue, die merklich zur Sonatenform hinstrebt. Die vierstimmige Fuge außerordentlich straff, fast starr. Beachtenswert die dichten Engführungen.

d - m o l l (Nr. 6). Lebendige Figuration im zweistimmigen Präludium. Das Figurative wirkt in den Triolen des Fugenthemas weiter, wird aber durch ein chromatisches Untermotiv zurückgehalten. Die dreistimmige Fuge ist locker und frisch. Das Ganze wohl frühe Arbeit.

E s - d u r (Nr. 7). Sehr anmutiges Präludium, Figuration

und Motivspiel durchdringen sich gegenseitig, etwas „italienisch“ beeinflußt. Die vierstimmige Fuge wieder sehr straff und klar, nach Thematik und Aufbau fast wie zum Singen geschaffen.

dis-moll (Nr. 8). Dieses Mal also beide Stücke in dis-moll (im ersten Teil des Wohltemperierten Klaviers steht das Präludium der Nr. 8 in es-moll und nur die Fuge in dis-moll). Das Präludium zweiteilig mit Wiederholung jedes Teils, der Art nach eine zweistimmige Invention. Sehr ausdrucksvoll das auf engem Raum ruhig kreisende Thema der vierstimmigen Fuge, die durch das Thema, einen knappen sprechenden Gegensatz und mehrere Kontrapunkte getragen wird.

E-dur (Nr. 9). Strenges, aber zugleich anmutiges Rankenwerk im dreistimmigen Motivspiel des zweigeteilten (mit Wiederholung der Teile) Präludiums. Feierlich die vierstimmige Fuge. Angefangen vom Beginn, wo sich das Thema so schlicht entfaltet und den Gegensatz beim Eintritt des Tenors so natürlich erwachsen läßt (Beispiel 43), bis hin zum

43

Mittelteil mit seinen Themaverkürzungen und schließlich bis zur Coda mit der vielfachen Engführung (Thema, Gefährte, Verkürzung des umgekehrten Themas und Gegensatz) zieht sich eine einzige großartige, doch unauffällige Steigerung.

e-moll (Nr. 10). Frisches Motivspiel im zweistimmigen Präludium (zweiteilig mit Wiederholungen). Die dreistimmige Fuge behält mit Sechzehntel- und Triolenmotiven das Spielerische bei; sehr schlicht im Aufbau.

F-dur (Nr. 11). Im Präludium wird ein gewundenes Motiv kunstvoll und streng durch die fünf (!) Stimmen versetzt. Köstlich die Heiterkeit der dreistimmigen Fuge, deren vergnügliches Thema erst auf der Wende vom dritten zum vierten Takt die motivische Bindung an das Präludium verrät.

f-moll (Nr. 12). Führt aus dem Kernbereich des Meisters heraus. Nur noch die Haltung ist „altklassisch", die Sprache gehört bereits zur empfindsamen „Vorklassik". Das Präludium bleibt zwar dreistimmig, offenbart jedoch in der Thematik (Beispiel 44) wie in der sonatenähnlichen Form

44

(wieder zweiteilig mit Wiederholungen) Einstrahlungen einer neuheraufkommenden Empfindsamkeit. Auch das Thema der dreistimmigen Fuge (Beispiel 45) spricht das Neue aus.

45

Fis-dur (Nr. 13). Das zweistimmige Präludium mit seinem motivischen Rankenspiel wird getragen von einem punktierten „Begleit"rhythmus. Bemerkenswert der Triller als Beginn des Fugenthemas, auffallend die Ähnlichkeit des Gegensatzes der dreistimmigen Fuge mit dem Thema des vorangehenden f-moll-Präludiums, wodurch auch dieses Werk einen leicht homophonen Einschlag erhält, obwohl es förmlich wie ein Muster gebaut ist.

fis-moll (Nr. 14). Prachtvolles Fließen in der rhythmisch vielfältigen Melodik des Präludiums. Das Thema der dreistimmigen Fuge ist ebenfalls rhythmisch bestimmt. Im zwanzigsten Takt tritt ein zweites Thema auf und macht durch seine (engen) Durchführungen die Fuge zur Doppelfuge. Sechzehn Takte später erscheint abermals ein neuer Gedanke (in der Mittelstimme); auch er wird durch Engführungen geleitet. Alle drei Hauptgedanken treten schließlich nach Art einer Tripelfuge zusammen.

G-dur (Nr. 15). Zwar ist das Präludium zweiteilig mit Wiederholungen, doch erinnert es in seiner figurativen Art und frischen Haltung an viele Präludien des ersten Teils. Das aus gebrochenen Dreiklängen bestehende, muntere Thema der dreistimmigen Fuge und der nicht minder muntere, hüpfende erste Gegensatz könnten einer Tokkatenfuge entstammen; die Zweiunddreißigstelläufe am Schluß des knappen Werkes bekräftigen die spielerische Haltung.

g-moll (Nr. 16). Grundgedanke des Präludiums ist eine Folge von wechselnden Harmonien (wie im C-dur-Präludium und vielen anderen des ersten Teils); doch werden die Harmonien nicht in Akkordbrechungen oder Figurationen aufgelöst, sondern in streng vierstimmiges Wechselspiel eines unveränderlich punktierten Kurzmotivs. Zusammen mit dem langsamen Zeitmaß (Bach hat selbst largo vorgeschrieben) wirkt das Tonstück starr in seiner barocken Haltung. Die vierstimmige Fuge ist straff kontrapunktiert; durch die Tonwiederholungen in der zweiten Themahälfte und mancherlei terzparallele Gänge entfernt sie sich merklich von der gewohnten Ausdruckswelt Bachs.

As-dur (Nr. 17). Das Präludium harmonisch wie melodisch von erlesener Klangschönheit, belebt durch die rhythmisch verschiedene Bewegung zweier Motive in ruhigem Zeitmaß (das eine in fließenden Sechzehnteln, das andere punktiert mit Zweiunddreißigsteln). Ebenfalls langsam die vierstimmige Fuge mit einem edlen, schlanken Thema; dieses wird zwar sehr stark eingesetzt und reich kontrapunktiert, läßt aber im Verlauf noch ein neues selbständiges Thema zu.

gis-moll (Nr. 18). Das zweigeteilte Präludium (mit Wiederholungen) ist wichtig, weil Bach selbst durch knappe Bezeichnung von piano und forte angedeutet hat, wie er sich den Wechsel der Stärkegrade in diesem blühenden, gefühlvollen Tonstück vorstellt. Die dreistimmige Fuge mit ihrem kreisenden 6/8-Thema wird durch Einführung und Durchführung eines zweiten Themas sowie durch Zusammenstellung des zweiten mit dem ersten Thema zu einer Doppelfuge.

A - d u r (Nr. 19). Einem stimmigen, giguenähnlichen Präludium folgt eine durchsichtige kleine Fuge (dreistimmig) mit einem frischen, zuweilen synkopisch gestauten Thema.

a - m o l l (Nr. 20). Sehr kunstvoll und stimmungsdicht das Präludium. Es ist zweistimmig und läßt aus dem chromatischen Thema und der chromatischen Gegenstimme (Beispiel 46) durch ständigen Wechsel der Stimmen und der

46

Harmonien immer neue Bilder entstehen. Der zweite Teil (beide Teile mit Wiederholung) beginnt mit umgekehrtem Thema in der Unterstimme und umgekehrter Gegenstimme im Sopran. Das Kopfmotiv des Präludium-Themas wird zum Kontrapunkt der dreistimmigen Fuge, deren scharf geschnittenes Thema unablässig von den Zweiunddreißigsteln des Kontrapunkts durchrollt wird.

B - d u r (Nr. 21). Besonders deutlich der Sonatenform angenähert (mit Überleitungsgedanken, zweitem Thema) und doch stimmig das Präludium, wobei das „zweite Thema" sogar für gekreuzte Hände gesetzt ist (zweiteilig mit Wiederholungen). In der dreistimmigen Fuge wird die gelockerte, sonatenartige Haltung beibehalten durch die Art des Themas, durch Seufzermotive, Tonwiederholungen und parallele Stimmführungen.

b - m o l l (Nr. 22). Im Gegensatz zum vorigen Werk in

streng polyphoner Mächtigkeit gehalten. Schon das ernste Präludium ist vielfach fugenartig gestaltet. Die vierstimmige Fuge mit dem drohenden Thema und dem chromatisch durchzogenen Gegensatz hat weiten und zugleich gedrungenen Bau mit allen Kunstmitteln (Engführungen, Umkehrungen usw.). Sehr klangstark der Schluß, wo das Thema mit seiner Umkehrung enggeführt wird mit Sexten- und Terzenparallelen.

H-dur (Nr. 23). Das Präludium mischt frische Lebendigkeit aus dem Gegenspiel von Figuration und Motivik. Die vierstimmige Fuge weitet sich zur Doppelfuge, indem zum ersten in halben Noten mächtig ausholenden Thema ein zweites tritt, dessen strömende Achtelbewegung die herbe Großartigkeit des Kopfthemas beträchtlich mildert. Eine der machtvollsten (wenn auch nicht gehaltvollsten) Fugen des Gesamtwerkes.

h-moll (Nr. 24). Zwar die Tonart der Hohen Messe, aber nun nicht — wie im ersten Teil — feierlicher Ernst, sondern beschwingte Heiterkeit: frohes Spiel in den rhythmisch so eng verzahnten Motiven des Präludiums und eine fast tänzerische Leichtigkeit in der dreistimmigen Fuge mit dem giguenartigen Thema.

Vier a-moll-Fugen

Unter den Einzelwerken in Fugenform, die Bach nicht dem Wohltemperierten Klavier zugeordnet hat, befinden sich vor allem vier Fugen in a-moll — teils ohne, teils mit ein-

47

leitendem Satz —, die ihres Gehaltes wegen hier nicht unerwähnt bleiben dürfen.

Die schlichteste von ihnen (vierstimmig) bezaubert durch den klaren Rhythmus des Themas (Beispiel 47) nicht minder als durch den lichten Aufbau.

Einer anderen Fuge sind zehn Takte geharfter Akkordfolgen vorangestellt, so daß man sie als „Fantasie und Fuge" bezeichnet. Diese Fuge ist dreistimmig, weniger kunstvoll als spielerisch erfunden. Denn das Thema (Beispiel 48) zwingt

48

der sehr langen Fuge die unablässig fortrollende Sechzehntelbewegung auf und macht sie so zu einer Art Tokkatenfuge von spielerischem Glanz.

Als Schwesternwerk muß die bedeutende Gruppe „Präludium und Fuge a-moll" betrachtet werden; denn sowohl das Thema des Präludiums mit den straff hineingesetzten Akkorden wie das im Triolenrhythmus dahinbrausende Thema der Fuge (Beispiel 49) gehören der Tokkatenwelt an. Tokkatenwelt, das heißt also: dem Tasteninstrument. Um so erstaunlicher, daß dieses großartige Musterstück der Klavierkomposition später von Bach so stilsicher zu einem Konzert für Klavier, Geige, Flöte und Orchester umgestaltet werden konnte.

49

Sehr orgelmäßig erscheint das vierte a-moll-Werk „Präludium und Fuge". Beim Präludium kann kaum ein Zweifel bestehen, daß es ursprünglich für die Orgel gedacht war;

aber auch die Fuge (eigentlich eine vierstimmige Doppelfuge, Beispiel 50 gibt das erste Thema) trägt so unverkennbar

50

orgelmäßige Züge, daß der Spieler immer wieder versuchen wird, das Werk auf dem Klavier orgelmäßig darzustellen.

Sonaten und Tokkaten

Die vier Klaviersonaten von Bach sind im allgemeinen wohl nur den Fachleuten bekannt. Wir brauchen sie hier auch nur zu streifen. Zunächst ist die d-moll-Sonate lediglich eine Bearbeitung der a-moll-Sonate für Geige allein, also kein eigentliches Klavierwerk. Aus der Lüneburger Zeit stammen zwei weitere Sonaten, die eine in a-moll, die andere in C-dur. Von selbständigen Werken kann man hier noch weniger sprechen, weil sie nach dem „Hortus musicus" des von Bach hochgeschätzten Organisten Reinken gestaltet wurden. Die vierte Sonate steht in D-dur. Sie stammt aus den Arnstädter Jahren und ist sichtlich Kuhnaus Sonaten nachgebildet. Eine hübsche Spielerei findet sich in der Schlußfuge, wo Bach das Gackern der Hühner und den Kuckucksruf nachahmt.

Wesentlich bedeutender und mit Unrecht vernachlässigt die Tokkaten. Sie sind in Weimar entstanden. Der Begriff „Toccata" wurde damals sehr frei gebraucht; man könnte sagen, daß es sich um ein Werk für Tasteninstrumente handelte, das mehr als einen Satz umschloß. Die Form der einzelnen Sätze und die Anordnung dieser Sätze war frei; unerläßlich war nur, daß die Komposition für ein Tasteninstrument (Orgel, Cembalo, Klavichord) geschrieben war. In seinen Klaviertokkaten hält sich Bach im allgemeinen an folgendes Muster: einer (aus dem Geist des Instruments geborenen) spielerischen Einleitung folgt ein fantasieartiger Satz, darauf ein fugierter Teil, nun abermals eine freie „Fantasie" und zum Schluß wieder eine Fuge. Themenfassung und Satzart sind durchaus klaviermäßig; sie entsprechen nämlich nicht nur den Besonderheiten des Klavier*instruments*, sondern auch der Spielfreudigkeit des Klavier*spielers*. Aus den sieben Klaviertokkaten greifen wir einiges heraus.

Sehr einheitlich im Motivischen die *e-moll*-Tokkata. Die Einleitung schlägt das Grundmotiv an, das nicht nur den beiden Zwischenteilen als Bewegungsantrieb dient, sondern vor allem zum Ausgang für das weitausgesponnene Thema der dreistimmigen Fuge genommen wird. Dieses Thema ist nur denkbar für ein Tasteninstrument; zudem ist es wundervoll gewachsen, wie es sich aus anfänglicher Enge weit entfaltet und sich dann wieder zusammenzieht (Beispiel 51).

51

Die Fuge selbst hält Bach auf weite Strecken nur zweistimmig und betont dadurch das Lockere, Spielerische, Tokkatenhafte.

Ebenso einheitlich die noch bedeutendere Tokkata *fis-moll*. Die schnellen freien Läufe der ersten Einleitungstakte bergen bereits den Keim für die erste Fuge (dreistimmig), und die Linie des ersten Fugenthemas wird auch in dem Zwischenteil vor der Schlußfuge beibehalten. Außerdem entsteht aus der Chromatik des auf die Einleitung folgenden langsamen Teils das Thema (Beispiel 52) der vierstimmigen Schlußfuge.

In der d-moll-Tokkata bildet ein winziges rhythmisches Motiv (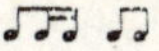 oder leicht verändert) die Grund-

52

lage für den Gesamtbau. Die durch Läufe und nachschlagende Figuren begonnene Einleitung läßt es langsam entstehen, im ersten Fugato wird es zur Bewegerin des Themas, im langsamen Satz trägt es einen tiefen, schwermutüberschatteten Gedanken und in der Schlußfuge, die gleich zu Beginn so zwanglos Thema und Kontrapunkt vertauscht, erscheint es in einer Gestalt, die dem Thema des ersten Fugatos sehr ähnelt.

Mächtig zusammengedrängt die c-moll-Tokkata. Äußerlich schon daran erkennbar, daß der Teil vor der Schlußfuge nur noch aus wenigen, stegreifartigen Takten besteht und daß die beiden Fugenteile zu einem einheitlichen Ganzen verschmelzen: einmal durch den Wegfall eines eigentlichen Zwischensatzes, zum andern dadurch, daß die Schlußfuge das Thema der ersten übernimmt, ein neues hinzufügt und so zur Doppelfuge wird (Beispiel 53, erstes Thema in der Unter-, zweites in der Oberstimme). Eigentümlich das

53

Beharrungsstreben der Fugenthemen, kenntlich an der Wiederholung der Kopfmotive. Die Übermacht der Polyphonie bleibt aber nicht auf die fugierten Teile beschränkt:

bereits in der Einleitung wird der präludierende Lauf schnell aufgefangen durch stimmige Gebilde, und auch der langsame Teil ist ganz polyphon gehalten.

Capriccios, Fantasien

Die Bezeichnung „Capriccio" braucht Bach meist im alten Sinne, wo sie mit Gattungen wie Ricercare und Fantasia so ziemlich übereinstimmte: Capriccio ist ihm also ein Instrumentalstück mit fugenartigem Satz. Ein solches Capriccio findet sich beispielsweise in der zweiten Partita. Auch zwei selbständige Capricci sind erhalten.

Das E-dur-Capriccio ist ein sehr frühes Werk; Bach schrieb es als dankbare Huldigung für seinen ältesten Bruder Johann Christoph, der ihn nach dem Tode der Eltern in Ohrdruf unterrichtet hat. Weder nach Themenbildung noch nach Ausführung verrät es den künftigen Großmeister; vielmehr wirkt es wie ein sauberes Handwerksstück unpersönlicher Prägung.

Ausgesprochene Programm-Musik bietet das „Capriccio über die Entfernung des geliebtesten Bruders" (B-dur). Seitdem wir die Programm-Musik des 19. Jahrhunderts erlebt haben, mutet uns dieses Werk des neunzehnjährigen Bach freilich ganz „absolut-musikalisch" an. Es handelt sich um eine freundschaftliche musikalische Abschiedsveranstaltung für Bachs Bruder Johann Jakob, als dieser 1704 als Musiker in das schwedische Heer unter Karl XII. eintrat. Der erste Satz trägt die Überschrift: „Arioso. Adagio. Ist eine Schmeichelung der Freunde, um denselben von seiner Reise abzuhalten." Daran schließt sich ein Andante mit der „Vorstellung unterschiedlicher Casuum, die ihm in der Fremde könnten vorfallen". Darauf folgt ein Adagissimo, das mit seiner chromatisch absinkenden Klage „ein allgemeines Lamento der Freunde" wiedergeben soll. Nunmehr „kommen die Freunde, weil sie doch sehen, daß es anders nicht sein kann, und nehmen Abschied". In der Tat scheint der Reisewagen schon vor der Tür zu stehen; denn es ertönt „Adagio poco" im fünften Satz die „Arie des Postillons". Abschließend eine Fuge, die das Horn des Postillons nachahmt: „Fuga all'imitazione della cornetta di Postiglione." — Daß sich dieses Capriccio Kuhnaus Biblische Historien zum Vorbild nimmt, die damals wohl recht beliebt waren (1700 veröffentlicht), kann nicht verwundern.

Unter den „Fantasia" oder „Fantasie und Fuge" genannten Werken befinden sich manche, die eigentlich eine Invention (so die kleine c-moll-Fantasie) oder ein Präludium darstellen (etwa die tokkatenartige Fantasie a-moll) oder bei denen der als Fantasie bezeichnete Teil gegenüber der folgenden Fuge nur knapp und andeutend wirkt. Zwei Werke dagegen müssen aus dieser Gattung hervorgehoben werden: die „Fantasie und Fuge c-moll" und die sogenannte „Chromatische Fantasie und Fuge", zwei bedeutende Schöpfungen von durchaus gegensätzlicher Haltung.

Die Fantasie und Fuge c-moll ist in der zweiteiligen Fantasie kraftvoll zusammengehalten. Klar und weiträumig das thematische Gut (Beispiel 54). Im sechsten

54

Takt bringt die Unterstimme die Umkehrung des Motivs der Oberstimme, und in der Oberstimme erscheint dementsprechend eine Art Umkehrung des engstufigen Triolenmotivs der Unterstimme. Weiterhin treten Ansätze zu einer Art „zweitem Thema" auf, so daß sich die Fantasie, deren

zweiter Teil durchführungsartige Eigentümlichkeiten aufweist, der Form des Sonatensatzes nähert. Bach scheint die Fuge nicht beendet zu haben; denn ein eigentlicher Schlußtakt ist nicht vorhanden, und das Thema erscheint lediglich in Grundtonart und Dominante. Aber die — wie oft bei Bach — chromatisch getönte Fuge vermag, wenn auch als knappes Werk, sehr wohl zu bestehen mit ihrer Dreiteilung und kurzen Engführung am Schluß. Bemerkenswert ist, daß Bach dem Thema im dritten Teil der Fuge eine Figuration mit auf den Weg gibt.

Ganz anders die Chromatische Fantasie und Fuge, dieses im Konzertsaal alle anderen Klavierschöpfungen Bachs in den Hintergrund verweisende Werk. Die ungewöhnliche Beliebtheit der „Chromatischen" — beliebt auch bei solchen Hörern, die sonst Bach nur pflichtgemäß bewundern — erklärt sich aus der Haltung und eindringlichen Sprache der beiden Sätze, nicht aus Form und Bau. Hier versenkt sich der Meister nicht, sondern er geht aus sich heraus, spricht, kündet, fordert. Und der Hörer vermutet daher etwas Beethovensches in solcher Haltung, fühlt sich dadurch auf vertrauterem Boden. Ob Bach bewußt in den Bereich des Forderns und Kündens vorstoßen wollte, darf bezweifelt werden. Denn die Chromatische ist wesentlich früher entstanden als die c-moll-Fantasie, früher auch als die meisten Präludien und Fugen des Wohltemperierten Klaviers, früher als die Goldberg-Variationen, und niemals hat der Meister versucht, Haltung und Sprache der Chromatischen zu wiederholen, geschweige denn auszubauen. Als er um 1720 das Werk schrieb, mag es ihn gelockt haben, das von Italien kommende Rezitativ, den „Sprechgesang", auf das Klavier zu übertragen. Freilich nicht in bloßer Nachahmung, sondern in der Art, die dem Klavier und seinen Bedingungen entsprach. Das Klaviermäßige wird besonders stark im ersten Teil der Fantasie betont. Einige Takte mögen das anschaulich machen (Beispiel 55), nämlich der zweite und dritte Takt (der erste ist in der Art des zweiten gehalten).

Wir erkennen da die besonderen Eigentümlichkeiten der Tokkata, die ja ein Stück für T a s t e n instrumente ist: die

55

unbegleiteten Läufe und die Akkordbrechungen. Bald ergehen sich die Akkordbrechungen in allerlei chromatischen Windungen, und nur der Baß gibt dem Wogen und Stürmen einigen Halt. Die unbegleiteten Läufe kehren auch im zweiten Teil der Fantasie wieder; hier werden sie jedoch nur als harfende Einschnitte in das Rezitativ verwendet. Von dem wahrhaft Sprechenden des Rezitativs mögen abermals zwei Takte Zeugnis ablegen (Beispiel 56). Die Eindring-

56 (Langsam)

lichkeit des „Redens" wird durch gelegentliche Parallelführung (hier Sexten) außerordentlich verstärkt. Wenn dann die Fuge einsetzt, ist man immer wieder überrascht, mit wie einfachen Mitteln Bach auch ihr den Geist des Sprechenden, Kündenden eingepflanzt hat. „Am Anfang war der Einfall", möchte man hier sagen; denn die ersten Takte der Fuge entscheiden alles (Beispiel 57). Schon das chromatisch aufsteigende Anfangsmotiv a/b/h/c (es enthält verschleiert die

Buchstaben des Namens „Bach“) und der 3/4-Takt sprechen an; das folgende Motiv (c/h/c) bekräftigt und bestätigt. Im

dritten und vierten Takt wird der Anlauf eine Quarte tiefer wiederholt und verstärkt, indem das Anhangsmotiv nun ganz in Achtel aufgelöst wird. Die vier Töne fis/g/a/b wirken bereits als Verkürzung des Kopfmotivs. Takt 5 und 6 kehren die Bewegungslinie und Bewegungskraft um: zunächst in Vierteln, dann verkürzt in Achteln, so daß der Eintritt der Dominante A-dur im 7. Takt besonders stark wirkt. Der im 8. Takt einsetzende Rhythmus des Kontrapunkts (für die Gesamtentwicklung von wesentlicher Bedeutung) ist nicht so spielerisch, wie es im ersten Augenblick scheint: er hat nach dreimaliger Wiederholung schon die Kraft, das erste Viertel des in der Mittelstimme wiedereintretenden Themas (Takt 9) bewegungsmäßig aufzulösen. Damit ist — neben der thematischen — die zweite Kraft der Fuge in Fluß gekommen: die der Bewegungssteigerung; diese äußert sich stellenweise sogar in reinem, das heißt vom Thema abgelöstem Bewegungsspiel (Sechzehntelfiguration über einem Triller usw.) und knüpft so die Beziehungen zurück zur Fantasie. Dritte Kraft ist die (freilich in jeder Fuge wirkende) thematisch-motivische Verdichtung, und als vierte endlich tritt der Klang auf: Bach fügt nämlich der nur dreistimmigen Fuge gegen Ende vieltönige Akkordgriffe bei und kurz vor dem Schluß sogar Akkordfolgen mit gleichzeitigen Baßoktaven. Der tokkatenartige Schlußlauf bindet das Ende der Fuge zurück an den Beginn der Fantasie.

Sonstige Werke

Wir haben das Wesentliche von Bachs Schöpfungen für Klavier allein besprochen. Es bleiben immerhin noch einige Werke zu erwähnen, die das Gesamtbild vervollständigen und abrunden.

So wird der Anfänger im Bachspiel mit Nutzen zu den kleinen Stücken aus dem erwähnten „Klavierbüchlein für Wilhelm Friedemann Bach" greifen, etwa zu den drei kleinen Menuetten in G-dur und g-moll. Nicht sehr bedeutend, aber recht aufschlußreich dann die „Aria variata" a-moll, ein Thema mit zehn Variationen, aufschlußreich, weil Bach wenig Klaviervariationen geschrieben hat (die Goldberg-Variationen nehmen eine Sonderstellung ein). Ein zierliches kleines Werk ist vor allem auch die sogenannte „F-dur-Ouverture", eine Folge kleiner Sätzchen: mit Zierwerk ausgestattete kleine Maestoso-Einleitung, heiter rollendes und hüpfendes Fugato (beide Teile zusammen die eigentliche Ouvertüre), dann eine feierliche Entrée, dieser folgt ein Menuett mit Trio, darauf eine Bourrée und endlich eine winzige Gigue. Schließlich noch ein Wort über die Bearbeitung von sechzehn Geigenkonzerten von Vivaldi, Marcello u. a. für Klavier. Sie stammen aus der Weimarer Zeit und sind von recht unterschiedlichem Wert, je nachdem die Vorlage stärker oder schwächer war. Im allgemeinen wird man sie gern einmal durchnehmen als Sammlung damaliger Musizierart; den Bach der bedeutenden Eigenwerke wird man freilich in ihnen vergeblich suchen.

Nicht einzusehen ist dagegen die Vernachlässigung derjenigen Werke aus dem „Musikalischen Opfer" und der „Kunst der Fuge", die entweder für Klavier bestimmt sind oder sich auf dem Klavier darstellen lassen.

Das „Musikalische Opfer" ist bekanntlich Friedrich dem Großen gewidmet. Dieser hatte im Mai 1747 den Thomaskantor zu sich nach Potsdam geladen und von ihm eine Probe seines gerühmten Stegreif-Komponierens verlangt. Und zwar stellte er dem Meister ein Thema, über das er sogleich am Klavier eine sechsstimmige Fuge komponieren sollte. Bach, dem das Thema für eine solche Aufgabe nicht geeignet erschien, nahm ein anderes Thema und spielte eine darüber aus dem Stegreif erfundene sechsstimmige Fuge. Friedrich der Große zeigte sich sehr befriedigt. Nicht so Bach. Er wollte dem abgelehnten Thema doch noch die Fuge abzwingen und ging sogleich nach der Heimkehr in Leipzig daran, das königliche Thema zu bearbeiten. Nun aber nicht nur als sechsstimmige Fuge, sondern in verschiedenen Fassungen. Zwei von ihnen sind für Klavier geeignet, wahrscheinlich auch von Bach für Klavier bestimmt. Ein Prachtstück ist das dreistimmige Ricercare, eine nicht mit allen Künsten ausgestaltete, aber unmittelbar ansprechende Fuge über das „königliche Thema" (Beispiel 58). Gerade, weil sie

58

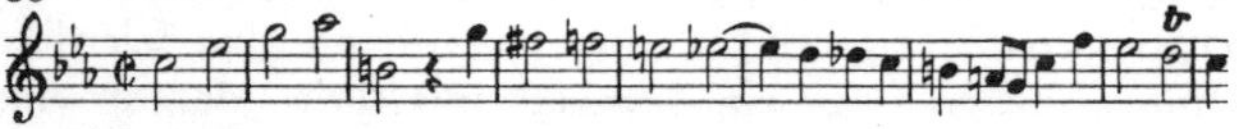

nicht so streng gebaut, sondern locker und zuweilen spielerisch hingeworfen ist, bezaubert diese Fuge immer aufs neue. Albert Schweitzers Vermutung, in dieser Niederschrift sei uns eine Stegreifschöpfung des Meisters erhalten, hat etwas Überzeugendes. Unbedingt kennen muß man auch das eigentliche Glanzstück des Musikalischen Opfers: das sechsstimmige Ricercar. Mit ihm hat Bach den Wunsch des Preußenkönigs genau erfüllt. Freilich, ein solches Werk kann nicht „improvisiert" werden. Alle nur denkbaren Künste werden angewendet, um das Thema streng durch die sechs Stimmen hindurchzugeleiten. Jeder Takt, jeder Halbtakt, jeder Stimmeneintritt und jede Wendung macht den Eindruck des Überlegten, des immer wieder neu Erprobten und

Gefeilten. In der Hauptsache klingt dieses Meisterwerk kontrapunktischer Verdichtung recht gut auf dem Flügel von heute, wenn auch manche Feinheiten des Satzes nicht zur Geltung kommen.

Bachs letztes Werk, die „Kunst der Fuge", ist ein Lehrwerk: ein einfaches Thema wird zur Darstellung aller nur erdenklichen Fugenarten verwendet. Eine Instrumentenbezeichnung ist nicht angegeben; vielleicht, weil es eben als Mustersammlung für Lehrzwecke gedacht war, vielleicht, weil es eine kaum noch irdische „Musik an sich" ist, vielleicht, weil Bach eine Instrumentation erst für später vorgesehen hatte, — wir wissen es nicht. Alle „Contrapunkte", wie Bach die Fugen hier nennt, auf dem Klavier zu gestalten, ist nicht möglich, es sei denn zu reinen Studienzwecken. Dagegen sollte sich jeder Spieler mindestens mit dem 12. und 13. Stück vertraut machen. Beide Stücke sind zweistimmig; das erste ein „Kanon in der Oktave", das zweite ein „Kanon in der Duodecime".

* * *

Für Klavier vierhändig hat Bach nicht geschrieben. Von späteren Bearbeitungen sind jedoch zu empfehlen die „Brandenburgischen Konzerte", die „Orchestersuiten"; vor allem läßt sich die Wunderwelt von Bachs Orgelwerken sehr gut durch vierhändiges Klavierspiel erschließen (sei es in bearbeiteter Form, sei es, daß ein Spieler, wo es angeht, einfach die Pedalstimme mit Oktavenverdoppelung übernimmt).

Freunde des Spiels auf zwei Klavieren werden vor allem zu den drei Doppelkonzerten mit Orchester greifen; sie lassen sich sämtlich auch ohne Orchester vortrefflich darstellen (vergleiche dazu „Schumanns Orchesterbuch"). Sehr anziehend dann die Spiegelfugen aus der „Kunst der Fuge" (Nr. 17a und b); es scheint, daß diese Bearbeitung für zwei Klaviere noch von Bach selbst vorgenommen wurde.

Gedrechselte Künstlichkeit (die eine Fuge und ihre Stimmbewegung entspricht dem Spiegelbild der anderen) und prächtige Lebendigkeit verbinden sich hier zu erstaunlicher Wirkung. Endlich wird man mit Gewinn auch zu den verschiedenen Bearbeitungen der Klavierkonzerte und besonders der Brandenburgischen Konzerte greifen. Für anspruchsvolles Hausmusizieren sind diese Bearbeitungen eine Fundgrube, zumal gute Literatur für zwei Klaviere nur spärlich vorhanden ist.

DOMENICO SCARLATTI

Geboren am 26. Oktober 1685 in Neapel als Sohn des berühmten Opernkomponisten Alessandro S. Unterricht bei seinem Vater und bei Gasparini. 1715 Kapellmeister an der Peterskirche in Rom, 1719 in London. 1721—1725 in Portugal, dann wieder in Neapel. 1729—1754 in Madrid. Seitdem wieder in Neapel. Gestorben 1757. Schrieb vor allem Klavierwerke.

Scarlatti hat über fünfhundert Klavierstücke geschrieben. Darunter befinden sich einige locker geformte Fugen (so die berühmte „Katzenfuge" mit ihrem seltsamen Themenkopf, als laufe eine Katze über die Klaviatur, und ihrer klangfrohen Steigerung); weitaus die meisten Stücke aber sind sogenannte Sonaten, überwiegend einsätzig, nur mit einem einzigen Thema ausgestattet, dieses zuweilen geleitet von einer Reihe weiterer musikalischer Einfälle, zuweilen aber ist auch der erste Teil organisch gebaut wie bei der späteren klassischen Sonate. Der zweite Teil wiederholt im wesentlichen den musikalischen Stoff des ersten, nur beginnt er auf anderer Tonstufe und gestaltet auch Einzelnes aus, so daß man berechtigt ist, von durchführungsartigen Zügen zu sprechen.

So bedeutsam diese formale Gestaltung für die Geschichte der Klaviersonate geworden ist, wichtiger noch ist ein anderes Merkmal von Scarlattis Schaffen: der spielerisch-flüssige Klaviersatz. Scarlatti prägt seine Sprache ganz vom Klavier und dessen Spielbedingungen aus; selbst dort, wo er das Vorbild der italienischen Geigensonate vor Augen gehabt hat, schmilzt er alles geschickt, ja, genial um, so daß ein ganz aus dem Wesen des Tasteninstruments geborener Stil entsteht. Und zwar wirkt dieser Stil in doppelter Beziehung spielerisch: inhaltlich, insofern alles tänzerisch bewegt und heiter geplaudert erscheint (also ohne gedankliche oder bildhafte Belastung), spieltechnisch, insofern in geschwindem Zeitmaß allerlei virtuose Kunststückchen vollbracht werden, wie Tonwiederholungen, Tonleitern, gebrochene Dreiklänge, Oktavensprünge, Doppelgriffe, Ablösen der Hände, Übergreifen, Echowirkungen usw. Unser Beispiel aus einer A-dur-Sonate mag dieses Spielerische wenigstens andeuten.

Damit im Zusammenhang steht die Tatsache, daß Scarlatti, obwohl im gleichen Jahre geboren wie Bach und Händel (mit diesem war er auch persönlich zusammengetroffen und befreundet), weder auf die zuchtvolle und gedankentiefe Stimmführungskunst des einen noch auf den männlichen Ernst des andern bedacht ist; Ansätze zu ausgesprochener Stimmigkeit wie zu prunkender Gebärde sind zwar überall vorhanden, doch verflüchtigen sie sich sehr schnell wieder. Stimmigkeit, harmonisches Denken und rhythmische Verflechtungen liegen Scarlatti fern; behende Melodik und spielerischer rhythmischer Schwung sind alles. Und so ist es zu begreifen, daß man in vergangenen Jahrzehnten, als man die gedankliche und stimmungsmäßige Überfracht mancher Nachromantiker über Bord zu werfen bemüht war, auf die hellen, freudigen, keineswegs nur oberflächenhaften Spielkünste und Kunstspiele eines Scarlatti zurückgegriffen hat.

GOTTLIEB MUFFAT

Geboren 1690 in Passau. Erster Unterricht bei seinem Vater Georg M., der selbst ein hervorragender Organist und und Komponist war; dann bei dem berühmten Kontrapunktiker Johann Josef Fux in Wien. Seit 1717 Hoforganist in Wien. Dort ist er am 10. Dezember 1770 gestorben. Schrieb Orgel- und Klavierwerke.

In Muffats „Componimenti musicali" (kurz vor 1740 erschienen) stehen neben einer Variationen-Chaconne sechs Klaviersuiten. Diese darf man unmittelbar neben Bachs Klaviersuiten stellen. Sind sie auch nicht so dicht polyphon, so überzeugen sie dafür durch die feine Ausgewogenheit von Polyphonie und Homophonie, und zwar in der Art, daß die polyphonen Teile durch Muffats Hinneigung zum „neuen Stil" aufgelockert und belebt werden, während umgekehrt die mehr homophonen Teile durch sein polyphones Denken maß- und zuchtvoll erscheinen. Man könnte an Telemann denken; doch kommt dessen Art mehr aus einem musikalischen Verstand, Muffats Sprache dagegen aus einem musi-

kantischen Gemüt (was ja eine Kultur des sorgfältigen Satzes nicht ausschließt).

Das sichere Schweben zwischen Barock und Rokoko äußert sich bei allen Klaviersuiten (nicht nur den „Componimenti") bereits in der Melodik; dazu kommt noch eine spielerische Schlankheit, die zweifellos homophonen Ursprung hat, sich jedoch scheinbar polyphon gewandet (vergl. unsere Beispiele). Harmonisch finden sich allerlei Vorhalts- und Durchgangswendungen, die das Bild stark beleben. Besonderen Wert legt Muffat auf die richtige Ausführung der zahlreichen Verzierungen, die er sogar genau erklärt. Das zeigt den Rokoko-Komponisten; und doch lassen sie sich (auf dem heutigen Klavier, nicht auf dem Cembalo!) auf das in der deutschen Barocksuite übliche Maß eindämmen, ohne den Gesamteindruck zu beeinträchtigen.

Beachtenswert die formale Anlage der Suiten. Im allgemeinen hält sich Muffat an den Grundriß Froberger-Bach, d.h. an die Kernsätze Allemande/Courante/Sarabande/Gigue, leitet sie durch geteilte Sätze ein (Ouvertüre, Fantasie, Präludium) und durchsetzt sie mit Einschüben. Aber bei diesen Einschüben verfährt er freier. Bald bringt er die üblichen Modetänze, bald — nach französischem Geschmack — besondere Kleinbilder („Der Bauer", „Harlekin" usw.). Oder er bestimmt eine Gavotte als Trio für eine Sarabande, ja, die Sätze bekommen Mischcharakter („Sarabande nach Art einer Courante"). Mit solcher Lockerung der Gesamtanlage geht Hand in Hand die Lockerung der Tonarten: die einzelnen Suitensätze stehen nicht mehr unbedingt auf dem gleichen Grundton. Muffat war aber Persönlichkeit genug, alle diese Freiheiten innerlich zu binden und zu rechtfertigen.

Wie sehr Muffats Sprache die Zeiten überdauert hat, mag man unter anderem daraus entnehmen, daß eine der stärksten Stellen aus Griegs „Holberg-Suite" (am Ende des Rigaudons sowie das Trio-Thema) fast notengetreu unserem ersten Beispiel entspricht.

WILHELM FRIEDEMANN BACH

Geboren am 22. November 1710 in Weimar als ältester Sohn J. S. Bachs. Schüler seines Vaters. 1733—1747 Organist an der Dresdener Sophienkirche, dann bis 1764 in gleicher Eigenschaft an der Marienkirche in Halle a. d. Saale (daher die Benennung „Hallescher Bach“). Lebte dann, ohne wirklich noch einmal festen Fuß zu fassen, in verschiedenen Städten wie Leipzig, Braunschweig, Göttingen, Berlin, wo er am 1. Juli 1784 gestorben ist. Schrieb Sinfonien, Kammermusik, Orgel- und Klavierwerke.

Friedemann Bach, auf den sein Vater die größten Hoffnungen gesetzt hatte, ist nicht der zigeunernde, verkommene „Bohémien“, als den ihn nachromantisches Romanschreiben hingestellt hat. Dem widerspricht schon die mehr als drei Jahrzehnte währende Tätigkeit an hervorragender Stelle, dem widerspricht auch die hohe Bewunderung, die seinem Orgel- und Klavierspiel überall gezollt wurde. Zerbrochen ist dieser hochfliegende Geist an mancherlei Zwiespalten: sein Spiel wurde bewundert, aber sein Schaffen abgelehnt, sein Amt zwang ihn in die tägliche Kleinarbeit des Organisten, sein Wollen trieb ihn in die Unabhängigkeit des freien Künstlers, als Musiker fühlte er sich — stärker als alle seine Brüder — der Welt des Vaters verpflichtet, als Mensch aber wurde er erschüttert von einem Persönlichkeitsstreben, das sich erst in Beethoven erfüllen sollte. Bei alledem fehlte ihm die Kraft, sich zu entscheiden. Daran ist er zerbrochen. Das ist kein Zigeunertum, sondern Tragik.

Sein Klavierwerk läßt sich mit einem Satz umschreiben: es birgt kontrapunktischen Geist in gefühlsbetontem Rahmen. Will man die ganze Tragik Friedemanns ermessen, so muß man sein Werk Takt für Takt durcharbeiten, muß auseinanderhalten, was Überlieferung, was Zeitgeist und was

Zukunftssehnsucht ist. Ob diese für den Forscher so anziehende Arbeit je den Musikfreund in Bann schlagen wird, muß die Zeit lehren. Vorerst ist jedenfalls Friedemanns Klavierschaffen nur wenig bekannt.

Weder in den frühen noch in den späten Sonaten müht sich Friedemann Bach um die (damals in vollem Gange befindliche) Ausgestaltung der Form; diese nimmt er vielmehr, wie er sie eben findet, stattet sie aber mit Besonderheiten inhaltlicher Art aus. Wenn er den schnellen Kopfsatz der G-dur-Sonate mit Andantino-Takten einleitet, schließt und nach dem ersten Teil unterbricht, wenn er den Schlußsatz der B-dur-Sonate auf weite Strecken hin zwischen „Allegro di molto" und „Andantino" schwanken läßt (dazu noch in verschiedenen Taktarten), so ist das kein Herumbosseln an der Form, sondern ein Streben nach Ausdruck, eine Betonung leidenschaftlich-persönlichen Erlebens. Das gleiche gilt für den häufigen Stimmungswechsel bei gleichbleibendem Zeitmaß, sehr auffallend im Schlußsatz der genannten G-dur-Sonate, wo das geschwinde Ablaufen der Kanonbewegung so seltsam stockt (Beispiel 1). Dahin gehört

1 (Presto)

auch die Gegensätzlichkeit der Stilmittel, die unversehens von strengem Satz in virtuose Spielbewegung umschlagen. Ausdruck einer leidenschaftlichen, aber auch innerlich zerrissenen Seele. Der stärkste Niederschlag von Friedemanns Ausdruckswillen findet sich in den langsamen Sätzen. In ihnen knüpft er an manchen gleichartigen Satz aus seines Vaters Werk an, treibt aber den Ausdruck fast in die Nähe Beethovens. Abermals mag die G-dur-Sonate herangezogen werden: der Beginn des langsamen, als „Lamento" bezeichneten Satzes könnte von J. S. Bach stammen, aber zu Beginn des zweiten Teils erschließt sich Friedemann neue Welten (Beispiel 2).

2 Lamento

Die Fantasien erscheinen häufig etwas verworren. Neben fugierten Teilen (im Sinne der alten Fantasia) stehen Abschnitte von besessenem musikantischem Spieltrieb, ohne daß man immer den rechten Zusammenhang aufzudekken weiß. Spürt man in den Fantasien immerhin noch lebendige Kraft, so enttäuschen die Fugen fast durchweg mit ihrer unpersönlichen, dafür allerdings zeitgemäßen „empfindsamen" Themenfassung, ihrer wenn auch sicheren, so doch oft allzu gelockerten Verarbeitung und ihrer Ziellosigkeit. Die zweifellos vorhandenen (sogar reichlich vorhandenen) gemütvollen Schönheiten sind nicht in jenen festen Plan und Bau eingespannt, der für die Fuge nun einmal unerläßlich ist. Wundervolle Gebilde dagegen die zwölf Polonäsen, kleine Klavierdichtungen von unendlicher Vielfalt, jede einzelne dichterisch gesondert erlebt, freilich in ihrer Eigenart für die Gegenwart kaum noch zu retten.

JOHANN LUDWIG KREBS

Geboren am 10. Oktober 1713 in Buttelstädt bei Weimar als Sohn eines Kantors. Als Thomasschüler in Leipzig Unterricht bei J. S. Bach. 1737 Organist in Zwickau, 1744 in Zeitz, seit 1746 in gleicher Eigenschaft in Altenburg, wo er Anfang Januar 1780 gestorben ist. Hauptwerke: Triosonaten, Orgel- und Klavierwerke.

Krebs ist stark in Bach verwurzelt: schon sein Vater hatte in Weimar bei Bach Unterricht, und er selbst wurde vom Thomaskantor Bach als sein bester Orgelschüler bezeichnet. In seinem eigenen Schaffen blieb Krebs seinem Meister stets verpflichtet, wenn er auch dessen selbstverständliche Gedrängtheit und Tiefe niemals erreichte; ganz leise spürt man bereits das Hinwenden zur neuen „empfindsamen“ Zeit.

In den Jahren 1743—1749 veröffentlichte Krebs seine „Clavier Übung bestehend in verschiedenen vorspielen und veraendrungen einiger Kirchen Gesaenge welche so wohl auf der Orgel als auch auf dem Clavier können tractirt werden. Denen Liebhabern zur Gemüths Ergözung und besonders denen Lehrbegierigen zu Grosen nuzen und vortheil verfertiget“. Die einzelnen Stücke bestehen zumeist aus drei Teilen: einem Vorspiel, in das die jeweilige Choralweise mehr oder minder deutlich verwoben ist, dem Choral selbst,

und zwar in auszierend gearbeitetem Satz, endlich der schlichten Choralweise mit einem bezifferten Baß, an dem die „Lehrbegierigen" ihr Generalbaßkönnen erproben mochten; gelegentlich ist an das Vorspiel (Praeambulum) eine Fughetta angehängt. Verhältnismäßig gleichwertig sind die einigermaßen streng und stimmig gearbeiteten Vorspiele (Beispiel 1 gibt den Beginn zum Vorspiel über „Wer nur den lieben Gott läßt walten"). Sehr verschieden dagegen die Choralbearbeitungen. Oft liegt die Melodie in der Oberstimme und wird von höchst einfachen Akkordbrechungen

2

begleitet (Beispiel 2 über „Jesu, meine Freude" gehört schon zu den stärkeren Stücken dieser Art); überzeugender und auch würdiger diejenigen Choralbearbeitungen, bei denen der Cantus firmus in einer Mittelstimme erscheint und von den übrigen Stimmen motivisch umspielt wird (Beispiel 3 über „Ach Gott, vom Himmel sieh darein). Fesselnd bleibt

3

Krebs als Mann zwischen den Zeiten, der sich dem Kommenden unbewußt öffnet, aber innerlich doch ganz der Vergangenheit verpflichtet ist.

PHILIPP EMANUEL BACH

Geboren am 8. März 1714 in Weimar als Sohn von J. S. Bach. Schüler seines Vaters. Studierte in Frankfurt a. O. zunächst Rechtswissenschaften, gründete dort einen Gesangverein und ergab sich bald ganz der Musik. 1738 in Berlin, dort seit 1740 Cembalist Friedrichs des Großen. Seit 1767 als Nachfolger Telemanns Kirchenmusikdirektor in Hamburg, wo er am 14. Dezember 1788 gestorben ist. Hauptwerke: Sinfonien, Kammermusik, kirchliche Schöpfungen, Lieder, Klaviermusik.

Carl Philipp Emanuel Bach hat zu seiner Zeit dem Klavier wesentliche neue Aufgaben zugewiesen. Man müsse, wie er selbst schreibt, für das Klavier soviel wie möglich sangbar setzen. Wer dieses Wort „sangbar" beherzigt, wird an den vielfach kaum faßbaren Verzierungen seines Klavierstils keinen Anstoß nehmen: es sind zeitbedingte Zutaten, sie machen also nicht das Wesen der Werke aus. Ph. E. Bach stand zwischen den Zeiten: italienische Melodiebetonung, französisches Rokoko, deutsche Empfindsamkeit und die besondere Formen- und Gedankenstrenge der Berliner Schule treffen bei dem Cembalomeister des großen Preußenkönigs zusammen. Daher eine gewisse Ungleichartigkeit des Gesamtwerkes, sein vielfach zeitbedingter Stil; daher aber auch die Sicherheit, mit der Ph. E. Bach die Formenansätze der neueren Sonate kraftvoll ausbildet und Verbindliches für die Zukunft schafft. Als erster macht er das Klavier zum vollwertigen Träger persönlichkeitsstarker Ausdrucksmusik. Das ist nicht mehr das „objektive Musizieren" des Barocks, nicht mehr das erlesene Formenspiel des französischen Rokokos und nicht allein die Melodienfreude der Italiener, — das ist ein Durchbruch der Einzelpersönlichkeit, wie wir ihn sonst in der Vorklassik so überwältigend überhaupt nicht und in der Klassik besonders bei Beethoven antreffen. In mehreren

Jahrzehnten hat Philipp Emanuel etwa anderthalb hundert Klaviersonaten geschrieben und nur verhältnismäßig wenig anderes: die Sonate stand also im Mittelpunkt seines Denkens und Gestaltens. Die hauptsächlichsten Sonaten sind in verschiedenen Gruppen zusammengefaßt.

Die erste Gruppe wird gebildet von den sechs sogenannten „Preußischen Sonaten“ (erschienen 1742, Friedrich dem Großen gewidmet). Ihre geschichtliche Bedeutung ist größer als ihr künstlerisches Gewicht. In ihnen festigt Philipp Emanuel — acht Jahre vor dem Tode des Vaters, zwei Jahre vor der Veröffentlichung des zweiten Teils des Wohltemperierten Klaviers! — diejenige Form, die in Zukunft verbindlich werden sollte für die Klaviersonate der ganzen Welt. Inhaltlich sprechen sie uns dagegen kaum mehr an.

Zwei Jahre später (1744) gab Ph. E. Bach die sechs „Württembergischen Sonaten“ heraus (gewidmet dem Herzog Karl Eugen von Württemberg). In ihnen baut er nicht nur die Formgrundsätze der Preußischen Sonaten aus, sondern es gelingen ihm nun auch ausdrucksmäßige Ansätze, die für sein späteres Werk bedeutsam werden sollten. Bemerkenswert in dieser Hinsicht etwa das es-moll-Adagio der Es-dur-Sonate Nr. 5 (alle Sonaten sind dreisätzig, langsamer Satz in der Mitte): die polyphone Art und die allgemeinen Umrisse des Themas gemahnen an J. S. Bach, doch der Ausdruck ist ganz Philipp Emanuel zu eigen. Im Schlußsatz der D-dur-Sonate Nr. 6 läßt der Themensatz — nicht der weitere Verlauf — schon etwas ahnen von der Kraft späterer Allegrothemen.

Die sechs „Probesonaten“ von 1753 tragen ihren Namen nach Ph. E. Bachs Lehrwerk „Versuch über die wahre Art, das Clavier zu spielen, mit Exempeln und 18 Probestücken in 6 Sonaten erläutert“. Aus dem Titel des Lehrbuches geht bereits hervor, daß es sich erstens nicht um freie Werke handelt, sondern daß die Stücke zu Lehrzwecken geschrieben wurden, und zweitens, daß es sich im Grunde um eine Reihung und Gruppierung von 18 Einzelstücken handelt, nicht um einheitlich gestaltete Sonaten. Tatsächlich wollte Philipp Emanuel Beispiele in achtzehn verschiedenen Tonarten geben; in sechs Sonaten zu je drei Sätzen ist das aber nur möglich, wenn jeder Sonatensatz in einer anderen Tonart steht, wenn also der Tondichter darauf verzichtet, alle Sätze einer Sonate oder wenigstens die Ecksätze in der gleichen Tonart zu bringen. Immerhin stehen die Sätze wenigstens in benachbarten Tonarten (z. B. die erste: C-dur/e-moll/G-dur, die sechste: f-moll/As-dur/c-moll). Inhaltlich sprechen uns die Versuchs- oder Probesonaten nur noch bedingt an, so der zügig dahineilende erste Satz (Es-dur), das gedankenreiche, empfindungstiefe, rhythmisch fesselnde und in seinen dynamischen Gegensätzen ausdrucksvolle Adagio (b-moll) der 5. Sonate, der außerordentlich lebendige, mit Übergreifen arbeitende f-moll-Kopfsatz (Beispiel 1) und das ausdrucksdichte, verhaltene

Adagio (As-dur) der 6. Sonate. Dieses Werk schließt übrigens ungewöhnlicherweise mit einer mehrteiligen c-moll-Fantasie, die zu allen Zeiten mit Recht Bewunderung erregt hat.

In den Jahren 1760—1763 veröffentlichte Ph. E. Bach drei weitere „Sammlungen" von abermals je sechs Sonaten. Die erste Sammlung nennt man wegen ihrer Widmung (der Prinzessin Amalie von Preußen) die „Amalien-Sonaten". Der Komponist hat sie als „Sonaten mit veränderten Reprisen" bezeichnet; er schreibt nämlich nicht — wie sonst üblich — einfach eine Wiederholung des ersten Hauptteils im Sonatensatz vor, sondern schreibt diese Wiederholung mit melodischen Veränderungen regelrecht aus

(„Reprise" hier also als „Wiederholung" aufzufassen, nicht als „Wiederaufnahmeteil" am Schluß des Sonatensatzes). Weder diese Sonaten noch die der beiden anderen Sammlungen — diese ohne Reprisenveränderung — können für die Gegenwart mehr denn geschichtliche Aufmerksamkeit beanspruchen.

Weitaus am bedeutendsten das in den Jahren 1779/87 erschienene Großwerk „Klaviersonaten, Rondos und freie Fantasien für Kenner und Liebhaber". Es handelt sich um sechs „Sammlungen", in denen regelmäßig je sechs Stücke enthalten sind. Die Sonaten stehen nun in der Form so gesichert, daß Philipp Emanuel sie jetzt stärker von innen her gestalten kann als je zuvor, ja, daß er sich auch Abweichungen zu erlauben vermag. Die meisten sind dreisätzig, mit einem langsamen Satz als Mittelbau und zwei Sonatensätzen als Eckpfeilern. Als Beispiel wählen wir die e-moll-Sonate der fünften Sammlung. Sie beginnt mit einem (ruhigen) Presto. Aus dem ruhenden Ton des Anfangs löst sich ungezwungen und fließend eine Triolenbewegung, der sich ein rhythmisch punktiertes Motiv ebenso überraschend

2 Presto

wie zwanglos anschließt (Beisp. 2); überleitende Sechzehntelbewegungen führen zu einem neuen, gegensätzlichen Gedan-

3

ken von hüpfender Anmut (Beispiel 3). Damit ist der erste Hauptteil im wesentlichen bestimmt. Die sehr knappe Durchführung läßt alle aufgestellten Gedanken anklingen, verwendet aber den Gedanken unseres Beispiels 3 nur andeutungsweise. Aus den Triolen und Sechzehnteln des Hauptteils formt Ph. E. Bach dann einige rhapsodische Takte, die unmittelbar (also ohne Pause) in einen kurzen Adagiosatz münden, dessen dramatische Gefühlsspannung an Beethoven gemahnt (Beispiel 4). Obwohl das Adagio nur zehn Takte

4 Adagio

umfaßt, quillt es förmlich von Ausdruck über (bemerkenswert gegen Schluß die enharmonischen Umdeutungen). Abermals leitet eine rhapsodische Stelle pausenlos in den nächsten Satz über, ein Andantino, das durch ineinanderrankendes Motivspiel und harmonische Besonderheiten die Aufmerksamkeit erregt. Das Ganze keine strenge, sondern eher eine Fantasie-Sonate.

Neben solcher Formenfreiheit, die bei Ph. E. Bach Formensicherheit bedeutet, stehen andere, nicht minder eindringliche Freiheiten, aus denen man die gestalterische Kraft ablesen kann. So beginnt eine F-dur-Sonate harmonisch bemerkenswert frei: der erste Takt steht auf c-moll, der zweite auf d-moll, und erst zu Beginn des dritten Taktes wird die Dominante von F-dur erreicht, eine Tonartenverschleierung — zumal am Anfang —, die wiederum an Beethoven erinnert.

Überhaupt läßt sich ganz allgemein sagen: sein Höchstes und Ausdrucksvollstes gibt Philipp Emanuel dort, wo er die Arbeit an der Form (so bedeutsam sie für die Musikgeschichte auch geworden ist) zurückstellt und auf der nun gewonnenen Ebene sicherer Gestaltung frei und doch zuchtvoll musiziert. Prachtvoll daher die F a n t a s i e n aus den Sammlungen für Kenner und Liebhaber. In ihnen begegnen sich Zucht und Stegreifausdruck in schlechthin überwältigender Art. Bei den ersten Gängen der Es-dur-Fantasie (Beispiel 5) spürt

5

wohl jeder, daß zwar ganz aus den Spielbedingungen des Klaviers fantasiert wird, daß aber hinter dem Figurenspiel ein mächtiger Geist atmet. Als wirkungsvoller Gegensatz zu solchen Gängen und Läufen erscheinen ruhige, geschlossene Flächen; doch ist damit das Gegensätzliche keineswegs erschöpft, sondern es setzt sich im Innenleben der einzelnen Werkteile weiter fort, rhythmisch, dynamisch und vor allem harmonisch. Gerade der Reichtum harmonischer Wendungen, Kehren und Sprünge kennzeichnet den reifen Stil Ph. E. Bachs, was man über dem zeitbedingten Zierwerk vieler seiner Melodielinien leicht übersieht.

Das harmonische Denken tritt auch in den Rondos hervor und verbindet sich mit motivischer Arbeit, dynamischen Wirkungen und eigentümlichen Gegensätzen zu starker Ausdruckskraft. Ein Rondo in Es-dur beginnt mit einem weichen, fast weiblichen Thema (Beispiel 6a), das keinerlei dramatische Spannung zu enthalten scheint; aber die Art, wie das Thema zu den verschiedensten Tonarten moduliert (auch zu verschiedenen Molltonarten), die kraftvoll-unbekümmerten Modulationen, die Aufteilung des thematisch-motivischen Stoffes auf verschiedene Stimmen, die Veränderungen der Linie selbst, die ebenso unvermutete wie zwanglose Hinzufügung schroffer Betonungen (Beispiel 6b), die enharmonischen Umdeutungen, der geschwinde dynamische Wechsel, die Verwendung von Oktaven und Doppelgriffen, — das alles zeugt von männlicher Kraft (Beispiel 6c). Daß wir es wirklich mit Ausdrucksmusik zu tun haben, zeigt auch der Anfang des c-moll-Rondos (Beispiel 7), und zwar

harmonisch, motivisch, dynamisch und rhythmisch (vergl. die Verlagerung der beiden Auftakt-Sechzehntel auf die betonten Taktteile im dritten Volltakt). Ph. E. Bach treibt das motivische Spiel so weit, daß es zum Kern des Rondos wird, hinter dem die Seitensätze zurücktreten. Man fragt sich oft, ob es sich um wirkliche Rondos im klassischen Sinne handelt (Wechsel des wiederkehrenden Hauptgedankens mit ausgeformten Seitensätzen) oder um eine Verbindung motivischer Arbeit mit verschleierten Variationen. — Was Haydn, Mozart und Beethoven von Philipp Emanuel Bach gelernt haben, erkennt man wohl am deutlichsten in den Rondos „für Kenner und Liebhaber", ohne daß deshalb diese prächtigen Werke etwa nur als „Vorläufer“ anzusehen wären; sie vermögen vielmehr auch heute noch voll- und eigenwertig neben den Klavierschöpfungen der Wiener Klassiker zu bestehen.

Die übrigen Klavierwerke des Meisters reichen an die bedeutenden Sammlungen, die wir erwähnt haben, nicht heran. Vielfach handelt es sich um kleinere Arbeiten (Menuette, Polaccas, Solfeggien usw.). Dagegen befinden sich unter den Variationenwerken „Zwölf Variationen auf die Folie d'Espagne“, die unbedingt Beachtung verdienen. Das Thema selbst wird nur zweistimmig, in ruhigen, gleichförmigen Vierteln aufgezeichnet, hat also entweder nur Erinnerungswert (es ist häufig zu Variationen verwendet worden, auch später noch), oder es blieb dem Spieler überlassen, in welcher Art er die Umrisse ausfüllen wollte. Die zwölf Variationen sind vielfach Charaktervariationen, gegensätzlich und wechselvoll gestaltet, weit entfernt von der noch bei Händel herrschenden Bewegungssteigerung der englischen Virginalisten. Selbst die reinen Bewegungsvariationen (3, 9, 12) haben etwas Charaktervolles, Ausdrucksstarkes. Ph. E. Bach gibt sich lieber dem Motivspiel hin als der reinen Bewegung; ganz ausgeprägt in der 5. Variation mit dem gleichmäßigen Baßmotiv, verdichtet in den imitierenden Stimmführungen der 1., 4. und 10. Variation (die letzte mutet an wie eine kleine zweistimmige Invention). Bewegungs- und Motivspiel mischen sich in der 7. Variation, während die 8. akkordisch, und zwar in rhythmisch punktierten Akkordmotiven gehalten ist. Die so entstehende Vielfalt wird verstärkt durch verschiedenartige, in deutscher Sprache vorgeschriebene Zeitmaße („geschwind/ sehr langsam / sehr geschwind“). Das reiche Blühen dieser Charaktervariationen hat noch vielen späteren Generationen zu köstlichen Früchten verholfen.

GEORG CHRISTOPH WAGENSEIL

Geboren am 15. Januar 1715 in Wien. Schüler des berühmten Komponisten und Kontrapunktikers Joh. Jos. Fux. Später Musiklehrer der Kaiserin Maria Theresia und Hofkompositeur. Gestorben am 1. März 1777 in Wien. Schrieb u. a. Opern, Orchesterwerke, kirchliche Kompositionen, Kammermusik, Klavierwerke.

Wagenseils Klavierschaffen sei hier wenigstens erwähnt, weil es als Übergangsstufe einer gewissen Bedeutung nicht entbehrt. In seinen Sonaten und Divertimenti (die ebenfalls zum Teil verkappte Sonaten darstellen) zeigt sich Wagenseil nicht ohne Eigenart; als Persönlichkeit war er freilich nicht stark genug, wahrhaft große Werke zu schaffen. Was die Mannheimer Schule für Orchester- und Kammermusik geschaffen hat, verpflanzte er in die Klaviermusik, und zwar so nachdrücklich, daß man von seinen kontrapunktischen Studien bei Fux rein stilistisch nicht mehr viel bemerkt (nur die spielerische Sicherheit des Satzes mag auf seinen berühmten Lehrer zurückgehen). Besonders seine Allegrosätze sind Musterbeispiele des neuen Sonatenstils — wenn auch ohne zweites Thema —, durchtränkt von wienerischer Anmut und zuweilen fast italienischer Süße. Bereitete er so den „Wiener Klassikern", vor allem Haydn und Mozart, den Boden, so reicht sein Ausdruck manchmal selbst bis in die Wiener Romantik eines Schubert, nicht Schuberts als singenden oder dramatischen Klaviergestalters, sondern des in rieselnden Akkordbrechungen Träumenden. In diesem Zusammenhang sei auf Wagenseils Vorliebe für das Menuett verwiesen, das er in jedes seiner mehrsätzigen Werke einbaut. Es ist weit entfernt von dem höfischen Menuett des Rokoko, weist vielmehr bei aller Feinsinnigkeit eine gewisse „bürgerliche" Fröhlichkeit auf, einen tänzerischen Frohsinn, der eher in sanfter Landschaft als auf glattem Parkett geboren zu sein scheint (bezaubernd die leichten und doch treibenden Triolen des Menuetts aus der F-dur-Sonate). Weniger überzeugend sind die langsamen Sätze; dazu fehlt Wagenseil bei aller Feinheit im Kleinen der ruhige, tiefe Atem. Seine sprühende, leidenschaftliche Natur vermag sich nur in starker Bewegung zu erfüllen und liebt es dann (in dem genannten F-dur-Menuett oder dem ersten Satz des f-moll-Divertimentos mit prachtvollem Schnitt), die innere Entflammtheit durch wehende Triolen auch äußerlich anzufachen.

JOHANN PHILIPP KIRNBERGER

Geboren am 24. April 1721 in Saalfeld. Unterricht u. a. bei J. S. Bach. 1741—1750 in verschiedenen Stellungen bei polnischen Adeligen. Seit 1754 Kammermusiker der Prinzessin Amalia, der Schwester Friedrichs des Großen. Gestorben am 27. Juli 1783 in Berlin. Schrieb u. a. Sinfonien, Motetten, Kammermusik, Orgel- und Klavierstücke, Lieder.

Der einst berühmte Theoretiker Kirnberger wurde als Musiker früher für einen Ausbund von Langweiligkeit angesehen. Dabei kann es kaum etwas Frischeres und Lebendigeres geben als seine „Sammlung von Tanzstücken". Sollte wirklich ein Musiker langweilig sein, der — obwohl im Rufe eines überragenden Theoretikers — sagt: „Um die zum guten Vortrag notwendigen Eigenschaften zu erlangen, kann der Tonkünstler nichts besseres tun, als fleißig allerhand charakteristische Tänze zu spielen."! In den Tanzstücken (Menuett, Bourrée, Rigaudon, Forlana, Ländler, Gavotte, Allemande, Courante, Loure, Canarie usw.) offenbart sich nicht nur eine am Barock wie am „galanten Stil" geschulte, sehr sichere Sprache, sondern nicht minder eine ursprüngliche Einfallskraft und heiter-gepflegte Haltung. Tanzsätze kehren auch in seinem Alterswerk „Verschiedene Stücke für Klavier" wieder (erschienen drei Jahre

vor Kirnbergers Tode). In dieser Sammlung huldigt er dem Zeitgeschmack unter anderem mit einem reizend klingenden

„Allegro für die Spieluhr“. Auch hier alles andere als trokkene Langeweile. Ja, selbst in seinen Fugen, in denen er sich doch zu allererst den Schopf der Schulmeisterzunft hatte anlegen können, fehlt es Kirnberger weder an prächtigen Einfällen (Beispiel) noch an lebendiger Verarbeitungskunst, gleich, ob er die Fuge im barocken Sinne streng oder im neueren Stil frei und spielerisch anlegt.

JOHANN SCHOBERT

Geboren etwa 1730 (vermutlich in Schlesien). Seit 1760 Kammercembalist des Prinzen Conti in Paris; dort ist er am 28. August 1767 gestorben. Schrieb Klavierkonzerte, Kammermusik mit Klavier, Klavierwerke.

Was wir über Schoberts Kammermusik, die ja durchaus vom Klavier her bestimmt ist, an anderer Stelle gesagt haben, dürfen wir hier gedrängt wiederholen: Schobert schafft ganz vom Klavier aus, dessen Spielbedingungen, Klangmöglichkeiten und Instrumentalthematik. Das ist zum Teil eine Folge seines Wirkens als gefeierter Cembalist; aber in des Meisters Schreibweise weht auch ein neuer Geist, dem man sonst um jene Zeit kaum begegnet. Er habe die Sinfonie auf das Klavier übertragen, sagten seine Zeitgenossen. Das will sagen: er weist dem Klavier jenen Stil zu, dessen sich die neueren Sinfoniker seiner Zeit bedienten. Also, keine Cembalo-Musik mehr im überkommenen Sinne, sondern Vorweg-

nahme Beethovenscher und romantischer Klaviersprache. „Sinfonieartig", nicht aber orchestral, — das gilt es festzuhalten; denn Schobert schreibt durchaus klaviermäßig. Als geistvoller und triebhaft-sicherer Musiker hat er das Ende des Cembalozeitalters wohl gespürt und mit seiner „durchbrochenen Arbeit" manches geschrieben, was erst im Zeitalter des neuzeitlichen Klaviers zur allgemeinverbindlichen Art erhoben wurde. Freilich, er hat das alles zu früh geschrieben und ist vor der Vollendung eines größeren Lebenswerkes gestorben (drei Jahre vor Beethovens Geburt), so daß man ihn bald vergessen hat.

Wir geben zwei Satzanfänge aus Schoberts Sonatenwerk. (Beispiel 1 ist der Beginn der c-moll-Sonate Werk 14^{III}, Beispiel 2 Beginn des Schlußsatzes aus dem d-moll-Werk 14^{IV}.) Der äußere Schnitt der musikalischen Gedanken wirkt überkommen, aber die innere Spannung mutet schon beethovenisch an (geschrieben vor Beethovens Geburt!). — Die Sonaten tragen meist den Zusatz „nach Belieben mit Violinstimme". Ob dieses „nach Belieben" immer wörtlich gemeint ist, ergibt sich zumeist aus der Violinstimme; diese ist oft unwesentlich, kann also fortgelassen werden, zuweilen aber entscheidend. (Eine allgemein zugängige Klavierausgabe der Sonaten liegt leider immer noch nicht vor.)

JOSEPH HAYDN

Geboren am 31. März oder am 1. April 1732 als Sohn eines armen Wagenbauers in Rohrau an der Leitha. In ganz jungen Jahren wurde er Sängerknabe in Wien (Stephansdom) und erhielt dort praktischen Musikunterricht. Die Mittel zu einem weiteren Studium erwarb er sich durch Privatstunden. 1759 wurde er Leiter einer gräflichen Kapelle in der Nähe von Pilsen. 1761 zweiter Kapellmeister am Hofe des Fürsten Esterhazy in Eisenstadt, 1766 alleiniger Dirigent. Als die Kapelle 1790 aufgelöst wurde, erhielt Haydn ein jährliches Ruhegeld von 1400 Gulden und zog nach Wien. Zweimal hielt er sich mehrere Jahre in England auf als Dirigent von Londoner Abonnementskonzerten. Gestorben am 31. Mai 1809 in Wien. Sein Werk umfaßt etwa 125 Sinfonien, rund ein halbes Hundert Klaviersonaten und andere Klavierstücke, zahlreiche Kammermusik, Konzerte, Oratorien, geistliche Werke, zwei Dutzend Opern.

So groß die Bedeutung Haydns als Komponist von Klaviersonaten ist, so zahlreiche gehaltvolle Werke er geschaffen hat, — im Konzertsaal begegnet man nur ganz gelegentlich einer Haydnschen Klavierschöpfung. Man mag das bedauern; aber man kann es verstehen. Der solistischen Konzertmusik eignet stets eine ins Große und Weite wirkende Gebärde, und die trifft man in Haydns Klavierkompositionen nur selten an. In der Abgeschiedenheit von Eisenstadt bedurfte man des sinfonischen und des kammermusikalischen Schaffens des Meisters, so daß er keine Gelegenheit zu öffentlichem Klavierspiel gehabt hat wie Mozart oder Beethoven, die Bach-Söhne oder wie die großen Organisten der Barockzeit, für die öffentliches Spiel (und sei es nur an der Orgel) Berufspflicht war. Dabei muß Haydn, wie man aus zeitgenössischen Berichten nicht minder als aus verschiedenen Werken entnehmen kann, ein guter Klavierspieler gewesen sein. Um so höher bewerten wir die Leistung, daß Haydn als Klavierspieler nur für den Freundeskreis gleichwohl der Klaviersonate geschichtlich Bedeutsames und Bedeutendes mit auf den Weg gegeben hat. Das aber geschah ganz absichtslos, ohne bestimmtes Ziel.

Ein großer Teil von Haydns Klaviersonaten ist berufen, künftig mehr als in den vergangenen Jahrzehnten die künstlerisch und kulturell wirklich hochstehende Hausmusik zu bereichern, und zwar stärker als die Klavierwerke anderer und für den Konzertsaal bedeutenderer Tondichter. Die Spielfolgen unserer Konzerte dagegen könnten wohl durch einige Haydn-Schöpfungen belebt werden, doch werden weitaus die meisten von ihnen niemals einen wesentlichen Bestandteil der öffentlichen Musikpflege darstellen.

Die etwa fünfzig Klaviersonaten lassen sich entstehungsgeschichtlich und stilistisch einigermaßen gruppieren.

Alle Frühsonaten gehören der Suiten-Gattung an: überwiegend gleiche Tonarten in den verschiedenen Sätzen, viele heiter-unterhaltsame Tanzsätzchen. Diese Eigentümlichkeiten schwinden von Werk zu Werk immer mehr, je stärker Haydn sich mit den Sonaten von Philipp Emanuel Bach be-

1 (Allegro moderato)

schäftigt: kenntlich wird das an den spannungsreicher werdenden Durchführungen, die zuvor oft nur angedeutet waren, an der geprägteren Fassung des zweiten Themas und an der empfindsamen Haltung.

In den siebziger Jahren entstehen dann Sonaten, die sich teilweise schroff gegenüberstehen und doch miteinander verwandt sind. So kündet die 1771 veröffentlichte Sonate c-moll (die einzige c-moll-Sonate des Meisters) ganz und gar von „Sturm und Drang". Beispiel 1 (Durchführungsbeginn des ersten Satzes) zeigt, wie stark Haydn im Bereich der Ausdruckssonate zu gestalten wußte, in einem Bereich, den erst Beethoven Jahrzehnte später in seinem ganzen Umfang durchmessen sollte. Bemerkenswert die Verlagerung des terzparallel geführten Kopfmotivs in die Unterstimme (3. Takt), der sich dann in der Oberstimme prasselnde Oktavbrechungen gesellen. Dem sanften Andante con moto folgt als Schlußsatz ein Allegro, dessen Thema (Beispiel 2)

2 Allegro

ebenfalls nichts Suitenmäßiges mehr an sich hat und ganz Ausdruck ist. Sehr fein die Formung dieses Themas mit der kleinen Kette von Seufzer-Motiven in der Mitte, gerahmt von dem jedesmal doppelt auftretenden, zupackenden Sechzehntelmotiv und dem kraftvollen Schluß: dieser Triller ist nicht mehr bloß Auszierung, sondern geballter Bewegungsantrieb.

Ähnliche Züge trägt u. a. auch die fast ein Jahrzehnt später erschienene cis-moll-Sonate. In der Mitte der siebziger Jahre aber stehen einige Werke, die mit den stilistischen und formalen Errungenschaften jener Schaffenszeit den Versuch unternehmen, die fast unpersönliche Ruhe des

Spätbarock noch einmal heraufzubeschwören. Das Gemeinsame in der Verschiedenheit dieser Sonaten zwischen 1770 und 1780 ist das Suchen nach einem Wegziel, nach einer Überwindung oder Überhöhung des „Sturmes und Dranges".

Die Erfüllung hat lange auf sich warten lassen. Denn das folgende Jahrzehnt bringt zwar manche spieltechnische Bereicherung, bringt auch eine Annäherung an Mozarts Sonatenstil, zeigt allerlei kontrapunktische Einschübe, — aber ein eigentliches Vorwärtsschreiten wird nirgends spürbar. Haydn war es gewöhnt, Entwicklungskeime ruhig reifen zu lassen, und er konnte das bei der für ihn nicht im Vordergrund des Schaffens stehenden Klaviersonate um so eher tun, als er in diesen Jahren mit Streichquartett und Sinfonie vollauf beschäftigt war. Die Sonaten dieses Zeitraums nun aber zu unterschätzen, besteht kein Grund. Es sollte mindestens zu denken geben, daß sich unter ihnen Werke befinden, die für viele Menschen — wenn auch nur mit halbem Recht — zum Inbegriff der Haydn-Sonate geworden sind. So die allbekannte C-dur-Sonate mit dem einfachen, aber zügigen Hauptthema des ersten Satzes (Beispiel 3) und der

3 Allegro con brio

lebendigen, auch spielerisch ergiebigen Durchführung, mit dem schlichten Adagio, das wie ein kleines Flötenkonzert anmutet, und dem hüpfenden Schlußsatz, dessen c-moll-Teil sich so leidenschaftlich gebärdet. So auch die D-dur-Sonate, deren erster Satz durch das kecke, von Trillern und Vorschlägen durchblitzte Hauptthema (Beispiel 4) ein kleines Bravourstücklein darstellt und auch im Konzertsaal seine Wirkung tun würde. (Das nur überleitende kurze

Largo und das Schlußrondo dagegen müssen der Hausmusik vorbehalten bleiben.)

4 Allegro con brio

Diese Sonaten (wie die anderen drei, ebenfalls den Schwestern von Auenbrugger gewidmeten) von 1780 sind durchweg lebendiger und frischer als die drei des Jahres 1784 (der Prinzessin Esterhazy gewidmet), in denen sich eine gewisse harmlose Wohlanständigkeit mit feiner kontrapunktischer Arbeit mischt.

Fünf weitere Sonaten erschienen, ehe dann endlich in der Es-dur-Sonate von 1790 (Frau von Genzinger gewidmet) ein Werk entstand, dessen klassische Vollendung schönstes Ergebnis des ruhigen Reifenlassens darstellt. Das groß angelegte Allegro beruht auf drei in geschlossenem Thementeil aufgestellten Gedanken, die aus einem gemeinsamen Kern entwickelt sind (Beispiel 5 gibt den Beginn), die

5 Allegro

Durchführung ist geballt, die Coda voll entwickelt. Hier finden sich Prägungen, die Beethoven in manche seiner Sonaten übernommen hat. So kehrt die Themenlagerung — bald im Baß und bald im Diskant — aus dem ersten Hauptteil (Beispiel 6) ganz ähnlich im Seitenthema des Pathétique-Allegros wieder, und die Verarbeitung eines ursprünglich so nebensächlich erscheinenden, pochenden

Motivs (Beispiel 7) hat unzweifelhaft auf den ersten Satz der Appassionata nachgewirkt. Dagegen geht Haydn seiner-

6

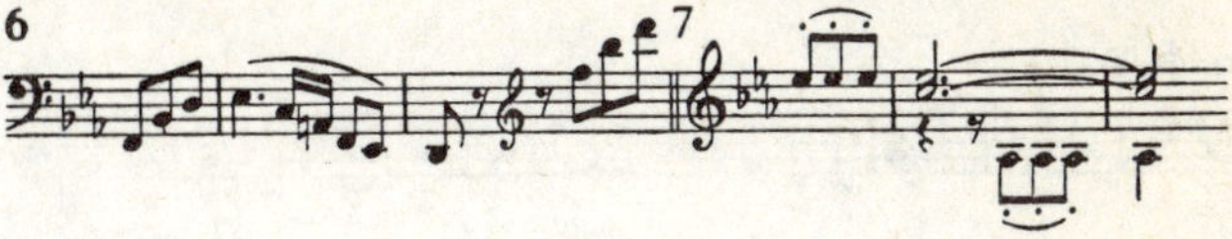

seits im Adagio — wenigstens in der Melodieführung — auf Mozart zurück. Auch dieses Adagio cantabile ist weiträumig; durch den Gegensatz des singenden Hauptteils (B-dur) zu dem innerlich gespannten Innenteil (b-moll) entsteht ein tönendes Drama. Höchste Kunst offenbart sich im Schlußsatz, der zwar als „Tempo di menuetto“ bezeichnet ist, in Wahrheit jedoch den Menuettgedanken so vergeistigt und musikalisch so verdichtet (vergl. den durchführungsartigen es-moll-Abschnitt), daß dieser Schlußsatz als gedankliche Zusammenfassung des Ganzen erscheint. Alle drei Sätze des Werkes sind einheitlich erfühlt und mit gebändigtem, persönlich-leidenschaftlichem Ausdruck erfüllt.

Erstaunlicher noch als dieses großartige Werk sind die letzten Sonaten Haydns (erschienen zwischen 1791 und 1798). Es handelt sich um nur drei Sonaten, aber in ihnen steht der Meister sowohl neben Beethovens Bekenntnissonaten wie neben den künstlerischen Äußerungen der frühen Romantik. Aus der zweisätzigen D-dur-Sonate

8 (Andante)

geben wir einen Ausschnitt des von Triolen umspielten Seitenthemas (Beispiel 8), der zeigen soll, wie weit Haydn in die Ausdruckswelt der jungen musikalischen Romantik vorstößt. Der gleichen Sonate entstammt der Presto-Gedanke des Beispiels 9, den man unwillkürlich Beethoven zuordnen

9 Presto

möchte. Nicht anders steht es um die beiden übrigen Sonaten. Die mächtige Anfangsgebärde der letzten Sonate im Es-dur (1798 erschienen) stimmt wahrlich nicht überein mit dem Bilde, das man vielfach von dem Meister zu entwerfen beliebt. Hier ist alles Kraft, Ernst, Zucht und Ausdruck.

Ein Jahr nach der letzten Sonate erschien das „Andante varié f-moll" (1799). Wir kommen damit zu den Einzelwerken für Klavier, die größere Beachtung verdienen. Das f-moll-Andante hat einen ausgedehnten Thementeil; dieser zerfällt in zwei größere Abschnitte in f-moll und F-dur, die sich in der Haltung scharf voneinander abheben und doch zutiefst verwandt sind. Das erste Moll-Thema (Beispiel 10) mit seinem punktierten Rhythmus wirkt wie

10

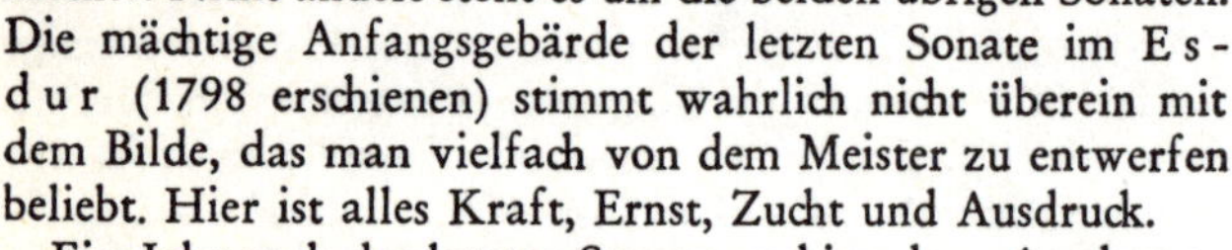

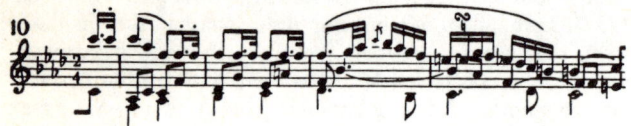

ein kleiner Trauermarsch, während das Durthema schon durch die Septolen schweifender, phantastischer erscheint (Beispiel 11). Beide Teile werden zweimal variiert, und eine längere Coda faßt das Rhythmische des ersten und das Phantastische des zweiten Themas zusammen. Sehr schön die romantische Einfärbung (das Werk ist in den ersten Lebensjahren Schuberts geschrieben!), die nicht allein im Satz, sondern noch mehr in der Haltung sich bemerkbar macht und dem Ganzen den Charakter eines dramatischen Bildes verleiht.

11

Farbig und dramatisch ist auch die C-dur-Fantasie (1789), freilich in einem ganz anderen Sinne. Haydn macht nämlich in diesem prächtigen Werk den meisterhaft gelungenen Versuch, ein sinfonisches, „instrumentiertes" Orchesterrondo auf dem Klavier darzustellen. Dabei handelt es sich aber um mehr als um einen „Klavierauszug"; denn die Mittel, deren sich Haydn bedient, sind durchaus klaviermäßig (Akkordbrechungen, Überschlagen der Hände usw.), und dennoch kommt die orchestrale Wirkung zustande. Dem Inhalt wie der Form nach haben wir es — wie bereits angedeutet — nicht mit einer „Fantasie" zu tun, sondern mit einem Rondo: „Klavierfantasie nach Art eines Orchesterrondos" könnte man das Werk nennen. Dabei spielt in die Rondoform noch mancherlei hinein, was der Sonatenform zugehört. Das Thema selbst (Beispiel 12) zielt

12 Presto

allerdings auf ein Rondo ab, und zwar ein Rondo mit dreimal auftretendem Seitensatz, der jeweils auf neuer Tonart-Grundlage ruht. Bestechend die dichte, oft nachahmend gestaltete motivische Arbeit und der harmonische Reichtum. Inhaltlich mischt die herrliche Schöpfung in unnachahmlicher Weise Zucht und Ausgelassenheit. Es versteht sich von selbst, daß ein so angelegtes Werk auch für den Konzertsaal geeignet ist.

Das aus dem gleichen Jahre (1789) stammende G-dur-Capriccio über ein einfaches Liedchen (Beispiel 13)

gehört in dieselbe Gruppe. Auch hier verkappte Rondoform, auch hier das „Orchestrale". Dieses äußert sich allerdings nicht wie in der C-dur-Fantasie durch den Wechsel der „Instrumente", sondern durch Klangmassen, vor allem in den Sequenzen-Gruppen. Das echt Klaviermäßige bleibt wiederum erhalten, nunmehr aber nicht in der Art des klavieristischen Satzes, vielmehr erscheint es in den über das Ganze verstreuten stegreifartigen Phantasieteilen.

* * *

Haydns Orchester- und Kammermusikwerke sind in stattlicher Anzahl für Klavier zu vier Händen bearbeitet worden. Beim „vierhändigen Klavierauszug" stellt sich ja immer sogleich heraus, ob das Originalwerk ein richtiges Knochengerüst hat. Haydns Werke haben es; daher sind die vierhändigen Bearbeitungen, wenn sie nur geschickt gefertigt sind, oft Originalwerken für Klavier zu vier Händen gleichzusetzen. Ursprünglich für vierhändiges Klavierspiel bestimmt scheinen die f-moll-Variationen „Il maestro e lo scolare" (1778). Im Thema und in den sieben bewegungsmäßig schlicht gesteigerten Variationen lösen sich die Spieler beim Motivspiel wechselseitig ab; treten die Stimmen zusammen, so meist im Gleichlauf. Doch bringt diese Einfachheit zeichnerische Kostbarkeiten, die man bei manchem glanzvolleren Werk vergeblich suchen würde. — Die anderen „Sonaten vierhändig" sind spätere Bearbeitungen von zweihändigen Klaviersonaten.

JOHN CHRISTIAN BACH

Geboren 1735 (getauft am 7. September) in Leipzig als jüngster Sohn des großen Thomaskantors. Schüler seines Vaters, dann seines Bruders Ph. Emanuel. Seit 1754 in Mailand, wo er von Padre Martini unterrichtet wurde. 1760 Domorganist in Mailand (trat zum Katholizismus über). 1763 Musikmeister der englischen Königin, gründete 1764 in London zusammen mit Karl Abel die „Bach-Abel-Konzerte". Gestorben am 1. Januar 1782 in London. Schrieb Opern, Chorwerke, Sinfonien, Konzerte, Kammermusik, Klavierwerke u. a.

Vieles läuft zusammen in dem Werk des „Mailänder" oder „Londoner" Bach. Seiner weichen, empfänglichen Natur haben sich die Eindrücke aus dem Unterricht durch den Vater, den Bruder und den Italiener Martini nicht minder eingeprägt als der Zauber italienischer Melodiensüße und die Ausdrucksweise der Mannheimer Schule. Alles hat er aufgenommen, mit geschulter und zugleich spielerisch lockerer Hand in liebenswürdige Form gegossen, seinen schier unerschöpflichen Einfallsreichtum darüber ausgebreitet und mit der Sicherheit des hervorragenden Klavierspielers klaviermäßig gestaltet. Was ihm an Tiefe abgeht, ersetzt er durch echte Anmut, über der ein gewisser Ernst waltet. Der flüssige Klavierstil, den er begründet und den Mozart von ihm übernommen hat, ist eine entscheidende Ursache für die außerordentliche Verbreitung des Klavierspiels in aller Welt, sodaß schon aus diesem Grunde einige seiner Sonaten wieder Allgemeingut werden sollten, zumal es diesen Sonaten nicht an innerem Wert ermangelt.

Als bedeutendste seiner Klaviersonaten haben wir zu werten die beiden Sammlungen von 1765 und 1780 (Werk 5 und 17), aus je sechs Sonaten bestehend. Die Sonaten sind entweder zwei- oder dreisätzig, frisch erfunden und klar aufgebaut. An ein bestimmtes Muster in der Satzfolge hält sich J. Ch. Bach nicht. So besteht die 4. Sonate (G-dur) aus Werk 17 aus einem Allegro und einem Presto, die 6. (B-dur) der gleichen Werkzahl aus einem Allegro, einem Andante und einem Prestissimo, die 6. aus Werk 5 (c-moll) gar aus einem präludienartigen Grave, einer Fuge und einer Gavotte. Die Tonart bleibt entweder gewahrt oder der Mittelsatz steht in der Unterdominante. Als Schlußsatz erscheint ein Satz in Sonatenform, ein Rondo, eine Variation, ein Menuett oder eine Gavotte. Kennzeichen für Johann Christians Schaffensart ist der Innenbau der Sonatensätze (besonders der Allegro-Kopfsätze). Das erste Thema legt sogleich die Grundhaltung des durch den Komponisten endgültig in die Klaviermusik verpflanzten „singenden Allegros" fest (von ihm hat es Mozart übernommen). Auch das zweite Thema ist „singend" gehalten, unterscheidet sich vom ersten hauptsächlich durch größere Notenwerte und steht in der Dominanttonart. Zwischen beiden Themen findet sich eine mit Laufwerk ausgezierte Überleitung, die ebenso sinnvoll vom ersten Thema fortführt, wie sie das zweite vorbereitet, — zusammen mit kleinen Zwischengedanken, also eine schon fast „klassische" Themenaufstellung. Die Durchführung ist nicht so sehr motivisch „gearbeitet" als eine ausgeschmückte und erweiterte Wiederaufnahme des Hauptteils auf anderen Tonart-Stufen.

Aus dem bisher Gesagten geht schon hervor, daß Johann Christian Bach die Thematik — eigentlich sollte man sagen: die Melodik — bevorzugt auf Kosten harmonischer Entwicklungen und rhythmischer Spannungen. Außerdem hat er einen starken Sinn für Farbe. Dieser äußert sich nicht allein in der Dynamik, sondern zuweilen besonders an eingeschobenen Klanggruppen, die man geradezu orchestral hören kann (etwa in der Fuge der c-moll-Sonate aus Werk 5). Mit der Bevorzugung der Melodie geht Hand in Hand das Zurücktreten selbständiger Nebenstimmen und die Verwendung der sogenannten „Alberti-Bässe" (gleichmäßige, meist nur der Klangfüllung dienende Akkordbrechungen).

Einige Beispiele mögen beweisen, daß die Vorliebe für das Melodische durchaus nicht zu Einförmigkeit führt, wie weit die Ausdruckswelt des Tondichters gespannt ist, welches innere Leben und welche sprechende Vielfältigkeit in seinem Werk beschlossen liegt. Beispiel 1 (Hauptthema der G-dur-

Sonate Werk 5 Nr. 3) kennzeichnet das „singende Allegro" mit den Alberti-Bässen und zeigt, wie sehr Mozart von Johann Christian beeinflußt worden ist. Beispiel 2 (Beginn

des Schlußsatzes aus der G-dur-Sonate Werk 17 Nr. 4) vermittelt eine Vorstellung von der konzertmäßigen Kraft mancher Sonatensätze, aber auch von der Bindung an das Vaterhaus; denn dieser Anfang beschwört Erinnerungen an barocke Tokkaten herauf. Beispiel 3 (Schlußsatz der B-dur-Sonate Werk 17 Nr. 6) ähnelt dem vorigen nur scheinbar:

aus der gespannten Kraft des Tokkaten-Laufwerkes ist hier eine stürmische, schillernde Bewegung geworden, ja, vielleicht ist es überhaupt nur eine Auflösung ruhender Akkorde in farbiges, färbendes Spielwerk. Beispiel 4 (langsamer Satz

4 Andante

der c-moll-Sonate Werk 17 Nr. 2) gibt eine der schönsten Verschmelzungen italienischen Singens und deutschen Sinnens. Beispiel 5 endlich (aus der Zweithemenfuge des Mittel-

5 (Moderato)

satzes der c-moll-Sonate Werk 5 Nr. 6) mag veranschaulichen, welchen klanglichen Prunk der Meister in barocken Formen anzubringen weiß.

* *
*

Eine für Klavier vierhändig gearbeitete Sonate C-dur wirkt in ihren beiden Sätzen (Allegro und Rondo-Allegretto) durchaus spielfroh, aber trotz mancher reizvollen Abschnitte wie der vierhändige Auszug einer Sinfonie (der ja nun freilich auch seine Reize haben kann!).

Dagegen zählt die G-dur-Sonate für zwei Klaviere zu den bezaubernden Werken der Gattung.

Die beiden voll ausgearbeiteten Sätze (Allegro und Tempo di menuetto) beruhen in ihrer Wirkung auf verschiedenen Eigentümlichkeiten: auf zierlicher Straffheit des Rhythmus und dessen Verzahnung von Klavier zu Klavier, auf den vielfachen Echowirkungen, auf den durch paralleles Stimmenfortschreiten hervorgerufenen flächigen Klängen (Terzen-, Sexten-, selbst Quintenparallelen nicht nur im Motivischen, sondern sogar in Trillern und Prallern usw.), auf das Verhältnis der Lautstärke (etwa Klavier I piano, Klavier II forte und umgekehrt, je nachdem das eine oder das andere Instrument das thematisch-motivische Geschehen trägt). Der Satz ist durchsichtig, die Haltung spielfroh.

JOHANN WILHELM HÄSSLER

Geboren am 29. März 1747 in Erfurt als Sohn eines Mützenmachers. Unterricht bei Bachs Schüler J. Ch. Kittel, bereits als Vierzehnjähriger in Erfurt Organist. Daneben aber Mützenmacher, konzertierte als wandernder Geselle in vielen Städten. Gründete 1780 in Erfurt eine Musikalienhandlung und ein Konzertunternehmen. 1790 Auslandsreisen, 1792 kaiserlicher Kapellmeister in Petersburg, seit 1794 Lehrer in Moskau, wo er 1822 an seinem Geburtstag gestorben ist. Schrieb vor allem Klavierwerke, Orgelstücke, Lieder.

Häßlers „Kleine Sonaten" und „Solos" sind nicht eben sehr bekannt, und doch sollten sie jedem gepflegten Klavierspieler als Grundlage dienen. Stilistisch steht der Tondichter in der Nähe Ph. E. Bachs oder, besser gesagt: zwischen den Meistern des Barocks (J. S. Bach, Händel) und den Wiener Klassikern (Haydn, Mozart, Beethoven). Von jenen hat er die Sicherheit der Stimmführung, von diesen den lebendigen Fluß der Gedanken. Die Titel seiner Werke („50 Stücke zum Gebrauch der Anfänger", „32 Stücke ...", „360 Préludes", „6 leichte Sonaten" usf.) lassen erkennen, worauf es Häßler ankam: auf die Ausbildung des Schülers, und zwar auf die spieltechnische wie die musikalische Ausbildung. Ein paar der allerleichtesten Takte (Beispiel 1a und 1b) mögen das

1a Poco allegro 1b

veranschaulichen. Sämtliche Tonarten macht er dem angehenden Spieler mit kleinen und kleinsten Stücklein vertraut, vergißt keine technische Möglichkeit, zeichnet vielfältige Rhythmen, unterweist in stimmigem und melodischem Denken, führt in die Welt der einfachen Formen ein, lehrt die Verzierungen, schult Geschmack und Finger (die kleine inventionsartige C-dur-Etüde wiegt manches Czerny-Heft auf) und gibt sich trotz allerlei lehrhaften Absichten so musikalisch und ursprünglich, daß man getrost mit den winzigen Stücken ein kleines Hauskonzert wagen darf. Als

2 Vivace

Kostprobe geben wir noch den Anfang (Beispiel 2) eines Vivace von nur 16 Takten.

Die Sonaten sind meist dreisätzig. Der langsame Mittelsatz wird empfindsam ausgeziert, die Ecksätze sind

3 Allegro con spirito

bald charaktervoll (Beispiel 3) angelegt, bald mit sprühenden

4 Presto

Spielfiguren erfüllt, bald hinreißend musikantisch (Beisp. 4). Neben solche homophonen Stellen halte man den kanonartigen Beginn der Es-dur-Sonate, ein variiertes Präludium und eins der rhythmisch aufgespaltenen Tanzbildchen, dann wird deutlich, daß Häßler dem Spieler als Ausgangspunkt für Altklassik, Vorklassik, Klassik, ja selbst für die Romantik dienen kann und trotz aller Vielfalt ein selbständiger Kopf geblieben ist.

Einheitlichkeit in der Vielfalt offenbaren sich am stärksten in der prachtvollen „*Grande gigue*“ d-moll aus den drei Sonaten der Werkzahl 31. Bach und Beethoven, Frühklassik und Romantik hinterlassen in diesem Werk Spuren ihres Geistes, doch bleibt es in Schnitt und Haltung eigenwüchsig, herb in der Betonung des Technisch-Spielerischen, groß im Aufbau, hinreißend in der zügigen Kraft. Eine Stelle wie die unseres Beispiels 5 mag manchen verlocken,

5 (Allegro assai)

sich mit der bedeutenden Schöpfung zu beschäftigen. Sie ist gleich dankbar im Konzertsaal wie in der Hausmusik. Übrigens liegt auch eine wirkungsvolle Bearbeitung der Gigue für *zwei Klaviere* vor (von Doppler).

WOLFGANG AMADEUS MOZART

Geboren am 27. Januar 1756 in Salzburg als Sohn des ausgezeichneten Musikers Leopold Mozart. Schon als Sechsjähriger erregte er in München und Wien Aufsehen durch sein Klavierspiel. Mit zwölf Jahren wurde er salzburgischer Kapellmeister. Schnell verbreitete sich sein Ruf; ganz Deutschland, Frankreich, Italien und die Schweiz huldigten dem hinreißenden Klavierspieler. Aber das Leben verwöhnte ihn nicht: der Kampf um das tägliche Brot hat selbst dann nicht aufgehört, als Mozart schon seine großen Meisterwerke veröffentlicht hatte. Gestorben am 5. Dezember 1791 in Wien, beerdigt in einem namenlosen, unbekannten Grab der Armen. Hauptwerke: Opern, Sinfonien, Konzerte, Chorschöpfungen, Kammermusik, Sonaten, Lieder.

Mozart gehört dem empfindsamen, zieren Rokoko an; zugleich aber hat er es im Laufe der Zeit von innen überwunden und gesprengt. Dem Lebensalter nach ist er kaum in die reifen Mannesjahre hineingewachsen, als Künstler stand er der Spätblüte einer Kultur gegenüber. Das alles gibt seinem Werk schwere Süße und verhaltene Tragik. Besonders persönlich äußert sich das in vielen seiner Klavierwerke. Denn hier kommt hinzu, daß es sich um Schöpfungen eines einzelnen für einzelpersönliche Wiedergabe handelt und daß Mozart selbst ein hervorragender Konzertspieler gewesen ist; als solcher wußte er der Öffentlichkeit — im Rokoko sollte man wohl besser sagen: der „Gesellschaft" — zu geben, was ihr eigenes Wesen bis zu einem gewissen Grade widerspiegelte; anderseits konnte er als echter Künstler sein eigenes Wesen (das nun zum Teil wieder mit dem der Gesellschaft übereinstimmte, — aber eben nur zum Teil) nicht verleugnen. „Formprobleme" kann es unter diesen Umständen bei Mozart nicht geben; denn die Form war dem Rokoko etwas Selbstverständliches, fast Spielerisches. Aus diesem

Grunde erscheint vielen die Klaviersprache des Meisters in ihrer Durchsichtigkeit so leicht verständlich. Wer an den „lichten Götterjüngling Mozart“ glaubt, mag dabei bleiben. Wer aber die dunkle Tragik, das Dämonische Mozarts einmal erlebt hat, wird sich durch die anmutige Oberfläche seiner Sprache nicht mehr täuschen lassen und erkennen, daß es gar nicht so einfach ist, unter der schimmernden Hülle das wirkliche Wesen des Tondichters zu erfassen. Gewiß gibt es auch heiter-spielerische Werke von erlesener Köstlichkeit; aber das ist nur die e i n e Seite dieses scheinbar so lebensfrohen, in Wahrheit innerlich zerklüfteten Mannes.

Sonaten

In seinen Klaviersonaten — es handelt sich um knapp zwanzig Werke — bevorzugt Mozart die Dreisätzigkeit mit der Folge schnell/langsam/schnell, ohne daß diese Anordnung, wie Ausnahmen beweisen, dem Wesen des Meisters unbedingt entspräche; er übernimmt eben die Form, ohne wesentlich an ihr zu deuteln. Von dem gedanklichen Aufbau Haydns oder dem bekenntnishaften Ringen Beethovens ist er weit entfernt. Ihm kommt es nicht darauf an, den dramatischen Grundgedanken im Werden darzustellen, sondern gewissermaßen dessen Querschnitt aufzuweisen. Damit mag es zusammenhängen, daß Mozart auf stilistische Einheitlichkeit keinen besonderen Wert legt; denn diese ist nur zum Aufdecken gedanklich-logischer Verknüpfungen erforderlich. Vielmehr bedient er sich wie spielerisch derjenigen Mittel, die es ihm gestatten, seine Absichten zu verwirklichen, ohne daß er dadurch verpflichtet wäre, einen sogenannten einheitlichen Stil beizubehalten. Und so werden auch seine Sonatendurchführungen nicht zu gedanklichen Vertiefungen oder Verknüpfungen des thematischen Stoffes; in ihnen spinnt er vielmehr die einmal angeschlagene Stimmung weiter aus. Natürlich können die Durchführungen gelegentlich auch gearbeitet sein; jedoch sind sie es eben nur dann, wenn die thematische Ausgangslage es verlangt.

Aus diesen knappen Andeutungen geht bereits hervor, daß Mozart durchaus nicht immer „perlend" gespielt werden muß. Neben Passagen, die dem Sinne oder der Wirkungsabsicht nach perlendes Spiel verlangen (vor allem scheint Mozart als konzertierender Spieler diese wirkungsbewußte Technik geschätzt zu haben), stehen solche, in denen ein Aufreihen von Tonperlen geradezu sinnwidrig wirken würde. Mozartspiel ist aus diesem Grunde schwierig. Bald wollen die Tonreihen auf weite Strecken hin gleichmäßig ausgeführt werden, bald erfordern sie ständig wechselnde, oft blitzartige Umstellungen (ähnlichem begegnet man bei Ph. E. Bach). Wie der Spieler zu verfahren habe, ist gedanklich nicht zu beweisen oder zu errechnen, sondern nur durch feinfühliges Abtasten der selbst in leidenschaftlichem Ausbruch zartnervig gestimmten Seelenlage des Ganzen und der Einzelheiten zu erfassen. Von hier aus erhält auch das „singende Allegro" Mozarts seinen rechten Sinn. Wenn er — nach dem Vorbild des Londoner Bach — das Singende der langsamen Sätze auch auf die schnellen Sätze ausdehnte (was ihm oft zum Vorwurf gemacht wurde), so handelte er aus innerer Notwendigkeit: seine Sonaten „enthalten" nicht einen singenden Satz, sondern sind als Ganzes vielfältiger Gesang der Seele.

Solches gilt natürlich vor allem für die Meistersonaten. Immerhin scheint es erforderlich, auch die übrigen kurz zu erwähnen.

Die erste Sonatengruppe umfaßt sechs Werke, die etwa 1775 geschrieben wurden (Köchel 279 bis 284). Von ihnen trägt die C-dur-Sonate (K 279) kaum einen persönlichen Zug; hier ist Mozart noch von italienischen Vorbildern abhängig (wie seinerzeit viele der österreichischen Sonatenkomponisten). Schon die nächste Sonate F-dur (K 280) gewinnt an Gewicht. Eigentümlich, wie das Hauptthema aus einer ganzen Reihe von Einzelmotiven besteht und doch als Einheit wirkt. Sehr eindringlich das Adagio in f-moll mit seinem klagenden, rhythmisch punktierten Hauptgedanken und dem ständigen Wechsel von forte und piano: wirkt das punktierte Motiv in der Haltung persönlich, so wird diese Wirkung durch den regelmäßigen dynamischen Wechsel fast wieder aufgehoben, so daß eine seltsame Schwebe-Stimmung zustandekommt. Der punktierte Rhythmus wird im Seitensatz des Schlußprestos erneut hervorgeholt, hier aber stimmungsmäßig umgefärbt. Der italienische Einschlag der ersten tritt dann im Kopfsatz der B-dur-Sonate (K 281) mit seinem „fioriturenreichen" Hauptthema noch einmal stark hervor. Im zweiten Satz, einem „Andante amoroso", darf man eine kleine Opernszene (und zwar eine schlichte Liebesszene) erblicken, und auch das abschließende Rondo mit seinen zahlreichen Einfällen hat noch einen leichten Opernschimmer, der sich auf den Schwung ebenso wie auf die Themenformung zurückführen läßt. Während die übrigen Sonaten der Gruppe an der Satzfolge schnell/langsam/schnell festhalten, lautet die Folge in der Es-dur-Sonate (K 282) „Adagio/Doppelmenuett/Allegro". Das reizende kleine Werkchen ist technisch aus dem Klavierunterricht bekannt; seinen spielerischen Duft zu entfalten, bedarf es jedoch feinster Anschlagskunst. Nicht minder bekannt die G-dur-Sonate (K 283) mit ihrem behaglichen Anfangsthema. In diesem Werk macht sich eine wachsende Beherrschung des Satzes bemerkbar, vor allem in den schärfer geprägten Seitensätzen und Zwischenteilen. Die Satzbeherrschung gipfelt in der Durchführung des Andante.

Von diesen fünf Sonaten hebt sich die D-dur-Sonate

(K 284) stark ab. Sie ist gedanklich reicher und zugleich klavieristisch wirkungsvoller, konzertmäßiger. Etwas Feuriges, Zündendes liegt bereits über der Anfangsgebärde (Beispiel 1), Überleitungen und Nebengedanken behalten diese Art bei, und auch in dem gelenkigen Seitenthema glimmt es weiter. Besonders zu Beginn der Durchführung steigert sich die Leidenschaft zu gewittrigen Ausbrüchen von knapper, aber phantasiereicher Eindringlichkeit. Den zweiten Satz bildet (nach französischem Geschmack) ein „Rondeau en Polonaise". Als Schlußsatz tritt ein Thema mit zwölf Variationen auf. Nicht einheitlich, aber höchst fesselnd: denn auf die reinen, bewegungsmäßig gesteigerten Spielvariationen der ersten Hälfte folgen einige feine dichterische Besonderheiten, die über das nur Spielerische teilweise weit hinaus gehen.

Diese Sonate bildet bereits den Übergang zu der nächsten Gruppe: den beiden Mannheimer Sonaten der Jahre 1777/78. Deutlich, fast überdeutlich wird das Vorbild der berühmten Mannheimer Orchesterschöpfungen: die Sätze sind umfangreicher, die Themen und Nebenthemen häufen sich (ohne allerdings in der Durchführung gleich stark berücksichtigt zu werden), der Wechsel von forte und piano steigert sich zu teilweise rein äußerlichem Spiel, vor allem wird der Satz geradezu orchestral, und zwar sowohl durch Fülle wie durch „instrumentale" Abstufung. Die ersten Takte der C-dur-Sonate K 309 geben dafür einen Beleg (Beispiel 2): zunächst zwei Forte-Takte des „vollen Orche-

sters", dann, nach einer Pause, nur die „Geigen", piano, motivisch oder thematisch kaum mit der Anfangsgebärde verbunden. Im Thementeil eine Fülle von Haupt- und Seitengedanken, die Durchführung groß angelegt, oft „terrassenmäßig" wie in der Barockmusik (vergl. dazu die verschiedenen Tonarten-Ebenen des Kopfgedankens in g-moll, d-moll, a-moll usw., sowie die doppelte Echowirkung von dessen Schlußmotiv, das erst forte, dann piano, endlich pianissimo erklingt). Das Andante, quasi un poco adagio besteht aus immer neuen Auszierungen des punktierten Hauptgedankens, ist also bereits echt Mozartisch. Orchestral wieder das Rondo des Schlußsatzes, wo die Bewegungssteigerung stets auch klangliche Gruppierungsabsichten insich trägt. — Sehr stark tritt das Orchestrale hervor in der zweiten Mannheimer Sonate D - d u r K 3 1 1. Es macht sich schon bemerkbar beim ersten Thema, das in ähnlicher Gruppierung gehalten ist wie das der C-dur-Sonate. Geradezu klavierfremd aber erscheint dann gleich der Anfang der Durchführung (Beispiel 3); denn nicht das Durchführen kleiner

3 (Allegro)

Nebengedanken anstelle der Hauptthemen — so bedeutungsvoll es für spätere Arbeiten werden mag — ist hier auffallend, sondern die Art, mit der das Motiv durch die verschiedenen „Instrumente“ geleitet wird. Ohne orchestrale Vorstellungen sind solche Stellen matte Spielerei; aber diese ganze Durchführung, die den Hauptgedanken kaum noch Erinnerungswert läßt, ist sinfonisch-orchestral vorgestellt und daher auch entsprechend zu spielen. Der langsame Mittelsatz (Andantino con espressione) ziert abermals das Hauptthema sorgfältig aus. Orchestral, ja, in Einzelzügen ganz konzertmäßig (vergl. die eingeschobene Kadenz) das geistvolle Schlußrondo, dessen Reiz besonders in den feingezeichneten Überleitungen und Zwischengliedern liegt.

Die nächsten fünf Sonaten, 1778/79 geschrieben, gehören

nicht nur zeitlich, sondern auch nach innerem Gewicht zusammen, sosehr sie sich im einzelnen unterscheiden mögen. Vor allem tritt der Zug zur großen Sonate immer stärker zutage.

Mit der a-moll-Sonate K 310 führt uns Mozart zum ersten Male eine Sonatendichtung in Moll vor; nur noch einmal hat er das Mollgeschlecht einer Klaviersonate zugewiesen, — man darf also etwas Besonderes, Ungewöhnliches erwarten. Und wie sicher stellt der Meister dieses Neue in den beiden Anfangstakten dar! (Beispiel 4). Stolz und herb,

heldisch, in abweisender Strenge entsteht dieser Gedanke, und wo der ritterliche, punktierte Rhythmus aussetzt (zweiter Takt), da hält die Dissonanzenwirkung der Begleitung das Herbe der Haltung unabänderlich fest. Zu solcher Haltung paßt kein „Gesangsthema", und so stellt sich der Seitengedanke dar als ein feines, metallenes Klirren von Sechzehntelfiguren; am Schluß des Thementeils einigen sich punktierter Hauptrhythmus und klirrende Läufe auf neuer Ebene. Wirkte schon das Hauptthema orchestral, so verstärkt sich dieser Eindruck in der gespannten Durchführung durch heftige Dissonanzen und harmonische Sequenzen. Zwar hebt das Andante cantabile sehr friedlich und in ausgeglichenem „Holzbläser"-Terzengesang an, doch stellen die schneidenden Dissonanzen der Durchführung (förmliche Sekundpackungen) das Herbe des ersten Satzes wieder in den Vordergrund. Als Schlußsatz folgt ein dunkles Nachtstück in unruhig huschendem Presto, a-moll, vorwiegend piano, unheimlich durch das allesbeherrschende, flüchtige Kurzmotiv. Selbst das kleine Mittelstück in A-dur mit seinen böhmischen

Terzen lichtet nicht auf, sondern vertieft noch die Schatten in diesem leidenschaftlich düsteren Bild.

Die C-dur-Sonate K 330 steht mit ihrem spielfreudigen Kopfsatz und dem anmutigen Schluß-Allegretto nicht auf gleicher Gestaltungshöhe wie die a-moll-Sonate. Dafür umschließen die Ecksätze ein Andante, das in dieser Schlichtheit und Verinnerlichung zu schreiben, nur Mozart gegeben war. Was drängt sich nicht alles zusammen an stiller Trauer, leidenschaftlichem Aufbegehren und verhaltenem Trost in den wenigen Takten des f-moll-Mittelteils! (Beispiel 5 gibt nur einen Ausschnitt). Hier haben wir ein Stück Bekenntnis-

5 (Andante)

musik von persönlicher Prägung vor uns; nur selten läßt uns Mozart so in ganz Persönliches blicken.

Mozarts bekannteste Sonate A-dur K 331 ist weder der Form (Andante mit Variationen/Menuett/Alla-turca-Marsch) noch dem Gehalt nach eine Sonate, sondern eher der Suitengattung zuzuordnen. Andrerseits kann sie als vollendetes Bild der homophonen Seite von Mozarts Schaffen gelten. Besonders überzeugend wirkt in diesem Werk die Art, wie

6 Andante grazioso

von Satz zu Satz feine Verbindungsfäden gewoben sind. Die Fassung des Themas (Beispiel 6) ergreift durch ihre kunstvolle Schlichtheit: das still singende, volksliedartige Thema wird schmucklos geleitet von parallelen Terzen (eigentlich Dezimen) des Basses, dazwischen das ruhige Klingen der Mittelstimme auf dem Quintton, der nur vorübergehend verlassen wird. Im Mittelteil erscheint nicht ein Seitengedanke, sondern wird das Thema mit leichten Veränderungen in silbrige Höhen geführt. Alles ist singende Melodie; lediglich die Schlüsse wachsen ins Akkordische, geben Raum und Begrenzung zugleich. Ein kleines zieres Märchen. In sechs Variationen wird es neu erzählt, durchweg homophon, bald durch Auflösung des Themas in Sechzehntelbewegung (1. und 3. Var.), bald mit figurativem Schmuck der raunenden Unterstimme (2. und 5. Var.), bald durch akkordische Fülle (4. Var.) und schließlich durch einen marschartig treibenden Rhythmus (6. Var.). Und vieles klingt schon in den Variationen an, was in späteren Sätzen ausgestaltet wird. So greift das Menuett-Trio zurück auf die Terzenakkordik der vierten Variation, und das Menuett selbst verwendet Teile des Variationsthemas, klingelt aber zugleich mancherorts das „Alla turca" des Schlußsatzes ein. Dieser wiederum wählt als rhythmischen Ausgangspunkt den kleinen Marsch der sechsten Variation. Auf diese Weise fädelt sich eines anmutig, doch unlösbar ins andere. — Homophon erscheint dieses Werk, wenn man nach der stets herrschenden melodischen Ein-Linigkeit und nach der einheitlichen Stimmung urteilt. Doch gegenüber dem vielfältigen Abschatten feinster harmonischer und rhythmischer Sonderheiten und gegenüber dem zauberhaften Lichterspiel verästelter seelischer Regungen mutet die Bezeichnung „homophon" an wie ein lediglich musikalisch-technisch zureichendes Fachwort, das im übrigen wenig besagt.

Die Sonate F-dur K 332 ist wieder eine echte Sonate, und zwar sowohl hinsichtlich des bei dem Meister üblichen Formverlaufs wie der gedanklichen Überfülle und der fortspinnenden, nicht bauenden Durchführungen. Gegensatzreich — und zwar nach Wert wie nach Haltung — schon der thematisch-motivische Stoff und die Gestaltungsgrundsätze. Die aufgespaltene Thematik, der heftige Wechsel von Dur und Moll, das schroffe Gegeneinandersetzen von unbeschwerter Einfachheit und gespannter Leidenschaft erheben das Werk ins Dämonische. Noch klingt die Geschlossenheit des Barocks an manchen Stellen durch den Empfindungsuntergrund des Rokokos, zugleich erheben sich auf diesem Untergrund leidenschaftlich-kämpferische Gebilde Beethovenscher Prägung. Daß bei der Vielgesichtigkeit des musikalischen Stoffes dennoch Einheitliches entsteht, und zwar ohne alles Bauen und Bilden, erscheint immer wieder als Wunder. Besonders vielgesichtig die Themenaufstellung des Kopfsatzes. Die ersten Takte (Beispiel 7a) sind, sagen wir es offen, gleich-

gültig mit dem schwächlichen Themenanfang über nichtssagenden Albertibässen. Vom fünften Takt an tritt etwas Neues auf: das Motiv wird weiträumiger, „gegen den Takt" betont und sogar kanon-artig weitergeleitet, endet aber wiederum homophon. Alles scheinbar nicht klaviermäßig, sondern für Streicher erfunden. Nunmehr folgt ein tänzelndes Stücklein für drei „Holzbläser", rhythmisch gekräftigt, doch wiederum unbeschwert (7b). In die leise Gemessenheit

dieses Reigens springt unvermutet die dunkle Urgewalt eines leidenschaftlichen Mollgedankens (Beispiel 8); immer wieder bricht er sich schäumend an den verminderten Terzen, immer wieder flutet er heran, versucht im Tonartenwechsel neue Bahnen, rammt sich endlich trotzig fest. Und ebenso unvermittelt schließt sich daran die getupfte Leichtigkeit des eigentlichen Seitenthemas wie ein Buffoliedlein aus der Oper (der Anklang an „Don Juan“ ist nicht zu überhören). In feiner Steigung und Steigerung geht es dann sequenzenartig durch verschiedene Tonarten (mit hartnäckigen Vorhalten im Wechsel von forte und piano), schleift durch holzbläserartige Terzen zu neuem Reigen, steigert sich zu bewegten, kraftvollen Akkordbrechungen und geschärften Trillern, endet mit einem Motiv aus dem „Figaro“. Wahrlich eine bunte Gesellschaft, die sich hier versammelt hat, die Gesellschaft einer mozartischen Oper, die Gesellschaft vor der französischen Revolution; — man kommt nicht um diesen Vergleich, besonders wenn die ähnlich gehaltene Durchführung keine Lösung bringt, vielmehr alles noch verschärft und mit einem beziehungsvollen „Nur ruhig, so ist es“ kurz und bündig schließt. Das B-dur-Adagio führt mit seiner stillen, ausgezierten Flötenmelodik (selbst wo diese in süß-schweres Moll sinkt) noch einmal das Rokoko als Idylle vor, fern von allen Wandlungen und Gärungen der Zeit und der Menschen. Stürmisch aber setzt der Schlußsatz ein: „assai allegro“ stürzen die Gischtwellen der Sechzehntelfiguren herab, verdichten sich zu Tremoli mit Sforzato-Betonungen, bevor sie leise verrieseln. Der sanft wiegende Nebengedanke erscheint nur als Erinnerung anmutigen Lebens, das erwähnte

9 Allegro

Figaro-Motiv aus dem ersten Satz („Nur ruhig“) klopft hinein, aber die brausenden Sechzehntelläufe behalten die Überhand. Dieser bunt-wechselnde Satz ist einerseits ein

Glanzstück für den Spieler, andrerseits ein Stück Revolutionsmusik, wie man sie in Mozarts Klavierwerken nicht wieder antrifft.

Mehr der Sonnenseite des Lebens wendet sich die B-dur-Sonate K 333 zu. Voller Anmut und Süße gleich das Thema des ersten Satzes (Beispiel 9), eines der „singenden Allegrothemen" Mozarts. Auch ist die Themenaufstellung nicht so überreich mit gegensätzlichen Gedanken ausgestattet, vielmehr erstreckt sich die Herrschaft des Hauptthemas auch auf manche Seitenfigur; lediglich einige überraschende, freilich stets behutsam vorgetragene Wendungen bereiten darauf vor, daß die Durchführung sich zuweilen in leidenschaftlichen Gefilden bewegt. Besonders verinnerlicht dann das sanfte Terzenthema des Andante cantabile; die Durchführung bringt einige heftige Dissonanzen, ohne daß freilich solche Einzelwolken die Klarheit des Himmels zu gefährden vermöchten. Vollends bezaubernd das duftig knixende und schleifende Thema des Allegretto grazioso, in dem eitel Sonnenglanz zu weben scheint. Abermals setzt Mozart die Schatten nur sparsam (vergl. das kurze Seitenthema in g-moll). Daher bleibt die Leidenschaft, die auch dieses — seine Einzelglieder sorgsam abtönende und immer neu einkleidende — Rondo durchzieht, in den Grenzen einer nach außen verbindlichen Haltung. Schönster Abschnitt dieses Rondos: die dreißig kadenzierenden, mit Sequenzen und Vorhalten durchzogenen „Konzert-Takte" vor dem Schlußteil.

Trafen wir bisher bei Mozarts Klaviersonaten das Dramatische zumeist in einer Art orchestralen oder opernmäßigen Gewandes, so ändert sich das mit einem Schlage durch die großartige c-moll-Sonate K 457. In diesem Werk von 1784 liegt eine erschütternde Dramatik, und doch ist es ganz klaviermäßig gestaltet, mehr noch: der Satz verweist die ganze Sonate in den Bereich des Konzertmäßigen. Wie stark diese Verbindung von seelischem Drama und konzerthafter Sprache ist, erkennt man am besten daran, daß Beethoven den Schnitt des Hauptthemas, die Einteilung des Seitensatzes und zahlreiche Einzelheiten aus Thementeil und Durchführung in seinen eigenen Sprachschatz übernommen hat. Im Hauptthema des ersten Satzes (Beispiel 10) liegt keimhaft das ganze Werk beschlossen: stolz-heftiges Auf-

10 Allegro molto

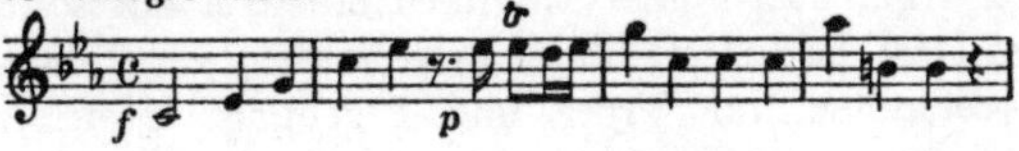

fahren und erschöpftes Zurückfallen, kühne Kampfgebärde und Verzweifeln an der eigenen Kraft. Nach einer Wiederholung dieser Gebärde auf der Dominante erwächst aus Synkopen und chromatischen Gängen eine beklemmende Stimmung, die sich durch verminderte Terzakkorde und ein vergeblich aufzuckendes, punktiertes Motiv weiterhin verdichtet. Ihr durch Oktavierung des Themas im Baß und treibende Diskanttriolen zu entfliehen, mißlingt, wie der dann folgende kurzatmige Nebengedanke verrät. Kurzatmig bleibt

11

im Grunde auch das eigentliche Seitenthema (Beispiel 11) mit dem damals und auch später noch so beliebten Überschlagen der Hände; denn die Baßmelodie ist allenfalls Nachhall, nicht aber selbständige Fortführung des angeschlagenen Gedankens. Sogleich schließt sich denn auch ein weiterer Gedanke an, der mit vier chromatisch aufsteigenden Oktaven kraftvoll beginnt, jedoch ebenfalls mutlos wieder in sich zusammensinkt. Ein wütend über die ganze Klaviatur hinunter- und wieder hinauffegender, durch Triolen geschärfter Lauf führt ebenfalls zu keinem Ergebnis, und so schließt die Themenaufstellung mit der nun nachahmend geführten Anfangsgebärde: mutlos und ohne Hoffnung. Prachtvoll, wie zu Beginn der Durchführung das Kopfthema in Dur einsetzt, das Forte beibehalten und das Absinken nach dem Trillermotiv fast gewaltsam verhindert wird, indem sich der Baß des Kopfmotivs bemächtigt und die Oberstimme die drängenden Triolen aufnimmt (und umgekehrt). Doch immer wieder legen sich müde Gedanken lähmend auf solche Anläufe. Dem Schlußteil bleibt nach solchen vergeblichen Lösungsversuchen nur Trotz und Ergebung: Trotz in dem kurzen, kanonartigen Nacheinander des Kopfmotivs, Ergebung in den immer leiser verrieselnden, ursprünglich so kraftvollen Triolen. Im Adagio, vor allem in den ernst-feierlichen Themenköpfen, deutet wiederum vieles auf Beethoven hin (den Beginn des As-dur-Mittelsatzes hat Beethoven sogar in die Pathétique übernommen). Aber diese Feierlichkeit ist nicht gleichbedeutend mit ausgeglichener Ruhe; nichts ist dafür so bezeichnend wie die in unruhige Auszierungen gleitende Fortsetzung der Themenanfänge. Gewiß weist mancherlei dieser Art auf Rokoko-Ornamentierung und auf Konzertwirkung (auf dieses besonders in den eingestreuten Kadenzen); in der Hauptsache aber ist diese heimliche Unruhe unter der weihevollen, bis zu einfach-erhabenem Trostgesang sich steigernden Gesamtstimmung doch wohl als Fortwirken der seelischen Haltung des ersten Satzes zu deuten. Und im Schlußsatz (Assai allegro) wird die trotzige Verzweiflungsstimmung des ersten Satzes noch überhöht. Dazu trägt schon das Formale bei: es ist eine fast unheimliche Mischung von Rondo und Sonatensatz, in der sich das Innendrama vollendet. Dieses Mal spricht das (allerdings in seiner Synkopierung und Linienführung schon unheilkündende) Thema noch nicht das Entscheidende aus; dafür umspannen die nächsten Takte (die wir verkürzt in Beispiel 12 wiedergeben) den ganzen dramatischen Gegensatz: zunächst heftiges Bestehen auf Klarheit, dann wildes Aufbäumen, dem aber das trostlose Schweigen der Generalpause antwortet, so daß der Piano-Anhang nur mehr wie ein willenloses, geradezu körperliches Zusammensinken anmutet. Um so rührender

12 (Allegro assai)

der Versuch des Es-dur-Seitengedankens, durch kindliche Schlichtheit über das Schicksalhafte hinwegzuhelfen. Bedeutsam werden im weiteren Verlauf die immer wieder eingeschalteten Generalpausen. Nach einer dieser schweigenden Antworten beginnt (im f-moll-Teil) die Unerbittlichkeit des Schicksals seinen leisen, aber gewichtigen, niederdrückenden Schritt. Immer mehr zerstückeln demgegenüber die Hauptthemen, so daß der Schicksalsschritt (klanglich gespiegelt in dem angstvollen Stöhnen) unangefochten die Coda einleitet, die dann in leidenschaftlichem, aber vergeblichem Trotz verhallt. — Wir deuteten mehrfach an, daß diese c-moll-Sonate ganz in die Nähe Beethovens rücke. Freilich, gerade die Nähe offenbart zugleich den grundlegenden Unterschied. Was bei Beethoven als Ergebnis ringenden Wollens erscheint, wirkt bei Mozart als durchseelte Bewegung: sein Ausdruck ist nicht tätig, sondern lösend, es gibt keinen kämpferischen Zusammenprall, vielmehr bleibt alles in der Schwebe, wahrt selbst in der Erschütterung noch die Haltung (erster Satz), verbirgt das dämonische Grundgefühl hinter schönen Schleiern (Adagio), und die Konflikte werden erregend erlebt, jedoch nicht gelöst oder gar machtvoll zerhauen (Schlußsatz).

1788, also in Mozarts letzten Lebensjahren, ist die C-dur-Sonate K 545 entstanden. Sie wurde für Anfänger im Klavierunterricht geschrieben und ist deshalb nach Form und Gehalt einfach und übersichtlich gefügt. Und doch fehlt es auch diesem Werklein nicht an stillen Feinheiten: der Seitensatz des ersten Allegros ist gewonnen aus einer leicht veränderten Umkehrung des Kopfthemas, der zweite Takt des Andantethemas ist ebenfalls Umkehrung des Allegro-Kopfmotivs, und selbst im Rondo schimmert diese motivische Beziehung noch durch. Vor allem liegt über den scheinbar einfachsten, scheinbar abgegriffensten Mitteln ein feiner Goldstaub; wie beredt sind z. B. die Albertibässe des Andantes mit dem sprechenden Flötenthema, wie edel-verhalten die sanfte Leidenschaft des G-moll dieses Andante, wie duftig reihen sich die Perlenketten in der Allegro-Durchführung.

Die B-dur-Sonate K 570 wurde zuweilen für eine Sonate für Klavier und Geige gehalten, weil ihr von unbekannter Seite eine Geigenstimme unterlegt worden ist. Geistig bewegt sich das Werk im Umkreis des vorgenannten C-dur-Werkes, satztechnisch ist es dagegen nicht wie jene „für Anfänger" geschrieben. Das Hauptthema des Allegros taucht etwas verändert als „zweites Seitenthema" wieder auf, gesellt sich einer Gegenstimme, die dann in der Durchführung im doppelten Kontrapunkt verwendet wird. Des doppelten Kontrapunkts bedient sich Mozart auch in dem sonst leichtgefügten Schlußrondo. Der Mittelbau (Adagio) ist ebenfalls in Rondoform gehalten; sehr stark die gesangvolle Linie des Hauptthemas, gegen deren Gehaltenheit die persönlicheren Seitensätze einen dramatischen Gegensatz bilden. (Geschrieben 1789).

In der D-dur-Sonate von 1789 K 576 zeigt sich der in anderen Werken schon zuvor spürbare Doppeleinfluß Bachs und Haydns besonders schön: Bachisches Hochbarock in vielen imitatorischen (Kanon-) Stimmführungen und

Haydnsche Gedankenschärfe in der Durchformung des motivischen Stoffes. Dazu treten noch andere überkommene Eigenarten. Vor so gewaltigen Einflüssen erweist sich die volle Meisterschaft Mozarts; denn es gelingt ihm, sie so einzuschmelzen, daß jeder Takt freies geistiges Eigentum des Tondichters wird. Das Thema gemahnt (vor allem mit dem Fanfarenbeginn, Beispiel 13) an manches Jagdthema des

13 Allegro

18. Jahrhunderts; doch zeigt es seine ganz andere innere Haltung, wenn es verschiedentlich in kurzen Kanons durchgeführt wird. Stark auf Glanz und Klang gerichtet die schnellen Sechzehntel-Zwischenglieder. Diese wiederum bilden die stilistische Brücke zu dem sehr spät einsetzenden Seitenthema. Die Durchführung beruht wesentlich auf dem Fanfarenmotiv und den Sechzehntelläufen, während das Seitenthema nur mild, fast erinnerungshaft aufgenommen wird. Da der Thementeil durchführungsartig gestaltet war, kann die Durchführung selbst äußerlich kürzer gehalten sein. In den Auszierungen des edel-gesanglichen Themas bekennt sich das Adagio zum Überlieferten, zum seelisch vertieften Rokoko, und doch ist mancherlei Neues hinzugekommen durch die leise in die Melodik hineinträufelnden Harmoniefarben und in der Art, wie zuweilen die Zierstimmen von einer Hand zur anderen fortgesponnen werden. Der

14 Allegretto

Schlußsatz, ein Allegretto mit Rondo-Charakter, knüpft mit dem Kopfmotiv seines Themas (Beispiel 14), an das des Adagios an; dagegen ist er stilistisch ein Bruder des Allegros, da er dessen kontrapunktischen Geist wiederaufnimmt. Das zunächst piano auftretende Thema scheint von durchaus homophonem Zuschnitt; es gewinnt aber bereits ein anderes Gesicht, wenn es forte wiederholt und mit einer selbständigen Gegenstimme in Triolen versehen wird (Beispiel 14). Und so wächst es zusehends in imitatorische Verflechtungen (Kanons verschiedener Art), läßt das kleine Seitenthema überhaupt nicht zur Geltung kommen und gibt — dank der ihm innewohnenden Eigenkraft — dem Ganzen trotz aller Kontrapunktik einen homophonen Grundton, so daß aus homophonen und polyphonen Bestandteilen ein höchst reizvoller Gesamteindruck entsteht.

Solche Doppelgesichtigkeit, der wir bereits wiederholt begegnet sind, beherrscht auch die zweisätzige Sonate F-Dur K 533 von 1788 (es handelt sich um ein F-dur-Allegro und ein B-dur-Andante; später wurde den beiden Sätzen das F-dur-Allegretto K 494 angehängt). Schon in dem geradezu „lehrreichen" Hauptgedanken (Beispiel 15) erkennt man

15 Allegro

das Nebeneinander zweier gleichwohl zusammenwachsender Ausdruckswelten: der Beginn strebt zur Polyphonie, wird dementsprechend auch unbegleitet vorgetragen, dagegen läuft die Fortführung (von Takt 5 an) zur Homophonie weiter und hat eine entsprechende Begleitung. Bereits im Thementeil werden die drei Grundgedanken einzeln leicht durchgeführt, und die Durchführung selbst ist durchzogen von kontrapunktischer Arbeit. Der Schlußabschnitt dagegen betont mit spielerischem Glanz die homophone Seite. Das als zweiter Satz folgende B-dur-Andante zählt zu den tiefsten Seelengemälden, die Mozart dem Klavier anvertraut hat. Der Form nach entspricht es dem Allegro, d. h., es verbindet Sonatensatz und kontrapunktisches Denken. Inhaltlich mutet es an wie ein Ausdruck schweren Grübelns und verzweifelter Not. Denn diese schmerzlichen, schneidenden Klänge, die aus verwickelten harmonischen Modulationen und linearen Reibungen entstehen, lassen sich rein musikalisch nicht erklären. Solcher Bekenntnismusik sollte die Öffentlichkeit des Konzertsaales erspart werden, und man begreift, daß Mozart einem derartigen Satz nichts mehr folgen lassen wollte. Das später angehängte Rondo K 494 erwähnen wir daher unter den Einzelstücken.

Eine andere zweisätzige Sonate F-dur (Beispiel 16 gibt das Kopfmotiv) ist kein selbständiges Werk. Ihr erster

16 Allegro

Satz wurde nach der Geigensonate K 547 bearbeitet, und der zweite Satz entspricht ziemlich genau dem Rondo aus der „Anfängersonate“ C-dur K 545, ist aber nach F-dur versetzt.

Variationen, Fantasien, Einzelstücke

Mozarts bedeutendste Klaviervariationen stehen im ersten Satz der A-dur-Sonate K 331; die übrigen dreizehn Variationenwerke bleiben an künstlerischem Wert hinter dieser Schöpfung zurück. Dennoch brauchen sie nicht im Schatten zu stehen. Es handelt sich bei den meisten von ihnen um künstlerische Unterhaltungsmusik oder besser: um unterhaltsame Kunstmusik, der man auch im Konzert gern häufiger begegnen würde.

Um sie recht würdigen zu können, muß man sich gewisse Besonderheiten der Hörer in der zweiten Hälfte des 18. Jahrhunderts vor Augen führen. Große Teile der „Gesellschaft", vielfach ein „internationales Publikum", wünschten von einem Klavierspieler im Konzert nicht aufgerüttelt oder erschüttert zu werden, sondern verlangten oft nichts anderes als eine gute Unterhaltung. Das hieß: man wollte die Fertigkeit des Spielers und das Geschick des Komponisten bewundern, und zwar möglichst an einem bekannten, nicht zu schwierigen Stoff. Sehr beliebt waren daher Variationen oder ein Stegreifspiel über bekannte Melodien.

Diesem Brauch hat auch Mozart als Klavierspieler und als Komponist gehuldigt, indem er für seine eigenen Konzerte Variationen über allerlei beliebte französische Liedlein oder bekannte Opernweisen schrieb. So entstanden Variationen über „Lison dormait (K 264), „Ah, vous dirai-je, maman" (K 265), „La belle Françoise" (K 353), über Opernmelodien von Salieri (K 180), Grétry (K 252), Paisiello (K 398), Sarti (K 460), Duport (K 573) und andere. Wenn die Themen erklangen, fühlte sich die Zuhörerschaft, die wohl auch leise das Thema mitträllerte, sogleich in einer bekannten Welt und wollte nun auskosten, was für musikalische Leckerbissen der Komponist und welche technischen Kunststücke der Klavierspieler darzubieten wußten. Unter diesen Umständen kann man von den Variationen Mozarts keinen seelischen Tiefgang erwarten, muß sie vielmehr nehmen, wie sie gedacht sind. Vor allem wird man begreifen, daß sie samt und sonders nach einem bestimmten Grundschema angelegt wurden.

Zunächst durfte das Thema in den Variationen nicht zu stark verändert oder gar unkenntlich werden. Damit war der Weg zur Charakter-Variation ziemlich versperrt und nur der zur reinen Spiel-Variation freigegeben. Mozart variiert nun im allgemeinen nach einem unveränderten Plan, so daß es genügt, wenn man dieses an einem Werk darlegt; die übrigen kennt man dann ebenfalls. Als Beispiel wählen wir die neun Variationen über ein Menuett von Duport (K 573). Auf den Vortrag des einfachen Menuetts folgt in der ersten Variation eine Auflösung des Themengerüsts in spielerische Sechzehntel der rechten Hand, während die linke die Achtelbegleitung beibehält. In der zweiten Variation übernimmt die rechte Hand das nur leicht veränderte Thema zu lebhaften Sechzehntel-Spielfiguren der linken. Ist somit die Geläufigkeit jeder Hand einzeln nachgewiesen, so greifen in der dritten Variation nunmehr beide Hände in geschwindem Wechselspiel ineinander. Darauf folgt in der vierten Variation eine Umwandlung des Themas in abwechselnde Terzen- und Sextengriffe beider Hände, und zwar rhythmisch in Triolen gegliedert. Die fünfte Variation gibt leichte Auszierungen (vor allem kleine Vorschlagsketten), und die sechste bringt die — fast in allen Variationenwerken Mozarts ungefähr die Mitte einnehmende — Umdeutung des Themas nach Moll. Die nächste Variation ist ausgefüllt von glitzernden und rollenden Oktavbrechungen, abwechselnd in jeder Hand zu ruhigen Terzen- und Sextenparallelen der anderen Hand. Die achte Variation besteht — wie meist die vorletzte Variation — aus einem Adagio, in der Mozart der Auszierungskunst, der Ornamentik des Rokoko, huldigt. Diese Variation nimmt zum Schluß kadenzartige Züge an. In der letzten Variation ändert Mozart wie üblich den Takt ($^2/_4$ statt $^3/_4$). Daran schließt sich eine Coda (ebenfalls $^2/_4$-Takt), deren Kadenz zu einer Wiederaufnahme des (nunmehr ausgezierten) Themas überleitet.

Unter den wenigen Fantasien für Klavier kann eigentlich nur die bekannte große c-moll-Fantasie als ein in jeder Beziehung vollendetes Werk Mozarts angesehen werden. Eine frühe, wenig sagende C-dur-Fantasie K 395 verdient kaum ihren Namen, die c-moll-Fantasie K 396 stammt nur zu einem Teil von Mozart, während gerade die prächtigen Durchführungsteile auf den Abt Stadler zurückgehen.

Bedeutend dagegen die d-moll-Fantasie K 397 von 1782. Sie beginnt in den gebrochenen, präludierenden

Akkorden des elftaktigen Andante ganz Bachisch (wie überhaupt Ph. E. Bach an manchen Stellen Pate gestanden hat). Auf diese, man möchte sagen: geheimnisvoll gestaltlosen Orgelklänge folgt ein straffes Adagio mit drei Hauptgedanken: einem ausdrucksvollen, rhythmisch scharf geprägten

17 Adagio

(Beispiel 17), einem in der Oberstimme auf ständig wiederholtem e zu chromatisch sinkender Mittel- und Baßstimme und einem durch Vorhalte leicht bewegten. Zweimal wird das Suchende, innig Bittende des Adagios unterbrochen durch fantasierende Prestoläufe; d. h., die eigentlichen fantasierenden Teile treten an Bedeutung zurück hinter der gefestigten Melodik. Unvermutet hebt ein Allegretto in D-dur an, ganz schlicht und einfach, wie ein halblaut gesummtes Lied: helles Licht und keine Schatten nach dem dunklen Suchen des Adagios, als entrücke ein Traumbild den grübelnden Mann in sonnige Kindertage. Und ebenso unvermutet, wie es begonnen, schwindet das lichte Allegretto. — Gewiß ein wundersames Werk, dessen Größe in der Feinheit liegt. Aber doch spürt man, daß hier noch nicht alles gerundet, noch nicht abgeschlossen ist. Sicherlich hatte Mozart ursprünglich beabsichtigt, diese weitausgeführte Zeichnung zu einem Gemälde umzugestalten, mußte dann aber den Plan aus unbekannten Gründen aufgeben.

Voll ausgereift dagegen, zugleich eines der bedeutendsten Werke der Gattung, steht die c - m o l l - F a n t a s i e K 475 vor uns (1785). Mozart hat sie bei der Veröffentlichung mit seiner c-moll-Sonate 457 verkoppelt, und seitdem werden die beiden Werke oft zusammen vorgetragen. Die innerliche Berechtigung solchen Brauchs ist nicht zu bestreiten; nur hat er den Nachteil, daß die Fantasie nun meist als eine Art Einleitung der Sonate erscheint. Und dazu ist sie denn doch zu selbständig und zu groß. Wiederum hat Ph. E. Bach als Vorbild gedient (die Verwandtschaft geht sogar bis in bestimmte Einzelheiten), und doch atmet aus dem Werk ein ganz anderer Geist. So bunt die Bilderfolge auch erscheinen mag, sie ist einheitlicher Ausdruck, und so frei die Formteile aneinandergereiht sind, sie werden straff zusammengehalten. Zucht in der Freiheit, Gestaltung in der Fantasie. Daß die Musik in diesem Werk durchaus seelischen und geistigen Grundlagen entstammt, lehrt bereits der Beginn (Beispiel 18): zwei Takte nur, doch ein Weltengegensatz tut sich auf zwischen der Schicksalsgewalt im ruhig schreitenden Oktaven-Unisono des ersten und dem furchtsamen Zusammenkauern der Seufzermotive des zweiten Taktes. Dieser Gegensatz wird jedoch nur angedeutet, nicht ausgeführt: lediglich das Kopfmotiv beherrscht den ersten Teil des Adagios, wandert in belebtem Wechsel der Stärkegrade durch die verschiedenen Tonarten. Wenn das Seufzermotiv in veränderter Form endlich einige Male anklingt, wird es durch eine im Baß anrollende, dann immer höher steigende Zweiunddreißigstel-Figur wieder verdrängt. Eine trotzige Wendung (Beispiel 19) leitet zum

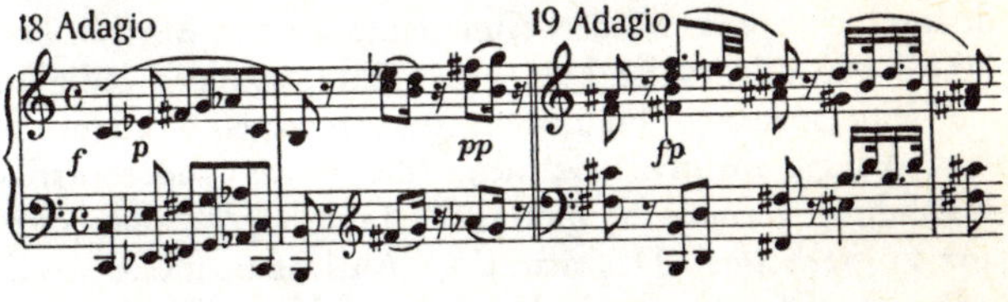

Ende des ersten Teils, der in c-moll begonnen hat, aber in Fis-dur mit ausgesprochener Dominantwirkung nach h-moll schließt. Der zweite Adagioteil gehört der Stimmung (nicht der Gestalt) nach zur Ausdruckswelt des Seufzermotivs: in D-dur — statt in dem erwarteten h-moll — setzt ein flehender Bittgesang ein, dessen Mittelteil sich in rührendem Stokken zu befreiender Leichtigkeit durchringen möchte. Auf die leise Frage des Schlusses antwortet ein gewitterig-stürmisch beginnendes Allegro (a-moll): der störrischen Beharrlichkeit des Basses (nur Wechsel von E und F) setzt sich ein punktiertes Motiv (ebenfalls engstufig) entgegen, versucht es mit trotzigem Aufschrei; dringendes Bitten schließt sich diesem Wechselspiel an, das sich dann, durchsetzt von stürmischen Triolen, in einen Kampf zwischen dem starren Baß und einem heftig fordernden Motiv der Oberstimme wandelt, sich jedoch in einer Kadenz ohne Lösung verliert. Das nun folgende Andantino bringt nur eine Scheinberuhigung; denn es nimmt als Kopfmotiv jenes trotzige Motiv aus dem Adagio (19) wieder auf, trennt die Themenglieder durch geradezu heftig wirkende Pausen und durchsetzt die Piano-Ebene des Ablaufs mit erschreckenden Forte-Betonungen. Auch der F-dur-Nebengedanke mit seinen Terzen und Sexten kommt nicht zu friedlicher Entspannung, weil sein chromatischer Schluß und die pochende Sechzehntelbegleitung dem ständig widerstreben. (Nebenher: die ins Orchestrale zielenden Klangwirkungen der Fantasie treten in diesem Teil besonders hervor: die „Instrumentierung" wechselt hier durch Lagenänderungen oft Takt für Takt). Daß alles ungelöst in der Schwebe bleibt, zeigen vor allem die letzten Takte mit ihrer mutlosen Wiederholung eines kleinen Motivs. Das nächste Più allegro ist kein neuer Satz, sondern lediglich eine widerspenstige Figuration des trotzigen Andantino-(bzw. Adagio-)Motivs 19; denn die etwas widerborstige Einkleidung vermag die motivische Linie a/g/f/e doch nicht ganz zu verbergen. Das machtlose Auflehnen dieser Zweiunddreißigstelgruppen mit dem Trotzmotiv beruhigt sich in der Mitte des Più allegro zu fließenden Sechzehnteln, feste akkordische Griffe gebieten selbst diesem Fließen Einhalt und beherrschen schließlich völlig das Feld. Diese Akkorde sind Ausdruck der zu Beginn der Fantasie angekündigten Schicksalswelt, auch sie unentrinnbar, schmerzend, aber doch voll Haltung und selber Haltung fordernd. Wenn sie leise emporsteigen und mit einem zarten Seufzer verklingen, setzt denn auch der erste Teil der Fantasie wieder ein, musikalisch und geistig das Ende mit dem Anfang bindend, so daß Mensch und Schicksal nun eins werden. Das Wandern durch die Tonarten wiederholt sich nicht, alles bleibt dem c-moll-Mittelpunkt verhaftet, die Seitengedanken wirken nicht mehr quälend, sondern (zumal in dem ersten Des-dur) fast tröstend, und zum Schluß schießt der Blitz einer c-moll-Tonleiter schicksalbejahend empor.

Mozart hat auch mehrere *Klavierfugen* geschrieben (eine davon mit einer Fantasie als Einleitungssatz). Wir können sie nur erwähnen, weil ihnen weder im Konzertsaal noch in der Hausmusik ein Platz eingeräumt wird, — und zwar mit Recht. Gewiß finden sich in ihnen mancherlei fesselnde Züge; aber dieses Gebiet lag doch zu jeder Zeit nur am Rande seines Schaffens. Was er an Fugenkunst wirklich für sein Werk brauchte, hat er in anderen Schöpfungen niedergelegt (vor allem im Schlußsatz der Jupiter-Sinfonie). Man kann sich des Eindrucks nicht erwehren, daß Mozart die Klavierfugen nur geschrieben hat, um zu lernen und um sich und anderen zu beweisen, daß er auch auf diesem Schaffensgebiet zuhause war. Wer freilich seinen Mozart so liebt, daß ihm jede Note von des Meisters Hand heilig erscheint, dem wird die Beschäftigung mit den Klavierfugen besonders fruchtbar erscheinen; läßt sich doch an ihnen oft sehr schön ablesen, wie eine so reiche, freie Natur des Tondichters mit einer so knappen, strengen Form umgegangen ist. Und es kann nicht wundernehmen, wenn Mozart, der sich vornehmlich an J. S. Bachs Fugenkunst geschult hat, immer wieder in die „weltmännischen" Gefilde Händels gerät.

20 Allegro

Unter den selbständigen *Rondos* zählt das in *D-dur* K 485 in Wirklichkeit nicht zu der Gattung. Vielmehr handelt es sich um einen Sonatensatz mit allerdings nur einem Thema (Beispiel 20). Dieses Thema wird teilweise durchgeführt, vor allem aber wird es durch kleine Nebengedanken von Tonart zu Tonart geleitet, so daß auf diese Weise tatsächlich eine Art Rondo zustandekommt. Bedenkt man, daß das Werkchen Anfang 1786 geschrieben wurde, so möchte man es für eine kleine Studienarbeit Mozarts halten: er verzichtet auf die frühere Vielfalt des musikalischen Stoffes, wählt bewußt ein ganz schlichtes Einzelthema und läßt nun an die Stelle des Einfallsreichtums die Ausgestaltung treten. — Das genau fünf Monate später geschriebene Rondo F-dur K 494 erscheint in manchen Ausgaben als Schlußteil der zweisätzigen F-dur-Sonate, hat aber mit dieser kaum etwas gemein. Es handelt sich hier um ein echtes Rondo, dessen Thema (Beispiel 21) bei jedem neuen Auftreten in der Grund-

21 Allegretto

tonart leicht variiert oder ausgeziert wird. Die Nebengedanken sind nahtlos in das Ganze verwoben; lediglich der d-moll-Gedanke tritt anfangs selbständiger hervor, stellt dann aber mit dem zweiten Takt des Themas den Anschluß schleunigst wieder her. Kontrapunktisch gefügt ist nicht nur das f-moll-Mittelsätzchen, sondern auch die breitausgeführte Kadenz der Coda und die Schlußtakte, wo sich zum Thema eine Gegenstimme im Baß entwickelt. Reizend, wie sich das Thema in den letzten vier Takten mit zierlichen Verbeugun-

22 Andante

gen verabschiedet. — Weitaus bedeutender das a-moll-Rondo K 511 von 1787. Bereits das Thema (Beispiel 22) überrascht: gewiß ist es ein Mozart-Thema, aber doch mehr in der Stimmung als in der Fassung. Die Chromatik, die das Thema durchzieht, beherrscht auch das ganze Rondo, und zwar nicht nur im Wortsinne (Chroma = Farbe); denn die Chromatik ist eigentliche Trägerin des Geschehens. Das bestätigt besonders der Schlußteil; was zuvor allenfalls dem oberflächlich Hörenden noch als Durchgangstöne erscheinen konnte, wird hier durch Harmonisierung endgültig als gleichberechtigt erwiesen. Die Vorherrschaft des Chromatischen erstreckt sich nun soweit in die Nebengedanken, Zwischenglieder und Auszierungen (vergl. etwa die 20 Takte vor dem A-dur-fis-moll-Mittelsatz), daß im Grunde das Thema nur als gliedernder Einschnitt, nicht mehr als tragende Säule aufgefaßt werden müßte. Eine derartige Stimmenverflechtung weist fast über die reine Klaviermusik hinaus und in das Gebiet der Kammermusik. Die ganze Überzeitlichkeit des Rondos wird aber erst klar, wenn man gewahrt, wie in harmonischen Rückungen Schubert, in der durchtönten Ornamentik Chopin und in gewissen Stimmführungen Schumann vorweggenommen wird (vergl. den Schluß mit Akkordbrechungen der Unterstimme, mit dem 20 Takte vor dem Mittelsatz aufklingenden chromatischen Nebengedanken in der Mittelstimme und dem Kopfmotiv in der Oberstimme).

Im Jahre 1788 entstand das h-moll-Adagio K 540, eines der schönsten Klavierstücke Mozarts. Seelische Tiefe und geistige Zucht, phantasievoller Gehalt und sonatenhafte Form, ergreifendes Singen und wirkungsvoller Instrumen-

23 Adagio

talsatz einen sich hier zu einem vollendet schönen Innen- und Klangbild. Der eindringliche, sprechende Beginn (Beispiel 23) bindet bereits in wenigen Noten zwei wesentliche Eigenschaften des Werkes: singende Schlichte und harmonisch ausdrucksvolle Vielfalt. Leichte Synkopierung, harmonische Reibungen und hervortretende Mittelstimmen verstärken das Bild. Wie Cello singt dann das Thema, wenn es im Baß wiederholt wird. Gleich darauf (Beispiel 24) aber ein

24

rein klaviermäßiger Kunstgriff (Überschlagen der Hände), und dennoch bleibt das Singende, hier Dialogisierende, erhalten. Dann wieder wandelt sich die „Kantilene" ins „Rezitativische"; also wird auch der stimmliche Ausdruck gewahrt, während das Charakterisierende, Färbende, Ausdeutende der oft schroffen Harmonik den erfüllten Mittelstimmen und den gliedernden Betonungen zugeteilt wird. Stiller Friede webt in den Dur-Takten des Schlusses.

Werke für Klavier zu vier Händen

Mozart hat — wenn man von einer nicht vollendeten in G-dur absieht — vier Sonaten für vierhändiges Klavierspiel geschrieben. Zwei davon sind offenkundig Jugendwerke: die in D-dur (K 381) wirkt nach Gehalt und Gestalt recht mager in der Tonleiterthematik des ersten Satzes, in den unpersönlichen Gedanken des Andantes, in der flächigen Opernmanier des Schlußsatzes, in der noch unbeholfenen Aufteilung zwischen den beiden Spielern. Man muß bedenken, daß Mozart damals kaum nennenswerte Vorbilder des vierhändigen Satzes hatte. Die B-dur-Sonate (K 358) mutet schon ein wenig stärker an; auch sie ist dreisätzig, in der Thematik weniger schablonenhaft, im Gegen- und Miteinander der beiden Spieler etwas gelöster, aber im großen und ganzen bildet auch hier die untere Partie nur eine Begleitung der oberen; werden beide Partien motivisch eingesetzt, so schweigt oft die eine, um die andere besser zu Wort kommen zu lassen. Dagegen nähert sich die 1786 geschriebene F-dur-Sonate (K 497) in Aufbau (drei Sätze mit langsamer Adagio-Einleitung), thematischer Kraft, harmonischer Vielfalt, bald motivischer, bald kontrapunktischer Durcharbeitung (Beispiel 25 stammt aus der Themenauf-

stellung des Hauptsatzes), besonders aber in der stimmungsmäßigen Gegensätzlichkeit, ja Dramatik, machtvoll der Welt der großen Sinfonien. Könnte man von den zuerst genannten Sonaten sagen, sie seien nur eine klangliche Auffüllung einfachster zweihändiger Werke, so gibt sich das F-dur-Werk als klangliche Auflichtung einer mächtigen Orchestersinfonie. Auf gleicher Höhe, wenn auch auf anderem Boden, steht die C-dur-Sonate von 1787 (K 521). Im ersten Satz lebt die Haltung der „Figaro-Ouvertüre" wieder auf, den zweiten Satz (Andante) bestimmt die feine Gegensätzlichkeit von sanften, klingenden Terzenparallelen und rauschender Zweiunddreißigstel-Bewegung, der dritte Satz wirkt heiterbildhaft durch sein vergnügliches Rondothema. Überhaupt ist die C-dur-Sonate bildhafter, bühnenmäßiger als die mehr sinfonische F-dur-Sonate (diese Unterschiedlichkeit liegt bereits in den ersten Takten: beide Sonaten beginnen im Einklang, aber mit durchaus anderer Gebärde).

Eine im Jahre 1790 geschriebene „Fantasia" (K 594) besteht aus einem rhythmisch sehr straffen, bewegten Allegrosatz in F-dur, den ein weich schwingendes f-moll-Adagio träumerisch umfängt. Sie ist bezeichnet als „Stück für ein Orgelwerk in einer Uhr". Eine zweite „Fantasia" (K 608) trägt die gleiche Bestimmungsangabe. Jetzt aber ist der Rahmensatz ein Allegro, f-moll, dreiteilig mit einem Fugato als Kernstück und einer harmonisch wie rhythmisch fesselnden Umkleidung, während der As-dur-Mittelteil ein motivisch verzahntes, feingliedriges Andante darstellt, — ein besonders schönes, geistvolles Werk.

Leider viel zu kurz das anmutig-kunstvolle Bewegungsspiel in dem „Thema mit Variationen" (G-dur, K 501). Geschmeidig und gelenkig greifen die Motive und Rhythmen ineinander, locker und ungezwungen wirkt in der 2. Variation die Triolenbewegung des „Secondo" gegen die zierliche Kurzmotivik des „Primo", in der 3. Variation das leise Klingeln der Begleitfiguren gegen die gestichelte Variationenmotivik, verinnerlicht die leichte Chromatik der 4. (Moll-) Variation, kraftvoll die Vereinigung von zupackender Akkordik, rollenden Sechzehnteltriolen und schwirrenden Zweiunddreißigsteln.

Zu erwähnen bleibt die vierhändige Fassung der g-moll-Fuge (K 401), der wir vor der zweihändigen Fassung den Vorzug geben möchten.

Die zeichnerische Klarheit von Mozarts Sprache hat frühzeitig dazu geführt, daß man seine Orchester- und Kammermusikwerke für Klavier zu vier Händen bearbeitet hat; manche dieser Bearbeitungen wirken so vortrefflich, daß man sie nicht nur als Mittel zum Zweck (nämlich, die Originalwerke wie Sinfonien, Quartette usw. kennenzulernen), schätzt, sondern um ihrer selbst willen spielen kann.

Werke für zwei Klaviere

Unter den nicht eben zahlreichen Werken, die im Laufe der Jahrhunderte für zwei Klaviere geschrieben wurden, nimmt Mozarts D-dur-Sonate von 1781 (K 448) einen hervorragenden Platz ein. Wir Deutsche sind geneigt, Schöpfungen, die auf virtuose Konzertwirkung zielen, mit Zurückhaltung zu bewerten. Und diese Mozart-Sonate sollte ganz gewiß — vor allem anderen — zwei tüchtigen Klavierspielern Gelegenheit geben, ihr Können zu zeigen und eine größere Zuhörerschaft im Sturm zu gewinnen. Tiefsinnigen Gehalt wird man also in dem Werk nicht suchen dürfen. Aber welch ein zauberhafter Glanz liegt über diesem „Konzert für zwei Klaviere", wie man die Sonate nennen möchte, wie festlich rauscht es da, wie freudig lächelt es in diesem spielbesessenen, doch adelig gestalteten Werk! Jeder der beiden Spieler vermag sich frei zu entfalten dank des meisterlich ineinandergefügten Satzes, und zugleich steht das Doppelspiel im Zeichen künstlerischer Einheit. Mächtig die Einklangsgebärde beider Klaviere zu Beginn des ersten Satzes (Beispiel 26), als rausche der Vorhang auf vor einem

26 Allegro con spirito

festlichen Stück, klar setzt sich die Weiterführung davon ab, zunächst in Sexten-, dann in Terzenparallelen, durchrieselt von Sechzehntelfiguren des anderen Klaviers, sanft schwingt das zweite Thema hinein, weitgesponnen die Überleitungen und Zwischengedanken, auch in der Durchführung tritt mancher neue Gedanke hervor, — ein einziges unerschöpfliches Quellen und Sprießen. Dem ersten Satz und seiner festlichen Größe entspricht die lebendige Weiträumigkeit des Schlußrondos (Allegro molto), dessen Hauptthema den gleichen Schnitt hat wie das des Alla-turca-Rondos aus der Variationensonate A-dur (nur in umgekehrter Richtung). So weit gehen die Entsprechungen, daß der Schlußsatz ebenso im Einklang endet, wie der Kopfsatz im Einklang begonnen hat. Zwischen den Ecksätzen ein zärtlich-melodisches Andante, im Wechselspiel der beiden Klaviere anmutend wie eine Liebesszene.

Aus dem Jahre 1783 stammt die zweiklavierige c-moll-Fuge (K 426). Mozart hat sie später, mit einer Adagio-Einleitung versehen, als Streichquartett umgeschrieben (K 546). Ein zwingender Grund dafür ist nicht zu erkennen. Gewiß ist sie — zumal im Vergleich zu der zweiklavierigen Sonate — nicht aus den Klang- und Spielbedingungen der Tasteninstrumente erwachsen, sondern eher eine „Gedankenfuge"; aber sie entspricht auch nicht immer dem Streichersatz. Immerhin klingt sie als Streichquartett klarer als auf zwei Cembali; am meisten aber vermögen ihr zwei neuzeitliche Flügel abzugewinnen. Das Thema (Beispiel 27) mit

27 Allegro moderato

seinem wuchtigen Kopfmotiv und dem anschließenden Seufzermotiv bestimmt durchweg den musikalischen Bau und die stimmungsmäßige Haltung. (Neuerdings ist auch die Adagio-Einleitung der Streichquartettfassung für zwei Klaviere bearbeitet worden.)

LUDWIG VAN BEETHOVEN

Geboren am 16. Dezember 1770 in Bonn als Sohn eines Musikers. Der Vater nutzte das begabte Kind gewissenlos aus. Unterricht bei Neefe. Mit 22 Jahren ging Beethoven nach Wien (u. a. Schüler von Haydn, Albrechtsberger, Salieri). Als Klavierspieler war er in den Häusern des österreichischen Adels sehr geschätzt. Schnell setzte er sich auch als Tondichter durch. Ein bis zur Ertaubung fortschreitendes Gehörleiden vermochte sein Schaffen nicht zu beeinträchtigen. Vor äußeren Entbehrungen schützten ihn sein Einkommen aus Kompositionen und eine Ehrenrente seiner Gönner und Freunde aus dem Hochadel. Gestorben am 26. März 1827 in Wien. Hauptwerke: neun Sinfonien, die „Missa solemnis", Streichquartette, überhaupt Kammermusik aller Art, Klavierwerke, Geigen- und Klavierkonzerte, die Oper „Fidelio", Schauspiel- und Ballettmusiken, Ouvertüren, Tänze, Lieder.

Beethovens Werk ist musikgewordener Wille, — das prägt sich besonders scharf aus in seinen Klavierschöpfungen. Der Artung nach vor allem Instrumentalkomponist (das Instrument fügt sich dem herrischen Willen leichter und vielfältiger als die menschliche Stimme), als Ausübender ein hervorragender Klavierspieler (er erregte Aufsehen als „Ausdrucks-Spieler") und seinem Wesen nach trotziger Einzelkämpfer (freilich für allgemeinverbindliches Geistesgut), mußte Beethoven gerade dem Klavier als einem Einzelinstrument von vielseitiger Ausdrucksmöglichkeit Entscheidendes anzuvertrauen haben. Das Streben, dem Klavier seinen Ausdruckswillen aufzuzwingen, geht soweit, daß Beethoven diesem Instrument Dinge zugemutet hat, die damals zum Teil nicht verwirklicht werden konnten, weil der Klavierbau noch nicht so ausgebildet war. Daher Beethovens lebhafte Anteilnahme an der Technik des Klavierbaus, daher aber auch manche musikalische Bildung, die offensichtlich nur aus dem Zwang zu erklären ist, dem sich der Meister wegen der für seine Zwecke noch nicht ausreichenden Klaviatur unterwerfen mußte.

Aber auch im übertragenen Sinne darf man sagen, das Klavier reiche kaum aus, die Fülle der Beethovenschen Gesichte widerzuspiegeln. Selbst bei den bedeutendsten seiner Vorbilder, bei Haydn und Mozart, bewegen sich die Klavierschöpfungen in scharf umrissener Ebene: sie sind zeichnerisch gefaßt und mittelpunktsstrebig. Beethovens Klavierwerk dagegen zielt ins Farbige, Wuchtige, Orchestrale und schleudert seine Gedankenblitze von einem Mittelpunkt aus in die Unendlichkeit.

So erklären sich auch die Eigentümlichkeiten seiner Klaviersprache: die weitausholende Thematik, die verschwenderisch reiche und oft alleinherrschende Harmonik, der mächtige Ansprung seiner Rhythmen, die alle Fesseln sprengende Dynamik (kennzeichnend die heftigen Sforzati und das nach einem gewaltigen Crescendo unvermutet einsetzende Piano), der selbst im Pianissimo weithin tragende Satz einschließlich der eigentümlichen Auseinanderziehungen in manchen Spätwerken.

Gegenpol solchen Zielens ins Unendliche, Grenzenlose, dieses scheinbaren Verschwendens und Außersichseins ist die ungewöhnliche geistige Zucht aller Beethovenschen Klavierwerke, erkennbar an zwei wesentlichen Merkmalen: an der sprachlichen und ausdrucksmäßigen Verdichtung der langsamen Sätze, die niemals schweifen, sondern stets als letzte, fast entstofflichte Läuterung eines Empfindens oder Gedankens erscheinen, und an der geballten thematisch-motivischen Arbeit, die in zahlreichen Fällen die Bedeutung des musikalischen Einfalls noch übertrifft oder diesen mindestens erst ins rechte Licht setzt. Auch hieran läßt sich erkennen, daß Beethovens Werk musikgewordener Wille ist, ein in sich geballter Wille, der sich freilich nicht selbst genügt, sondern fordernd in die Welt greift, der bekennt und zugleich Gefolgschaft erheischt. Und hier liegt auch das Neue, Andersartige, das diesen Meister von allen Vorgängern unterscheidet: in der Willensrichtung und nicht in irgendwelchen stilistischen Merkmalen allein.

Die Sonaten

Form und Ausdrucksmittel der Sonate konnte Beethoven im wesentlichen von anderen Meistern übernehmen. Von Haydn stammt die durchdachte Auswertung des thematischen und motivischen Stoffes, von Mozart die fließende, niemals stockende Fülle des Inhalts, von Clementi das leidenschaftliche Drängen und Schwingen und von Ph. E. Bach (wenigstens von dessen späteren Sonaten) der charaktervolle Ausdruck. Aber aus diesen Bestandteilen schafft Beethoven eine durchaus eigenwüchsige Sonatensprache, immer mehr treten die Vorbilder zurück, bis sie schließlich in den Werken der mittleren und späteren Schaffenszeit nur noch gelegentlich durchschimmern.

Die Kopfsätze werden zu gewaltigen Gebilden, in denen die in der Themenaufstellung mächtig ausgebreiteten Gedanken oft schon von Anbeginn auf den eigentlichen Kampfplatz — die Durchführung — losstürmen, wo sie ihre Kräfte messen oder sich zu höherer Einheit zusammenballen. Selbst innerhalb der ersten Sätze wachsen die einzelnen Abschnitte: nicht nur die Durchführung wird erweitert, sondern auch die Wiederaufnahme („Reprise") und das Schlußstück („Koda") gewinnen an Raum und Bedeutung, wachsen zu neuen Durchführungen heran; ebenso tragen manche Themenaufstellungen durchführungsartige Züge, so daß nun wieder die eigentliche Durchführung kürzer wird oder der ganze Satz als erweiterte Durchführung erscheint. Damit hängt es zusammen, daß allmählich die Wiederholung der Themenaufstellung sinnlos wird und verschwindet. So entsteht auch zuweilen die Notwendigkeit, dieses gesteigerte Geschehen durch eine langsame Einleitung vorzubereiten, wodurch das Sinfonisch-Weiträumige der Klaviersonaten noch unterstrichen wird. Haupt- und Seitengedanken entstammen häufig der gleichen Wurzel, sind also „zwei“ Seelen in einer Brust“, neue Gedanken treten in den Überleitungsgruppen auf und führen so weitere Gestalten in das Drama ein.

Da Beethovens Sonaten wirkliche Lebewesen, „Organismen“ sind, muß die Ausgestaltung der Kopfsätze auch die übrigen Sätze beeinflussen. Schritt um Schritt entfernen sich die langsamen Sätze aus dem Bereich des stillen Atmens und gesanglichen Musizierens, werden zu geschlossenen leidenschaftlichen Szenen innerhalb des gesamten Sonaten-Dramas. Ebenso wandelt sich das frühere Menuett zum Scherzo oder zum gespenstisch huschenden Zwischenspiel. Vor allem wächst die Bedeutung der Schlußsätze. Sie sind nicht Kehraus oder Abgesang, vielmehr nehmen sie vielfach einen gleichberechtigten, zuweilen sogar einen übergeordneten Platz neben den Kopfsätzen ein, steigern sich in den Spätwerken sogar zu großartigen Fugen.

Aber solche viersätzige Anlage, so lebensgesetzlich und dramatisch sie erscheinen mag, erstarrt niemals zum Schema. Beethoven kommt auch mit drei, ja, mit nur zwei Sätzen aus, ohne daß man das Fehlen der anderen Sätze als Mangel empfindet. Er stellt auch Sätze um: den langsamen Satz an die Spitze, einen Variationensatz bald an diese und bald an jene Stelle, verzichtet im ersten Satz auf die Sonatenform und wendet sie im Schlußsatz an, mischt Rondoform und Sonatenform — und doch bleibt alles überzeugend, folgerichtig, zwingend. Es erweist sich auch hier, daß über den (sicher bedeutsamen) musikalischen Eigengesetzen ein größeres steht: das des menschlichen Hochgeistes.

Werk 2 Nr. 1 f-moll

Natürlich sind Macht und Freiheit solchen Gestaltens nicht sogleich vorhanden, sondern ringen sich unter Stokkungen langsam ans Licht. So zählen die frühen Sonaten Beethovens im allgemeinen noch zur Gesellschaftsmusik des Rokokos, wenn sie auch mit Eigentümlichkeiten des künftigen Meisters bereits durchsetzt sind.

Sogleich die erste der drei (Haydn gewidmeten, 1795 entstandenen) Sonaten der Werkzahl 2 zeigt den rokokohaften Grundzug und die feinen Einwebungen eigenwüchsiger Besonderheiten. Rokokohaft ist an der f-moll-Sonate vor allem die Zierlichkeit des Satzes (eine Melodiestimme, durchsichtige Begleitung) und die zarte, nur zuweilen leidenschaftlich gesteigerte Haltung. An Haydn gemahnt das Hauptthema des ersten Satzes (Beispiel 1), aber auch die vielseitige

1 Allegro

Verwendung des Schlußmotivs (zweiter Volltakt). Der Seitengedanke wird aus einer Umkehrung des Hauptthemas gewonnen, wobei sich das Staccato in Legato wandelt. Die Durchführung stellt keinerlei Probleme, spinnt vielmehr die beseelte, durchgeistigte Eingangsstimmung weiter. Durchaus Rokoko auch das Adagio (F-dur) mit seinem anfangs sanft emporlangenden, durch Sextenparallelen weichgetönten, mit Doppelschlag durchsetzten und endlich mit Seufzermotiven schließenden Hauptthema sowie den feinen Melodieauskräuselungen während des ganzen Verlaufs. Still wiegende Sexten und Terzen bestimmen den Hauptteil des f-moll-Menuetts, während das F-dur-Trio in gleichmäßig bewegten Achtelfiguren dahinzieht; dieses scheint erfunden wie ein Bläserstücklein: es beginnt gewissermaßen mit der Flöte, übernimmt die Achtelbewegung ins Fagott, steigert sich zu Terz-Sextenparallelen von Flöte, Oboe und Klarinette und verhallt wieder in Flöte und Fagott. Wirkungsvoll in seiner leidenschaftlichen Beseelung, reich an Gedanken und stark in der Dramatik ist der Schlußsatz, der manches von der

„Apassionata" vorwegnimmt. Die ersten Takte (Beispiel 2) legen die Dramatik dieses Prestissimo-Satzes fest, und zwar

mit den Akkordschlägen der rechten Hand wie den fast noch wichtigeren Triolenbrechungen der linken. Auch hier orchestrale Klangvorstellungen. Denn den Ausbrüchen des „Tutti" folgen sogleich Beruhigungen durch „Einzelinstrumente" mit einem in Vierteln (ohne Triolengeleit) aufsteigenden Gedanken. Dann verselbständigen sich die Triolen zu einem heftig treibenden Zwischensatz, die Melodiespitzen werden durch die Baßstimme verstärkt, die rhythmische Unruhe wächst durch gleichzeitige Triolen und Duolen, bis die Triolen zu einem leisen Murmeln in der Begleitung herabsinken und über ihnen eine in Paralleloktaven demütig herabsinkende Es-dur-Melodie tröstend und beruhigend einsetzt (Wagner hat diese Stimmungsgestaltung im „Tannhäuser" ähnlich eingesetzt). Dann kehrt die Gebärde des Beginns, nun aber durchweg fortissimo, wieder. Am Anfang der Durchführung steht abermals ein neuer Gedanke: eine an Webers „Freischütz" erinnernde, breit in leisem As-dur einsetzende „Klarinetten"-Melodie zu akkordischer Begleitung, die dann mehrfach „uminstrumentiert" wird. Nun erst sind sämtliche Gedanken ausgesprochen, deren sich die Durchführung bemächtigt. Diese selbst ist leicht überschaubar, wenn man sich vor Augen hält, daß in ihr nicht Handlungen, sondern seelische Schwingungen leidenschaftlich dargestellt werden.

Werk 2 Nr. 2 A-dur

Der Kopfsatz dieser Sonate hat mit dem der f-moll-Sonate die lyrische Grundstimmung gemein, wirkt aber weniger verdichtet; er ist sprunghaft, bald scheu und bald mehr als selbstbewußt. Gleich der Beginn zeichnet das Bildnis eines von Sturm und Drang angerührten, jugendlichen Rokoko-Menschen (Beispiel 3). Zunächst ein frischer Quar-

3 Allegro vivace

tenansprung, dann ein trotzig auftrumpfendes Zweiunddreißigstel Motiv; diese Gebärde wiederholt sich, dann scheinen die abwärtsgerichteten Oktaven nachdrücklich die Selbstbehauptung unterstreichen zu wollen, alles verstärkt durch Oktavenparallelen des Basses. Aber, — so möchte der Mensch, doch wagt er nicht: der Vorgang vollzieht sich im piano! Und das emportrippelnde Tonleitermotiv (9. Volltakt) verrät trotz dem rollenden Triolenauftakt das weiche Gemüt und die zierliche Grundhaltung des Abgebildeten. Im folgenden dreistimmigen Satz scheint er sich Mut machen zu wollen (forte-Gebärde, Verlagerung des Tonleitermotivs in den „männlichen Baß“, rollende Sechzehnteltriolen in Nachahmung); doch die Überleitung führt zu einem zweiten Thema, das in e-moll leise klagt, dreimal ansetzt und dreimal wieder stockt. Erneute heftige Gebärden im fortissimo führen doch wieder zum pianissimo, in dem der Hauptteil verhallt. Die Durchführung wirkt dann als Bild gärender

Entwicklung. Dieser Zeichnung des „Jünglingsalters" mit all seinen Unsicherheiten, aber auch seiner triebhaften Zielstrebigkeit folgt als nächster Satz ein männlich verhaltenes, klangvolles und zugleich straffes Largo appassionata, dessen Kernthema — choralmäßige Dreistimmigkeit in den drei Oberstimmen, kurz angeschlagene Baßschritte — bereits das Wesentliche über den ganzen Satz aussagt (Beispiel 4). Über-

4 Largo appassionato

leitungen, Weiterführungen und Zwischensätze sind fließender, singender, schmiegsamer, einzelpersönlicher gehalten, unterbrechen aber die Grundstimmung dieses für alle künftigen langsamen Sätze Beethovens entscheidenden Largos nicht. Der dritte Satz ist als Scherzo bezeichnet und hat in der Tat etwas Zierlich-Scherzhaftes an sich mit den leicht hingestreuten gebrochenen Akkordfiguren, denen jeweils ein Akkordtupfer antwortet, während das Moll-Trio in fließender zweistimmiger (nachahmender) Viertelbewegung zu gleitender Achtelbegleitung einen ruhigen Gegensatz schafft. Am umfangreichsten der Schlußsatz, ein anmutiges Rondo. Zauberhaft der über zweieinhalb Oktaven emporglitzernde Anlauf (gebrochener Akkord) zum Hauptthema, das sogleich wieder zurückschnellt und sich dann erst in engstufigem Fließen glättet. Bewundernswert die feine Veränderungskunst an dem Thema, die zierlich bewegten Zwischensätzchen und die vor allem gegen Schluß eingeschobenen Durchführungsteile.

Werk 2 Nr. 3 C-dur

Auch diese Sonate ist Haydn gewidmet (1795 geschrieben). Im ganzen wirkt sie offener, konzertmäßiger als die Schwestern der gleichen Werkzahl, und zwar vor allem wegen ihrer klingenden Akkordbrechungen, überhaupt wegen ihrer gelösten Klanglichkeit. Der Beginn gibt sich sogar wie ein Klavierkonzert. Das Hauptthema mit seinem prachtvoll ausgewogenen Kernmotiv (Beispiel 5) wird gewissermaßen

5 Allegro con brio

vom Orchester angestimmt, ruht als Keim und Grund, aus dem dann nach einem kurzen Motivspiel das „Soloklavier“ fortissimo mit rauschenden Akkordbrechungen hervorbricht. Auch bei den verschiedenen Seitengedanken (am stärksten bei dem g-moll-Thema) ist man immer versucht, eine Orchesterbegleitung hinzuzuhören. Der Eindruck des Klavierkonzertes verstärkt sich in der Durchführung, in der die verschiedenen Klanggruppen sich deutlich voneinander abheben, bis hin zur Koda, in die eine richtige kleine Kadenz verwoben ist. Im Adagio wirkt die punktierte Straffheit des Hauptteils (E-dur) sehr stark, weil sie sich von den raunenden Zweiunddreißigstel-Figuren des Zwischensatzes (e-moll) so bestimmt absetzt. Echtes Scherzo der nächste Satz: nachahmende Einsätze im Hauptteil, harfende Akkordbrechungen im Trio und eine kurze mit trotzigen Sprüngen beginnende, dann aber leise verrieselnde Coda. Ganz auf pianistisch-spielerische Wirkung gestellt der Schlußsatz, ein Allegro assai mit einem einfachen Tonleiterthema, das durch daruntergelegte Sexten- und Quartenparallelen außerordentlich froh und klangfrisch aufrauscht. Eigentlichen Gegensatz dazu bildet nicht so sehr das aus dem Dreiklang geborene Seitenthema, als vielmehr die behenden Bewegungsfiguren. Vollends konzertmäßig die Coda mit ihren Trillern über dem Hauptthema.

Werk 7 Es-dur

Die Es-dur-Sonate Werk 7 (geschrieben 1796) wirkt trotz ihres ansehnlichen Umfangs weniger als Konzertsonate; vielmehr gehört sie der edel-stillen Hausmusik an. Als Ganzes entstammt sie dem feinempfindenden Rokoko, nur in Einzelheiten wächst sie darüber hinaus. Der erste Satz besteht aus einer Reihe von Kleinbildern, die sich durchweg anmutig im 6/8-Takt darstellen. Es dürfte schwer fallen, den Zusammenhang dieser Bilder zu „beweisen", — zu überhören ist er nicht; nur soll man in diesem Allegro molto e con brio nicht nach Beethovenscher Wucht suchen wollen. Hier steht vielmehr alles unter dem Gesichtspunkt zierlich-spielerischer Reihung. Erst der langsame Satz schlägt jenen ernsten, feierlich-bestimmten Ton an, den man meist als Beethove-

6 Largo, con grave espressione

nisch bezeichnet (Beispiel 6 gibt das Hauptthema). Auch wieder eine Bildreihung; jedes Einzelbild aber gewichtiger, tiefer empfunden, weniger spielerisch als ausdrucksgesättigt. Etwa gleich das Zwischenstück mit seinen ruhigen Akkordvierteln, seinem Doppelschlag und den knappen Bewegungsfiguren. Stärker noch der Seitengedanke in As-dur mit der vollgriffigen Melodieführung und den leicht stakkatierten Begleitfiguren. Dem langsamen, etwas orchestral erfundenen, aber durchaus klaviermäßig gesetzten Satz folgt als dritter ein Allegro ohne Bezeichnung. Es handelt sich um ein echtes Scherzo: der Hauptteil in Es-dur mit einem zuweilen nachahmend geführten Dreiklangsthema, dessen bewegliches Schlußmotiv eine liebenswürdig heitere Note in das Geschehen bringt, der Mittelsatz in es-moll fast durchweg in geheimnisvoll rauschenden Triolen, die Melodie nur unmerklich angedeutet in dieser unablässig strömenden, fast durchweg leise verhaltenen Bewegung. Diesem Nachtstück folgt ein taghelles Rondo. Das anmutige, etwas neckische Kernthema, in den Wiederholungen reizend ausgeziert und im Wechsel mit scharf gegensätzlichen Nebengedanken, beherrscht zwar selbstverständlich die Rondoform, nicht aber den Inhalt. Dieser entstammt vielmehr reinen Bewegungsantrieben, die zu Beginn gleich in den Sechzehnteln der Begleitung vorwärtsdrängen und im Verlauf (vor allem im Mittelteil und im Schlußstück) in Zweiunddreißigstelfiguren förmlich losrasen.

Werk 10 Nr. 1 c-moll

Ein kurzes, dreisätziges Werk (1797). Es gehört mit den beiden anderen Sonaten der c-moll-Tonart zur Gruppe der „Pathetischen Sonaten". Das schwungvolle Hochgefühl äußert sich hier freilich noch auf kleinem Raum und mit verhältnismäßig einfachen Gedanken, ist auch nicht durchweg beibehalten. Die ersten Takte des Kopfsatzes tragen wie in einem Keim das ganze Werk in sich: wuchtiger Anfangsakkord, gezacktes Auffahren in punktierter Akkordbrechung, dann ein plötzliches Zurücksinken in leise Engstufigkeit (Beispiel 7). Zwischen den beiden Polen des Andrängens

7 Allegro molto e con brio

und der Verhaltenheit schwingt der ganze Satz (die Seitengedanken entstammen durchaus der Welt stiller Innerlichkeit). Das Gegensatzpaar wiederholt sich in den beiden anderen Sätzen: im Adagio breit strömender, aber ganz verinnerlichter Gesang in feierlichem As-dur, der sich nur zuweilen in Auszierungen kräuselt, im Prestissimo-Schlußsatz ein leicht auftrumpfendes c-moll-Kopfthema und ein festlich-klangvoller Seitengedanke in As-dur. Die Weiterführungen leicht überschaubar, zuweilen ins Spielerisch-Klangvolle gleitend, stets aber von echtem „Pathos“ erfüllt.

Werk 10 Nr. 2 F-dur

Ein liebenswürdiges, ebenfalls dreisätziges Werk (1797) mit sanft und humorvoll tändelnden Ecksätzen und einem verdunkelten Scherzo als Mittelbau. Dabei umfassend in der stilistischen Weite, die Rokoko, Klassik und Frühromantik in sich begreift. Aus zierlichem Rokokogeist geboren das Kopfthema (Beispiel 8), gegen das sich das C-dur-Seiten-

8 Allegro

thema mit seiner satten, vollgesetzten Dreiklangmelodik und der treibenden Sechzehntelbewegung in der Begleitung fast sinfonisch abhebt; in der Durchführung teilweise rauschende „konzertmäßige“ Akkordbrechungen. Das in tiefer Lage unisono beginnende Allegretto mit seiner nachahmenden Zweistimmigkeit im Verlauf ist echter, verschleierter Scherzogeist Beethovenscher Eigenart, während der dem f-moll-Hauptteil sich anschließende Des-dur-Mittelsatz mit seinen zunächst dunkel in der Tiefe ruhenden Akkorden, der sich erst allmählich in sie verwebenden kleinen Melodie und dem sich langsam lichtenden, in die Höhe verlagerten Klang an manches Impromptu Schuberts gemahnt (Schubert wurde geboren, als diese Sonate entstand!). Köstlich der lächelnde, schrullige Humor des Schlußprestos, dessen bewußt trockenes Thema mit geradezu spöttisch gemeinter Sturheit und grimmigem Lächeln durchgeführt wird.

Werk 10 Nr. 3 D-dur

Den beiden dreisätzigen Sonaten der Werkzahl 10 gesellt Beethoven in der D-dur-Sonate ein viersätziges Werk. Die Viersätzigkeit ist kein bloßer Zufall; nimmt man nämlich dazu den beachtlichen Gesamtumfang des Werkes, seinen thematischen Gedankenreichtum, die innere Gespanntheit der Themen und die Art, das musikalische Geschehen vorzubereiten, so erscheint diese (ebenfalls 1797 geschriebene) Sonate als Vorstufe zu den späteren Großwerken der Gat-

tung. Gleich die Anfangsgebärde gibt zu denken (Beispiel 9a): die ersten vier Töne bringen zwar das Kernmotiv des Hauptthemas, gleichwohl wirkt die gesamte Tonfolge nicht so sehr als Thema denn als einleitende, Aufmerksamkeit heischende Eröffnung, und zwar als spannungsstarke Eröffnung. Man ahnt nach diesen Takten, daß in dem Kopfsatz ein reiches Geschehen beschlossen sein wird. Ja, es fragt sich, ob nicht die ersten zweiundzwanzig Volltakte (bis zur zweiten Fermate) als erweiterte Einleitung zu gelten haben. Denn das eintretende h-moll-Thema (9b) ist zweifellos ein Haupt- und kein Seitengedanke. Den beiden Hauptgedanken folgen nämlich zwei Seitenthemen (in das zweite tönt sehr fein das viertonige Kernmotiv unseres Beispiels 9 als tragender Bestandteil hinein), und die Schlußgruppe enthält ebenfalls zwei neue Gedanken. Die Fülle des musikalischen Stoffes steht in reizvollem Gegensatz zu der trotz allem lyrischen Grundstimmung des Ganzen. Im Largo, einem düster-großartigen Gedicht von verhalten-leidenschaftlicher Klage, wird das Hauptthema ständig in Septimenakkorde gebettet, eine Ausdrucksart, die im 19. Jahrhundert so oft verwendet wurde, daß man sie kaum noch zu ertragen vermochte, — hier aber ergreift sie immer aufs neue. Um so milder spielen die Seitenthemen mit ihren schlichten Harmoniefolgen in das Tonbild. Durchaus licht und froh, im Trio sogar humorvoll, das Allegro-Menuett mit seiner einfachen D-dur-Melodik und den nachahmenden Stimmverschlingungen des zweiten Themas. Der Schlußsatz ist als Rondo bezeichnet; doch tritt er nicht als übermütiger Ausklang auf, sondern Beethoven faßt das Frühere gewissermaßen zusammen, gibt

einen Ausgleich. Erstaunlich bleibt, daß ein einziges Motiv von nur drei Tönen (Beispiel 10) imstande ist, dem Rondo nicht nur Triebkraft, sondern den entsprechenden Ausdruck zu geben, — freilich ein Motiv von eindringlicher, beschwörend-zuredender, fast sichtbarwerdender Kraft.

Werk 13 c-moll „Pathétique“

Diese von Beethoven selbst als „Sonate pathétique“ bezeichnete Tondichtung (entstanden 1798) gilt vielen Musikliebhabern als Inbegriff der Sonatensprache des Meisters. Man wird das begreifen; denn ihr tiefer Inhalt bei leichtfaßlicher Sprache, ihr unverwechselbarer Ausdruck und beredter Schwung haben sie schnell bekannt werden lassen. Zudem enthält sie manche Eigentümlichkeit, die sich auch in anderen Schöpfungen des Meisters wiederfindet. Dennoch hat die einseitige Beliebtheit der Pathétique vielen den Zugang zu anderen, mindestens ebenso bedeutenden Äußerungen Beethovenschen Klavierdichtens verwehrt.

Überwältigend ist freilich gleich der Beginn dieser Sonate: den drei Sätzen ist als Einleitung ein Grave vorangestellt, dessen Kernmotiv (Beispiel 11) in einem einzigen Takt eine

11 Grave

wesentliche Seite des großen Tondichters erschöpfend wiedergibt: die schicksalsmächtige Sprache. Zwei Mal kehren an entscheidender Stelle des ersten Satzes Teile dieses Grave wieder: zu Beginn der Durchführung und vor den Schlußtakten, — Grund genug, sie als richtungweisend aufzufassen. Auch für die Motivgestaltung des Ganzen wird das Kopfmotiv bedeutsam; so für das Hauptthema des ersten Satzes

(Beispiel 12) und dessen aufsteigende Stufung. Das Thema selbst ist bei aller Einfachheit großartig gefaßt: der Vorder-

12 Allegro di molto e con brio

satz steigt zweimal tonleiterartig in Vierteln empor, ohne daß diese Zweimaligkeit als Wiederholung wirkt, der Nachsatz senkt sich in breiten Halben herab, die Harmonisierung nimmt dem ersten Teil all das Übliche, Gewohnte, was einem Leiter-Motiv leicht anhaftet, ja, der Vordersatz wird so kaum als doppeltes Tonleitermotiv empfunden. Auch das Seitenthema greift auf die Richtung des Kopfmotivs zurück, ist also insofern mit dem Hauptthema motivisch verwandt, trägt aber gegenüber dessen stürmischem Andrängen einen stillen, beschwichtigenden Inhalt (Beispiel 13). Die Durch-

13

führung wird nicht nur, wie erwähnt, durch einige Takte des Grave vom Thementeil getrennt, sondern nimmt auch das Kopfmotiv 11 als Bestandteil der stürmischen Auseinandersetzung in sich auf. Ihr Verlauf ist leicht zu verfolgen. Ganz in Gesang getaucht, in ruhigen, innigen, gleichwohl dunkeltönenden Gesang, ist das Adagio. Es sind mehrere Themen, die voneinander beträchtlich abweichen, aber doch durch die Stimmung zusammengehalten werden. Mit dem einfachen Mittel, die Begleitfiguren bald in Sechzehnteln und bald in Sechzehnteltriolen zu führen, wird das Bild geheimnisvoll belebt. Es gehört eine nicht gewöhnliche Anschlagskunst dazu, das „Orchestrale", die verschiedenen „Instrumente", die sich an diesem Sang beteiligen, gut wiederzugeben, und zwar klaviermäßig wiederzugeben, das will sagen, den Instrumentalklang nicht nachzuahmen, sondern seine jeweils vorherrschende Stimmung zu erfassen. Im Rondo des Schlußsatzes wiederholt sich beim Hauptthema (Beispiel 14 gibt den Beginn, die Gebärde des Grundmotivs

14 Allegro

der Gesamtsonate 11, und noch deutlicher 13). Schon hieraus wird ersichtlich, daß wir es trotz aller spielerischen Leichtigkeit nicht mit einem fröhlichen Ausklangsrondo, sondern mit einer leidenschaftlichen Überkuppelung des Gesamtbaus zu tun haben. Auch der Schluß des ersten Themenabschnittes mit seinen heftig und knapp hingesetzten Akkorden deutet darauf hin. Diese Andeutungen verwirklichen sich im Verlauf. So, wenn sich im Anschluß an den ersten Teil aus breit liegenden Volltakt-Akkorden treibende Akkordbrechungen lösen, denen sich ein drängendes Nebenthema anschließt, oder wenn dann ein kleines, fast hymnisches Marschsätzchen in Vierteln anhebt. Diese vorwärtstreibende, vorwärtspeitschende Stimmung hält bis in die letzten acht Takte an: nach einer Fermate tritt das verbreiterte Thema piano nach As-dur, pianissimo folgt eine knappe harmonische Überleitung nach c-moll, und erschreckend heftig sausen fünf Achteltriolen fortissimo in den dröhnenden Schlußakkord.

Werk 14 Nr. 1 E-dur

Daß Beethoven sich nicht im Pathetischen erschöpft, beweist das Jahr 1798 zur Genüge: in ihm entstanden neben der „Pathétique" die schlichten, teilweise zierlichen Klaviersonaten der Werkzahl 14. Beide Werke gehören im weiteren Sinne noch zur Welt des abklingenden Rokoko, halten sich fern von allem Grüblerischen und Kämpferischen, meiden jeden Versuch, leidenschaftlich von Gedanken oder Erkenntnissen zu zeugen. Das Kopfthema der Es-dur-Sonate (Werk 14 Nr. 1) ist ganz einfach gehalten (Beispiel 15) und

15

läßt sich — ebenso wie das engstufig absinkende und wieder ansteigende Seitenthema in h-moll — zwar melodisch und harmonisch abwandeln; aber es verschließt sich verflechtender thematischer Arbeit, wird daher auch meist schlicht begleitet und bietet somit mehr Gelegenheit zu spielerischen Tönungen als zu heftigen Auseinandersetzungen. Noch schlichter das wiegende e-moll-Allegretto mit dem einfachen C-dur-Mittelsatz; hier ist die Bindung an das alte Menuett noch deutlich spürbar. Auch das abschließende Rondo ist ganz aus dem Rokoko-Spielcharakter erfunden mit seinem munteren Vorwärtstreiben der Melodik und den eifrigen Triolen der Begleitung. „Beethovenisch“ wirken nur Einzelheiten der Dynamik und des Rhythmus.

Werk 14 Nr. 2 G-dur

Das Lyrische, Spielerische tritt in der G-dur-Sonate noch deutlicher zutage als in dem Schwesterwerk. Feinste Geschmeidigkeit, ziere Anmut und heiter-versonnenes Spiel sogleich im Kernmotiv des ersten Themas (Beispiel 16). Das ist tändelndes, empfindsam beseeltes Rankenwerk des Rokoko, weitab von den Ausbrüchen des ersten „Pathétique“-Satzes aus dem gleichen Entstehungsjahre. Ähnliche Haltung hat das Seitenthema mit seiner Terzenzweistimmigkeit, in die der Baß mit Anklängen an das erste Thema leicht hin-

16 Allegro

eintönt, gleichartig auch der Verlauf des ganzen Satzes. Sehr fein und durchsichtig ebenfalls das folgende Variationen-Andante über einen in kurzgestoßenen Akkorden daherziehenden kleinen Marsch. Tändelnd-tänzelnder Launen voll endlich der Schlußsatz, eine Mischung von Scherzo und Rondo voll heiter-bewegter Geschäftigkeit.

Werk 22 B-dur

Wenn Beethoven von der B-dur-Sonate Werk 22 (entstanden 1800) erklärt hat, „sie habe sich gewaschen", so bezieht sich dieses Wort vor allem auf die spieltechnische Beschaffenheit des Werkes. Es ist nämlich nicht ganz einfach, der pianistischen Spielfreude gerecht zu werden, die in dieser Schöpfung ihr Wesen treibt. Rein technisch handelt es sich — von Einzelheiten abgesehen — nicht mehr um die behenden, glänzenden Perlenketten des Rokoko, sondern um eine Festigung solchen Laufwerks zu motivischen Geweben, die gleichzeitig zur Polyphonie neigen. Diese Polyphonie wiederum ähnelt kaum der in sich ruhenden Vielsträhnigkeit des Barocks, bindet vielmehr deren Dichte mit vorwärtstreibender homophoner Artung. Zugleich aber wird das pianistisch Wirkungsvolle solchen Spiels zu einem neuen Ausdruck, einem Ausdruck, der dem einer Gemeinschaft (Barock) oder Gesellschaft (Rokoko) entwächst und stark ins Einzelpersönliche strebt. Die Sonate hat sich also „gewaschen", weil eine besondere Spieltechnik mit einem neuen Ausdruck zusammenklingt.

Gleichzeitig gehört das Werk zu denjenigen Sonaten Beethovens, die motivisch völlig miteinander verklammert sind. Wir geben nur eine der Klammern wieder, freilich die wichtigste (Beispiel 17 a—e). Das Sechzehntel-Auftaktmotiv

des Kopfsatzes (17a) bestimmt nicht nur das Hauptthema — zunächst in der Mittelstimme als belebender Bestandteil, dann als treibende Kraft des aufsteigenden Dreiklangsmotivs, endlich als Fliehkraft im vierten Volltakt —, trägt vielmehr recht eigentlich das Geschehen des ersten Satzes überhaupt, schwingt bald in reinem Motivspiel und bald in mächtigen Antrieben, ja, es beherrscht die Vorgänge selbst dort, wo es im Notenbild nicht zutage tritt. In dem ausdrucksvollen, zwischen sanfter Klage und mildem Trost wechselnden Adagio bildet dieses Motiv abermals einen belebenden Bestandteil (17b), kehrt in dem — nur noch an wenigen Stellen an das alte Menuett erinnernden, wenn auch als Menuett bezeichneten — dritten Satz wieder (17c), meldet sich als beherrschende Kraft im „Minore" des Menuettsatzes (17d) und strahlt in den vierten Satz, ein anmutiges, zuweilen treibendes Allegretto-Rondo mit durchführungsartigen Zügen, seine Wirkung aus (17e).

Werk 26 As-dur

Eine der bekanntesten Klaviersonaten Beethovens (vollendet 1801). Sie spricht den rein-musikalisch Hörenden ebenso unmittelbar an wie denjenigen, der einem Werk der Tonkunst gern Bilder oder ein „Programm" unterlegt. Diese Sonate in bestimmte Bild- und Empfindungsfolgen zu zerlegen, liegt freilich sehr nahe. Als Mittelbau ragt ein gewaltiger Trauermarsch, auf den die übrigen Sätze bezogen scheinen. Der strengen Sonatenform weicht Beethoven aus. Am Anfang steht vielmehr ein Variationen-Andante von tiefer Empfindung und geschlossenem Ausdruck. Der Thementeil selbst wirkt bereits wie ein kleiner, in sich ruhender Bau. Mit einfachsten Mitteln wird im Thema das Wesen der As-dur-Tonart zum Klingen gebracht. Samten, weich und fest zugleich, hebt das Thema an, wie ein Lied, und doch — durch die gleichlaufende Baßoktave — nachdrücklicher, in die Zukunft weisend (Beispiel 18 gibt den Beginn). Besonders stark wird dieses Versprechen auf Künftiges bei der ersten Themawiederholung, wenn die Achtel in Sechzehntel aufgelöst sind. Mittelteil ist eine „Cello"-Melodie zu „Holzbläser"-Terzen der rechten Hand. An diese gewissermaßen orchestrale Art knüpft die erste Variation an: sie formt aus den ruhigen Achteln des Themas bewegte Figuren und ver-

18

teilt sie an hohe und tiefe „Instrumente" im Wechselspiel. Straff im Rhythmischen dagegen, wennschon dunkel-verhalten im Ausdruck, die zweite Variation: das in gleichmäßige Sechzehntel aufgelöste Thema liegt in den leicht gestoßenen Baßoktaven, während die rechte Hand in Akkorden oder Oktaven nachschlägt. Düster und trauervoll die dritte Variation mit der synkopierten, engstufigen Melodieführung und dem gleichmäßigen Drei-Achtel-Rhythmus der Begleitung. Synkopierung durch Vorgriff in der vierten Variation; aber jetzt ist die Melodie weit auseinander gelegt, und auch die Begleitung hat etwas Sprunghaftes, Unruhiges. Figurationsart in der fünften Variation: das Thema zunächst in gleichmäßig fließenden Triolen, dann in der Mittelstimme, umspielt von Zweiunddreißigsteln der Außenstimmen. Wunderbar besänftigend, trostverheißend ein kurzer Anhang. Geschwind rollt das Scherzo ab mit seinem durch zwei gleitende Auftakt-Achtel eingeleiteten Hauptthema, dessen Kopfmotiv, durch Parallelterzen verstärkt, ein trotziges Zwischensätzchen bildet, dann von wiegenden Akkorden abgelöst wird, endlich sich wieder heftig zum Wort meldet, nun aber mächtig vorangetrieben durch selbständige Achtelfiguren. Im Trio werden die wiegenden Akkorde mit leichter Melodieführung zu Trägern des Geschehens. Der langsame Satz ist ein „Trauermarsch auf den Tod eines Helden". Sein Thema (Beispiel 19 gibt den Beginn) durchzieht das ganze

19 Marcia funebre

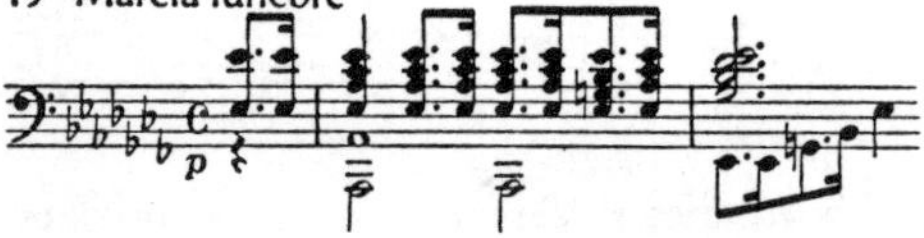

Stück, gibt auch den Seitengedanken ihr rhythmisches Gepräge und wird nur kurz unterbrochen durch die dumpfen Wirbel und schmerzlichen Akkord-Aufschreie des Mittelsatzes. So überragend die Stellung dieses geradezu bildhaften

Trauermarsches in der Sonate ist, — der „Erläuterung" bedarf sein unmittelbar ansprechender Ausdruck nicht. Bedeuteten die drei bisherigen Sätze eine ununterbrochene Steigerung, so bringt der letzte Satz ein Abklingen der Spannung. Freilich, was für ein Abklingen! Denn dieses Schlußallegro mit seinen unablässig rollenden, wühlenden Sechszehntelfiguren, mit den Einwürfen anderer Tongebilde, die das Hauptgeschehen aber nicht zu beeinflussen vermögen, ist zwar wesentlich Spiel-Musik, doch in dem doppelten Sinne, daß hier das Pianistisch-Spielerische zusammenfällt mit dem Ausdruck: der Held ist bestattet (Trauermarsch), das Leben aber hält nicht inne, und dieses rastlose, ewige Leben wird durch Spiele — wenn man so will: durch kriegerische Waffenspiele — gefeiert.

Werk 27 Nr. 1 Es-dur

„Sonata quasi una fantasia" hat Beethoven dieses 1801 entstandene Werk genannt. Wirkliche Sonaten-Artung zeigt in der Tat nur der letzte Satz, der nun freilich auch den Gipfel der Schöpfung bildet. Regelrecht getrennt sind die Sätze überhaupt nicht: sie gehen „attacca" ineinander über, ja, das kurze Adagio ist überhaupt nur als ausgeführte Einleitung zum Schlußsatz zu betrachten. Die Freiheit der Form triumphiert sogleich im „ersten" Satz. Er besteht aus einem

Andante mit zwei liedhaften Themen (Beispiel 20a und b), in das ein Allegroteil eingeschoben ist. Bei den Andante-

Themen mischen sich Innigkeit der Melodie mit leicht drängender Bewegung (20a) oder sattem, wennschon weichgebettetem Klang (20b). Der dunklen Herbstfärbung gesellt sich in den Allegrosätzen eine Art Frühlings- oder Jugenderinnerung. Will man solche Deutung weiterführen, so hindert nichts, den dritten Satz (Allegro molto e vivace) als dunklen, gespannten Scherzo-Satz anzusprechen, dessen vergebliche Versuche, die Jugendbilder wieder Wirklichkeit werden zu lassen, schließlich heftigen Unmut auslösen (besonders in den abgerissenen Akkorden und dem Triller des As-dur-Mittelteils sowie in den synkopenartigen Nachschlägen des c-moll-Schlusses). Die geschwind wechselnde Verlagerung der Klanghöhen von unten nach oben deutet auf orchestrale Vorstellungen. Herrlich gerundet und beruhigt setzt das Adagio in As-dur ein: in sich kreisend der Themenbeginn, fest gründend die gleichmäßigen Achteloktaven der Bässe. Aber diese Stimmung hält nur einige Takte lang an: Vorhalte und Synkopen rufen eine Verzichtstimmung hervor. Jetzt greift unversehens ein anderes, rettendes Gefühl ein. Mit einigen präludierenden Läufen und einem mächtig anwachsenden Triller schüttelt der Tondichter alle niederdrückenden Erinnerungen ab und springt (unmittelbar einsetzender Schlußsatz) mitten in die Wogen des lebendigen Daseins. Er sieht es, wie schon der Beginn des Hauptthemas (Beispiel 21) erweist, mit Humor (Oberstimme) und Grimm

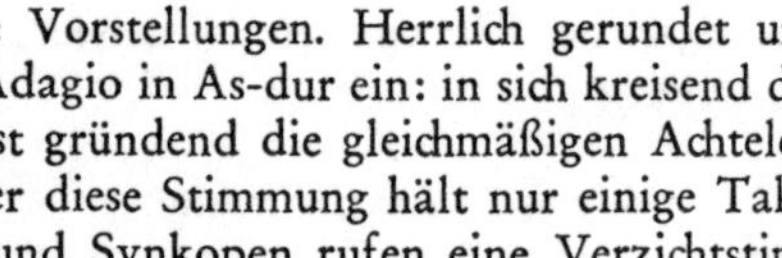

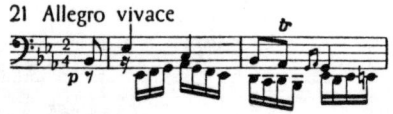

(Unterstimme) zugleich an und läßt es sich wie ein köstliches Läuterungsbad über die Seele brausen. Daß Humor und Grimm, daß grimmer Humor etwas Feierliches, eine Weltanschauung sein kann, zeigt die in Ges-dur beginnende Stelle in der Mitte des Satzes, wo das Thema (abwechselnd im Baß

und der Oberstimme, bald einfach und bald in Oktaven) wie ein festlicher Hochgesang daherrauscht und die Sechzehntel-Gegenstimme (21, Unterstimme) zum kraftgeladenen, kraftspendenden Kontrapunkt heranwächst. Kurz vor dem Schluß meldet sich noch einmal, wie ein süßer Schmerz, das Thema des Adagios, wird aber von einem heftigen Presto beiseitegefegt.

Werk 27 Nr. 2 cis-moll („Mondscheinsonate")

Auch diese Sonate bezeichnet Beethoven gleich dem Schwesterwerk in Es-dur als „Sonata quasi una fantasia". Das bezieht sich aber nicht auf die Form; diese ist vielmehr regelrecht, nur daß der erste Allegro-Satz fehlt. Beethoven muß also den Inhalt der Sonate gemeint haben, und der ist freilich durchaus phantasie-artig in dem Sinne, den wir besonders seit der Romantik mit diesem Begriff verbinden. Und dem Zeitalter der Romantik entstammt denn auch die viel angefochtene (auf den Kritiker und Dichter Ludwig Rellstab zurückgehende) Benennung „Mondschein-Sonate". Wie gefährlich solche Namensgebung sein kann, lehrt die Tatsache, daß manche späteren Beurteiler diesen Namen nur für den ersten Satz, andere aber nur für den dritten Satz gelten lassen wollen. Unzweifelhaft ist lediglich das eine: das Werk ist erfüllt von Gefühlsinhalten, und solchem „romantischen" Gehalt entspricht auch der „romantische" Ausdruck. Geschrieben aber wurde dieses romantische Werk 1801, zu einer Zeit also, in der Frühromantiker wie Weber und Schubert noch Kinder waren!

Wie gefühlsgeladen und eigenpersönlich die Sonate ist, wird deutlich bei einer einfachen Betrachtung einfachster Dinge: der Akkordbrechungen des ersten und des letzten Satzes. Akkordbrechungen waren in der Klaviermusik längst üblich. Sie hatten im wesentlichen den Zweck, das schnelle Verhallen eines Akkordanschlages auszugleichen und den

Klaviersatz voller und beweglicher zu machen; es handelte sich also in der Hauptsache um begleitende Spielfiguren, die als „Albertische Bässe" bald in den Ruf öden Geklappers kamen. Was aber hat Beethoven hier aus diesen Begleitfiguren gemacht! Im ersten Satz wird aus den gebrochenen Akkorden, die das Hauptthema sanft umschweben (Beispiel 22), der eigentliche Stimmungsträger. Die Harmonien, wich-

22 (Adagio sostenuto)

tiger noch als das engstufige, leise klagende Thema, werden selbständige Lebewesen, werden zur Hauptsache, zum vielfarbigen, wenn auch verschleierten Klanggrund, auf dem sich die Melodie nur scheu hervorwagt — Bild des einsamen Menschen in der nachtdunklen Stille einer weiten Seelenlandschaft. Auf das (nun durchweg akkordisch gehaltene) Allegretto mit seinen kleinen, tanzliedhaften Erinnerungsbildern und seiner tröstenden Milde folgt als Schluß-(und eigentlicher Haupt-)Satz, demgegenüber das Vorangehende nur als Vorbereitung wirkt, ein erregtes Presto, dessen hervorstechendes Kennzeichen ebenfalls Akkordbrechungen bilden

23 Presto agitato

(Beispiel 23). Doch aus dem sanften Schweben und einsamen Klagen der gleichartigen Spielfiguren des ersten Satzes werden jetzt dröhnende Gewitter mit zuckenden Schicksalsblitzen und grollenden Zornausbrüchen. Einst unverbindliche Spielfiguren, jetzt Träger höchstpersönlichen Empfindungsausdrucks, — das heißt wahrlich, neuen Wein in alte Schläuche gießen! Bei der grundsätzlichen Bedeutung der cis-moll-Sonate für die gesamte Klavierliteratur, und zwar insbesondere der Bedeutung des Schlußsatzes erscheint es angebracht, wenigstens die wichtigsten der „Neben"gedanken des Presto hierherzusetzen (Beispiel 24—27). Sie im ein-

zelnen als Zielgedanken oder Erinnerungsbilder an Stimmungen der ersten beiden Sätze zu deuten, bleibt jedem selbst überlassen. Entscheidend ist die Größe, mit der hier scheinbar unvereinbare Gegensätze zu einem dichten, einheitlichen Ganzen zusammengehämmert worden sind. Auch diese Sonate (ähnlich wie die Es-dur-Sonate der gleichen Werkzahl) verlegt Schwer- und Gipfelpunkt in den Schlußsatz, und abermals bringt Befreiung von Schmerz und Leid nur die zornige Selbstbejahung in den Wogen des Lebens und den Stürmen des Schicksals.

Werk 28 D-dur

Man hat die D-dur-Sonate Werk 28 (geschrieben 1801) als „Pastoral-Sonate" bezeichnet und damit nicht übel ihre

Grundstimmung hervorgehoben. Es ist ein ganz in sich ruhendes, stilles Werk, das nicht nach außen wirken will, obwohl es sich gelegentlich zu leidenschaftlichen Äußerungen erhebt. Zu seinem Verständnis bedarf es nur einiger Hinweise auf die motivische Arbeit. Im Hauptthema des ersten Satzes (Beispiel 28) liegt die ganze Sonate keimhaft beschlos-

sen. Dieses Thema ist ein vollkommener nach unten gerichteter Bogen: der Vordersatz senkt sich hinab, der Nachsatz strebt — ebenfalls engstufig — wieder empor. Dazu im Baß ein ruhiges, beseeltes Pochen des tiefen D, wie gleichmäßiger Herzschlag. Das mit II bezeichnete Motiv unter der Klammer spielt in der Durchführung die Hauptrolle zusammen mit einer abwärtsgerichteten Achtelfigur des Basses. Aber selbst dieses Motiv wird noch weiter verkürzt: es büßt zunächst die ersten beiden Töne ein, endlich sogar noch den Schlußton, bis es zuletzt ganz verhallt. Umfassender als die Bedeutung dieses aufwärtsgerichteten Motivs ist das mit I bezeichnete, im Umfang einer Quinte fallende Motiv; es kehrt nämlich in jedem der vier Sätze unter irgendeiner ähnlichen Gestalt

wieder. Zunächst in dem eindringlichen Balladenstück des Andante (vergl. die Klammer über Beispiel 29). Dann im

Scherzo, das im Hauptteil mit drei fallenden Oktavschritten anhebt, denen es dann den fallenden Dreiklang a/fis/d gesellt, bis im Trio das Motiv I auftritt (dieses Mal in h-moll), endlich in dem zierlich durch den 6/8-Takt schwingenden Rondo, wo das „Schalmeien"-Thema ebenfalls nur eine Umschreibung einer im Quintenumfang fallenden leiterartigen Tonfolge darstellt. — Auch sonst ist das Werk reich an motivischen und kontrapunktischen Künsten; doch treten sie nicht anspruchsvoll auf, sondern fügen sich der lyrischen Grundstimmung unauffällig ein. Dieses „Unauffällige" ist auch Ursache dafür, daß die Sonate ihren feinsinnigen Gehalt nur schwer im Konzertsaal entschleiert.

Werk 31 Nr. 1 G-dur

Wer in Beethovens Sonaten ausschließlich schicksalhafte Auseinandersetzungen sucht, wird mit dieser G-dur-Sonate von 1802 nichts anzufangen wissen. Dabei handelt es sich um ein durchaus reifes Werk. Vor allem scheint der noch junge Meister in den Sonaten der Werkzahl 31 versucht zu haben, Besonderheiten früherer Werke einmal zusammenzufassen. Hier handelt es sich in erster Linie um die Vereinigung von stegreifartigem Ausdruck, formaler Zucht, erweiterter Formenteile und beseelter Spieltechnik. Als Kennzeichen kann sogleich das Kopfthema dienen (Beispiel 30). Es setzt sich aus

30 Allegro vivace

zwei grundverschiedenen Bestandteilen zusammen: dem geschäftig-eilfertigen Sechzehntel-Laufmotiv und dem verweilenden Schweben der Akkorde. Sehr schön binden sich die beiden Teile dadurch, daß sie jedesmal mit einem vorweggenommen synkopierten Sechzehntel beginnen und so das Überlegsame, „Stegreifartige“ andeuten. Dann, nach Wiederholung auf anderer Ebene, setzt sich das Spieltechnische durch, indem sich aus dem Sechzehntelmotiv in nachahmenden Einsätzen eine kurze Spielgruppe bildet. Der in H-dur eintretende Seitengedanke hat in Melodie, Rhythmus und Begleitung etwas „Italienisches“ an sich, das uns später abermals begegnen wird, und betont seine Verwandtschaft mit dem Hauptthema durch die eingestreute Sechzehntelfigur des Kopfmotivs. Beide Gedanken werden im Thementeil bereits leicht durchgeführt, so daß die eigentliche Durchführung mehr weiterführt als Neues bringt. Den langsamen Satz nennt Beethoven nicht einfach Adagio, sondern setzt hinzu „grazioso“. Ein „anmutiges Adagio“ finden wir sonst nicht leicht wieder bei diesem Meister. Hier beruht es auf dem „italienischen“ Gesang, der zu gezupften Akkordbrechungen auf einem langen Triller beginnt, mit einem Nachschlag in einen absteigenden Dreiklang gleitet und sich mit einer chromatisch ansteigenden Figur dem nächsten Triller förmlich ans Herz legt; es beruht weiter auf den zahllosen Auszierungen und leise angeschlagenen Akkordwiederholungen. Aber vor allem beruht es auf der lichten, wahrhaft südlichen Gestimmheit des weitgesponnenen Gesangsbildes. Von solcher Stimmung geht auch mancherlei in das Schlußrondo ein, dessen liebenswürdiges Thema mit einer doppelschlagartigen Wendung anhebt und so graziös-einfach weiterläuft. Damit ist bereits der Grundton des Satzes angegeben: anmutig beseelte Spielfreude. Kommt solche Haltung dem Meister selbst merkwürdig vor? Diese Frage scheint er sich doch zu stellen. Denn obwohl er durch erweiterte, durchführungsartige Satzteile das Spielerische reich mit ernster Arbeit durchsetzt hat, hält er sich etwa fünfzig Takte vor Schluß zurück, läßt das Doppelschlag-Thema zweimal Adagio spielen, schaltet Pausen und gehaltene Akkorde ein, bis dann ein anwachsender, grimmiger Baßtriller anzudeuten scheint: „Nun gerade!“ und eine erweiterte Coda in heftigem

Presto die Doppelschlags-Vergnüglichkeit zu ausgelassenem Aufjubeln führt.

Werk 31 Nr. 2 d-moll

Wenn wir oben sagten, Beethoven habe in den Sonaten der Werkzahl 31 frühere Eigenarten zu einem Ganzen vereinigt, und zwar stegreifartigen Ausdruck, formale Zucht, erweiterte Formenteile und beseelte Spieltechnik, so gilt das in besonderem Maße für die d-moll-Sonate (ebenfalls 1802 geschrieben). Der erste Satz ist geradezu ein Musterbeispiel dafür, wie freier Ausdruck und strengste Zucht ineinanderspielen können und zählt daher zu den aufschlußreichsten Sätzen der gesamten Sonatenkunst. Wir geben die ersten Takte (Beispiel 31). Zunächst also nicht ganz zwei Takte

31 Largo Allegro Adagio

Largo, dann drei Takte Allegro, endlich ein Adagio-Takt. Den drei Zeitmaßen entsprechen drei verschiedene Inhalte: das Largo (eigentlich nur ein langsam geharfter Akkord) ist Ruhe, Sein, noch Ungestaltetes; das Allegro ist Bewegung, Treiben, Werden; das Adagio mit dem Doppelschlag ist Gestalt, Gewordenes, beredtes Sprechen. Dazu die Steigerung der Stärkegrade von pp über p und cresc zum sf. In nur sechs Takten ein ungeheurer Schöpfungsvorgang. Solches Welten-Erschaffen setzt sich in den nächsten Takten fort: zunächst wieder ein geharfter Largo-Akkord, dann die (weiter ausgeführte) treibende Bewegung des Allegros. Aus den Achteln werden schließlich Triolen, und aus deren drängender Kraft erwächst das eigentliche Hauptthema (Beispiel 32). Und dieses faßt alle Einzelheiten der ersten sechs Takte (31) zusammen: aus dem geharften Akkord wird das

Kopfmotiv des Themas (Baßstimme), in den Triolen treibt die Unruhe des Werdens aus den ersten Achteln weiter, der zweite Teil des Themas (Oberstimme in Vierteln) ist nichts anderes als das verbreiterte, sprechende Doppelschlagsmotiv des Adagio. Und noch weiter geht die innere Beziehung und Bindung: aus den ersten Allegro-Achteln entsteht auch noch das Seitenthema. Diese Hinweise mögen genügen; dabei handelten wir bisher nur vom Beginn des Thementeils. Die übrigen Beziehungen erschließen sich leicht, da Beethoven besonders übersichtlich gliedert. So steht am Beginn der Durchführung abermals das Largo, nun aber mit dreimaligem Harfenschlag. Es kehrt wieder im nur kurzen Durchführungs-Allegro, erweitert sich jedoch zu gebärdenstarkem Sprechen und bindet sich mit einigen Allegro-Takten und dem Adagio-Doppelschlag zu eindringlichem Rezitativ. Dann wird die Durchführung allegro zu Ende gebracht. Der zweite Satz (Adagio) knüpft vorwiegend an das Rezitativische des Kopfsatzes an und hebt es ins Feierliche. Der dritte Satz (Allegretto) greift ebenfalls auf den Kopfsatz zurück, streut die geharfte Einleitung über das gesamte Geschehen, gibt dieser gebrochenen Akkordik zugleich etwas

Edel-Spielerisches und spinnt auch thematisch (Allegro-Achtelmotiv des ersten Satzes) die Beziehungen zwischen den Sätzen weiter.

Werk 31 Nr. 3 Es-dur

Der Zusammenhang der Es-dur-Sonate mit den anderen beiden Sonaten der gleichen Werkzahl ist ohne weiteres gegeben: er liegt in der feinsinnigen Spielfreude, in der starken motivischen Arbeit und in der zuweilen „italienischen Einfärbung". Wie leicht und duftig das Werk gemeint ist, zeigt schon die Satzanordnung: zwei schnelle Ecksätze und dazwischen ein Scherzo und ein Menuett (also kein eigentlicher langsamer Satz). Das beherrschende Motiv (nicht nur des ersten Satzes) steht gleich an der Spitze (Beispiel 33).

33 Allegro

Prachtvoll schon zu Beginn des Thementeils, wie das punktierte, fragende Kopfmotiv und der akkordische, schwebende Nachsatz miteinander wechseln: Frage und Beschwichtigung. Wesentlich dabei die Klangwirkung, vor allem nach Höhe und Tiefe. Der B-dur-Seitensatz wirkt nicht allein durch seine zierliche Melodik, sondern vor allem dadurch, daß nun erst aus dem schwebenden Wechselspiel von Frage und Beschwichtigung ein gleichmäßiges, spielerisch beschwingtes Zeitmaß herauswächst. Die Durchführung wiederholt das Bild des Thementeils in größeren Zügen, ohne es zu stärkeren Auseinandersetzungen kommen zu lassen. In dem nunmehr folgenden Scherzo (nicht im üblichen $^3/_4$-, sondern im $^2/_4$-Takt!) darf man, ohne dem Satz Gewalt anzutun, eine kleine italienische Opernszene erblicken, beginnend mit weicher Bariton-Kantilene über gezupftem Cello, weiterführend in ein unbegleitetes Parlando, — das übrige mag sich jeder nach Belieben ausdeuten. Der Hauptteil des Menuetts knüpft motivisch bei dem Beginn des ersten Satzes an, das Trio bei den genannten Klangwirkungen von tief und hoch. Alles nicht im Sinne des Menuetts als Tanz, sondern in gemäßigtem Zeitmaß, in anmutiger Würde, ruhig und zärtlich. Italienisches Brio setzt dann im Schlußsatz ein (Presto con fuoco). Glatte, triolenartige Begleitfiguren, Tarantella-Wirkungen, aber auch Opernlinien in der Thematik. Ein kostbarer Satz, weil er den urdeutschen, ernsten Beethoven mit italienischem Opernfrohsinn zusammenbringt, ohne daß man diese Gegensätzlichkeit empfände.

Werk 49 Nr. 1 und 2, g-moll und G-dur

Diese beiden Sonaten sind — die höhere Werkzahl erklärt sich aus der späten Veröffentlichung — schon vor 1800 entstanden. Beide Werke sind zweisätzig, knapp gefaßt, leicht verständlich und einfach zu spielen. Nach Form und Gehalt möchte man sie daher eher als Sonatinen bezeichnen. Als solche werden sie denn auch im Klavierunterricht verwendet und sind entsprechend bekannt. Dem Konzertsaal stehen sie durchaus fern.

Die g-moll-Sonate bringt zunächst einen Andante-Satz (Beispiel 34a gibt den Beginn des Hauptthemas), in dem

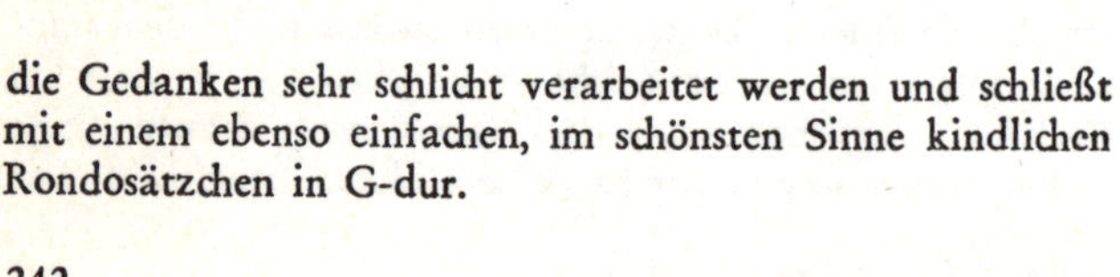

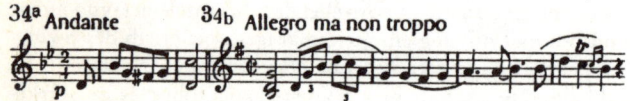

die Gedanken sehr schlicht verarbeitet werden und schließt mit einem ebenso einfachen, im schönsten Sinne kindlichen Rondosätzchen in G-dur.

An Mozart erinnert die G-dur-Sonate, gelegentlich auch an Haydn. Hübsch, wie sich zu Beginn von dem Grundakkord durch Triolenabschwung das Thema abstößt und mit diesen Triolen bereits die Bewegungsantriebe des Kommenden andeutet (Beispiel 34b). Allbekannt das mit punktiertem Auftaktmotiv einsetzende Menuett.

Werk 53 C-dur
(„Waldstein-Sonate“)

Die Waldstein-Sonate (geschrieben 1804, gewidmet dem Grafen Waldstein) ist so stark auf pianistisch-konzertmäßige Ziele gerichtet, daß sie der häuslichen Musikpflege entwächst und ihre beabsichtigte Wirkung nur im Konzertsaal unter den Händen bedeutender Spieler entfaltet. Man führt diese Eigenart zumeist darauf zurück, daß Beethoven der spielerisch-virtuosen Sonate erhebliche technische Schwierigkeiten und dementsprechend mächtige Klangfülle anvertraut habe. Das ist aber wohl nur eine halbe Erklärung, so richtig sie auch sein mag. Es kommt nämlich hinzu, daß der Meister die technischen Mittel nicht um ihrer selbst willen eingesetzt hat, sondern darauf abzielt, sinfonische Großräume und sinfonische Kraft auf dem Klavier zu verwirklichen. Man spürt das sogleich an dem Fehlen einzelinstrumentaler Zeichnung und an dem Zusammenballen sowie Zerlegen geradewegs orchestraler Klanggruppen. Und doch wird man kaum eine Stelle finden, in der Orchesterwirkungen nur nachgeahmt sind; vielmehr sind sinfonischer Gehalt und orchestrale Fülle durchaus klaviermäßig wiedergegeben, — wenn auch in einem bis dahin nie gehörten Stil. Das Werk ist zweisätzig: an der Spitze steht ein Allegro con brio, den Abschluß bildet ein Rondo, dem eine Adagio-Einleitung vorangeht. (Ursprünglich war das weiter unten besprochene F-dur-Andante als langsamer Satz für die Waldstein-Sonate vorgesehen; es wurde jedoch einzeln herausgegeben, um die Sonate nicht zu lang werden zu lassen, aber wohl auch, weil es sich stilistisch ein wenig von den übrigen Sätzen entfernt).

Mächtig trotz pianissimo, in dichter Klangfügung, eigentlich nur akkordisch beginnt der erste Satz; erst das Schlußmotiv (Beispiel 35) gewinnt Linie, aber stürmische, drängen-

35 

de, blitzende Linie, keine echte Zeichnung. Solcher sinfonischer Gebärde entspricht die Fortführung: zunächst wird die Gruppe genau wiederholt, jedoch farbig-orchestral von C- nach B-dur gerückt; dann, nach einem aus der Schlußfigur gewonnenen, heftigen Sechzehntellauf und einem absteigenden, verhallenden Oktavendreiklang mit unter einer Fermate ausschwingendem Schlußton, beginnt ein ähnliches Spiel, nur tritt das in C-dur ansetzende, dann in d-moll wiederholte Thema noch drängender und drohender auf, weil die Achtel-Akkorde des Beginns in Tremolo-Sechzehntel verwandelt werden, der frühere Sechzehntellauf sich erweitert und das Oktavendreiklangsmotiv sich in herabstürzende Sechzehntelfiguren auflöst. Vier Takte kanonisch geführter Oktavenbrechungen (nur mehr in Achteln und mit verminderter Klangstärke) halten den Sturm auf und leiten zu dem Seitenthema (Beispiel 36). Es ist denkbar größter Gegensatz

36 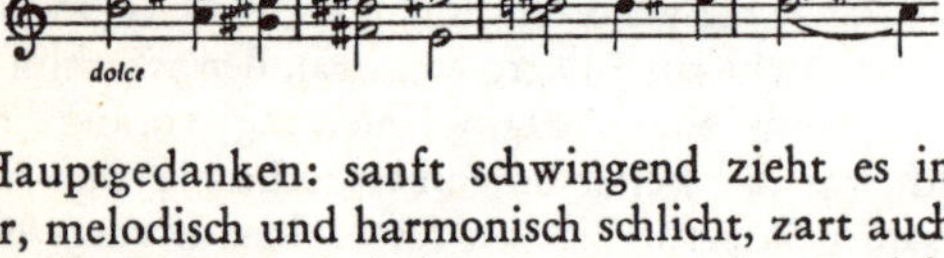

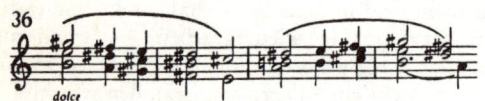

zum Hauptgedanken: sanft schwingend zieht es in E-dur vorüber, melodisch und harmonisch schlicht, zart auch in den bei der zweiten Wiederholung einsetzenden Begleittriolen.

Es dürfte schwerfallen, dieses Thema nicht orchestral zu hören: zunächst Holzbläser, dann tiefe Blechinstrumente. Die Begleittriolen führen zu neuen Bewegungsstürmen, beschleunigen sich zu Sechzehnteln, bis die Schlußgruppe in einem neuen Gedanken (fallendes Motiv von einem Viertel und zwei Achteln) wieder Beruhigung bringt. Der so gewonnene Stoff — und zwar nicht nur die Hauptgedanken, sondern ebenso die Zwischenglieder — wird in der Durchführung breitwürfig und großflächig ausgebreitet und gegensatzreich verarbeitet. Ausdrücklich mit „Introduzione“ („Einleitung“) überschreibt Beethoven das dem Schlußrondo vorangestellte Adagio molto, ein gedämpftes Farbenspiel von gelösten Akkordfiguren. Es leitet unmittelbar über in das Rondo. Hier vereinigt sich einfachste Melodik mit schwierigen technischen, dem Klavierklang alles abfordernden Spielfiguren. Schon wenn das Hauptthema zum ersten Male über der leise rollenden Begleitung auftritt (Beispiel 37),

37 Allegretto moderato

fühlt man sich unwiderstehlich in den Klangzauber des Satzes hineingerissen. Die alte Spieltechnik des Übergreifens feiert Triumphe, auch das altbekannte Nachschlagen (Seitensätze in a- und c-moll) wird für neue, orchestral-dramatische Aufgaben eingesetzt, mächtige Oktavengänge durchdröhnen das Klangbild, lange Trillerketten ziehen sich hindurch, alles durchtobt von verschieden rhythmisierten Bewegungsfiguren, das Ganze — obwohl im gemäßigten Zeitmaß — auf riesenhafte innere und äußere Steigerung angelegt, ausklingend in einer großgesehenen Prestissimo-Koda.

Werk 54 F-dur

1806, also nach der Waldstein-Sonate und nach der Appassionata, hat Beethoven die F-dur-Sonate geschrieben. Vergleicht man sie mit den beiden genannten Großwerken, so ist man zunächst verwundert über den Abstand. Dort mächtige Stürme, hier friedliche Anmut, dort Riesenräume, hier kleines Gehäuse, dort Wirkung und Wollen, hier stilles Kreisen. Man wird gut tun, bei Beethoven nicht eine von Einzelwerk zu Einzelwerk sich ständig steigernde Entwicklung zu suchen. Die Entwicklung vollzieht sich bei ihm vielmehr in großen Abschnitten, innerhalb derer ganz verschiedenartige Antriebskräfte wirksam sind. In der F-dur-Sonate zieht er sich gewissermaßen aus dem Konzertsaal in die häusliche Musik zurück und knüpft an frühere ähnliche Sonaten wieder an. Freilich spürt man, daß nun sein Ausdrucksvermögen beträchtlich gewachsen ist und befruchtet wurde von der Sprache der großen Konzertsonaten. Spieltechnisch wird das auch dem Nichtfachmusiker bald klar: die heftigen Oktaven- und Doppelgriff-Gänge des ersten Satzes und die unablässige Bewegung des Schlußsatzes sind durch die Technik der Konzertsonaten beeinflußt. Wesentlicher erscheint die gereifte kompositorische Kunst. Jeder Ton und jede Wendung ist beziehungsvoll in den Gesamtablauf verwoben, der Satz klar und durchsichtig, die Linienführung verfeinert und flüssig. Damit ist das Wesentliche über die F-dur-Sonate

38

bereits ausgesprochen. Der Aufbau ist zweisätzig: zunächst ein Satz „In tempo d'un Menuetto“, kein Menuett also, sondern nur im Zeitmaß eines Menuetts, das Hauptthema (Beispiel 38) in anmutig zögernder Entwicklung den ganzen Satz durchziehend, mehrfach unterbrochen durch die bereits erwähnten (nachahmend einsetzenden) ungestümen Oktavengänge, dann aber wieder gelöst in lebhafte spielerische Figuren. Dieses Spielerische, Bewegungsmäßige gibt dem zweiten Satz das Gepräge: unablässig, wie ein ewiges Gangwerk läuft das Allegretto ab, wichtiger als das Melodische ist das Beweglich-Bewegende, nachdrücklich unterstrichen in einer beschleunigten Coda.

Werk 57 f-moll
„Appassionata"

Diese Sonate von Weltgeltung (1804 geschrieben) ist gewiß von Leidenschaften durchtobt, doch stammt die Bezeichnung „Appassionata" nicht von Beethoven. Das Besondere des Werkes liegt nicht sosehr in seinem rein-musikalischen Innen- und Außenbau (so überwältigend großartig dieser auch gefaßt ist) als vielmehr in seinem geistig-seelischen Gehalt. Hier ist Beethoven wahrlich ein Dichter in Tönen — wobei die Betonung auf dem Wort Dichter liegt. Dichtung ist das Werk und Verkündigung zugleich, dramatische Dichtung von Seelenstürmen und gewaltiges Predigen einer philosophischen Haltung. Man soll sich davon fernhalten, solchen Gehalt des tönenden Kunstwerks im einzelnen zu deuten; denn die Musik hat andere Aufgaben. Wohl aber muß man sich dem leidenschaftlichen und gedanklichen Ausdruck dieser Sonate öffnen. Rätselvolles Dunkel schwebt über dem Ganzen. Nicht die düstere Nacht auswegloser Verzweiflung, sondern das Seelendunkel des Zweifelnden, Ringenden, dem gleichwohl das Ziel unverrückbar vor Augen steht, der das Schicksal bejaht, auch wenn es ihn hart anrührt. Die drei Sätze der Sonate könnte man etwa bezeichnen als „Zweifel und Ringen / Trostverlangen / Besinnung auf die eigene Kraft".

Traumschwer hebt der Hauptgedanke des ersten Satzes an (Beispiel 39): leises Ab und Auf in dunklen Molldreiklängen,

39 Allegro assai

kurzes Verweilen auf C-dur, erschauernder Triller, Stille. Fast unheimlich, wie die linke Hand dem Thema der rechten in der doppelten Oktave zur Seite schleicht. Nach einer Pause wiederholt sich der Vorgang, jetzt aber einen halben Ton höher und in Dur. Dann zwei Mal die erschauernd fragende Trillerfigur; doch in die Pause dröhnt dumpf die lastende Antwort des Schicksals (Beispiel 40), der die Oberstimme,

40

mit Terzen verstärkt, im gleichen Rhythmus, doch nach oben strebend, entrinnen will. Dann ein Entspringen-wollen in rasendem Forte des gebrochenen Septimenakkordes, heftig auf dem kurz angeschlagenen Des-dur-Akkord hämmernd. Aber die scheinbare Entfesselung bringt neue Fessel: der erwartete Ruhepunkt des C-dur-Akkordes kommt, doch piano, lastend, bindend, schwer auf der Fermate liegend. Das Hauptthema setzt wieder ein, jetzt aber nicht unangefochten: dreimal unterbrechen donnernde Fortissimo-Akkorde das Piano des Themas, spalten es in seine Motive, übertönen es mit Wucht und Kraft. Umsonst; es bleibt ein vergeblicher Kampf gegen Ungreifbares, wie jagender Pulsschlag hämmert es in der Überleitungsgruppe, Aufschreie und Stöhnen mischen sich hinein, beruhigen sich, setzen aus, nur der Herzschlag klopft leise weiter, bis endlich ganz zart wie Trostverheißung das Seitenthema einsetzt (Beispiel 41), leise,

41

doch in der Oktavverdoppelung Kraft bezeugend, zu verhalten schwingenden Akkordtriolen der Begleitung. Beziehungsreich die Gestalt dieses Themas: es ist gewonnen aus einer Umkehrung des Hauptthemas, nach Dur gewandelt, und wie jenes gerät es ins Stocken, verweilt auf einem — diesmal freilich zukunftsweisenden — Triller, sammelt seine stille Kraft im Anlauf einer rollenden Achtel-Figur und springt dann in die tatbereite Abwehr eines neuen Gedankens (Beispiel 42), der mehrfach von dem wilden, durch

42

verminderte Terzensprünge eingeleiteten Antwortmotiv des Schicksals (40) durchdonnert wird. Kampf und Abwehr verrieseln dann in kurzem Nachsatz. — Daß Beethoven bei einer so dramatischen Eindringlichkeit des musikalisch-gedanklichen Geschehens davon absieht, den Thementeil zu wiederholen, ist folgerichtig. Auch Durchführung und Wiederaufnahmeteil sind seelisch und geistig so erfüllt, führen so zielklar weiter aus, was der Thementeil aufgestellt hat, daß man sie kaum mehr als Formteile im alten Sinne bezeichnen mag. Selbst der Anhang (die Koda) bekommt ein anderes Gesicht. Nach mehrfachem Wechsel der pochenden Schicksalsfrage (40) mit der terzverstärkten, aufwärtsgerichteten Umkehrung (der „Antwort") setzt mit unvermuteter

Schroffheit (fortissimo nach pianissimo, più allegro nach adagio) die Koda ein, wendet das zuvor tröstliche Seitenthema nach f-moll, führt es durch schmerzhafte harmonische Umbiegungen, wandelt das Motiv der Schicksalsfrage durch nachschlagende Akkorde in einen kurzen ungestümen Satz und verklingt zu Sechzehntel-Tremoli im gebrochenen, nach Art des Seitenthemas rhythmisierten f-moll-Akkord. War es nicht möglich, dem Ansturm des Schicksals durch bloße Flucht- oder Trotzgedanken zu entgehen, so versucht es der zweite Satz durch feierliches, inniges Gebet und Vertrauen auf die Hilfe überirdischer Mächte. Harmonisch und akkordisch gebettet beginnt der choralartige Gesang des Andante

43 Andante con moto

con moto (Beispiel 43). Regelmäßig gefügt ist dieses Thema: zweimal je acht Takte, und jeder Abschnitt wiederum in je vier Takte untergeteilt, wobei jeder vierte bzw. achte Takt durch eine punktierte rhythmische Figur nachdrücklich gekennzeichnet wird. Diesem Thementeil folgen drei Variationen. Der verhaltenen Romantik des Themas entspricht die Art der Veränderungen; sie wachsen gewissermaßen dem Licht entgegen. Die erste Variation bleibt noch in der Tiefe, im Dunkel, das sich nur lockert durch Auflösung der akkordischen in eine nachschlagende Sprache. Mittlere Klanglage in der zweiten Variation: das Thema zart in die Spitzen der einfachen Figuration (Akkordbrechung in Sechzehnteln) eingewebt, die Baßstimme wie Cellosang ruhig gleitend. Ganz hell das Licht in der dritten Variation: glitzernde Zweiunddreißigstelbewegung, das Thema leicht synkopiert, silbern der Klang wie Engelsmusik zur Weihnachtszeit. Der Anhang kehrt zur ruhigen Feierlichkeit des Beginns zurück;

und fast will es scheinen, als sei das Gebet wirksam geworden, da legt sich statt des erwarteten Schlußakkords ein bang geharfter, leiser Akkord verminderter Terzen über das hoffnungsfrohe Klangbild. Und dieser leise Zweifel verscheucht alle Scheinberuhigung des Gebetes: sogleich wird der verminderte Terzenakkord wiederholt, nun aber in grellem Fortissimo, eine Oktave höher, und ohne Pause schließt sich der Schlußsatz an, unterstreicht — zunächst in punktierten Akkorden, dann in Geschwindläufen — die Unruhe des Terzenakkords, steigert sie zu Ungeduld und Unrast, bereitet in Oktavenläufen schließlich rastlos das Thema vor, das nun endlich im zwanzigsten Takte einsetzt, geschäftig, wie befreit von Fesseln, tätig, bis im dreißigsten Takt ein neuer Gedanke wie heller Fanfarenruf auftönt (Beispiel 44 gibt beide Mo-

44 (Allegro ma non troppo)

tive). Der ganze Satz ist stürmisches Vorwärtsdrängen, nichtabreißende, treibende Bewegung, fast wütendes Zupacken mit blitzenden Zurufen. Die erweiterte Coda beginnt in scheinbarem Gegensatz zu den Sechzehntelketten mit Akkorden und Stakkato-Akkorden; aber das ist kein Gegensatz, sondern Steigerung, hervorgerufen durch das beschleunigte Zeitmaß (Presto), den marschartigen Geschwindrhythmus und die dreinschlagende Wucht der ersten Akkorde. Zum Schluß wieder ungebärdige Sechzehntel-Figuren im Fortissimo, nachdrücklich bestätigt durch drei wütend hingehämmerte, vollgriffige f-moll-Akkorde. — Es heißt, Beethoven verdanke einer Sturmnacht die Anregung zu diesem Satz. Aber der Meister schildert in ihm weder Donner noch Blitz, sondern jene plötzliche Selbstbesinnung auf eigene Kraft, die dem Menschen immer wieder durch Naturereignisse so überraschend und ungewollt zuteil wird.

Werk 78 Fis-dur

Dieses Werk und die nächsten Sonaten gehören nicht nur entstehungsmäßig, sondern auch innerlich zusammen; sie knüpfen an bei der F-dur-Sonate Werk 54, bedeuten also ein Ausruhen nach den Stürmen der großen Konzertsonaten und ein Hinwenden zu den innigeren Bereichen feinsinniger und feingeistiger „Hausmusik", wie wir es schon bei der F-dur-Sonate beobachtet haben. Ausgeglichen und heiter gibt sich das Fis-dur-Werk (geschrieben 1809), bannt nicht schwere Gedanken, sondern lebt von zierer Spielfreude und warmem Klang, wobei sie mancherlei romantische Färbung in sich aufnimmt. Den beiden Sätzen geht eine viertaktige Adagio-Einleitung vorauf, deren singende Terzsexten-Akkordik den weichen, romantischen Klang als Leitspruch aufstellt. Solche Klangbettung beherrscht auch das

45 Allegro ma non troppo

Hauptthema des ersten Satzes, wobei das Auseinanderlegen des Klanges in Akkord- bzw. Oktavengriffe der rechten und

gebrochene Figuren der linken Hand besonders warm und voll wirkt (Beispiel 45). Der Satz steigert sich dementsprechend zu doppelten Klangspitzen: zu rollender Sechzehntel-Figuration und zu satter Akkordik. Terzen und Sexten spielen auch im zweiten Satz (Allegro vivace) eine Hauptrolle; hier werden sie aber noch stärker in Bewegung und Akkordbrechungen, mit einem Wort: ins Spielerische abgedrängt.

Werk 79 G-dur

Noch stärker ins Spielerische weist die ein Jahr früher (1808) geschriebene G-dur-Sonatine. Sie ist dreisätzig: zwei lebendig bewegte Ecksätze umschließen ein feingeschwungenes Andante, das seinerseits wieder einen beweglichen Mittelteil enthält. Der Aufbau ist damit schon gekennzeichnet. Die prächtige Spiel- und Klangfreude kommt bereits in den Kopfthemen der drei Sätze (Beispiel 46a, b, c) zum Ausdruck.

Diese sagen auch alles aus über Gehalt und Sprache des Werkchens. Lehrreich ein Vergleich mit ähnlichen Werken Haydns oder Mozarts, an deren Stil diese Sonatine anzuknüpfen scheint; dabei enthält sie bereits viele zarte Anklänge an die heraufkommende Romantik.

Werk 81 Es-dur
(„Les adieux")

Beethoven nennt dieses Es-dur-Werk „Sonate caractéristique: Les adieux / L'absence / Le retour". Man sollte meinen, solche Bezeichnungen, wie „Das Lebewohl / Die Abwesenheit / Die Heimkehr" seien deutlich genug; es ist daher vergebliches Bemühen, die Sonate als nicht-programmatisch retten zu wollen, wie es manchmal geschieht. Daß es sich bei einem Künstler wie Beethoven nicht um platteste Programm-Musik handelt, versteht sich von selbst. Der erste Teil des Werkes wurde geschrieben im Mai 1809, als des Meisters Schüler, Freund und Gönner, der Erzherzog Rudolph, vor den heranziehenden französischen Truppen Wien verließ; der Schlußsatz entstand im Januar 1810. Also: eine musikalische Nachdichtung freundschaftlicher Empfindungen. Dem Hauptsatz geht voran ein kurzes Adagio, dessen erste Takte

47 Adagio

(Beispiel 47) nicht nur das musikalische Gedankengut der ganzen Sonate enthalten, sondern zugleich in den ersten drei

48 Allegro

Tönen das seelische Motiv „Lebewohl" singen. Die verhaltene Stimmung des Adagios schlägt zu Anfang des Allegros

in heftigen Schmerz um; die musikalische Verwandtschaft dieser ersten Takte (Beispiel 48) mit denen des Adagios (47) ist offenkundig. Beredt die Durchführung mit ihrem Zwiegesang, in dem Abschiedswort und Abschiedsstimmung von Stimme zu Stimme wechseln, aber auch gleichzeitig in paralleler Stimmführung erklingen. Besonders schön dort, wo gegen Schluß nicht nur zwei Stimmen, sondern auch zwei Tonarten gleichzeitig ertönen (B-dur und Es-dur). Vorweggenommene, in rein geistig-seelischer Absicht eingesetzte Polytonalität. Motivisch verwandt mit den ersten Adagio-Takten ist auch der Beginn des zweiten Satzes („L'absence"), teilweise durch Umkehr, teilweise durch Gleichgestalt, so daß es schwerfällt, aus dieser Motivfassung nicht eine jener Beziehungen herauszulesen, die von der Romantik so geliebt wurden. Der Satz ist ein Andante espressivo, zweimal unterteilt in je ein ruhig-schmerzvolles Klagen und einen bewegt begleiteten, leicht ausgezierten Gesang. Gegen Schluß steigt das Hauptmotiv leise verhallend empor, endet aber unvermutet in einem Dominantseptakkord, der (forte) zugleich den letzten Satz beginnt, sich hier — um die Freude des „Wiedersehens" zu versinnbildlichen — in jubelnde Akkordbrechungen auflöst, in die sich terzparallele Freudenrufe mischen: „Vivicissimamente", also „im lebhaftesten Zeitmaß" schreibt Beethoven über diesen stürmischen Ausbruch. An die ersten zehn Takte schließt sich das eigentliche Hauptthema, piano, gleichmäßiger 6/8-Gesang mit knapper akkordischer Begleitung, Thema zunächst in der Oberstimme, dann nach sechs Takten im Baß, bis es den Freunden das Wort verschlägt und sie sich nur mehr heftigen Freudenstimmungen hingeben (Oberstimme geschwinde Sechzehntel, linke Hand vollgriffige Akkordik). Dann „einstimmige" (unisono) kurze Sforzato-Ausrufe, die wiederum von lebhafter Bewegung mit kurzen Gesangsmotiven abgelöst werden. Die Durchführung verfeinert und vertieft die Empfindungen des Thementeils, am ergreifendsten in der Coda, die das 6/8-Thema wesentlich ruhiger (poco andante) wiederanstimmt und es ganz sachte steigert, bis sechs schnelle Schlußtakte das Tonbild hell jauchzend noch einmal emporreißen.

Werk 90 e-moll

Auch diese Sonate (1814) gehört zu den lyrischen Klavierwerken Beethovens; sie ist frei von aller Dramatik, frei von Bekenntnissen. Dafür ist sie in klingende Romantik getaucht, und zwar nach Stimmung, Harmonie und Klangfarbe. Der erste Satz des (nur zweisätzigen) Werkes hat mancherlei gemeinsam mit der frühromantischen, hellen Lichte Webers, die Vortragsangabe („Mit Lebhaftigkeit und durchaus mit Empfindung und Ausdruck") könnte von Schumann stammen. Mehr als geschlossene Motivgruppe denn als eigentliches Thema wirken die musikalischen Gedanken der ersten vierundzwanzig Takte (Beispiel 49 gibt nur Ausschnitte), nichts ist scharf thematisch gezeichnet, sondern alles wird in Klang

49

gebettet (vergl. den akkordischen Satz, den Wechsel von forte und piano, das Ausweichen nach Fis-dur und h-moll, die leicht synkopierte Melodik bei „dolce" usw.); dennoch ist die Sprache beredt, eindringlich, unmittelbar. Der ganze Satz hat Innenbewegung bei äußerer Ruhe; Akkordbrechungen und geschwinde Läufe wirken nicht durch sich, sondern auszierend, farbig. Ist der erste Satz auf (wenn auch nicht verzweifelndes) Fragen abgestimmt, so bringt der zweite statt der vielfach erwarteten tröstenden Antwort nur Verklärung des Zweifels, stilles Bescheiden. Ein Blick auf das Hauptthema (Beispiel 50) mag nicht nur das

50 Nicht zu geschwind und sehr singbar vorzutragen

„Romantische“ des Ausdrucks verdeutlichen, sondern erweisen, woher Mendelssohn seinen Stoff für mancherlei Kompositionen genommen hat.

Die fünf Spätsonaten

Beethovens fünf Spätsonaten sind entstanden in den Jahren 1816—1822, also in jener Zeit, als der Meister mit dem Großwerk der „Missa solemnis“ gerungen hat. Das gibt diesen Sonaten ihr besonderes Gesicht und Gewicht. Klassik und Romantik fließen geheimnisvoll ineinander, gleichzeitig treten barocke Bestandteile (Fugierung usw.) als kräftigende Wesenszüge hinzu. Immer dichter wird die motivische Arbeit, immer höher und weiter erstrecken sich die Räume, alte Formen zerfallen und in dem neu Gewordenen zeichnen sich andere Formen ab, meßbar nur an sich selbst. Die früher zuweilen konzertmäßige Gebärde schwindet und macht ganz vergeistigten, prophetischen Zügen Platz. In wachsendem Maße entstofflicht sich der Klang, — nicht weil Beethoven völlig ertaubt war, sondern weil Anderes zu sagen ihm notwendig schien. Dann aber leuchtet wieder so manches Thema auf, dessen volksliedhafte, mindestens volkhafte Schlichte dafür zeugt, daß der Meister auf seinen einsamen Gipfelwanderungen den Boden nicht unter den Füßen verloren hat.

Aber freilich, obwohl wir diese früher oft nicht- oder mißverstandenen Werke heute einigermaßen zu erkennen glauben, dürfen wir die Frage stellen, ob die Seelenstürme der Spätsonaten, ob ihre bald eisige Klarheit und bald mystische Tiefe nicht die Grenzen dessen überschreiten, was die Klaviersonate auszudrücken berufen ist. Nicht jedem — auch heute noch — ist die Welt dieser Schöpfungen zugänglich. Und doch, wer auch nur von einem Blitz aus diesen fernen Himmeln getroffen wird, dem erscheint die Welt mit einem Schlage anders.

Von ausführlichen Deutungen der Spätsonaten möchten wir absehen, auch dort, wo Beethoven selbst vielleicht einen Weg zur Deutung gewiesen hat. Hier hilft nur Nacharbeiten und Nacherleben. Wir beschränken uns aus diesem Grunde auch musikalisch auf die allernotwendigsten Hinweise.

„Für das Hammerklavier" bestimmt Beethoven die Sonaten der Werkzahlen 101, 106, 109 und 110. An diese Bezeichnung knüpfen sich allerlei verworrene Erklärungen. Es ist daher wesentlich, zu wissen, daß es sich lediglich um den Versuch des Meisters handelt, das Wort „Pianoforte" durch ein deutsches Wort zu ersetzen.

Werk 101 A-dur

Steht auch die A-dur-Sonate (Werk 101, geschrieben 1816) den übrigen Spätsonaten innerlich noch nicht so nahe, so zeigt sie doch den Meister bereits auf neuen Bahnen, und zwar in Ausdruck und Form. Dem Kopfsatz fehlen alle Eigentümlichkeiten der sonst gewohnten ersten Sonatensätze. Es ist ein einziges Schwingen inniger Empfindungen, eher eine Phantasie über ein Lied als ein Sonatensatz. Die Durchführung bleibt nur kurz; wie sollte sie auch anders bei diesem fast brahmsisch anmutenden Liedgedanken (Beispiel 51), dem sich der Seitengedanke wie eine Fortsetzung anschließt. Entsprechend der zweite Satz. Vivace alla marcia ist er überschrieben, marschartig ist auch der im Hauptteil unentwegt punktierte Rhythmus, und doch bleibt alles lyrisch, unwirklich, traumhaft. Zum „Marsch" im eigentlichen Sinne passen

51 Allegretto, ma non troppo

so gar nicht die verschiedenen, teils nachahmenden und teils selbständigen Gegenstimmen, die, obwohl vom gleichen Rhythmus, jedes Vorwärtsdrängen der Hauptstimme überdecken, mehrere Innenbilder verbinden und übereinanderlegen, statt e i n e m Bild den treibenden Anstoß zu überlassen. Ein Eindruck, der sich im Mittelteil (B-dur) mit seinen zweistimmigen Kanonführungen verstärkt. Dem Schlußsatz, der im Grunde die Marschgedanken des zweiten Satzes fortführt, geht eine phantasievolle, mehrfach gestückte Einleitung vorauf: zunächst ein leise schwingendes Adagio, aus dessen leicht gesteigerter Bewegung sich eine kleine Kadenz löst, die überraschend in das Thema des ersten Satzes mündet, sich mit einem kurzen Prestolauf in drei chromatisch ansteigende Triller schnellt und dann mit Akkordschlägen den

52 Allegro

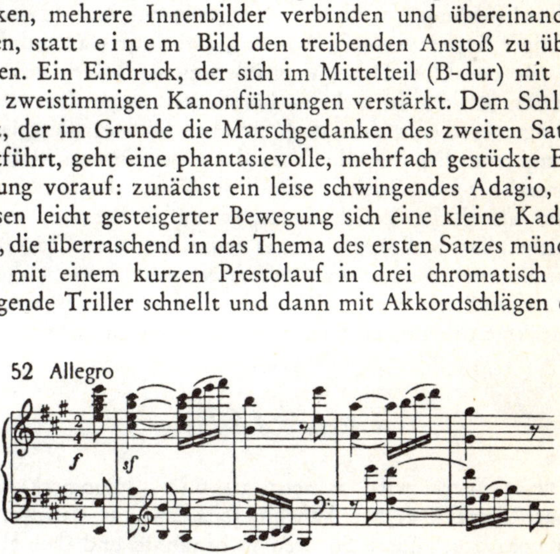

Einsatz des Schlußthemas ankündigt. Dieses Thema (Beispiel 52) und seine Verarbeitung ist bereits kennzeichnend

für den letzten Beethoven. Er trägt ganz eigenpersönliche Züge, wird jedoch fugiert durchgeführt (die Fuge ist Ausdruck überpersönlicher Haltung!). Beethoven hält sich auch keineswegs an die überkommenen Fugenregeln, — weder in der Tonartenfolge noch in den Durchführungen. Auch mischt er Sonatendurchführung mit Fugendurchführung, macht aus der Koda eine neue Durchführung und schaltet so frei, wie es ihm — und dem Thema entspricht. Daß er wirklich Neues, Anderes wollte, zeigt sich daran, daß er im einzelnen die kontrapunktischen Künste meisterhaft einzusetzen weiß (in unserem Beispiel läßt er das Thema sogleich in Engführung auftreten). Die Freiheit geht so weit, daß man die beabsichtigte Wirkung zuweilen mit dem Ohr nicht mehr aufnehmen kann. So tritt das Thema zu Beginn der „Sonatendurchführung" in starker Vergrößerung auf (dazu ein wichtiger Kontrapunkt in Achteln), und zwar klar und deutlich für das Ohr. Diese Vergrößerung ist jedoch an einer späteren Stelle nicht mehr zu hören, weil sie in den tiefsten Baßlagen erscheint, dazu noch zwischen Oktavgriffe gelagert ist und von den Engführungen der Oberstimmen klanglich überdeckt wird. Selbstverständlich wußte Beethoven um dieses klangliche Verschwinden; wenn er dennoch so geschrieben hat, wollte er — um es neuzeitlich auszudrücken — diese Stimme ins nicht wahrnehmbare, jedoch stets wirkende Unterbewußtsein rücken. Das würde dem stark vergeistigten Charakter der ganzen Sonate durchaus entsprechen.

Werk 106 B-dur

Dieses Werk wird zumeist als die „Hammerklavier-Sonate" bezeichnet; wir haben bereits erwähnt, daß Beethoven noch drei andere Sonaten so benannte und daß Hammerklavier lediglich eine Verdeutschung für „Pianoforte" darstellt. Obwohl eine der größten Klavierdichtungen des Meisters, wird die B-dur-Sonate (1818) heute noch mehr bewundert als geliebt, mehr studiert als gespielt. Das ist verständlich. Für das einmalige oder gelegentliche Hören im Konzertsaal ist sie inhaltlich zu schwierig, für die häusliche Musikpflege ist sie technisch reichlich schwer und stellenweise zu klangkräftig. Wer sie aber im geeigneten Raum zu spielen und zu gestalten vermag, der nennt ein Kunstwerk sein eigen, das hinter den berühmtesten Bildwerken nicht zurücksteht.

Der Riesenbau hat sinfonisches Maß und sinfonischen Gehalt, alles geht ins Übermenschliche, umspannt Welten. Wieder einmal tritt das Kämpferische an Beethoven hervor in den Außensätzen, während sich das Geistige im langsamen Satz ein mächtiges Gefäß schafft. Aus der Überfülle von Gedanken können wir nur die wichtigsten herausgreifen; ihr Miteinander und Gegeneinander schildern zu wollen, scheint aussichtsloses Bemühen.

Mit großer Gebärde beginnt der erste Satz. Akkordische, rhythmisch klargegliederte Pfeiler (Beispiel 53a), getrennt durch die Durchsicht der Pause. Lange Fermate. Dann, wie ein ehrfürchtiger erster Blick in den Innenraum, die stille Weiterführung, schwingend und schreitend in der empor-

53a

53 b

strebenden Ober- und der abwärtsgründenden Unterstimme (Beispiel 53b). Abermals eine Fermate, Atemholen angesichts des Geheimnisvollen. Der stille Nachsatz wird eine Oktave höher wiederholt, wie Orgel mit hohem Registerklang, wächst in mächtig-hellem Spiel mit dem Schlußmotiv in oberen Lagen und ruhiger Gegenbewegung des Basses. Dann „volles Werk" im Wechsel mit zarten Registern, taktweise sich wandelnd: zwei kraftvolle Akkordgriffe auf halben Noten der rechten Hand und fülligen Achtelakkorden der Begleitung, — leises Schwingen von Viertelnoten-Akkorden zu nachschlagenden Achtelakkorden im Baß. Viermal wiederholt sich dieser Wechsel; akkordisches und weiterhin oktavisches Nachschlagen schließt sich an, erst dröhnend, dann ganz leise verhallend in höchster Höhe und tiefster Tiefe. Am Ende des von zwei mächtigen Gedanken getragenen ersten Teils stehen wieder die beiden akkordischen Pfeiler des Beginns, nun aber nach D-dur gerichtet. Eine gedankentiefe Fermate legt sich dahinter. Eine weit ausgesponnene Überleitung — zunächst mit dem Auftaktmotiv des Basses vom Beginn der Sonate (Auftakt von Beispiel 53a) mit nachschlagendem Akkord, dann mit einem wiegenden Terzenmotiv von zwei Achteln und einem Viertel, endlich von zweistimmig laufenden Achtelfiguren — legt G-dur als Tonart für den Seitensatz fest. Dieser nimmt (Beispiel 54) das

54

Motiv von zwei Achteln und einem Viertel aus der Überleitung als Kopfmotiv für sich in Anspruch, beginnt in der Tiefe, gleitet zur Mittellage und dann sogleich in die Höhe (auch hier also das Orgelartige, Registrierte aus dem ersten Teil). Das erwähnte rhythmische Motiv aus der Überleitung

wird dann zur Grundlage eines durchführungsartigen Motivspiels mit weiten harmonischen Gängen. „Cantabile" hebt darauf zu Begleittriolen ein sanfter Mollgesang an; dieser schwillt aber durch zwischengelegte Triller und beschleunigte Begleitfigur zum Fortissimo-Einsatz eines neuen mächtigen, akkordisch gepanzerten Themas, das zum Schluß des Thementeils die Haupttonart B-dur wiederherstellt. Entsprechend dem (hier wirklich nur angedeuteten) musikalisch-geistigen Stoff ist die Durchführung sehr breit und dicht angelegt, ja, die Coda enthält noch einmal eine Durchführung für sich. Weit sind schon die harmonischen Räume, in denen sich das Geschehen vollzieht. Dieses Geschehen wiederum besteht zum Teil aus sonatenmäßiger, also thematisch-motivischer Arbeit, zum Teil aus polyphonen Fügungen kanonisch-nachahmender Art. Wie die fugiert-polyphonen Stellen sich entwickeln und in das Gesamtgewebe eingebettet sind, wie das Bild zwischen klarer Stimmigkeit und klanglichen Ballungen wechselt, das allein wäre schon höchster Bewunderung wert. Noch größer aber erscheint die Kunst, mit so verwickelten und vielfältigen musikalischen Mitteln eine einheitliche geistig-kämpferische Haltung so fugenlos darzustellen.

Das Scherzo, dessen musikalische Herkunft vom ersten Satz sich nicht nur durch die steigende Terz des Hauptthemas kundtut und das zuweilen melodisch auf das Adagio des dritten Satzes vorgreift, ist trotz der Einfachheit seiner Themen phantastisch und zerklüftet. Der Beginn mit seinem freundlich rufenden Kopfmotiv wirkt drängend durch die Art des Satzbaues, den folgenden (ebenfalls innerlich verhaltenen) b-moll-Teil treiben weitgriffige Triolen vorwärts, das sich anschließende Presto betont durch Takt ($^2/_4$ in Scherzo!), Themenzeichnung (kurz angetupfte Oktaven), mächtiges Crescendo, nachschlagende Grifftechnik und endlich durch gebrochene Oktavenbegleitung das Drängende immer mehr und stürmt zum Schluß mit kadenzartigen Läufen in wildem Prestissimo empor. Seltsam herb zum

Schluß das viertaktige Presto auf dem hartnäckig festgehaltenen H in Doppeloktaven, das sich erst mit dem letzten Ton wieder nach B begibt.

Riesenmaße wieder im Adagio. Das akkordisch geführte Thema mit seiner Gegenbewegung von Melodie und Baß wirkt dicht, geschlossen, wie feierlicher Hochgesang. Der auffallenden Übereinstimmung einzelner Teile mit entsprechenden Stellen des zweiten Satzes wurde bereits gedacht (vergl. Takt 9 bis 11 des Adagios mit Takt 12 bis 22 des Scherzos). Eigentümlich der Beginn: die steigende Terz — Grundmotiv der ganzen Sonate — hat Beethoven erst hinzugefügt, als sich das Werk schon beim Verleger befand. Man könnte dieses Adagio auffassen als bewußten Übergang von klassischem zu romantischem Ausdruck. Nicht nur der dem Satz eigenen romantischen Grundstimmung wegen, sondern auch rein musikalisch. Denn die Dichte des Beginns, ihr fester harmonischer Grund löst sich allmählich in immer feiner werdende Lichtbrechungen auf: nach dem Thema zunächst Wanderungen durch Vorhaltharmonien, der Seitengedanke schwebt dann wie ein silberner Streif über der dunkel-synkopierten Mittelstimme und der akkordischen, schon von Pausen durchsetzten Begleitung; romantisch weiterhin der ständige Tonartenwechsel, die Einschübe akkordischer, rein harmonisch-farbig und nicht thematisch zu begreifender Sätzchen, romantisch auch, wenn weite Griffe das Klangliche ins Mystische versetzen sollen, wenn Auszierungen, Läufe und Brechungen nicht so sehr Bewegungsantrieben entsprechen, als vielmehr Zwischenfarben schaffen helfen; ja, das farbige Licht zittert und bebt (vergl. die „Belebungsstelle" vor dem Schlußteil, die das alte Tonfärbungsmittel des Klavichords in romantischem Sinne benutzt). Und doch, bei aller romantischen Aufgliederung und Aufspaltung bleibt das Ganze fest, gebunden, man möchte sagen „gebaut", obwohl sich dafür ein schlüssiger Beweis kaum antreten ließe.

Phantastisch-romantisch auch die Überleitung vom langsamen zum schnellen Schlußsatz: fünfmal wechselt das Zeitmaß dieses als Largo beginnenden und als Prestissimo endenden Sätzchens, eines die Taktstriche wegwischenden, zwischen Klangauflösung und Bewegungsantrieben schwankenden — also wirklich zwischen Adagio und Schlußsatz vermittelnden — Bildes. „Allegro risoluto" überschreibt Beethoven den eigentlichen Schlußsatz und weist damit bereits auf dessen kraftvoll-kämpferische Haltung hin. Das Ganze ist eine stark sonatenmäßig gesehene Doppelfuge (Beispiel 57 gibt das Hauptthema). Wenn diese Fuge teilweise sehr

57 Allegro risoluto

kunstvoll (Krebskanon, Spiegelfuge usw.) gearbeitet und teilweise sehr frei gehalten ist, so deutet das schon an, daß Beethoven hier nicht an barocke Haltung anknüpft, sondern Eigenes geben will. In der Tat läßt sich der Satz manchen früheren leidenschaftlichen Sonatenfinali zur Seite stellen, nur daß eben die Leidenschaft hier durch die strengere Kompositionsform einerseits gebändigt, andrerseits noch gespannter erscheint. Gefühlsausbrüche — so könnte man etwa sagen —, die mächtig ins Romantische vorstoßen, sollen im letzten Augenblick durch Bindung an altklassische Formensprache in Zucht genommen werden. Uns will jedenfalls erscheinen, als sei dieser Satz der Versuch einer großen Persönlichkeit, sich selbst und seine Zeit noch einmal zurückzureißen von dem sich anbahnenden Allzupersönlichen und mit dem Ganzheitserleben der Vergangenheit zu einem Neuen zu verschmelzen. Und so gesehen, ist der Satz nicht nur dramatisch-kämpferisch, sondern tragisch in einem sehr tiefen Sinne.

Werk 109 E-dur

Auf ganz andere Weise als in der B-dur-Sonate setzt sich Beethoven in dem E-dur-Werk mit der heraufkommenden Romantik auseinander. Es kann dabei außer Betracht bleiben, ob er diese Auseinandersetzung bewußt oder ahnend vorgenommen hat, — auf jeden Fall spürt man in der scheinbar so verhältnismäßig klaren und knappen Schöpfung überall das Doppelwesen des späten Beethoven und der jungen Romantik (beendet wurde die Sonate 1820). Die Sprache ist durchsichtig, aber der Gehalt wiegt umso schwerer. Von der klassischen Sonatenform sind nur umrißhafte Züge erhalten geblieben, das zeigt schon die freie Satzanordnung; der Inhalt ist aber eindeutig. Erster und zweiter Satz gehören zusammen, und der erste Satz hat schon im Zeitmaß ein Doppelgesicht (vivace und adagio), während das klingende Variationen-Andante des Schlußsatzes aus dem Bereich phantasievollen Spiels allmählich in fast überirdische Welten emporwächst. Im ersten Satz wechseln die schlichte Klarheit des Vivacethemas (Beispiel 58), einfache

58 Vivace ma non troppo

Akkordzerlegung, (2/4-Takt) und die rhythmisch vielgliedrige Phantastik des Adagio espressivo mehrfach miteinander ab (das Adagio übernimmt unmerklich das Motiv der Mittelstimme aus dem Kopfthema unseres Beispiels), Durchführung und Schlußteil sind nur eben angedeutet in diesem

Wechselspiel. Der langausgehaltene E-dur-Akkord am Schluß klingt hinüber in das E-moll des Prestissimosatzes, dessen Thema (Beispiel 57) viel leidenschaftliche Romantik birgt,

57 Prestissimo

während die Baßstimme — ihre Verwandtschaft mit dem erwähnten Mittelstimmenmotiv des Kopfthemas ist kaum zu übersehen — trotz des ruhigen Schreitens die Leidenschaft nicht dämpft, sondern ihr eher eine tiefe Grundlage verleiht. Spielerisches und Leidenschaftliches werden im Schlußsatz überhöht, ja, ins Überirdische gehoben. Das Thema dieses Variationensatzes (Beispiel 58) erinnert an manches akkor-

58 Andante molto cantabile ed espressivo

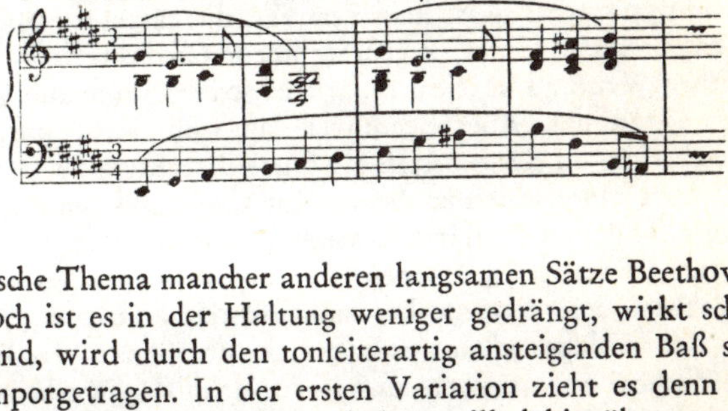

dische Thema mancher anderen langsamen Sätze Beethovens; doch ist es in der Haltung weniger gedrängt, wirkt schwebend, wird durch den tonleiterartig ansteigenden Baß sanft emporgetragen. In der ersten Variation zieht es denn auch in der Höhe (eine Oktave höher) still dahin über grundierender Akkordbegleitung. Die zweite Variation greift auf die leichte Sechzehntel-Akkordbrechung des ersten Satzes zurück, durchsetzt sie dann aber mit nachschlagenden Akkordgriffen. Polyphon gestaltet werden die Variationen 3 bis 5: die dritte (Allegro vivace) in straffem Gegeneinander kurzangeschlagener Achtel und kraftvoll dahineilender Sechzehntelfiguration, die vierte (langsamer als das Thema) von nachahmenden Engführungen durchflochten, die fünfte (Allegro ma non troppo) kontrapunktiert ebenfalls mit nachahmenden Stimmeinsätzen. In der sechsten Variation wird das Thema stufenweise in steigender Höhenlage durch immer wachsende Bewegungsaufteilung (Viertel, Achtel, Triolen, Sextolen bis zum Triller) in flimmerndes Licht getaucht, bis es endlich wie entrückt noch einmal in der Urgestalt auftaucht.

Werk 110 As-dur

So ausgeprägt romantische Züge die 1821 geschriebene As-dur-Sonate Werk 110 auch in vielem trägt, — von der Romantik ihrer Vorgängerin unterscheidet sie sich wesentlich. Wenn man daran denkt, daß die Sonaten der Werkzahlen 109, 110 und 111 ursprünglich als zyklisches Werk beabsichtigt waren, so ist man versucht, die einzelnen Sonaten entsprechend ihrer gegensätzlichen Charakteristik in ähnlicher Weise zu bezeichnen, wie es später Schumann zuweilen getan hat. Aber Beethoven lag wohl mehr daran, Seelenbereiche zu durchmessen als Einzelcharaktere zu zeichnen. Dieser Unterschied erscheint nicht allzu groß; und doch verläuft in ihm die scharfe Grenzlinie, die das persönlichkeitsstarke Schaffen Beethovens von der schwelgenden Ichbezogenheit vieler Romantiker unüberschreitbar trennt.

In der Anlage scheint sich die As-dur-Sonate freilich romantischem Formerleben zu nähern; denn das Werk umschließt freies Rezitativ ebenso wie gebaute Fuge, rein klangliche Harmonik wie gedrängte Scherzowucht, und die Anordnung der Formteile mutet auf den ersten Blick an wie ungehemmtes Schweifen. Aber der Inhalt dieser Tondichtung ist durchaus Beethoven zueigen, könnte von keinem anderen Tonmeister in Musik gebannt sein als nur von ihm. Auch hier läßt sich — wie bei jedem echten Kunstwerk — nichts

„beweisen"; doch kein Hörer wird sich dem „Beethovenschen" dieser einsamen Spätschöpfung verschließen können. Einsam, hineingewachsen in die heraufgekommene Welt der Romantik, der er sich benachbart, aber nicht verpflichtet fühlt, so schafft der Meister an diesem Werk. Und in das Schaffen tönen mächtige Klänge jener ewigen Schöpfung, die er damals zum großen Teil bereits niedergeschrieben hatte: der Missa solemnis.

Romantisch, ja, Schubertisch die ersten Takte des Moderato-Kopfsatzes, ergreifend im vierten Takt das Nachlauschen auf dem Triller und der fragende Schlußanhang (Beispiel 59). Unmittelbar daran knüpft sich ein neuer

59 Moderato cantabile, molto espressivo

Gedanke (Takt 5 ff.), auch er lyrisch, aber nun nicht mehr akkordisch gebunden, sondern in Akkorde gebettet, wie eine sanfte Klarinettenmelodie, durch die Rhythmisierung leicht im Schweben gehalten. Und dieser Gedanke ist nun wieder Beethoven eigentümlich, trotz des romantischen Beiklangs. Dann rieseln Zweiunddreißigstel-Figuren durch das Klangbild, die sich nach acht Takten zu einem rhythmisch punktierten Zwischengedanken straffen. Dieser mündet in einen klanglich weitauseinandergezogenen Seitensatz (absteigende Triller im Baß, aufsteigende, von Doppelvorschlägen durchzogene Melodik im Diskant). Der Thementeil wirkt so eher als Folge verschiedener lyrisch-liedhafter Stimmungen denn als Aufstellung gegensätzlicher Themen. Dem entspricht der weitere Verlauf: eine Durchführung im eigentlichen Sinne fehlt, es bleibt beim Ausmalen wechselnder Stimmungen, die nur harmonisch etwas bereichert werden. Dem innigen Moderato folgt als zweiter Satz ein heftiges, ingrimmiges Allegro molto (Beispiel 60). So stark der Gegensatz zum

60 Allegro molto

Vorangehenden wirken mag, — eine feste Bindung zwischen den Sätzen liegt darin, daß dieses $^2/_4$-Takt-Scherzo mit der gleichen übereinandergelegten Terz as/c beginnt, mit der der erste Satz geschlossen hatte, nur nach f-moll gewendet. Der Mittelteil stürmt in heftig abwärtssausenden Achtelläufen dahin, in die durch die kurzen Viertel der Unterstimme Halt gebracht wird. Die nach einer Wiederholung des Hauptgedankens einsetzende Coda überrascht im ersten Augenblick. Sie besteht zunächst aus dem Wechsel breitgelagerter, volltaktiger Sforzato-Akkorde mit volltaktigen Pausen; die letzten vier Takte werden von der rechten Hand mit einem ruhenden Akkord ausgefüllt, in den die linke eine aufsteigende Brechung hineinklingen läßt, und zwar piano, poco ritardando, F-dur. Die Bedeutung dieses Leisewerdens und Zurückhaltens wird erst zu Beginn des neuen Satzes klar: die Coda des zweiten Scherzos ist nichts anderes als eine Überleitung zum dritten Satz. Er beginnt — der erwähnte Vorgang wiederholt sich also — mit dem Ton f, knüpft somit an das Schluß-F des Scherzos an. Die Welt der Missa solemnis tut sich auf: denn was nun folgt, ist der reinen Klaviermusik entrückt, gehört der menschlichen Stimme und vielleicht der Orgel. Gedämpft erhebt sich das kurze Adagio aus den geheimnisvollen Klängen der b-moll-Harmonien, gewinnt feierlich-verhaltene Sprache in den „Worten“ eines eindringlichen Rezitativs, durchzittert von einer „Bebung“ des Klavichords, senkt sich dann allmählich in die Nacht dunkler as-moll-Akkorde, über denen ein Arioso dolente, ein klagender Gesang, dahinzieht. Das Ganze eine schmerzensreiche Ölberg-Stimmung, tönendes Gethsemane — wenn auch nicht der Bibel, so doch des menschlichen, des einsam gewordenen Beethoven. Dieses Adagio, dieses „Rezitativ und Arie“, dient nun wieder als Einleitung zum — ohne eigentliche Pause anhebenden — Schlußsatz, einer mächtig angelegten Fuge. Mit dem ersten Auftreten des Themas (Beispiel 61) — abermals ist der Anfangston des neuen Satzes

61 Allegro ma non troppo

wesensgleich mit dem Schlußton des vorangehenden — wird die Grundstimmung des Adagios beibehalten, nur etwas aufgelichtet (As-dur nach as-moll). Die hinzutretenden Stimmen dienen aber nicht nur als Bestätigung, sondern beleben und kräftigen. Gleichzeitig wächst auch die Klangstärke ins Wuchtige, ja, ins Trotzige, Selbstbehauptende. Überraschend wird das Arioso des vorigen Satzes wiederaufgenommen, wie eine Ermattung, ein Rückfall in die seelische Einsamkeit. Noch einmal wird der Anstieg versucht; diesesmal mit Umkehrung der Fuge (der Satz ist sehr kunstvoll; vergl. vor allem die Verkürzungen und Vergrößerungen). Jetzt aber ist der Aufschwung kühner, unaufhaltsam. Oktavierend setzt sich das Thema durch, umbraust von motivisch bedeutsamem Figurenspiel. Der Schluß verhallt in mächtigen Akkordbrechungen von As-dur, sieghaft, strahlend.

Werk 111 c-moll

Seine letzte Sonate hat Beethoven 1822 geschrieben. Sie faßt zusammen, führt aber zugleich in neues Land. In den beiden Sätzen des Werkes krönt sich ein Leben. Der Zusammenhang mit den anderen Spätsonaten ist überall spürbar, nicht minder derjenige mit den früheren c-moll-Werken, vor allem mit der „Pathétique". Mit dieser hat die letzte Sonate eine langsame Einleitung gemeinsam, deren Kerngedanke (Beispiel 62) an denjenigen der früheren Sonate

62 Maestoso

erinnert: Rhythmus und Klangabstufung bestimmen das Wesen dieser mächtigen Gebärde. Hier aber drängt sie nicht so vorwärts wie dort; bei aller Wucht und Kraft ruht der Gedanke doch in sich, wirkt durch sich selbst, bedarf nicht mehr des äußeren Antriebs. Der doppelt punktierte Rhythmus bleibt in diesem Maestoso vorherrschend, birgt sich aber bald im Pianissimo, verschwindet dann beinahe in der ruhigen Fortführung der Viertelnoten-Motivik. Leise Triller in der tiefsten Tiefe, anwachsend vom Pianissimo zum Forte, leiten zum Hauptgedanken des Allegro. Dessen Gestalt ist thematische Verwirklichung der rhythmischen Kräfte des Maestoso. Heftig der Triolenanhub und die Wucht des folgenden Motivs C/Es/H, erregend die Bewegungsstockung auf dem letzten Ton. Dann erst rollt das Thema kraftgeladen dahin, sich steigernd von Viertel- zu Achtel- und endlich zu Sechzehntel-Noten (Beispiel 63). Dieses lange Unisono ist eine der unvergeßlichsten Tonbildungen von

63 Allegro con brio ed appassionato

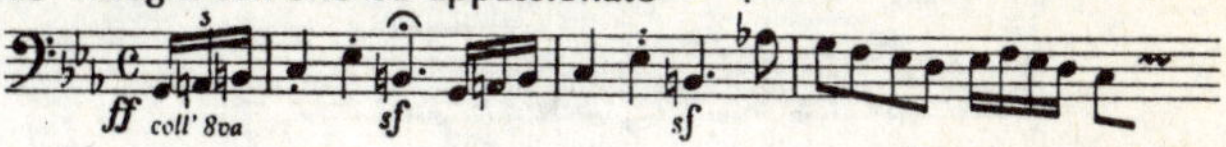

Beethovens kämpferischem Geist. Das ist nicht Kampf gegen Widersacher, sondern kämpferisches Wesen an sich, nicht Handlung, sondern Haltung. Um solcher Haltung wieder zu begegnen, muß man zurückgehen bis zu Bach oder Händel, bei denen das Kämpferische ebenfalls Selbstverständlichkeit, unbewußter Wesenszug war. Nur wirkt das alles hier bei Beethoven einzelpersönlicher, näher. Seitengedanken kommen in dem ersten Teil nicht recht zur Geltung; denn der Thementeil enthält bereits reichlich durchführungsartige Züge, in denen das Kopfthema sich immer wieder durchsetzt. Die Durchführung selbst ist verhältnismäßig knapp, aber durch ihre besondere Art (Fugato, verminderte Terzenharmonik mit hineinrollenden Sechzehntelfiguren, Oktavengänge, nachschlagende Oktaven, motivisch bestimmtes „Ranken"werk um das Kopfmotiv C/Es/H und dessen Wandlungen) verdichtet sie die Kräfte des Hauptthemas bis zu sinfonischem Ausdruck. Und der Anhang beweist, daß hier nicht durch Kampf ein „Sieg" erfochten werden sollte: die Kräfte ruhen auf immer leiser werdenden Akkord-Wandlungen, während das Bewegungsmäßige zu beruhigtem Murmeln der Begleitungssechzehntel herabsinkt.

In C-dur klang der c-moll-Satz aus, — in C-dur beginnt der zweite Satz, der Schlußsatz dieser Sonate, der letzte Sonatensatz Beethovens überhaupt. Wieder einmal sind es Variationen, denen der Meister Höchstes anvertraut. Schon die metrisch-rhythmische Fassung des Themas (Beispiel 64 gibt den Beginn) und der einzelnen Variationen offenbart, daß Beethoven in die feinsten Verästelungen des Tongeschehens eindringen will. Da heißt es nicht mehr einfach „3/4-Takt mit Triolen“ sondern „9/16“, damit auch ja nicht ein noch so

kleiner Tonwert verloren gehe. Und weiter folgen 6/16, 12/32, 9/16, ungewöhnliche Taktangaben, die sich durch die rhythmischen Unterteilungen schließlich kaum noch begreifen lassen, wie zarteste Gespinnste aus flimmerndem Licht. Überhaupt ist Rhythmus, das heißt vielgliedrig bewegtes Leben, der eine Hauptträger dieser immer bewegter werdenden, bis zu Trillerketten sich hinschwingenden Variationen. Der andere Träger heißt Klang, aber ein besonderer Klang, der die Gefilde der Schönheit nicht meidet, ihnen jedoch diejenigen der Erkenntnis neben- und überordnet. Wenn man das feierlich-entrückte, still erhabene Thema hört, glaubt man Endgültiges zu vernehmen; dann aber muß man sich durch die stufenweise fortschreitende Untergliederung und Verästelung der Variationen belehren lassen, daß erhabene Stille und geschlossene Schlichte noch nicht der Weisheit letzter Schluß sind. In der wachsenden Bewegtheit, in den bald die äußersten Klanglagen und bald das ganze Klavier nützenden Bewegungsfiguren rauscht und tönt es wie Sturmwind des Geistes und Wehen der Seele. Diese Musik entzieht ihr innerstes Wesen dem zergliedernden Verstand, sie ist, ohne die musikalischen Gesetze anzutasten, Weltanschauung. Und so wird gerade die letzte Klaviersonate zu einem letzten weltanschaulichen Bekenntnis Beethovens: kämpferische Haltung an sich im ersten, zweckfreies Sinnen im Schlußsatz. Solche Weltanschauung umschließt den ganzen germanischen Menschen.

Variationen

Beethoven hat in seinen Instrumentalwerken immer wieder der „Kunst des Veränderns“, der Variation, gehuldigt: in der Sinfonie, in der Kammermusik und in der Klaviersonate. Stets umschließen derartige Variationensätze bedeutende und bedeutsame Gedanken. Um so verwunderlicher muß es erscheinen, daß seine Klaviervariationen — von einigen bekannten Prunkstücken abgesehen — im allgemeinen vernachlässigt werden, mindestens aber hinter die Klaviersonaten zurücktreten müssen. Dabei stehen die Klaviervariationen nicht nur ebenbürtig neben den Sonaten, sondern ermöglichen es vielfach auch demjenigen, der nicht über eine konzertreife Spieltechnik gebietet, in die Gedankenwelt der Beethovenschen Klavierdichtung einzudringen.

In seinen einundzwanzig Variationenwerken für Klavier hat Beethoven beiden Hauptarten der musikalischen Veränderungskunst ein großes Feld eingeräumt: der Spielvariation, die das gegebene Thema im wesentlichen unangetastet läßt und es durch Umspielen immer nur anders einkleidet, und der Charaktervariation, in der die Themengestalt gewissermaßen auf ihre offenen und verborgenen Charakterzüge hin untersucht wird, wobei der Tondichter dann oft nur den einen oder anderen Zug gesondert vorführt, so daß die ursprüngliche Gesamtgestalt des Themas zuweilen zu entschwinden scheint. Ganz allgemein kann man sagen: der frühe Beethoven bevorzugt die Spielvariation, der späte die Charaktervariation, eine Trennung, die sich freilich nicht durchführen läßt, weil es oft zu Mischformen oder zu Einschüben der einen Art in die andere kommt.

Wie oft ein Thema variiert wird, hängt im allgemeinen weniger von der Ergiebigkeit als vom Umfang der Themen ab. Kurzthemen verändert Beethoven häufiger, längere Themen oder Themensätze weniger oft. Die Zahl der Variationen schwankt zwischen fünf und dreiunddreißig. Den meisten Werken dieser Gattung hat der Tondichter nicht ein eigenes, sondern ein fremdes Thema unterlegt.

Die „Neun Variationen über einen Marsch von Dreßler" hat Beethoven als zehnjähriger Knabe geschrieben. Es sind leicht hingespielte Stücke ohne besondere Eigenheit. Erprobt werden die damals üblichen Spielfiguren wie bewegtere Begleitung, Themenauflösung in Läufe, Akkordbrechungen, Triolenrhythmus, nachschlagende Figuren usw. Auffallend nur die Wahl dieses ersten Variationenthemas: c-moll, rhythmisch punktierte, also vorwärtstreibende Begleitung.

Von den beiden Variationenreihen nach Themen von Paisiello (Neun Variationen in A-dur und Sechs Variationen in G-dur) sind die G-dur-Veränderungen mit dem bekannten Thema (Beispiel 65)

65 Andantino

Allgemeingut aller Klavierschüler geworden. Der Stil beider Werke ist der gleiche wie der des zuvor erwähnten; nur ist die Sprache gewandter und reicher, die linke und die rechte Hand nehmen an dem Geschehen gleichmäßiger teil. Vielseitiger im Ausdruck sind die A-dur-Variationen.

Eine erneute Bereicherung des musikalischen Ausdrucks findet sich dann in den Zwölf Variationen über ein Thema von Haibl (C-dur). Hier ist schon mehr zu erkennen als nur eine Reihung spielerischen Nachformens. Da gibt es kleine nachahmende Einsätze, da gliedern zwei Minore die Heiterkeit des unbeschwert einfachen Gedankens, da findet sich vor allem die letzte Variation als ausgebauter kleiner selbständiger Satz mit durchführungsartigem Charakter der harmonischen Stufung.

Ähnliches gilt von den Acht Variationen über

ein Thema von Grétry (C-dur; aus der Oper „Richard Löwenherz"). Hervorzuheben, wie jetzt die Nebenstimmen zum Teil dem rein Spielerischen entwachsen und selbst beredt werden. Abermals ein gesonderter Ausbau der letzten Variation. Sie mündet nämlich, wenn man nach den Fortissimo-Brechungen des Dominantseptakkordes die Grundharmonie C-dur und damit den Schluß erwartet, in eine — Generalpause. Dann setzt pianissimo in As-dur (!) eine Coda ein, deren geheimnisvolle Triolenbegleitung des Themas von einer Presto-Stretta in fortissimo geharften Akkorden abgelöst wird.

Teilweise in den Umkreis der Charaktervariation reichen die Zehn Variationen über ein Thema von Salieri (B-dur, aus der Oper „Falstaff"). Beseeltheit der Einzelstimmen und scharfe Prägung der voneinander sorgsam abgehobenen Variationen werden abermals von einer großangelegten Schlußvariation gekrönt, deren motivische Arbeit durchaus die Handschrift des Meisters trägt.

Das Streben, den Schluß eines Variationenwerkes reich auszugestalten, zeigt sich besonders deutlich auch in den Sieben Variationen über ein Thema von Winter (F-dur). Dem fast kindlichen Thema (es entstammt einem Quartett, das mit den Worten beginnt: „Kind, willst du ruhig schlafen") gewinnt Beethoven nämlich in den Variationen selbst nicht allzuviele Wirkungen ab, dagegen ist die angehängte Coda länger als jede einzelne der Variationen und wächst sich zu einem selbständigen Satz aus, der durch motivische und variationsmäßige Arbeit beinahe ins Dramatische erhoben wird.

Die Acht Variationen über ein Thema von Süßmayr (F-dur) sind nicht einfach gereiht, sondern gegliedert und zugleich auf Steigerung angelegt. Bewegungssteigerung eignet den ersten vier Variationen (die dritte mit nachschlagender Begleitstimme), und die nächsten vier Variationen bilden eine neue, diesmal pausenlos zusammenhängende Gruppe: Variation 5 mit dem Thema im

Baß und akkordischer Begleitung, die bald in Nachschlagen übergeht und so die 6. Variation (B-dur) vorbereitet, die ganz auf nachschlagende Wirkung gestellt ist; die 7. Variation, ein ausgeziertes Adagio, nimmt späterhin ebenfalls das Nachschlagen auf, und die 8. beginnt wie eine dreistimmige Fuge, ergeht sich dann in reichen modulatorischen Bahnen und endet in einem kleinen, abermals ausgezierten Adagio.

Bei den Dreizehn Variationen über ein Thema von Dittersdorf (A-dur) liegt der Nachdruck auf der Innenzeichnung der — nicht gleichwertigen — Einzelvariationen. Eine gewisse Sicherheit der Gestaltung offenbart sich vor allem darin, wie Beethoven zuweilen mit der im Thema enthaltenen Generalpause umzugehen weiß, deren Bedeutung er durch Änderungen des Zeitmaßes innerhalb einer Variation verstärkt. Als Schluß erscheint dieses Mal ein lebhafter, rhythmisch punktierter Marsch.

Technisch und musikalisch sehr einfach gestaltet sind die jedem Klavierschüler geläufigen Sechs leichten Variationen über ein Originalthema in G-dur (Beispiel 66) und die noch einfacheren Sechs

66 Andante quasi Allegretto

leichten Variationen über ein Schweizerlied, die Beethoven offenkundig für den ersten Unterricht geschrieben hat.

Musikalisch nicht ohne Reiz, doch nicht eigentlicher Beethoven die Sieben Variationen über God save the king (C-dur). Das Ganze stark auf Wirkung angelegt, mit den „Orgelvorspielen" des Beginns, dann mit dem recht einfach gehaltenen Marsch der 6. Variation, vor allem mit der 7. Variation, die eigentlich nur eine Vorbereitung auf die breite Coda ist, in der das Thema nach

Art der bekannten „Schluß-Apotheosen" rauschend emporgesteigert wird. In dieselbe Reihe gehören die Fünf Variationen über „Rule Britannia" (D-dur). Die Variationen muten an wie ein einziges Präludium, eine Vorbereitung, und was sich in der Koda an harmonischen Wanderungen und Steigerungen ergibt, ist innerlich etwas enttäuschend gegenüber den präludierenden Ankündigungen der ersten Abschnitte.

Kleine zierliche Spielmusik bergen die Acht Variationen über „Ich hab ein kleines Hüttchen nur" (B-dur), in denen mit ganz sparsamen Mitteln und mit durchsichtigem Satz reizende Bildchen gezeichnet werden.

Die Zwölf Variationen über einen russischen Tanz (aus dem Ballett „Das Waldmädchen") ziehen spielerisch und anspruchslos dahin. Erst die ausgedehnte Koda verrät eigenwilliges Gestalten in der Art, wie die Pastoral-Stimmung der 12. Variation weitergesponnen wird: motivische Arbeit, dynamische und harmonische Reihung, Auflösung in Läufe und Akkordbrechungen malen eine sorgsam getönte, vergrößerte Pastoral-Szene.

Auf der Grenze von Spiel- und Charaktervariation stehen die Vierundzwanzig Variationen über eine Ariette von Righini (D-dur). Dem zierlichen, einfachen Thema (Beispiel 67 gibt den Beginn) sieht man

67 Allegretto

nicht ohne weiteres an, was in ihm steckt, und Beethoven lüftet in den ersten Variationen auch keineswegs sogleich den Schleier. Bei der Trillervariation (4) wird man zum ersten Male aufmerksam, denkt bei der nächsten an eine Etüdenstelle von Chopin, wird in der 9. durch virtuose Doppelterzen überrascht, bestaunt bei der 14. die Kunst, mit einfachsten Mitteln (Wechsel im Zeitmaß, Takt und Klanglage) feine Stimmungen hervorzuzaubern, bewundert die besonders rhythmisch fesselnde Adagio-Variation (23) und begreift endlich die bewegungsmäßig so ausdrucksvolle Schlußvariation, vor allem ihren verbreiterten, langsam verhallenden Schluß als Keimgedanken für den ersten Satz der viel später entstandenen Klaviersonate „Les adieux".

Mit den Sechs Variationen F-dur der Werkzahl 34 betritt Beethoven im Jahre 1802 endgültig das ihm eigentümliche Reich der Charaktervariation, und zwar mit einem auch äußerlich sichtbar gemachten Nachdruck: Tonart, Takt, Rhythmus und Zeitmaß ändern sich nämlich von Variation zu Variation, und zwar in einer für jene Zeit fast schroffen Weise. Dem entspricht die innere Ausgestaltung der einzelnen Sätze, gleichzeitig aber auch ihre Gliederung. Der ausgedehnte Thementeil (Beispiel 68 gibt den Beginn)

68 Adagio

setzt schlicht und zart in F-dur, Adagio, 2/4-Takt, ein. Die erste Variation dagegen steht in D-dur; zwar bleibt die Taktvorzeichnung erhalten, doch handelt es sich bei der rhythmischen Auszierung zweifellos um einen 4/8-Takt, in dem das Thema in duftiges Rankenwerk aufgelöst wird. Die zweite Variation (B-dur, punktierter Rhythmus schwingendes 6/8, Allegro ma non troppo) spielt mit Klanggruppen: Akkordisches und Sechzehntelläufe wechseln miteinander ab. In gleichmäßigen Achteln zieht die dritte Variation dahin (G-dur, 4/4, Allegretto). Dann folgt als „Tempo di Menuetto" ein Es-dur-Sätzchen. Ihm schließt sich als starker Gegensatz ein ernster Trauermarsch in der fünften Variation an (c-moll, Allegretto, 2/4), der sehr fein auf die zweite Variation zurückgreift mit dem Wechsel von punktierter

Akkordik und bewegten Akkordbrechungen. Sanft tändelnd die sechste Variation (Allegretto, 6/8, F-dur). Sie mündet nach einem fein ausgezierten Mittelteil in eine lange Koda (Molto adagio), die an die Stimmung des Trauermarsches und zugleich an die der ersten Variation wiederanknüpft. Wie streng Beethoven die verschiedenen Charakterbilder ordnet, erkennt man bereits an der Tonartenfolge, die auf absteigende Terzen gegründet ist: F-dur / D-dur / B-dur / G-dur/Es-dur/c-moll, worauf F-dur bekräftigend zweimal wiederkehrt in der letzten Variation und in der Koda.

Die Fünfzehn Variationen mit Fuge, Es-dur, Werk 35, nennt man gern „Eroica-Variationen", weil das Thema in Beethovens Eroica-Sinfonie ebenfalls verwendet wird (der Meister hat es auch sonst verschiedentlich eingesetzt). Mit diesem Variationen-Werk betreten wir den Umkreis der bekanntesten Beethoven-Schöpfungen dieser Art (geschrieben 1802). Hier wird die Charaktervariation noch dadurch unterstrichen, daß dem eigentlichen Thema und den eigentlichen Variationen eine besondere Einleitung vorangestellt ist. Musikalischer Kerngedanke dieser Einleitung ist der Baß des erst später auftretenden Themas. Dieser Baßstimme (Beispiel 69) wiederum

69 Allegretto vivace

geht ein ankündigend-einleitender, mit einer Fermate versehener Akkord voraus. Ist damit schon eine doppelte Spannung vor das Auftreten des Hauptthemas gelegt, so verstärkt sich diese noch durch die besondere Art, in der die Baßstimme vorgetragen wird: nach dem Fortissimo-Akkord zu Beginn setzt sie pianissimo, aber in Doppeloktaven ein; zwei überraschend eingeschaltete Generalpausen umschließen drei in heftigem Fortissimo hervorgestoßene B. Dreimal wird nun die Baßstimme kontrapunktiert: zunächst mit einer Stimme (Thema unverändert im Baß), dann mit zwei Stimmen (Thema in Ober- und Mittelstimme), endlich mit drei Stimmen (Thema im Diskant). Nun erst tritt das wirkliche Thema in Erscheinung (Beispiel 70), und zwar selbstver-

70

ständlich zusammen mit dem Baß der Einleitung. Die erste Variation verrät, aus welchem Grunde die Baßstimme des Themas in einer ausgedehnten Einleitung gesondert vorgestellt wurde: zur figurierten Veränderung des Themas in der rechten Hand erklingt in der linken die Baßstimme, eingebettet in Achtel-Akkorde und -Doppelgriffe. Es handelt sich also — weiterhin wird das bestätigt — eigentlich um Variationen mit zwei Themen. Aus den verschiedenen (im genauen Sinne: charakter-verschiedenen) Variationen, die im wesentlichen frisch, kraftvoll und heiter gehalten sind, heben sich einige hervor. So die sechste mit ihrer verhaltenen c-moll-Leidenschaft, die siebente mit ihrem Kanon in der Oktave, die neunte, in der das Baßthema gar in grimmighumorvolle Vorschlagsnoten verlegt wird, die dreizehnte mit den peitschenden Vorschlägen im Diskant, die vierzehnte in trübem es-moll mit dem variierten Thema in der Unter- und dem Baß„thema" in der Oberstimme. Ganz breit (largo) hebt die letzte Variation an, verästelt sich aber immer mehr bis zu flimmernder Figuration in Vierundsechzigsteln. Die unmittelbar angeschlossene kurze Coda dient als Überleitung zur Schlußfuge. Hauptthema dieses kunstvoll mit Verkleinerungen und Umkehrungen arbeitenden Fugensatzes ist die

Baßstimme aus der Einleitung, während das Hauptthema der Variationen in einem Andante con moto noch einmal in seiner Urgestalt erscheint, dann aber durch Trillerketten und anderes bewegtes Rankenwerk glitzernd umkleidet wird.

Das bekannteste Variationenwerk Beethovens sind die Zweiunddreißig Variationen in c-moll (1807). Bewundernswert daran ist die Verbindung alten Formengutes mit neuem Ausdruck, wobei der Ausdruck so stark wirkt, daß er beim Hörer einen Gedanken an die überlieferte Form gar nicht erst aufkommen läßt. Formal handelt es sich im Grunde um eine Chaconne, also um eine Form, die in der Klassik nicht mehr üblich war. Es ist anzunehmen, daß die c-moll-Variationen ihres mächtigen Ausdrucks wegen zunächst ebenso wenig in ihrer formalen Gestalt erkannt wurden wie jenes andere berühmte Beispiel einer Chaconne in neuerem Gewande: der Schlußsatz von Brahmsens e-moll-Sinfonie. Dazu kommt noch etwas anderes. Beethoven verwendet in diesem Werk häufig eine Satzart, die spieltechnisch auf einen bereits zweihundert Jahre alten Brauch zurückgeht. Aber selbst diese Spieltechnik (vergl. insbesondere die ersten drei Variationen) erscheint immer wieder als „echter Beethoven“, — so mächtig spricht die Persönlichkeit des Schöpfers. Zufolge der formalen Anlage bleibt die Tonart c-moll durchweg erhalten; nur die Variationen 12 bis 16 wechseln nach C-dur, geben dabei aber die düster-großartige Stimmung des Ganzen nicht preis. Endlich dürfen wir darauf hinweisen, daß in keinem Werk Beethovens die innere Verwandtschaft des großen Klassikers mit Händel, dem großen Meister des Barocks, so deutlich hervortritt wie in den c-moll-Variationen: vergleicht man dieses Werk mit einer der großen Klavier-Chaconnen Händels, so spürt man trotz aller stilistischen Unterschiede die innere Gemeinsamkeit: beiden Männern gibt der künderische Wille entscheidende Anregungen. — Willensmäßig gespannt ist bereits das Thema dieser Beethoven-Variationen (Beispiel 71). Ein solches Thema bietet nun freilich viele

71 Allegretto

Variationsmöglichkeiten: in der geballten Kraft der Harmoniekette, in dem Ansprung des doppelpunktierten Kopfmotivs und dessen stockendem Abfall, in den dreimal aufzuckenden Zweiunddreißigstel-Blitzen, in der heftigen Gesamtstauung des F-moll-Akkordes und den leeren Schlußtakten. Die einzelnen Variationen schließen sich zu höheren Einheiten zusammen, die miteinander — teilweise überkreuzt — in Verbindung stehen. So die ersten drei: in der ersten Variation Sechzehntelakkordbrechungen des Themas zu kurzen Akkordschlägen der linken Hand, in der zweiten tauschen die beiden Hände ihre Rolle, in der dritten bringen beide Hände die Akkordbrechung in Gegenbewegung. Die fünfte Variation übernimmt verkürzt diese Akkordbrechungen, die vierte ist in der Mittelstimme durch Triolen verstrebt, die sich in der sechsten auf beide Hände verteilen (abermals in Gegenbewegung). In ähnlicher Weise gehören zusammen die siebente und achte, die zehnte und elfte. Die zwölfte bis sechzehnte haben schon die Tonart C-dur als gemeinsame Verbindung. Und so fort. Verklammerungen größerer Spannweite umziehen z. B. die neunte, zehnte, elfte, achtzehnte, einunddreißigste und zweiunddreißigste durch ihre Bewegungssteigerung, die ihrerseits auf den drei blitzenden Läufen des Themas beruht. Andere derartige Querverbindungen gehen auf sonstige Gemeinsamkeiten zurück: Oktaven, Terzen, Triolen und dergleichen. Durch diese Doppelordnung (einerseits benachbarte Gruppen, andrerseits über die Gruppen hinwegreichende Gemeinsamkeiten) wirken die zweiunddreißig Charaktervariationen nicht als Reihung, sondern als einheitlicher Großsatz, und die Schlußvariation faßt noch einmal zusammen, weil sie in sich mehrere Einzelvariationen enthält. So steht dieses Werk technisch wie inhaltlich mindestens ebenbürtig neben den anderen leidenschaftlich-düsteren c-moll-Werken Beethovens.

Von Gedanken unbeschwerte Spielfreude herrscht dagegen in den Sechs Variationen D-dur Werk 76. Das Thema (Beispiel 72), bekannt unter der Bezeichnung

72 Allegro risoluto

„Türkischer Marsch", fordert zu spielerischen Glanzleistungen geradezu heraus, so daß man durch virtuosen Vortrag der musikalisch einfachen Variationen zündende Wirkung im Konzertsaal hervorzurufen vermag wie mit nur wenigen anderen Stücken der gesamten Klavierliteratur.

Wer die „33 Veränderungen über einen Walzer von A. Diabelli" Werk 120 zum ersten Male hört, wird, wenn er ehrlich ist, gestehen müssen, daß ihm dieses Spätwerk Beethovens nicht nahegekommen sei. Kein Wunder; schlug doch ein Meister des Klaviers wie Hans von Bülow, der sich für diese Variationen eingesetzt hat, allen Ernstes vor, man möge immer nur eine Auswahl davon vortragen. Heute hat man erkannt — und erkennt es täglich mehr —, daß der Abstand zwischen dem recht einfachen Thema (Beispiel 73 gibt den Beginn) und der teilweise sehr verwickelten Sprache der Variationen ebenso gesetzmäßig ist wie die scheinbare Willkür, mit der das Thema behandelt und oft überdeckt wird. Freilich, solche Gesetzmäßigkeit aufzudecken, erfordert eingehende Untersuchungen, die hier

73 Vivace

nicht am Platze wären. Einige Hinweise müssen genügen, zur selbständigen Weiterarbeit anzuregen; ohne echte Mitarbeit des Spielers oder Hörers erschließen sich diese Variationen nicht. Zunächst einmal sind sämtliche Variationen für sich bestehende, zuweilen gruppenweise zusammenfaßbare Charakterbilder; aus dem alten spielerischen Variationsgrundsatz ist keine einzige zu erklären. Beethoven betont das sogleich in der ersten Variation, indem er dem lebhaften Walzer des Themas einen wuchtigen Marsch („Alla marcia maestoso") gegenüberstellt, der sich auch inhaltlich gegen das Thema absetzt: die ersten beiden Takte ähneln dem Beginn der „Meistersinger-Einleitung" an Schallmacht und Glanz, haben aber mit der Welt des Diabelli-Walzers nichts mehr gemein. Und erst nach dieser unerbittlichen Klarstellung „Hie Diabelli — hie Beethoven" knüpft die zweite Variation, da ja nun ein Mißverständnis kaum mehr möglich ist, an die spielerische Einfachheit des Themas wieder an. Nun wird man sich nicht mehr wundern, wenn in vielen Variationen der Zusammenhang mit Diabelli verschwindet, während er in anderen klar zutage liegt. Dazu tritt die besondere Art zu variieren, Beethoven verändert nämlich nicht nur das Thema als Ganzes, sondern greift zuweilen lediglich ein Motiv, ja, nur einen Motivsplitter heraus, um ihn allein umzugestalten. So etwa in der 11. Variation; in ihr läuft das Kopfmotiv d/c/h/c unablässig nachahmend durch die Stimmen, wobei das Vorschlags-d mit den beiden folgenden Tönen zu einer Triole gebunden wird. In der 13. Variation variiert Beethoven gar durch Weglassen von

Tönen (vergl. Beispiel 74), ein ganz reizendes Verfahren: will er damit die platten Tonwiederholungen Diabellis ver-

74

spotten, oder soll die Vorstellungskraft des Hörers auf diese einfache Art angeregt werden? Es versteht sich fast von selbst, daß die Diabelli-Variationen als Spätwerk des Meisters den polyphonen Satz bevorzugen. Dabei denken wir nicht einmal sosehr an die Fughetta (24) oder die Fuge (32), als vielmehr an die zahlreichen nachahmenden Stimmführungen wie in der bereits erwähnten 11. Variation. Aus der stark polyphonen Anlage des Ganzen wächst daher die Fuge sozusagen selbstverständlich als Fuge mit anfangs zwei (Beispiel 75) Themen heraus, denen sich im Verlauf noch ein

75 Allegro

drittes Thema in fließenden Achteln gesellt. Dabei wird der polyphone Satz niemals Selbstzweck. Beethoven endet das Werk dann auch nicht mit einer Fuge, sondern gleitet nach einigen kadenzierenden Läufen und ruhigen Adagio-Akkorden in ein Tempo di Menuetto (33) und stellt so den Tanz des Walzerthemas auf die Ebene des Menuett-Tanzes, freilich ganz und gar vergeistigt. Einzigartig, wie Beethoven den Hörer schließlich in die Werkstatt des Musikers blicken läßt: variieren heißt, Gedankenverbindungen mannigfacher Art herstellen, und in der 22. Variation stellt sich bei Beethoven die Gedankenverbindung vom Thema zu Mozarts Leporello-Arie her: „Keine Ruh bei Tag und Nacht", und der Meister teilt diese Gedankenverbindung sogleich unbedenklich mit, nebenher scherzhaft andeutend, daß ein Tondichter bei der „Register"-Fertigung seiner Variationen keine Ruh bei Tag und Nacht habe. — Wir lassen es mit diesen wenigen Andeutungen genug sein. Vielleicht ist eines deutlich geworden: es handelt sich nicht allein um rein musikalische Variationen, die man nach den Gesetzen musikalischer Gliederung einteilen kann, sondern zudem noch um geistige Veränderungen über zwei grundverschiedene Charaktere, nämlich den des leicht dahintänzelnden Diabelli und den Beethovens, der sich über diese tänzelnde Welt seine eigenen Gedanken macht. Man kann also die einzelnen Sätze nicht nur auf das Thema beziehen wollen, muß sie vielmehr in Verbindung setzen zu den Persönlichkeiten Beethovens und Diabellis. Die dadurch entstehenden Abweichungen, Fremdheiten und Übereinstimmungen erschweren das Verstehen, machen aber das Gesamtbild um so reicher.

Bagatellen, Rondos, Einzelstücke

Neben Sonaten und Variationen hat Beethoven noch zahlreiche andere Werke für Klavier geschrieben. Nach Art und Gehalt sind sie recht verschieden. Die meisten von ihnen können wir nur streifen.

Die in der Werkzahl 33 vereinigten Sieben Bagatellen unterscheiden sich stilistisch so stark voneinander, daß sie zu ganz verschiedenen Schaffenszeiten des Meisters geschrieben sein müssen. Man könnte sie als kleine Charakterbilder mit pädagogischer Absicht bezeichnen, wobei sich das Pädagogische nicht auf die Spieltechnik beschränkt, sondern wesentlich auch auf Vortrag und Gestaltung abzielt. Sehr schlicht, mit kleinen rhythmischen Auszierungen das erste $^6/_8$-Andante. Schärfer geprägt das Scherzo Nr. 2 mit seinem straffen Hauptteil, dem triolenumrauschten „Minore“ und dem von Achtelläufen durchzogenen Trio. Weich, doch von Sforzati durchpocht, das Allegretto Nr. 3, in dem der unvermittelte Pianissimo-Einsatz von D-dur (nach F-dur, piano) lehrreich die Wirkung plötzlicher Harmonierückung aufzeigt. Harmonisches Wandern verkörpern dann etwas ausführlicher die Akkordbrechungen des Mittelteils von Nr. 4 (Andante). Fast eine Triolen-Studie zu nennen ist das etwas schwierigere Allegro Nr. 5 (vor allem mit dem Wechsel auseinandergezogener und verengter Triolen). Das Allegretto quasi Andante von Nr. 6 bewegt sich auf romantischen Gefilden, in denen sich später Mendelssohn nachahmend und versüßlichend ergangen hat. Echte Beethoven-Scherzostimmung im Presto Nr. 7.

Elf neue Bagatellen sind unter der Werkzahl 119 zusammengefaßt. Hier läßt sich die pädagogische Absicht sogar beweisen; einige von diesen Bagatellen hat Beethoven nämlich für eine Klavierschule geschrieben. Abermals handelt es sich um Arbeiten aus verschiedenen Lebensabschnitten Beethovens. Im allgemeinen sind diese Bagatellen knapper gehalten als die der Werkzahl 33, dafür wirken sie vielfach dichter im Ausdruck. Jedenfalls enthalten sie zwar keine Konzertstücke, jedoch mancherlei Kleinbilder, von denen die musikalische Romantik noch lange gezehrt hat. (Vergl. dazu die bildhafte Durchgestaltung Nr. 6, ja selbst die Walzerszene „à la Chopin“ von Nr. 9).

Noch bestimmter im Umriß und reicher in der Innenzeichnung die Sechs Bagatellen Werk 126. Beethoven hat sie 1824 niedergeschrieben, also in unmittelbarer zeitlicher Nachbarschaft der großen Spätwerke für Klavier, Kammermusik, Orchester, Chor. Neben diesen Großwerken erscheinen die sechs Klavierstücke vielleicht als Bagatellen, als Kleinigkeiten; doch in ihnen atmet die kaum noch irdische Welt des großen Einsamen. Innerlich sind diese Bagatellen so verwandt, daß man sie — wenn auch nicht einzeln, so doch insgesamt — als Ganzes, also doch als Großwerk betrachten darf. Mit den anderen Großwerken jener Schaffensjahre haben sie gemeinsam, daß alles Irdische in den Themen zu liegen scheint, während das Überirdische, Vergeistigte die „gearbeiteten“ Teile durchweht.

Von den einzeln erschienenen Rondos sind einige auch im Konzertsaal heimisch geworden. Bekannt sind sie alle miteinander. Das kleine C-dur-Rondo Werk 51 Nr. 1 (Beispiel 76) ist ganz bewußt rückwärts gewendet: es macht

76 Moderato e grazioso

(1796) noch einmal die Welt Mozarts lebendig und gibt nur gelegentlich eigene Züge in dem c-moll-Teil und dem Schlußabschnitt. Ganz anders das G-dur-Rondo (Nr. 2 der gleichen Werkzahl). Hier stehen schon das Thema und seine klangliche Fassung (Beispiel 77) mitten in der Welt des

77 Andante cantabile e grazioso

Mannes Beethoven. Noch deutlicher wird das eigentümlich Beethovensche in der Durcharbeitung, und sei es nur dort, wo das an sich mit „grazioso“ bezeichnete Thema in der Baßstimme etwas Grollendes annimmt. Sehr scharf heben sich die Zwischensätze in D-dur und E-dur vom Hauptgedanken ab. Im ganzen ist das Rondo ein besonders gutes Beispiel dafür, wie sich aus dem Zierwerk des Rokokos unter Beethovens Hand ein ganz neues, beseeltes, handelnd vorwärtstreibendes Ausdrucksmittel entwickelt hat.

Wohl noch bekannter ist das Rondo a capriccio G-dur Werk 129, das Beethoven selbst mit der Bezeichnung

„Die Wut über den verlorenen Groschen" versehen hat. Wut, Ingrimm, zuweilen lodernder Zorn sprechen in der Tat aus diesem Stück. Freilich wohl nicht die Wut über einen verlorenen Groschen; eher jene Wut über die „Tücke des Objekts", die Friedrich Theodor Vischer in seinem Roman „Auch einer" zu einer Art erbitterter, verbitterter Weltanschauung erhoben hat. Immer wieder wird dieses Rondo als humorvoll ausgegeben. Man verwechselt dabei offenkundig mancherlei: es erscheint unmöglich — und daher heiter, daß Beethoven an einen verlorenen Groschen soviel Geist vertan haben soll, lächelt bei diesem Gedanken und hört nun sein eigenes Lachen in das Stück hinein. Das Rondo ist aber nichts weniger als humorvoll. Schon das Hauptthema (Beispiel 78) hat — selbst bei seinem ersten

Auftreten — nichts Humorvolles an sich; in der Art der grollenden, heftigen, schlagwetterartigen Verarbeitung spürt man fast in jedem Takt Ausbrüche unwirschen Grimms. Der erste Seitensatz (g-moll) mit seinen erregten Betonungen in den gebrochenen Akkorden und den geradezu groben Schlägen der linken Hand belehrt über die wirkliche Natur des Rondos. Und im zweiten Seitensatz (E-dur) wird der Unvoreingenommene nichts „Humorvolles" wahrnehmen. Vollends die dann einsetzende Durchführung des Hauptgedankens mit den herben Vorhalten, den sich überstürzenden, übersprudelnden Nachahmungen oder den donnernden Nachschlägen gehört einer völlig cholerischen Stimmung an, die sich erst in den Schlußtakten der Coda piano und pianissimo verschnauft, nicht ohne am Ende noch einmal mit der Faust auf den Tisch zu schlagen. Erstaunlich bleibt, daß bei einer solchen Stimmungsschilderung das rein Musikalische keinen Augenblick zu kurz kommt, ja, daß dieses Rondo geradeswegs ein musikantisches Stück genannt werden kann. Es ist Stimmungs- und Virtuosenkunst in einem.

Neben den beiden zuletztgenannten Rondowerken kann sich das Rondo A-dur (ohne Werkzahl) nicht behaupten. Es ist ein kleines Allegretto, dessen innere Haltung und klavieristischer Stil sich freundlich in den Bereichen mancher Divertimento-Musik des frühen Haydn bewegen.

Ein anderes selbständiges Stück ohne Werkzahl ist das F-dur-Andante, dessen Wert man daran ermessen mag, daß es von Beethoven als langsamer Satz der Waldstein-Sonate vorgesehen war. Die Sonate wäre aber dann zu lang geworden, so daß sich der Tondichter entschließen mußte, das Andante gesondert zu veröffentlichen. Dem Thema (Beispiel 79) sieht man zunächst nicht an, was sich

79 Andante grazioso con moto

in dem Ganzen ereignet: zart tritt es auf, wird im Nachsatz gar zärtlich, gibt sich in dem überleitenden Des-dur-Gedanken geheimnisvoll. Aber bereits, wenn der Baß mit der „ersten Variation" beginnt (mancherlei mutet variationenartig, anderes rondoartig an), spürt man, wie aus dem Thema neue Keime triebkräftig hervorbrechen. Dieser Eindruck verstärkt sich einige Takte später bei den klangmächtigen Terzen der rechten Hand zur Gegenbewegung der linken. Der Des-dur-Gedanke taucht wieder auf, kann aber die wachsende innere und äußere Bewegung nicht eindämmen. Zierlich punktiert setzt in B-dur ein Seitenthema ein, aber auch dieses wird bald durch nachschlagende Oktaven mächtiger und kräftiger. Sehr schön das weitere Wachstum: Zweiunddreißigstelläufe und fast virtuose Oktavengänge wirken klangstark selbst im piano. Der Schluß verschwebt wieder leise und zart auf dem modulierenden Überleitungsgedanken.

Die in g-moll beginnende, durch allerlei Tonarten wandernde und in H-dur schließende Phantasie Werk 77 hat sehr viel Stegreifartiges an sich, vieles, was an einen Augenblickseinfall am Klavier gemahnt. Es fehlt also die „Arbeit", die wir an Beethoven-Schöpfungen mit einer so hohen Werkzahl gewöhnt sind und die wir — sei es nur gesagt — auch nicht missen mögen. Auf den Verfasser wirkt jedenfalls das Werk etwas leer, wie eine erste Umrißzeichnung, die man bewundert, auf deren Ausarbeitung man nun aber wartet.

Es fällt schwer, aus den sonstigen Klavierschöpfungen Beethovens die eine oder andere gesondert hervorzuheben. Zumeist gehören sie der Hausmusik an (Ecossaisen, Walzer, Menuette, das bekannte Charakterstück „Für Elise"); manches ist allerdings von Späteren für den Konzertsaal bearbeitet worden, glücklicherweise ohne Erfolg. Der Konzertmusik steht innerlich und stilistisch noch am nächsten die C-dur-Polonaise Werk 89, ein ebenso wirkungs- wie gehaltvolles Stück Musik ohne Probleme. Hinweisen wollen wir schließlich noch auf die Zwei Präludien durch alle Dur-Tonarten Werk 39, die besonders eindrucksvoll auf der Orgel oder dem Harmonium klingen, und auf das fließende f-moll-Präludium ohne Werkzahl.

* * *

Beethovens Kompositionen für Klavier vierhändig darf man nicht vergleichen mit den Werken für Klavier allein; es sind Gelegenheitserzeugnisse, in denen er sich nicht ausspricht, sondern ein wenig musiziert. Die frühe D-dur-Sonate Werk 6 hat nur zwei kurze Sätze (Allegro molto und Rondo), spielfreudig, in der Sprache an

Haydns und Mozarts mittlere Schaffenszeit anknüpfend. Die „Drei Märsche“ Werk 45, zum Teil an Marschsätze aus „Fidelio“ erinnernd, haben kräftigeren Schnitt, ohne sich zu wirklicher Größe zu erheben. Zwei Variationenwerke in C-Dur und D-dur (beide ohne Werkzahl) neigen mehr zur Gattung der Spiel- als der Charaktervariation, stehen aber unter den vierhändigen Schöpfungen am höchsten. Besonders eindringlich die an Schubert gemahnende 8. Variation des C-dur-Werkes, von der eine kleine Konzertkadenz zu der Sammelvariation des Schlusses führt.

JOHANN NEPOMUK HUMMEL

Geboren am 14. November 1778 in Preßburg als Sohn eines Kapellmeisters. Als Knabe Unterricht bei Mozart. Schon 1788 (bis 1793) Konzertreisen im Ausland. Anschließend wieder Unterricht bei Albrechtsberger und Salieri. 1804/11 vertretungsweise Kapellmeister des Fürsten Esterhazy (nach Haydn), dann in Wien. 1816 Hofkapellmeister in Stuttgart, 1819 Hofkapellmeister in Weimar. Dort gestorben am 17. Oktober 1837. Schrieb u. a. Opern, Konzerte, Kammermusik, Klavierwerke.

Hummels Klavierwerke fristen heute ihr Leben nur noch in Schulwerken. Was man in diesen Lehrsammlungen von Hummel antrifft (Rondos, Etüden, Salonstücke usw.), hat nun freilich in der Tat höchstens noch die Aufgabe, eine gewisse „Brillanz" des Spiels zu erzeugen oder ist so beschaffen, daß man es besser gegen wertvolleres Gut von Mozart eintauscht. Davon macht auch das einst berühmte Es-dur-Rondo Werk 11 keine Ausnahme. Der sogenannte brillante Stil dürfte heute überwunden sein, und auch Hummels Brillanz, die zwischen Mozarts Leichtigkeit und Chopins gehauchter Zärtlichkeit beheimatet war, darf als überwunden und versunken gelten. Mindestens ein Werk Hummels aber spricht uns auch heute noch an: die fis-moll-Sonate Werk 81 (entstanden 1819), und um dieser prachtvollen Schöpfung willen allein

sei Hummel erwähnt. Als Kostprobe setzen wir die ersten Takte des Kopfsatzes hierher (Beispiel). Herrische Doppeloktaven, fortissimo, zunächst breit und wuchtig, dann kühn gezackt — das könnte die Gebärde einer neudeutschen sinfonischen Dichtung sein. Das Dichterische verbreitert sich in den leidenschaftlichen, doch innerlich verhaltenen Akkordbrechungen der nächsten Takte, versinkt in geheimnisvolle Lento-Akkorde. Nun ein stürmisches Aufraffen (a tempo), wieder ein Zurücksinken; die Wendung wird wiederholt und mündet in eine brausende, sich auf der Dominante Cis festrammende Figur (nicht mehr in unserem Beispiel). Dem Beginn entspricht der Verlauf: er setzt nicht mehr die Formteile (Themenaufstellung, Durchführung usw.) scharf nebeneinander, sondern mischt sie in wahrhaft dichterischer Weise. Der langsame Satz (Largo, auf die Anfangsgebärde des Allegro zunächst zurückgreifend) bringt durch Ranken- und Passagenwerk viel Brillanz in das Geschehen, offenbart seinen dichterischen Gehalt daher nur durch ganz gereifte Spieler und Gestalter. Sehr straff der Schlußsatz, reich an inneren und äußeren Gegensätzen, machtvoll und rauschend gesteigert, besonders von dem nachahmenden Stimmeneinsatz an (Fisdur-Stelle). Der dreisätzige Bau überzeugt durch innere Folgerichtigkeit nicht minder als durch die Wucht seiner Schauseiten.

JOHN FIELD

Geboren am 26. Juli 1782 in Dublin als Sproß einer Musikerfamilie. Schüler von Clementi; ging 1802 nach Paris und Petersburg. Hier lange Jahre als berühmter Pianist und Lehrer. Bereiste die großen europäischen Länder als gefeierter Klavierspieler. Gestorben am 11. Januar 1837 in Moskau. Schrieb Klavierkonzerte, Kammermusik mit Klavier, Klaviersonaten, Variationen, kleinere Stücke.

Was der Ire Field für Klavier geschrieben hat, ist heute vergessen bis auf die „Nocturnes" benannten Stücke; selbst von diesen weiß mancher nur, daß sie Chopin für seine gleichnamigen Werke als Vorbild und Anregung gedient haben. Und so wird es wohl auch bleiben: der Schüler hat den Lehrer übertroffen und verdrängt. Dabei verdienen die Fieldschen Nocturnes (seit 1814) um ihrer selbst willen gekannt zu werden; denn in ihnen hat zum ersten Male ein

1 Poco adagio

Tondichter dem Hammerklavier das instrumentale „Singen" abgewonnen, dessen sich dann zahllose spätere Komponisten

immer wieder bedient haben und noch bedienen. Daraus geht schon hervor, daß Field in erster Linie Melodiker ist; zärtlich und schwärmerisch zeichnet er seine Melodien, taucht sie oft in leicht wehmütige Nachtstimmung, durchsetzt sie mit duftigen Koloraturen, hebt sie durch eine scheinbar gleichgültige Begleitung in immer neue gedämpfte Lichter. Das alles ähnelt stark den Chopin Nocturnes (Beispiel, Anfang des A-dur-Nocturne Nr. 4). Andere Stücke wiederum (etwa Nr. 7, C-dur) haben auf manche Chopin-Préludes nachgewirkt. Im ganzen aber ist Chopin harmonisch und rhythmisch reicher, melodisch fließender, „impressionistischer". Dafür wirkt Field klarer, bestimmter, gesunder, vor allem keuscher.

CARL MARIA VON WEBER

Geboren am 18. Dezember 1786 zu Eutin als Sohn eines Stadtmusikus und reisenden Theaterdirektors. Mit zwölf Jahren Kapellsänger in Salzburg. 1803 in Wien als Schüler des Abtes Vogler, im nächsten Jahre Kapellmeister in Breslau. Dann in Karlsruhe (Oberschlesien), Stuttgart, Mannheim, Darmstadt (hier abermals Schüler von Vogler). 1813—1816 Kapellmeister in Prag. 1817 bis zu seinem Tode (5. Juni 1826 in London) Leiter der Deutschen Oper in Dresden. Hauptwerke: Opern, Sinfonien, Konzerte, Kammermusik, Klavierwerke, Lieder, Chöre.

Wir kennen heute den Umkreis, dem Webers Klavierschaffen zugerechnet werden muß, wir wissen, welchen Männern er seine Anregung verdankt. Da sind vor allem Ph. E. Bach mit seiner Belebung der kleinsten Einzelheiten, Hummel mit seiner besonderen Gestaltung des Adagios und besonders mit seinem Spiel, an dem Weber selbst „Glätte und Eleganz mit gewissen Gesangsschweifungen" rühmte, da sind Männer, wie Abt Vogler, Michael Haydn, Dussek, Prinz Louis Ferdinand. Aus der Ferne schimmert auch noch Mozart, zuweilen hört man ein wenig Beethoven. Aber mit allen diesen Namen, so wichtig sie für die geschichtliche Stellung von Webers Klavierwerk sind, wissen wir noch nichts über die lebendige Sprache von Webers Schöpfungen. Am nächsten kommen wir ihr mit Webers genanntem Wort über Hummels Spiel; denn „Glätte und Eleganz mit gewissen Gesangsschweifungen" eignen in hohem Maße den Klavierwerken unseres Meisters. Glanzvolles Spielwerk, ritterliche Haltung und echtes Empfinden zeichnen den Großteil von ihnen aus. Zweierlei hat man zuweilen an ihnen auszusetzen gehabt: einen mitunter ins Orchestrale, Opernhafte zielenden Ausdruck und eine gewisse Virtuosität. Der erste Vorwurf erledigt sich durch den Hinweis, daß Weber (selbst ein hervorragender Klavierspieler) niemals das Klaviermäßige des Satzes vernachlässigt hat; bringt er also orchestrale Klangwirkungen, so handelt es sich nicht um Klangnachahmungen, sondern um klanglichen Ausdruck, der seinen inneren Vorstellungen entspricht. Und so zu verfahren, wird man einem Meister wie Weber doch wohl nicht ernstlich verwehren wollen. Unerfreulicher ist der Vorwurf des „Virtuosenhaften". Einmal hat der Künstler das Recht (wenn auch nicht die Pflicht), seine Sprache der Umwelt, für die er schreibt, anzugleichen; wie Mozart für seine Konzerte eine bestimmte „Virtuosität" in seine Klavierwerke einfließen ließ, so machte es auch Weber, nur daß natürlich seine „Brillanz" eine andere war als die Mozarts. Sodann ist diese Virtuosität durchaus verschieden von der äußerlichen Klavierhexerei, die viele Auch-Kompositionen des 19. Jahrhunderts durchzieht und die den an sich sehr schönen Begriff der Virtuosität (also der Tüchtigkeit) in Verruf gebracht hat; denn zu Webers Zeit stand die Virtuosität, wie man einmal sehr hübsch gesagt hat, noch im „Unschuldsalter". Seltsam nur, daß man das Virtuose einem deutschen Musiker wie Weber zum Vorwurf macht, während man es bei nichtdeutschen Komponisten wie Chopin bewundert. Wahrscheinlich ist bei solchen Urteilen eine vorgefaßte Meinung über die deutsche und besonders über die Webersche Romantik am Werk, nämlich die, der deutsche romantische Musiker habe stets innerlich zu sein, sich in Träume zu versenken, den Wald geheimnisvoll rauschen zu lassen, während das Äußere — wozu man die Virtuosität rechnet — seinem Wesen nicht entspreche. Dabei ist gerade im Zeitalter der Romantik die Virtuosität entwickelt und übersteigert worden, wie andererseits eben Weber nicht zu den nur in heimlichen Gefühlen schwelgenden Romantikern gerechnet werden darf. — Wie dem nun auch sei: Webers Klaviermusik trägt in der Tat virtuose Züge, nur sind sie beseelter Ausdruck inneren Wollens und daher gerechtfertigt. Ob uns diese Züge ansprechen oder nicht, ist eine Frage, die der Einzelne für sich selbst beantworten mag.

Weber, der stets Wert darauf legte, als selbständiger Kopf zu erscheinen, hat sich in seinen vier Klaviersonaten bewußt ferngehalten von der Gedanken- und Ausdruckswelt seines großen Zeitgenossen Beethoven, ohne etwa aus törichtem Anders-sein-wollen der Sonatenform überhaupt aus dem Wege zu gehen. Bei ihm herrscht nicht gedrungene Kraft, ihn leiten nicht tiefsinnige Gedanken oder seherische Eingebungen, vielmehr musiziert er weltnah, voller Freude am Spielerischen und dessen Wirkung auf genießerische Hörer. Dieser Artung entsprach seine Arbeitsweise: nur die d-moll-Sonate wurde in der Reihenfolge ihrer Sätze niedergeschrieben, sonst aber vertonte er stets zunächst die Sätze, die ihm am meisten „lagen". Auch darin liegt Folgerichtigkeit, nur freilich eine andere als die Beethovens. Wer sich einmal hineingehört hat in die leidenschaftliche Wärme der ersten Allegros, in die tönende Innigkeit der langsamen Sätze, in die rhythmisch so scharf geprägten Scherzi und in die frohe Spiellaune der geistvollen Finali, der wird die Sonaten nicht mehr missen wollen als edle Zeugnisse eines vorstellungsreichen, weniger bauenden als verschwenderisch verströmenden Musikerherzens.

Einige Hinweise müssen bei der Besprechung der Sonaten genügen, da sie weder im Konzertsaal noch in der Hausmusik sonderlich gepflegt werden. Manche Sätze verdienen diese Vernachlässigung nicht, andere haben sich vor dem Vergessenwerden gerettet, indem sie ihre Herkunft aus einer Sonate verleugneten und unter angenommenem Namen ein angesehenes Sonderdasein führen. Das gilt gleich für den Schlußsatz der 1812 geschriebenen C-dur-Sonate Werk 24, ein Presto-Rondo, dessen unablässige Sechzehntelbewegung der rechten Hand (Beispiel 1 gibt den Beginn) keinen Augenblick aussetzt. Weber nannte es „L'infatigable", also den „Unermüdlichen"; im Konzertsaal, wo man das Stück ob seines frischen Glanzes gern spielt, erscheint es jedoch oft nicht als Schlußsatz einer Sonate, sondern als selbständiges Klavierwerk unter der Bezeichnung „Per-

petuum mobile". Durchaus folgerichtig, daß nach dem zuerst geschriebenen Rondo das Menuett entstand, dessen leise anrollender e-moll-Beginn, stürzende Akkordbrechungen und (für Weber so bezeichnende) weite Sprünge gut mit dem Rondo zusammenstimmen. Gegenüber dem zeichnerisch-spielerischen Hauptteil (es ist eigentlich ein Scherzo, kein Menuett) wirkt das E-dur-Trio mit seinem sanften Liedanfang, den leisen Akkordtriolen und dem idealisierten Walzerchen (Agathens Melodie aus dem „Freischütz" klingt an) fast ein wenig orchestral. Ganz bildhaft aufgebaut das Adagio mit seinem Anfang in schlichten Terzen, der großen Steigerung nach der Mitte hin und dem verklingenden Schluß. Auch hier mancherlei orchesterhafte Wirkung, zugleich aber hingehauchte Klavierpassagen, die viel Chopin vorwegnehmen. Und nun erst, wo sich alles übersehen läßt, schreibt Weber den ersten Satz. Ein wenig nach Art eines Klavierkonzertes: vier Takte Einleitung, fortissimo hingesetzter Akkord aus verminderten Terzen, aus dem sich eine abwärtsrollende Figur löst, mächtig auf d-moll sich festrammt, kurzes punktiertes weiterführendes Motiv, zweimalige Dominantwirkung, Baßtriller, endlich der Grundakkord C-dur. Von diesem Unterbau aus entwickelt sich der Satz: das erste Thema singend mit murmelnder Begleitung, ruhig, mit halber Stimme, das zweite dafür stürmisch bewegt, nach außen gerichtet, alles in seinen Strudel mitreißend. Zum Schluß des Thementeils wird die Anfangsgebärde wiederaufgenommen. In der

Durchführung stellt Weber mehr die Kräftegruppen (ff gegen pp, oder f gegen p) nebeneinander, als daß er den Gehalt der Themen auszuschöpfen bestrebt wäre. Hier überzeugt nicht die „Arbeit", sondern das sprühende Leben.

Bei der As-dur-Sonate Werk 39 sind die ersten beiden Sätze sogar erst zwei Jahre (1816) nach den letzten beiden Sätzen geschrieben worden. Der Kopfsatz ist dadurch bemerkenswert, daß der eigentliche Thementeil mit einem abermals gesangartigen Thema beginnt, dann jedoch kein weiteres Thema aufstellt, sondern nur noch mancherlei Motive aufblitzen läßt und schließlich in flutenden Läufen endet. Auffallend und wenig „sonatenhaft" auch die orchestral empfundenen Tremoli der Begleitung. Von der starken klanglichen Vorstellungskraft Webers mag der Beginn des wiederum orchestral gedachten, sehr schönen Andantes zeugen: mit den einfachsten Mitteln wird die „Holzbläsermelodie" von der „Pizzicato"-Begleitung abgehoben (Beispiel 2).

2 Andante

Das Orchestrale findet sich weiterhin in dem sehr schnellen Menuetto capriccioso: der Wechsel von tiefen und hohen Instrumenten in den Achtelgängen des Anfangs, die feingetupfte Walzermelodie der Fortführung, das pianissimo pochende Trio mit den Fortissimo-Einschüben, — das alles kann man nur orchestral hören, obwohl der Satz durchaus klaviermäßig angelegt ist. Zierliches Virtuosenstück abermals das hurtige Schlußrondo mit dem bogenförmigen Auf und Ab des Hauptthemas.

Die ebenfalls 1816 geschriebene d-moll-Sonate

Werk 49 hat nur drei Sätze. Von ihnen fesselt der erste durch die Gegenüberstellung zweier Gruppenthemen: die erste Gruppe kraftvoll, in ritterlichen, punktierten Rhythmen, die zweite weich, schmiegsam, doch nicht ohne innere Leidenschaft. Im Andante das gewohnte Bild: ruhiger, singender Beginn, lebhafte Bewegung in der Mitte, stilles Verlöschen zum Schluß, das Ganze eine Art Variationensatz ohne strenges Gefüge. Im Rondo, einem sehr lebhaften Presto, übertrifft Weber bei weitem das erwähnte Perpetuum mobile der ersten Sonate. Es ist virtuos geschrieben, innerlich gebunden und zugleich aus Einzelbildchen gereiht, die bei aller Bindung ihre kleine Selbständigkeit wahren (etwa der reizende G-dur-Walzer mit Doppelmelodie in Oberstimme und Baß).

Recht uneinheitlich die e-moll-Sonate Werk 70 aus den Jahren 1819—1822. Allerdings enthält sie in ihrem letzten Satz ein tarantella-artiges, lebendiges und immer zündendes Stück bester Virtuosenmusik.

Weber hat die Schlußsätze seiner Sonaten so bevorzugt ausgestattet und ausgestaltet, daß sie als selbständige Stücke zu bestehen vermögen. Es sind gewissermaßen Charakterbilder mit scharfer Umrißzeichnung und sprühendem Innenleben. Dieses Bildhafte, zuweilen sogar Szenische, reizte ihn so sehr, daß er seine Sonatenrondos — wir haben es bereits erwähnt — gern zuerst schrieb. Es kann also nicht verwundern, wenn er sein Bestes in derartigen Rondo-Charakterbildern gegeben hat. Und zwar stärker noch als in den Sonatenrondos in den selbständigen Stücken dieser Gattung.

Sie alle überragt das unter der Bezeichnung „Aufforderung zum Tanz“ bekannt gewordene Des-dur Rondo Werk 65 (geschrieben im Jahre 1819). In diesem Meisterstück bildhaften Musizierens vereinigen sich feingeistige Virtuosität, melodische Unterhaltsamkeit, sichere Gestaltung und pianistisches Feingefühl zu einem bei aller scheinbaren Leichtigkeit festgefügten Ganzen. Es ist bezeichnend, daß gerade dieses Werk alle möglichen Bearbeiter zu immer neuer Instrumentierung für zahllose Besetzungen gereizt hat; denn in dem Werk liegt ohne Zweifel etwas Orchestrales verborgen. Aber noch bezeichnender, daß keine dieser Bearbeitungen dem zauberhaften Reiz der Klavierfassung auch nur annähernd gleichkommt; denn der Satz ist im besten Sinne klaviermäßig. Thematische Beispiele sind bei diesem Werk nicht erforderlich; dazu ist es zu bekannt. Einige Hinweise über den Aufbau mögen aber willkommen sein. Dem nur Walzer umfassenden Hauptteil ist eine Einleitung vorangestellt. Weber hat sie einmal „erklärt", obwohl sie einer Erklärung kaum bedürfte: zunächst Aufforderung zum Tanz (Baßstimme), ein „Ich weiß nicht recht" der Dame (Oberstimme), abermals Aufforderung, dann zögerndes Einwilligen, Zwiegespräch im Wechselspiel von Unter- und Oberstimme, Aufstellung zum Tanz. Der elftaktige Schluß mit den Motiven der Einleitung bedeutet demgemäß: beiderseitiges Danken, Zurücktreten. Im Hauptteil, der nicht nur dem Rondo, sondern auch der Sonatendurchführung seine Gestalt entnimmt, reihen sich Walzer an Walzer, und zwar in allen Erscheinungsformen, bald stampfend, bald drehend, bald wiegend und bald schleifend, Unterschiede und Verwandtschaften werden rhythmisch, dynamisch, melodisch und figurativ betont. Die späteren „Walzerkönige" haben nicht nur Schubert nachgeahmt, sondern (insbesondere im Aufbau ihrer Walzer mit „Introduktion und Coda" und dem Absetzen der einzelnen Walzerteile) vor allem dieses Rondo von Weber, — ohne es ihm je gleichtun zu können. Aber noch ein anderer hat manche seiner Klavierwalzer mit Weberschen Anregungen versehen: Frédéric Chopin.

Aus dem gleichen Jahre (1819) stammen zwei weitere, mit dem Zusatz „brillant" versehene Werke, die man der geistvollen Unterhaltungsmusik zurechnen darf. Das beliebte Es-dur-Rondo Werk 62 ist ein Virtuosenstück; freilich nicht im Sinne geschwinden Herunterspielens: „moderato" schreibt Weber vor und gibt damit an, daß die Besonderheiten nicht im schnellen Zeitmaß, sondern in der verfeinerten, gestichelten Anschlagskunst liegen. Angaben wie „con grazia, mezza voce, grazioso, espressivo, brillante" und dergleichen müssen gerade hier sehr genau genommen werden, soll das Rondo nicht flach wirken.

Im Gegensatz dazu entfaltet die E-dur-Polonaise Werk 72 eine bezaubernde Keckheit. Schon die Art, wie das Hauptthema mit einem Triller in der Höhe ansetzt, im Ganzen einem nach oben geöffneten Bogen gleicht, der durch Zwischenbogen untergegliedert ist (Beispiel 3), verspricht

3 Allegro vivace

Glanz und Ritterlichkeit, während der gesangliche Seitengedanke weich, zart, fast weiblich erscheint, obgleich der punktierte Rhythmus auch in ihm lebendig ist. Nimmt man den von mf zu ff sich allmählich steigernden feurigen Schlußteil hinzu, so hat man auch hier — wie in der „Aufforderung" — ein Tanzgedicht von starker Bildkraft vor sich.

Ähnliches mag Weber vorgeschwebt haben, als er mehr als ein Jahrzehnt früher (1808) seine Es-dur-Polonaise Werk 21 schrieb. Im großen und ganzen ist diese Polonaise schlichter als das E-dur-Werk. Aber dem zügigen, häufig schweifenden Stück geht eine Largo-Einleitung von zwanzig Takten voran, die mit ihren Tremoli und Paukenschlägen, ihrer fünftaktigen Steigerung von pp zu fff, ihrem Anheben in düsterem Moll und den verschiedentlichen Ansetzen zur Themabildung nicht eine Polonaise anzukündigen scheint, sondern eine sinfonische Dichtung.

Als letztes der Konzertwerke sei das 1808 geschriebene Momento capriccioso B-dur erwähnt (Werk 12). Es mutet an wie der Versuch, Stakkatowirkungen nach Art derjenigen von Beethovens Eroica-Scherzo auf dem Klavier hervorzurufen. Seltsam die in der Mitte des Stückes eingeschobenen geharften, breiten Akkorde, die nur durch den leise hineintupfenden Rhythmus mit dem Ganzen verbunden scheinen.

Weber hat eine ganze Reihe von Klaviervariationen geschrieben. Gehören sie auch nicht zu den Spitzenwerken der Gattung, so bergen sie doch Einzelschönheiten, die nicht in Vergessenheit geraten sollten. So weiß der achtzehnjährige Komponist in den Variationen über ein Thema aus Voglers „Castor und Pollux" (Werk 5, 1804) recht gegensätzlich abzuwandeln; man vergleiche etwa die zweite, polyphone Variation mit der zügigen Variation der achten. In den Variationen über ein Thema aus Voglers „Samori" (Werk 6, 1804) findet sich u. a. ein stimmungsdichter Trauermarsch, der den Vergleich mit manchem berühmten Stück dieser Art nicht zu scheuen braucht. Werk 7, Variationen über Bianchis „Vien quà Dorina bella", ist in allen seinen Teilen ausgereift; ohne daß dem Thema wirklich neue Inhalte abgewonnen werden (das lag außerhalb Webers Variationsgrundsätzen), erscheint es jedesmal in überraschend neuer Gewandung, besonders schön in den letzten Variationen: virtuos und blendend in der fünften, verhalten und feierlich in der sechsten, farbenstark in der letzten („Polacca"), wo es sich nach romantischer Art im terzverwandten As-dur spiegelt, dann wieder nach C-dur zurückkehrt und in dichterischer Wendung im Baß verdämmert. Die sieben Variationen über ein eigenes Thema (Werk 9, 1808) enthalten als Nr. 6 einen von Weber mit „Fantasia" überschriebenen Abschnitt, der den Dramatiker verrät: es handelt sich weniger um eine Fantasie im gewohnten Sinne als um eine bildhafte, bühnenhafte Ausdeutung des Themas. 1812 entstanden abermals sieben Variationen, und zwar über ein Thema aus Méhuls „Joseph in Ägypten" (Werk 28). Und wiederum dramatisiert Weber die sechste Variation, dieses Mal zu einem opernhaften Trauermarsch, obwohl das Werk sonst durchaus klavieristisch-virtuos gehalten ist und auch mit einem schwierigen

Akkordstück (Stakkato) ausklingt. Noch schwieriger, offensichtlich für den Konzertgebrauch bestimmt, die 1814/15 geschriebenen Variationen über „Schöne Minka". Das Werk umfaßt neun Veränderungen, hat jedoch eine Adagio-Einleitung von besonderer Bedeutung: in ihr wird man gewissermaßen motivisch darauf vorbereitet, wie die späteren Varationen ablaufen sollen. Der Vorliebe für fremdländische Tänze, die damals so allgemein verbreitet war, zollt Weber mit einer russischen und einer spanischen Variation (Nr. 5 und 9), die russische dem Thema entsprechend und daher sinnvoll, die „Espagnole" verwunderlich und doch bezaubernd. Minder wirkungsvoll die 1817 geschriebenen Variationen über ein Zigeunerlied Werk 53, knapp gefaßte Sätzchen über ein wenig charakteristisches Thema.

Wir erwähnen schließlich noch die Ekossaisen, Allemanden und „Favoritwalzer", Tanzstücke von teilweise erstaunlicher Formung und Feinheit, manchem der entsprechenden Werke von Schubert und Chopin ebenbürtig, aber — wie so vieles andere von Weber — vergessen, weil eine einseitige Betrachtung den Opernkomponisten allein gelten lassen will.

* * *

Die „Sechs kleinen leichten Stücke" für Klavier vierhändig (Werk 3) sind noch recht unpersönlich in der Sprache; der jugendliche Komponist schließt sich mit ihnen (Sonatine / Romanze / Menuett / Andante mit Variationen / Marsch / Rondo) der Ausdrucksweise Mozarts an. Freilich, wie er das tut, ist schon bewunderungswürdig genug für einen Fünfzehnjährigen. Selbständiger wirken die „Sechs Stücke" der Werkzahl 10 (1809). Vor allem schälen sich Webersche Eigentümlichkeiten schon sehr deutlich heraus; so in den punktierten Rhythmen der dritten Variation von Nr. 3, in der hinreißenden Mazurka Nr. 4, in dem schwungvollen Rondo Nr. 6. Wahrhaft bedeutend schließlich die „Acht Stücke“ der Werkzahl 60 (1819). Das Moderato Nr. 1 gemahnt an manche lyrischen Teile des „Freischütz“, kraftvoll bewegt das Allegro Nr. 2, versonnen und versponnen das Adagio Nr. 3, ihm folgt als Nr. 4 ein „Allegro, tutto ben marcato“ mit ungarischer Färbung, Nr. 5 ist eine wiegende Siciliana, Nr. 6 ein „Tema variato“ von rhythmisch fesselndem Bewegungsspiel, Nr. 7 ein gestraffter Marsch, Nr. 8 ein überaus gelenkiges Rondo. Aus dieser Aufzählung mag man erkennen, daß es sich nicht um zusammenhanglose Einzelstücklein handelt, sondern um ein mit Gegensätzen arbeitendes, einheitliches Gebilde. Innere Haltung und geschickt auf beide Spieler verteilter Satz reihen das Werk unter die wertvollsten älteren Schöpfungen der Gattung.

FRANZ SCHUBERT

Geboren am 31. Januar 1797 in Lichtental bei Wien als Sohn eines Lehrers. Zunächst Geigenunterricht beim Vater, dann als Wiener Konviktschüler bei Salieri. Drei Jahre unterrichtete er zusammen mit seinem Vater die Volksschüler in Lichtental, schrieb aber daneben zahlreiche Lieder, Opern und kirchliche Werke. Ein Freund ermöglichte es ihm, von 1817 an als freier Tondichter zu leben. Freilich geriet er bald in Not, da er seine Erfolge nicht zu nutzen verstand. Nach einem zehnjährigen sorgenvollen Künstlerleben starb er am 19. November 1828 in Wien. Der Einunddreißigjährige hinterließ über sechshundert Lieder, siebzehn Opern und Singspiele (zum Teil nicht beendet), zahllose Werke für Klavier, Kammermusik aller Art, Chöre, acht Sinfonien.

Daß der große Liedmeister Franz Schubert auch in seinen Klavierwerken vorwiegend lyrisch gestimmt ist, versteht sich wohl von selbst. Vieles an ihnen ist sogar ausgesprochen liedmäßig. Freilich nicht in dem Sinne, als seien sie gewissermaßen Übertragungen von Liedern in die Sprache des Klaviers. Auch das kommt zuweilen vor, doch ist Schuberts instrumentaler Ausdruck durch eine unübersteigbare — wenn auch oft nur schmal erscheinende — Grenze von dem seiner Lieder getrennt. Der Unterschied beruht nicht im Thematischen; denn gerade die Themen faßt Schubert nur allzuoft so liedmäßig, daß sie — zumal für die Sonate — eher Hemmnisse als Antriebe bedeuten. Vielmehr liegt es an der Harmonie, an der Klangfarbe und an der Bewegung, wobei wiederum eines ins andere greift.

Bei den Klassikern waren Aufriß und Grundriß entscheidend für den Bau des musikalischen Kunstwerkes; zur Darstellung bedienten sie sich vor allem der zeichnerischen Linie, des Themas. Bei Schubert (wie überhaupt bei den meisten Romantikern) tritt das Bauende zurück hinter seelischer Tönung. Gewiß läßt sich sagen, in einem Schubert-Werk sei die Melodie vorherrschend. Aber diese Melodie ist kein eigentliches Thema mehr, sie hat nichts Zeichnerisches, nichts Umspannendes, Zusammenhaltendes an sich, ist nicht mit der Feder gezogen, sondern mit weichem Pinsel und satten Farben gemalt. Das will besagen: Schuberts Klavierthemen sind nicht mit einer Harmonie versehen, nicht harmonisiert, sondern Geist vom Geist der Harmonie, empfangen von ihr Wesen und Bedeutung, wie sie umgekehrt den Sinn des Harmonischen zum Klingen bringen, — eines ohne das andere ist nicht mehr vorzustellen.

Das Wesen Schubertischer Wechselwirkung von Melodie und Harmonie läßt sich am einfachsten erfassen an dem eigentümlichen Widerspiel von Dur und Moll bei dem gleichen melodischen Gedanken: dieser Gedanke wird nicht, wie das früher in bescheidenen Grenzen geübt wurde, bald in Dur und bald in Moll vorgetragen, vielmehr ist er selbst Dur und Moll zugleich, unbestimmt schwebend, gebrochen in Farbe und Stimmung. Wird schon dadurch das Thema seiner Fähigkeit, etwas klar zu umreißen, entkleidet, so trägt die ständig wachsende Bevorzugung terzverwandter Harmonien dazu bei, Umriß und Aufriß der Tonwerke weiter zu verwischen. Damit erwächst der Harmonie die Aufgabe, Schwebungen und Stimmungen hervorzurufen und zu bewahren, sie wird also zu einem wesentlich färbenden Bestandteil des Ganzen. Zudem weiß sich der sonst so „unpraktische“ Schubert sehr schnell die besonderen Klangeigenschaften zunutze zu machen, die sich aus der fortschreitenden Klavierbautechnik ergeben, so daß auch die Gegebenheiten des Instrumentes selbst auf seine Klangvorstellungen anregend wirken.

Endlich die Bewegung: Schubert ist gewiß kein großer Rhythmiker; im Gegenteil finden sich in seinen Klavierwerken zahllose Stellen, die rhythmisch geradezu einförmig, langweilig aussehen. „Aussehen“, d. h., wenn das Auge sie l i e s t. Spielt man dagegen solche Stellen, so wird man unter der scheinbar so gleichförmigen Oberfläche eine unterirdische Strömung gewahr, eine stille bewegende Kraft, die trägt und leitet, ohne daß man sie näher bezeichnen könnte. Genug, in den Klavierwerken ist sie da, während sie bei den Liedern nur ganz gelegentlich in der Klavierbegleitung auftritt, weil sie dort in der menschlichen Stimme ihre heimliche Macht übt. Überhaupt macht es den eigentlichen Zauber von Schuberts Klaviermusik aus, daß ihre Merkmale sämtlich noch vom Schleier des Unbewußten umhüllt werden, während spätere Romantiker wesentlich bewußter gearbeitet haben.

Tänze

In den zahlreichen Tänzen für Klavier steht uns der Mensch Schubert am nächsten und deutlichsten vor Augen. Es sind spielerische Reihungen unvergänglicher Augenblickseinfälle, wirkliche Tänze, gedacht und erfunden für Tänzchen im häuslichen Kreise, Tanzmusik für Freunde, keine künstlerischen „Stilisierungen", keine „Idealisierungen". Schubert brauchte nicht zu idealisieren. Wenn ein echter Künstler mit gelassener Selbstverständlichkeit und innerer Freude Tanzstücke schreibt, so gewinnen sie ganz von selbst künstlerischen Wert.

Die meisten dieser Tänze sind in Schuberts letzten Lebensjahren entstanden. Es handelt sich um Walzer (Werk 9, 18, 50, 77, 91, 127), Deutsche Tänze, Ecossaisen, Galopps, Ländler (Werk 33, 49, 67). Man muß sich stets ihre Entstehung vor Augen halten: wo fröhliche Menschen beisammen waren, im Wirtshaus oder im Heim, da ließ sich Schubert nicht lange bitten und spielte ihnen zum Tanze, was ihm gerade einfiel. Das meiste davon ist verweht; nur was ihm selbst von diesen flüchtigen Einfällen des Augenblicks gefiel, das zeichnete er auf. Diese Art der Entstehung erklärt, warum z. B. die Walzer aus ganzen Ketten kleiner, meist zweimal acht Takte umfassender Bildchen bestehen, die nur lose aufeinander Bezug nehmen. Sie sind nicht gleichwertig, enthalten aber im einzelnen Schönheiten unbeschreiblicher, unvergänglicher Art, Schönheiten, denen seine Nachfolger auf diesem Gebiet, die Walzerkönige Lanner und Strauß, niemals auch nur nahegekommen sind.

Da ist das zweite Stück der Werkzahl 9, der weltberühmte „Trauer- und Sehnsuchtswalzer" mit seinem geschmeidigen harmonischen Gleiten, die zauberhaft duftige Nummer 6 (Beispiel 1), deren feine Melodiebiegungen oft nachgeahmt

1

2

wurden, ohne daß es jemals gelungen wäre, diese edle Einfachheit zu erreichen. Da ist das womöglich noch schönere 32. Stücklein (Beispiel 2), das so ganz aus dem Augenblick geboren erscheint und so unsagbar zart hingestreichelt ist. Dann wieder der andere, derbfroh zupackende, klangmächtige Schubert im ersten Walzer der Werkzahl 18 (Beispiel 3)

3

mit dieser akkordischen Fülle, dem schnellen Umschlagen von Dur auf Moll, dem urtümlichen, volkstümlich stampfenden Rhythmus, — alles so einmalig, so unverkennbarer Schubert und zugleich ein Stück Heimat, ein Stück Volkstum, daß nicht mit Sicherheit zu bestimmen wäre, ob der Einzelmensch Schubert dieses erfunden oder der Österreicher Schubert es aus der Volksmusik geschöpft hat.

In den „Valses sentimentales" (Werk 50), die so älplerisch beginnen, steht als Nummer 13 der schönste Walzer, der je geschrieben worden ist (Beispiel 4). Wenn

4

auch von Werk zu Werk die Sprache reicher, der Klaviersatz voller, die Harmonie leuchtender geworden ist, so wahrt doch gerade dieser Walzer eine Natürlichkeit, die man für ausgetüftelt halten möchte, wenn das Stücklein nicht von Schubert wäre. Zu dem eins-zwei-drei der einfachen Begleitung erklingt zart eine leicht verschränkte Doppelweise, selig schleifend in kleinen synkopierten Vorhalten, die immer weiter gleiten, angetrieben von den vier Achteln des Kopfmotivs. Der zweite Teil springt in das terzverwandte Cis-dur, wird griffiger, fülliger, lautstärker; aber mit einer kaum spürbaren Wendung wird leise die Grundtonart wieder erreicht. Das Ganze wirklich ein „sentimentaler Walzer", mattschimmernd wie Perlen, feuchten Auges selig-trunken vor sich hin gesummt.

Stark akkordisch, würdevoll ausholend dagegen die „Valses nobles" (Werk 77); und doch paart auch hier sich Würde mit Volksnähe, insbesondere in den Mittelteilen mit ihrer Bildhaftigkeit und klingenden Instrumentie-

5

rung. So wirkt Nr. 8 wie ein Zither- und Gitarrentänzchen (Beispiel 5), und Nr. 9 läßt geradezu einen Blick in Ballsäle des damaligen Wiens tun (vergl. Beispiel 6 mit dem Geschmetter des fortissimo blasenden Blechs zu Beginn, mit

6

den leisen Geigenklängen der Fortsetzung, aus der man förmlich das Schleifen der Füße auf dem Tanzboden herauszuhören meint).

Diese Anmerkungen zu den Walzern mögen genügen. In den Deutschen Tänzen, Ländlern, Ecossaisen, Galopps gibt sich Schubert nicht anders. Nachdrücklich darauf hinzuweisen wäre nur noch, daß sich ein großer Teil der Tänze auch für den Konzertvortrag eignet, — freilich nicht in der Art, wie Liszt es in der Bearbeitung der „Soirées de Vienne" versucht hat: da sind aus den Blüten Glasblumen geworden.

Impromptus und Moments musicaux

Der nächste Schritt führt zu den „Moments musicaux" und den „Impromptus". Diese in Schuberts letztem Lebensjahr geschriebenen Klavierstücke sind lose gekettete Kleinbilder von großartiger Vielseitigkeit und gemüthafter Fülle. Jedes in sich selbständig, und doch schließen sich die einzelnen Werkzahlen zusammen wie Fantasiesonaten. Kein Klavierwerk ist so bekannt wie diese lyrischen Stücke; viele von ihnen sind auch denen vertraut, die gar nicht wissen, daß sie von Schubert stammen, — so nahe beieinander wohnen hier volkstümliche und hohe Kunst. Es sind ihrer Natur nach

Lieder oder besser Liedszenen für Klavier: liedhaft der Einfall, klaviermäßig die Ausgestaltung. Gerade Schubert war berufen, aus solchen vor ihm nur gelegentlich auftauchenden Kleinbildern eine eigene Gattung zu schaffen, eine Gattung, die dann hundert Jahre lang immer wieder erweitert, wenn auch nicht immer bereichert worden ist. — Wichtig die Tonarten: die acht Impromptus stehen in B-Tonarten, die sechs Moments musicaux enthalten zwei in As-dur, zwei in f-moll, eines in cis-moll (mit einem Des-dur-Mittelteil!) und eines in C-dur, d. h., es überwiegt auch hier die weiche, füllige, verhalten-kräftige Stimmung der B-Tonarten. Das Andante der Werkzahl 90 hatte Schubert in Ges-dur geschrieben; der Verleger setzte es dann der „leichteren Spielbarkeit" wegen nach G-dur.)

Die Vier Impromptus der Werkzahl 90 beginnen mit einem Allegro molto moderato in c-moll. Es ist eine Art Ballade mit einem den Umfang von fünf Tönen nicht überschreitenden volksliedartigen Thema von verhaltener Wehmut (Beispiel 7). Das Thema tritt zunächst unbe-

7 Allegro molto moderato

gleitet auf und wird dann in einfacher akkordischer Fassung wiederholt. Allmählich wird das Geschehen durch harmonische Wandlungen dichter, in Triolen gebrochene Akkorde treten hinzu, die Melodie schwebt bald über ihnen und bald grundiert sie als Baßstimme. Erster Höhepunkt die ganz zarte, leise As-dur-Stelle, wo über akkordischen Triolen mit ihren Vorhalttönen ein neuer Gedanke erblüht. Wenn nun das Thema wieder anhebt, so erscheint es weniger schlicht als zu Beginn; denn die zitternden, immer reicher werdenden Triolen bleiben und heben das Thema in erregte Dramatik. Zweiter Höhepunkt die Stelle, wo die Bewegung in

Sechzehntel übergeht und das Kopfmotiv mit nachschlagenden Akkorden bekräftigt wird. Auf ähnliche Weise nimmt Schubert die balladenhafte Dramatik des Geschehens langsam wieder zurück: den Sechzehnteln folgen Achteltriolen, Achtel, Viertel, und das Schlußstück (nunmehr in Dur) verhaucht auf breiten Harmonien.

Völlig anders das Es-dur-Allegro, vorweggenommener Chopin in den Achteltriolen-Läufen des geschwinden 3/4-Taktes, glitzernder Walzertraum im Salon. Heftig, ritterlich der fortissimo beginnende Mittelsatz, in der Haltung eine Vereinigung von Weber und Schumanns Florestan. Das Thema dieses Mittelsatzes führt — nach Wiederkehr des Passagenwalzers — mit kräftigen Harmoniewendungen den Schluß herbei, der sich mit eigensinnigen Akkordbetonungen nach Moll wendet.

Das Andante hat Schubert ursprünglich in Ges-dur geschrieben; erst auf Wunsch des Verlegers wurde es, wie bereits erwähnt, nach G-dur übertragen. Und doch hätte das dunklere Ges-dur dem weich schwingenden, überirdisch schönen, nicht endenwollenden Gesang besser gestanden als das helle G-dur. Hier in diesen unablässig harfenden, hauchenden Begleittriolen, in dem von Stern zu Stern gewobenen Melodienfaden ohne Anfang und ohne Ende, in den ruhenden, nur ganz gelegentlich (dann aber die Klangszene erregend beeinflussend) von knappen Bewegungen gekräuselten Bässen herrscht die Stimmung der romantischen Nacht.

Ganz romantisch auch das As-dur-Allegretto, vor allem der As-moll-Beginn mit seinen quellenhaft rieselnden Sechzehnteln. Unablässig sprühen die Klangfiguren, anfangs durchsetzt von kurzen akkordischen Wendungen, dann immer mehr an Gestalt gewinnend, bis endlich eine „Cello"melodie festen Grund gibt, über dem es ständig weiter glitzert und schimmert (Beispiel 8). Fast wie ein neuer Gedanke wirkt es, wenn die Melodie dann über zarten Triolen in der Oberstimme erscheint. Der cis-moll-Mittelteil steigert über akkordischer Fülle den melodischen Ausdruck zu leidenschaftlichen Gesängen.

8 (Allegretto)

Die ersten vier Impromptus müssen ein Erfolg gewesen sein, den Schubert zu wiederholen wünschte; die Vier Impromptus der Werkzahl 142 werden nämlich mit „5, 6, 7 und 8" bezeichnet, also als Fortsetzungen des ersten Werkes herausgestellt. Aber diese neuen Stücke reichen doch nur in Einzelheiten an die erste Reihe heran. Etwa der allbekannte Hauptteil des As-dur-Allegrettos (Nr. 2) mit der akkordisch gebetteten Liedmelodie, die nach echt Schubertischer Art durch einfachen Lagenwechsel um eine Oktave einen neuen Klang gewinnt. Oder die Keckheit des Allegro scherzando f-moll (Nr. 4), das freilich im Mittelteil viel von seiner quirligen Frische und ansprechenden Lebendigkeit virtuosen Glanzes preisgibt. Vor allem aber die B-dur-Variationen (Nr. 3), die nicht nur neben den ersten Impromptus bestehen können, sondern sie vielfach überragen. An und für sich scheint dem Tondichter die Variation nicht gelegen zu haben; denn er vertraut dieser Gattung nur selten etwas an. Hier aber an diesem Thema der „Rosamunde" mit dem für

Schubert kennzeichnenden einfachen Rhythmus (Beispiel 9) hat er ein unvergleichliches Meisterstück geliefert. Innigkeit

und Virtuosität, leidenschaftlicher Gesang und instrumentale Zierlichkeit werden in den fünf Variationen Einheit. Duftig die erste mit dem punktiert rhythmisierten Thema in der Oberstimme, Sechzehntelakkordbrechungen in Mittelstimme und Bässen; die zweite wandelt das Thema zu akkordischer Begleitung in zierliche Kleinmotive; die dritte singt in erregtem b-moll ein Lied von kaum verhüllter Leidenschaftlichkeit; die vierte und fünfte zeugen von Schuberts feinfühliger Virtuosität. (Die gehauchten Triolen zu Beginn der fünften übertreffen alles Ähnliche bei Chopin, und wenn sie im zweiten Teil forte den Baß durchrollen, so haben sie einen Sinn, der über alles nur Ornamentale hinausgeht.)

Die persönlichsten aller Kleinbilder von Schubert finden sich dann in den „Moments musicaux“ (Werk 94). Sechs Stücke von bekenntnishaftem Wert, wahre Lieblingsaufenthalte — für Schubert und für den Spieler. Landschaft, Wald gleich das C-dur-Moderato mit seinem leisen Hornruf auf dem C-dur-Dreiklang und dem vielfachen Kuckucksruf, in den das Hornmotiv hineinschallt, mit den feinen Echowirkungen und den von weither klingenden Hörnerchören zu raunenden Triolen im Mittelteil. Das As-dur-Andantino (Nr. 2) ist ruhiges Träumen in die Weite (Hauptteil), aus der sich im Mittelsatz eine Erinnerungsgestalt zu lösen scheint (pianissimo-Gesang in fis-moll). Sehr stark der Wechsel punktierter Akkordik und gleitender 9/8-Bewegung in den beiden Teilen. Dann als drittes Stück jenes heiter sich von f-moll nach F-dur hinüberpfeifende Allegro moderato mit der munter getupften Marschbegleitung. Ihm verwandt, nur derber und kräftiger, das ebenfalls in f-moll stehende Allegro vivace (Nr. 5), ein Wanderer durch die Tonarten. Zwischen diesen beiden Stücken steht als Nr. 4 ein ganz pianistisches cis-moll-Moderato, fast eine Etüde mit gleichmäßig bewegten Sechzehnteln; der leise Des-dur-Mittelsatz mit seinen zuweilen übereinandergelagerten Harmonien, weichen Terzen und Sexten träumt vom Klavier weg und in die Landschaft hinaus. Letzte Vereinigung von Klavier, Landschaft und Seele das As-dur-Allegretto, mit dem die Moments musicaux schließen. Schon der Beginn (Beispiel 10) stellt die Frage, wo die Harmonie

und wo die Melodie bestimme. Es ist ein ewiges Suchen nach neuen Übergängen in andere Harmonien, ein Suchen und kein Findenwollen, dazwischen leicht hingestreichelte Melodieteile, die sogleich wieder in einer harmonischen Wendung verschwinden. Das Trio bringt einen akkordischen, chorischen Gesang von anfangs fester Fügung und gefügtem Ausklang; aber dazwischen möchte alles wieder entgleiten in die Seligkeit der Harmonien, die denn auch mit der Wiederholung des Hauptteils erneut Einzug hält.

Wanderer-Fantasie Werk 15

Die Wanderer-Fantasie sollte man zu den Sonaten Schuberts rechnen: Die Satzfolge Allegro/Adagio/Presto-Scherzo/Allegro fordert dazu nicht minder auf als der Bau. Aber man hat sich daran gewöhnt, das Werk als Fantasie anzuerkennen, und ihrem Gehalt nach steht sie dieser Gattung ja auch besonders nahe. Noch besser ließe sie sich bezeichnen als lyrische Klaviersinfonie, geboren aus einer innigen Verschmelzung liedhafter und virtuoser Bestandteile, klavieristischer und orchestraler Klangwirkungen. Die vier Sätze gehen unmittelbar ineinander über und haben ein gemeinsames Grundthema, und zwar über eine Stelle aus Schuberts Klavierlied „Der Wanderer". Beispiel 11 gibt die

11 Allegro con fuoco, ma non troppo

vier verschiedenen — eigentlich, abgesehen vom Presto, nur im Zeitmaß verschiedenen — Erscheinungsformen des Kerngedankens wieder. Aber damit sind die gedanklichen Übereinstimmungen keineswegs erschöpft. Vielmehr kehren ganze Gruppen und Einzelheiten in den verschiedenen Sätzen wieder. Man vergleiche etwa so „nebensächliche" Wendungen wie die Takte 14 ff. des ersten Satzes mit den Takten 23 ff. des Prestos und den Takten 58 ff. des Schlußsatzes. Beherrschend aber bleibt das Kopfmotiv, ja, der Kopfrhythmus von einem Viertel und zwei Achteln. Eine für den ganzen Schubert so kennzeichnende Wendung, fast ärmlich in dieser Einförmigkeit, aber unter den Händen des Tondichters entscheidender Baustein eines überreichen Bauwerks. Auch das zweite Thema des ersten Satzes ist aus dem einfachen Rhythmus des Kopfmotivs abgeleitet; nur tritt es nach den mächtigen Griffen zu Beginn jetzt ganz zart, fast liedhaft auf (E-dur), breitet sich singend aus, bis es erneut in das donnernde Geschehen des Anfangs zurückgerissen wird. Nach einem, durch Grifftechnik und Klangmacht bis ins Virtuose reichenden Spiel der Motive setzt in Es-dur ein neuer, abermals liedhafter Gedanke ein, den Schubert glückselig auskostet. Dann aber ruft er sich durch mächtige Akkorde und gebrochene Gänge selbst zur Ordnung, steigert und ballt das Kopfmotiv durch harmonische Rückungen, durchsetzt es mit abwechselnden Oktavenfiguren, läßt den Sturm abflauen, bis endlich nur das klopfende Anfangsmotiv durch die Harmonien zieht und schließlich leise verrinnt, — und zwar auf der Dominante von cis-moll.

In dieser Tonart beginnt als zweiter Abschnitt der Fantasie das Adagio, ein Thema (Beispiel 11b) mit Variationen. Das Thema hat etwas von der akkordischen Feierlichkeit mancher Adagio-Themen Beethovens, ist aber leicht ins Liedmäßige gerückt, wie es ja dem Ursprung des Themas aus dem „Wanderer"-Lied des Meisters entspricht. Alles verhalten, verinnerlicht, in Harmonien gebettet. Dann ein feines Singen des Themas in der Oberstimme, stille Sechzehntelumspielung in den Mittelstimmen. Ein tiefer Baßtriller leitet über zu akkordischem Wechselspiel von rhythmisch festem Gepräge. An dieses schließt sich („dolce") ein Oktavensingen des Themas an, zunächst von weichen Triolen (Cis-dur), weiter von Akkordtriolen (cis-moll), endlich von bewegteren Akkordzerlegungen unterbaut (wieder Cis-dur). Darauf treten anstelle des umrißfesten Themas glitzernde Vierundsechzigstelfiguren, anfangs wie zerstäubte Wassertropfen, allmählich anwachsend zu Sturzbächen und (in beiden Händen) andrängenden Wasserfluten, unvermutet wieder zu gewaltigen Ausbrüchen punktierter Akkorde verdichtet. Endlich kehrt über ganz leise murmelnden Vierundsechzigsteln der Begleitung das Thema in stillem Oktavensang wieder, verliert sich, während der Baß sich weitermurmelt zum unmittelbar anschließenden Prestosatz.

Dieses Scherzo wandelt das Kopfmotiv in eine Gebärde tänzerischen $^3/_4$-Taktes (Beispiel 11c), übernimmt aber auch den emporschießenden Lauf und den Vorhalt des Hauptthemas, ja, es wiederholt, wie bereits erwähnt, sogar im Takt 23 ff. die Übergangswendung der Takte 14 ff. aus dem Allegro. Viel vorweggenommener Chopin steckt in der walzerartigen Entfaltung dieses Scherzos, nur gehaltvoller, erdhafter. Vielleicht am spürbarsten in dem Ces-dur- (später As-dur-) Walzerteil. Besonders schön wirkt in dem Scherzo die Verschleifung der Hauptteile und der Mittelteile; man kann sie wohl formal voneinander absetzen, doch sind sie durch unmerkliche Übergänge fein ineinander verwoben. Wie das C-dur-Allegro mit der Dominante des in cis-moll stehenden Adagios endete, so schließt das As-dur-Presto mit starker Dominantwirkung, also harmonischer Vorbereitung des wiederum pausenlos angeknüpften C-dur-Schlußsatzes.

Hier nun entfesselt Schubert, der sich in den ersten drei Abschnitten oft genug klanglicher Virtuosität (im besten Sinne) genähert hatte, ein orchestral anmutendes Klanggemälde mit starken Farben und breiten Pinselzügen. Das Allegro beginnt fugiert; das aus dem Kernthema gewonnene Fugenthema (Beispiel 11d) tritt sogleich in donnernden Baßoktaven auf, setzt dann auch in der Oberstimme in Oktaven ein, die erste Gegenstimme gesellt sich ebenfalls in Oktaven dazu, Terzen- und Sextenparallelen machen den Klang noch flüssiger. Und wenn die Fugenform verlassen wird, setzen Dreiklangsfiguren, Akkordschläge und Akkordtremoli dem Ganzen neue Glanzlichter auf, und in heftiger, klirrender und rollender Steigerung wird der in dreifachem f erdröhnende, rauschhafte Schluß erreicht.

Sonaten

Bei der Betrachtung von Schuberts Klaviersonaten muß man sich vor Augen halten, daß sie zwar noch in der spätklassischen Zeit geschrieben wurden, aber mit den Sonaten der Klassik (vor allem mit denen Beethovens) nur gelegentliche Berührungspunkte gemeinsam haben, sich also von ihnen von Grund auf unterscheiden. Ohne eine solche Klarstellung kann man Schuberts Sonaten nicht gerecht werden; man würde sie, gemessen an Beethovens Werken dieser Gattung, als zerfahren, weitschweifig, zuweilen sogar als langweilig bezeichnen. Auch heute noch ergeht es manchem Hörer oder Spieler so. Das klassische Vorbild ist eben übermächtig und wird immer wieder als Maßstab gewählt, obwohl jedes echte Kunstwerk — und viele Schubertsonaten sind Kunstwerke — seinen eigenen Maßstab in sich selbst trägt. Der Unterschied zwischen der Beethovensonate und der Schubertsonate läßt sich auf eine kurze Formel bringen: die Beethovensonate ist inhaltlich und formal gespannt, die Schubertsonate schwingt in ruhigem Kreisen. Auch bei Schubert gibt es Spannungen, aber sie beschränken sich auf das Kleinleben innerhalb des Ganzen. Bei fast jedem Thema tritt das Liedhafte, In-sich-ruhende, Endgültige so stark hervor, daß für Entwicklungen, Auseinandersetzungen, Spannungen und Verstrebungen, die das Wesen der klassischen Sonate ausmachen, kein Raum bleibt. Ähnliches gilt für die Formteile der Sätze: wenn es Schubert fertigbringt, nach der (ebenfalls im klassischen Sinne) spannungslosen Durchführung die sogenannte Themenwiederaufnahme (Reprise) zu einer bloßen Wiederholung des Hauptteils — wenn auch auf anderer Tonstufe — zu machen, so wird klar, daß es ihm überhaupt nicht um Spannung und Entspannung zu tun ist, sondern um schwelgerisches Ausbreiten und Wiederholen einer einmaligen, nicht mehr steigerungsfähigen Stimmung. Ebensowenig liegt ihm daran, die verschiedenen Sätze miteinander zu verklammern. Daß er das kann, hat er in der „Wanderer"-Fantasie überzeugend und mit leuchtender Kraft bewiesen; man wird also guttun, sich daran zu halten, daß er es in den Sonaten zumeist nicht will, weil seine Gestaltungsgrundsätze eben andere sind. Welcher Art diese sind, streifen wir im folgenden bei der Werkbesprechung. Allgemein gesagt liegen sie im Harmonischen, in der Verselbständigung des Klavier k l a n g s und in jenem Unterbewußtsein, von dem wir in der Einleitung schon gesprochen haben.

Unter den zwanzig Sonaten Schuberts befinden sich einige unbedeutende Erstlingswerke und einige nicht beendete Kompositionen. Diese dürfen wir füglich übergehen und nur die elf bedeutendsten Sonaten hervorheben. Zu erwähnen ist, daß die Reihenfolge der Werkzahlen nicht übereinstimmt mit der Reihenfolge der Entstehung.

1817, also im Alter von zwanzig Jahren, schrieb Schubert sechs Sonaten. Die in As-dur, e-moll und fis-moll sind Versuche ohne besonderen Eigenwert. Auch die E s - d u r - S o n a t e Werk 122 mit ihrem aufsteigenden ersten Dreiklangsthema birgt nur einige bemerkenswerte Einzelheiten, etwa das reizende Menuett. Und doch ist sie wichtig als Beispiel dafür, wie sich der junge Tondichter mit seinem großen Vorbild Beethoven auseinanderzusetzen strebt. Gern möchte er den Großraum von dessen Sonatensätzen ausfüllen; doch gleich das Allegro moderato zeigt, wie wenig ihm das liegt: nachdem er zwei Themen aufgestellt hat, weiß er im Grunde nicht weiter und reiht (buchstäblich nur, um den ersten Hauptteil auszuweiten) Einzelheit an Einzelheit, ohne inneren Zwang. So verschwimmt die Form, aber auch der Inhalt. Und die durch eine harmonische Rückung eingeleitete Durchführung wirkt nicht viel anders. Oft genug hat man den Eindruck, als liefen hier Bestandteile der Sonate und der Liedbegleitung unverbunden nebeneinander her. An Liedbegleitung gemahnt auch das g-moll-Andante. Erst das erwähnte Allegretto-Menuett gewinnt festere Umrisse. Im Schlußsatz (Allegro moderato) versucht Schubert, gespannte Gegensätze beethovenscher Art zu schaffen, verliert sich aber in endloses Ausspinnen teilweise reichlich flächenhafter Gedanken.

In der ebenfalls 1817 geschriebenen H - d u r - S o n a t e Werk 147 finden sich ganz andere Züge. Die Thematik erscheint bestimmter, instrumentaler, wenngleich wiederum nicht im Sinne der klassischen Sonate „keimkräftig". Der mehrfache Ansprung des ersten Allegrothemas (Beispiel 12)

ist wuchtig, ermangelt jedoch (immer von der klassischen Sonate aus gesehen!) infolge der verschiedenen Stockungen der zeugenden, treibenden Kraft, zumal in der Pianissimo-Fortführung mit ihrem chromatischen Absinken. Löst sich so schon das Thema in kurzgliedrige, durch Harmonie und Stärkegrad deutlich voneinander abgesetzte Einzelgedanken auf, so gilt das gleiche von den verschiedenen Gruppen. Gleich die nächste Gruppe steht in schwebendem G-dur mit leichten Molltrübungen; sie behält vom ersten Thema nur den punktierten Auftakt, entwächst aber durch die singenden Oktaven und weichen Begleittriolen ganz anderen Klangwelten. Aus dem Klang geboren ist überhaupt der ganze Satz, ob er sich nun auf die bereits erwähnte Weise äußert oder in orchestralem Weiterschieben der Kleinmotive, ob in funkelnder Figuration oder wuchtig punktierten Akkordrhythmen. Liedhaft der weiche Beginn des Es-dur-Andantes; aber auch dieser Satz muß Klangversuche mit sich anstellen lassen wie in der oktavengepanzerten Baßführung im kurzen e-moll-Teil, in dem Motivspiel der Mittelstimmen des anschließenden C-dur-Abschnitts oder den harmonischen Terzrückungen des Schlusses. Das G-dur-Scherzo (Allegretto) und D-dur-Trio muß man durchweg orchestral hören, wenn man die feine Gruppenverteilung überhaupt würdigen will. Scharf geprägt und abermals kleingliedrig die Thematik des Schlußsatzes, eines Allegro giusto von spielerischem Klangreiz ohne stärkere Innenspannung.

Die dritte der aus dem Jahre 1817 stammenden erwähnenswerten Sonaten ist die in a-moll Werk 164. Sie besteht aus nur drei Sätzen. In den Rahmensätzen — der erste ist ausgesprochen lied- und balladenhaft in der Thematik — schwelgt Schubert in ständigen harmonischen Rückungen, durch die das musikalische Stimmungsgut nicht verändert, sondern nur immer neu beleuchtet wird. Gedanklich ist der erste Satz auffallend zusammengehalten und motivisch enger verknüpft als irgend ein anderer seiner Sonatensätze dieses Jahres. Auch im zweiten Satz, einer kostbaren Perle unter den Schubertschen Allegrettos, finden sich solche Verknüpfungen. So kehrt das bekannte Thema (Beispiel 13) des

13 Allegretto quasi Andantino

Hauptteils in dem von einfachen, duftigen Figuren erfüllten C-dur-Teil mit einer leichten Veränderung in der Mittelstimme wieder.

Eine wirkliche Eigensprache, die nun für lange bestimmend bleibt, findet Schubert dann in der zwei Jahre später, also 1819 geschriebenen A-dur-Sonate Werk 120. Das bekannte Hauptthema des ersten Satzes (Beispiel 14)

14 Allegro moderato

lenkt klar und unwiderruflich aus der klassischen Themenprägung hinweg und in romantischen, sangesseligen, weichharmonischen Melodienzauber hinein. Beim Weiterspinnen wird jede Wendung der Linie und der Harmonie ausgekostet und ganz in vollen, weichen Klang gebettet. Schwelgen in samtenem Klang ist auch das zweite Thema mit dem echt schubertischen Ansatz von einem Viertel und zwei Achteln und der zärtlich-wehmütigen Triolen-Fortführung. Entwicklungmäßig gesehen verschlägt es wenig, daß Schubert dem geschlossenen, eine Eigenwelt heraufführenden Einfall noch keine entsprechende Durchführung zu gesellen weiß (in der Durchführung versucht er noch Anknüpfungen an frühere Ausdrucksbereiche, etwa mit den bescheidenen Engführungen zu Anfang oder den steifen Oktavgängen, die aus der, erstes und zweites Thema verbindenden Triolentonleiter einen selbständigen Durchführungsgedanken machen wollen); entscheidend bleibt vielmehr, daß Gestalt und Gehalt der Themen jetzt voll dem Wesen des Tondichters entsprechen. Nicht ganz so stark äußert sich das in den beiden übrigen Sätzen, aber es ist vorhanden: verweilende Liedstimmung im Andante mit den freilich etwas reichlichen Sexten- und Nonenvorhalten, behaglich ausgebreitete Spielfreude im Schlußallegro, das allerdings für den knappen thematischen Gedanken etwas lang geraten ist.

Mit der a-moll-Sonate Werk 143 hat dann Schubert 1823 ein Werk geschaffen, dessen erster Satz den endgültigen Ausgleich zwischen der vorbildhaften Größe eines Beethovenschen Sonatensatzes und dem Eigenwesen Schubertischen Gestaltens bringt. Bereits das Hauptthema enthält alle Bestandteile, aus denen der Satz aufgebaut wird. Nicht im Sinne keimhafter Spannung wie bei Beethoven, vielmehr als gedrängte Stimmung, die sich dann im Verlauf ausbreitet, verbreitert und vertieft. Das Thema (Beispiel 15)

15

wirkt wie das leise Anschlagen eines Balladengedankens, und der ganze Satz ist eine einzige reiche, auf einen gemeinsamen Kern bezogene Ballade. Jede Einzelheit des Themas ist wichtig, weil sie im Verlauf ausgestaltet wird: das (im Beispiel nicht angegebene) Oktaven-Unisono der melodischen Linie; das kurze Abreißen des dritten Viertels nach einer breiten halben Note (Takt 2 und 4), eine Bewegung, die schon wenige Takte später zur rhythmischen Grundgebärde wird; dann vor allem die punktierte Figur des zweiten Taktes, aus der durch einfache Reihung und akkordischen Satz ritterliche Bilder entstehen. Demgegenüber tritt das zweite Thema schlicht und einfach im Rhythmus auf und wird erst in der Durchführung durch Triolen leicht belebt. Die Durchführung mit Wiederaufnahme und der Schlußteil bringen nichts eigentlich Neues, sie entwickeln nicht im Sinne gedanklicher Folgerichtigkeit; aber wie sie die Balladenstimmung bald lichten und bald verdichten, das ist einzigartig in seiner erfüllten Bildhaftigkeit. Diese Stimmung schwingt im Andante weiter. Daß es wirklich Stimmung ist und nicht Gedankliches, zeigt die Verarbeitung des Themas: es beginnt abermals wie Balladensang, die angehängte rhythmisch gezackte Gebärde wird in dreifaches Piano zurückgedrängt und auch im Verlauf als Schattierung verwendet, während man nach klassischen Begriffen gerade von dieser rhythmischen Kleinfigur besondere Antriebe erwarten würde. Das Schlußallegro erreicht nicht die zwingende Größe des Kopfsatzes; dafür fesselt es durch seine — bei Schubert nicht eben häufige — Art, das Geschehen auf Bewegung zu stellen. Sehr reizvoll die zahlreichen Gegensätze von nachahmender Stimmführung in den triolengeschärften Teilen, fester Akkordik und durch verschiedene Tonarten singender Melodik.

Auch die a-moll-Sonate Werk 42 von 1825 ist eine verkappte Ballade; aber im Gegensatz zum Werk 143 ist sie nicht dramatisch, sondern episch. Der Kopfsatz wird bei weitem nicht so gestrafft wie in dem vorigen Werk, obwohl die Verwandtschaft der Themen (vergl. Beispiel 16 mit Beispiel 15) das vermuten lassen könnte. Die Verwandtschaft liegt mehr in der Stimmung als in der Gestalt. Im

Verlauf des Satzes zeigt sich nämlich sehr bald — und der Eindruck wird in den übrigen Sätzen bestätigt —, daß diese

16 Moderato

„Ballade“ etwas Landschaftliches an sich hat, während das vorige Werk mehr vom ritterlichen Menschen kündete. Daher das Weitläufige, Gereihte, fast Zusammenhanglose des ersten Satzes. Allerdings, es handelt sich um eine Landschaft mit Erinnerungen aus Sage und Geschichte; davon reden die unablässig auftauchenden Bilder und Gedanken; sie kommen und vergehen, ballen sich nur gelegentlich zu festumrissener Körperlichkeit. Erst nachträglich scheint dem Wanderer durch diese Erinnerungslandschaft bewußt zu werden, welche edlen Geister ihr einst das Gepräge gaben: in den dreißig Takten vor dem Schluß steigen die Gestalten aus ihrem Schattendasein herauf, klirrend und gepanzert reiten sie daher und vereinigen sich in den Doppeloktaven der Schlußtakte zu einem geschlossen dahindonnernden Heereszug. Im leichtbewegten Andante schwingen Variationen über ein stilles Thema, das ebenfalls vom Einst, von Verklungenem zu erzählen scheint. Die leichte Wehmut des innigen Themas verliert sich auch dann nicht, wenn die Veränderungen zu virtuosem Schwung emporgerissen werden. Überwältigt in diesem Satz die Fülle der Einfälle, so bezaubert im Scherzo der Reichtum, den Schubert dem klopfenden Kopfmotiv (zwei Auftakt-Achtel und eine halbe Note) abzugewinnen weiß, und zwar vor allem durch den harmonischen und dynamischen Schmuck. Dagegen führt das Scherzo-Trio mit seiner langsamen Ländlerweise in allereinfachste, weit von der Heldenstraße liegende Lebensbereiche. Den Schlußsatz, ein Allegro vivace, überschreibt Schubert mit „Rondo“. Die Form kommt dem Spieler oder Hörer kaum je ins Bewußtsein, weil das in rollende Achtelbewegung geborgene Thema nicht als Zeichnung wirkt, sondern als flutende Bewegung, als Dahingleiten über eine weite Ebene, und weil die Seitenthemen — etwa das akkordische Motiv von einem Viertel und zwei Achteln — als Haltepunkte in dem unablässigen Bewegungsstrom erscheinen. Die übermäßige Länge des Satzes dürfte darauf hindeuten, daß Schubert in persönlichen Erinnerungen an eine bestimmte Landschaft und deren Bewohner geschwelgt hat.

Das Schwesterwerk des gleichen Jahres (1825), die D-dur-Sonate Werk 53 ist zum großen Teil eine Klangfantasie, in der Schubert alle Möglichkeiten des Klaviers erprobt zu haben scheint. Jedenfalls sind die Themen, so prachtvoll ihre Fassung auch sein mag, nicht die eigentlichen Träger des Geschehens; vielmehr erhalten alle Sätze ihre Besonderheit durch den Klang. Selbst das scharf geschnittene Hauptthema des ersten Satzes (Beispiel 17) tritt

17 Allegro vivace

zurück hinter die unablässig rollenden Triolen, die ihrerseits weniger einer bauenden Absicht ihre Entstehung verdanken, als vielmehr dem Streben, das Klavier zu nahezu virtuosen Klängen zu nützen, ein Streben, das freilich den ganzen Satz recht einförmig macht, weil die ständigen Triolen das Ohr ermüden. Um so stärker die erhabene Klangwelt des langsamen Satzes. Infolge seiner Ausdehnung vermag er seine Kraft im Konzertsaal nicht immer zu entfalten, während er in der Hausmusik oder im kleinen Konzertraum stets als einer der schönsten langsamen Sätze der deutschen Musik empfunden wird. Das erste Thema (Beispiel 18) deutet bereits vieles an mit der klanglichen Lagerung, der Dichte des Klangbildes, den weichen Melodiewendungen, den färbenden Mittelstimmen und dem harmonischen Reichtum, und auch das in Terz- und Sextengängen schwelgende

18 Con moto

Seitenthema ist ganz in Klang gebettet. Aber das Erhabenste, Feierlichste offenbart sich dort, wo die Gedanken harmonisch und dynamisch so durchleuchtet werden, daß alles melodische Geschehen stillzustehen scheint und nur noch der reine Klang bald wie gewaltiger Bläserchoral und bald wie mystisch abgedunkelter Streicherglanz emporschwebt, leicht durchzittert von synkopierten Rhythmen. Dem Klavier werden hier Geheimnisse anvertraut, die Bruckner ein halbes Jahrhundert später in manchem Sinfoniesatz erneut hat anklingen lassen. Klang, nun aber frischer, durchaus diesseitiger Klang beherrscht auch das Scherzo: kraftvoll in der rhythmisch punktierten Akkordik des Hauptteils, weicher und immer noch mächtig in den gleichförmigeren, ebenfalls akkordisch gebetteten Rhythmen des Trios, das Ganze eine künstlerisch strahlende Bejahung des Tanzes, bodenständig in der Melodieführung, kunstvoll in der harmonischen Vielfalt. Zum Schluß ein Rondo, zierlich im Thematischen (Beispiel 19), spielerisch in der Ausgestaltung, ein wenig

19 Allegro moderato

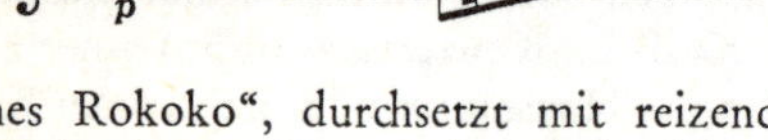

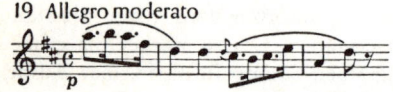

„romantisches Rokoko", durchsetzt mit reizenden Nebengedanken; in der langen Dauer aber doch nicht so stark wie die Mittelsätze.

1826 schrieb Schubert eine G-dur-Sonate Werk 78, deren erster Satz vielfach als Fantasie bezeichnet wird, eine

Bezeichnung, die dann zuweilen auch das ganze Werk umfaßt hat. Wenn man sieht, wie einfach und leicht es sich Schubert im Kopfsatz mit der Sonatenform gemacht hat, kann man die (von seinem Verleger stammende) Namengebung verstehen; denn wirklich ist der erste Satz eine einzige Klangfantasie, in der die einmal angeschlagenen Stimmungen immer und immer wieder auf neuen Ebenen ausgebreitet werden. Wie sehr es Schubert auf den Klang ankam, erweisen auch die reichlich über den Satz gestreuten dreifachen p und dreifachen f. Gleich zu Beginn wird der Hauptgedanke (Beispiel 20) entweder ganz oder in einzelnen

20 Molto moderato e cantabile

Teilen ständig neu angeschlagen. Unter den Nebengedanken sind die über punktierter 3/8-Begleitung sich entfaltende Oktavenmelodie und das Chopin vorwegnehmende Geriesel der Sechzehntel hervorzuheben. Die Durchführung versteigt sich einmal zu einfacher Kontrapunktik, bleibt aber in der Hauptsache Wiederholung des thematischen und stimmungsmäßigen Stoffes. Merkwürdig das Andante mit dem liedhaften Beginn, der wildgezackten Fortführung, die dann bald wieder abgelöst wird durch leise Oktavenmelodik über murmelnden Zweiunddreißigsteln. Es drängt sich die Vermutung auf, Schubert habe hier ein wenig „ungarisch" musizieren, sich an süß-schmerzliche Zeiten seiner vorübergehenden Tätigkeit in Ungarn und an geliebte Schülerinnen

21 Allegro moderato

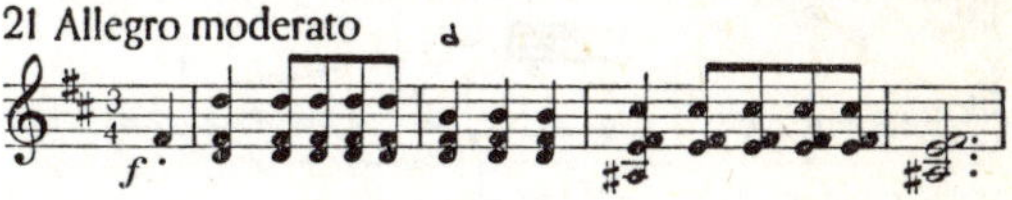

erinnern wollen. Allbekannt das Menuett mit seinem zügigen h-moll-Thema (Beispiel 21) und dem im ppp traumhaft dahingleitenden Ländler des H-dur-Trios. Als letzter Teil der lockeren Bildfolge dieser Sonate erscheint ein rondoartiges Allegretto, thematisch und klanglich abermals auf ungarische Erinnerungen weisend, straff und biegsam zugleich im Satz, ritterlich und anmutig in der Haltung.

In seinem letzten Lebensjahre hat Schubert noch drei Klaviersonaten geschaffen, in denen sich sein Streben erfüllt. Sein Vorbild, der männliche Beethoven, und sein eigenes, weicheres Wesen gehen hier eine Verbindung ein, aus der etwas Neues, Großes entspringt. Die c-moll-Sonate (1828, ohne Werkzahl) beginnt mit einem Thema (Beispiel 22), dessen herbe Kraft an Beethoven gemahnt und

22 Allegro

dessen Schnitt an das Thema von Beethovens c-moll-Variationen erinnert. Manche Wendung des ersten Satzes und die straffere Formung führen die kraftvoll-herbe Hochstimmung weiter, während in den verhalteneren Nebengedanken der romantische Sänger sich selbst gibt. Noch bedeutender das Adagio. Spürt man schon in dessen Thema (Beispiel 23), wie

23 Adagio

sich der Meister die feierliche Erhabenheit Beethovenscher Adagiothemen zueigen gemacht und innerlich eingeschmolzen hat, so erlebt man mit starker Ergriffenheit, wie das wortlose Singen des ganzen Adagios, seine harmonische Fülle, reiche dynamische Stufung und Klangmacht den Bereichen des Klaviers entwachsen, ins Sinfonische streben (ohne deshalb „unklavieristisch“ zu wirken!), ja, in geistige, entstofflichte Höhen schweben, die Musik an sich sind und irdischer Instrumente entraten können. Stellen wie den Schluß des Adagios (Beispiel 24 gibt nur zwei Takte aus dem Reichtum) hat Anton Bruckner — wir haben dessen schon beim

langsamen Satz der D-dur Sonate gedacht — demütig als Ausgangspunkt für manchen seiner langsamen Sinfoniesätze gewählt. Es liegt etwas Feierliches, Erhabenes, Religiöses in dieser Art, sich in die Klanggeheimnisse kleinster Wendungen zu vertiefen, und in den stockenden Pausen und Fermaten offenbart sich die Scheu des geistigen Menschen, an die letzten Dinge zu rühren. Das schlichte Menuett erscheint nun gewissermaßen als Überleitung zu dem wunderbar frischen, diesseitig zierlichen Schlußsatz mit seinem behenden Hauptthema und dem wiegenden cis-moll-Teil. Gewiß, der Satz ist allzulang geraten; aber die Kritik muß gerade hier verstummen, wo Schubert kurz vor seinem Tode noch einmal das Lied heiteren Lebens gesungen hat.

Die A-dur-Sonate von 1828 (ebenfalls ohne Werkzahl) gehört zu jenen Klaviersonaten Schuberts, in die man sich daheim liebevoll, begeistert und ergriffen vertieft, die aber infolge der formalen Unausgewogenheit im Konzertsaal nur dann stärkere Wirkung auszulösen vermag, wenn man gerade diejenigen Teile etwas kürzt, an denen man sich daheim nicht sattspielen konnte. Diese Kürzungen müßten vorgenommen werden am ersten und vor allem am Schlußsatz, weil sich Schubert in den Ecksätzen allzu sehr an das Singende seiner Themen verliert. Dabei beginnt gerade der Kopfsatz mit einer mächtigen Konzertgebärde: massige Akkordik in der rechten, weite Sprünge in der linken Hand, dann stürzende Triolengruppen und so fort. Die Nebengedanken dagegen zielen auf liedhafte und auf Impromptu-, also Kleinbildstimmungen. Sie sind sehr schön, aber für die verhältnismäßig lange Durchführung nicht tragfähig genug. Das gilt in erhöhtem Maße für den Schlußsatz. Dessen Hauptthema entspricht — mit kleinen Veränderungen — dem Allegrettothema der a-moll-Sonate Werk 164 (vergl. Beispiel 13). Dort durchschwingt es einen verhältnismäßig knappen Satz, hier aber soll es einem weitausgesponnenen Rondo als Grundlage dienen (z. T. mit variationenartigen Teilen). Das Übergewicht der Nebengedanken zeigt jedoch an, wie Schubert selbst gemerkt hat, daß er mit dem langen Satz dem Thema eine zu große Last aufgepackt hat. Ganz verdichtet dagegen der Mittelbau von Andantino und Scherzo. Schon die ersten vier Takte des Andantinos (Beispiel 25) stammen aus der Seele eines Vollendeten: wie

25 Andantino

schlicht die melodische Linie, wie einfach die Begleitung, aber auch wie innig die Empfindung, wie reich der Ausdruck! Das Thema gewinnt langsam weiche Fülle durch leichte Akkordik und Oktavverdoppelung. Der mittlere Teil des Satzes ist stark bewegt, führt zu leidenschaftlichen Klängen, bleibt aber in den Grenzen des durch das Thema bestimmten Innendramas. Ergreifend der leise in der Tiefe verhallende Schluß. Ein wenig greift das lebhafte Scherzo auf die Anfangsgebärde der Sonate zurück, wendet aber deren Wucht ins Zierliche. Im zweiten Teil und im etwas langsameren Trio taucht dann die Welt der Klavierwalzer wieder auf, noch feiner getönt, noch sicherer gestaltet, duftig über die Tasten gestreichelt und doch auch zuweilen mit scherzhaften Prankenhieben durchfetzt, — eine rechte kleine Tanzfantasie.

Endlich die B-dur-Sonate aus dem gleichen Jahre (1828, abermals ohne Werkzahl). Vielen erscheint sie als das Herrlichste, was Schubert für Klavier geschrieben hat. Auch wer sich diese Meinung nicht zueigenmacht, steht ergriffen vor dem Werk, in dem der Tondichter eine unfaßbare Fülle von Melodien verströmt, diesem Werk, in dem er gewissermaßen sein ganzes Leben noch einmal nachsingt, bald wehmütig und bald fröhlich, bald in Geheimnisse versunken und bald erdennah. Und diesem Singen, diesem Quell von Melodien muß man sich öffnen, sollen einem die Wunder der Sonate näherkommen; denn rein gestalterisch sind abermals die Ecksätze (hier besonders der erste) von allem Überkommenen weit entfernt. Und sie müssen sich von jeder Verdichtung fernhalten, weil das musikalische Gedankengut einer wirklich sonatenhaften Verarbeitung widerstrebt. Die Takte, mit denen das Werk anhebt (Beispiel 26), lassen sich

26 Molto moderato

nicht mehr als „Thema“ bezeichnen; das ist ein leises Vor-sich-hin-summen, ein Sich-einspinnen in eine kaum mitteilbare Stimmung. Die Melodie wird wiederholt, dann nochmals auf anderer Tonstufe mit leichten Änderungen wiederholt, sie löst sich auf, aber nur, um abermals wiederzukehren. Nicht anders das ebenfalls pianissimo einsetzende „Seitenthema“ in fis-moll, nicht anders die übrigen Nebengedanken des weitausgeführten Thementeils. Aber wie müßig sind hier solche Abgrenzungen in Formbestandteile! Unablässig singt und summt und strömt es durch den Satz. Man zerstört seinen Zauber, will man ihn zu zerlegen suchen. Stärker zusammengehalten das Andante sostenuto mit seinen ebenfalls singenden Weisen. Die erste trübe und schmerzlich, cis-moll, in Terzen, nur vom oktavenweise emporsteigenden Grundton Cis leise wie Harfenzupfen begleitet. Dann jene andere, tröstlichere, A-dur, in Sexten singend, mit der ebenfalls auf einem Ton ruhenden, verhalten pochenden Begleitung. Das Schönste aber der still verlöschende Schluß. Und nun etwas ganz Kostbares: das schnell dahinhuschende Scherzo, behende, unendlich zart (ohne ein einziges forte!), das Thema gestichelt (Beispiel 27), bald in der Oberstimme

27 Allegro vivace con delicatessa

und bald im Baß, Elfenmusik. Ganz behutsam auch das akkordische Trio mit den auf die zweite Zählzeit fallenden Begleittupfen. Beginnen die ersten drei Sätze sämtlich pianissimo, so steht am Anfang des ausgedehnten Schlußsatzes ein helles fortepiano auf der über zwei Takte sich hinziehenden G-Oktave, wie ein kurzer, gleich wieder verhallender Ruf. Ihm antwortet ein auf der Dominante von c-moll beginnendes Thema, das noch etwas von der Elfenstimmung des Scherzos an sich hat. Das Spiel wiederholt sich. Und nun senkt es sich an Melodien hernieder wie ein Regen schönster Blüten. Zunächst ein Wechselspiel zwischen dem ersten und einem lustig dahermarschierenden Es-dur-Thema. Dann ein F-dur-Thema mit akkordisch gelöster Mittelstimme, das sich wie Rankenwerk immerzu mit sich selbst verschlingt, urplötzlich auf dem Dominantseptakkord von F-dur abreißt. Zwei Takte Generalpause. Jetzt etwas völlig Neues: fortissimo losdonnernde punktierte f-moll-Akkorde, die sich nach einem Umwege über Ges-dur zu einem straffen, punktierten Gedanken entwickeln, der sich nochmals umformt zu einem kleinen Tarantella-Thema von schlechthin unwiderstehlicher Überredungskraft und durch das pianissimo (besonders im Nachsatz) recht schelmisch wirkt. Wie in einem Reigen verschränken und lösen sich die Gedanken, tauchen immer wieder auf, finden kein Ende im fröhlichen Spiel, bis schließlich ein fast heftiges Presto kurz und bündig Schluß gebietet.

Werke für Klavier vierhändig

Schuberts Tondichtungen für Klavier vierhändig bilden eine Welt für sich, — nach Umfang wie nach innerem Gehalt, vier stattliche Bände, angefüllt mit einem unbeschreiblichen Reichtum erlesenster Musik. Das meiste „Gelegenheitskompositionen“, geschrieben mit keinem anderen Ehrgeiz als dem, den Schülern und Freunden etwas für das vierhändige Klavierspiel an die Hand zu geben. Daher die Lebensnähe, der unmittelbare Ausdruck und das Sprechende dieser Musik. Dazu eine Sicherheit des Satzes, als habe Schubert sich mit nichts anderem beschäftigt als mit der Durchbildung des vierhändigen Klavierspiels. Alles hat Fülle und Klang, nirgends das gefürchtete „Loch in der Mitte“, rechter und linker Spieler werden gleichmäßig herangezogen, werfen einander Motive und Themen zu, verflechten sie, bauen gemeinsam die kunstvolle Gestalt, verzahnen den Rhythmus, treiben das reiche harmonische Geschehen gleichermaßen vorwärts, halten Zwiesprache und singen gemeinsam. Alles in einem wundervoll echten Klaviersatz, und doch oft ineinandergewoben und aufgetürmt wie eine Sinfonie, wohl auch zuweilen auf Nachahmung oder wenigstens Nachbildung von Instrumentalklängen berechnet. Gleich Bedeutendes ist niemals für diese Gattung geschrieben worden.

Einige Hinweise müssen hier genügen. Den leichtesten Einblick in die Wunderwelt gewährt wohl der „Kindermarsch" (1827), dessen melodische, harmonische, rhythmische und klangliche Fassung auch den Erwachsenen immer wieder bezaubert. Wie Schubert für Klavier allein den Walzer liebt, so kommt er in den vierhändigen Kompositionen immer wieder auf den Marsch zurück: die Werkzahlen 27, 40, 51, 55 und 66 enthalten ausschließlich Märsche. Der berühmte und allbekannte Militärmarsch D-dur verdient gewiß seine Beliebtheit in aller Welt, doch überragt er keineswegs die übrigen Märsche sosehr, wie man nach seiner einseitigen Bevorzugung annehmen möchte. Ihn hebt nur die rhythmisch packende Fassung des Hauptthemas und die weiche Melodie des Trios aus den Märschen heraus; harmonisch reicher, erfüllter und verästelter ist manches andere Stück. Bedeutend die Variationen und zwar keineswegs nur die so geschätzten in As-dur Werk 35, sondern auch die der Werkzahlen 10, 82 und 84 Nr. 1; in den Variationenwerken tritt Schuberts unerschöpfliche Einfallsfülle ebenso in Erscheinung wie das durchdachte, dabei scheinbar so selbstverständliche Ineinandergreifen der beiden Spielgruppen. Von den beiden Divertissements der Werkzahlen 54 und 63 möchten wir dem ersten („Divertissement à la hongroise") den Vorzug geben; sooft man später auf gleiche oder ähnliche Weise ungarische Themen verwendet hat, niemals wurde dieses Werk erreicht, geschweige denn übertroffen (Liszts Ungarische Rhapsodien stehen an künstlerischem Wert sogar weit hinter diesem Schubert-Divertissement zurück).

Kostbar auch die B-dur-Sonate Werk 30 mit ihrem rieselnden Beginn, dem sanft atmenden Hauptthema und der geheimnisvollen Des-dur-Stelle im Allegro-Thementeil, mit dem in Sexten und Terzen singenden Andante und dem ebenfalls überwiegend zarten Allegretto. Herrlich die sinfonische Weite des großen a-moll-Allegros Werk 144 mit dem — nicht von Schubert herrührenden — Beinamen „Lebensstürme“; bewundernswert der Reichtum an großen und „Neben“-Gedanken. Gleich im Thementeil der rhythmisch bestimmte, akkordisch kraftvolle Aufklang, das singende, daher vom zweiten Spieler wirklich nur „begleitete“ Thema, weiter der „Choral“ im dreifachen piano, die füllige Harmonik, die wechselnde Bewegung, dazu die breitausgesponnene, teils dramatische und teils epische Durchführung. Wahrhaft ein Sinfoniesatz, und doch ganz klaviermäßig im Ausdruck. Vollends eine verkappte Sinfonie das „Große Duo“ Werk 140 mit seinen vier breit ausgebauten Sätzen. Auch hier alles klaviermäßig, doch vielfach so gehalten, daß man annehmen möchte, Schubert habe das Werk als vierhändigen Klavierauszug einer Sinfonie angelegt (später ist es von Joachim für Orchester ausgesetzt worden).

Nicht so umfangreich, doch inhaltlich nicht minder bedeutend die „f-moll-Fantasie“ Werk 103. Ein Allegro molto moderato, melodisch wie harmonisch, rhythmisch wie klanglich gleich berückend, dazu motivisch fein ausgeführt, umschließt zwei fis-moll-Sätze: ein zwischen Fortissimo und Pianissimo wechselndes Largo mit bald kraftvoller Akkordik und bald frei dahinziehender Melodik (dem ersten Satz durch punktierten Rhythmus verwandt), weiter ein behendes, schlankes Allegro vivace von tänzerischem Scherzo-Charakter. Neben diesen Großwerken behauptet sich von den Rondos vor allem das in A-dur Werk 107, und zwar besonders durch seine Freude am Klang und durch die Behagen atmende Melodik.

FELIX MENDELSSOHN-BARTHOLDY

Geboren am 3. Februar 1809 in Hamburg als Sohn des Bankiers Abraham M. und Enkel des Philosophen Moses M. Unterricht im väterlichen Hause. Mit neun Jahren erstes öffentliches Auftreten. Seit dem 11. Lebensjahre hat Mendelssohn regelmäßig komponiert. Seine Ausbildung wurde sorgfältig beobachtet und gefördert (u. a. von Zelter). Zahlreiche Reisen (Italien, Paris, London, Schottland). 1833 städtischer Musikdirektor in Düsseldorf, 1835 Gewandhauskapellmeister in Leipzig. Angebote des preußischen Königs vermochten ihn nur vorübergehend von Leipzg abzuziehen. 1843 gründete er mit anderen Komponisten, Musikgelehrten und Verlegern das Leipziger Konservatorium. Gestorben am 4. November 1847 in Leipzig. Schrieb u. a. Sinfonien, Konzerte, eine Oper, Schauspielmusiken, Ouvertüren, Oratorien, Kantaten, Chöre, Lieder, Kammermusik, Klavierwerke.

Vor dem ersten Weltkriege durfte auf keinem besseren Familienklavier der Notenband fehlen: „Lieder ohne Worte“ von Felix Mendelssohn-Bartholdy; mit den „schnellen“ Stücken errang man die beifallsfreudige Bewunderung der Gäste, mit den „langsamen“ glaubte man, tief in den Brunnen seelenvoller Kunst tauchen zu können . . . Letzter Nachhall einer falschverstandenen, auf falsche Bahnen geratenen Romantik in einem spätgeborenen Geschlecht. Bezeichnend, daß solche Seelen- und Geisteslage sich gerade mit Mendelssohn-Klängen offenbarte; denn dieser hochbegabte, sorgfältig ausgebildete, früh gereifte, in äußerem Wohlstand lebende Musiker war gewissermaßen das vorweggenommene Spiegelbild eines Bürgertums, das sich eines unangefochtenen Besitzes erfreute, sein Leben glitzernd auszuzieren wünschte und auch etwas für den „inneren Menschen“ zu tun bereit war, — vorausgesetzt, daß es nicht zu allzu großen seelischen Bemühungen verpflichtete.

Mit solchem gepflegten Leben an der Oberfläche ist es heute vorbei, und damit schwindet auch Mendelssohn — wie so vieles Halbechte aus der Romantik — zum Teil aus dem künstlerischen Leben der Gegenwart. Daß manche seiner Zeitgenossen recht hatten, indem sie ihm zuviel formale Glätte und zu wenig Erlebensfähigkeit nachsagten, wird heute kaum noch ernsthaft bestritten. Gerade ein Blick in sein ziemlich umfangreiches Klavierwerk zeigt, wie vergangen diese Welt ist: der meisterhafte Klavierspieler Mendelssohn hat auch nicht einen einzigen langsamen Satz (Prüfstein aller Komponisten) zu schreiben vermocht, der heute noch bestehen kann; alle langsamen Klaviersätze sind mehr oder weniger von Sentimentalität angekränkelt. Und die schnellen wirken meist unruhig, nervös-elegant, salonhaft.

Und doch wäre es zu bedauern, wenn man unterschiedslos alles in die Rumpelkammer des Vergessens werfen wollte. Zunächst einmal hat Mendelssohn seine Klavierkompositionen — was man wahrhaftig nicht von allen Klavierkomponisten sagen kann — wirklich klaviermäßig geschrieben, und das ist schon etwas. Zum andern aber finden sich unter seinen Kompositionen einige, die auch nach mehr als hundert Jahren ernsthafter Beachtung wert sind. Diese sollte man retten, indem man sie aus der Fülle des weniger Wertvollen oder des Gleichgültigen herausschält und in einem Einzelband herausgibt.

Von den „Liedern ohne Worte" (im wesentlichen zwischen 1834 und 1845 entstanden) wird dabei freilich nicht viel übrig bleiben. Als Erinnerung an ein einst vielgeliebtes (tatsächlich auch recht anmutiges) Stück, etwa das „Frühlingslied" (Nr. 30), an dem man zudem lernen kann, Melodie und Begleitung aufeinander abzustimmen. Dann vielleicht auch den „Trauermarsch" (Nr. 27); vor allem aber solche Stücke, die Mendelssohn formal und inhaltlich wahrhaft gemeistert hat, wie das „Spinnerlied" (Nr. 34) oder das huschende „Allegro vivace" (Nr. 47). Fast alles andere ist kleinbildnerische Salonmusik ohne künstlerischen Wert.

Was man in den „Liedern ohne Worte“ fälschlich und vergeblich sucht, findet man reichlich in den „Sechs Präludien und Fugen“ der Werkzahl 35 (1837). Hier binden sich spielerische Virtuosität, satter Klang und echte Innigkeit auf höherer Ebene, — und zwar dank einer überlegen gemeisterten, gleichwohl lockeren Polyphonie. Diese Stücke klingen, befriedigen Spieler wie Hörer und sind fast ausnahmslos musikalisch wertvoll. Greifen wir gleich das erste Paar heraus. Das Präludium besteht aus rauschenden Harfenakkorden beider Hände und fügt als Thema eine feurig-gefühlvolle Melodie ein (Beispiel 1) — eine „Daumen-

1 Allegro con fuoco

Melodie“, wie sie etwa Liszt in seinen „Liebesträumen“ anwendet. Die Fuge greift mit ihrem Thema sichtlich auf diese Melodie zurück (Beispiel 2), beginnt bachisch-stimmig, stei-

2 Andante espressivo

gert sich dann aber durch Klangfülle, Beschleunigung des Zeitmaßes und formale Auflockerung immer mehr und mündet endlich in einen vollgriffig gesetzten, von Stakkato-Oktaven im Baß untermauerten Choral (Beispiel 3); ein zehntaktiges Nachspiel taucht das Fugenthema ganz in romantische Gefühlsseligkeit. — Auch in den übrigen Paaren wird der Spieler manche schöne Stelle finden, wenngleich diese Stücke für den Konzertsaal weniger geeignet sind.

3

Dagegen sind die siebzehn "Variations sérieuses" (Werk 54, 1841) ein ebenso wertvolles wie wirkungssicheres Konzertstück. Der besondere Reiz des Werkes liegt darin, daß Mendelssohn zwar im Grunde stets das Thema variiert, daß aber die Art des Variierens vorwiegend bestimmt wird durch die flüssige Bewegung der Mittelstimmen beim ersten vierstimmigen Vortrag der harmonisch reich ausgestatteten, leicht synkopierten Melodie (Beispiel 4). So wird in der

4 Andante sostenuto

1. Variation das Thema fast unverändert beibehalten, die Mittelstimme jedoch durch Sechzehntelbewegung gesteigert. In der 2. Variation lösen sich Ober- und Mittelstimmen bereits in Sechzehntel-Sextolen auf, die 3. arbeitet mit dem Wechsel stakkatierter Akkorde der rechten und stakkatierter Oktaven der linken Hand, die 4. mit der Stakkato-Gegenbewegung zweier Stimmen, die 5. mit nachschlagenden Achtelakkorden, die 10. bildet ein kleines Fugato, die 12. ist eine Art verkürzte Mazeppa-Etüde, die 16. und 17. greifen auf

diese Art zurück. (Unser Beispiel 5 mag eine Andeutung von der Bewegungsvielfalt geben. Als Abschluß dient ein

leise beginnendes Presto (nachschlagende Akkorde), das nach einigen heftigen, geharften, verminderten Terzgängen schnell in verhallende Pianoakkorde zurücksinkt.

Nicht so umfangreich, nicht so vielseitig, aber ähnlich beachtenswert die beiden nachgelassenen Variationen der Werkzahlen 82 und 83. Beachtlich auch das Scherzo h-moll, ein für den nervösen Jünglingskomponisten bezeichnendes Prestissimo, ferner etwa das im Presto-Teil so gelenkig dahinhuschende Rondo capriccioso (Werk 14). Nimmt man noch das fis-moll-Scherzo-a-Capriccio hinzu, so hat man eine Auswahl von Klavierwerken Mendelssohns, die auch heute noch lebensfähig sind.

FRÉDÉRIC CHOPIN

Geboren am 22. Februar 1810 in Zelazowa Wola (bei Warschau) als Sohn eines französischen Hauslehrers und einer Polin. Mit neun Jahren trat er zum ersten Male als Klavierspieler in einem Konzert auf, mit zwölf Jahren beendete sein Klavierlehrer den Unterricht, weil er den Schüler nichts mehr lehren könne. Theoretischer Unterricht vor allem bei dem Schlesier Josef Elsner. Daneben sorgfältige Allgemeinbildung. 1830 ging Chopin über Wien und München nach Paris. Dort zählte er zu einem Kreise berühmter Dichter und Musiker wie Liszt, Berlioz, Heine, Balzac. Bald war er der bevorzugte Klavierspieler in den Pariser Salons. Seit 1838 suchte den schon in seiner Kindheit überanstrengten Tondichter ein schweres Brustleiden heim. Gestorben am 17. Oktober 1849 in Paris. Chopin hat fast ausschließlich für Klavier geschrieben.

„Chopins Klavierstil ist etwas Einmaliges. Dieser Stil wuchs ihm zu, ohne daß er eigentliche Vorgänger gehabt hätte; man könnte höchstens an die Nocturnes des Engländers Field denken. Aber die Ausdrucksweise Chopins ist auch nicht weitergebildet worden; Liszt hat es versucht, vermochte jedoch über Nachahmungen (im besten Sinne) nicht hinauszukommen. Grundlage seines Schaffens waren völkische Eigentümlichkeiten, die er von den Eltern ererbt hat: slawisches Feuer (und slawische Weichheit) und französischer Formengeist. Hat schon die seltene Mischung von ungehemmter Musizierlust und geistvoller Selbstüberwachung einen eigentümlichen Reiz, so kommt bei Chopin noch etwas Anderes, bis dahin völlig Unbekanntes hinzu. Alle früheren (und die meisten späteren) Tonschöpfer haben die Themen ihrer Werke betrachtet als Keimzellen, aus denen sie ihren Gedankenbau zu errichten vermochten; entscheidend für sie waren jedenfalls die i n n e r e n Triebkräfte des Themas. Chopin dagegen macht die Ausstrahlungen der Themen hörbar, bringt gewissermaßen die sie außen umgebende Luft, den feinen Duft der Melodien zum Klingen. Die kleinen Figuren und Ranken, die Zwischentriller und Vorschläge, die Auflösung in Akkordbrechungen und flüchtig dahinhuschende Tonketten, — all dieses Spielwerk, mit dem er bei Wiederholungen seine Themen auflockert, bilden den hörbar gewordenen Luft- und Lebensraum dieser Themen. Zugleich ist diese Darstellungsart einzig und allein bezogen auf die besonderen Eigentümlichkeiten des Klavierklangs. Wirkliche Nachfolger hat diese Schaffensart allenfalls in den französischen Impressionisten (Debussy) gefunden." („Schumanns Orchesterbuch".)

Fügen wir noch einige ergänzende Hinweise hinzu. Chopins Sprache ist zwischenvölkisch. Der Vater Franzose, die Mutter Polin, er selbst in Polen aufgewachsen, von einem Deutschen in das musikalische Gestalten eingeführt, sein Leben als Mann in Paris verbringend in einem Kreise europäischer Geister, — so ist es kaum denkbar, daß seine Sprache nicht hätte zwischenvölkisch werden können. Eine gewisse „Eleganz" des Ausdrucks weist nun aber vorwiegend auf das Französische. Dagegen zieht er das rein Stoffliche — besonders in den Tänzen — aus dem Polnischen, und zwar aus der polnischen Volksmusik, die ihn schon als Knaben mächtig angerührt hat. Lassen sich die zwischenvölkischen, französischen, polnischen, deutschen Bestandteile seiner Musik noch als gegenseitige Ergänzungen auffassen, so klafft ein innerer Widerspruch zwischen der Verwurzelung in polnischer Volksmusik und der ausgesprochen aristokratisch-schöngeistigen Fassung. Wohl hat Chopin vieles musikalische Volksgut seiner Heimat zu künstlerischem Rang erhoben und geadelt; doch oft wurde diese Erhebung zu sprunghaft und unter fremden Lebensbedingungen vorgenommen: Tanzweisen des polnischen Volkes in die Luft pariserischer Salons zu versetzen, ist ein gefährliches Unterfangen. Und wenn auch bei

Chopin dieser Versuch im wesentlichen als gelungen erscheinen mag, so liegt doch über seinem Werk ein leiser, für manchen kaum wahrnehmbarer Hauch des Unwirklichen, Müden, Wurzellosen, Krankhaften. Freilich ist nicht zu bestreiten, daß gerade darin ein besonderer Reiz von Chopins Klaviermusik liegt; noch weniger aber soll bestritten werden, daß Chopin ein begnadeter Künstler gewesen ist, das Genie der Salonmusik, wobei unter „Salon" jene feine, unwägbare Mischung verstanden werden möge, die sich aus gepflegter Lebenshaltung, echter Empfindsamkeit und geschliffener Geistigkeit zusammensetzt.

Begnadet war Chopin vor allem als M e l o d i k e r. Es sind wirklich zumeist Melodien, nicht Themen, die ihm zuströmen (gleich, ob aus der Volksmusik oder aus seinem eigenen Wesen), und er weiß sie so zu glätten, so samten zu tönen und so singend zu gestalten, daß sie die unverkennbaren Züge seiner Eigenart tragen. Als H a r m o n i k e r liebt Chopin die Zwischenfarben (Vorhaltbildungen, Chromatik, verschlungene Modulationen), und selbst klare harmonische Verhältnisse und Beziehungen gehören bei ihm — er weiß sie mit prächtiger Wirkung einzusetzen — nicht so sehr zu den bauenden als zu den färbenden, schattierenden oder leuchtenden Bestandteilen seines Werkstils. Sehr vielseitig ist Chopin auch als R h y t h m i k e r. Vom krachenden Rhythmus einer stampfenden Polonäse bis zum weichen, bald gedehnten und bald gerafften Rubato italienischer Sänger finden sich in seinem Werk alle nur denkbaren Zwischenstufen, so daß seine Musik auch von hier aus etwas reich Bewegtes, Schillerndes erhält. Über das F o r m a l e wird in den Werkbesprechungen etwas zu sagen sein; hier nur soviel, daß die Bevorzugung der Kleinform dem Stimmungshaften seines Wesens ebenso entspricht, wie sie bedingt wird durch die ungewöhnlich genaue, sorgsame Durcharbeitung auch der geringsten Einzelheit. Sein Klaviersatz entspricht ganz und gar den Bedingungen des Instruments. Es gibt gewiß bedeutendere Tondichter als Chopin; aber seine Zeitgenossen überragt er ausnahmslos durch das echt und ausschließlich Klaviermäßige seines Satzes. Ob er seine melodischen Gestalten durch Portamento oder Schleifer der menschlichen Stimme nachbildet, ob er in mehrdeutigen Harmonien oder vielgliedrigen Rhythmen sich ergeht, ob er auf heimlichen polyphonen Pfaden wandelt oder glanzvolle Polonäsen herausschleudert, ob er durch das Pedal Klänge ineinanderfließen oder Dreiklangsthemen in klarer harmonischer Lagerung schmettern läßt, — immer denkt und erlebt er im Sinne und Geist seines Instruments, des Klaviers.

Sonaten

Man hat frühzeitig bemerkt, daß die verschiedenen Sätze von Chopins Klaviersonaten sich nicht mit unbedingter Folgerichtigkeit zu einer sonatenhaften Einheit binden; Robert Schumann war der erste, der diese Feststellung traf. Man hat ebenfalls bemerkt, daß der Aufbau der Einzelsätze teilweise geradezu wild und allzu freizügig sei. Wenn dennoch die beiden Großwerke als künstlerische Gebilde wirken, so liegt das einmal an der großartigen Fassung des thematisch-melodischen Stoffes, die alle Einwendungen formaler Art hinwegfegt, und zum anderen an dem pianistischen Schwung, ja, man möchte sagen: an dem pianistischen Geist, der die Sonaten durchweht.

Die c-moll-Sonate Werk 4 (entstanden 1828, aber erst nach Chopins Tode, nämlich 1851, veröffentlicht) ist freilich ein im großen und ganzen unpersönliches Jugendwerk. Die ersten beiden Sätze (Allegro maestoso und Menuett) beginnen mit nachahmenden Einsätzen, das Larghetto steht im $^5/_4$-Takt, im Schlußpresto werden die Passagen des Alla-breve-$^4/_4$-Taktes zuweilen in zehn oder elf Achtel je Volltakt aufgelöst, das Ganze ist mit sichtlicher Spielfreude geschrieben.

Dagegen ist die b-moll-Sonate Werk 35 (geschrieben 1839/40) ein reifes Geschöpf der Chopinschen Muse. „Daß Chopin es Sonate nannte, möchte man eher eine Kaprice heißen, wenn nicht einen Übermut, daß er gerade vier seiner tollsten Kinder zusammenkoppelte, sie unter diesem Namen vielleicht an Orte einzuschwärzen, wohin sie sonst nicht gedrungen wären.“ Für Robert Schumann, von dem diese Worte stammen, galt eben die klassische Sonate (freilich mehr für den Kritiker als für den Komponisten Schumann) als Maßstab, während wir heute in wesentlich duldsamerer, vielleicht allzu duldsamer Weise geneigt sind, jedes Werk daraufhin zu prüfen, ob es durch sich selbst bestehen kann. Und solcher Prüfung hält die b-moll-Sonate hervorragend stand. — Mit einigen rhapsodischen Grave-Akkorden (Beispiel 1) hebt der erste Satz an, rätseldunkel in seiner

1 Grave

harmonischen Fragestellung, die der Grundtonart b-moll zunächst so stark ausweicht, aber auch weltenweit in der mächtigen Gebärde. Dann erst, nun jedoch piano nach dem Forte-Beginn, wird die Haupttonart angeschlagen: vier Takte lang, ohne thematische Bildung, lediglich in unruhig gebrochenen Akkorden, das Sforzato der ersten Baßoktave mit Hilfe des Pedals durchtönen lassend. Aus diesem Gewoge

2 Agitato

taucht dann das Thema auf (Beispiel 2), drängend, hastig, gehetzt, unablässig auf dem Grundmotiv verharrend, ausmündend in einige Fortissimo-Oktaven und Akkorde. Als denkbar schärfster Gegensatz dazu das Seitenthema in breitgelagerter Akkordik (Beispiel 3), eines der bestgesteigerten

3

Themen der Klaviermusik: zunächst in ganzen und halben Noten mit einer Viertelnotenwendung des Basses im vierten Takt, dann halbe und viertel Noten mit leichter Triolenbeschleunigung der Baßfigur, darauf eine mächtig sich hebende und senkende melodische Welle mit zweimaligem Anhub, reicherer Harmonik und (teilweise punktiertem) Rhythmus. Bei der Wiederholung des Gesamtgedankens wird die erwähnte Baßfigur zunächst zu durchgehenden Triolen und weiterhin zu rollenden Achteln, dem Thema wachsen drängende Triolen und schließlich Achtel in der Bewegung, Sexten- und Oktavenparallelen im Klang sowie kraftvollere Stärkegrade zu. Die Schlußgruppe besteht aus lauter in Viertel-Triolen geschmiedeten Akkordketten voll flimmernder, funkelnder Harmonierückungen und Dissonanzen. Die verhältnismäßig kurze Durchführung ist leidenschaftlich gespannt durch das unablässige Wühlen des unrastigen Hauptthemas; wohl klingt das Kopfmotiv des Grave und auch eine Andeutung des Seitenthemas hinein, aber das kommt bei der wilden Besessenheit des Hauptthemas niemals zur Geltung. Einige in der Schlußgruppe enthaltene Takte leiten über zu einem B-dur-Teil (einer Art Reprise), der das Seitenthema noch einmal in seiner ganzen Schönheit aufblühen läßt, sodann die Schlußgruppe wieder aufnimmt und in eine kurze akkordisch breite Koda mit dem im Baß erdröhnenden Hauptmotiv einströmt. Im Scherzo ähnlich starke Gegensätze wie in der Themenaufstellung des Hauptsatzes. Den ganzen es-moll-Hauptteil durchstürmt ein maßloses, wildes Rasen: zunächst in dem hartnäckigen Hämmern des abwechselnd aus vier Achteln und einem Viertel, dann aus einem Viertel und vier Achteln bestehenden, eigensinnig auf dem ersten Ton beharrenden Themas; weiterhin in den chromatisch auffahrenden Sextakkord-Gängen, endlich in dem barbarisch ausgelassenen Oktavenjubel mit seinen heftigen Sprüngen. Wie ein Schatten, wie eine Traumerscheinung hebt sich davon der sanfte Walzergedanke des Trios ab, der immer wieder auftaucht und immer wieder in den gleichmäßigen, nur durch eine Sekundwendung der Mittelstimme gefärbten Begleitakkorden verschwindet. Im dritten Satz, dem allbekannten Trauermarsch, wendet Chopin das gleiche Mittel an wie im Scherzo-Trio: auch hier — zum schweren Glockenklang der gleichmäßigen Baßakkorde und zum punktierten Rhythmus des engstufigen Themas — die ständigen Sekundschritte der Mittelstimme, die den gleichmäßigen Wechsel von b-moll und Ges-dur verursachen. Überzeugend in seiner Sparsamkeit der Des-dur-Mittelsatz mit den gleichmäßigen Akkordbrechungen in der Begleitung und der schmerzlich-zarten, zugleich tröstlichen Melodie. Einzigartig der vierte Satz. Es ist ein Alla-breve-Presto, kein Thema, kein Akkord, kein forte und kein piano, nur eine unablässige Triolenbewegung, beide Hände im Einklang, alles grau in grau, ein Stück ohne Anfang und ohne Ende, wesenloses Treiben halbdunkler Schatten, nur der Schlußtakt ein heftiger Fortissimo-Akkord. Fesselnd durch seine Ungewöhnlichkeit; aber kein Sonatenabschluß.

Die h-moll-Sonate Werk 58 (1845 erschienen, aber etwas früher geschrieben) ähnelt in manchen Zügen des Aufbaus der b-moll-Sonate, ist aber noch dichter und reicher im Ausdruck. Wieder steht das Scherzo an zweiter und der langsame Satz an dritter Stelle. Auffallend vor allem die Übereinstimmung der Kopfsätze: hier wie dort bestreitet das Hauptthema (Beispiel 4) zusammen mit Überleitungs-

4

und Schlußgedanken die eigentliche Durchführung, während dem zweiten Thema (Beispiel 5) die ganze Reprise vor-

5

behalten wird; und diese steht wiederum durchgehend in Dur, so daß es den Anschein hat, als habe Chopin den alten Formenbau durch einen neuen ersetzen wollen, in dem Durchführung und Reprise einen anderen Sinn erhalten. Reicher ist dieser Kopfsatz insofern, als die Zwischenglieder stärker ausgeführt sind, und zwar thematisch (vergl. die weitgesponnene Überleitung zwischen dem ersten und zweiten Thema, deren Gedanke sowohl an das Hauptthema anknüpft sowie vom Seitenthema mancherlei vorwegnimmt) wie harmonisch (die Modulationen in der Themenaufstellung tragen verdichteten Durchführungscharakter usw.). Die beiden Hauptthemen sind in der Bogenführung verwandt, so sehr sich auch sonst das selbstbewußte, willensbetonte erste Thema mit seiner akkordischen Vollgriffigkeit von dem süß singenden, fast hingebenden zweiten mit seiner Einstimmigkeit unterscheiden mag. Seltsam übrigens die Ähnlichkeit dieses Seitengedankens mit der Barcarole aus Johann Straußens „Nacht in Venedig“ und die der Abwandlung des Seitenthemas (in der Oktavenfassung) mit dem Hauptthema aus Verdis „Traviata" (beide Bühnenwerke sind nach Chopins Sonate entstanden). Der Hauptteil des Scherzos (terzverwandt in Es-dur) besteht aus gleichmäßig dahinhuschenden, leisen, erst gegen Schluß gesteigerten Achtelbewegungen nach Art mancher Walzerteile des Tondichters, während das Trio (jetzt H-dur) ganz auf gehaltenen Außenstimmen ruht und das Geschehen den meist in Vierteln gehenden Mittelstimmen überläßt. Das Largo des dritten Satzes schlägt in Stimmung, Melodie und schwebendem Begleitrhythmus des H-dur-Hauptteils eine Seite im Buch Chopinscher Nocturnos auf. Bevor das Thema piano beginnt, wird in einigen heftigen Unisono-Folgen und weichen fremdharmonischen Akkorden ein merkwürdiges Vorwort gesprochen. Bemerkenswert auch die Art des E-dur-Mittelsatzes: die Oberstimme singt eine breite, auf halben Noten ruhende Weise, die jeweils nach einer „Zeile" wie beim Kirchenchoral von einem Zwischenspiel abgelöst wird; der Baß liegt ebenfalls auf ruhigen Halben und Ganzen, die Mittelstimme harft dazu in Achteln gebrochene Dreiklänge mit Zwischentönen, wobei die Töne des Dreiklangs länger angehalten werden. Verzichtete der Schlußsatz der b-moll-Sonate auf jede, selbst auf die geringste Wirkung, so holt das Presto-Finale dieser Sonate alles nach. Schon die einleitenden Sprünge der Doppeloktaven mit den zuweilen scharf dissonierenden, heftig modulierenden Mittelstimmen haben die Gebärde eines gewaltigen Klavierkonzertes. Dann setzt nach einer Fermate das h-moll-Thema (Beispiel 6) als Haupt-

6

gedanke des nach Rondoart gebauten Satzes ein, zwar piano, doch mächtig bewegt. In den Zwischengruppen wird die

Bewegung verdoppelt. Die Gesamtsteigerung ist klug berechnet, in ihrer edel-virtuosen Fassung bewundernswert, in der rauschhaften Art slawisch überschäumend, beinahe zügellos, technisch und gestalterisch nur von wirklichen Meistern des Klaviers zu bewältigen.

Balladen

Chopin hat als erster Balladen für Klavier geschrieben. Es handelt sich bei seinen vier Balladen nicht um formale Neuerungen (er bedient sich vielmehr älterer Formbestandteile, die er seinen Absichten dienstbar macht), sondern um inhaltliche und stimmungsmäßige Eigentümlichkeiten. Kenner der polnischen Dichtung erklären, Chopin sei durch Werke von Mickiewicz und Slowacki zu den Klavierballaden angeregt worden.

Die g-moll-Ballade Werk 23 ist 1836 erschienen, aber von Chopin im Alter von etwa zwanzig Jahren geschrieben worden. In der Form kommt sie einem Fantasie-Sonatensatz nahe mit nicht ganz regelrechter Themenaufstellung, sehr freier Durchführung, Reprise und Koda. Aber das Formale dieser Tondichtung besagt wenig gegenüber der großen, sorgsam gegliederten Steigerung, die eine ständig wachsende Ergriffenheit des Balladensängers widerspiegelt. Zunächst einige (nach Chopins Art nicht mit dem Grundakkord, sondern mit As-dur, also der neapolitanischen Sexte beginnende) Largotakte, Unisono im präludierenden Harfen. Diese Takte bergen bereits einige Gedanken, die später wiederauftauchen. So im Kopfmotiv des in ruhigem Erzählerton anhebenden Hauptthemas (Beispiel 7), so auch im Beginn der Schlußgruppe, wo das Auftaktmotiv des Hauptthemas wieder wie in der harfenden Einleitung mit einer Triole versehen wird. Der erste Abschnitt wird vor allem gesteigert durch die Begleitfiguren: zunächst nachschlagende

Viertelnoten-Akkorde, vorübergehend durchsetzt von kleinen Achtelfiguren, dann, nach einem Harfenlauf in Sechzehntel-

7 Moderato

Sextolen, ununterbrochen stärker werdende Bewegung mit gleichzeitiger Auflösung des Klanges in weitläufige Akkordbrechungen. Ähnlich, wenn auch knapper, die Steigerung des zweiten Abschnitts mit dem pianissimo eintretenden Seitenthema (Beispiel 8). Dieses wird noch einmal unterbrochen

8 Meno mosso

durch das Hauptthema und steigt dann, umrauscht von vollen Akkorden, in Fortissimo-Akkorden strahlend empor. Von hier an steigert sich das Geschehen ständig weiter. Selbst das ganz leise noch einmal vorüberwehende Hauptthema dient nur dazu, die Schlußsteigerung umso wirkungsvoller zu machen, die in dem wilden Presto con fuoco losbricht, von mächtigen Harfenfiguren durchzogen wird und in riesigen chromatischen Gängen (Doppeloktaven) endet.

In der 1839 geschriebenen F-dur-Ballade Werk 38 gestaltet Chopin nach einem Stoff, der etwa unserem Undinen-Märchen entspricht. Sehr einfach und übersichtlich die Gruppierung. Zunächst ein sanft wiegendes, dem Volkston entsprungenes Andantino, dann ein wie Sturmwind daherfahrendes Presto con fuoco; dieses wird wieder von dem Andantino abgelöst, das nun aber etwas reicher (vor allem harmonisch) ausgestattet ist; darauf kehrt der stürmende Prestogedanke wieder; nach seinen bohrenden Schlußtrillern setzt (Agitato) eine dem Presto entsprechende Koda ein, jetzt a-moll. Nach einer Fermate kehrt das Andantino-Thema wie eine flüchtige, verwehende Erinnerung wieder, und zwar ebenfalls in a-moll, so daß die Grundtonart nicht gewahrt wird.

Die As-dur-Ballade Werk 47 (erschienen 1842) bietet ein besonders eindrucksvolles Beispiel für Chopins Art, ein schlicht-ruhiges Thema (oder mehrere) zu klanglichen Wirkungen zu steigern, die man in ihm beim ersten Auftreten nicht vermuten würde. Hier ist es vor allem das Kopfthema: wie weich und anmutig erscheint es anfangs mit seiner atmenden Welle, der Gegenbewegung zu Beginn und der Antwort im Baß; aber wie mächtig stürmt es in der Oktavenfassung gegen Schluß dahin, alles „Allegretto" — unter welcher Bezeichnung man sich stets etwas Anmutig-Gefälliges vorstellt — vergessen machend durch das jauchzende Dahinjagen. Etwas Jagendes, auf feurigem Pferd Dahinstürmendes ist der ganzen Ballade eigentümlich. Der Rhythmus und die steigende Bewegung, der virtuose Klaviersatz und die gewaltig treibende Dynamik verstärken diesen Eindruck. Den eigentlichen Glanz aber geben die sausenden harmonischen Rückungen, deren sich Chopin hier bedient, um dem Klang besondere Lichter aufzusetzen.

Ähneln die erste und dritte Ballade freien Sonatensätzen, so wählt Chopin in der zweiten eine sehr einfache und in der vierten Ballade, f-moll Werk 52 (erschienen 1843) eine verwickeltere Rondoform. Gerahmt wird die Ballade von einer siebentaktigen F-dur-Einleitung und einer umfangreichen, stark bewegten, glanzvollen Koda. Der Hauptsatz mit seinem weichen, sanfte Nachtstimmung heraufbeschwörenden Thema (Andante con moto) tritt dreimal auf, das erste Mal schlicht ausgesponnen, das zweite Mal durch Mittelstimmen (teilweise in Terzen- und Sextenparallelen) und später durch Oktavengänge in Gegenbewegung mächtig belebt, das dritte Mal durch anfänglich nachahmende Einsätze und später durch Figurenwerk ausgeziert. Zwischen dem ersten und zweiten Auftreten des Hauptteils steht ein in Ges-dur (der von Chopin so geliebten „neapolitanischen Sexte") anhebender kurzer Seitensatz. Ein zweiter, diesmal weiter ausgeführter Seitensatz findet sich zwischen dem zweiten und dritten Eintreten des Hauptsatzes, und dieser zweite Seitensatz kehrt vor der Koda noch einmal verändert wieder.

Impromptus

Die vier Impromptus von Chopin mögen ihre Entstehung den gleichnamigen Werken Schuberts verdanken; dem Wesen nach sind sie etwas anderes. Formal stehen sie unter einem einheitlichen Gedanken: ein langsamer oder wenigstens gehaltener Mittelsatz wird umrahmt von bewegteren Sätzen, von denen der letzte eine mehr oder weniger veränderte Wiederholung des ersten ist. Innerhalb dieses formalen Grundrisses erlaubt sich der Tondichter einige Freiheiten. Obwohl die vier Impromptus in verschiedenen Jahren entstanden sind, hängen sie motivisch (was seltsamerweise meist übersehen wird) eng miteinander zusammen: die bewegten Teile haben sämtlich das gleiche Urmotiv (im Fis-dur-Impromptu tritt es erst bei den Zweiunddreißigsteln des Schlußteiles erkennbar auf), die langsameren Mittelsätze haben ebenfalls fast durchweg Gemeinsamkeiten (teilweise nicht gleich zu Beginn), ja, selbst zwischen langsamen und schnellen Teilen bestehen motivische Beziehungen (vergl. das Sostenuto des ersten mit dem Allegretto des zweiten Impromptus). In der Stimmung dagegen sind die vier Werke zum Teil verschieden.

Wieviel die Innenzeichnung bedeutet, ermißt man besonders an dem As-dur-Impromptu Werk 29 (1837/38). Der Hauptsatz wirkt auf den ersten Augenblick nüchtern mit seiner dünnen Zweistimmigkeit und ständigen Bewegung in Achteltriolen. Aber wenn man den Linien nachspürt, gewahrt man den Reichtum an feinen Ausweichungen, zarten harmonischen Tönungen (auch die chromatischen Rückungen fehlen nicht), sanften, aber nachdrücklichen Verstärkungen, sorgsamer Baßführung. Gegen dieses enge Gewebe hebt sich der Mittelsatz mit seiner breiten, akkordisch begleiteten f-moll-Weise, die im Verlauf so beredt verziert wird, eindrucksvoll ab. Das Impromptu schließt nach einer Wiederaufnahme des Hauptteils mit einigen weichen, leise verhallenden Akkordfolgen.

Nicht ganz so übersichtlich, aber doch sehr schön gegliedert das Fis-dur-Impromptu Werk 36 (1840 veröffentlicht). Die beginnenden, gleichmäßig verharrenden Begleitakkorde in ruhigen Vierteln lassen eine friedliche Landschaftsstimmung entstehen, in die dann eine stille Hirtenweise hineintönt. Der nächste, in Achtel-Akkorden schwingende Gedanke — rhythmisch zum Teil schon vorbereitet — leitet zum D-dur-Mittelsatz (sostenuto nach allegretto). Auch hier gleichmäßig verharrende Begleitung, nun aber rhythmisch punktiert statt in Vierteln, ritterlich, dazu ein festlich-stolzes Thema. Es folgt abermals eine Art Überleitung, die gewonnen ist aus dem Beginn, aber durch die Triolenbewegung der Begleitstimme die frei in Zweiunddreißigstel aufgelockerte Wiederaufnahme des ersten Teils bereits ankündigt. Das Stück schließt mit einer Wiederholung der ersten Überleitung (die schwingenden Achtel-Akkorde). Den besonderen musikalischen Wert dieser kleinen Tondichtung darf man in den klaren melodischen Gedanken und in den ungezwungen fließenden Übergängen erblicken.

Das dritte Impromptu Ges-dur Werk 51 (1843 veröffentlicht) hat wieder die klare Gliederung: schneller

Hauptsatz / Sostenuto - Mittelsatz / Wiederaufnahme des Hauptsatzes. Es ähnelt dem ersten insofern, als es wie dieses etüdenartig in dünnem, erst einstimmigem, dann zweistimmigem Satz (ebenfalls Triolen) beginnt. Dann aber, mit dem Eintreten gegliederter rhythmischer Gedanken, mit den mehrfach verwendeten Begleitakkorden (in ihnen sekundweise weiterrückende Stimmen) und mit dem Hinzufügen einer Mittelstimme setzt sich eine erlesene Klangwirkung durch. Das Sostenuto legt die cello-artige Melodie durchgehend in den Baß und bettet sie mit den nachschlagenden Akkordtriolen sowie den rhythmischen Mischfarben (Achtel gegen Achteltriolen, eingestreute Doppelschläge) ebenfalls ganz in Klang.

Am bekanntesten das cis-moll-Impromptu. Chopin hat es um 1839 geschrieben; es ist aber erst 1855 als Werk 66 erschienen, und zwar als „Fantasie-Impromptu". Anscheinend versprachen sich die Herausgeber von dieser Bezeichnung einen größeren Erfolg, — und sie haben recht behalten. Denn es ist zu einer besonders beliebten Komposition geworden. Die Fachleute freilich schätzen dieses Impromptu nicht so hoch wie die anderen drei und befinden sich damit in Übereinstimmung mit dem Tondichter, der es überhaupt nicht veröffentlicht haben wollte. Die unterschiedliche Bewertung erklärt sich aus der unterschiedlichen Betrachtungsweise: die meisten Hörer sind gefesselt durch die Thematik, (die in diesem Werk allerdings auch sehr schön ist), durch das Klingende des Satzes (vor allem im Hauptteil) und durch die Übersichtlichkeit der Form (geschwinder Hauptteil/langsamer Teil/Wiederaufnahme des Hauptteils); der Fachmann dagegen findet — bei aller Anerkennung der Thematik — die gedankliche Verarbeitung besonders des Mittelteils einigermaßen dürftig. Sehr gewinnend das Allegro agitato. Es beginnt, nach zwei Takte lang gehaltenem Oktaven-Gis und vier Takten geharfter Triolen, mit einem ganz in Bewegung aufgelösten

Gedanken (Beispiel 9). Ihm schließt sich bald ein neuer Gedanke an, der zwar das Bewegungsmäßige beibehält, die

9 Allegro agitato

10

Motivtöne jedoch schärfer und breiter hervorhebt, und zwar zunächst in der Mittelstimme auf dem jeweils ersten Sechzehntel mit leisem Oktavennachschlagen der Oberstimme auf dem zweiten Sechzehntel (Beispiel 10), dann aber mit der Betonung auf dem zweiten Sechzehntel der Oberstimme, während die Mittelstimme den Melodieton auf dem ersten Sechzehntel bereits vorweggenommen hat. Das ergibt einen schwebenden Klang von zarten Mischfarben, und diese Wirkung wird noch verstärkt durch das ständige Gegeneinander von begleitenden Achteltriolen und motivischen Sechzehnteln. Die Triolenbegleitung bleibt im Des-dur-Moderato bestehen; aber über ihr schwebt eine sehr ruhige Gesangsweise von edlem Schnitt (Beispiel 11). Chopin wiederholt

11 Moderato cantabile

sie immer wieder, teilweise mit billiger Oktavverdoppelung, ohne ihr vertiefte Wirkungen abgewinnen zu können, so daß dieser Teil recht flächig, um nicht zu sagen flach wirkt. Nach der Wiederaufnahme des Hauptteils tönt das Thema des Moderatos in den nach Cis-dur gewandelten Schlußtakten als schöne Erinnerung in tiefer Baßlage nach.

Scherzi

Die vier Scherzi von Chopin sagen mit ihrer Bezeichnung nichts aus über den Inhalt: sie sind weder scherzhaft noch fröhlich noch heiter. Der Tondichter hat den Namen wohl nur gewählt, um anzudeuten, wo er mit diesen musikalischen Gebilden anknüpft: bei den Sonaten-Scherzi Beethovens. Deren Gestaltungsart mag ihn so gefesselt haben, daß er sie aus dem Verband der Sonate löste und als selbständige Stücke hinstellte. Dabei hat er sich formal nicht immer streng an das Vorbild gehalten; im allgemeinen schimmert freilich die Dreiteiligkeit erkennbar durch.

Wie frei Chopin verfährt, zeigt bereits das etwa 1830 entstandene h-moll-Scherzo Werk 20. Es beginnt auch harmonisch sehr frei, indem an der Spitze zwei langausgehaltene Schlußkadenz-Akkorde stehen: e-moll in hoher Lage und Fis-dur mit kleiner Septime in tiefer Lage. Der heftig bewegte (wie bei der älteren Sonate zu wiederholende) Thementeil ist kurz und hat — abgesehen von dem gemäßigteren Schlußgedanken — eigentlich nur ein Thema. Dieses wird im Agitato stürmisch durchgeführt, wobei der Schlußgedanke eine lediglich gliedernde Rolle spielt. Weich setzt sich der Mittelteil (Molto più lento) dagegen ab, sehr einfach in der Form (A/B/A/B/A). Sodann wird der Hauptteil wieder aufgenommen und aufs heftigste gesteigert (vergl. zum Schluß die dröhnenden Dissonanzen und chromatischen Läufe in dreifachem Forte).

Das b-moll-Scherzo Werk 31 (erschienen 1838) möchte man als künstlerische Walzer-Fantasie bezeichnen; denn vom eigentlichen Scherzo wendet sich die Tondichtung inhaltlich ab und neigt sich dem Walzer zu (nicht dem Tanz-, sondern dem „Vortrags“walzer). Obwohl in der Form ganz anders gehalten, verbinden unterirdische Verwandtschaftsbeziehungen dieses Werk mit Webers „Aufforderung zum Tanz“. Die Anlage ist wiederum dreisätzig, und zwar auf eigentümliche Art: einmal bildet der weitausholende A-dur-Mittelteil (Sostenuto) nahezu ein Tonstück für sich, zum andern erscheint die Wiederkehr des Presto-Hauptsatzes nicht so sehr als Wiederaufnahme denn als Durchführung. Sehr viel „Aufforderung zum Tanz“ steckt im Beginn mit seinem jedesmal zweifach auftretenden „auffordernden“ Triolenmotiv, mit den abwartenden, antwortheischenden Generalpausen, dem rhythmisch punktierten Motiv in hohen Akkorden, weiterhin mit dem fortissimo herabstürzenden, dann piano auf- und abgleitenden Achtelmotiv, bis dann endlich (auf der Dominante von Ges-dur) der erste singende, wiegende Walzergedanke einsetzt, dieser nun aber nicht tanzmäßig, sondern von Achtelbrechungen begleitet. Der ausgedehnte A-dur-Mittelteil ist erst recht kein wirklicher Tanz, sondern ein Tanztraum: im ersten Themenbild ruhig und sanft, nur rhythmisch leicht geschärft durch Punktierung und eingestreute Vorschläge, klanglich in Oktaven und Quinten sich lösend (kleingestochene Noten), bei der Wiederholung sich festigend durch gleichförmige Begleitung und motivisch bedeutsame Mittelstimmen; endlich im zweiten Themenbild auf gebrochenen Achteln dahinglitzernd. Zu wirklichen Kraftentfaltungen kommt es erst im stürmischen Schlußteil, der den Beginn wiederaufnimmt, ihn aber vor allem klanglich ausführt.

Es wäre vergebliches Bemühen, das cis-moll-Scherzo Werk 39 (1839 geschrieben) unter irgendeinen der bekannten Formbegriffe zwingen zu wollen. Man wird es zweckmäßiger als großflächige Klangstudie auffassen. Nach einer Einleitung von vierundzwanzig Takten, in denen die Grundtonart nur umspielt, aber nicht angeschlagen wird, setzt das erste Hauptthema ein (Beispiel 12), cis-moll, fortissimo, kraftvolle Doppeloktaven, nach breitem Anhub gleichmäßig in Vierteln stoßend, zum Schluß auf vollen Takten ruhend.

Dieser Gedanke wird weiterhin fortgesponnen, durchgekostet (teilweise mit Umkehrung und Gegenbewegung),

12 (Presto con fuoco)

wenn man so will: durchgeführt, immer im Wechsel von ruhenden Volltakten und feuriger Viertelbewegung. Der zweite Gedanke (Beispiel 13), Des-dur, weniger schnell, steht

13 Meno mosso

zu dem ersten in verwandtschaftlichem Gegensatz. Verwandt ist der Wechsel von Ruhe und Bewegung, gegensätzlich die zuvor klar abgesetzte Bestimmtheit der gestoßenen Oktavengänge und die nun in den durch Pedal gehaltenen Akkord hineindämmernden Achtelbrechungen. Auch dieser zweite Gedanke wird in gleichmäßigen Abschnitten „durchgeführt". Das ganze Scherzo setzt sich zusammen aus der mehrfachen, jeweils veränderten Wiederkehr der beiden Hauptabschnitte. Sehr stark die Klangsteigerung in dem verselbständigten Schlußstück („Tempo I") und dem vorangehenden Orgelpunkt Gis mit der rollenden, gebrochenen Achtelbegleitung und der mächtig aufsteigenden Akkordik der rechten Hand.

Das E-dur-Scherzo Werk 54 (erschienen 1843) ist zwar sehr umfangreich, umschließt auch eine Fülle von melodischen Gedanken, bietet aber dem Verständnis keinerlei Schwierigkeiten: der E-dur-Hauptsatz (Presto) umschließt einen langsameren cis-moll-Mittelteil, und beide Teile sind auch in sich schlicht gruppiert; zudem wirkt die Innenzeichnung thematisch, harmonisch und rhythmisch sehr einfach.

Im Hauptsatz abermals ein Nebeneinander breiter Akkordik und geschmeidiger Leggiero-Abschnitte, denen zuweilen leuchtende Melodiespitzen aufgesetzt sind; im Più lento vorwiegend linienhafte, einstimmige, nur gelegentlich durch Mittelstimmen leicht getönte Melodik zu einfacher Begleitung. Die Steigerungen und Verdichtungen (harmonisch, klanglich und bewegungsmäßig) sind für den Schlußabschnitt aufgespart.

Nocturnes

Übersetzt man das französische Wort „nocturne" mit „Nachtstück", so darf man bei den Nocturnes von Chopin nicht an Nachtstücke in der Art Schumanns denken. Chopin fehlt eine unmittelbare Beziehung zur Natur; er gibt sich daher nicht Stimmungen hin, wie sie den Menschen im nächtlichen Walde, am nächtlichen See, auf dem nächtlichen Berge mit ursprünglicher Kraft überziehen und ihn einbeziehen in das große Sein und Werden der Natur, ihn auslöschen als kleines Einzelwesen und ihn wieder auferstehen lassen als Teil eines größeren, mächtigeren Daseins. Chopin erlebt die Nacht daheim, am Flügel, bei Kerzenlicht, und selbst da erlebt er sie nur mit seinen Vorstellungen, nimmt ihre Ausstrahlungen durch ungewöhnliche Empfindsamkeit der Nerven auf. Vor allem: er gibt sich ihr nicht hin, sondern stellt sie in den Dienst menschlicher Stimmungen. Immer rückt er in den Nocturnes einen Menschen oder dessen Gestimmtheit in den Vordergrund; die Nacht der Natur jedoch wird zum Hintergrund, dient zum Einfärben und Abschatten. So wirken diese Tondichtungen auf den Deutschen tatsächlich als „Nocturnes", nicht aber als „Nachtstücke".

Der Form nach handelt es sich meist um dreiteilige Gebilde: ein Hauptsatz umschließt einen schnelleren, mindestens aber bewegteren Mittelteil. Chopin konnte bei den Nocturnes zwar auf das Vorbild der Nocturnos von John Field zurückgreifen; doch unterscheidet sich seine Art der Zeichnung so stark von der Fields, daß — wenigstens in den späteren Werken der Gattung — kaum noch irgendwelche Berührungspunkte bestehen. Achtzehn Nocturnes hat Chopin veröffentlicht, und zwar immer zwei oder drei gruppenweise unter einer Werkzahl; eine neunzehnte Nocturne (e-moll) wurde erst nach seinem Tode herausgegeben.

Gerade diese Nocturne in e-moll Werk 72 Nr. 1, die erst 1855 erschienen, aber schon 1827 entstanden ist, hätte Chopin der Welt nicht vorzuenthalten brauchen. Offenbar mutete ihn später der Satz allzu schlicht und die Verarbeitung allzu einfach an. Um so stärker der unmittelbar ansprechende Ausdruck eines echten, unverbildeten Gefühls.

Den drei Nocturnes der Werkzahl 9 (geschrieben etwa 1830, erschienen 1833) ist diese Unmittelbarkeit des Ausdrucks nicht mehr eigen. Wenn sie gleichwohl zu den beliebtesten Stücken der Gattung zählen, so mag das darauf zurückzuführen sein, daß Chopin mit offenkundiger Sorgfalt darangegangen ist, in ihnen die Eigenarten Fields, wie geschmeidige Melodik, zarte Koloraturen und feinsinnige Begleitung (weitgriffige Akkordbrechungen) zu übertreffen. Gleich die b-moll-Nocturne (Nr. 1) gibt in ihren ersten Takten (Beispiel 14) einen Begriff von solcher Vertonungsweise. Der

14 Larghetto

Mittelteil (Des-dur) behält die Begleitungsart bei, ebenso die Melodiezeichnung, die nun aber durch Oktaven noch klingender wird, verzichtet jedoch auf Koloraturen. In der Es-dur-Nocturne (Nr. 2) dagegen gewinnt die Koloratur erhöhte Bedeutung, und zwar ist sie jetzt — die eingestreuten

Praller, Triller und Vorschläge sind nur ein Kennzeichen dafür — mehr instrumentaler Art, wie ja überhaupt das ganze Stück anmutet wie für Flöte und akkordisch begleitende Laute geschrieben. Der Schluß verzichtet auf Melodik, macht die in silbernen Höhen klingelnde Koloratur selbständig und verklingt in ganz leisen Begleitfiguren. Waren in jedem der bisher erwähnten Tonstücke Zeitmaß und Grundhaltung durchgehend gewahrt, so stellt Chopin in der H-dur-Nocturne (Nr. 3) wirkliche Gegensätze auf: der Hauptteil allegretto, anmutig, neckisch-hüpfend, chromatisch in Thema und Koloratur, weitgriffig in der Begleitung durch gebrochene Akkorde; der Mittelsatz (h-moll) agitato, kraftvoll-bestimmt, akkordische Füllung durch Mittelstimmen, eng rollende Begleitung. Der Hauptteil kehrt nur gekürzt wieder, im Klang noch duftiger, in verschwimmender (Pedal!) Kadenz und gegenbewegtem Akkordharfen ganz leise verlöschend.

Recht unterschiedlich die drei Nocturnes der Werkzahl 15 (erschienen 1834, aber früher geschrieben). Die erste in F-Dur beginnt und schließt mit einer einfachen, ruhigen Weise, sie wird durch eine Mittelstimme teilweise in Oktaven verdoppelt, durch eine andere in schwebenden Triolenschimmer getaucht, während der Baß das gewissermaßen vierstimmige Geschehen still dahinträgt. Stürmisch bewegt dagegen der Mittelteil: Akkordauflösung in schnelle Folgen von Doppelgriffen, dazu wild rollende Bässe. Stimmungzerrissen die zweite Nocturne in Fis-Dur. Im Hauptteil zwar Larghetto-Zeitmaß, dieses jedoch in anmutiges Rankenwerk zerstäubend, mit koketten Motivanhängen, die Haltung weiblich, ja „damenhaft“. Im Mittelteil (doppelt so schnell), der leise anhebt, sich entfaltet und langsam wieder verhallt, ein inneres Bekenntnis von fast Schumannschem Gepräge, klingende Stimmenverhakelung der rechten Hand mit rhythmischen Erschwerungen (Quintolen), einfache Begleitung, beredte Melodik. Die dritte Nocturne in g-moll bezeichnete Chopin ursprünglich „Nach einer Vorstellung des Trauerspiels Hamlet". Die Nocturne beginnt sehr schlicht im erzählenden Balladenton zu einfacher Akkordbegleitung, steigert sich zu heftigen Akkordausbrüchen über dem tiefen Cis als Orgelpunkt, verhallt auf dem Cis und endet in einem — ebenfalls gesteigerten und wieder zurücksinkenden — „Religioso" von choralmäßiger Wirkung und mit einem G-dur-Ausklang.

Von starker Gegensätzlichkeit die beiden Nocturnes der Werkzahl 27 (1836). Die erste in cis-moll führt über weitgriffiger Akkordbrechung eine wehmütige, schmerzliche Melodie, in die sich zuweilen eine Gegenmelodie flicht. In diesem Hauptteil herrscht dunkles Pianissimo mit nur unmerklichen Schwellungen. Um so heftiger geht es im bewegteren Mittelteil her: von den leisen „Trompetenstößen" zu rollenden Begleitfiguren führt eine schnelle Steigerung zum Fortissimo der leidenschaftlich-kraftvollen Akkordmotivik des Appassionato, die sich dann sogleich zu dreifachem Forte verstärkt, durchzuckt vom Stakkato der Bässe. Die Wiederaufnahme des Hauptteils schließt in Dur und breitem Zeitmaß. Samtene Weichheit beherrscht dagegen durchgehend die zweite Nocturne in Des-dur. Die weitgriffige Akkordbrechung der Begleitung wallt unabänderlich in Sechzehnteln daher und trägt die Einheitlichkeit der Stimmung, die auch durch anwachsende Stärkegrade nicht zerstört wird. Darüber das Hauptthema, nein, eine Melodie, sanft geschwungen wie eine Welle (Beispiel 15). Dreimal im Verlauf strahlt sie ihren

15 Lento sostenuto

Zauber aus, jedesmal in unveränderter Gestalt beginnend, aber in der Fortführung jeweils anders ausgeziert, bis sie gestaltlos wird, sich in klingenden Duft auflöst. Terzen- und

Sextengänge tönen das Bild, chromatische Mittelstimmen zu Tonwiederholungen des Diskants, dann färben halbtonweise sinkende Tritonusschritte (oder wenn man so will: verminderte Quinten), die sogleich in hoher Lage wiederkehren und mit klingenden Vorschlägen durchsetzt werden. Gegen Schluß nachahmende Stimmführung, zum Teil in Umkehrung, läßt leises Flüstern hörbar werden, — jede Einzelheit für sich allein köstlich, alles sich zum Ganzen fügend.

Von den beiden 1837 erschienenen Nocturnes Werk 32 fließt die erste in H-dur auf sanfter Melodik dahin; nur die Schlußtakte sind rätseldunkel. Nach einer kleinen, in einen Triller mündenden Kadenz tritt nämlich statt des erwarteten H-dur der Dominantseptimen-Akkord von C-dur ein, dessen Septime unheimlich leise im Baß pocht. Ein paar unwirsche Figuren mit heftiger Betonung der gleichen Dominantseptimen-Wirkung, leise Parallelgänge in Oktaven, harmonische Ausweichungen, abermals das Pochen, dann langsames Hinfinden zum H-dur-Schlußakkord. Ein Spuk scheint vorübergegangen, der in seiner Regelwidrigkeit sogar die Taktstriche ausgelöscht hat. Die zweite Nocturne in As-dur ähnelt mit dem ruhigen Gesang des Hauptteils dem der H-dur-Nocturne. Die Bewegung der gebrochenen Triolenbegleitung wird im Mittelteil (Più agitato) in ständige Achtelakkorde des $^{12}/_{8}$-Taktes umgegossen. Merkwürdig die Fassung dieses Teils: zunächst f-moll, dann Wiederholung in fis-moll; die Überleitung und die Rückleitung zum Hauptteil erfolgt durch chromatische Rückungen.

Die beiden Nocturnes der Werkzahl 37 (1839 entstanden) stehen sich gegensätzlicher gegenüber. Die erste in g-moll bildhaft: wie ein langsamer Marsch der Hauptteil, wie ein Wallfahrtslied der akkordische Mittelteil in Es-dur. In der zweiten Nocturne G-dur herrscht ewiger Wechsel: dreimal wird der bewegte Hauptgedanke durch einen ruhig wiegenden Seitengedanken abgelöst, innerhalb der beiden Gruppen treten die Themen in ständig neuen Tonarten auf, das Ganze harmonisch vielfarbig, besonders der Hauptteil, der mit seinen fließenden Doppelgriffen (meist Terzen und Sexten) in immer neuen Farben und Lichtern auftaucht.

Die c-moll-Nocturne Werk 48 Nr. 1 (erschienen 1842) ist ein Heldengesang, voll gesammelter Kraft in der einstimmig erzählenden Linienmelodik und der gleichmäßigen Begleitung des ersten Teils, festlich und dann rauschhaft in der Akkordik und den Doppeloktaven des C-dur-Mittelteils, förmlich erregt (verdoppelte Bewegung), wenn der Hauptsatz wiederkehrt, nun jedoch nicht allein wesentlich schneller, sondern zugleich mächtig bewegt durch die Hinzufügung von unablässig treibenden Akkordtriolen zur Hauptmelodie. Eines der männlichsten Werke Chopins. Die zweite Nocturne der gleichen Werkzahl fis-moll hängt mit der ersten zusammen. Was dort heldische Wirklichkeit war, ist hier nur noch träumende Erinnerung (weitgesponnene Melodik des Hauptteils); im Des-dur-Satz will das Balladenhafte noch einmal hervortreten, bleibt aber in Andeutungen stecken. Verinnerlicht die chromatischen Rückungen des Schlußteils.

Verhalten, liedhaft, fast im Volkston beginnt die f-moll-Nocturne Werk 55 Nr. 1 (1844 veröffentlicht), auffallend das ständige Wiederanheben des diatonischen Kopfmotivs. Das „Più mosso“ fesselt durch den Wechsel kräftiger Triolen und ruhiger Akkorde. Beachtenswert die harmonisch reiche Überleitung zur Wiederaufnahme des Hauptteils; dieser wird jetzt in Figuren aufgelöst und verrieselt leise in F-dur. Die Es-dur-Nocturne (Nr. 2) bezaubert gleichermaßen durch den Wohlklang wie durch die vollendete Durchzeichnung der Stimmen. Wunderbar belebt die häufige Doppelmelodik der Ober- und der Mittelstimme.

Die beiden Nocturnes der Werkzahl 62 gehören zu den späten Tondichtungen Chopins (erschienen 1846). Sie sind nicht so wirkungsvoll wie die frühen Werke, dafür völlig reif in jeder, auch der kleinsten Wendung. Daß es sich da nicht um eine „Entwicklung“ handelt, lehrt der Beginn der

H-dur-Nocturne, der mit jener harmonischen Kadenz anhebt, die man bei Chopin so oft auch in frühen Werken findet. Die Melodik des Hauptteils und ihre Einkleidung ist weich, dabei vergeistigt und vertieft. Prachtvoll ihre Auflösung in schmückende Umspielungen bei der Wiederkehr. Sehr einfach, aber in jedem Ton beseelt, die Weise des As-dur-Sostenuto. Das Notenbild der E-dur-Nocturne (Nr. 2) — der rahmende Hauptteil ein Lento, der Mittelsatz agitato — erinnert auf den ersten Blick an manche frühere Nocturne. In Wirklichkeit gibt sich die Melodik nicht mehr so geschmeidig; dafür enthält das Werk manche nachdenkliche Wendung, die man in den anderen Nocturnes vergeblich suchen würde. Kunstvoll das stimmige Wechselspiel von Baß und Oberstimme zu den akkordischen Synkopen der Mittelstimmen im Agitato.

Mazurken

Die Mazurka oder der Masurek oder einfach der Masur ist ein polnischer („masurischer") Tanz in gemäßigtem 3/4-Takt mit dem Grundrhythmus 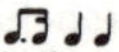 ; dieser kann sich selbstverständlich abwandeln. Bei der echten Mazurka liegt auf dem dritten Viertel des Taktes eine Betonung; aber auch da gibt es Abwandlungen.

Chopin hat mehr als ein halbes hundert Mazurken geschrieben. Und es ist bezeichnend: hier, wo sein Schaffen ganz und gar auf dem Boden der Volksmusik steht, verliert sich bei Chopin alles Zwischenvölkische, Unverbindlich-Weltbürgerliche, verliert sich vor allem das Salonhafte. Weitaus die meisten Mazurken sind so gehalten, daß sich wirklich nach ihnen tanzen läßt, das bedeutet: Chopin hat das Unmittelbare dieser Volkstänze nicht ausgelöscht, sondern betont. Er hat den Volkstanz der Mazurka gewissermaßen in den Adelsstand erhoben und ihm eine entsprechend gehobene Sprache und Form verliehen. Die bekanntgewordenen Mazurken reichen entstehungsmäßig vom fünfzehnten Lebensjahre des Tondichters bis in die letzte Schaffenszeit, — Chopin fühlte sich also der Gattung innerlich verbunden. So eingängig die Mazurken Chopins auch sind, so sehr wir aus diesem Grunde davon Abstand nehmen dürfen, jede einzeln zu besprechen, so reich sind sie an besonderen Zügen volksmusikalischer und künstlerischer Art. Dazu wenigstens einige Hinweise.

Dem Volkstanz entwachsen ohne Frage die häufigen leeren Quinten der Begleitung, die auf den alten Dudelsack zurückgehen. Auch mancherlei kirchentonartliche Wirkungen greifen auf die Volksmusik zurück und erweisen zugleich das hohe Alter der Mazurka überhaupt. Ebenso deuten solche Stellen auf volksmusikalischen Ursprung, an denen der gleiche Gedanke ständig wiederholt wird (Beispiel 16 aus dem Mittel-

16 (Vivace)

satz der H-dur-Mazurka Werk 63 Nr. 1; ähnliches findet sich sehr häufig). Vom Grundrhythmus der Mazurka als Volkstanz war bereits die Rede. Chopin wendet ihn oft an, besonders hartnäckig in der B-dur-Mazurka Werk 7 Nr. 1 (Beispiel 17). Gern macht er aus dem punktierten Rhythmus

17 Vivace

des ersten Viertels eine Achteltriole, verbindet deren Anfangston womöglich synkopisch mit einem Auftaktviertel oder mischt Triolen- und punktierten Rhythmus (Beispiel 18 aus der fis-moll-Mazurka Werk 6 Nr. 1 zeigt die Verbindung

18

aller drei Möglichkeiten in wenigen Takten). Schon früh verschiebt Chopin auch die Betonung innerhalb der Takte; die E-dur-Mazurka Werk 6 Nr. 3 schlägt z. B. anfangs vier Takte lang leere Dudelsackquinten ohne Thema an, wobei die Betonung in den ersten beiden Takten ganz „regelrecht" auf dem dritten Viertel liegt, im dritten Takt aber auf das zweite Viertel fällt und im vierten Takt sogar auf das erste und dritte Viertel. Durch diesen Kunstgriff, der das Wesen des Taktes eigentlich sprengt, wirkt die Gleichmäßigkeit, mit der im Hauptteil das dritte Taktviertel betont wird, besonders straff. Als weitere rhythmische Bildung erscheint auch die Folge von einem spitz abgesetzten Viertel und einer betonten halben Note, eine Bildung, die Chopin ebenfalls dem Volkstanz entnommen hat. Sehr häufig sind auch rhythmische Koppelungen. Gleich in der ersten Mazurka (Werk 6 Nr. 1) findet sich eine schöne Probe dieser Art (Beispiel 19):

19

auftaktgebundene Triole auf dem ersten und punktierter Rhythmus auf dem zweiten Viertel, die Folge von einem Viertel und einer Halben im Baß, dazu in den Mittelstimmen die umgekehrte Folge von einer halben und einer Viertelnote. Ferner in sämtlichen Stimmen ein ständiges chromatisches Abwärtsgehen, also ein altes Mittel der Kunstmusik.

Erstaunlich genug, daß Chopin in den mehr als fünfzig Mazurken kaum eine Ähnlichkeit, geschweige eine Wiederholung zu dulden braucht, sondern jedes Stück von allen anderen abzuheben vermag. Das erreicht er einmal durch die angedeuteten Mittel, zum andern durch einen unversiegbaren Melodienstrom. Es ist dabei belanglos, was er der Volksmusik entnommen und was er selbst erfunden hat. Alle Mazurken tragen zugleich den Stempel des Volkhaften und des Einzelpersönlichen, — das ist bewundernswert genug. Die Melodik wird — von mancherlei Ausnahmen abgesehen — durch slawische Wehmut bestimmt, und zwar selbst da, wo sie sich mannhaft und stark geben will.

Polonäsen

Die Polonäse rechnet bekanntlich nicht zu den Tänzen im eigentlichen Sinne; vielmehr ist sie ein Umzug mit allerlei Figuren. Durch den 3/4-Takt bleibt sie davor bewahrt, die Starrheit und Gleichförmigkeit eines Marsches anzunehmen; sie wirkt daher locker und frei. Entscheidend ist für die neuere Polonäse der Beginn mit dem vollen Takt (also kein Auftakt) und der Rhythmus  . Das Zeitmaß muß gemäßigt genommen werden.

Chopins Klavierpolonäsen sind ungewöhnlich bildhaft. Die ihnen innewohnenden Bildvorstellungen lassen sich mit einiger Vorstellungskraft leicht nacherleben. Allerdings darf man die „Bilder“ nicht immer in einen Saal verlegen und dementsprechend tanzartige Umzüge höfischer Art erwarten. Zuweilen hat der Tondichter das Geschehen in die weite Landschaft übertragen und einen Reiterzug dargestellt oder er hat eine heimatliche Erinnerung allgemeiner Art heraufbeschworen und sie in Polonäsenform gegossen.

Unter der Werkzahl 71 sind 1855 drei Polonäsen erschienen, die Chopin in den Jahren 1827 und 1828 geschrieben hat. Die hohe Werkzahl erklärt sich daraus, daß verschiedene Kompositionen (übrigens gegen Chopins Willen) nach dem Tode des Tondichters unter den Werkzahlen 66 bis 74 veröffentlicht worden sind. Neben den großen Polonäsen des Meisters erscheinen die drei aus Werk 71 (d-moll, B-dur, f-moll) so unwesentlich, daß sie ihre allgemeine Vernachlässigung verdienen. Auch die Hausmusik kann ihrer entraten.

Die Werkzahl 26 (erschienen 1836) umfaßt zwei Polonäsen. In der ersten in c i s - m o l l wohnen verschiedene Einzelstimmungen dicht beieinander. Eigensinnig und wild die einleitende rhythmische Gebärde im fortissimo, schwungvoll und zügig das Hauptthema im forte, dagegen die Fortführung trotz der sich heraufschraubenden Linie weicher und piano; der zweite Teil sich steigernd zwischen straffen akkordischen Rhythmen und auffahrenden Sechzehntel-Blitzen, der neue melodische Gedanke jedoch gefühlvoll, ja, sentimental, bis der Hauptgedanke wiedereinsetzt. Der Des-dur-Mittelsatz (Meno mosso) besteht aus gleichmäßig begleitenden Achtel-Akkorden und einer schwärmerisch-schmachtend singenden, ausgezierten Melodie, steigert sich zu einem Zwiegesang zwischen Ober- und Unterstimme und führt schließlich zur Wiederholung des Hauptteils. Sehr reizvoll die färbend eingesetzte Harmonik. — Läßt sich diese Polonäse unschwer als tänzerischer Umzug festlich gekleideter Menschen im hellen Saal deuten, so gehört die zweite Polonäse der gleichen Werkzahl in e s - m o l l zweifellos „ins Freie“, gehört den kriegerisch gewandeten Männern. Rhythmisches und dynamisches Geschehen bestimmen den Ablauf. Der Hauptsatz ist dreigeteilt in der Form A/B/A, jeder Abschnitt beginnt leise, wird zum fortissimo gesteigert und verklingt wieder, jedesmal erlebt man das Vorüberziehen einer kriegerischen Schar. Das nun einsetzende Meno mosso (H-dur) bleibt in gedämpften Farben, wodurch der Rhythmus etwas Innerliches, Geistbelebendes erhält. Thematisch ist das Meno mosso dem zweiten Abschnitt des Hauptsatzes verpflichtet, dessen Akkordik es gewissermaßen „durchführt". Dann wird der Hauptsatz ohne wesentliche Veränderungen wiederholt.

Einige Jahre später (etwa 1838/39) schrieb Chopin zwei Polonäsen (Werk 40), von denen die erste in A-dur wohl die bekannteste aller Polonäsen des Tondichters geworden ist. Einfache Melodik, gleichmäßiger Rhythmus, krachende Akkorde und donnernde Oktaven machen das Werk zu einem nie versagenden Lieblingsstück. Und zwar mit Recht. Sehr übersichtlich auch der Aufbau. Der Hauptsatz hat nur ein Thema (Beispiel 20), das gleich nach seinem ersten Auf-

20 Allegro con brio

treten im terzverwandten Cis-dur angestrahlt und dann in kurzer Durchführung durch verschiedene Tonarten gepreßt wird, bis es in seiner ersten Gestalt wiederkehrt. Der Mittelsatz (D-dur) behält den Rhythmus bei, und zwar zu einem kraftvoll geschmetterten, fanfarenartigen Dreiklangsthema, das sich nach kurzen akkordischen, jedesmal leise beginnenden und durch wechselnde Harmonien mächtig aufsteigenden Zwischenspielen immer strahlender wiederholt. Auch im Mittelsatz eine Art knapper rhythmischer Durchführung, eigentlich nur eine mit Paukenwirbeln durchsetzte Überleitung, die zur Wiederkehr des Trompetenthemas führt. Dann Rückkehr des Hauptsatzes. — Der Hauptsatz der c-moll-Polonäse (Werk 40 Nr. 2) trägt mit den gleichmäßigen Achtelakkorden der rechten und dem Oktaventhema der linken Hand die Züge eines heldischen Marsches — trotz des $^{3}/_{4}$-Taktes. Polonäsen-Rhythmus tritt dann zu Beginn des ersten Seitensatzes auf, wobei sich auch die Bewegung verstärkt.

Nach Wiederholung des Hauptsatzes wendet sich im zweiten Seitensatz (Sostenuto) die Tonart nach As-dur. Sehr wirkungsvoll hier die eingestreuten rollenden Baßfiguren. Zum Schluß wieder der Hauptsatz.

In die fis-moll-Polonäse Werk 44 (1840) schiebt Chopin als Mittelsatz eine ziemlich ausgedehnte Mazurka ein, die sehr verhalten wirkt (höchster Stärkegrad ist mezzoforte!), durch ihre Länge jedoch die Einheitlichkeit der Tondichtung sprengt. Zumal der sie umschließende Hauptsatz ebenfalls sehr ausgedehnt ist und in seiner mächtigen Großartigkeit die fast zierliche Unterbrechung durch die Mazurka einigermaßen unverständlich macht. Offenbar hat Chopin bei der Tondichtung ein Bild vorgeschwebt, welches wir nicht kennen. Allerdings ist der Hauptsatz so reich ausgestattet, daß die Polonäse schon um seinetwillen alle Beachtung verdient. Sehr schön ist das Achteltriolen-Motiv des Beginns gesteigert, da es in den Einleitungsakten zur Sechzehntelfigur wird (Beispiel 21) und später als Zweiunddreißigstelfigur einen ganzen

21 Moderato

22

Seitensatz beherrscht. Hinreißend die rhythmische Kraft des Ganzen mit dem vollgriffigen, klingenden Satz, bezwingend die nicht endenwollende Linie des ersten Themas (Beispiel 22) und die rhythmisch erlesene „Tonleiter“ des b-moll-Seitenthemas, überzeugend das Nebeneinander zweier Melodien (Hauptthema in Baßoktaven, Gegenstimme im Diskant, dazu Polonäsen-Rhythmus der Mittelstimmen), vorwärtstreibend die eingebauten Triller und Geschwindgänge des Basses. Bei der Wiederkehr des Hauptsatzes geht es noch um einiges stürmischer zu, dann aber verklingt das wirkungsvolle Stück immer leiser, setzt jedoch durch das Doppeloktaven-Fis des letzten Taktes noch einen erschreckenden Punkt.

Und nun das Prunkstück für den Konzertsaal: die As-dur-Polonäse Werk 53 (etwa 1840 geschrieben). Prachtvoll die gespannte, spannungsreiche Einleitung über dem Es als Dominantgrundton mit dem Wechsel von chromatisch auffahrenden Akkorden und rollenden Sechzehntelfiguren, die von jeweils anderen Harmonien (je vier Akkordschläge) durchsetzt werden. Dann erst die Grundtonart As-dur, dann erst das Hauptthema (Beispiel 23) mit den Quartschritten

23 (Maestoso)

der Baßoktaven, stolz und kühn, ritterlich und glanzvoll. Machtvoll auch der mit Trillern und Prallern festlich geschmückte Überleitungsgedanke und der harfenmäßig emporschnellende Lauf, bis das Thema noch glänzender auftritt, in hoher Lage, mit wuchtigen Oktaven und Zwischentrillern. Stark auch die Nebengedanken. Mittelsatz in terzverwandtem E-dur; eingeleitet durch sieben rauschende Fortissimo-Akkorde, daran schließt sich pianissimo eine viertonige, absteigende Baßfigur (e/dis/cis/h), die als Stakkato-Oktave sich unablässig wiederholt und dem ganzen Satz als Grundlage dient. Dazu ein rhythmisch festes Thema, wie von drei Trompeten geblasen. Riesenhaft die Steigerung des Satzes. Zum Schluß kehrt der Hauptsatz in höchstem Glanz wieder. Die letzten drei Takte sind ein schönes Beispiel dafür, wie Chopin seine Schlüsse bildet: ganz frei und doch einfach.

Es heißt, die „Polonaise-Fantaisie“ As-dur Werk 61 (1845) habe die innere Uneinigkeit Polens und die Hoffnung auf eine endgültige Einigung schildern sollen. Solche politischen Dinge aus dem Werk herauszuhören, dürfte schwerfallen. Aber als Vergleich könnte die überlieferte Deutung wohl bestehen: die Polonäse ist zerrissen in viele Einzelheiten, und der Schluß klingt wie Siegesgesang. Die Einzelheiten sind zum Teil großartig; so vor allem die Einleitung mit ihren leisen Harfenbrechungen, mit der bedeutungsvollen Harmonik und dem wundersamen Klang. Im ersten Hauptabschnitt ein As-dur-Thema ohne sonderliche Kraft, später eine vom Baß zum Diskant rollende eintaktige Sechzehntelfigur. Beide Gedanken werden leicht durchgeführt. In ähnlicher Weise sind die beiden nächsten Themen in B-dur und H-dur zu einem durchführungsartigen Gebilde zusammengestellt (sehr schön die eingeschalteten Doppeltriller und die aus der Einleitung stammenden Harfengänge). Überall starke Einzelheiten, aber es gibt keinen rechten Zusammenhalt. Zum Schluß der bereits genannte, auf punktierten Rhythmen dahinfahrende Siegesgesang.

Walzer

Chopins Klavierwalzer gehen in Einzelheiten auf Schubert zurück, meiden aber durchaus die tanzfähige Taktfestigkeit von dessen Walzern. Zugleich sind sie beeinflußt von Webers „Aufforderung zum Tanz“, deren tondichterischen Zielen sie nachstreben. Vor allem und entscheidend aber machen sie sich die Stimmung der Pariser Salons jener Zeit zu eigen. Sie sind geistreich und gefühlsbetont, glanzvoll und verträumt, schillernd und verschwiegen, „chevaleresk“ und anmutig: schwungvoll gewählte Plaudereien über das künstlerische Wesen des Tanzes vor gepflegten Frauen. Daher das ständige Nachgeben und wieder Vorwärtstreibende im Zeitmaß, die gerundete Melodik mit ihren harmonischen Überraschungen und zierlichen Umschreibungen, daher das blitzende Feuer mancher Rhythmen und dann wieder das lächelnde Wiegen in Terzen und Sexten, daher schließlich die halblauten, aber beredten Worte der Mittelstimmen, die kurzen Andeutungen zwischen den Zeilen.

Zu den frühen Stücken der Gattung zählt der Es-dur-Walzer Werk 18 („Grande valse brillante"). Daß er noch in Warschau — etwa 1830 — entstanden ist, zeigt die viertaktige, nur aus dem einen Ton b bestehende „Einleitung" mit ihrer rhythmischen Schwergewichtsverlagerung: Betonung in den ersten beiden Takten auf dem ersten Viertel, im dritten Takt auf dem ersten und dritten Viertel, im vierten gar auf dem zweiten Viertel. Das Ganze überwiegend wirklich „brillant", doch abwechslungsreich: figurierte Thematik, schnelle Tonwiederholungen, Terzen- und Sextenparallelen, Vorschlagsketten, harmonischer Wechsel. Im allgemeinen dem Walzer als Tanz noch sehr nahe. Als Abschluß eine thematisch-motivische Koda.

Die Werkzahl 34 (erschienen 1834) umschließt drei in der Haltung grundverschiedene Walzer, die sich aber in der formalen Anordnung nahestehen. Chopin reiht hier nicht einfach Einfall an Einfall, sondern bringt durch sinnvolle Wiederkehr der Hauptteile, durch Einleitungen (außer bei Nr. 2) und durch hübsch ausgeführte Kodas einen Zusammenhalt in die einzelnen Walzerdichtungen. Der erste Walzer in As-dur schlägt den „brillanten" Ton sogleich in der Einleitung an mit dem Wechsel blitzender Achtelfiguren und chromatisch sich emporschraubender Stakkato-Akkorde. Gegensatzreich die Erfindung. So im ersten Teil zunächst eine wiegende Melodie in weichen Sextenparallelen, dann glitzernde Achtelfiguren mit Prallern durchsetzt und mit klingenden Vorhalten in der Mittelstimme, endlich ein dreimaliger Harmoniewechsel in der aufstrebenden Melodik mit den feurigen, punktierten Rhythmen als Anhang. Prachtvoll die Steigerung des Ganzen und die feinsinnige Wiederkehr früherer Teile, packend auch das Schlußstück mit seinen jagenden Achteln, denen sich, immer leiser werdend, Themenbruchstücke über dem unentwegt weiterklopfenden 3/4-Takt anschließen. Diesem „Salonstück" folgt der slawisch gefärbte a-moll-Walzer, langsam im Zeitmaß, eine gemächliche, etwas sentimentale Melodie im „Cello", deren Haltung auch die anschließende, rhythmisch gewürzte Achtelthematik bestimmt. Die nun einsetzende helle A-dur-Melodie wird gleich wieder nach a-moll hin verdunkelt. Bemerkenswert auch hier die gestaltbildenden Wiederholungen, die sorgfältige Baßführung (vor allem im A-dur-Teil), die färbend eingestreuten Mittelstimmen. Kurz vor der letzten Wiederkehr des Hauptsatzes findet sich eine Stelle, die für das polymelodische Können und Erleben Chopins bezeichnend ist (Beispiel 24). Nach dem Salonglanz des As-dur- und der

überschatteten Schwermut des a-moll-Walzers meldet sich im F-dur-Walzer (Nr. 3) der bei Chopin nur selten aufblühende Humor zu Wort. Scherzhaft schon der Beginn: schmetternde Bläserakkorde (Dominantseptakkorde), aufgeregtes Rennen der Tanzlustigen in den chromatisch sich durchwindenden Achtelfiguren, aus denen sich dann, mit ständig verschobener Betonung der erste, noch unsichere Tanz entwickelt. Darauf (beim ersten Forte) scheint der Tanzmeister fast pedantisch genau den Takt anzugeben (man beachte den eingebundenen Auftakt!), und nun vollzieht sich alles nach den Tanzregeln. Besonders witzig die trockene

Genauigkeit in der umständlichen Bewegung der Herren und dem zierlichen Trippeln der Damen (Beispiel 25). Der

25 Vivace

Schlußabschnitt, beginnend mit dem erregten Achtelkreisen des Anfangs, ähnelt dem anschaulichen Schlußbild des As-dur-Walzers. Ganz reizend die letzten Takte nach der Generalpause, wo aus den tiefen Septimenverbeugungen (vergl. den ersten Takt von Beispiel 25) noch tiefere werden und die Damen kichernd davonhüpfen.

Der As-dur-Walzer Werk 42 (veröffentlicht 1840) ähnelt in vielem dem bereits besprochenen Walzer in der gleichen Tonart Werk 34 Nr. 1. Er hat die gleiche „Brillanz", läßt wesentliche Teile immer wiederkehren, sein zweiter Teil mit den auf- und abwogenden Achteln sieht dem entsprechenden Teil des anderen As-dur-Walzers zum Verwechseln ähnlich. Von betörender Wirkung der erste Hauptteil (Beispiel 26) mit dem Gegeneinander von $^{3}/_{8}$ und $^{3}/_{4}$-

26 (Vivace)

Takt. Dieser Gedanke liegt auch der kurzen, wirbelnden Koda zugrunde. Zuweilen leichte slawische Einschläge.

Unter der Werkzahl 64 sind wieder drei Walzer zusammengefaßt (1847 veröffentlicht). Der wegen seines schnellen Zeitmaßes und seiner Kürze als „Minutenwalzer" bezeichnete in Des-dur schließt in den auf beweglichen Achtelfiguren dahinwirbelnden Hauptsatz einen langsameren Mittelteil ein mit ruhiger, bei der Wiederholung durch klingelnde Vorschläge ausgezierter Melodie. Auch der cis-moll-Walzer (Nr. 2) verlangsamt in dem Mittelsatz mit der edel-sehnsüchtigen Melodik das Zeitmaß und betont so das Nichtgebrauchsmäßige, Dichterische des Tanzstückes. Als Rahmenteil dient ein Hauptsatz, der aus einem rhythmisch vielfältigen, doppelgriffigen Thema und (più mosso) einem in fließenden Achteln schimmernden Seitengedanken besteht. Bestimmend für den Wiederholungsteil wird der Seitengedanke. Nr. 3 in As-dur ist sicherlich als Gegensatz zu dem Minutenwalzer Nr. 1 gedacht. „Moderato" gleitet er dahin, ruhig in der Achtelbewegung des — zum Schluß mit Veränderungen wiederholten — Hauptsatzes, noch ruhiger in der Baßmelodie des C-dur-Mittelteils.

Alle übrigen Walzer sind erst nach Chopins Tode erschienen; der Tondichter selbst wollte sie nicht veröffentlichen. Der bekannteste von ihnen — As-Dur, Werk 69 Nr. 1 — wurde 1836 geschrieben für die geliebte Maria Wodzinska. Eigentlich ein Albumblatt in der wehmütig-klagenden Haltung des Hauptthemas (Beispiel 27), langsam („lento"), nie-

27 Lento

derziehend in den chromatischen Baßschritten wie in der Stimmung des melodischen Gedankens selbst mit seinen schmerzlichen Vorhalten, die wie innere Vorbehalte anmuten. Dann scheint ein kleines Konterfei der Wodzinska aufzutauchen („con anima"): eigensinnig in der Betonung des dritten Viertels in der Mittelstimme, kokett und zugleich eintönig in der ständig wiederholten Figur der Melodie. Weiterhin ein weicher Tanz mit Parallel-Terzen, durchsetzt von einer „polnischen" Zwischenfigur. Zum Schluß kehrt der Hauptgedanke wieder. Fast, wie so oft bei Chopin, ein Rondo-Walzer. Hübsches Jugendwerk (1829 geschrieben) der h-moll-Walzer aus der gleichen Werkzahl (Nr. 2); der leise slawische Einschlag ist nicht zu überhören. Solche Färbung weist auch der nachgelassene e-moll-Walzer auf; dicht nebeneinander stehen anmutig sprühende und wehmütig herabsinkende, wild dröhnende und weich schwingende Teile.

Die drei Walzer der Werkzahl 70 sind zu verschiedenen Zeiten entstanden. Im ersten (Ges-dur, 1836) wieder abweichende Zeitmaße: zunächst ein Molto vivace mit „brillanter", ein wenig koketter Achtelbewegung, dann ein Meno mosso als Mittelsatz mit rhythmisch punktierten Terzparallelen und leichten Schubert-Anklängen, endlich Wiederaufnahme des Hauptteils. Der zweite (f-moll, 1840) ist wenig persönlich; Hauptteil in f-moll und Seitensatz in As-dur wechseln zweimal ab, so daß der kleine Walzer in As-dur schließt. Den dritten Walzer dieser Werkzahl (Des-dur) hat Chopin mit zwanzig Jahren geschrieben. Auch hier noch keine wirkliche Eigensprache, jedoch mancherlei Ansätze dazu, etwa der geschmeidige Wechselgang von Ober- und Mittelstimme im Hauptteil oder die gleitende und schwingende Baßmelodie im Ges-dur-Teil.

Préludes

Chopins „24 Préludes" Werk 28 (entstanden 1839 und früher) lassen sich äußerlich mit den Präludien von Bachs Wohltemperiertem Klavier insofern vergleichen, als auch sie alle Dur- und Molltonarten durchlaufen; allerdings nicht in chromatischer Folge, sondern im Quintenkreis, und zwar folgen sich die einzelnen Stücke im Sinne der Vorzeichnung: ohne Vorzeichnung C-dur und a-moll, mit einem Kreuz G-dur und e-moll und so fort; an die jeweilige Dur-Tonart schließt sich also jedesmal die Mollparallele an. Chopin hat die Stücke nicht in dieser Reihenfolge geschrieben; vielmehr hat er sie nach langem Erproben nachträglich in den

Ablauf der Quintenfolge gebracht. Das Erstaunliche liegt nun darin, daß dieser rein mechanischen Ordnung eine geistige, stimmungsmäßige entspricht: die 24 Stücke kann man hintereinander spielen, als habe man ein geschlossenes Gesamtwerk vor sich. Die einzelnen Stücke sind dennoch in sich abgeschlossene, in sich ruhende, sich selbst genügende kleine Kunstwerke. In jedem geht der Tondichter einem bestimmten Ziele nach; dieses kann im Klang, in der Harmonie, im Melodischen, im Rhythmischen, in der Stimmung, in der Phantasie, ja im Spieltechnischen liegen. Dagegen lag es nicht in Chopins Absicht, obwohl es äußerlich den Anschein haben könnte, den Charakter jeder Tonart klarzustellen, wie das Bach im Wohltemperierten Klavier vielfach bewußt getan hat.

Nr. 1 C-dur, lebhaft bewegt, Ineinandergleiten von Akkordbrechungen der linken und der rechten Hand, Hauptmelodielinie stets in der Mittelstimme (Daumen der rechten Hand) mit nachschlagender Oberstimme, schwellend und wieder abnehmend im Zeitmaß wie im Stärkegrad.

Nr. 2 a-moll, langsam, düster, von beklemmender Einsamkeit, rätseldunkel in der Begleitung, deren Dissonanzen weit vorausgreifen in die Zeit impressionistischer Stimmungskunst, starr die dreimalige, im Auftakt jeweils veränderte Frage der Oberstimme, starr und keiner Antwort gewärtig, eine Frage — kein Thema und kein Motiv.

Nr. 3 G-dur, Studie für die Geläufigkeit der linken Hand, unablässiges Murmeln und Wogen der Sechzehntelfiguren im Baß, dazu frühlingsfrische Rufe in der meist doppelgriffigen, heiteren Weise der rechten Hand.

Nr. 4 e-moll, wieder ein Stück Einsamkeit, aber nicht so ausweglos wie Nr. 2; denn der Einsame kann sein Leid verströmen im klagenden Lied (engstufiger Gesang der Oberstimme, an einer Stelle heftiger Ausbruch). Niederdrückend dagegen das wechselweise chromatische Absinken der dreitonigen, „schwimmenden“ Begleitakkordik.

Nr. 5 D-dur, heitere Studie für Akkordbrechungen in Sechzehnteln, beide Hände in unablässiger Geschwindbewegung, eingestreute chromatische Mittelstimme.

Nr. 6 h-moll, „Regentropfen-Präludium", so benannt nach dem leisen, gleichmäßigen, auf einem Ton verbleibenden Tropfen der Oberstimme (vergl. aber auch Nr. 15), in den Mittelstimmen verhaltene akkordische Tönung, in der Unterstimme eine edel geschwungene langsame Melodie, Studie für singenden Klang der linken Hand.

Nr. 7 A-dur, der allbekannte kleine Tanz im langsamen $^{3}/_{4}$-Takt, von jedermann leicht zu spielen, aber nur von wenigen klanglich zartfühlend zu gestalten.

Nr. 8 fis-moll, melodische Linie in der Mittelstimme (Daumen der rechten Hand), flirrende Zweiunddreißigstel in der Oberstimme, gleichmäßige Begleitfigur mit Anfangstriole im Baß, etüdenartig, doch stimmungsstark in Harmonie und wechselnder Dynamik.

Nr. 9 E-dur, breit, dunkel (beide Notensysteme nur im Baßschlüssel geschrieben), gleichmäßige Triolen in der Mittelstimme, rhythmisch bestimmte, aber engstufige Melodik, sehr sorgfältig und selbständig geführter Baß, prunkend mit reichen harmonischen Wendungen und Abstufungen der Lautstärke.

Nr. 10 cis-moll, geschwind herabstürzende, sich jedesmal in kurzen Akkorden fangende Figuren, durchweg leise, sehr kurz.

Nr. 11 H-dur, ebenfalls sehr kurz, zartes Dahinschweben in schnellem $^{6}/_{8}$-Takt, sehr zierlich die Schlußtakte.

Nr. 12 gis-moll, treibend in Zeitmaß (Presto) und chromatischem (eigentlich themenlosem) Anstieg der in Achtel zerlegten Taktviertel, unruhig, hastend, leidenschaftgeladen.

Nr. 13 Fis-dur, weiches Nachtstück über breiter, akkordgebetteter Melodik zu sanft murmelnden Baßfiguren, nur sparsam, doch wirkungsvoll ausgeziert (Doppelschläge in Terzen); Mittelteil in dis-moll noch langsamer, mit zarten melodischen Linien der akkordischen Begleitung; Wiederholung des Hauptgedankens von heller Zusatzstimme überwölbt.

Nr. 14 es-moll, durchweg im Unisono beider Hände dahinstürmend, also dem Schlußsatz der b-moll-Sonate verwandt, doch nicht so fahl wie dieser mit seiner unveränderlichen Lautstärke, vielmehr schwellend und wieder abnehmend, fast drohend, beide Notensysteme wieder nur im Baßschlüssel.

Nr. 15 Des-dur, streitet mit dem Präludium Nr. 6 um die Bezeichnung „Regentropfen-Präludium", auch hier — nun aber auf noch größere Strecken hin — das gleichmäßige Tropfen auf einem Ton (im Hauptteil meist As, im Mittelteil meist Gis), der Hauptsatz mit einer bekannten, der Nocturnes-Welt nahestehenden Melodie von ruhiger Stille

28 Sostenuto

(Beispiel 28), der cis-moll-Mittelsatz wie ein beängstigender Schattenzug.

Nr. 16 b-moll, über gleichmäßig treibendem Rhythmus der Begleitung stürmisch dahinfahrende „Etüde", deren glitzernde Sechzehntelfiguren auch nicht die winzigste Atempause lassen.

Nr. 17 As-dur, ein ruhiges 6/8-Allegretto mit singender, schön gesteigerter Melodik, die begleitenden Achtelakkorde beider Hände meist mit gekreuzten Daumen, harmonische Ausweichungen in terzverwandte Bereiche, zum Schluß langer Orgelpunkt auf As.

Nr. 18 f-moll, menschliche Leidenschaft und gewitternde Naturgewalt zugleich, entwickelt aus einem einzigen Takt

(Beispiel 29), dröhnend die Sprünge gegen Ende, brausender Windstoß im Zweiunddreißigstel-Lauf, donnernder Baß-

triller, krachende Triolen, Flammen in den beiden Schlußakkorden. Ein kurzes, aber inhaltreiches Drama in einundzwanzig Takten.

Nr. 19 Es-dur, schnelles Zeitmaß, sehr beweglich in den ununterbrochenen Achteltriolen des 3/4-Taktes, die Melodie spitz darübergesetzt, weite, wenn auch unauffällige Sprünge, ständiges Wogen der Dynamik, aber — abgesehen von den beiden Schlußtakten kein forte vorgezeichnet, nicht einmal ein mezzoforte, nur piano.

Nr. 20 c-moll, Largo, nur dreizehn Takte, ja, da der letzte nur Nachhall ist und vier Takte wiederholt werden, nur acht Takte, aber eine der großartigsten Anschlagsstudien für akkordischen Satz (förmliches Registerspiel), gleichzeitig ein Trauermarsch in höchster künstlerischer Verdichtung.

Nr. 21 B-dur, Gesang in der Dämmerung, fast Nocturne, farbig eingesetzte, gleitende Harmonien.

Nr. 22 g-moll, düstere Nocturne, mächtig bewegt in den motivisch bestimmenden Baßoktaven, wieder gleitende Harmonien, aber nun nicht ruhig und tönend, sondern stürmisch und treibend.

Nr. 23 F-dur, sanft wogende Akkordzerlegungen in Sechzehnteln, gleichmäßiges Auf und Ab, zarte Triller in der weniger bewegten Unterstimme, kein Thema, kaum ein Motiv, nur Atmen, friedliche Stimmung.

Nr. 24 d-moll, entstanden 1831 nach der Einnahme Warschaus durch die Russen, daher der „Revolutionsetüde" (Werk 10 Nr. 12) verwandt, Ausdruck wildester Leidenschaft, die Chopin durchtobte, als er die Hauptstadt seines Landes in russischen Händen und damit seine Eltern und Schwestern in Gefahr wußte. Hauptmotiv dem Beginn von Beethovens „Appassionata“ ähnelnd, mächtiges Stürmen in den weitgriffigen Begleitfiguren, Ausbrüche in den Oktavenstellen, förmliches „Zähneknirschen“ in den fortissimo stürzenden chromatischen Terzentriolen, noch wilder der Schluß mit den Oktaven und herabprasselnden Läufen in Forte-Fortissimo, die wütenden Schläge der letzten Takte auf dem Kontra-D schon früh als „Kanonenschüsse“ gedeutet.

* *
*

Aus dem Jahre 1841 stammt noch ein Einzelstück dieser Art: das c i s - m o l l - P r ä l u d i u m Werk 45. Auch dieses kein Präludium im Wortsinne, vielmehr ein feinsinniges, feingeistiges, feinnerviges Empfindungsstück, eine träumerische „Impression“, und zwar inhaltlich wie in der Sprache, so daß man wirklich von romantischem Impressionismus reden darf. Harmonisch nur zu Beginn und am Schluß der Grundtonart zuzuordnen, sonst ständig von Harmonie zu Harmonie gleitend, kaum verweilend, alles in weiche Tönung auflösend, das behutsame melodische Geschehen still durchrankt von den „begleitenden“ Akkordbrechungen. Eine Doppelgriff-Kadenz entfernt sich endgültig von aller Harmonie als Baugedanken und gibt nurmehr duftige Farbenbrechungen.

Etüden

Versteht man unter Etüden solche Stücke, die als Studien für bestimmte technische oder vortragsmäßige Einzelheiten im Klavierspiel gedacht sind, so tragen Chopins Klavieretüden ihren Namen zu recht. Darüber hinaus aber enthalten sie zum großen Teil musikalisch-künstlerische und geistige Werte, die sie über den üblichen Etüden-Begriff weit emporheben. Es sind Klavierdichtungen feinsinnigen und kraftvollen Gehalts. In der Geschichte der Klaviermusik spielen sie insofern noch eine besondere Rolle, als durch sie ganz neue Klangwelten und Ausdrucksmittel erschlossen worden sind, deren sich dann fast alle Tondichter bedient haben.

Es handelt sich um insgesamt 27 Etüden: zwölf unter der Werkzahl 10, abermals zwölf als Werk 25 und weitere drei ohne Werkzahl.

Werk 10. — Die unter dieser Werkzahl zusammengefaßten Zwölf Etüden sind 1833 erschienen, jedoch in den Jahren 1828—1833 entstanden. Nr. 1 C-dur, schnelle Akkordbrechungen der rechten Hand, weitgriffig (Dezimen), zugleich Pedalstudie für rauschenden Klang, auch harmonisch weitschichtig. Nr. 2 a-moll, abermals eine Studie für die rechte Hand, die mit Daumen und Zeigefinger jeweils auf dem Beginn der Taktviertel doppelgriffig anschlägt, während die drei übrigen Finger chromatische Läufe in Sechzehnteln auszuführen haben. Einförmigkeit wird durch harmonische Mittel vermieden. Nr. 3 E-dur, ein Nachtstück, sanft fließend in der wundervoll ausgezogenen Melodik des ersten Teils mit der gleichmäßig bewegten Mittelstimme und den allmählich wachsenden Doppelgriffen, großartig die klanglich-harmonische Entfesselung der beidhändigen Doppelgriffigkeit im Mittelteil (con bravura). Nr. 4 cis-moll, Geläufigkeitsstudie, engstufig beginnend und zur Weitgriffigkeit anwachsend, zunächst im Wechsel beider Hände, dann gegen Schluß für beide Hände gleichzeitig. Nr. 5 Ges-Dur, sehr bekanntes, durchaus „brillantes" Tonstück, Triolengeflimmer der rechten Hand ausschließlich auf den schwarzen Tasten. Nr. 6 es-moll, ein traumversunkenes Nachtstück, das die Keimzelle mancher Stellen des zweiten „Tristan"-Aktes sein könnte, und zwar nach Stimmung, Farbe,

Harmonie; schmerzlich klagende Melodie, Mittelstimmen meist aus chromatisch umspielenden Nebentönen bestehend, Vorhaltbildungen, harmonische Ausweichungen, kleiner Mittelsatz in E-dur; Chopins Vorliebe für die „neapolitanische Sexte“ macht sich bemerkbar. Nr. 7 C-dur, Tokkata, lebhaft und pausenlos dahinfliegende Sechzehntel in Doppelgriffen der rechten Hand mit ständigem Fingerwechsel auf einer Taste, und zwar nicht in der Ober-, sondern in der Mittelstimme (Daumen und Zeigefinger), dazu stark chromatisch durchsetzte Baßfigur. Nr. 8 F-dur, abermals eine technische Studie für die rechte Hand im Hauptteil; im Mittelteil tritt die linke in Gegenbewegung und zum Schluß in Oktavparallele hinzu, schnell dahinfahrendes Auf und Ab in bald engen, bald weiten Sechzehntelläufen. Nr. 9 f-moll, verschiedene Anschlagsarten beider Hände in sehr bewegtem Zeitmaß, rechte Hand portamento auf Achteln, linke Hand ununterbrochen sehr gebunden in weitgriffigen Sechzehntel-Akkordbrechungen, die ziemlich gleichgültige Melodie in der zweiten Hälfte der Etüde sehr schön gesteigert und belebt. Nr. 10 As-Dur, eine Etüde für das Handgelenk, sehr schneller $^{12}/_{8}$-Takt, rechte Hand in ständigem Wechsel von Daumenschlag und Sextengriff des zweiten und fünften Fingers, dazu die linke Hand in weiten Akkordbrechungen (vielfach mit gefesseltem vierten Finger), das alles — von wenigen Stakkato- und Leggiero-Takten abgesehen — äußerst gebunden mit Pedal zu spielen, zugleich eine Klangstudie mit rhythmisch verschobener Betonung. Nr. 11 Es-dur, zierliches Allegretto, beide Hände arpeg-

30 Allegretto

gieren gleichzeitig Akkorde in sehr weiter Lage, darüber eine reizende „Salonmelodie“ (Beispiel 30), harmonisch vielseitig, beachtenswert die Schattierung durch das Pedal, das wohl die Melodietöne, nicht aber die Harmonien ineinander klingen läßt. Nr. 12 c-moll, die „Revolutions-Etüde“, wie das Präludium 24 entstanden unter dem Eindruck der Eroberung Warschaus durch die Russen (1831), eine der stürmischsten Tondichtungen des jungen Meisters, erschrekkend die heftigen Dissonanzakkorde, denen unmittelbar niederstürzende Sechzehntelfiguren folgen, wild die herausfordernde, anfeuernde Oktaventhematik des „Rachegesangs“ zum grimmigen Gewoge der linken Hand (Beispiel 31),

31 (Allegro con fuoco)

mächtige Steigerung (jede Einzelheit wichtig!), rasend die letzten vier Takte mit den stürzenden Unisono-Sechzehnteln und den „niedertrampelnden“ Schlußakkorden.

Werk 25. — Abermals zwölf Etüden, erschienen 1837, gewissermaßen Ergänzungen des zuvor genannten Werkes, teilweise allerdings — trotz geistvollen Satzes — dem Etüdenbegriff näherstehend, freilich dem der Konzert-Etüde. Nr. 1 As-Dur, Einheit von Technik und dichterischem Gehalt, beide Hände in zuweilen weitgriffigen Akkordbrechungen (Sechzehnteltriolen), nicht im Sinne von lebhafter Bewegung, sondern in dem der Auflösung des Akkordklanges in wogendes Fluten, überwiegend piano, darüber eine ganz schlichte, aber durch die Harmonik geschmeidig gemachte Melodie in silbernen Vierteln, schöne Wirkung, wenn die Melodie gegen Schluß in der Mittelstimme nachklingt. Nr. 2 f-moll, in der verhaltenen Stimmung der vorigen verwandt, durchweg gebunden und schnell, engstufige Achteltriolen in der rechten, weitgriffige Vierteltriolen in der linken Hand, verträumt, mehr ein Dahinfließen als melodisch greifbar. Nr. 3 F-dur, stimmungsmäßig wiederum den vorangehenden Etüden zuzuordnen, Bewegungsstudie, beide Hände zweistimmig, die untere Stimme jeweils in gleichmäßigen Achteln, die obere Stimme jedesmal bewegter, abermals mit weiten Griffen. Nr. 4 a-moll, ein „Gitarrenständchen", linke Hand durchweg stakkato im schnellen Wechsel von Baßton und nachschlagenden Akkorden (Sprünge), rechte Hand mit Akkordgriffen und synkopierter Melodie (teils stakkato und teils legato). Nr. 5 e-moll, im Hauptteil klingt noch manches der vorigen Etüde nach, rhythmisch fesselnd, weil das Grundmotiv in immer anderer Gestalt erscheint, im Hauptteil weitgriffiges Arpeggio der linken, im E-dur-Mittelsatz breite Tenormelodie zu Akkordbrechungen der rechten Hand. Nr. 6 gis-moll, Terzenstudie vorwiegend für die rechte Hand. Nr. 7 cis-moll, Ausdrucksstudie nach Art mancher Nocturnes, doppelmelodisch, wobei die Diskantstimme freilich oft nur veränderte Nachahmung der eigentlich führenden Baßmelodie ist, im Ausdruck von ergebener Niedergeschlagenheit bis zu wildem Aufbäumen reichend, überwiegend leise und langsam. Nr. 8 Des-dur, ausgesprochene Sexten-Etüde für die rechte Hand in pausenlosen Triolen schnellen Zeitmaßes. Nr. 9

32 Assai allegro

Ges-dur, bezauberndes Tongedicht über eine einzige kleine Figur (Beispiel 32), locker, duftig, jede Einzelheit für den Vortrag wichtig: die treibende Stakkato-Begleitung, das betonte Achtel zu Beginn des Motivs, die Bindung vom Einzelton über den Doppelgriff zum ersten Oktavenschlag, der Gegensatz der ersten beiden Sechzehntel zu den Stakkato-Oktaven der beiden nächsten, die Linie des Basses; alles leggiero durchgeführt, gut aufgebaut, durchsichtiger Klang auch im leidenschaftlichen Fortissimo. Nr. 10 h-moll, rollende Oktaventriolen, in beiden Händen, unisono, im Hauptteil von piano bis zum fff anschwellend, eingeschobene harmonische Haltenoten, ein langsamer Mittelsatz in H-dur (mit Oktavgriffen nur der rechten Hand) mildert — bezeichnend für Chopins Feingefühl — das entfesselte Toben der Doppeloktaven. Nr. 11 a-moll, wieder eine Tondichtung und eine Fingeretüde zugleich: das Thema wird zunächst einstimmig in langsamem Zeitmaß vorgestellt (Beispiel 33),

33 Lento

akkordisch wiederholt und beherrscht dann — von einigen Takten abgesehen — in seiner akkordischen Fassung das ziemlich ausgedehnte Tongedicht, dazu mächtiges Figurenspiel, Zeitmaß zum Allegro con brio gesteigert. Nr. 12 c-moll, klare Akkordbrechungen pausenlos in beiden Händen, sehr schnell und feurig, klanglich zu förmlicher Raserei gesteigert („so kräftig wie möglich"), trotzig und grimmig im Ausdruck.

Die „Drei Etüden" ohne Werkzahl waren für eine Klavierschule bestimmt. Ihre Besonderheit liegt vorwiegend im Rhythmischen. So stehen in der ersten Etüde (f-moll) Vierteltriolen der rechten Hand gegen vier Achtel der linken und in der dritten Etüde (As-dur) Achteltriolen in akkordischen Griffen der rechten gegen je zwei einfache Achtel der linken Hand. Die zweite Etüde (Des-dur) bringt

Anschlagsstudien: die linke Hand begleitet walzerartig stakkato, die rechte bringt eine legato-Melodie und gleichzeitig eine Stakkato-Mittelstimme, das Ganze durchaus sanft zu spielen.

Sonstige Werke

Aus der großen Zahl der übrigen Klavierwerke Chopins gilt es einige hervorzuheben. Der 1834 erschienene Bolero Werk 19 ist nicht eben stark, atmet zuweilen auch mehr Polonäsen- als Bolero-Geist, bezaubert aber durch seinen Bilderreichtum. In die gleiche Reihe gehört die schwungvollzügige Tarantella Werk 43 von 1841; reizvoll, wie sich in den italienischen Geschwindtanz slawische Wildheit mischt.

Die „Variations brillantes" über ein Thema aus Herolds Oper „Ludovic" Werk 12 B-dur (1833) werden mit einer langen Maestoso-Einleitung begonnen, in der das Thema anklingt. Sehr hübsch die beiden Scherzo-Variationen, im ganzen aber nicht sehr persönlich. Auch den „Variations sur un air national = allemand" E-dur geht eine längere Einleitung vorauf; die Variationen (zum Schluß ein Walzer) sind anspruchslose Stücke, für einen Knaben immerhin beachtliche Leistungen (etwa 1824 geschrieben, von Chopin jedoch nicht veröffentlicht). Zu den erst nach Chopins Tode veröffentlichten Jugendwerken zählen auch der unbedeutende c-moll-Trauermarsch Werk 72 Nr. 2 und die drei kleinen Ecossaisen Werk 72 Nr. 3.

Erstaunlich flüssig das c-moll-Rondo Werk 1 (nicht die erste Komposition überhaupt!). In dem verhältnismäßig langen Stück hält nicht nur der Atem des Fünfzehnjährigen durch, er meistert das Kompositorische auch so weit, daß er es sich erlauben kann, kleine konzertartige Teile einzuschieben. Unverkennbarer Chopin in melodischer Zeichnung, harmonischer Färbung, rhythmischer Aufteilung und dynamischer Tönung das 1828 entstandene „Rondo à la

Mazur" Werk 5 F-dur, eines jener Frühwerke, durch die der Tondichter seinen eigentümlichen Klavierstil schon zeitig, aber unverlierbar umrissen hat. Um so verwunderlicher, daß dem sechs Jahre später (1834) geschriebenen Es-dur-Rondo Werk 16 eher ein gewisser Rückschritt nachzusagen wäre. Nicht so sehr im Stil als im Gehalt; denn die paar schönen Einzelzüge vermögen das sehr lange Werk nicht zu tragen. Merkwürdig die ersten Takte der langen Einleitung; sie sind so weit entfernt von allem, was sonst Chopins Eigentümlichkeit ausmacht, daß man in diesen Andante-Takten eine Huldigung an irgendeinen anderen Tondichter vermuten möchte. Das „Konzert-Allegro" A-dur Werk 46 (veröffentlicht 1842, sicher schon sehr viel früher geschrieben) wirkt wie der zweihändige Klavierauszug eines Konzertes für Klavier und Orchester. Die Stellen des „Orchesters" und des „Soloklaviers" verraten sich durch ihre Satzart, und aus den „Orchesterstellen" könnte man ohne weiteres die Instrumentation ablesen. Gedanklich ist es nicht gerade geschlossen.

Zwar ermangelt auch die „Fantasie" Werk 49 (1842) der Geschlossenheit, aber dafür ist es eben eine Fantasie, und die überquellende Fülle herrlicher musikalischer Einfälle entschädigt mehr als genug für die etwas leichte Art der Darstellung. Der ganze f-moll-Trauermarsch zu Beginn mit seinen sprechenden Hauptgedanken (Beispiel 34 und 35)

34 Grave 35

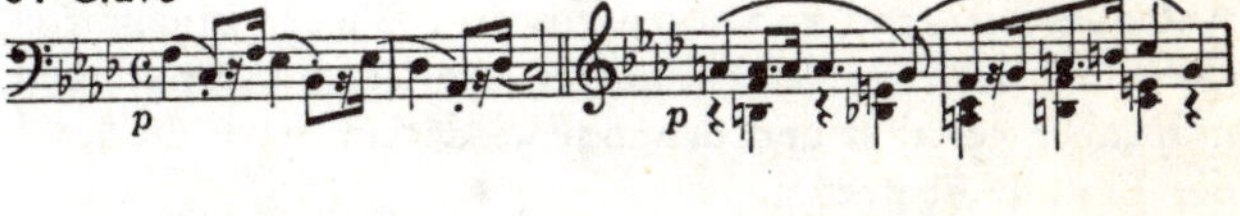

muß als allgemeine Einleitung aufgefaßt werden; denn seine Themen kehren in der eigentlichen Fantasie nicht wieder. Sehr schön die Überleitung mit dem mehrfachen Triolen-Anhub; dann beginnt — immer noch f-moll — der eigentliche Hauptteil mit drängenden Synkopen (agitato) über rollenden Gedanken. Eine ganz neue Welt setzt nach den überleitenden Terzgängen mit dem ersten As-dur-Gebilde ein (Beispiel 36). Die beiden Takte unseres Beispiels (dazu

36

treten Achteltriolen in Akkordbrechung als Begleitung) geben ein zureichendes Bild von jenen Klangmöglichkeiten, die Chopin als erster dem Klavier abgewonnen hat. Nun stürzen die Einfälle förmlich übereinander. Wir nennen nur die chromatische Folge in Oktaven (c-moll), die durch die Harmonien leuchtenden Akkordbrechungen in Doppelgriffen, vor allem aber den mächtigen Es-dur-Ausbruch von unverkennbar slawischer Prägung (Beispiel 37). Ein kurzes H-dur-

37

Lento wirkt nicht recht überzeugend, hat wohl auch nur die Aufgabe, gliedernd zu wirken vor dem Wiederaufnahmeteil (Reprise), der, wie der Hauptsatz, die Gedanken nur reiht, nicht aber gestaltet und dennoch wiederum durch die Kraft der Einfälle überzeugt.

Sehr bekannt ist die Des-dur-Berceuse Werk 57 (veröffentlicht 1845). Berceuse heißt Wiegenlied; aber vor diesem Tonstück kann man das französische Wort nicht gut übersetzen; denn ihm fehlt die mütterliche Innigkeit, die wir bei einem Wiegenlied erwarten. Dafür hat es einen flächigen

Zauber, eine zerbrechliche Zierlichkeit und einen feinschmekkerischen Duft, so daß es den Namen Berceuse stilistisch zu recht trägt. Ganz zart zieht das Gebilde dahin, piano und pianissimo, die Töne spinnwebfein, die Klänge nur gehaucht. Prächtig das Formgehäuse: 68mal die gleiche oder doch kaum veränderte eintaktige Baßfigur (Beispiel 38 Unterstimme), dazu ein einziger thematischer Gedanke von knapp vier Takten (Beispiel 38 Oberstimme), der unablässig in immer

38 Andante

neuer Einkleidung wiederholt wird, bald mit Gegenstimmen, bald in Vorschlägen, bald in rieselnden Zweiunddreißigsteln, bald in flirrenden Terzen oder Akkordbrechungen und so fort. Eine Variation köstlicher als die andere.

Vollklingendes Gegenstück dazu die 1846 erschienene Fis-dur-Barcarole Werk 60. Auch hier eine (allerdings mit stärkeren Veränderungen) festgehaltene Baßfigur, über der sich das „Gondellied" in verschiedenartigen Doppelgriffen immer klangvoller entfaltet. Durch den eingeschobenen Mittelsatz wird das Bildhafte der Tondichtung noch verstärkt. Sehr füllig die Wiederkehr des Hauptteils mit seiner Vollgriffigkeit; besonders klangschön das allmähliche Verhallen nach dem dreizehn Takte vor Schluß einsetzenden Orgelpunkt über Fis.

ROBERT SCHUMANN

Geboren am 8. Juni 1810 in Zwickau als Sohn eines Buchhändlers. Nach dem Tode des musikliebenden Vaters begann er auf Wunsch der Mutter rechtswissenschaftliche Studien, ging aber nach einem Jahre zur Musik über. Schüler von Friedrich Wieck in Leipzig, dessen Tochter Clara später Schumanns Frau wurde. 1834 begründete er die „Neue Zeitschrift für Musik" in Leipzig, in der er als Vorkämpfer für die musikalische Jugend auftrat (berühmt geworden sind die Aufsätze über Chopin und Brahms). Vorübergehend in Wien. Dann wieder in Leipzig, wo er Lehrer am Konservatorium wurde. Mit seiner Frau Clara machte er eine Konzertreise nach Rußland; dann übersiedelte er 1844 nach Dresden. 1850 städtischer Musikdirektor in Düsseldorf. Diese Tätigkeit mußte er 1853 infolge eines Gehirnleidens aufgeben. Die letzten beiden Lebensjahre verbrachte er in der Irrenanstalt zu Endenich, wo er am 29. Juli 1856 gestorben ist. Hauptschöpfungen: Klavierwerke, Kammermusik, Sinfonien, Konzerte, eine Oper, Lieder, Chöre mit und ohne Begleitung.

Schumanns Klavierstil hat etwas von Bachs Stimmigkeit, von Beethovens Kraft, von Mozarts Durchsichtigkeit, von Webers Glanz, von Schuberts gesättigter Farbenharmonik. Aber schnell vergißt man die Vorbilder unter dem inneren und äußeren Ansturm der seelisch erfüllten Tondichtungen; unverkennbar tritt Schumanns selbständige, eigenwillige Klaviersprache vor uns hin: klar hingesetzte Akkorde wandeln sich unvermutet in gebrochenes Laufwerk, Gegenstimmen weben sich in den gelösten Klang, scharf gezeichnete Themen verschwimmen unversehens zu umrißlosem Farbenspiel, zupackende Rhythmen verwehen in unruhigen Synkopen, Formen dehnen oder verengen sich nach scheinbar willkürlichen Eingebungen des Augenblicks, — und doch bleibt alles einheitlich gebunden, auf einen Mittelpunkt bezogen. Dieser freilich ruht nur selten im Rein-Musikalischen, sondern meist in der Idee des Dichterischen schlechthin.

Aus dieser Idee des Dichterischen entstehen die zahlreichen Überschriften, die Schumann vielen Werken mit auf den Weg gegeben hat. Dem Meister ist der Vorwurf gemacht worden, er sei in seinem Schaffen literarisch verfahren. Die Überschriften sollen aber, wie Schumann sagt, nicht die Vorstellungskraft des Hörers oder Spielers in eine bestimmte Richtung weisen, sondern sie wurden zumeist erst nachträglich hinzugefügt. Man wird auch bald bemerken, daß die Überschriften nur gelegentlich das Wesen des jeweiligen Werkes treffen; vielmehr heben sie fast immer nur eine Seite, einen Teil der Erscheinungsform hervor. Erscheinungsform und Wesen eines Kunstwerkes wird man jedoch gerade bei der romantischen Musik oft scharf trennen müssen: sie widersprechen sich gewiß nicht, wohl aber ist jene nur ein Teil von diesem — und nicht immer der entscheidende. Damit hängt es zusammen, daß Schumann besonders die kleine Form gemeistert hat. Die Sehnsucht der Romantiker nach der verlorenen und neu erhofften Ganzheit war so gewaltig, daß sie ihnen unaussprechbar erschien. Und so ballten sie — und das ist insbesondere Robert Schumanns Art — in einer Klein-Welt, in einem Mikrokosmos das zusammen, was ihnen zu sagen notwendig erschien, in der Gewißheit, daß gleichgestimmte Geister bei diesen Kleingebilden sogleich das Ganze, die Ganzheit, die Großwelt des Denkens und Fühlens erklingen hören würden. Daher kommt es, daß zahlreiche dieser Kleinbilder auch heute, nach mehr als hundert Jahren, noch immer nicht ausgeschöpft sind, vielmehr ständig Lebenskräfte ausstrahlen. Ein Stücklein wie die „Träumerei", millionenfach zuschandengeklimpert, in unzähligen Bearbeitungen vermanscht und versüßlicht, hat sich allen Mißhandlungen zum Trotz nicht verausgabt, weil es nicht irgendeine bestimmte Träumerei spiegelt, sondern das Träumen schlechthin, jenes Träumen, in dem man sich widerstandslos der Welt hingibt und doch zugleich ihren Mittelpunkt bildet.

Schumanns Großschöpfungen scheinen zwar auch aus Einzelstimmungen zu bestehen; doch sind diese in Wahrheit nichts anderes als immer neue Erscheinungsformen eines unerschöpflichen, einheitlichen, leidenschaftlichen Grundgefühls, sind Stufen auf dem ewigen Anstieg zum Tempel der „poetischen Ganzheit", wie der Tondichter selbst sein Ausdrucksziel bezeichnet hat.

Mit dem Dichterischen in Schumanns Werken hängt es auch zusammen, daß die beiden Seelen in des Meisters Brust immer wieder personifiziert werden: die zupackende, kraftvolle Art erhält den Namen Florestan, die ruhig-schwärmerische den Namen Eusebius (in den „Davidsbündlern" erhält jedes Einzelstück eine solche Namensangabe). Wir wollen hier nicht der Frage nachgeben, wie weit sich sein geistiges Gespaltensein im Werk widerspiegelt. Wohl aber soll man sich vor Augen halten, daß die Werke 1 bis 23, 26, 28 und 32 zwischen 1829 und 1840 entstanden und daß gerade sie noch fast unberührt sind von Krankheitseinflüssen. Andererseits soll man in den späteren Schöpfungen nicht jede Schwäche als durch geistige Erkrankung hervorgerufen ansehen. Wenn eine so empfindsame, vergeistigte und seelisch vertiefte Persönlichkeit wie Schumann im dritten Jahrzehnt ihres Lebens eine derartige Fülle von vollendeten Schöpfungen — wirklichen Seelen-Schöpfungen! — aus sich herausschleuderte, so wäre es nicht zu verwundern, daß spätere Werke zuweilen den Stempel der Erschöpfung tragen.

Die Werke

Schumanns erstes Klavierwerk beginnt mit einem Thema (Beispiel 1), das er dem Namen einer guten Bekannten entnommen hat; freilich war die Dame weder (wie die Widmung behauptet) eine „von" noch eine „Comtesse", sondern gutbürgerlich. Der Thementeil der „A b e g g - V a r i a t i o n e n“ (Werk 1, 1830) wirkt etwas peinlich durch das unaufhörliche Rücken des Kopfmotivs und seiner Umkehrung.

1 Animato

Stärker die vier Variationen. Spielfreudige Virtuosität herrscht in den Geschwindakkorden, den weiten Akkordbrechungen und den rieselnden Mittelstimmen der ersten Variation, aber auch in der dritten mit ihren funkelnden Triolen sowie den Trillern und Läufen des angehängten „C a n t a b i l e“. Unmittelbarer dagegen die zweite Variation, in der Baß und Oberstimme eine stets durch ein Achtel synkopisch getrennte Zwiesprache führen zu gleichfalls synkopisch schwebender Akkordbegleitung der Mittelstimmen. Die Chromatik der zweiten Variation kehrt im „Finale alla Fantasia“ wieder; dessen Art ist doppelgesichtig mit dem akkordischen, drängenden Beginn und den zerstäubenden Tonketten. Beide Bestandteile werden fein miteinander verbunden und dem Thema zugeordnet. Überraschend, wenn in diesem Wogen mit ruhigem Nachdruck das Thema auf breiten Noten in seiner Urgestalt erscheint. Noch einmal beginnt das Fantasiespiel, schwindet aber bald im tiefen Murmeln des Klaviers.

Den Namen von Schumanns „P a p i l l o n s“ (Werk 2, geschrieben 1829 und 1831) wörtlich zu nehmen, hieße die kleine Tondichtung verkennen; denn es flattern durchaus keine „Schmetterlinge“ vorüber. Näher käme man dem Sinn dieser Reihe von Klavierstücken, wenn man sich der französischen Redensart erinnert: „courir après des papillons“, was etwa besagen will, „sich mit Kleinigkeiten unterhalten“. Welcher Art diese Kleinigkeiten sind, hat Schumann mehrfach in Briefen ausgesprochen. So schrieb er an Ludwig Rellstab, er möge „sich erinnern der Szene in den ‚Flegeljahren' (von Jean Paul, vorletztes Kapitel) — Larventanz — Walt — Vult — Masken — Wina — Vults Tanzen — das Umtauschen der Masken — Geständnisse — Zorn — Enthüllungen — Forteilen — Schlußszene und dann der fortgehende Bruder". Dagegen sagte der Tondichter später, er habe nicht die Musik dem Text unterlegt, sondern den Text der Musik. Wie dem nun auch sei, — ohne Zweifel handelt es sich hier um Bilder von einem Maskenfest; steht doch über dem Ausklang des Werkes unzweideutig: „Das Geräusch der Faschingsnacht verstummt. Die Turmuhr schlägt sechs." Jedes der zwölf Faschingsbilder einzeln deuten zu wollen, wäre vergeblich. So bildhaft vieles auch wirkt, — wesentlicher sind die verschiedenen und doch einheitlich gebundenen Stimmungen. Es erscheint dabei nützlich, sich die kleinen Verknüpfungen mancher Stücke vor Augen zu halten, etwa zu beobachten, wie Teile der sechstaktigen Einleitung (Beispiel 2

gibt das Hauptmotiv) sich im Laufe des Geschehens wieder melden; doch kommt man auch ohne dieses Wissen aus, weil das Werk nicht gedanklich-folgerichtig gebaut wurde, sondern nur Stimmungen aneinanderreiht. Selbst Verbindungen wie die des Schlußstückes — nämlich der „Großvatertanz" als Kehraus kontrapunktiert mit dem kleinen Walzer des ersten Bildes — muten eher wie flüchtige Erinnerungen an denn wie innere Verklammerung. Mögen diese Verbindungen weit auseinanderliegen wie hier oder nahe beieinanderstehen wie im ersten und dritten Stück, niemals werden sie zu wirklich tragender Bedeutung emporgehoben wie in der Klassik eines Beethoven. Der Zauber der „Papillons" beruht vielmehr auf dem zierlichen Reiz der meist ganz kurzen

Stücklein: der sanften Walzerweise des ersten, dem stapfenden Kanon des dritten (des Schulmeisters Riesenstiefel?), der schelmischen Schubert-Nachahmung des achten, der geschlossenen Szenen des zehnten und zwölften, den glitzernden Geschwindzeichnungen des zweiten, vierten oder neunten, dem Mädchenbildnis des siebenten.

Ausgeprägter wird die Handschrift Schumanns in den Intermezzi und den Impromptus. Die „Intermezzi" Werk 4 (1832) umfassen zum Teil etwas größere Bildungen. Außerdem versuchte der junge Tondichter, das Formale stärker zu berücksichtigen (die sechs Stücke haben durchweg Liedform). Überhaupt macht sich das Bestreben bemerkbar, die Sprache zuchtvoll zu halten; so beginnt gleich das erste Stück in kanonartiger Stimmführung. Gleichzeitig führt dieses Streben nach Polyphonie zu Eigentümlichkeiten, die später für die besondere Schumann-Polyphonie richtungweisend wurden, nämlich mehrere Motive oder Motivteile ineinander zu verweben. Unter den selbständigen Regungen wäre ferner zu nennen die erwachende Vorliebe für durchlaufende Synkopen. Dennoch handelt es sich bei den „Intermezzi" keineswegs um „absolute Musik"; vielmehr tauchen allerlei Bilder und Stimmungen auf, die zwar schwer zu erklären, aber jedenfalls vorhanden sind. Das zeigt nicht nur der wechselnde, zuweilen scharf gegensätzliche Ausdruck, sondern mancher nachdrückliche Hinweis: etwa das „Abegg"-Zitat im letzten Intermezzo oder die Überschrift „Meine Ruh ist hin" über dem Mittelsatz des zweiten Stückes. Den zahlreichen Fortschritten steht freilich ein Nachteil gegenüber, der den „Intermezzi" eine stärkere Beliebtheit verwehrt: die mangelnde Tragkraft der thematischen Erfindung.

Die „Impromptus" über ein Thema von Clara Wieck sind 1833 entstanden (Werk 5). Zum ersten Male spüren wir in diesem Werk den Niederschlag jener Freundschaft, die dann nach langen Kämpfen zur ehelichen Vereinigung der beiden jungen Menschen führte. In der Art entsprechen die

Impromptus etwa den Intermezzi, führen diese aber weiter aus und sind vor allem wesentlich einfallsreicher. Schumann hat die Impromptus siebzehn Jahre später überarbeitet und einiges ausgewechselt. Als Ganzes sind auch sie noch mehr Vorstufe als Erfüllung, so fein zuweilen die Innenzeichnung der dichterischen Bilder auch erscheinen mag.

Nur der Vollständigkeit halber sei hier das „Allegro" Werk 8 (1831) genannt, ein unpersönliches, ja, schwaches Stück.

1832 schrieb Schumann sechs „Studien für das Pianoforte nach Capricen von Paganini" (Werk 3). Es sind wirkliche „Studien", also Etüden, und zwar Studien der Harmonisierung wie der Klaviertechnik, der in jeder Caprice besondere Aufgaben gestellt werden. (Als vorwiegend spieltechnische Studie war 1830 die „Toccata" Werk 7 vorangegangen. Die höhere Werkzahl erklärt sich aus der 1833 vorgenommenen Umarbeitung). In einer langen Einleitung gibt Schumann noch besondere Anweisungen zum Üben. Überwiegen so der Gebrauchszweck und das Virtuose, so stehen diese Studien rein musikalisch turmhoch über den meisten Werken dieser Gattung. In einem Brief an Rellstab hatte der jugendliche Komponist zwar versichert, er möge „lieber sechs eigene (nämlich: Capricen) machen, als noch einmal drei bearbeiten", aber ein Jahr später (1833) schrieb er abermals „Sechs Konzert-Etüden, komponiert nach Capricen von Paganini" (Werk 10). Schumann sagt selbst von ihnen, daß sie „sich ihrer Brillanz wegen auch zum öffentlichen Vortrag schicken". Dieses Mal habe er sich „von der Pedanterie einer wörtlichen Übertragung freigemacht und möchte, daß sie den Eindruck einer selbständigen Klavierkomposition gäben, welche den Violinursprung vergessen lassen, ohne daß dadurch das Werk an poetischer Idee eingebüßt habe". In der Tat versinkt das (unzweifelhaft vorhandene) Virtuose hinter der feinen Harmonisierung, der kunstvollen Stimmenverflechtung und dem tondichterischen Gehalt (zauberhaft vor allem Nr. 2 und die trauermarschartige „Etüde“ Nr. 4).

Freilich, mit den Zwölf sinfonischen Etüden in Variationenform (Werk 13, 1834) können sich die Paganini-Etüden nicht messen. Das Thema stammt vom Vater der ersten Verlobten Schumanns (Ernestine von Fricken); Hauptmann von Fricken war also der „Amateur“, dem die Noten der Melodie, wie die Anmerkung zu dem Werk lautet, zugehören. „Etüden im Orchestercharakter von Florestan und Eusebius“ sollte die Klavierkomposition ursprünglich heißen (sie umfaßte zunächst auch mehr als zwölf Variationen). Die geplante Bezeichnung trifft den Gehalt des Werkes sehr gut: tatsächlich strebt der Tondichter orchestralen Klang an, und die beiden Seelen in Schumanns Brust treten in den Sinfonischen Etüden deutlich neben- und gegeneinander. Kennzeichnend, wie das (ursprüngliche Flöten-)Thema hier von Schumann klanglich gefaßt wird (Beispiel 3 gibt den Beginn); er bettet den samtenen Klang über-

3 Andante

wiegend in weich gesetzte Akkorde über tiefen Bässen, doch erhalten auch die Mittelstimmen, trotz scheinbar unwesentlicher Führung, ihre besondere klangfärbende Bedeutung (so bereits im zweiten Takt unseres Beispiels). Schumann entfernt sich beim Variieren in den einzelnen Etüden meist weit von der äußeren Erscheinungsform des Themas und greift dafür um so nachdrücklicher auf das, was ihm als dessen innerer Sinn erscheint. Es sind also Charaktervariationen. Hohe Spieltechnik, ausgezeichneter Satz, glanzvoller Klang und starke Bildhaftigkeit geben dem in seiner Farbigkeit echt romantischen Tonbild das Gepräge. Die erste Etüde wirkt durch den Gegensatz von scharfgeschnittenem Kontrapunkt und verhaltener Klangstärke. Die Stimmführung gemahnt hier eher an Oper als an Instrumentalzeichnung. Die zweite Etüde bringt gar eine akkordisch breit untermalte Kanzone. In der dritten liegt die drängende Melodie in der tiefen Mittelstimme, während es in den schnellen Staccati der Oberstimme (Akkordbrechungen) glitzert, — übrigens eine Wirkung, deren sich Verdi im Nilakt der „Aida" bedient hat, also abermals ein wenig „Oper". Die vierte Etüde ist mit ihrer feurigen Akkordik ein echtes Florestan-Stück, während in der fünften mit ihrer einfach-kunstvollen Stimmführung Eusebius zu scherzen scheint. In den zerlegten Akkorden und sehr weiten Sprüngen (linke Hand) der sechsten Etüde taucht das Thema wieder greifbarer empor, ebenso im Mittelteil der sprudelnden siebenten. Die achte mit ihrem rhythmisch kühngezackten Thema und der nachahmenden Führung ist eine Art romantisches Barock. In der neunten und zehnten herrscht Akkordik in verschiedenen Erscheinungsformen, die elfte bringt abermals eine Kanzone, nun jedoch eine instrumentale. Der Schlußsatz endlich, eher ein Rondo als eine Variation, stürmt mit seinem Jubelmarsch im Hauptteil mächtig daher wie ein kecker Florestan gegen die Philister, während die weicheren Zwischensätze auf Eusebius verweisen. Das Zitat aus Marschners „Templer und Jüdin" — die Weise Ivanhoes — ist eine Huldigung an den englischen Komponisten Bennett, dem Schumann die Sinfonischen Etüden gewidmet hat.

In den Jahren 1834 und 1835 entstand der „C a r n a v a l"/ Scènes mignonnes sur quatre notes" (Werk 9). Die vier Buchstaben, nach denen die „artig-minnigen Szenen" geschrieben wurden, sind a/s/c/h, sie geben also den Geburtsort von

Schumanns erster Verlobter Ernestine von Fricken wieder: die böhmische Stadt Asch; zugleich sind es diejenigen Notenbuchstaben, die im Namen Schumann vorkommen. Eine Buchstabenspielerei wie in den Abegg-Variationen, doch ganz unauffällig und frei, so daß die vielen Szenen durch das musikalische Grundmotiv zwar verbunden, aber nicht gewaltsam gekoppelt sind. Oft muß man sie sogar erst suchen und findet sie dann versteckt in einer Baßstimme (und selbst da, wie im „Pierrot“, noch verhüllt) oder in winzigen Vorschlägen („Lettres dansantes“), wo man sie nicht vermutete, oder in einer Notenkette eingereiht („Eusebius“) und durch andere Buchstaben unterbrochen. „Carnaval“ heißt das Werk, weil es nach Art der „Papillons“ ein Maskentreiben darstellt, auf dem sich allerlei Personen und Stimmungen, die in Schumanns Leben eine Rolle gespielt haben, mehr oder weniger vermummt ein Stelldichein geben. Die Überschriften — so behauptete der Tondichter später — sind erst nachträglich gesetzt worden. Im „Carnaval“ spricht er nur gelegentlich etwas Innerliches aus; um so leuchtender entfalten sich Bildkraft und zügiger Schwung. Nach der breit angelegten tänzerischen Einleitung werden die verschiedenen, sorgfältig charakterisierten Personen und Szenen des Maskentreibens vorgeführt: der täppische Pierrot, der ausgelassen springende

4 Adagio

5 Passionato

Harlekin, dann, nach einem „Valse noble“, der Tondichter selbst in zweierlei Gestalt als träumerischer Eusebius (Beispiel 4) und als feuriger, leidenschaftlich übermütiger Florestan (Beispiel 5), der sich — nach dem eingestreuten Thema zu urteilen — anscheinend des Maskentreibens in den „Papillons" erinnert und mitten in der Ausgelassenheit von einer „Coquette" zierlich abgeführt wird. In dem Treiben tauchen einige geisterhafte Töne auf, — vor dem inneren Ohr, denn zum Spielen auf dem Klavier sind sie kaum gedacht: „Sphinxes", mächtige Noten in Mensuralschrift, wie ein Menetekel „ES/C/H/A" — AS/C/H" — A/ES/C/H". Sehr schnell huschen ein paar „Papillons" vorüber (hier in der Baßstimme die Bezeichnung „wie Hörner"). Die Buchstaben A.S.C.H und wieder S.C.H.A. tanzen mit einem Male vor den Augen des Tondichters („Lettres dansantes"), und jetzt erscheint „Chiarina" (Clara), nach ihrem rhythmisch punktierten Passionata-Thema zu urteilen, eine recht energische, selbstbewußte junge Dame. Hinter ihr taucht „Chopin" auf in einer feinen Tonzeichnung, gleich darauf „Estrella" (Ernestine). In der „Reconnaissance" (Erkennen) macht Schumann das Ungewiß-Gewisse des Erkennens sehr anschaulich: die rechte Hand geht in Oktaven, aber die Oberstimme in klaren Achteln und gebunden, der Daumen in zitternden Tonwiederholungen von Stakkato-Sechzehnteln. „Pantalon und Colombine" stürmen vorüber, ein „deutscher Walzer" bringt ganz andere Stimmungen; plötzlich, als Zwischenspiel, „Paganini", der geigende Hexenmeister, stakkato und mit gebundener Bogenführung, unverändert in Sechzehnteln, sehr schnell, am Schluß vier Sforzato-Akkorde, gefolgt von kaum noch hörbarem Pianissimo — die Geistererscheinung schwindet, der „deutsche Walzer" setzt wieder ein. Leise, abseits, ein leidenschaftlich geflüstertes Geständnis („Aveu"), sogleich darauf, mit harmloser Miene eine „Promenade" vor aller Augen. In der nun folgenden „Pause" geht es recht stürmisch zu: offenbar bereitet man sich eiligst vor auf das Schlußstück, den „Marsch der Davidsbündler gegen die Philister", der mächtig losbricht (Beispiel 6), aber schnell umschlägt in eine dröhnende, zuweilen fast gröhlende Verspottung des „Großvaterliedes“ (als Thema des 17. Jahrhunderts bezeichnet),

6 Non allegro

unterbrochen durch Erinnerungen an den Beginn des Carnavals. Das Getümmel dieses Kampfes gegen die Großväter-Philister wird erhöht durch den 3/4-Takt (im Marsch!) und endlich durch die Schlußstretta, deren 3/4-Takt durch Synkopierung gewaltsam zum 2/4-Takt umgebogen ist.

Wir schließen hier die Besprechung der drei großen Sonaten an, obwohl einzelnes aus ihnen erst später komponiert wurde. In das Jahr 1835 fällt das Clara Wieck gewidmete Werk 11, die fis-moll-Sonate. Die Widmung ist hier mehr als eine äußere Handlung; denn in der Sonate spiegelt sich die stürmische Liebe des jungen Schumann dichterisch wider; die Sonate ist, wie er später seiner Frau sagte, „ein einziger Herzensschrei nach Dir“. 1835, also mit vierundzwanzig Jahren, hat er das Werk geschrieben, und so stark schon empfand er seine Doppelnatur, daß er in einer Anmerkung sagt: „Die Verfasser Florestan und Eusebius bedienen sich des Pedals fast in jedem Takt . . .“ Als eigentlich Werbender tritt in dieser freien, durchaus romantischen Sonatendichtung Florestan auf. Das

7 Allegro vivace

zeigen — nach der phantasievollen langsamen Einleitung — die ersten Takte des Allegrosatzes (Beispiel 7), wo aus dem leisen Klopfen des Basses übergangslos forte ein echter Florestan-Gedanke hervorstürmt. Und dieser Gedanke, dieses stürmische Fordern bleibt im ganzen Satz herrschend; er macht sich in der Durchführung auch das Motiv der langsamen Einleitung untertan, während Eusebius (zweites Thema) gewissermaßen nur angedeutet wird. Im langsamen Satz, einer kleinen „Aria", steigt das Bild Claras empor, und die Melodieführung erklärt nachträglich mancherlei aus der Einleitung des Werkes. Das Mädchenhafte, noch leicht Unpersönliche des Themas stimmt gut zu der Tatsache, daß Clara Wieck erst sechzehn Jahre alt war, als die Sonate beendet wurde, und gar erst vierzehn bei Beginn der Komposition. Eine Sinnbezeichnung des sprühenden Scherzos zum Ganzen wäre wohl nur gewaltsam zu geben. Übersprudelnd der Hauptteil, leises Glockengeläut in den Bässen des ersten Seitensatzes (Più allegro), Polonäsenrhythmus im zweiten Seitensatz, „Intermezzo" genannt, von dem aus eine merkwürdige, instrumental-rezitativische Überleitung zum Hauptteil zurückführt. Der stürmisch ansetzende Schlußsatz löst sich — fast ein Stegreifgedicht — in mancherlei Einzelstimmungen auf, die zu deuten nicht schwerfällt. Das Eigentümliche der Sonate möchten wir darin sehen, daß sie nicht durch die deutlich spürbaren, in der Einleitung bereits aufklingenden motivischen Beziehungen zwischen den Sätzen zusammengehalten wird, sondern vor allem durch die jugendliche Leidenschaft. Als Musiker hatte Schumann nicht ganz unrecht, wenn er sehr viel später auch diese Sonate unter den Begriff „Wüstes Zeug" einreihte. Uns fesselt freilich an dem Werk immer wieder die Unbekümmertheit des jungen Feuerkopfes.

Die f-moll-Sonate Werk 14 (ebenfalls 1835) huldigt der geliebten Clara auf andere Weise: die äußere Widmung gilt dem Pianisten Moscheles, Kerngedanke des Werkes aber ist ein Thema von Clara Wieck. Dieses Thema (Beispiel 8c) wird nicht nur im langsamen Satz als Grundlage für einige empfindungstiefe Variationen gewählt, sondern bestimmt auch die übrigen Sätze bis in scheinbare Neben-

linien. Natürlich bedeutet hier die motivische Bindung zugleich auch eine Herzensbindung. Allerdings herrscht in der f-moll-Sonate nicht das bedenkenlose Verlangen wie in dem fis-moll-Werk; die Leidenschaft ist verhaltener, weniger siegesgewiß, fast ernst und bedenklich (erster Satz, Beispiel 8a gibt den Beginn), das Scherzo (Beispiel 8b) straft seinen Namen Lügen, nur im Andantino quasi variazioni wagt sich der Traum von der Geliebten stärker auszubreiten, während der äußerst schnelle Schlußsatz zuweilen sogar in zitternde Verzweiflung versinkt, über die der Dur-Schluß nicht hinweghelfen kann.

Ebenso dicht sind die motivischen Beziehungen zwischen

den einzelnen Sätzen der g-moll-Sonate Werk 22 (Beispiel 9 gibt nur einige Gedanken wieder: a) Hauptthema des ersten Satzes, b) stammt aus dem Andantino, c) trägt das Scherzo, d) bildet den Beginn des zweiten Themas im Schlußsatz). So folgerichtig auch die motivische Arbeit ist und so geschlossen, zuweilen sogar gedrungen die Sonate in der Form wirkt, sie hat doch nicht die Überzeugungskraft der beiden Schwesterwerke. Das erklärt sich wohl aus der zeitlichen Entstehung der Sätze: das Andantino entstand 1830, erster und dritter Satz wurden zusammen mit dem ursprünglichen vierten Satz 1835 geschrieben, den jetzigen Schlußsatz fügte Schumann 1838 an die Stelle des älteren Finales.

Zu den Sonaten gehört im Grunde auch eines der bekanntesten Werke Schumanns, die C-dur-Fantasie Werk 17 (geschrieben 1836). Zwar sind es nur drei Sätze, von denen der langsame auch noch am Schluß steht, doch ist das Sonatenhafte des Ganzen und der Teile nicht zu verkennen. Gerade dieses Werk kann als Beispiel dafür dienen, daß im musikalischen Kunstwerk das Gesetz der Form verwischt sein darf, wenn nur der innere Antrieb des Schaffenden und sein eigenes Gesetz stark genug sind. Sonatenartig ist das Werk im großen, aber unsonatenmäßig zusammengestellt; im einzelnen sind die Sätze eigentümlich gemischt aus Sonatenbestandteilen, Variation, Rondo, Lied; ja, der erste wird durch den Einschub „Im Legendenton" formal auseinandergerissen. Läßt man solche Gestalt (formal aber doch eben eine Ungestalt) gelten unter dem Verlegenheitsnamen einer „Fantasie", so kann der Formfanatiker die bunte Vielheit der Einzelbestandteile unmöglich gutheißen. Da ist gleich das erste Thema zwar sonatenhaft in seiner Schwungkraft, aber die Gestalt mit der wogenden Begleitung gehört doch eher dem Lied an. Auch das Seitenthema hat liedhafte Züge, der Abschnitt der „Durchführung" „Im Legendenton" ist eine Variation des Seitenthemas, das hier zur Ballade wird. So ließe sich die Reihe fortsetzen. Aber selbst die stilistischen Mittel sind durcheinandergewürfelt.

Neben der Homophonie der Themen steht oft eine nur Schumann eigentümliche Polyphonie der Stimmführung, steht eine schwebende Polyrhythmik, die dann wieder — etwa im Hauptteil des zweiten Satzes — einem fast starren Rhythmus weicht. Dem klirrend ritterlichen Mittelsatz folgt die verschwimmende Dämmerung des Schlußsatzes, — wo sind hier noch entscheidende reinmusikalische Beziehungen oder Gesetze erkennbar? Und doch ist das Werk so einheitlich, so spürbar innerlich geschlossen, daß man erkennen muß: die Romantik hat andere als nur überlieferte Formgesetze, jeder romantische Musiker steht wiederum unter einem eigenen Formgesetz, ja, die einzelnen Werke der einzelnen Tondichter tragen ihr einmaliges Gesetz in sich selbst. Bei der C-dur-Fantasie Schumanns ist dieses Gesetz ein sogenanntes außermusikalisches: das Werk entströmte den Gemüts- und Seelenzuständen des jungen Meisters, als er annehmen mußte, die ersehnte Verbindung mit Clara Wieck werde niemals zustandekommen. Die formale Zerrissenheit des ersten Satzes hat also seelische Ursachen, ist kein Mangel an Gestaltungsvermögen. Wir geben noch die Hauptgedanken: das sich leidenschaftlich herabsenkende Kopfmotiv (Beispiel 10) zu stürmisch rollender Sechzehntelbegleitung

10 Durchaus leidenschaftlich und phantastisch vorzutragen

mit seinem verlangsamten Anhang wird mehrfach abgewandelt, besonders ergreifend vom 19. Takt an, wo es in seiner klagenden Einfachheit einen ganz anderen Charakter annimmt; das Seitenthema (Beispiel 11) knüpft mit seinem Auftaktmotiv an den Nachsatz des ersten Themas an, wirkt besonders durch seine Lagerung zwischen die ganztaktigen Akkorde der Oberstimmen und die Akkordbrechungen des

Basses und wird später „im Legendenton“ zum Träger eines bedeutsamen Abschnittes; nicht minder wichtig jener sin-

11

gende Gedanke (Beispiel 12), der abermals auf das Hauptthema zurückgreift und eine der sprechendsten lyrischen

12

Melodien Schumanns darstellt. Nach dem Wühlen und Dehnen des ersten Satzes (der im Zeitmaß bis zum Adagio gestreckt wird!) folgt im zweiten Satz ein mächtiger, fast sinfonischer Marsch, der in seiner breiten Thematik, in den straffen, vielfach nach Webers Art punktierten Rhythmen und der orchesterhaften Glanzentfaltung für sich selbst spricht (Beispiel 13 gibt den Beginn). Gewiß hat dieser Satz

13 Mäßig. Durchaus energisch

etwas „Äußerliches“ an sich; aber so ist er auch gemeint: dieses Zusammenreißen zu heftigem Trotz ist eine Florestan-Gebärde von betonter Unbekümmertheit. Daß auch sie der Verzweiflung und der Trauer nicht Herr zu werden vermochte, bezeugt dann der Schlußsatz. Er ist ganz in Dämmerfarben getaucht: nach der leidenschaftlichen Klage des ersten und der trotzig-äußerlichen Gebärde des zweiten

Satzes überkommt den erregten Tondichter eine Stimmung milden Verzichts, zwar durchsetzt von manchem schmerzlichen Aufbegehren, doch ausmündend in traumhafte Harmonien. So wundervoll der Satz auch ist, noch bewundernswerter und ergreifender erscheint uns, wie bereits im ersten Thema dieses Tongedichts alles eingefangen ist, was dann weiter ausgeführt wird (Beispiel 14 gibt den Anfang).

14 Langsam, getragen. Durchweg leise zu halten

Übrigens eine für Schumann bezeichnende Satzart: Thema in der Mittelstimme (zu beachten die leichte Verlagerung am Ende des ersten Taktes), dazu eine absteigende Gegenstimme in Baßoktaven und gelöste Akkordik der Oberstimme als Begleitung, die im zweiten Achtel das Thema nachschlagend noch einmal bringt.

Als Schumann die „Davidsbündlertänze“ (Werk 6) schrieb, schwamm er in seligen Erwartungen; glaubte er doch, alle Hemmnisse seien überwunden und er könne Clara bald heimführen (1837). Das Werk ist ein Reigen von Florestan und Eusebius (der Doppelgestalt, unter der sich Schumann in dem — freilich nur gedachten — „Davidsbund“ selbst darzustellen liebte) um Clara Wieck. Denn zu Beginn des Werkes tritt im Baß ein „Motto von C. W.“ auf, und die verschiedenen Sätze sind als jeweils von Florestan und Eusebius oder von beiden zugleich stammend bezeichnet. Mit aller Behutsamkeit darf man vielleicht auch sagen, in dem werbenden Reigen um Clara habe das innige Eusebius-Gemüt den Sieg davongetragen über den feurigen Florestan-Geist. Diese Deutung mag erlaubt sein, wenn man die achtzehn Tanzbilder in ihrer Entwicklung zusammenhängend verfolgt. Im 1. Bild treten nach dem „Motto von C. W.“ Florestan und Eusebius gemeinsam auf den Plan, und zwar einheitlich, ohne daß der eine vom anderen zu unterscheiden wäre. Nr. 2 („Innig") gehört Eusebius allein, Nr. 3 („Mit Humor. Etwas hahnbüchen") und 4 („Ungeduldig") sind mit „F." gekennzeichnet. Damit ist in den ersten Stücken bereits die Trennung vollzogen. Sie wird nun beibehalten. 5 („Einfach") gehört E., 6 („Sehr rasch und in sich hinein") trägt die Unterschrift F. In den beiden folgenden Stücken fällt bereits die Entscheidung; nachdem nämlich in Nr. 7 Eusebius „Mit äußerst starker Empfindung" sein Wesen offenbart hat, stellt sich Florestan zwar noch einmal „Frisch" (8) in den Vordergrund, aber über Nr. 9 ("Lebhaft") steht die verzichtende Bemerkung: „Hierauf schloß Florestan und es zuckte ihm schmerzlich um die Lippen". Nr. 10 („Balladenmäßig") ist jetzt nicht schwer zu deuten als vorüberstreifender Gedanke von F. Daß der Gedanke sich nicht endgültig in Verbitterung wandelt, hindert das unbezeichnete Stück Nr. 11 („Einfach"), unbezeichnet, weil es beide Seelen noch einmal namenlos zusammenfügen möchte. Florestan faßt sich dann „mit Humor" (12), die beiden Davidsbündler tanzen gemeinsam „Wild und lustig" (13). Jetzt gewinnen die zarteren Stimmungen mehr und mehr die Oberhand: „Zart und singend" in der verträumten Weise von E. (14), dann in Nr. 15 („Frisch"), wo F. und E. gemeinsam auftreten, aber scharf voneinander getrennt sind durch die männliche Akkordik von F. und das schwärmerische Singen von E., wobei F. viel von seiner einstimmigen Ungebärdigkeit verloren hat. Das nächste Bild (16, „Mit gutem Humor") trägt keine Herkunftsbezeichnung, scheint aber anzudeuten, daß Florestan sich damit abgefunden hat, im Hintergrunde stehen zu müssen. Denn gleich Nr. 17 („Wie aus der Ferne") ist mit F. und E. unterschrieben, ohne daß noch wirklich Florestanisches zu entdecken wäre, ja, vor der Koda wird das wichtige Eusebiusbild von Nr. 2 wiederholt. Und so versteht man auch, wenn dem Schlußbild die Bemerkung vorangestellt ist: „Ganz zum Überfluß meinte Eusebius noch folgendes; dabei sprach aber viel Seligkeit aus seinen Augen.“ Im Augenblick des Wechsels zum nächsten Tag (es schlägt 12 Uhr in dem zwölfmaligen tiefen C der letzten Takte) hat Eusebius das leise, aber entscheidende Wort. — Wenn eine solche allgemeine, nicht in die Einzelbilder herabsteigende Deutung etwas für sich hat, — daß nämlich das Florestanische in Schumann um Claras willen zurückgetreten ist, — dann würde sich freilich die durchaus nicht müßige, aber nicht zu beantwortende Frage erheben: was wäre aus Schumann geworden, wenn er sich stärker zum Florestan hätte entwickeln dürfen?

Bei den „Phantasiestücken“ des gleichen Jahres (1837, Werk 12) ist man mehr noch in Versuchung, die Einzelbilder zu deuten; denn die Überschriften fordern dazu förmlich heraus: „Des Abends/Aufschwung/Warum?/Grillen/In der Nacht/Fabel/Traumes Wirren/Ende vom Lied“. Sicher hängen die verschiedenen Stücke auch miteinander zusammen, und Schumann hat selbst einige Deutungen — nachträglich, wie er sagt — gegeben. So denke er bei dem Stück „In der Nacht“ an die Geschichte von Hero und Leander: „Hero schwimmt alle Nächte durch das Meer zu seiner Geliebten, die auf dem Leuchtturm wartet, mit brennender Fackel ihm den Weg zeigt“. Oder zum letzten Bild („Traumes Wirren“): „Ich dachte dabei, nun, am Ende löst sich alles in eine lustige Hochzeit auf, aber am Schluß kam wieder der Schmerz um Dich (nämlich: Clara Wieck) hinzu und da klingt es wie Hochzeit- und Sterbegeläute untereinander.“ Aber halten wir uns lieber an ein anderes Schumann-Wort: „Die Hauptsache bleibt, ob die Musik ohne Text und Erläuterung an sich etwas ist.“ Das ist hier der Fall. Jedes der Phantasiestücke kann für sich und durch sich selbst bestehen. Sie sind in dreiteiliger Liedform gehalten und drücken abwechselnd träumerische und kraftvolle Empfindungen aus, und zwar heben sich die verschiedenen Gruppen sehr fein durch ihren jeweiligen

Klavierstil voneinander ab, während innerhalb der Gruppen eine gewisse Verwandtschaft besteht. So gehören etwa unter den kraftvollen Bildern der machtvolle „Aufschwung", die humorvollen „Grillen" und der derb-fröhliche Rundgesang des „Endes vom Lied" durch ihren vorwiegend akkordischen Satz zusammen, wie anderseits Stücke wie „Des Abends", „In der Nacht" und „Traumes Wirren" durch den auflösenden Klavierstil verwandt sind.

Auch die Novelletten des Jahres 1838 (Werk 21) umschließen viel Bildhaftes aus jenen Zeiten des unsicheren Werbens um Clara Wieck. Mit der Wortspielerei geht Schumann hier etwas weit; der Name „Novelletten" könnte besagen: kleine Novellen, und daran mag der Tondichter sehr wohl gedacht haben. Um aber unter allen Umständen die acht Stücke in Beziehung zu Clara zu setzen, bezeichnete er sie nach dem Namen der damals in Leipzig wirkenden Sängerin Novello, nur, weil diese ebenfalls den Vornamen Clara trug und „Wiecketten" nicht gut genug klinge. Liedform und Rondo werden den einzelnen Bildern ziemlich frei zugrundegelegt. Oft findet sich ein Mittelsatz, dessen Melodik und Begleitung ausgesprochene Liedzüge tragen (1, 2, 6, 7, 8, im letzten sogar auch eine „Stimme aus der Ferne"). Als Beispiel aus der Gesamtreihe greifen wir die erste Novellette heraus. Die Einleitungsgebärde (Beispiel 15) wirkt ritterlich

15

und doch weich durch die Bevorzugung der tiefen und mittleren Lage; das Triolenmotiv wird zweifach ausgewertet, nämlich als Klangfülle und als Träger stürmischen Vorwärtsdringens durch das anschließende Dickicht schneidender

Harmonien. Im sogenannten Trio tritt eine der bereits erwähnten Liedweisen auf, begleitet von Gegenbewegung des Basses, klanglich getönt durch Triolenbrechungen der Mittelstimme. Damit ist der Gegensatz von kräftig und zart (erster Teil und „Trio"), also das Gegensatzpaar Florestan und Eusebius in ein einziges Stück verlegt, während bei den bisher besprochenen Reihenwerken meist jeder „Davidsbündler" sein eigenes, selbständiges Stück zugewiesen bekam. Die erste Novellette besteht nun aus dem mehrfachen Wechsel der beiden Hauptteile, belebt durch harmonische Verlagerungen. Ein Zwischensatz mit nachahmender Stimmführung unterbricht merklich den sonst so fließenden Ablauf. Ähnlich gestaltet, nur einfacher in der Form und durchgearbeiteter in der Innenzeichnung die siebente Novellette (E-dur) mit ihrem machtvollen Oktavenbeginn, der nachahmenden Weiterführung und dem gefühlvollen, versponnenen Mittelsatz. Auch die zweite Novellette gehört in diese Gruppe, nur sind die Hauptteile bewegter, während andere ihren Mittelsatz noch steigern wie etwa die dritte mit ihrem Intermezzo „Rasch und wild". Für alle Novelletten gilt, daß sie zügig gefaßt und in glanzvollen Klaviersatz gegossen sind.

Weniger glanzvoll, dafür um so eindringlicher gestaltet sind die „Kreisleriana" (Werk 16, ebenfalls 1838). Die Bezeichnung wählte Schumann nach dem unvollendeten Werk des Dichters E. T. A. Hoffmann „Lebensansichten des Katers Murr nebst fragmentarischer Biographie des Kapellmeisters Johannes Kreisler" und den „Kreisleriana", die mit dem Kater Murr so eigentümlich verschränkt sind. Mag Schumann durch den Dichter angeregt worden sein, — er hat natürlich nicht die Absicht gehabt, die Stimmungen des Kapellmeisters Kreisler nachzuzeichnen, sondern hat lediglich dem Auf und Ab seiner eigenen inneren Erlebnisse Ausdruck verliehen, hat sich selbst nachgebildet. Erschütternd freilich, daß er den Hoffmannschen Kreisler auf das Titelblatt seines Werkes setzte: Kreisler sollte nach des Dichters

Plan im Wahnsinn enden, — Schumann ist in der Irrenanstalt gestorben. Von Vorahnungen solcher Art ist aber nie die Rede; vielmehr war Schumann froh und heiter bei der Arbeit. Abermals ein tönender Niederschlag seines ständigen Kreisens um die Geliebte. Doch ist alles verhalten, in allgemeinen Stimmungsausdruck getaucht, niemals wird — wie früher so oft — ein Hinweis oder eine Andeutung gegeben. Dieser äußeren Zurückhaltung entspricht die zuchtvolle Sprache des Werkes, die auch in der überschwänglichsten Hochstimmung kunstvoll gebändigt wird. Es sind acht Fantasien (so bezeichnet Schumann die Stücke selbst), in denen der Romantiker Romantisches auf romantische Art erklingen läßt. Ein feines, hauchdünnes, kaum greifbares Band zieht sich durch die Fantasien. Nur einmal liegt es schlicht, aber vollendet in seiner Schönheit klar zutage: nicht in dem stürmischen, durch nachschlagende synkopierte Bässe ins Leidenschaftliche gesteigerten Beginn, sondern im zweiten Bild mit seinen zwei lebhaften Intermezzi: das auf- und abgleitende Thema (Beispiel 16) und seine Weiterführung in die feinste

16 Sehr innig und nicht zu rasch 17 Sehr langsam

Seelenzeichnung von Eusebius-Schumann, die der Meister je gegeben hat. Nr. 3 beginnt „sehr aufgeregt“ in ähnlicher Art wie der Anfang des ganzen Werkes, jedoch mit klarer Rhythmik; in dem etwas langsameren Mittelsatz schwärmt dann wieder die auf- und absteigende Melodie. Auch in das schmerzliche vierte Bild („Sehr langsam“) und den bewegteren Zwischenteil ist die Bogenweise — manchmal nur verstohlen — eingefügt. Das nächste Bild wird rhythmisch an Nr. 3 zurückgebunden, wirkt jedoch im ganzen reicher und wolkenwanderisch. Zerklüftet in vielerlei Kleinstbilder das sechste Bild mit seiner ergreifenden Anfangsweise (Beispiel 17), die jedoch nur aufklingt, wieder anklingt und das Bild abschließt, ohne „verarbeitet" zu werden, — wozu sie sich ihrer Abgeschlossenheit wegen freilich auch nicht eignet. Diesem „Eusebius" folgt abermals ein „Florestan" (Sehr rasch), stürmisch und drängend, doch eher verzweifelt als unbekümmert. Seltsam verschränkt das Schlußbild: der Hauptteil mit seinen heimlich huschenden Elfen und Kobolden knüpft an die auf- und abwogende Linie des Grundthemas wieder an (Beispiel 18), durchsetzt sie aber mit einem

18 Schnell und spielend

gezackten Rhythmus in der Mittelstimme (Unterstimme unseres Beispiels), und dieser Rhythmus macht sich zuweilen selbständig, so daß ein eigentümliches fantastisches Gegen- und Ineinander entsteht.

Gleichzeitig mit den „Kreisleriana" schrieb Schumann ein anderes unvergängliches Meisterwerk, die „Kinderszenen" (Werk 15). Es sind die schönsten Lieder ohne Worte, die je in Musik gesetzt wurden, alle nur ganz kurz, aber erfüllt von Innerlichkeit und mit einem seelischen Feingefühl gestaltet wie sonst weniges in der gesamten Musikliteratur. Clara Wieck teilte er mit: „Es war mir ordentlich wie im Flügelkleide und hab' da an die dreißig kleine putzige Dinger geschrieben, von denen ich etwa zwölf ausgelesen und ‚Kinderszenen' genannt habe. Du wirst Dich daran erfreuen, mußt Dich aber freilich als Virtuosin vergessen." Ihrem Wesen nach sind es tönender Niederschlag von Beobachtungen und Erinnerungen eines dichterisch empfindenden Erwachsenen. Darauf deutet die Überschrift des dreizehnten Stückes hin: „Der Dichter spricht", womit sich der Tondichter wehmütig von den Kindern, von den Erinnerungen an die eigene Kindheit und von seinem Werk verabschiedet. Zwar trägt jede Szene ihre besondere Überschrift wie „Kuriose Geschichte/Haschemann/Bittendes Kind/ Ritter vom Steckenpferd/Fürchtenmachen“ und dergleichen, aber das Wesen der Bilder liegt darin, daß sie nicht naturalistische Wiedergabe des in der Überschrift angezeigten Vorwurfs sind, sondern oft nur die allerzarteste Stimmung wiedergeben, die den benannten „Vorgang“ umzieht. In ihrem Aufbau stehen alle Szenen unter der einfachen Liedform, zugleich sind es gewissermaßen freieste Variationen über einen einzigen Kerngedanken, der in jedem der Stücke mehr oder weniger deutlich wiederkehrt. Nicht überflüssig erscheint endlich der Hinweis, daß die „Kinderszenen“ so deutsch empfunden und gestaltet sind, daß ein anderes Volk kaum imstande sein dürfte, ihren eigentümlichen Zauber völlig nachzuleben. Und zwar nicht des „Kindlichen“ wegen, vielmehr um ihres allgemeinen Gehaltes willen; nannte Schumann doch selbst zehn Jahre später die Kinderszenen eine „Rückspiegelung eines Älteren und für Ältere“.

Im Jahre 1839 entstanden wieder verschiedene Klavierwerke; sie fallen freilich gegen die des vorangehenden Jahres stark ab. Die „Arabeske“ Werk 18 wollte der Tondichter ursprünglich „Girlande“ nennen, und zwar mit Recht; wirkt sie doch trotz ihrer verhältnismäßig knappen Ausdehnung recht einförmig, zumal die beiden „Minore“ sich nur wenig vom Hauptteil abheben. Noch gefühlsweicher, weichlicher das „Blumenstück“ Werk 19. In der Satzart ähnelt es auffallend dem allbekannten „Glücks genug“ aus den Kinderszenen; was aber in diesem Stück zusammengedrängt und kräftig erfüllt wirkt, das erscheint im „Blumenstück“ auseinandergezogen, verdünnt, allzu gefühlvoll, sentimental. Seltsam die Anordnung der kleinen, sämtlich sich ähnelnden Sätzchen: I/II/III/II/IV/V/II/IV/II-Ausklang.

Über das dritte Werk jener Schaffenstage, die „Humoreske" Werk 20 schrieb Schumann an Clara Wieck: „Die ganze Woche saß ich am Klavier und komponierte und schrieb und lachte und weinte durcheinander; dies findest Du nun alles schön abgemalt..." Ob derartiges wirklich Inhalt einer „Humoreske" sein kann, steht dahin. Die Verschmelzung von Gemüt und Witz war für Schumann — wie für den Deutschen überhaupt — das Kennzeichen des echten Humors. Aber gerade diese Verschmelzung ist in der „Humoreske" nicht zustandegekommen. Es handelt sich um eine ganze Reihe kleiner Augenblicksbilder von außerordentlich feiner Innenzeichnung; doch sie gelten der Darstellung von Eusebius und Florestan, wie sie neben-, ja gegeneinander stehen, während eine Verschmelzung oder innere Verbindung nicht erkennbar wird. Ein merkwürdiger romantischer Einfall findet sich in dem mit „Hastig" überschriebenen Abschnitt: zwischen die Sechzehntelfiguren der rechten und die akkordische Begleitung der linken Hand setzt Schumann auf ein gesondertes Notensystem eine „Innere Stimme"; diese läßt sich zwar mitspielen, ist aber wohl kaum dazu bestimmt.

Die ebenfalls 1839 geschriebenen „Nachtstücke" Werk 23 (der Name geht auf E. T. A. Hoffmann zurück) sind ein wenig in Verruf geraten durch die Bezeichnungen, die ihnen Schumann ursprünglich geben wollte: „Leichenphantasie oder Trauerzug/Kuriose Gesellschaft/Nächtliches Gelage / Rundgesang mit Solostimmen". Insbesondere die „Leichenphantasie" ist — wie Schumann mitteilt — unter Ahnungen entstanden, in denen er „immer Leichenzüge, Särge, unglückliche, verzweifelte Menschen sah". Die vier Stücke hängen teilweise motivisch zusammen. Eine gewisse Einförmigkeit des wirklich trauermarschartigen Hauptstückes und der „kuriosen Gesellschaft" ist sicher beabsichtigt: es sind offenbar Friedhofsfantasien. Das dritte Stück wirkt scherzomäßig, das letzte ist kurz und schlicht.

Arg vernachlässigt werden zwei andere Werke des Jahres 1839: die „Drei Romanzen" und die „Vier Klavierstücke". Die Benennung der „Drei Romanzen" Werk 28 braucht man nicht allzu wörtlich zu nehmen: im Grunde sind es echt Schumannsche Fantasiestücke. Romanzenhaft erscheint vor allem das erste Stück mit seiner markierten Melodik über den Triolen (eigentlich Sextolen) der Begleitung und das zweite, in dem die Melodie überwiegend in den parallelgeführten Mittelstimmen liegt, während die Außenstimmen sich in Akkordbrechungen ergehen. Sehr stark das fantasievolle dritte Stück mit seinem mehrfach unterteilten, kräftigen Hauptteil und den beiden stimmungsreichen Intermezzi, die motivisch dem Hauptteil entwachsen. — Die „Vier Klavierstücke" Werk 32 enthalten: ein rhythmisch punktiertes, sehr bestimmtes Scherzo, eine den Rhythmus fortspinnende Gigue, eine sehr schnelle Romanze von Stakkatotriolen begleitet, in der ebenfalls der punktierte Rhythmus wieder auftaucht, und schließlich eine ganz leise gehaltene Fughette (auch hier Spuren des punktierten Rhythmus) mit teilweise schneidenden Harmonien.

Weitaus bedeutendstes Klavierwerk des Jahres 1839 ist jedoch der „Faschingsschwank aus Wien" Werk 26. Schumann gibt ihm die Unterbezeichnung „Phantasiebilder". Haupt- und Nebentitel zeigen also an, daß wir keine musikalisch-gesetzmäßige Einheit zu erwarten haben; was aber an Einzelheiten in dem Werk enthalten ist, zählt zu den frischesten Eingebungen des Tondichters. Das erste Bild (Allegro) wird allerdings zusammengehalten durch den Rhythmus des Kopfthemas (Beispiel 19). Dieser Rhythmus

19 Sehr lebhaft

in der Folge von einem Viertel und vier Achteln bestimmt nicht nur den — wie in einem freien Rondo immer wiederkehrenden — Hauptteil, sondern auch die meisten Zwischen-

und Nebenteile, sei es in der Thematik (wie in dem an das Lied „Es ritten drei Reiter“ anklingenden Fis-dur-Teil), sei es in der Begleitung (wie in dem an den Hauptteil anschließenden g-moll-Satz); wirklich verschwunden ist er nur in dem ersten Es-dur-Mittelsatz, der synkopisch in Harmonien daherschwebt. Ganz reizend der Scherz des Fis-dur-Teils: das Thema mit dem Anklang an „Es ritten drei Reiter zum Tore hinaus“ kann ebensogut als der Großvatertanz aufgefaßt werden; ist er so gemeint wie im „Carnaval“, nämlich als Verspottung des Philisterhaften, so wirkt die gleich darauf im 3/4-Takt einsetzende „Marseillaise“ wie eine Verspottung des „Philisters Metternich“, weil damals gerade in Wien die Polizei verboten hatte, die Marseillaise zu singen. Eine köstliche Art, die Maskenfreiheit in Anspruch zu nehmen. Es folgen dann eine kleine verträumte Romanze, ein höchst mutwilliges Scherzino (Beispiel 20), ein kraftvoll

20

dahinfahrendes Intermezzo und endlich als Schluß (erst nachträglich komponiert) eine Art Sonatensatz, den man zwar inhaltlich nur schwer an das Vorangehende binden kann, der aber durch seine Gedrängtheit recht stark wirkt.

Den Vergleich mit den Schöpfungen für Klavier allein, die bis 1839/40 entstanden sind, können die späteren Klavierwerke nur zum Teil und nur sehr bedingt aushalten. Ob man diejenigen Werke, die aus der (gemeinsam mit seiner Frau betriebenen) Arbeit nach Bachs Vorbild entstanden sind, überhaupt als freie Kompositionen ansehen oder ob man sie nicht als Studien betrachten soll, steht dahin. Aus dem Jahre 1845 stammen die Vier Klavierfugen Werk 72, die „Studien für den Pedalflügel“ Werk 56, die „Skizzen für den Pedalflügel“

Werk 58, die Sechs Fugen über B/a/c/h Werk 60 (eigentlich für Orgel); ihnen schließen sich 1853 Sieben Klavierstücke in Fughettenform Werk 126 an. Der Schumann-Freund wird in diesen Arbeiten mancherlei fesselnde Verschmelzung romantischen Wesens mit Bachscher Formenstrenge finden, vor allem in den „Vier Fugen", den B/a/c/h-Orgelfugen und den nach dem Muster der dreistimmigen Inventionen Bachs geschriebenen Fughetten. Sie ergänzen das Bild des schwärmerisch-feurigen Romantikers nach einer meist wenig beachteten Seite; das eigentliche Werkbild bereichern sie dagegen nur unwesentlich.

Ebenfalls nicht mit den Großwerken der dreißiger Jahre zu vergleichen, doch auf seine Weise eine Schöpfung von unvergänglichem Wert, steht das „Album für die Jugend" vor uns (Werk 68, 1848). Waren die „Kinderszenen" Rückschau eines Erwachsenen auf die eigene Kindheit und tönendes Nacherleben der Kinderwelt, so ist das „Album für die Jugend" wirklich für Kinder bestimmt. Als spieltechnische, musikalische und vor allem geschmackliche Schulung für den Anfänger ist das Werk niemals übertroffen worden. Doch auch der sogenannte Fortgeschrittene blättert stets mit Gewinn in diesem Heft, in dem mit einfachen Mitteln Bedeutendes gesagt wird. Hier kann man im wahren Sinne spielend lernen, wie und zu welchem Ziele die deutsche musikalische Romantik ein Thema oder eine Melodie, die Harmonie und den Rhythmus, die Dynamik oder eine Satzart einzusetzen pflegt, vor allem, wie stark sie ihr inneres Erleben in Ausdrucksmusik umzusetzen wußte. Wer erfahren will, was Musik auszudrücken, wie sie zu charakterisieren vermag, ohne in platte Nachahmung zu verfallen, der greife zu diesem fast überreichen Schatz kleinster Charakterbilder. „Wilder Reiter/Volksliedchen/Fröhlicher Landmann/Knecht Ruprecht/Kleiner Morgenwanderer" und wie die Bilder heißen mögen, ferner „rein musikalische" Stücke wie „Kleine Studie/Figurierter Choral/Kleine Fuge" oder so stimmungsdichte Stücke wie das „Nordische Lied“ (entwickelt aus den Buchstaben des Musikernamens Gade), — alles das ist kaum auszuschöpfen. Und zwar, um es zu wiederholen, nicht nur für Kinder.

In der Jahreswende 1848/49 schrieb Schumann die „Waldszenen“ Werk 82. Das sind nun freilich durchaus „programm-musikalische“ Stücke, wie die Überschriften und ihr bildhafter Zusammenhang erweisen: „Eintritt / Jäger auf der Lauer / Einsame Blumen / Verrufene Stelle / Freundliche Landschaft / Herberge / Vogel als Prophet / Jagdlied / Abschied“. Werden auch die Grenzen des guten Geschmacks in dieser Bildfolge durchaus gewahrt, so wirken die Stücke im allgemeinen doch recht dünn und flach. Eine Ausnahme machen nur die sehr fein charakterisierten Bilder „Verrufene Stelle“ und „Vogel als Prophet“. — Die „Vier Märsche“ Werk 76, geschrieben im Juni 1849 nach dem Dresdener Maiaufstand, bezeichnete Schumann als „eher republikanisch“. Ihnen das anzuhören, dürfte freilich schwer werden. Wenig bedeutend auch die 1851 geschriebenen „Drei Phantasiestücke“ Werk 111, knappe, zusammengehörige Werke, bei denen weder das „leidenschaftlich“ des ersten noch das „langsam“ des zweiten, noch das „sehr markiert“ des dritten Stückes zu dem inneren Aufschwung früherer gleichartiger Bilder zurückzufinden vermag.

Die „Drei Klaviersonaten für die Jugend“ Werk 118 hat Schumann 1853 für seine Töchter Julie, Elise und Marie komponiert. In diesen kleinen Sonaten taucht die Welt des Albums für die Jugend wieder auf, sogar in den Überschriften („Puppenwiegenlied / Abendlied / Kindergesellschaft / Traum eines Kindes“), durch die der Inhalt der verschiedenen Sonatensätze für die Kinder verständlicher gemacht werden soll. Auch die Sprache erinnert oft an das Jugend-Album; was nicht verwundert, da Schumann dieses ja auch zunächst für seine Kinder begonnen hatte. Allerdings erreicht der Tondichter nicht ganz die Höhe des früheren

Werkes. Dafür finden sich reizende Einzelzüge. Besonders hübsch wirkt es, wenn die dritte Sonate (C-dur, für Marie) im Schlußsatz („Traum eines Kindes") ganz unvermutet das Kopfthema der ersten (G-dur, für Julie) wieder anklingen läßt.

Wir erwähnen abschließend einige Kompositionen, die zwischen 1832 und 1853 geschrieben wurden, abseits von den bedeutenderen Schöpfungen, mit diesen in keiner Weise vergleichbar. Die „Bunten Blätter" Werk 99 und die „Albumblätter" Werk 124, insgesamt vierunddreißig ganz kurze Stücke, wollte Schumann selbst ursprünglich unter der Gesamtbezeichnung „Spreu" herausgeben. Würde man des Meisters Klavierwerke worfeln, so würden diese vierunddreißig kleinen Bildchen allerdings unter die Spreu fallen; immerhin wird der Schumann-Freund auch unter ihnen manche Szene finden, die ihn fesselt. Zur „Spreu" hätte der Tondichter auch die „Gesänge der Frühe" Werk 133 rechnen dürfen, bei denen Gehalt und Widmung („Der hohen Dichterin Bettina", 1853) sich geradezu erschütternd widersprechen.

Klavier vierhändig

Von Schumanns Kompositionen für Klavier zu vier Händen gelten die „Bilder aus dem Osten". (Sechs Impromptus Werk 66, 1848 geschrieben) als die gehaltvollsten. Schumann bezeichnet sie als „Versuch, orientalische Dicht- und Denkweise . . . auch in unserer Kunst (der Musik) zur Aussprache zu bringen". Sie seien „während des Lesens der Rückertschen Makamen (Erzählungen nach dem Arabischen des Hariri) geschrieben; des Buches wunderlicher Held Abu Seid . . . wie auch die Figur seines ehrenwerten Freundes Hareth wollten dem Tonsetzer während des Komponierens nicht aus dem Sinn kommen, was denn auch den fremdartigen Charakter einzelner der Musikstücke erklären mag". Trotz mancher vortrefflichen Einzelheit und trotz zuweilen prachtvollen Satzes scheint uns Schumanns „Versuch" nicht gelungen zu sein, oder sagen wir: uns heute nicht mehr recht anzusprechen. Von unmittelbarer Wirkung ist eigentlich nur das straffe f-moll-Impromptu Nr. 5.

Ein Jahr später (1849) entstanden die „Zwölf vierhändigen Klavierstücke für kleine und große Kinder" Werk 85. Es sind Verwandte des „Jugendalbums" und der „Kinderszenen", wie schon die Überschriften andeuten: wie „Versteckens / Gartenmelodie / Gespenstermärchen", dazu verschiedene kleine Märsche und Reigen. Durchweg ansprechend für „kleine und große Kinder", frisch erfunden und geschickt geformt, abwechslungsreich in Satz und Inhalt. Hervorzuheben die vorwiegend auf Tonwiederholungen und kleinen chromatischen Figuren beruhende Studie „Am Springbrunnen", mit der man geradezu impressionistische Farbenwirkung erzielen kann (Beispiel 21).

21 So schnell wie möglich

Die „Ballszenen" Werk 109 wurden 1851 beendet. Sie reihen folgende Sätze aneinander: „Préambule / Polonaise / Walzer / Ungarisch / Française / Mazurka / Ecossaise / Walzer / Promenade". Können sie auch nicht alle mit dem zuvor genannten Werk hinsichtlich der Einfallskraft wetteifern, so enthalten sie doch andererseits manches wertvolle

Stück, weil Schumann für das vierhändige Klavierspiel zu schreiben verstand. Bezeichnend die Worte des Tondichters selbst: „Hier (nämlich im ersten Stück) fahren noch die Bedienten mit den Schüsseln durch die Gesellschaft. . . . Zuerst tanzen die Kinder allein. Nach und nach aber mischen sich die Großen hinein, und die Sache wird ernsthaft".

Größtenteils 1853 entstand der „Kinderball. Sechs leichte Tanzstücke" Werk 130. In der Art den „Ballszenen" verwandt, doch schlichter in der Empfindung. Die „Ecossaise" stellt sich dar als kleine Studie für den schnellen Wechsel der Hände.

Für zwei Klaviere

Unter den Bearbeitungen für zwei Klaviere wird man vor allem das „a-moll-Klavierkonzert" nennen; denn weder die „Introduktion und Allegro" Werk 92 noch das „Konzertallegro mit Introduktion" Werk 134 wirken als Ganzes befriedigend, obwohl sie schöne Einzelzüge enthalten (vergl. auch mein „Orchesterbuch").

Nur ein Werk hat Schumann für zwei Klaviere bestimmt: „Andante und Variationen" Werk 46 (1843), und auch dieses war zunächst für zwei Klaviere, zwei Celli und Horn gedacht. Das innig-ausdrucksvolle Thema und die Variationen werden von den beiden Klavieren wechselweise vorgetragen, das heißt, wenn das eine Klavier Thema- und Variationenabschnitte (oder auch nur Einzelmotive) spielt, tritt das andere meist ganz zurück, und selbst wenn beide Klaviere einmal zu gleichzeitigem Spiel zusammentreten wie in den Umkehrungen der zweiten Variation, beschränkt sich diese Gemeinsamkeit meist nur auf zwei Hände. So entsteht ein weniger glanzvoller als lichter Eindruck, der dafür allerdings um so tiefere Wirkungen hervorbringt.

FRANZ LISZT

Geb. 22. Oktober 1811 in Raiding bei Oedenburg (Ungarn) als Sohn deutschstämmiger Eltern; der musikalisch ungewöhnlich begabte Vater war Gutsverwalter. Zwei Konzerte des neunjährigen Knaben gewannen ihm ein Stipendium ungarischer Adeliger. In Wien Unterricht bei Czerny. Nach mehrfachen Reisen durch Frankreich und England ließ sich Liszt in Paris nieder. Weitere Konzertreisen durch Europa begründeten seinen Ruf als bester Klavierspieler der Welt. Seine Tochter Cosima (aus einer freien Verbindung mit der Gräfin d'Agoult) wurde die Frau Hans von Bülows und nach der Lösung dieser Ehe die Frau Richard Wagners. 1848—1861 Hofkapellmeister in Weimar. 1861 übersiedelte Liszt nach Rom, dort nahm er die geistlichen Weihen. Seit 1875 lebte er abwechselnd in Rom, Weimar und Budapest. Gestorben am 31. Juli 1886 in Bayreuth. Hauptwerke: Oratorien, Messen, Kantaten, Chöre, Lieder, Sinfonien, sinfonische Dichtungen, Werke für Klavier und Orchester, Klavierwerke; wichtig sind auch seine Schriften über Musik.

Franz Liszt gilt als einer der bedeutendsten Klavierspieler, nicht nur als unübertroffener „Virtuose", sondern ebenso als nachgestaltender Ausdrucksspieler. Groß als Mensch und frei von leerer Virtuoseneitelkeit hat er aus den Besonderheiten seiner selbstgeschaffenen Spiel- und Ausdruckstechnik kein Geheimnis gemacht: in zahlreichen Werken hat er niedergeschrieben, was sein Spiel auszeichnete. Wenigstens angedeutet sei, daß durch Liszt das Klavier fast zu einem „neuen Instrument" geworden ist. Was dem Meister vorgeschwebt und was er verwirklicht hat, geht aus einer Briefstelle hervor, in der er vom Klavier sagt: „Im Bereich seiner sieben Oktaven umschließt es den ganzen Bereich eines Orchesters, und die zehn Finger genügen, um die Harmonie wiederzugeben, welche durch den Verein von Hunderten von

Musizierenden hervorgebracht werden". Liszt denkt bei diesen Worten auch an die Wiedergabe von Orchesterwerken durch das Klavier; doch kam es ihm nicht minder darauf an, dem Klavier eine Ausdrucksfähigkeit abzugewinnen, die der des Orchesters nicht nachsteht. Diese Eroberung eines umfassenden Klavierausdrucks besteht nun bei Liszt keineswegs in der Nachahmung von orchestralen Wirkungen, sondern alles ist erfunden, ja erlebt aus den Bedingungen des Tasteninstrumentes selbst. Der große Meister läßt uns dabei bis in die kleinsten Winkel seiner Werkstatt blicken: man erkennt den Fingersatz und die dadurch bedingte Armbewegung, man sieht statt der üblichen zwei Notensysteme deren drei und vier, sogar durch die Notenschrift selbst gibt Liszt sein „Geheimnis" preis, und er scheut sich auch nicht, eigene Frühwerke mehrfach zu überarbeiten und so zu zeigen, wie er selbst geworden ist, wie sich seine Sprache verfeinert und veredelt hat, wie aus reiner Virtuosentechnik eine Ausdruckstechnik wird.

Solche Arbeit an der Technik des Spielers und an den Möglichkeiten des Instruments führt in erster Linie zu einem neuen Klang, und es ist kein Wunder, wenn auf diese Weise der Klang zu einer Hauptsache wird. Und es ist begreiflich, daß der Meister den Gefahren, die in einer Verselbständigung des Klanges liegen, sich nicht immer zu entziehen wußte.

Gibt es nun in der Beurteilung von Liszts Schaffen, soweit es sich im Technischen und im Klanglichen äußert, nur eine Stimme, nämlich die der Bewunderung, so scheiden sich die Wege, wenn es gilt, den Gehalt der Werke zu werten. Da stehen blinde Verehrung und schroffste Ablehnung hart und unversöhnlich nebeneinander. Und gerade, was der eine preist, ist dem anderen ein Greuel. Trennende Grenze ist dabei nicht — wie sonst wohl oft — das „Virtuose", sondern der innere Kern. Es ist sinnlos geworden, in diese Meinungsverschiedenheiten eingreifen, die feindlichen Gruppen nähern oder gar versöhnen zu wollen; hier kann man nicht überzeugen, sondern nur bekennen. In manchem hat freilich die Zeit schon ihr Wort gesprochen, und zwar wiederum für und gegen Liszt. Ein Teil von Liszts Klavierwerken ist versunken oder versinkt langsam in Vergessenheit, während ein anderer Teil entweder durch sich selbst oder durch seine Ausstrahlungen weiterwirkt. An der Tragik gerade dieses Geschehens kann niemand achtlos vorübergehen: Liszt hat gesät, was andere geerntet haben und noch ernten, von Richard Wagner bis zu manchem Musiker von heute! Welche Klavierwerke noch heute herrlich dastehen und wohl auch vor der Zukunft bestehen werden, wird im Verlauf unserer Besprechung gesagt werden. Hier gilt es nur festzustellen, daß sich unsere Meinung stets auf das Konzertmäßige bezieht; denn Liszts Klavierwerk ist selbst der gehobenen Hausmusik zum großen Teil verschlossen. Nicht nur der technischen Schwierigkeiten wegen. Es ist ein entscheidender Zug dieser Schöpfungen, daß sie sich stets an einen ganzen Kreis von Zuhörern wenden. Man kann sich nicht in sie versenken, sondern sie wollen in die Ferne wirken, bedürfen der Ferne, um ihr Wesen offenbaren zu können. Etwa wie manches kühne und große Freskogemälde in der Nähe dünn und flächig-flüchtig erscheint, von einem entfernteren Standpunkt aus betrachtet jedoch mitreißt und erhebt.

Solches Freskohafte muß notwendig entstehen bei einem Manne, der von sich selbst sagt, seine geistig-seelische Heimat liege bei „Homer, der Bibel, Plato, Locke, Byron, Hugo, Lammenais, Chateaubriand, Beethoven, Bach, Mozart, Hummel, Weber“. Und weiter: Paris, Budapest, Rom, Weimar und Bayreuth waren die äußeren Stätten seines Lebens; auch hier also das Weltweite, von aller Verwurzelung und Verdichtung auf engem Raum Wegstrebende. Ein Mann von solcher Wesensart muß als gestaltender Künstler notwendig auf die Darstellung stiller innerer Erlebnisse verzichten und seinen großgesehenen Gestalten den prunkvollen, glänzenden Klangstoff in mächtigen Falten überwerfen. Mächtiger

Faltenwurf aber setzt zweierlei voraus: kraftvollen Rhythmus und sprechende Gebärde.

Damit kommen wir nach dem Klanglichen zu weiteren Kennzeichen von Liszts Klaviermusik. Liszt schafft nicht so sehr Themen im überkommenen Sinne als vielmehr rhythmisch gespannte Gebärden. Die Fülle und Überfülle seiner Gesichte, die — abermals ein wichtiges Kennzeichen des Meisters — oft auf außermusikalischen, nämlich dichterischen Anregungen beruhen, preßt er in kurze, zunächst formelhaft anmutende Wendungen zusammen. An sich schon eine großartige Leistung verdichtender, dichterischer Kraft. Diese rhythmisch-gebärdenhaften Gebilde lassen sich nicht im Sinne der Klassik „durchführen". Nun verfährt Liszt ganz bewußt „unklassisch", da ihm die Mittel der Klassik von den großen Meistern endgültig ausgeschöpft zu sein scheinen. Vielmehr faßt er den Gesamteindruck seiner dichterischen Vorlage zunächst in einer tönenden Formel zusammen und entrollt dann langsam die Einzelheiten seines Eindrucks, indem er die ursprüngliche Formel erweitert, umgestaltet, anders beleuchtet. Damit geht er aber doch wieder auf die Grundgesetze allen musikalischen Schaffens zurück; denn was ist dieses Umgestalten, neu Belichten, Erweitern und Zusammendrängen anderes als ein Verändern, eine Variation! Von hier aus gesehen wirkt Liszt in seinen bedeutenden Klavierwerken durchaus als absoluter Musiker. Freilich, in dem Streben, bestimmte außermusikalische Erlebnisse oder Stimmungen darzustellen, läßt er sich so häufig von seinen jeweiligen Eingebungen leiten, daß sein Schaffen als Ganzes der Programm-Musik zugehört. Gerade in seinen besten Werken zeigt sich die Lebenskraft der Programm-Musik besonders deutlich: die außermusikalische Anregung verdichtet sich zunächst in der Formel und löst dann die in der Formel enthaltenen Spannungen: der Rhythmus wird zum Bewegungsantrieb, die reich strömende Harmonik schafft die erforderlichen Räume und Durchsichten, die herrisch gehandhabte Dynamik setzt grelle Lichter neben tiefes Schattendunkel und gibt nicht minder auch verschwimmendes Zwielicht, der Klavierklang erfüllt die Räume mit Farbenspielen. Aber das Ganze wird nur selten zum wirklich durchgeformten, in sich ruhenden Bau. Vielmehr hat alles etwas Stegreifartiges mit seinen guten und gefährlichen Seiten: frisch und musikantisch wirken diese scheinbar aus dem Augenblick geborenen Eingebungen, aber sie laden nur selten zu längerem Verweilen. Kaum springt das Thema ins Bewußtsein, da wird es auch schon verarbeitet und in glänzender Plaudermanier beredet, umgeformt und in der neuen Gestalt abermals besprochen und verarbeitet, und so geht es fort, mitreißend, doch nicht immer überzeugend, überlegen, doch irgendwie unruhevoll, zuweilen in festgegründetem Ernst und dann wieder unsagbar oberflächenhaft. Fast immer aber fesselnd und bannend, weil das Thema als solches in seiner außerordentlichen Verdichtung so inhaltsschwer ist, daß es auch über öde Strecken bloßen Tongeklingels hinweghelfen kann.

Und so mag die Zukunft einmal erweisen, daß Liszts Klavierschaffen getragen wurde von den zwei Säulen Klavierklang und Themenverdichtung, Säulen, die auch dann noch stehen werden, wenn die allzu theatralischen Teile des Gebäudes zerbröckelt und vom Winde verweht sind.

Etüden

Sehr aufschlußreich für die Entwicklung des Meisters als Virtuose sind die „Zwölf Etüden". Sie liegen in drei Fassungen vor: die erste von 1826 (Liszt war damals also erst fünfzehn Jahre alt!) zeigt den jugendlichen Virtuosen, der sich die überkommene Spieltechnik zu eigen gemacht hat. In der überarbeiteten zweiten Fassung von 1839 führt der Herangereifte vor, wie er zum „Paganini" des Klaviers geworden ist und wie er nun — mit dem alten Stoff — zu „hexen" versteht. Der künstlerische Wert der Etüden ist dadurch nicht gestiegen; aber die Leistung dieser Umarbeitung selbst — einerseits breitere Fassung, andererseits Auszierung mit klingendem, überaus schwierigem und nur ganz hervorragenden Pianisten erreichbarem Spielwerk — streift ans Geniale. 1851 war die dritte Fassung fertig; sie ist heute die bekannteste („Etudes d'exécution transcendante"). Ihren Wert möchten wir darin erblicken, daß sie stärker noch ins Künstlerische, Dichterische wächst: der Gedanken- oder Vorstellungskern tritt deutlicher hervor und das Nur-Virtuose (Liszt hatte inzwischen die Virtuosenlaufbahn verlassen) wird etwas eingedämmt. Es kann nicht dringend genug empfohlen werden, die drei Fassungen miteinander zu vergleichen (siehe den Hinweis unter Nr. 4 „Mazeppa"); schon das Lesen allein der drei Fassungen bringt Gewinn. — Unsere stichwortartigen Bemerkungen zielen auf die dritte Fassung.

Nr. 1 C-dur „Prélu dio". Kurz, ohne Eigenwert, kein „Präludium" im eigentlichen Sinne, dient mehr dem Spieler als Sprungbrett denn dem Hörer.

Nr. 2 a-moll. Ganz aus der Technik geboren, wirkt nur bei sehr guten Spielern, feurig, leidenschaftlich.

Nr. 3 F-dur „Paysage" („Landschaft"). Sorgfältig durchgearbeitetes Pastellbild, besonders in den Mittelstimmen kennzeichnend für das Erfassen jeder Einzelheit der belebten „Landschaft". Aber nicht nur Abbild des Gegenständlichen, sondern mit echten Empfindungen durchsetzt.

Nr. 4 d-moll „Mazeppa". Die Bezeichnung Mazeppa wurde erst der späteren Überarbeitung hinzugefügt; noch später bat Liszt eine sinfonische Dichtung daraus gemacht. (Der Kosakenhetman Mazeppa wurde von seinen Feinden auf den Rücken eines Pferdes gebunden, und das Pferd wurde in die Steppe gehetzt.) Immer mehr beschleunigtes Zeitmaß. verstärkt durch Verkürzung (4/4. 6/8, 2/4). Träger des Geschehens ein Kurzmotiv, das durch die verschiedenen Stimmlagen gejagt wird, umbraust von Doppelgriffen verschiedener Art (meist Terzen), dazwischen donnernde Doppeloktavengänge, chromatische Akkordfolgen in schnellem Dahinsausen. usw. Eingeleitet durch wild gerissene „Harfenakkorde“ und heftiges Laufwerk, abgeschlossen durch verherrlichende Vollakkorde, rhythmisch punktiert. Wir stellen das Grundmotiv in den drei verschiedenen Fassungen nebeneinander (Beispiel 1a, 1b und 1c). Die Verschiedenartigkeit der Zeitmaße, der Taktbestimmung, des Stärke-

grades und vor allem das Wachsen ins Körperlich- Bestimmte sprechen für sich.

Nr. 5 B-dur „Feux follets“ („Irrlichter“). Geisterhaftes Bewegungsspiel eigentümlicher chromatischer Läufe in Zweiunddreißigsteln (auch in Doppelgriffen), immer wieder durchsetzt von akkordisch gefaßten Sechzehntelmotiven, in der Begleitung zuweilen zuckende Vorschläge von oben oder von unten, meist sehr zart und doch dynamisch reich, aber auch einige fast schreckhafte Ausbrüche im Forte oder Fortissimo.

Nr. 6 g-moll „Vision“. Sehr ernst, fast feierlich in der Fassung des Themas und dessen Weiterleitung. Es wird berichtet, Liszt habe wie eine „Vision" die Beisetzung Napoleons nachgestalten wollen.

Nr. 7 Es-dur „Eroica". Mächtig gesteigertes Heldengedicht; vielleicht ein „Heldenleben Napoleons", da der „Vision" innerlich verwandt.

Nr. 8 c-moll „Wilde Jagd". Ein kleines Gegenstück zur sinfonischen Dichtung „Hunnenschlacht" (diese ist erst 1855 geschrieben worden). Eine fessellos über den Wolken dahinsausende Geisterjagd, fessellos vor allem in der alles überspringenden Selbstherrlichkeit des Rhythmus.

Nr. 9 As-Dur „Ricordanca" („Erinnerung"). Schwach, ja schwächlich, dafür um so länger, peinliche Sentimentalität im Hauptmotiv wie im Rankenwerk.

Nr. 10 f-moll. Ohne besondere Bezeichnung. „Gehetzte Seele" könnte man es vielleicht überschreiben. Oder ist es doch nur ein Virtuosenstück, mit dem Liszt noch ganzen Geschlechtern eine Nuß zu knacken geben wollte, die sich schließlich als — Stein zu erkennen gibt?

Nr. 11 Des-dur „Harmonies du soir" („Abendklänge"). Schon etwas verblaßt mit seinen Glockenklängen, seinem Auskosten des Klavierklangs in weitgriffigen, bewegten Akkordfolgen und Harmoniewanderungen.

Nr. 12 „Chasse neige" („Schneetreiben"). In den beweglichen Mittelstimmen treiben die Schneeflocken ihr Spiel, in den Außenstimmen scheint es zu tauen (jedenfalls „tropft" es). Nur dem nachdichtenden Spieler gelingt es, außer dem Naturbild auch das leise Weh des empfindend-betrachtenden Menschen aufklingen zu lassen.

Unter dem Eindruck von Paganinis Geigenspiel schrieb Liszt 1831/32 die sogenannte „Glöckchenphantasie nach Paganini" (das Thema stammt aus Paganinis h-moll-Konzert). Nach Liszts eigenen Worten ist „die Steigerung in der zweiten Variation ein Vorzeichen zu mehreren Stellen der Symphonischen Dichtungen". Das gleiche Thema kehrt in den „Paganini-Etüden" wieder, und zwar in Nr. 3, während die anderen fünf Etüden nach

Paganini-Kapricen gearbeitet wurden. Auch hier zwei Fassungen (1838 und 1851), ähnlich zueinander stehend wie die der „Zwölf Etüden“. Neben die 1. Etüde (g-moll) hat Liszt Schumanns Bearbeitung der gleichen Kaprice gestellt, — der grundsätzliche Spielfortschritt springt in die Augen. Aber Vergleiche sind gefährlich: wenn man die Paganini-Variationen von Brahms neben die Paganini-Etüden von Liszt stellt, spürt man auch den Unterschied, nun jedoch einen noch gewaltigeren, nämlich den vom Spielerischen zum Gehaltvoll-Künstlerischen. Die 2. Etüde (Es-dur) saust zwar in allen möglichen Gängen über die Klaviatur, läßt aber das innere Ohr unberührt. Am bekanntesten ist die bereits erwähnte 3. Etüde (gis-moll „La campanella“, also „Glöckchen-Etüde“), technisch wieder sehr schwierig, nicht eben tief, aber doch reizend mit ihrem Geklingel in hohen Lagen (Beispiel 2). Der Nachbildung des

2

Geigenklanges kommt am nächsten die 4. Etüde (E-dur). Sehr ansprechend auch die 5. Etüde (ebenfalls E-dur), ein kleines Rondo, dessen Hauptteil (Beispiel 3) durch zwei

3

Nebensätze in e-moll und a-moll unterbrochen wird. Als 6. Etüde (a-moll) erscheint eine Art Variationensatz.

Die 1849 erschienenen „Drei Konzertetüden“ gehören zum besseren Teil von Liszts Unterhaltungs- oder Salonmusik, bieten keine unüberwindlichen Schwierigkeiten und machen doch „Effekt". Sie tragen gesonderte Überschriften. Die erste heißt „Il lamento" („Die Klage") (As-dur) und gibt ein gutes Muster ab für die Art, wie Liszt einen kurzen Gedanken (Beispiel 4) immer anders

4 A capriccio

umkleidet und ihn dabei oft neu erscheinen läßt. Erinnert diese in manchen kleinen Wendungen an Schumann, so lugt durch die Passagen der zweiten Etüde („La leggierezza") („Leichtigkeit" oder „Leichter Sinn", f-moll) immer wieder Chopin; inhaltlich die beste. Sehr beliebt die dritte, „Un sospiro" („Ein Seufzer", Des-dur), in der ein einfacher musikalischer Gedanke durch harfende Akkordbrechungen umrauscht und schließlich aufgeplustert wird.

Die anderen „Zwei Konzertetüden" sind wesentlich später geschrieben worden, nämlich 1863 für die Lebert-Starksche Klavierschule. Obwohl aus der Technik geboren und zunächst für technische Zwecke bestimmt, wuchert in ihnen das Technische nicht mehr so anspruchsvoll und selbstherrlich. Sehr lebendig der Sinn für Klang. Die Des-dur-Etüde heißt „Waldesrauschen", die fis-moll-Etüde ist mit „Gnomenreigen" bezeichnet. Hauptgedanke ist in beiden Werken eine von schnellen Akkordbrechungen umrankte engstufige Melodie.

„Pilgerschaftsjahre" („Années de pèlerinage")

Die verschiedenen Stücke dieser Sammlung von Klavierwerken sind Reise- und Aufenthaltseindrücke aus der Schweiz und Italien. Entstanden sind sie zwischen 1835 und 1877 (siehe unten). Ein großer Teil darf heute schon als versunken angesehen werden; einige Andeutungen müssen daher genügen.

Der erste Teil heißt „Erstes Jahr. Schweiz“ und ist 1855 erschienen. Die meisten Stücke gehen zurück auf das in der Hauptsache 1835/36 geschriebene „Album eines Reisenden“. Für den Hörer von heute muten die neun Stimmungsbilder vielfach an, als entstammten sie einem besseren „Salonalbum“; weder der künftige Gestalter noch der Klangzauberer Liszt spricht aus ihnen. Besonders grobschlächtig und sentimental zugleich die „Tellskapelle“ mit ihren ermüdenden Akkordfolgen, schwülstigen Akkordtremoli und Akkordbegleitungen. „Am See von Wallenstadt“ schwebt eine ungewöhnlich platte Melodie über einer hübsch erfundenen Begleitfigur. Durchweg sehr leise die über Orgelpunkten geschwind dahinziehende „Pastorale“, gemessen etwa an entsprechenden Stücken von Grieg unecht wirkend. Besser der Zeit widerstanden haben die nächsten beiden Stücke: die zierliche Klangstudie „Au bord d'une source“ („An einer Quelle“), deren frühimpressionistisch anmutende Vorhaltdissonanzen in murmelnde Spielfiguren eingebettet sind, und die „Orage“ („Gewittersturm“) mit ihrer kraftvoll zupackenden Akkordmelodie und den tobenden Oktavgängen. Die beiden folgenden Stücke gehören zusammen: „Vallée d'Obermann“ und „Eglogue“ („Hirtengedicht“). Diesen sentimentalen, von wechselnden Stimmungen getragenen Stücken stellt Liszt als Erklärung zum Teil sehr umfangreiche Auszüge aus Sénancourts Briefroman „Obermann“ voran (dem ersten zudem noch einige Verse von Byron). Dann folgt das in kleine Abschnitte zerfallende „Mal de pays“ („Heimweh“), und als Abschluß läuten die „Cloches de Genève“ („Glocken von Genf“), ein Nocturno von drei durch steigende Bewegung gekennzeichneten Abschnitten.

Gibt der erste Teil landschaftliche Eindrücke tönend wieder, so nimmt das „Zweite Jahr Italien“ seine

Anregungen aus Werken der Kunst. Die endgültige Fassung ist 1858 erschienen, die meisten Stücke sind aber 1838/39 entstanden. Der Ausdruck hat sich gegenüber der ersten Sammlung etwas verfeinert, doch ist uns vieles fremd geworden von dem, was Liszt vor hundert Jahren niedergeschrieben hat, — wahrscheinlich, weil uns die (bei Liszt durchaus echte!) literarische Erlebensweise überhaupt ferngerückt ist. Das erste Stück heißt „Sposalizio" (nach Raffaels gleichnamigem Gemälde in Mailand). Liszt müht sich, die stolze, stille Keuschheit des Bildes, das die „Vermählung Marias" darstellt, einfach, schlicht und stolz wiederzugeben; er mutet sich da freilich eine Einfachheit zu, die ihm wesensfremd ist und gerät in leise und laute Sentimentalitäten. Im „Penseroso" („Der Nachdenkliche"), nach einer Statue von Michelangelos Grabmal des Giuliano de Medici in Florenz, gerät Liszt unversehens in die Klänge der Komturszene auf dem Friedhof aus Mozarts „Don Juan". Ansprechend die verhältnismäßig einfache, marschmäßige Verarbeitung der „Canzonetta del Salvator Rosa" (italienischer Komponist des 17. Jahrhunderts). Es folgen drei zusammengehörige Stücke, nämlich „Sonette nach Petrarca" (neben Dante Italiens größter Dichter, 14. Jahrhundert), voll Farbigkeit im Harmonischen und im Klang, sehr beredte Deklamation, nicht zu schwere Tonbilder von verhaltener Glut. Auch als Gesänge mit Klavierbegleitung bekannt. Kennzeichnend für manche harmonische Wendung die erhöhte Quarte im Einleitungstakt des ersten Sonetts. Mächtigste Tondichtung der „Pelerinage" ist die „Dante-Fantasie" („Après une lecture du Dante. Fantasia quasi sonata"). Wir empfinden heute den Klaviersatz als überfrachtet, vor allem das ständige Oktavieren; aber dem echten Erleben des Stückes kann sich niemand entziehen. Die Doppelbezeichnung „Fantasia quasi Sonata" sagt bereits das Wesentliche über die formale Anlage; doch entscheidet hier nicht die Form. Es handelt sich um eine Reihe durchgestalteter Szenen, die von der Höllenverdammnis bis zum Liebesgesang, von Verzweiflungsausbrüchen bis zu stiller Ergebenheit reichen. Das alles baut sich auf zwei Hauptgedanken auf: der erste ist vorwiegend harmonisch bestimmt. gleichwohl rhythmisch gespannt, der zweite (Beispiel 5) steht unter der Herrschaft eines gehetzten

5

Rhythmus und verzweifelt klagender Chromatik. Der Umbildung vor allem des zweiten Gedankens entsteigen die ergreifenden Gesichte des Werkes; eindrucksvoll besonders die Vergrößerung des Themas zur breiten Gesangsmelodie (in halben Noten) im Fis-dur-Andante und später das silberne Klingen des „dolcissimo con amore“ (ppp).

Landschaftliche Eindrücke scheint Liszt in Italien nicht gehabt zu haben. Er hat zwar später zum Zweiten Jahr der Pèlerinage noch eine Ergänzung herausgegeben (endgültige Fassung von 1859) unter der Bezeichnung “Venezia e Napoli“, aber in den drei Stücken dieses Werkes bearbeitet er nur Themen anderer Komponisten. In der „Gondoliera“ („Gondellied“) wird nach kurzer Einleitung eine Kanzone von Peruchini vorgetragen (wiegende Terzenmelodie) und im Verlauf mit flimmernden Figuren in hoher Lage virtuos ausgeziert. Der „Kanzone“ liegt eine Melodie von Rossini zugrunde, deren doppelt punktierter Rhythmus während des ganzen Stückes in leise Tremoli der linken Hand eingebettet ist. Auch die wirbelnde „Tarantella“ übernimmt vorhandenes musikalisches Gut; mindestens an der mit „Canzona napolitana“ bezeichneten Stelle.

Nur zu erwähnen ist das „Dritte Jahr“ der Pelerinage (entstanden in den siebziger Jahren, erschienen 1883). Die Sammlung enthält ganz verschiedenartige Stücke; das erste ist ein „Gebet zu den Schutzengeln“, die nächsten drei sind Erinnerungen an die Villa d'Este, Liszts Aufenthalt in Tivoli bei Rom („Zypressen“, „Wasserspiele“), dann folgt ein Stück „nach ungarischer Art: Sunt lacrimae rerum“, weiter ein „Trauermarsch“ zum Gedächtnis des 1867 erschossenen Kaisers Maximilian von Mexiko mit dem etwas entsagenden Leitwort: „Großes gewollt zu haben, genügt auch“, endlich ein „Sursum corda“ (Empor die Herzen!“). Von diesen Klavierwerken, die zu keiner Zeit begeistert haben, hat sich die virtuose Klangstudie der „Wasserspiele“ noch am längsten gehalten.

„Apparitions“. — „Consolations“. — „Liebesträume“

Die unter der Sammelbezeichnung „Apparitions“ („Erscheinungen“) zusammengestellten drei Stücke (geschrieben 1834) sprechen uns heute kaum noch an. Dennoch sei hier auszugsweise wiedergegeben, was ein so hervorragender Künstler wie Busoni über die drei Stücke gesagt hat: „Das erste (Senza lentezza quasi allegretto) . . . ist romantisch, schwärmerisch, philosophisch und besitzt jenen Naturhauch, der in der Kunst so schwer und so selten festgehalten wird. Das zweite (Vivamente) . . . ist ein kapriziöses, beinahe sprechendes Stück, das jenem subjektiven Impressionismus zuzuzählen ist, welchen Schumann in seinen früheren Werken versuchte und auch traf; nur daß dieser als Deutscher zu Deutschen, Liszt aber als Kosmopolit zu allen Gebildeten und Feinempfindenden sprach. Das dritte . . . heißt ‚Fantaisie sur une Valse de François Schubert‘. Schon die ersten Vortragsbezeichnungen: Molto agitato ed appassionato, vibrante, delirando, senza tempo, precipitato, denen nicht minder bezeichnende folgen, z.B.: quasi improvisato, avec coquetterie, religiosamente, con gioia, können zur Not eine Vorstellung der ekstatischen, ungezähmten, nervösen Stimmung des Stückes geben, das — trotz aller Unvollkommenheit und Willkür — in der Klavierliteratur einen Ausnahmeplatz einnimmt." Soweit Busoni. Seine anerkennenden Worte werden heute eher abschreckend wirken.

Nach einer gleichnamigen religiösen Gedichtreihe von Sainte-Beuve schrieb Liszt 1849 die „Consolations" („Tröstungen"). Die sechs Stücklein, durchweg in langsamem oder mindestens gemäßigtem Zeitmaß, sind (abgesehen vielleicht von dem dritten, wie eine Chopin-Nocturne getönten) auf dem Boden Mendelssohnscher Sentimentalität gewachsen. Infolge ihrer leichten Spielbarkeit haben sie freilich manchen stillen Freund: man kann sie ohne weiteres „bewältigen" und sich somit einreden, auch Lisztspieler zu sein.

Nach Wert und Gehalt gehören die drei Notturnos „Liebesträume" in die gleiche Gruppe wie die „Consolations". Es handelt sich um Bearbeitungen von drei Liszt-Liedern für hohe Singstimme mit Klavier: „Hohe Liebe", „Seliger Tod" und „O lieb, so lang Du lieben kannst" (die Bearbeitung für Klavier allein ist 1850 erschienen). Der gefühlvoll-schwärmerische Ton (vor allem bei der in die Mittelstimme gelegten Daumenmelodie des dritten Notturnos mit den harfenden Begleitstimmen) übt immer noch seine Wirkung aus, streift aber so merklich an Sentimentalität und wird pianistisch so verbrämt und aufgeputzt, daß die drei Stücke zur Gattung der Salonmusik gerechnet werden müssen. Ein gewisser Reiz ist ihnen nicht abzusprechen; doch darf man sie gewissermaßen nur mit halbem Ohr aufnehmen.

„Harmonies poétiques et religieuses"

Bei den „Dichterischen und religiösen Klängen" hat Liszt wieder einmal seine Anregungen der französischen Romantik zu danken: Lamartine hatte 1830 unter dem Titel „Harmonies poétiques et religieuses" eine Gedichtsammlung veröffentlicht, und Liszt schrieb vier Jahre später ein gleichnamiges Klavierstück. Dieses arbeitete er dann um, vereinigte es mit neun weiteren Tondichtungen (entstanden zwischen 1845 und 1852) und veröffentlichte 1853 die zehn Tondichtungen wiederum unter der Bezeichnung von Lamartines Gedichtsammlung; Lamartines Vorwort hat er auch seiner Sammlung vorangestellt. Die einzelnen Stücke sind verschieden geartet und von unterschiedlichem Wert. Das rein Virtuose ist erhalten, tritt aber in den Hintergrund.

Nr. 1 „Invocation" („Anrufung"). Der Klavierklang wird vor allem in den Gegensätzlichkeiten von pianissimo und fortissimo, in vollgriffiger Akkordbegleitung und dröhnenden Doppeloktaven konzertmäßig ausgenützt. Trotz wenigsagender Thematik wirkungsvoll.

Nr. 2 „Ave Maria", eine freie Übertragung von Liszts gleichnamigem Chor. Überwiegend zart, Nachbildung des leisen Chor- und Orgelklanges, rezitativisch durchsetzt.

Nr. 3 „Bénédiction de Dieu dans la solitude" („Segen Gottes in der Einsamkeit"). Weitaus das bedeutendste Stück der Reihe trotz der etwas reichlichen Ausnutzung des Hauptthemas, innerlich gesammelt und tief empfunden, nur gelegentlich ins Virtuose gesteigert, schlicht und in seiner echten Ursprünglichkeit ergreifend die beiden Andante-Abschnitte in der Mitte und am Schluß.

Nr. 4 „Pensée des morts" („Totengedenken"). Entstanden aus einer früheren Fassung. Eine „Szene" mit düsterlastenden, akkordisch unterbauten, engstufigen Motiven, eingestreuten Rezitativen, einem mächtigen De-profundis-Chor, mit Klagen und Tröstungen, leider auch mit leeren, rein pianistischen Klangstellen.

Nr. 5 „Pater noster" („Vater unser"). Einfache Umarbeitung von Liszts gleichnamigem Männerchor mit Orgel, der seinerseits wieder auf die gottesdienstliche Fassung zurückgeht.

Nr. 6 „Hymne de l'enfant à son réveil" („Gebet des Kindes beim Erwachen"). Umarbeitung des Lisztschen Frauenchors über das gleichnamige Gedicht Lamartines. Undenkbar als Gebetsstimmung eines Kindes am Morgen; doch ansprechend als Träumerei eines Erwachsenen, der ein Kind betrachtet.

Nr. 7 „Funérailles" („Totenfeier, Leichenbegräbnis"). Vielfach auf Chopins Tod gedeutet, nicht sicher. Ein offenbar echt empfundenes Gedenkstück; nur mutet uns diese Art des Empfindens fremd an.

Nr. 8 „Miserere. Nach Palestrina". Ein in seinen ständigen Tremoli und Arpeggien peinlich leer wirkendes Stück.

Nr. 9 „Andante lacrimoso" („Weinendes Andante"). Als Vorspruch ein Gedicht von Lamartine. Weltschmerzlerische Stimmung, „bewußt-einfach", das heißt also: leicht gekünstelt.

Nr. 10 „Cantique d'amour" („Lobgesang der Liebe"). Steht in seiner süßlichen Haltung den bekannten „Liebesträumen" Liszts nahe.

Verschiedene Werke

Es hat kaum Sinn, innerhalb unseres Rahmens jedes der zahlreichen Klavierstücke Liszts zu nennen; die meisten sind so unrettbar versunken, daß auch der begeisterte Lisztianer keinen Gedanken mehr an sie verschwendet. Nur einige seien hervorgehoben, denen man immer wieder einmal begegnet oder gern begegnen möchte.

Da ist ein „Scherzo und Marsch", 1851 geschrieben. Die ziemlich umfangreiche Komposition steht in der Mitte zwischen den gehaltvollen und den rein virtuosen Werken. Das bald glitzernde und bald trocken gestoßene Scherzo gibt dem Spieler Gelegenheit, mit allerlei Künsten zu glänzen, aber auch sein Gestaltungsvermögen zu erweisen;

denn unter dem Zierwerk laufen architektonische Linien, die nicht verschwimmen dürfen. In dem als eine Art Trio gedachten Marsch mit dem scharf rhythmisierten Kerngedanken ist alles auf Steigerung angelegt. Das Ganze von musikantischem Schwung und rücksichtsloser Kühnheit, harmonisch selbstherrlich, auf Wirkung berechnet und doch echt.

Von Liszts Verehrung für Bach zeugen verschiedene Klavierwerke. Sie sind durchaus anders zu bewerten als die Bearbeitungen (siehe unten). Wer Werke von Bach für das Klavier überträgt, muß dem Stil dieser Werke treuzubleiben versuchen; das hat Liszt bei seinen Übertragungen nicht getan. Wer jedoch ein Thema von Bach zur Grundlage eigenen Gestaltens macht, hat das Recht, sich selbst auszusprechen und daher auch mit anderen Maßstäben gemessen zu werden. Die „Fantasie und Fuge über B/A/C/H" (etwa 1871) ist eine Klavierbearbeitung der 1870 entstandenen zweiten Fassung von Liszts Orgelwerk „Präludium und Fuge über den Namen Bach". Beide Teile schließen sich dem Tokkatenstil an und haben mancherlei fantasieartige Züge. Bei einem Spieler, der das tiefe Glockengeläute der Einleitung, das durchbrochene Spielwerk der „Fantasie", den geheimnisvollen Anfang sowie die dröhnenden Akkordgriffe und Doppeloktaven der Fuge virtuos und zugleich gebändigt zu gestalten weiß, wird das Werk auch heute noch seine Wirkung nicht verfehlen. Wesentlich schlichter das 1859 geschriebene Klavierwerk „Weinen, Klagen, Sorgen, Zagen. Präludium nach J. S. Bach", ein Stück von edler, ruhiger Haltung, das uns Liszts Verhältnis zu Bach in einem sonst ungewohnten Sinne zeigt. Man wird nachdenklich: wer in dieser Art „nach Bach" zu schreiben vermag, muß ernste Gründe gehabt haben, wenn er dennoch seine Bachbearbeitungen mit allem Glanz neuzeitlicher Spieltechnik ausgestattet hat. Das gleiche Thema hat Liszt 1862 nochmals verarbeitet in den „Variationen über ein Motiv von Bach. Basso continuo des ersten Satzes seiner

Kantate ‚Weinen, Klagen, Sorgen, Zagen'". (Liszt ist bei der Bezeichnung ein Irrtum unterlaufen: es muß nämlich „Basso ostinato" – nicht „continuo" – heißen.) Offenbar ist Liszt durch zweierlei angeregt worden: einmal durch die Gestalt des musikalischen Motivs, das ihn mit der absinkenden chromatischen Linie (Beispiel 6) vor allem

6

harmonisch gefesselt zu haben scheint, zum anderen durch den Gedanken des Textes „Weinen, Klagen, Sorgen, Zagen sind der Christen Tränenbrot"; denn die verschiedenen Worte des Textes drücken — ebenfalls nach Art einer Variation — immer wieder das gleiche mit verschiedenen Worten aus. In seinen Variationen erweitert Liszt den Inhalt der Textworte noch, indem er vom Aufschrei wilder Verzweiflung bis zum leisen Weinen alle Ausdrucksstufen durchmißt und endlich in ruhiger Zuversicht bei dem Choral endet „Was Gott tut, das ist wohlgetan". Sieht man ab von den äußerlich aufgedonnerten, jedoch peinlich leeren Schlußtakten (die man am besten fortläßt), so gehören diese Variationen zu Liszts bedeutenden Tondichtungen. Das rein Pianistische, Virtuose tritt zurück (die Zweiunddreißigstel-Läufe der Allegro-Variation müssen mit strengster geistiger Zucht gespielt werden) zugunsten des erlebten und gestalteten Ausdrucks. Bewundernswert erscheint vor allem, daß die Grundstimmung der Dolente-Variation trotz ihrer Verhaltenheit selbst die kühn harmonischen oder heftigen, tokkatenartigen Variationen von innen her beherrscht und lenkt.

Zwei Balladen

Die beiden Klavierballaden sind wirkungsvolle, aber untereinander im Wert recht verschiedene Tondichtungen. Das

Des-dur-Werk (erschienen 1849) leidet bereits unter der schwächlichen Themenfassung (Beispiel 7 gibt den Haupt-

7 Andantino

gedanken), die sentimentaler anmutet, als einer Ballade billigerweise zugemutet werden darf. Hauptthema und das diesem nachgebildete Thema des A-dur-Marsches werden virtuos aufgeputzt und ganz äußerlich gesteigert. Wesentlich bedeutender die h-moll-Ballade (1854 erschienen). Schon das fast stegreifartige Werden der Hauptgedanken, ihr Herauswachsen aus Stimmungen der Heldensage und zugleich aus denen des Sängers (Beispiel 8 mag das andeuten) über-

8 Allegro moderato

zeugt. Besonders schön wirkt auch das zweimalige Ausbreiten des musikalischen Stoffes; denn nach Abschluß der ersten Gruppe erscheint die zweite Gruppe (Beispiel 9) sehr licht

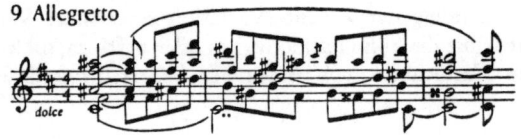

9 Allegretto

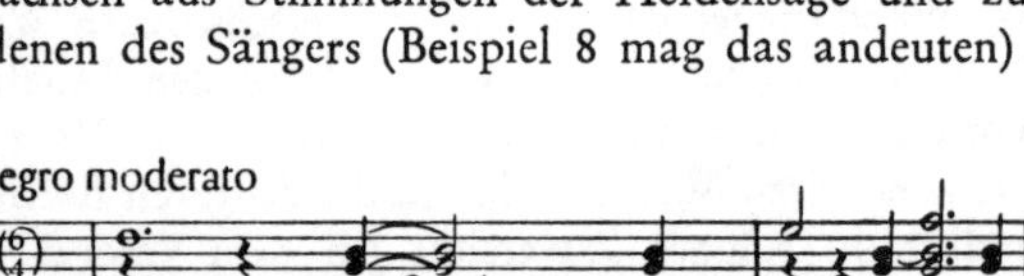

und freundlich, nicht nur in der Tonlage, sondern in der ganzen Fassung. Darauf erscheint wiederum die erste und nochmals die zweite Gruppe: umrißhaft ist also die Sonatenexposition der klassischen Form erhalten geblieben, sogar mit Wiederholung. Das eigentliche „Geschehen“ setzt erst mit dem rhythmisch straffen, marschartigen Allegro deciso ein. Die Aufteilung des Ganzen ist frei, doch nicht willkürlich, das Virtuose betont, aber nicht aufdringlich. Über die Haltung der kühnen Gesichte entscheiden fesselnde Klang- und Harmoniemischungen, eine rhythmisch eindringliche, zuweilen inbrünstige (Doppelschlag!) Deklamation und eine schwungvolle, geradezu körperlich bestimmte Gebärdensprache.

Zwei Legenden

Über die beiden Klavierlegenden Liszts (erschienen 1866, aber einige Jahre früher entstanden) ist seit dreiviertel Jahrhundert mancherlei Abfälliges gesprochen und geschrieben worden. Gewiß zählen sie nicht zu den bedeutendsten Werken des Meisters, wohl aber zu den charakteristischen. Die besondere Erlebensart Liszts spiegeln sie nämlich ebenso rein wider wie seine Ausdrucksweise; vor allem decken sich hier Erleben und Ausdruck so genau wie in nicht allzu vielen Schöpfungen des Tondichters. Die Anregungen liegen wieder einmal außerhalb des Reinmusikalischen: zu der „Vogelpredigt des heiligen Franziskus von Assisi“ wurde Liszt bestimmt durch eine der kleinen Erzählungen aus den „Blümlein des heiligen Franziskus“. Er hat sie seiner Tondichtung vorangestellt. Auch der zweiten Legende gibt Liszt ein Vorwort auf den Weg; in diesem beschreibt er ein Bild von Steinle, das den heiligen „Franziskus von Paula über die Wogen schreitend“ darstellt. In dem Vogelgezwitscher und der sanften Predigt der ersten wie in den rollenden Wogen und dem ruhig-mächtigen Schreit-Thema der zweiten Legende zeigt sich deutlich das Bildhafte, virtuos Ausgemalte von Liszts Schaffensart, ebenso eine gewisse Redseligkeit. Doch wird man bei sorgfältiger

Durcharbeitung beider Legenden bald spüren, daß sich in ihnen keine leeren Stellen finden: wie die Klänge dastehen, so hat Liszt wirklich und echt empfunden. Handelt es sich somit um echte Kunstwerke, so kann man sie nicht vom Reinmusikalischen her ablehnen, sondern nur, in dem man Liszts Erlebensart verwirft. Prachtvolle Selbstdarstellung einer bestimmten Eigentümlichkeit von Liszts Vertonungsweise ist der Beginn der zweiten Legende. Das Thema (Beispiel 10)

10 Andante maestoso

klingt zunächst nur im Einklang auf (linke Hand in Oktavgriffen eine Oktave tiefer parallel zur rechten). Und dieses festumrissene Thema wächst dann allmählich empor: durch akkordische Fassung, durch tremolierende und dann langsam in rollende Bewegung geratende Bässe. Entsprechend den wiedergegebenen Bildern ist die erste Legende ganz zart, ja zärtlich und rührend gehalten (nur an zwei Stellen vorübergehend forte), während die zweite alle Klangstufen gewaltig durchschreitet.

Sonate h-moll

Die h-moll-Sonate (Liszts einzige Klaviersonate überhaupt, entstanden 1852/53) gilt als Liszts bedeutendste Klavierschöpfung und zählt zu den gewaltigsten Tondichtungen der gesamten Klavierliteratur. Seltsam genug steht sie da in erhabener Einsamkeit; wie ein mächtiger, unzugänglicher Gipfel ragt sie empor über alles übrige, was Liszt sonst für Klavier geschrieben hat. Liszts Leben und Schaffen scheint in diesem Werk verdichtet, in dieser Klavierdichtung von des Wortes reinster und umfassendster Bedeutung. Mit einer Sonate im klassischen Sinne hat das Werk nur wenig gemein;

denn die Durchführungstechnik und die Gesamtform (langsame Einleitung, die am Schluß wiederkehrt / Schneller Satz / Langsamer Satz / Schneller / Schlußstück mit mehrfachem Wechsel des Zeitmaßes) sind doch nur recht äußere Gemeinsamkeiten. Auch mit der formalen Einordnung in ältere italienische Gestaltungsweise ist wenig gesagt (Liszt hat wohl kaum an solche Rückbeziehung gedacht). Der Tondichter hat sich hier vielmehr die Form geschaffen, die ihm geeignet erschien, seine inneren Vorstellungen auszudrücken. Daß er dabei nicht eine völlig neue Ausdrucksweise schaffen konnte und auf überkommenen Einzelheiten aufbauen mußte, ist wohl selbstverständlich. Das Großartige des Werkes sehen wir darin, daß sich alles gegenseitig durchdringt, daß die einzelnen Gestalten wie in einem echten Drama bald den Vordergrund beherrschen, bald nur angedeutet im Hintergrund stehen und bald ganz verschwinden, ohne doch je an Bedeutung für das dramatische Geschehen zu verlieren. Und der besondere Zauber des Werkes liegt in etwas Ähnlichem, nämlich der wechselseitigen Durchdringung von augenblicksgeborener, stegreifartiger Unmittelbarkeit und gearbeiteter, denkerischer Zucht. Keine Sonate, aber die Ballade eines Heldenlebens, und wiederum keine Ballade allein, sondern zugleich vertieft und bereichert durch Ausdrücke und Gestaltungen der gereiften Sonate. Bekenntnismusik, doch mit dem sicheren Gefühl des Abstands gestaltet. Ein Leben in Tönen, von einem Meister geformt.

Die große Anlage der Sonate ist nicht sogleich zu überblicken, weil oft ganz verschiedene Welten zusammenhanglos nebeneinanderzustehen scheinen; und doch ist alles innerlich verbunden durch die Grundmotive. Es sind Keimmotive, die sich verschiedenartig entwickeln und dementsprechend Gleiches verschiedenartig ausdrücken. Wir geben einige Beispiele, in denen sich die Einheit in der Verschiedenartigkeit widerspiegelt, und beschränken uns im übrigen nur auf Andeutungen.

Verlassenheitsgebärde im siebentaktigen Lento assai, unterstrichen durch das scheinbare c-moll und g-moll (in einem h-moll-Werk!). Das immer wiederkehrende G (in Oktaven) ist der Keim für wichtige künftige Motivbildungen. Tonwiederholungen, abermals auf G, nun jedoch auf mächtig auseinandergezogenen Tonstufen, zu Beginn des Allegro energico (Beispiel 11). Kämpferischer Geist in den rhyth-

misch punktierten und Triolengängen (Doppeloktaven). Tonwiederholungen in dem halb trotzigen, halb unruhigen Motiv des Basses („Hammerschläge" sagte Liszt); dieses wird durch Umwandlungen zum bedeutsamsten Gedanken des Ganzen. Nach einer Doppelfermate stürmt es gewaltig dahin (Beispiel 12); die Sechzehntelbewegung knüpft an die ver-

minderten Terzgänge des Allegrobeginns an. Bereits jetzt eine erste Durchführung des bisher aufgetretenen Stoffes, alles streng motivisch, prachtvoll in Schwung und fast versteckter „Arbeit". Nach dieser stürmischen Durchführung erscheint sieghaft, strahlend und prunkend ein neuer Abschnitt (Beispiel 13), dessen Tonwiederholungen jedoch an das erste

13 Grandioso

Grundmotiv gebunden sind. Unmittelbar daran schließt sich wieder ein Durchführungsteil über die Anfangsmotive, nun aber sehr zart; ein Gedanke schwebt empor („dolce con grazia"), dessen Doppelschlag später bedeutungsvoll wird. Diese verhaltene, durchführungsartige Überleitung mündet in einen ausdrucksvoll singenden Seitensatz, dessen von Triolen umsponnenes Thema (Beispiel 14) nichts anderes ist als

14

eine Vergrößerung des unruhevoll-trotzigen Baßmotivs aus Beispiel 11. Das nun Folgende stellt sich dar als „eigentliche Durchführung" im Sonatensinne, überwiegend in leidenschaftlicher, kunstvoller Verarbeitung und teilweise in freiem, erinnerungshaftem Rückgriff auf das wesentliche Gedankengut des ersten Teils. Mit dem Beginn des unmittelbar angeschlossenen langsamen Satzes kleidet Liszt die Widmung seiner Sonate („An Robert Schumann") nun auch in Töne; denn die wundervolle Lyrik der Anfangsstimmung ist eine bewußte Nachbildung der schönsten Stellen dieser Art aus Schumanns Klavierwerk (Beispiel 15 gibt nur eine Andeutung). Schon in dem ersten Gedanken liegen Beziehungen auf Gedankengut des Allegroteils verborgen: die ersten vier

15 Andante sostenuto

Takte entsprechen in der Linienführung der fff-Stelle aus Beispiel 13, dem sprechenden Doppelschlag-Ausdruck sind wir ebenfalls schon begegnet, und die letzten Takte sind dem zweiten und dritten Takt des „Seitensatzthemas" 14 nachgezeichnet. Im Verlauf des langsamen Satzes treten nun frühere Themen auch unverschleiert wieder hervor: so das eben genannte Thema des Allegro-Seitensatzes, das Grandioso-Thema, das ausladende Kopfmotiv des ersten Satzes mit seinen scheinbaren Nebensächlichkeiten, wie Triolen und verminderten Terzengängen, — alles zu strömender, gefühlsstarker Einheit verwoben. Wenn der langsame Satz ppp verklungen ist, setzt ohne Zwischenpause das ursprüngliche Zeitmaß Allegro energico wieder ein, nun aber das Thema nicht im Oktaveneinklang, sondern einstimmig, wobei das unruhevoll-klopfende Baßmotiv des Beginns (vergl. Beispiel 11) als Linienfortführung eingebaut wird. Dieses neue, alte Thema wird zur Grundlage eines stacheligen, fugierten b-moll-Sätzchens; nach der Auflösung der Tonart-Vorzeichnung steigert es sich zum Höllengelächter, besonders dort, wo der Themenkopf in rhythmisch punktierte Akkorde umgewandelt wird, während im Baß die Umkehrung des Themas ertönt. Damit ist auch der dritte Teil beendet. Faßt man den langsamen Abschnitt und das Fugato nicht als zweiten und dritten Sonatensatz, sondern in einem ungeheuer erweiterten Sinne als besondere Teile einer großangelegten Fantasiedurchführung der Themen aus dem Beginn (wozu man berechtigt wäre), so lassen sich die nun folgenden Abschnitte als eine leidenschaftliche Wiederaufnahme (Reprise)

bezeichnen. Diese mündet in eine Presto-Stretta, beginnend mit einer rhythmisch gestrafften akkordischen Fassung des Seitensatzthemas zu treibenden Triolen, sich steigernd zu donnernden Doppeloktavengängen, feurig und glanzvoll aufleuchtend in einem von Oktaven, vollgriffigen und tremolierenden Akkorden dröhnenden Jubelausbruch. Aus diesen Klangmassen tönt unvermutet noch einmal leise (Andante sostenuto) die „klingende Huldigung an Robert Schumann" auf. Dann geht es über ein kurzes Allegro moderato mit den beiden Hauptmotiven, immer langsamer und leiser werdend, zur Gebärde der ersten Lento-Takte zurück. Ergreifend die vollgriffigen, doch ganz zarten Akkorde des Schlusses, die über einer Fermate in H-dur verhallen und denen noch in unheimlicher Bekräftigung aus der Tiefe des Grabes ein kurz angeschlagenes Doppelkontra-H nachtönt.

Polonäsen und Walzer

Die beiden 1851 geschriebenen Polonäsen sind ungewöhnlich lang geraten, wenn man die Ergiebigkeit des thematischen Stoffes als Urteilsgrundlage wählt. An der c-moll-Polonäse fällt auf, daß Liszt sich sehr lange zurückhält, bevor er zum ersten Male ein forte anwendet. Er kostet zunächst gewissermaßen den Rhythmus stimmungshaft aus. Rhythmisch bestimmt ist auch das erste Thema in c-moll, aber selbst hier verhalten und fast träumerisch. Das Es-dur-Thema bleibt ganz im Stimmungsmäßigen, ja Sentimentalen verhaftet. Die weitere Verarbeitung verrät mehr den großen Spieler als den Gestalter Liszt. Da packt die E-dur-Polonäse schon ganz anders zu. Gleich der triolendurchsetzte, mit Oktavensprüngen geladene Beginn ertönt in breitem Forte, das erste Thema schmettert in prachtvoller Haltung seine Sieghaftigkeit fortissimo heraus; auch das a-moll-Thema bezwingt durch ein kraftvoll gespanntes Hochgefühl (Beispiel 16a und 16b). Trotz — oder wegen! — der Beliebtheit des Werkes muß doch ausgesprochen werden, daß die straffen

Hauptteile und der virtuose Mittelsatz sich innerlich weit voneinander entfernen; es ist das ein Bruch, den man nicht gut überhören kann.

Wie die Polonäsen gehören auch die sogenannten „Mephisto-Walzer" mehr zur Gattung der Charakter- als der wirklichen Tanzstücke. Erster und zweiter Mephisto-Walzer waren ursprünglich Orchesterkompositionen; Liszt hat sie dann für Klavier übertragen. Bekannt ist der erste: „Der Tanz in der Dorfschenke", entstanden 1859/60 (Aus der Orchesterschöpfung: „Zwei Episoden aus Lenaus Faust"). Der Erfolg, den manche Spieler mit ihm einheimsen, beruht doch wohl mehr auf dem virtuosen Gewand als auf dem Gehalt, der sich ohnehin nur einigermaßen erschließt, wenn man die ihm zugrundeliegenden Vorgänge kennt (vergl. „Schumanns Orchesterbuch"). Auch der zweite Mephisto-Walzer (1881) ist die Klavierübertragung eines Orchesterwerks. Der dritte Mephisto-Walzer (1883) ist von Liszt für Klavier geschrieben und wurde von Reisenauer für Orchester bearbeitet, übrigens ein Alterswerk ohne wirkliche Bedeutung. Nicht vollendet wurde der 1885 begonnene, ebenfalls für Klavier bestimmte vierte Walzer gleichen Namens.

Von den übrigen Tanzstücken — die meisten von ihnen sind so gut wie vergessen — seien wenigstens genannt die sehr schöne „Valse mélancolique" und das geschmackvolle „Valse Impromptu" (um 1840 bzw. 1850), beide nicht übermäßig schwer, doch dankbar.

Kleinere Werke

Viele der kleineren Werke Liszts sind versunken, und es wäre wenig sinnvoll, sie auch nur zu nennen. Nur auf einige sei verwiesen, weil sie wert sind, gekannt zu werden. Als Fünfundsechzigjähriger hat Liszt zwölf bezaubernde Stücklein geschrieben, die unter der Sammelbezeichnung „Weihnachtsbaum" erschienen sind (geschaffen für seine Enkelkinder). Nicht alles gleichwertig, aber von einem schlichten Adel, der alle anderen „Weihnachtskompositionen" dieser Gattung verblassen läßt. — Zwei völlig andere Altersgaben sind die „Nuages gris" („Graue Wolken", 1881) und „Disastro" („Unstern", ebenfalls in den letzten Lebensjahren geschrieben). Beide Werke sind erst 1927 veröffentlicht worden, und man würde sie für „zeitgenössische Musik" gehalten haben, hätte nicht Liszts Name über den Klangbildern gestanden. Was mag der Tondichter bei diesen Werken empfunden haben! Immer schon hatten andere geerntet, was er gesät hatte, und nun greift er am Abend seines Lebens gar noch ein halbes Jahrhundert voraus in die Zukunft. War dieses glanzvolle Leben nicht vielleicht eine verheimlichte Tragödie?

Rhapsodien

Die „Ungarischen Rhapsodien" gelten vielen Musikfreunden als die Klavierwerke Liszts. Nun wird jeder gern bereit sein, sich gelegentlich von dem feurig-trotzigen Gebärdenspiel dieser Rhapsodien hinreißen zu lassen; aber nur gelegentlich. Wer dem Lisztschen Schaffen fremd gegenüber steht, lehnt gerade die ungarischen Rhapsodien mit besonderem Nachdruck ab; und wer in einigen Klavierwerken des Meisters (etwa der h-moll-Sonate) unvergängliche Werte erlebt, bedauert es, daß die ungarischen Rhapsodien so im Vordergrunde stehen und dadurch den Zugang zu den wirklichen Großwerken für Freund und Gegner versperren. Wir möchten es daher hier bei einem allgemeinen Überblick bewenden lassen.

Liszt hat in den ersten fünfzehn der ungarischen Rhapsodien Themen und Motive verwendet, die er für echtes ungarisches Zigeunerblut hielt. In Wirklichkeit sind sie zum Teil in Bauernhütten und zum andern Teil in adeligen Salons entstanden und von Zigeunerkapellen — entsprechend stark verändert — als Kaffeehausmusik aufgeputzt worden. Was nun Liszt aus diesen Themen und Motiven gestaltet hat, wird wohl noch lange Zeit in Unterhaltungskonzerten aller Art (und in allerlei Besetzungen, vom Klavier angefangen bis zum Orchester) Heimatrecht genießen. Die ungarischen Rhapsodien gehören jedoch weder zur künstlerischen Konzertmusik noch zur gehaltvollen Hausmusik.

Mancherlei Vorarbeiten waren erforderlich, ehe die Rhapsodien ihre letzte Gestalt gewannen (Liszt hat es sich auch hier nicht leicht gemacht und verantwortungsbewußt gearbeitet). Erschienen sind die ersten fünfzehn Rhapsodien in den Jahren 1851/53. So sehr sie sich in manchen Einzelheiten des Aufbaus unterscheiden, die formalen Grundzüge bleiben immer die gleichen: einem langsamen, verhalten-trotzigen Teil folgt ein schneller, feurig-stürmischer. Als Formen-

muster mag daher die z w e i t e ungarische Rhapsodie in c i s - m o l l dienen. Sie stellt im Grunde einen ausgeführten

Csardas dar. Auf eine kurze Lento-Einleitung (Beispiel 17) folgt ein mit „Lassan“ („Langsam“) überschriebener Andantesatz (Beispiel 18 gibt den Beginn); seine Verzierungen und Figuren ahmen zuweilen das Cymbal nach. Motivisch ist er der Einleitung verbunden; gleichzeitig bereitet er motivisch den mit „Friska“ („Lebhaft, frisch“) bezeichneten zweiten Hauptteil vor. Das beiden Teilen eigentümliche punktierte Motiv wird zu Beginn des schnellen Teils mit geharften Vorschlägen umsponnen; diesen folgen charakteristische Tonwiederholungen. Wachsende Beschleunigung und Lautstärke tun ein Übriges, den „ungarischen“ Eindruck hervorzurufen. Die etwas platte Thematik oder Melodik des Satzes spricht für sich. In großen Zügen wird die Bewegung beschleunigt, es läßt sich sogar eine „Kadenz“ einfügen, bevor die Prestissimo-Doppeloktaven dem Schlusse zustürmen. Die hauptsächlichen Tonartstufen sind cis-moll/fis-moll/Fis-dur. Noch bunter laufen die Tonarten in manchen der übrigen Rhapsodien; auch die Folge der Unterabschnitte ist frei, um nicht zu sagen willkürlich, es gibt sogar rondoartige Folgen. Man mag sich gegen solche Freiheiten wehren (und ein für die Werte der Tonarten und des Formenablaufs empfindliches Ohr wehrt sich stets gegen diese Art), man mag sie ablehnen, — die frische, packende Fassung und die mitreißende Thematik lächelt alle Bedenken hinweg. Erstaunlich bleibt vor allem, mit welch sicherem Griff Liszt die Zuhörer schon mit wenigen Takten, ja, mit einem Takt fast wehrlos

machen kann. Die Beispiele 19a, b, c stammen aus der 9. („Pesther Karneval“), 12. und 14. ungarischen Rhapsodie.

Und wenn Liszt in der 15. Rhapsodie über den weltbekannten Rakoczy-Marsch (Beispiel 20) phantasiert, so wirkt das

20

im Wortsinne wie Blitzen: es blendet im Augenblick, leuchtet aber nicht weiter. — Nicht so bekannt wie diese fünfzehn Rhapsodien sind die ungarischen Rhapsodien 16—19. Sie stammen aus den letzten Lebensjahren des Meisters und sind, soweit man erkennen kann, auf eigenen thematischen Einfällen aufgebaut.

Etwa 1863 schrieb Liszt eine „Spanische Rhapsodie". Den ungarischen Rhapsodien ähnelt sie durch zügigen Schwung, ist ihnen jedoch an Gehalt weit überlegen. Zwar möchte man die in leeren Arpeggien rieselnde Lento-Einleitung gern missen; aber es steht ja dem Spieler frei, sie wegzulassen. Als thematische Grundgedanken der Hauptteile erscheinen im Andante moderato die alte spanische (oder portugiesische) Folia, eine langsame Tanzweise im Dreivierteltakt, und im Allegro eine arragonische Jota, ebenfalls ein Tanz im dreiteiligen Takt, dem Walzer ebenso nahestehend wie dem spanischen Tango. Wesentliche Gestaltungsform ist für Liszt hier die Variation, die er besonders bei der Folia handwerklich wie künstlerisch meisterhaft handhabt.

Bearbeitungen

Liszt hat eine kaum zu übersehende Menge fremder Schöpfungen für Klavier bearbeitet oder übertragen. Die Streitfrage über Wert oder Unwert dieser Arbeiten sollte heute nicht mehr aufgeworfen werden. Was Liszt im einzelnen bei diesen Werken gearbeitet und geleistet hat, wieweit er die Verbreitung wenig bekannter Schöpfungen anderer Meister mit seinen, von ihm selbst sieghaft in Konzertsälen gespielten Bearbeitungen, Phantasien und Paraphrasen gefördert hat, — das sind Dinge, die in der Vergangenheit liegen. Dem Verdienst stehen auch da Nachteile gegenüber; denn manche Nachahmer haben Liszts Arbeiten zum Vorbild genommen und den Geschmack weiter Kreise bis in die Hausmusik hinein durch allerlei „Paraphrasen über beliebte Lieder und Opernmelodien" gründlich verdorben. Und man muß Liszt für die Sünden seiner Nachbeter auf diesem Gebiet verantwortlich machen; denn er hat ihnen vorgemacht, wie man es n i c h t machen darf (zwei, drei kleine Ausnahmen spielen keine Rolle). Ob er Lieder von Beethoven, Robert Franz, Schubert, Schumann oder Weber für den virtuosen Konzertvortrag bearbeitet und sie mit wesensfremden Bestandteilen versieht, ob er Opernmelodien von Donizetti, Gounod, Halevy, Meyerbeer, Mozart, Rossini, Verdi, Wagner, Weber und anderen mit pianistischem Flitterwerk behängt — von den zahllosen anderen Bearbeitungen zu schweigen —, immer kommt er zu Ergebnissen, die uns heute peinlich anmuten.

Etwas schwieriger als bei Opernfantasien und Liedübertragungen liegt es bei einigen anderen Bearbeitungen. Man kann heute noch beobachten, daß Menschen von Geschmack, die aber mit Bachs Orgelmusik nicht vertraut sind oder Schuberts kleine Walzer nur so obenhin kennen, sich zu begeistern vermögen, wenn sie die Sechs Orgelpräludien und Orgelfugen oder die g-moll-Orgelfantasie und -fuge in der Lisztschen Klavierübertragung hören. Für sich allein betrachtet, sind das auch ganz vortreffliche, in die Tiefe wie in die Breite wirkende Tonstücke für Klavier. Mit Bachs Orgelstil haben sie aber nichts mehr gemein, und die sonst so überreichlich betonte „Werktreue" müßte sich von diesen Werken aus grundsätzlichen wie stilistischen Gründen abwenden. Bei den „Soirées de Vienne" (Walzer-Kapricen nach Schubert) ist es nicht anders; mögen die Bearbeitungen noch so „gekonnt" sein — sie gehören einem Zeitgeschmack an, der uns so fernliegt, wie uns die feine Ursprünglichkeit der Schubert-Walzer nahe steht.

*

Was Liszt für Klavier vierhändig und für zwei Klaviere geschrieben hat, gehört fast ausschließlich unter die Bezeichnung „Übertragungen". Eine eigenschöpferische Bedeutung für diese beiden Gebiete des Klavierschaffens kommt ihm also nicht zu. Im Mittelpunkt dieser Übertragungen stehen dieses Mal nicht fremde, sondern eigene Werke, nämlich Liszts sinfonische Dichtungen, die zum großen Teil in der Fassung für Klavier vierhändig und für zwei Klaviere vorliegen. Als Lehrstoff vortrefflich, und zwar sowohl um die ursprünglichen Werke kennenzulernen wie um die Übertragungstechnik zu studieren. Natürlich fehlen auch einige der ungarischen Rhapsodien nicht (aber nur für Klavier vierhändig). Von den Bearbeitungen für zwei Klaviere heben wir noch hervor die der beiden Lisztschen Klavierkonzerte und des „Totentanzes" sowie die Übertragung von Beethovens Neunter Sinfonie; äußerlich wirkungsvoll das „Concerto pathétique", aber die Schwierigkeiten des Einstudierens lohnen nicht recht. Unter den vierhändigen Stücken befindet sich eigentlich nur eine einzige Sammlung, die der wertvollen Hausmusik zugerechnet werden darf, dieser nun aber auch angehören müßte: die bereits unter den zweihändigen Werken erwähnte Sammlung „Weihnachtsbaum".

CÉSAR FRANCK

Geboren am 10. Dezember 1822 in Lüttich (deutscher Abstammung). Studierte vor allem in Paris, wo er dann von 1843 an seinen ständigen Wohnsitz nahm, zunächst als Organist, später auch als Orgelprofessor am Konservatorium. Gestorben am 9. November 1890 in Paris. Hauptwerke: Sinfonien, Konzerte, Opern, Chorwerke, Kammermusik, Orgel- und Klavierwerke.

César Franck, der Begründer des neueren französischen Instrumentalstils, hat nur wenig für Klavier geschrieben: in der Hauptsache „Präludium, Choral und Fuge" sowie „Präludium, Aria und Finale". Auch in diesen Werken herrscht — wie stets bei dem Tondichter — die persönliche Einheit über die bunte Vielzahl der Mittel. Virtuose Spielfreude steht neben polyphonem Denken, kraftvolle Themenzeichnung neben weich-schmachtenden Endungen, klarer Aufbau neben verschwimmender harmonischer Tönung, Tiefe und Größe neben flächigen, ja platten Wendungen. Alles aber ist durchtränkt von der wundervollen Musikalität und mystisch verinnerlichten Gläubigkeit des Meisters.

Wie weit die Buntheit des Ausdrucks geht, mögen einige Figuren aus „Präludium, Choral und Fuge" zeigen.

I a Moderato

I b

Bereits das Präludium enthält die verschiedenartigsten Gedanken (Beispiel 1a, b). Der „Choral" beginnt mit förmlichen „Tristan"-Modulationen, bringt dagegen die Hauptmelodie in allereinfachsten geharften Akkorden. Die „Fuge" endlich hebt zeichnerisch-stimmig an (das Thema ist chroma-

tisch, Beispiel 2), vernachlässigt dann aber das Polyphone zugunsten pianistischen Glanzes (Oktaven- und Akkordgänge, Kadenz in Akkordbrechungen, Wiederaufnahme der ersten Spielfigur aus dem Präludium usw.). Dennoch wirkt das Werk geschlossen.

Das zweite Großwerk, „Präludium, Aria und Finale", stellt die verschiedenartigen Gedanken noch härter nebeneinander. Die klare Akkordik aus dem Beginn des Präludiums, die wundervoll-schlichte Weise der Aria (Takt 16 ff und die Oktavenvirtuosität des Finales werden gleichwohl zu höherer Einheit gebunden.

THEODOR KIRCHNER

Geboren am 10. Dezember 1823 in Neukirchen bei Chemnitz, Unterricht in Leipzig und Dresden. 1843—62 Organist in Winterthur (Schweiz), weiterhin in Zürich tätig. Dann in Meiningen und Würzburg (Direktor der damaligen Königlichen Musikhochschule), 1875—83 in Leipzig, anschließend Lehrer am Dresdener Konservatorium. Seit 1890 in Hamburg, wo er am 18. September 1903 gestorben ist. Schrieb vor allem Klavierwerke, Lieder, Kammermusik.

Von den zahllosen Klavierkomponisten des 19. Jahrhunderts darf man gewiß die meisten vergessen; Kirchner aber gehört zu den wirklichen Klaviermeistern, deren Werke — wenn auch mit Auswahl — Anspruch auf längeres Leben haben. Was verschlägt es schon, daß sich dieser Tondichter innerlich ganz an Robert Schumann angeschlossen hat; in seinen unzähligen kleinen Klavierstücken weiß er doch stets etwas Persönliches zu sagen. Liebenswerte Anmut, echt romantisches Empfinden, unauffällige denkerische Zucht und ein nicht alltäglicher Einfallsreichtum sollten dem Meister einen bevorzugten Platz in der Hausmusik einräumen. Insgesamt mag Kirchner über tausend Klein- und Kleinstbilder liebevoll gestichelt und sorgsam gefeilt haben. Diese sind in Heften gesammelt, die Titel tragen wie „Albumblätter/Studien und Stücke/Aus trüben Tagen/Spielsachen/Miniaturen/Dorfgeschichten“ und so fort. Finden sich schon in ihnen wirkliche Kostbarkeiten, so gilt das noch mehr für seine „Sonatinen“ Werk 70; wer sich mit berechtigtem Schrecken an die Wüsteneien ungezählter Sonatinen erinnert, der mag diese Gattung bei Kirchner wieder liebgewinnen. Es sind dichterische Gebilde, weniger für die Fingerausbildung als für die Durchbildung des musikalischen Geschmacks geeignet, stets lebendig, mit Einfällen gesegnet, zierlich und sparsam gesetzt, wirklich „keine Note zuviel" (vergleiche etwa den Beginn des köstlichen Schlußsatzes aus der vierten Sonatine).

Auch die Kompositionen für Klavier v i e r h ä n d i g sind der Wiedererweckung wert (Stücke/Märsche/Walzer), und wäre es nur um deswillen, daß Kirchner um die inneren Bedingungen des vierhändigen Satzes weiß. Prächtig und dankbar endlich die Werke für z w e i K l a v i e r e (Variationen/Walzer/Polonäse); sie werden sich kaum im Konzertsaal auf die Dauer behaupten können; aber gelegentlich sollten sich die Pianisten dieser Werke erinnern. Wer die Möglichkeit hat, sie in die Hausmusik aufzunehmen, wird sich kaum wieder von ihnen trennen.

JOHANNES BRAHMS

Geboren am 7. Mai 1833 in Hamburg als Sohn eines einfachen Mannes, der sich durch Strebsamkeit vom Wirtshausmusiker zum tüchtigen Kontrabassisten des städtischen Orchesters emporgearbeitet hatte. Zunächst Unterricht beim Vater, dann bei Marxsen. In einem berühmtgewordenen Aufsatz wies Robert Schumann 1853 auf Brahms hin, so daß dieser trotz einiger äußerer Mißerfolge verhältnismäßig früh Verleger fand. Mehrere Jahre war er Dirigent in Detmold. Dann lebte er in Hamburg, wo er seine musikalische Bildung vertiefte. 1862 ging er nach Wien. Die Donaustadt wurde ihm zur Wahlheimat, zu der er immer wieder zurückkehrte. 1871—1874 war er Leiter der Konzerte, die von der Gesellschaft der Musikfreunde veranstaltet wurden. Bis zu seinem Tode (3. April 1897 in Wien) lebte er dann als Freischaffender. 1877 Ehrendoktor von Cambridge, 1879 von Breslau, 1886 erhielt er den preußischen Pour le mérite. Hauptwerke: Sinfonien, Serenaden, Orchestervariationen, sinfonische Ouvertüren, Klavier-, Geigen- und Doppelkonzerte, Gesangswerke mit Orchester, Kammermusik, Klavierwerke, Lieder.

In seinem Schaffen geht Brahms vom Klavier aus; immer wieder hat er diesem Instrument Wesentliches anvertraut. Und verhältnismäßig schnell konnte der sonst (Sinfonien, Streichquartette) so langsam Reifende mit seinen Klavierwerken vor der Welt bestehen. In der zweiten Hälfte des 19. Jahrhunderts aber lebte kein Musiker, den man Brahms als Klavierkomponisten an die Seite stellen könnte.

Unmöglich, das Klavierschaffen dieses Meisters — und das gilt zugleich für die Mehrzahl seiner Kompositionen überhaupt — einer der großen Stilepochen der Musik einreihen zu wollen. Vielen gilt er auch noch heute als Romantiker. Für sein Empfinden mag diese Bezeichnung im allgemeinen zutreffen, für sein Denken und vor allem für sein

Gestalten kommt man mit dem Begriff des Romantischen nur teilweise aus. Denn vieles an dem Klavierwerk offenbart neben dem — unzweifelhaft vorhandenen — romantischen Einschlag starke klassische Züge, vor allem der formale Innenbau zahlreicher Schöpfungen. Ebenso aber greift er auf die Altklassik zurück (Bach), deren polyphone Stimmführung er immer wieder studiert, um sie — allerdings auf durchaus eigene Weise — seinem Ausdruckswillen dienstbar zu machen. So hat man ihn den „Klassiker der Romantik" genannt, um anzudeuten, daß im Zeitalter der Spätromantik Einer aufgestanden ist, der dem gefährlichen Zerfließen von Form und Ausdruck eine klassische Haltung und Formenzucht entgegensetzte, obwohl dieser Eine selbst innerlich Romantiker war. Einer Strömung seiner Zeit stand er wesensfremd gegenüber: den Neudeutschen um Liszt. Das Streben selbst der Größten und Besten unter diesen, nicht nur zu komponieren, sondern auf Wirkung hin zu komponieren, hat ihn nicht verlockt, ja, nicht einmal berührt. Denn ihm stand zwar zu Gebote, klangschön zu schreiben wie nur einer, und zwar im Sinne glänzender Kraftentfaltung wie zartester Tönung —, aber er machte davon nur Gebrauch, wenn der Inhalt es erforderte. Zumeist aber hieß sein Leitstern nicht Schönheit, sondern Wahrheit; dieser ordnete er alles unter. Es ist ein Irrtum, den Klavierstil von Brahms als klanglich spröde zu bezeichnen. Ein Spieler, der sich der inneren Leidenschaft und äußeren Verhaltenheit des Meisters verwandt fühlt, der hinter der scheinbaren Robustheit das weiche Herz verspürt, wird stets seine Klavierwerke warm, erfüllt, klangvoll und — wirkungsvoll darzustellen wissen. Es ist ähnlich wie bei Beethoven; nur glaubt man wohl von Brahms anderes verlangen zu sollen, weil man ihn doch unwillkürlich unter die Spätromantiker einreiht.

Unverkennbar die Handschrift: bald weitgriffiger Satz und bald wuchtige Ballung, verborgene und in Klang gebettete Kontrapunktik der Mittelstimmen, die Thematik scharf gezeichnet und in den langsamen Sätzen oft dem Volkslied verpflichtet, mehrrhythmische Bildungen, verhalten selbst bei kraftvollem Ansturm.

Die Sonaten

Brahms hat drei Klaviersonaten geschrieben, zwar in jungen Jahren, doch gehören sie zum Wertvollsten, was auf diesem Gebiet nach Beethoven geschaffen worden ist. Nur manches aus Schuberts Sonaten und Liszts h-moll-Sonate kommt ihnen gleich. Außerordentlich die Kunst thematisch-motivischer Verknüpfung und die Einheitlichkeit, um so erstaunlicher, als in den drei Sonaten ein jugendlicher Überschwang lebt, der sich seltsam abhebt von dem hohen kompositorischen Können. Gewiß findet sich in ihnen weder die innere Reife noch die fugenlose Dichte der Beethovenschen Meisterwerke; aber man spürt: sie sagen genau das, was der junge Tondichter ausdrücken wollte. Und dieser Inhalt ist stark. Man braucht ihn nicht im einzelnen zu deuten; im ganzen vernimmt man die brausende Wucht nordischer Heldenballaden und das zarte Klingen scheuen Empfindens. Der Vergleich mit Schumann scheint nahe zu liegen, mit dem feurigen Florestan und dem schwärmenden Eusebius. In Wirklichkeit sind die beiden Pole Kraft und Innigkeit bei Brahms anders zu werten. Bei Schumann hat man oft den Eindruck, die Florestan-Seite seines Wesens sei mehr ein Wunschbild als starke Selbstverständlichkeit; mindestens hat er diese zweite Anlage nicht verwirklicht, sondern zugunsten seiner Eusebius-Seele im Verlauf seines Lebens und Schaffens zurücktreten lassen. Anders Brahms: das Starke, Rauhe und das Innige, Weiche bildeten bei ihm eine untrennbare Einheit. Nicht wie bei Schumann zwei Seelen in einer Brust, vielmehr eine einzige Seele, in der Gewitter und stiller Friede Äußerungen der gleichen Natur waren. Gerade in den Klaviersonaten, herausgeschleudert in brausenden Jugendjahren, enthüllt sich die Einheitlichkeit seines Wesens.

Gemeinsam ist den drei Sonaten, daß sie als Kern einen Liedgedanken oder eine Liedstimmung in den inneren Mittelpunkt (die langsamen Sätze) stellen und alles andere aus ihm hervorwachsen lassen. Auch das ist bezeichnend für Brahms; er geht zwar vom Klavier aus, aber innerster Empfindungskeim ist das Lied, und zwar das Volkslied.

Als Werk 1 veröffentlichte Brahms die C-dur-Sonate; in Wirklichkeit ist sie sein zweites Werk; sie wurde 1853 geschrieben, während die fis-moll-Sonate 1852 entstanden ist. Der erste Satz hat etwas von einer Ballade an sich, und zwar, der mächtigen Anlage und der vollen Sprache nach, von einer Orchesterballade. Wie selbständig der junge Feuergeist seine nordischen, bald wuchtig dreinschlagenden und bald innig schwärmenden Gestalten zu bilden weiß, zeigen besonders eindringlich jene Stellen, die an große Vorbilder anzuknüpfen scheinen. Zum Überdruß oft hat man festgestellt, daß der Anfang (Beispiel 1) auf Beethovens Sonate Werk 106 zurückgeht; die erste Wiederholung des

Themas erfolgt in B-dur (wie in der Waldsteinsonate); die geistige Klarheit des Satzes weist ebenfalls auf Beethoven. Aber sind das wirklich die entscheidenden Merkmale? Die Themenaufstellung allein belehrt eines Besseren: das Hauptthema dringt kühn in immer neue harmonische Bereiche vor, erobert sich durch nachahmende Stimmführung polyphone Welten, ruht in dem Überleitungsgedanken (Beispiel 2) von den heftigen Entladungen aus, erscheint abermals in den gedämpften Terzen des Seitenthemas (Beispiel 3; vergleiche in allen drei Beispielen die hinweisenden Klammern). Auch Beethoven entwickelt oft seine Gedanken aus einem gemein-

3

samen Urmotiv; doch hier treten uns gewissermaßen nicht musikalische Linien, auch nicht Triebkräfte des Willens entgegen, sondern Bilder und Gestalten aus altnordischer Vergangenheit, Mächte lebendiger Sagen (hier ist Brahms Romantiker), die dann in der Durchführung ihr ganzes Wesen offenbaren. Denn die Durchführung, so schulgerecht manches geformt ist, entwickelt nicht, sondern enthüllt. Was das besagen will, zeigt der Durchführungsbeginn sehr klar: das Seitenthema (3) erscheint zunächst „con espressione" und piano in enger Verschränkung (mit den ursprünglichen Terzparallelen in der Mittel- und mit einfacher Linienführung in der Oberstimme), wirft aber schon im zwölften Takt den verhüllenden Schleier von sich und donnert in Baßoktaven, anfangs durch synkopische Akkordschläge geleitet, sein wahres Wesen heraus, betont seine Wesensgleichheit mit dem Hauptthema, dem es sich dann kontrapunktisch verbindet (Beispiel 4, rechte Hand „Seitenthema", linke Hand „Hauptthema"). Wenn die Ausbrüche der Durchführung zuweilen

4

ungeschlacht anmuten, so ist das nur ein Zeichen von Echtheit; die Helden der Vorzeit waren keine blassen Empfindler. Zudem wird man nirgends unkünstlerische Zuchtlosigkeit antreffen; manchem erscheint der Aufbau sogar zuweilen übertrieben schulmäßig. Machtvoll der Orgelpunkt am Schluß mit der kunstgerechten Stimmenverzahnung, dem gewaltig-gewalttätigen Klang und der großartigen Steigerung in die thematische Verbreiterung der letzten Takte. Auf die Heldenballade des Allegros folgt im Andante das Minnelied („Nach einem altdeutschen Minneliede“ überschreibt Brahms den Satz; doch ist das Lied nicht altdeutsch, sondern von Zuccalmaglio, der es in seine „Volksliedersammlung vom Niederrhein“ eingeschmuggelt hat, — übrigens eine erstaunlich echte „Volksweise“). Brahms verteilt den Vortrag des Liedes auf einen „Vorsänger“ und einen Chor (Beispiel 5) und unterlegt ihm auch die Textworte. Der Beginn enthält, wie bereits erwähnt, das Urmotiv der ganzen Sonate. Viermal wird das „Lied“ gesungen, nicht in Textstrophen, sondern statt der verschiedenen Worte erscheinen verschiedene

5 Andante

musikalische Gebilde, Variationen, wobei Brahms — entsprechend dem Liedcharakter — die Melodie selbst ziemlich rein erhält (meist im Baß) und sie nur zart umspielt. Auch im Thema des feurigen, klangmassigen Scherzos (Oktaven, Doppelterzen usw.) sowie des leidenschaftlich bewegten, gleichwohl verhaltenen Trios spielt das Kernmotiv eine (oft allerdings verborgene) Rolle. In der Haltung schließt sich das Scherzo dem ersten Satz an. Noch deutlicher wird die Beziehung zum ersten Satz im Finale hergestellt, dessen Thema eigentlich nur eine in den $^9/_8$-Takt gewandelte Umformung des Kopfmotivs 1 darstellt. Aber auch das Scherzo wird fortgesponnen in den Akkorden mehrfach übereinandergelegter Terzen des bedeutenden Seitenthemas mit seiner Freude an parallelen Sexten oder der abwärtsführenden Tonleiter der Koda, die sich als freie Umkehrung des Triothemas aus dem Scherzo darstellt. Die orchestrale Färbung (teilweise auch Stimmführung) der vorangehenden Sätze wird durch den Schlußsatz womöglich noch übertroffen. Alles Orchestrale dieser „verschwiegenen Sinfonie" entstammt jedoch nicht dem Streben nach Orchesternachahmung, sondern ist Ausfluß jugendlichen Überschwangs.

Die f i s - m o l l - S o n a t e Werk 2 ist 1852, also ein Jahr vor Werk 1, entstanden. Das Fantastisch-Balladenhafte tritt noch stärker hervor. Das Erstaunliche dieser Sonate liegt darin, daß sich in ihr jugendlich-unbedenklicher Überschwang und meisterhafte motivische Bezogenheit zu geschlossener Einheit zusammenfügen. Ist es schon überwältigend, was hier ein Neunzehnjähriger zu sagen weiß (und zwar keineswegs nur von den Erlebnissen seines Einzel-Ich!), so bewundert man ebensosehr die Verstrebung der vier Sätze durch einen einzigen Motivkeim. Diesem entwachsen fast sämtliche musikalischen Haupt- und Nebengedanken sowie Überleitungsfiguren; außerdem werden die so entstandenen Themen und Motive noch kunstvoll untereinander und miteinander verbunden, zuweilen so dicht, daß manche Beurteiler diese dichte Arbeit als gekünstelt und schulmeisterlich empfinden. Und sie haben recht, sofern sie das Geschehen in dem Werk vorwiegend oder ausschließlich mit rein musikalischen Maßstäben messen. Ist das aber bei einer solchen Tondichtung erlaubt? Es will vielmehr scheinen, als habe die gesamte Musikliteratur kein Werk eines Jünglings aufzuweisen, in dem das Jünglinghafte schlechthin, also das Jungmännliche des Einzelnen wie das Jünglingshafte im Leben eines ganzen Volkes, so echt und so vollendet wiedergegeben wäre wie in der fis-moll-Sonate von Brahms. Der Beginn des Kopfsatzes (Beispiel 6) kündigt bereits die herrliche Maßlosigkeit des ganzen Satzes an. Das reckt sich gleich beim ersten Ansprung bis zu den höchsten Höhen, wirkt erschreckend und reckenhaft, droht nicht erst, sondern schlägt sofort zu. Und selbst wenn im dritten Takt zu Baßtremoli

leise ein einfaches Motiv emporsteigt, ahnt man, daß diese Zurückhaltung des Stärkegrades nur ein Ausholen zu neuen Streichen bedeutet, die denn auch, angekündigt durch krachende Doppeloktaven in chromatischem Herniederfahren, mit der Wiederholung des Kopfmotivs alsbald einsetzen. Auch die Überleitungsgruppe, die pianissimo beginnt und sich dynamisch meist auf dieser Stufe hält, behält die stürmische Gebärde bei (zweimalige rhythmische Umbildung des Kopfmotivs 6), nur gewissermaßen ingrimmig verhalten, wie mit halbgeschlossenen Augen. Aus dem Beginn der Überleitung entwickelt sich durch Umkehrung der Seitengedanke. Diese unterirdische Verbindung des gesangsartigen Seitenthemas mit dem dreinfahrenden Hauptmotiv bewahrt davor, das Gesangsmäßige allzu wörtlich zu nehmen: es ist keine Liedlyrik, sondern dramatische Gegensätzlichkeit. Und die stürmische Durchführung bestätigt, was die Themenaufstellung angekündigt und vorweggenommen hat. Das Liedhafte tritt erst in dem ausdrucksvollen Andante zutage (h-moll). Dieses Mal gibt Brahms nicht wie in der C-dur-Sonate die Worte des Liedes an, die ihn angeregt haben; aber er hat es einem Freunde mitgeteilt, daß ihm ein Lied des mittelalterlichen Rittersängers Kraft von Toggenburg vorgeschwebt hat: „Mir ist leide / Daß der Winter beide / Wald und auch die Heide / Hat gemachet kahl“. Die Verwandtschaft des Andantethemas (Beispiel 7) mit dem Kopfmotiv des ersten Satzes (und damit auch der anderen Gedanken des Allegros) ist leicht zu erkennen. Abermals, wie im Andante der C-dur-Sonate, wird das Thema zart variiert, und zwar ähnlich wie dort mit Vorliebe in die tieferen Stimmen verlegt. Bei aller Durchsichtigkeit wird der Klang selbst im Pianissimo so weit aufgespaltet, daß zu seiner Darstellung oft drei Notensysteme erforderlich sind. Die gestaltbildende und stimmungzeugende Kraft des Grundmotivs entfaltet sich dann besonders schön in dem knapp gefaßten Scherzo und seinem Trio: im Hauptsatz (Beispiel 8) verändert sich das Wesen des Andante-Themas von Grund auf

lediglich durch das andere Zeitmaß und den 6/8-Takt, ins Scherzohafte; im Trio (Beispiel 9) wird es leicht verschleiert, bleibt jedoch deutlich genug (a/d/e/fis), wächst durch Sexten- und Terzenparallelen ins Volkstümliche, Volksliedhafte und bestimmt in dieser Form, in ständigem Wandern durch die Harmoniegefilde, den größten Teil des Satzes. Der Schlußsatz löst sich etwas aus dem Gesamtverband der Sonate. Nicht, indem er die motivisch-thematische Bindung aufgibt, sondern in der Haltung. Schon die Form verrät dieses Anderssein: eine langsame Einleitung, die zunächst das Thema des eigentlichen Allegros festlegt, dann in leichten Trillern, Läufen und ausdrucksvollen Kleinmotiven die neue Stimmung anklingen läßt; hierauf der Thementeil in rüstigem Fortschreiten, durchsetzt von nachahmender Stimmführung; vor der Durchführung liegen breite träumerische Akkordfolgen; die Durchführung selbst fantasie-artig aufgeteilt mit ihrem starken Stimmungswechsel; der Ausklang „molto sostenuto", bis auf die Schlußakkorde ganz leise gehalten, in der Stimmung an die langsame Einleitung anknüpfend mit ihren Trillern, Läufen und träumenden Kurzmotiven.

Im ganzen einzelpersönlicher als die übrigen Sätze, nicht so allgemeingültig. Man sagt, dieser Satz sei ein musikalisches Bildnis von Clara Schumann.

Bekannter als die beiden besprochenen Werke ist die f-moll-Sonate Werk 5 (1854). Ohne die Größe des Werkes antasten oder die eigene Liebe zu ihm leugnen zu wollen, darf der Verfasser hier einmal die Frage stellen, ob diese Bevorzugung auf dem künstlerischen und menschlichen Gehalt der Sonate beruht oder ob vielleicht nur der dem Andante beigegebene Dreizeiler viele immer wieder veranlaßt hat, in der f-moll-Sonate nicht nur die Sonate von Brahms, sondern die Sonate der Romantik überhaupt zu sehen. Der Dreizeiler von Sternau (wirklicher Name Otto Inkermann) lautet: „Der Abend dämmert, das Mondlicht scheint, / Da sind zwei Herzen in Liebe vereint / Und halten sich selig umfangen". Nimmt man dazu das herrlich singende, stimmungshafte, dichte Andante mit seinen zarten Mondscheinlichtern, so begreift man, daß sich viele Hörer und Spieler durch solche Poesie einfangen lassen und darüber gern die anderen beiden Sonaten vergessen. Es ist gesagt worden (von Kalbeck), Brahms lasse sich mit der f-moll-Sonate zum ersten Male richtig ins Herz sehen. Tatsächlich geht durch das Werk ein Zug persönlicher, einzelpersönlicher Nähe; es ist in gewissem Umfang Bekenntnis einzelpersönlicher Stimmungen und Erlebnisse. Ob man das gegenüber der vielfach überpersönlichen Welt der beiden anderen Sonaten als einen Vorzug betrachten soll, der die eindeutige Bevorzugung des f-moll-Werkes rechtfertigt, muß jeder mit sich selbst ausmachen. — Bewundernswert wiederum die motivische Meisterarbeit des einundzwanzigjährigen Tondichters. Der Grundzug des Werkes heißt: jugendheiße, überschwängliche Leidenschaft; aber wie diese Grundhaltung gestaltet ist, das gemahnt — trotz aller sonstigen Verschiedenheit — an die verdichtete Arbeit der Altklassik und der Klassik. Wenn der erste Satz mit seiner stürmischen, immer neu gesteigerten Gebärde anhebt (Beispiel 10), dann glaubt man sich überflutet von alleszermalmenden, gestaltlosen

Naturkräften. Dabei erweist sich im Verlauf, daß jenes kleine Motiv des Anfangstaktes Grundbestandteil sämtlicher Gedanken und Gedankenfortführungen des Satzes ist. Wir geben nur einige der wichtigsten Gemeinsamkeiten wieder. Beispiel 11a zeigt einen scheinbaren Gegensatz zum Hauptmotiv, ist aber in Wirklichkeit durch rhythmische Verein-

fachung aus ihm entwickelt. Noch weiter geht die Vereinfachung bei 11b: nicht nur der leicht veränderte Kontrapunkt des Basses entstammt dem Kernmotiv, sondern auch die Verbreiterung in der Oberstimme. Und nun wird man auch in dem scheinbar einer ganz anderen Welt zugehörigen Seitenthema 11c unschwer die Prägung des Kernmotivs wiedererkennen (ebenso in manchen Zwischenwendungen und in der Schlußgruppe). Diese Verdichtung steigert sich in der Durchführung mit ihrem leidenschaftlichen Gegen- und Miteinander, mit ihren Gleichartigkeiten und wechselnden Gegensätzen noch weiter, und zwar in dem Sinne der Verschränkung, wie sie sich abermals im Kopfmotiv des ersten Taktes ausdrückt: die Baßstimme in Beispiel 10 ist bereits eine Umkehrung der Oberstimme. Ja, selbst scheinbar neu auftretende Gedanken, wie die „Cellostimme" im Des-dur-Teil (vergl. die Klammer in Beispiel 11d) sind unlöslich an das Kopfmotiv gebunden. Ob diese und zahlreiche andere Beziehungen auf einen gemeinsamen Kern bewußt hergestellt oder traumhaft gefunden wurden, ist dabei unwesentlich; die Kraft des schöpferischen Geistes spricht in jedem Falle für sich selbst und durch sich selbst. Die ständige — in jedem Sinne unklassische — Hochspannung des ersten Satzes weicht im Andante einer völligen, durch nichts unterbrochenen Entspannung. Man mag diesen Satz, dem der erwähnte Dreizeiler Sternaus vorangestellt ist, als stille Liebesszene in mildem Abendlicht deuten, wozu der Zwiegesang mit mehreren Liedweisen berechtigt. Vor allem lehrt das Andante, wie

12 Andante espressivo

hauchzarte und duftige Klänge Brahms mit schlichter Zweistimmigkeit heraufzubeschwören vermag (Beispiel 12 gibt den Beginn), wie er silberne Klänge in die akkordische Bewegung der Mittel- und in die melodische Führung der Außenstimmen gießen kann (zweiter Gedanke des Andantes), wie er selbst ohne melodische Linien den Klang geradezu verflüchtigt in schwebendem Wechsel von akkordischen Sexten zum dunklen Orgelpunkt des immer wieder angeschlagenen tiefen Des und dem hellen Läuten des As (dann Des) in der Höhe („Poco più lento"), wie sich aus diesem Schweben reiner Klänge wiederum eine drängende, leidenschaftliche Weise in gleichwohl verhaltener Färbung herauslöst, wie endlich im Schlußteil auf dem Orgelpunkt As eine zusammenfassende Gesangsweise von chorischem Klang emporstrebt (Beispiel 13), deren Akkordik niemals massig,

13 Andante molto

sondern stets weich erscheint. Angesichts eines solchen Satzes wäre es angebracht, die Behauptungen vom „klobigen, klotzigen Klaviersatz" von Brahms einer Nachprüfung zu unterziehen, mindestens in dem Sinne, daß man den tadelnden Beigeschmack solcher Bezeichnung entfernt und sich klarmacht, daß Brahms seine Gründe hat, wenn er „klobig" setzt. Übrigens enthält das Andante gegen Schluß mancherlei tiefes „Brummen", das von sonst ausgezeichneten Spielern und Herausgebern zu unrecht beseitigt wird. (Nebenbei: Richard Wagner hat diesem Andante in seinen „Meistersingern" ein Denkmal gesetzt, indem er das Des-dur-Thema 13 im Flieder-Monolog von Hans Sachs anklingen läßt: „Dem Vogel, der heut sang, dem war der Schnabel hold gewachsen"). — Jubelnd springt dann das Scherzo empor, greift mit seinem Hauptthema (Beispiel 14) nachdrücklich

14 Allegro energico

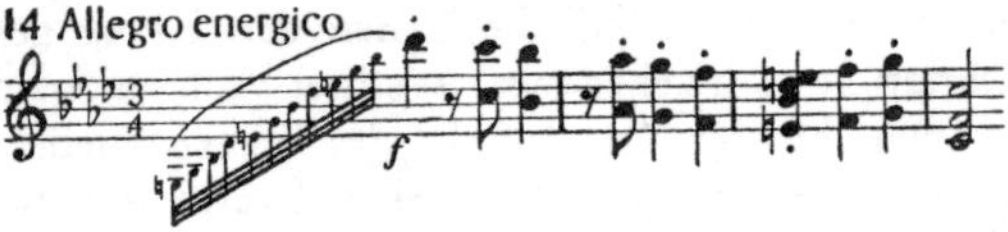

auf den Ausdruck der thematischen Grundhaltung (10) zurück und verdichtet sich im Trio zu einem breiten, sichergegründeten Gesang. Ein als „Rückblick" bezeichnetes Intermezzo dagegen ist trübe gestimmt: es nimmt zwar die selige Thematik des verschwiegen-glücklichen Andantes wieder auf, wandelt sie aber durch trauermarsch-artige Rhythmen ins Lastende, Verzweifelte. Dieser eingeschobene vierte Satz ist jedoch nicht nur „Rückblick", sondern gleichzeitig Einleitung in das Finale, in das er pausenlos („Attacca") hinüberführt. Auch im Schlußsatz wieder Anklänge und — mindestens in der Haltung — Beziehungen zu früheren Sätzen, rhythmisch sehr straff (Beispiel 15 gibt den Hauptgedanken), zuweilen

15 Allegro moderato ma rubato

jünglingshaft trotzig, dann aber männlich in tätiger Überwindung erfahrener Enttäuschungen und schmerzlichen Leides.

Variationen

Mit seinen fünf selbständigen Variationenwerken für Klavier zweihändig hat sich Brahms zum bedeutendsten Meister dieser Gattung zwischen Beethoven und Reger gemacht. Seine Art des Variierens ist in den fünf großen Werken nicht immer gleich, sie ändert sich vielmehr fast jedesmal, und zwar von Grund auf, obwohl die Variationen innerhalb eines einzigen Jahrzehnts entstanden sind. Die Besonderheiten des Verfahrens sollen bei jedem Werk einzeln erwähnt werden. Hier nur eine Bemerkung allgemeiner Art. Obwohl Brahms mit drei Sonaten wirklich Bedeutendes geschaffen hat, wandte er sich diesem Schaffensgebiet nach seinem einundzwanzigsten Lebensjahr nicht mehr zu; vielleicht haben sein wacher Kunstverstand und sein starkes künstlerisches Verantwortungsgefühl ihm gesagt, daß die Zeit der Sonate klassischer Prägung (klassisch hier im weitesten Sinne) vorüber sei, daß man in der Sonatenform zwar noch Edles und Wertvolles, aber nichts Wesentliches mehr sagen könne. Und wenn man die Entwicklung der Klaviersonate seit der Mitte des 19. Jahrhunderts überschaut, könnte man solcher Ansicht im allgemeinen rechtgeben. Zeitlos dagegen ist das Schaffen in Variationen. Hier schafft sich j e d e Zeit ihre besondere Thematik und ihre eigene Technik; diese Form ist nicht zu erschöpfen. Zugleich ist sie, wenn man sie ernst nimmt, den strengen Formen beizurechnen. Nach Strenge und Zucht aber hat Brahms jederzeit gestrebt. Vor allem aber läßt die Variation wie keine andere musikalische Form eine völlige Verschmelzung aller Möglichkeiten zu: sie hat gleichzeitig Raum für den rechnenden Verstand wie für das hingebende Gefühl, für die strengsten künstlerischen Stilmittel wie für die schweifende Vorstellungskraft. Nicht unwahrscheinlich, daß der junge Meister noch einmal seinen ganzen Menschen und sein handwerkliches Können in Zucht nehmen wollte, bevor er sich noch größeren Aufgaben unterzog.

Die f i s - m o l l - V a r i a t i o n e n ü b e r e i n T h e m a v o n R o b e r t S c h u m a n n Werk 9 von 1853 sind eine Huldigung an den Geist des geliebten Meisters. Nicht nur im Thema (Beispiel 16), das Schumanns „Bunten Blättern" (Nr. 4) entnommen ist, nicht nur in Zitaten anderer Themen dieses Tondichters, sondern vor allem in der künstlerischen

Haltung und in den stilistischen Mitteln. Dieses gilt freilich nur für die langsamen Variationen; denn in den schnelleren wird vielfach ein ganz anderer Ton angeschlagen, ein Ton,

16 Ziemlich langsam

der an manche Fantasievorstellung der Sonaten gemahnt. Bemerkenswert ist, daß nicht immer das Thema durchgehend festgehalten, sondern oft nur teilweise zur Variation benutzt wird, während — gewissermaßen „zur Ergänzung" — die Baßstimme thematische Bedeutung gewinnt und sich so in den Ablauf verwebt. In der ersten Variation liegt das Thema im Baß, die zweite variiert den Baß des ursprünglichen Themas nur leicht (ebenfalls in der Baßstimme), während die Oberstimme sich freier bewegt. Die dritte legt das Thema zwar auch in die linke Hand, diese bringt es aber — vielfach mit Übergreifen — in einer höheren Tonlage. Nr. 4 und 5 gehören durch ihre gleichmäßige Akkordrhythmik zusammen. Die bewegte 6. Variation ist in ihrer Fantastik ein echtes romantisches fis-moll-Stück, in dem sich Schumannsche und Brahmssche Besonderheiten mischen. In der 7. Variation wird das Thema ganz leise auf seine wesentlichsten Bestandteile zusammengedrängt; die 8. ist Stimmführungs- und Klangstudie zugleich: in der Oberstimme tritt das Thema auf, geleitet von geharften Akkorden der Mittelstimmen, der Baß wird in Oktaventremoli aufgelöst, diese Tremoli hinwiederum bilden zusammen mit der Oberstimme einen Kanon. Merkwürdig das Zitat der 9. Variation: sie entspricht nämlich mit leichten Änderungen dem fünften Stück aus den Schumannschen „Bunten Blättern". Besonders kunstvoll die 10. Variation: im Diskant erscheint der Baß des Themas, in der Unterstimme dagegen eine Umkehrung, dazu bringen die in Terzen geführten Mittelstimmen den umrhythmisierten Themenbeginn, schließlich wird aus der Gegenbewegung der Baßstimme zu Beginn ein kleiner Kanon in Gegenbewegung, und in den letzten Takten erscheint zu alledem noch der Beginn jenes Themas von Clara Wieck, das Schumann seinen „Impromptus" zugrundegelegt hat. In der 11. Variation wird das Thema durch die sanft dahinschwebenden Oktaven stark verschleiert, während es in den Melodiespitzen der 12. wieder deutlicher erscheint. Die 13. erinnert etwas an Schumanns Tokkata. Als Kanon in der Sekunde gibt sich die 14. Variation (Oberstimmen) mit geharften Akkordbrechungen der linken Hand; dieses Harfen ertönt bei der 15. Veränderung in den Mittelstimmen, während Ober- und Unterstimme sich zu einem breitgelagerten Kanon in der Untersext zusammenfinden. In der 16. Variation zieht nur noch der Baß des Themas einigermaßen vollständig in ganz leisen Schritten dahin, während das Thema selbst kaum noch erkennbar ein paar Wendungen mit einstreut. Gerade mit der ständigen Verlangsamung des Zeitmaßes im letzten Viertel des Werkes setzt sich Brahms scharf ab von den Gepflogenheiten der Klassik. So entsteht eine Variationsart, die durch die Strenge mancher Sätze an die Altklassik anknüpft, die Klassik selbst tunlichst meidet, sich merklich der Hochromantik Schumanns angleicht, mancherlei Brahmsisches bringt und in Einzelheiten sogar schon Grieg vorwegnimmt (etwa in der 4. Variation).

Zwar sind die Variationen über ein ungarisches Lied (Werk 21 Nr. 2) erst 1861 erschienen, entstanden aber sind sie etwa gleichzeitig mit den Schumann-Variationen. Hält sich Brahms in diesen vom klassischen Variationsgrundsatz fern (s. o.), so schließt er sich in den Ungarischen Variationen diesem Grundsatz um so enger an. Wie in variierten Sonatensätzen bleibt das Thema (Beispiel 17) in seiner Grundgestalt stets maßgebend für den Verlauf der einzelnen Veränderungen. Entsprechend der Eigenart des Themas (3/4- und 4/4-Takt) ist das Werk stark rhythmisch bestimmt. Auffallend, daß die ersten sechs Variationen eines so ausgesprochenen Dur- Themas in Moll stehen.

17 Allegro

Die Vorliebe, das Thema in den Baß zu verlegen, kommt auch hier zum Ausdruck (u. a. 1., 3., 7. Variation); zuweilen wird es auch auf Ober- und Unterstimme aufgeteilt wie in der 2. Veränderung. Kunstvolle Nachahmungen fehlen ebenfalls nicht, so in der 4. und vor allem in der 7., in der das Thema im Baß liegt, während Ober- und Mittelstimme nachahmend mit einem punktierten Motiv einsetzen. „Klassisch" ist besonders auch die — freilich noch ältere — Bewegungssteigerung in den letzten Variationen (Achteltriolen in der 10., Sechzehntel in der 11., Sechzehnteltriolen in der 12., Zweiunddreißigstel in der 13.) sowie das Verfahren, zum Schluß noch eine ganze Gruppe von Variationen als selbständiges Finale anzufügen. Wird das „Gearbeitete" in den Schumann-Variationen durch den Ausdruck inniger Empfindung völlig verdeckt, so überglänzt hier ein dem Thema entspringendes Feuer alles „Studienhafte".

Obwohl die Variationen über ein eigenes Thema 1861 unter der gleichen Werkzahl 21 (Nr. 1) erschienen sind wie die Variationen über ein ungarisches Lied (Werk 21, Nr. 2), darf man ihre Entstehung — nach dem reiferen Satz zu urteilen — unbedenklich einige Jahre später ansetzen als die des Schwesterwerkes. In der Art haben sie manches von den beiden vorangehenden Variationenwerken an sich. Die versonnene Innerlichkeit der Variationen über ein Schumann-Thema (dazu auch Zitate aus Schumann) kehrt ebenso wieder wie der klassische Variationengrundsatz der Ungarischen Variationen, da die harmonische Grundlage erhalten bleibt, auf der das Thema immer neue Seiten entfaltet. Eine Verwandtschaft mit den Ungarischen Variationen besteht auch insofern, als dem 3/4—4/4-Takt dieses Werkes die nicht gewöhnliche Koppelung eines viertaktigen und eines fünftaktigen Abschnitts der beiden Thementeile entspricht. Daß die Variationen nach innen gewendet sein müssen, erfordert bereits das Thema selbst (Beispiel 18 gibt den

18

Beginn). Gleich die erste, durch Figurierung der linken Hand eröffnete Variation enthält einen Anklang an Schumanns Fis-dur-Romanze. Die zweite behält das Figurenwerk in der linken Hand bei und gesellt ihm ein weich schwingendes, durch Terzen, Quarten und Sexten getöntes Gegenthema. In der dritten wird das Thema durchgehend synkopiert, in der vierten löst es sich fast altklassisch in Klang und Bewegung zugleich. Die fünfte enthält einen Kanon in Gegenbewegung. Die Triolen der sechsten und die gezackten Rhythmen der siebenten verraten heimliche Unruhe trotz des stillen Dahinschreitens. Die achte bis zehnte Variation stehen in leidenschaftlich bewegtem Moll. Die elfte endlich ist wieder zu einem besonderen Schlußsatz ausgebaut, der mannigfache Einzelheiten birgt (Trillerketten zu Beginn, dann Wiederkehr der Baßfiguration aus Nr. 1, die sich weiterhin beschleunigt, vor allem die singende Zweistimmigkeit des letzten Abschnittes).

Mit den Variationen über ein Thema von Händel Werk 24 (1861 geschrieben) hat Brahms sein bedeutendstes Variationenwerk für Klavier geschaffen. Die spieltechnisch nicht leicht zu bewältigende, vor allem nicht leicht zu gestaltende Schöpfung gehört — wie die großen

Beethoven-Werke der Gattung — zu den Charaktervariationen. Das Charakterisierende liegt weder in der Farbe noch im Klang, so sehr man oft geneigt ist, orchestrale Klanggruppen aus den einzelnen Abschnitten herauszuhören; es liegt auch nicht in der Abwandlung des Themas selbst, sondern vor allem in der Art, wie Brahms an Besonderheiten einzelner Themenbestandteile anknüpft. Dabei wird das Thema keineswegs zerpflückt; denn der Gesamtbau des Themas wird von jeder Variation als unverrückbarer Untergrund sorgfältig beachtet und niemals verlassen. Jede Form des Themas, die Ausgewogenheit der einzelnen Glieder, die Lagerung des Basses — alles wird in die Variation übernommen. Dementsprechend bleibt der vierteilige Takt ebenso bestehen wie die Tonart (von B-dur aus gibt es nur wenige Abzweigungen nach b-moll und g-moll, also zu den engsten tonartlichen Verwandten). So kommt etwas Kühles, Strenges, Überpersönliches in das Ganze, niemals jedoch etwas Starres, Unpersönliches. Um so bedeutender die Leistung, die den fünfundzwanzig Variationen ein jeweils so eigengeartetes Wesen aufzuprägen vermochte und doch auch hier verwandte Gruppen entstehen ließ. Das Thema von Händel (Beispiel 19

19

bringt nur die Anfangstakte) wirkt wie ein mit scharfem Stichel in Metall eingegrabener Gedanke, ornamental im einzelnen (vergl. das zweite und dritte Viertel jedes Taktes), aber mächtig zusammengehalten durch das folgerichtige Beharren auf dem einheitlichen Baustoff (im Grunde besteht das Thema aus einer achtmal wiederholten, jedoch leicht abgewandelten, eintaktigen Wendung). Besonders schön ist es, wie Brahms sich in den ersten Variationen das Händel-Thema innerlich und stilistisch zu eigen macht, es im Großteil dann mit seinem Geist erfüllt und in den letzten Variationen die Schlußfuge vorbereitet. Nr. 1 figuriert die Melodie noch fast „händelsch" mit dem leicht hüpfenden Stakkato, Nr. 2 figuriert ebenfalls (Triolen gegen Duolen), doch tritt nun bereits in kleinen Wendungen das „Brahmsische" hervor. Die 3. Variation gestaltet die erste um, und zwar ganz im Geiste von Brahms, die 4. ist ein kraftvolles Oktavenstück. Dann folgen zwei b-moll-Variationen: Nr. 5 mit figuriertem, in gleichmäßigen Sechzehnteln laufendem Baß und weich gleitender Gegenstimme der rechten Hand, Nr. 6 gestaltet die Oberstimme von 5 etwas um, nimmt das dritte Viertel des Themas hinzu, bildet einen Kanon und greift gleichzeitig auf die Oktaventechnik der 4. zurück. Darauf folgen zwei Stakkato-Variationen: die 7. mit bewegtem und die 8. mit orgelpunktartigem Baß. Nr. 9, abermals in Oktaven, ist chromatisch, Nr. 10 mit ihren Doppelgriff-Triolen wirkt sehr straff; dafür um so weicher die 11., die mit ihrer sich niedersenkenden „Klarinettenmelodie" und der fließenden Sechzehntelbegleitung an das Andante der f-moll-Sonate erinnert. In der 12. bringt der Baß das vereinfachte Thema zu sanftem Figurenspiel der Oberstimme. Nr. 13 ist ein düsterer Marsch in b-moll, in Nr. 14 bis 16 wird abermals das dritte Viertel des Themas bedeutungsvoll. Nr. 17 ist von Gegensätzlichkeiten beherrscht (Gegenbewegung von linker und rechter Hand, Oberstimme in Stakkato-Achteln und Sprüngen, Unterstimme in gebundenen Vierteln und engstufig). Nr. 18 vereinfacht — abwechselnd in beiden Händen — wieder das Thema, bringt es aber synkopiert. Durch die Praller kommt in die 19. etwas Altertümliches. Chromatik dann wieder in der 20. Variation, und zwar in beiden Händen (meist Gegenbewegung). Die 21. steht in g-moll und nimmt ihren Reiz aus dem Doppelrhythmus (Triolen gegen vier Sechzehntel). Von der 22. Variation an gilt alles als Vorbereitung auf die Schlußfuge: die 22. ist eine Musette, 23 und 24 gehören zusammen durch die gesteigerte Bewegung, durch ihren Giguen-Charakter und durch die jedesmalige Anwendung der großen Terz und verminderten Sexte. Mit der 25. Variation ersteht noch einmal eine akkordische Straffung des thematischen Gedankens, dann setzt die mächtige Schlußfuge ein. Auch das Fugenthema (Beispiel 20) ist eine Varia-

tion des Händel-Themas; denn die jeweils ersten Töne der vier Viertel im ersten Takt (also b/c/d/es) des Fugenthemas entsprechen den bestimmenden Melodietönen des Händelschen Themas; auch die zuvor in den Variationen verwendete Figur des dritten Viertels im Hauptthema findet sich als zweites Viertel im zweiten Takt des Fugenthemas wieder. Die Fuge selbst ist ungewöhnlich klangmächtig, im Aufbau frei, in Einzelheiten jedoch streng. Das Klangmächtige äußert sich u. a. in den Terz-, Sexten-, Oktaven- und Sext-Oktavengängen sowie in mannigfachen Akkordbrechungen, die Strenge offenbart sich in der Verwendung von Umkehrungen, Vergrößerungen, Koppelung des Grundmotivs mit seiner Umkehrung, Gleichzeitigkeit mehrerer Motive oder ihrer Umkehrung und so fort. Klangmacht und Satzstrenge führen besonders in der orgelpunktartigen Schlußsteigerung zu großartigen Wirkungen; vor allem dort, wo nach der Vorbereitung („Orgelpunkt" im hohen f) das tiefe F immer wieder angeschlagen wird, in den Mittelstimmen Motiv und Umkehrung sich verschränken und die Gegenstimme in Oktaven aus der Höhe herabstürzt.

Das letzte große Variationenwerk schrieb Brahms als Dreißigjähriger: „Studien für Pianoforte, Variationen über ein Thema von Paganini" Werk 35. Man ist leicht geneigt, die Paganini-Variationen unter den Begriff der „Virtuosen-Musik" einzureihen. Einmal, weil

Brahms sie als „Studien für das Pianoforte“ bezeichnet hat; zum andern, weil er in ihnen fast alle klaviertechnischen Aufgaben seiner Zeit niedergelegt hat; drittens endlich, weil sie tatsächlich nur von Meistern der Klaviertechnik bewältigt werden können. Ein Virtuosenwerk ist es jedoch durchaus nicht; vielmehr handelt es sich um eine Reihe von dichterischen Tonbildern, in denen die warmblütige Empfindung das glanzvolle Spielwerk beseelt und vertieft. Die Paganini-Variationen bestehen aus zwei Heften von je vierzehn Variationen: jedes Heft beginnt die Zählung wieder mit Nr. 1, woraus man schließen könnte, daß der Tondichter jede Gruppe einzeln aufgeführt wissen wollte; damit stimmt überein, daß die jeweils vierzehnte Variation besonders umfangreich als „Finale“ angelegt ist. Das Thema von Paganini (Beispiel 21 zeigt die ersten vier Takte) ähnelt dem Thema

21 Non troppo presto

der Händel-Variationen insofern, als es ebenfalls aus der Reihung eines eintaktigen Gedankens besteht; die Gruppierung des Gesamtbaues (4 und 8 Takte) ist freilich anders als im Händel-Thema (4 und 4 Takte). Vom inneren Gehalt ganz zu schweigen; denn hier handelt es sich um einen lockeren, beschwingten, flüchtigen Gesellen, der zu virtuoser Ausgestaltung geradezu anreizt. Der Vortrag dieses geigerischen Themas wird bei Brahms durch Oktavenverdoppelung ins Klaviermäßige gerückt, ohne daß der schwebende Charakter verlorengeht. In den achtundzwanzig Variationen taucht das Geigenmäßige nur gelegentlich wieder auf (etwa im I. Heft, Nr. 3), weitaus die meisten Abwandlungen stellen rein klaviermäßige Aufgaben, wie Terzen-, Sexten- und Oktavengänge, Triller der Außenfinger mit motivisch bedeutsamen Mittelstimmen zu begleitenden Akkordbrechungen, ungewöhnliche Sprünge, Oktavenglissandi, Übergreifen, mehrfaches motivisches Gegenspiel in ständig wechselnder Verteilung auf die beiden Hände, mehrrhythmische Bildungen. Nicht vorhanden sind vor allem Tonleiter-Läufe, also die eigentliche Mozart-Virtuosität. Sehr reich ist die Klangwelt dieser Variationen, die , wenn es sich schon um „Studien“ handelt, durchaus nicht nur technische Spielstudien, sondern ebenso sehr Klangstudien sind. Vor allem beweisen sie erneut den ungewöhnlichen Klangsinn des Meisters, dem man gern Klangsprödigkeit und Massigkeit nachsagt. Zwischen der gedrungenen Wucht der Doppelgriff-Variationen (etwa I, Nr. 1 und 2) und der silbernen Zartheit des ruhig schwebenden Andantes I, 11 finden sich fast alle Zwischenfarben, deren das Klavier fähig ist; ebenso sind die dichten Ballungen der genannten Doppelgriff-Variationen und die duftig-geharften Akkordbrechungen etwa von I, 12 oder II, 6 nur die Außenflügel des reichen Satzgebäudes. Selbst Gleichartiges im Technischen wird klanglich verschiedenartig gestaltet (vergl. die glitzernden Oktaven von I, 13 mit den schwermütigen Oktaven von II, 12). Aus alledem geht schon hervor, daß es sich bei solchem Reichtum an Spieltechnik und Klang um voneinander scharf abgesetzte Charaktervariationen handelt. Besonders eingängig der zauberhaft duftige, wahrhaft wienerische Walzer II, 4, dann das ungarische Oktavenscherzando von I, 13, das bereits erwähnte Andante II, 11. Vor allem gelingt es Brahms, seine verhaltene Innigkeit nicht nur in den ruhigeren Sätzen aufklingen zu lassen, sondern auch die bewegteren Variationen zu beseelen. Glanzvolles pianistisches Spielwerk, männlicher Geist und menschliche Wärme werden in den Paganini-Variationen eins.

Die kleineren Klavierwerke

Bereits vor den Sonaten, als Achtzehnjähriger, schrieb Brahms ein es-moll-Scherzo; es wurde allerdings erst 1854 als Werk 4 veröffentlicht. Es enthält mancherlei Ähnlichkeiten mit Chopinschen Werken (b-moll-Scherzo, cis-moll-Walzer), mit Marschner („Hans Heiling"), mit Beethoven (in der oft kurz angebundenen Haltung), mit Robert Schumann (zwei Trios, fantastische Kleinbilder). Aber das alles besagt wenig gegenüber der eigenwüchsigen Leistung, mit der die Einheitlichkeit des gehämmerten Hauptsatzes hergestellt wird und die beiden Trios trotz stimmungsmäßiger Gegensätzlichkeit (das erste in Es-dur, neckisch und heiter, das zweite in H-dur, bald heftig und bald zart drängend) diesem Hauptsatz verbunden sind.

Bedeutender, wenn auch im einzelnen wesentlich kürzer, die seit 1854 komponierten, 1856 veröffentlichten „Vier Balladen" Werk 10. Brahms hat sich mit ihnen (wie mehrfach in den Sonaten) der versunkenen Welt des nordischen Heldensangs verschrieben. Daß sie in ihm lebendig war und nicht erst durch Überlegungen oder einfühlende Vorstellungen heraufbeschworen werden mußte, beweist die knappe Fassung mit ihrem verdichteten Inhalt. Die d-moll-Ballade (Nr. 1) ist inhaltlich bezeichnet: „Nach der schottischen Ballade ‚Edward' in Herders ‚Stimmen der Völker'". Es handelt sich um die bekannte, von Loewe vertonte düstere Erzählung von jenem Jüngling, der auf Anraten der Mutter seinen Vater erschlug. Brahms will nicht nacherzählen, sondern die allgemeine Stimmung wiedergeben. Wie sicher er den inneren Ton der alten nordischen Ballade trifft, zeigt

22 Andante

sogleich der Beginn (Beispiel 22), vor allem mit der terzlosen Harmonie im zweiten Volltakt. Gibt der Anfang die allgemeine Stimmung, so bringt der Mittelteil (Allegro) das innere Erschrecken über den entsetzlichen Vorgang, und der Schlußteil greift zwar die Eingangsstimmung wieder auf, läßt aber das Furchtbare des Geschehens wie in stockendem Herzschlag nachwirken. Ein Nachtstück ist auch die D-dur-Ballade (Nr. 2). So friedlich und weich singend mit leise nachschlagendem Baß der Hauptteil sich auch anläßt — die hartnäckig unverändert bleibende Harmonie der Begleitung zu weiterschreitenden Harmonien der Melodie verrät unheilvolle Spannungen. Sie treten in dem bewegten Mittelteil mit ihrem pochenden Rhythmus hervor wie Nachklänge der Edward-Ballade, lassen im H-dur-Teil eine Erscheinung auf nächtlicher Heide vorüberschweben, kehren zur Edward-Stimmung zurück und zittern in den Achteln der tiefsten Baßlage nach. Die friedvolle Stille des Anfangs taucht nun zwar wieder empor, aber auch sie wird gegen Ende ins Düstere gewendet. Es wäre nicht schwierig, die h-moll-Ballade (Nr. 3, als „Intermezzo" bezeichnet) mit ihren Blitzen und abgerissenen Motiven im Hauptteil und dem geisterhaften Klingen des H-dur-Zwischensatzes als phantastisches Weiterspinnen des — im Liede nicht ausgesprochenen — ferneren Edward-Schicksals zu deuten, als ein Gejagtwerden von Unholden und von der Stimme des Gewissens. Solcher Deutung würde sich dann auch die H-dur-Ballade (Nr. 4) anschließen lassen. Ihre weiche, ganz nach innen gekehrte Art, die weitschwingende, tief atmende Melodie der Oberstimme zu sanften Akkordwellen der Begleitung (Hauptteil), das leise Wogen und Fluten der rhythmisch gegeneinander versetzten Außenstimmen zu einer eingebetteten weichen Mittelstimme (Zwischensatz), die verhaltene Akkordik bei der Wiederholung des Hauptteils, dieses milde und dann wieder müde Sich-Einspinnen, — alles das würde, wenn man die Deutung der ersten drei Balladen annimmt, auf den wiedergewonnenen Seelenfrieden schließen lassen. Für einen kaum dem Jünglingsalter entwachsenen Tondichter eine großartige Leistung, vier Balladen so selbständig im einzelnen und so verbunden im ganzen zu gestalten.

Dem Sinne nach sind hier die fast ein Vierteljahrhundert später geschriebenen „Rhapsodien" Werk 79 einzuschalten (entstanden 1878). Bei diesen Werken darf man nicht an die „Ungarischen Rhapsodien" von Liszt denken; mit ihnen haben sie nicht einen einzigen Berührungspunkt (es sei denn, man wolle das „ungarische Thema" der h-moll-Rhapsodie als einen solchen ansehen). Es sind viel eher Balladen, sehr gehaltvoll und zugleich wirkungsstark, ohne auf Wirkung angelegt zu sein. Auf die Bezeichnung darf man — wie bei fast allen späteren Klavierwerken von Brahms — nicht sehen; sie scheinen immer aus Verlegenheit um eine bessere Namengebung geboren: die h-moll-Rhapsodie sollte ursprünglich sogar „Capriccio" heißen. Kaum ein anderes Klavierwerk von Brahms ist so bekannt und beliebt wie diese beiden Rhapsodien. Die erste um ihres ungarisch gefärbten Themas willen (Beispiel 23),

23 Agitato

das so schwungvoll dahinzieht, sich durch Verlegung in den Baß neue Antriebskräfte holt und förmlich aufzutrumpfen weiß. Ungarisch muten auch andere Einzelheiten an, etwa die zimbalartigen Zweiunddreißigstel-Läufe. Doch auch ganz entgegengesetzte Stimmungen tauchen auf: so das sehnsüchtige d-moll-Thema des Seitensatzes (von Grieg später in Ases Tod wieder aufgenommen), so vor allem die H-dur-Musette des Mittelsatzes, bei der die Rollen so hübsch vertauscht sind (liegende Stimme im Diskant, Bewegungsfigur im Baß, Melodie in der Mittelstimme). — Unmittelbarer noch spricht die g-moll-Rhapsodie. Daß es in ihr zuweilen ungestüm zugeht, kündigt der Beginn schon an (Beispiel 24): mächtige Sprünge im Baß, leidenschaftlich drän-

24 Molto passionato, ma non troppo allegro

gende Akkordbrechungen der Mittelstimme, die Melodie im Diskant, doch — durch Übergreifen — auf beide Hände verteilt. Der nächste Gedanke trotziger, heftig sich abstoßend, dann in auf beide Hände verteilten Doppelgriff-Triolen wie Ungewitter daherprasselnd. Im dritten Hauptgedanken bleibt das Leidenschaftliche zwar erhalten, wandelt sich aber in selig-schmachtendes Drängen. Mächtig die Steigerung der zusammenfassenden Schlußgruppe, in der jede der drei Stimmen ihre besondere Bedeutung hat (auch die scheinbaren „Füll"-Triolen der Mittelstimme!). Diese Gedanken werden in einer sonatenartigen Durchführung mit starken Gegensätzen der Klangstärke unablässig treibend gesteigert und vertieft. Der wirkungsvolle Klaviersatz steht ganz im Dienst eines dramatischen nordischen Balladengedankens.

In den übrigen Klavierwerken häufen sich die Bezeichnungen „Capriccio" und „Intermezzo", ohne daß die darunter begriffenen Stücke wirklich „kapriziös-launisch" oder echte „Zwischenstücke" wären. Man tut daher besser, sich von den Bezeichnungen ganz freizumachen. Ganz allgemein könnte man vielleicht sagen: die Capricci sind nach außen, die Intermezzi nach innen gewendet (aber auch da gibt es Ausnahmen). Bei allen diesen Werken, die Brahms als gereifter Mann geschrieben hat, handelt es sich um Kleinbilder, wie sie schon oft vor Brahms geschaffen worden sind; freilich mit einem wesentlichen Unterschied: kein Vorläufer und kein Nachfolger hat es vermocht, eine solche Fülle von tönenden Kleinbildern seelisch so eindringlich zu gestalten, Männliches so zart und Zartes so männlich zu sagen, heftige Auseinandersetzungen so bündig zu fassen und schweifende Träume so erschöpfend auszudeuten. Der seelischen Aussprache entspricht ein ins letzte verdichteter und verfeinerter Klaviersatz.

Ende der siebziger Jahre sind die Acht Klavierstücke Werk 76 entstanden (zwei Hefte mit je zwei Capricci und je zwei Intermezzi). Das fis-moll-Capriccio Nr. 1 ist ein unruhevoll bewegtes Nachtstück, unheimlich zu Beginn mit seinen rauschenden Sechzehnteln und den scharf dazwischengesetzten Einzelakkorden, dann klagend mit der ausdrucksvoll einsetzenden Diskantmelodie, deren Kopfmotiv cis/d/fis/ëis schließlich das Geschehen beherrscht (auch in Umkehrung und Vergrößerung). Nr. 2, ein h-moll-Capriccio, trägt seinen Namen zu recht; mit den spitzen Stakkati, der leicht ungarischen Einfärbung, den Terzparallelen und der straffen Rhythmik wirkt es als sinnenfrohes Tagstück gegenüber dem vorangehenden Nachtstück. Mit zarten Pastellfarben ziert Brahms das As-dur-Intermezzo (Nr. 3), duftig in der sanft harfenden Begleitung, der synkopierten, vielfach chromatischen Melodik und den verschwimmenden Harmonien. Eine kleine Farbenstudie auch das B-dur-Intermezzo (Nr. 4), ebenfalls leise durchharft, aber nicht so licht, weil zu Beginn das synkopierte „es" der Mittelstimme hartnäckig nicht weichen will. Das anmutig singende Thema wird im Mittelteil umgekehrt. Dunklere Schatten bringt vorübergehend der kleine Seitensatz mit seinen Terzen und Sexten. Das leidenschaftliche cis-moll-Capriccio (Nr. 5) wendet sich wieder mehr nach außen, kündet aber von inneren Wirrungen, die sich aus der chromatischen Mittelstimme und aus der Doppelrhythmik ebenso ablesen lassen wie aus den eigentümlichen Oktavenstockungen und dann wieder Oktavenaufschwüngen. Auch hier wird das

Thema mehrfach umgebildet durch Umkehrung, Verkürzung mit gleichzeitigem Umrhythmisieren u. dgl. Leises Träumen über alte Gedanken (vergl. Beethovens F-dur-Andante) durchzieht das A-dur-Intermezzo (Nr. 6); bewundernswert, wie hier der rhythmische Reiz von zwei Achteln gegen Achteltriolen zu farbigen Wirkungen genutzt wird. Die Schlußtakte gehören zum Schönsten, was das 19. Jahrhundert an zauberischer Innerlichkeit hervorgebracht hat. Sehr schlicht das a-moll-Intermezzo (Nr. 7) mit seinen akkordischen, dem Volkston verpflichteten Rahmenteilen und den fein bewegten Innensätzchen. Ausklang dieser Reihe bildet ein C-dur-Capriccio (Nr. 8), das nach den Erregungen (freilich: „grazioso") des gelösten Satzes in einen herrlichen Bogen akkordischer Klänge ausläuft.

Was in den Werken 116 bis 119 enthalten ist, zählt zu der ergreifendsten Bekenntnismusik, die wir aus der Geschichte der deutschen Tonkunst kennen. Fast jedes dieser Klavierstücke (meist unverbindlich Intermezzo, Capriccio usw. genannt) spricht von Verzicht. Nicht von müder Entsagung, das wäre unter Umständen eine lebensgesetzliche Alterserscheinung. Nein, vom Verzicht eines Sechzigjährigen, der mehr als vier Jahrzehnte als Mann ein warmes Herz und ein goldenes Gemüt sein eigen nannte, der aber niemanden gefunden hat, an den er sich hätte verströmen können. Nun ist er, ohne sich verschenkt zu haben, alt geworden; aber wie ein edler Wein, tief glühend, voll herber Süße. Und so sind die späten Klavierstücke nicht schmerzliche Erinnerungen; denn es ist ja nichts vergangen oder verbraucht, alles steht noch stark und fest, lebensvoller als je. Nur eben, daß er all sein reiches, still gehütetes Innengut mit hinübernehmen muß ins dunkle Reich. So mag es auch kommen, daß Brahms in dieser entsagenden Stimmung trotz allen Suchens keine rechten Bezeichnungen mehr zu finden wußte für das, was er als letztes dem Klavier anvertraute.

Das Werk 116 (entstanden 1892, teilweise früher), trägt

die Sammelbezeichnung „Phantasien", besteht aber aus sieben Stücken, von denen drei Capriccio und vier Intermezzo genannt werden. Im allgemeinen gilt wieder: die Capricci sagen etwas aus, die Intermezzi musizieren nach innen. Im d-moll-Capriccio (Nr. 1) lebt trotz mancher ermatteten Einzelheit noch viel Forderndes, das Kleinliches nicht aufkommen läßt: in der fast unablässigen 3/8-Bewegung mit ihrem vorwiegend akkordischen Satz hat nicht eine einzige Sechzehntelnote Platz! Für die Milde in der Entsagung spricht besonders der Anfang des a-moll-Capriccios (Nr. 2), dessen Thema bei aller Schlichtheit doch den Reichtum der Seele durchschimmern läßt (Beispiel 25 gibt den Beginn); vielleicht noch ergreifender das sanfte Rieseln des

Mittelsatzes: Blütenblätter, die sich in windstiller Nacht weich verstreuen. Nr. 3 ist wieder ein Capriccio, g-moll, „passionato", also leidenschaftlich und doch in seiner Motivik zuchtvoll die scheinbar gegensätzlichen Teile verbindend (vergl. die entsprechenden Klammern in Beispiel 26a — Hauptsatz — und 26b — Mittelsatz). Die motivische Ein-

heitlichkeit offenbart zugleich, daß zwischen dem bewegten Hauptsatz mit seiner Achtelbewegung und dem etwas langsameren Mittelteil mit seiner Akkordik kein Gegensatz besteht, sondern daß sie sich ergänzen in der Heftigkeit des Forderns. Das gleiche Bild wiederholt sich im Aufbau: den fast verzweifelt sich durch die Harmonien windenden Unisonogängen des ersten Teils entsprechen die akkordischen Ausbrüche im Mittelsatz. Völlige Ruhe und Stille atmet das E-dur-Intermezzo (Nr. 4). Hier herrscht makellose Schönheit, alles ist in Wohllaut getaucht, vom Beginn mit seinem tiefen Triolenanfang und leisen Schluchzer im Diskant über den harmonisch so beredten Seitengedanken bis zu dem still durchharften Schlußteil mit seiner süß und sanft abfallenden, durch untere Terz und Oktave warm getönten Melodie. Das e-moll-Intermezzo (Nr. 5) mit seinen akkordischen Auftakten und dem Verschränken der Daumen, vor allem mit seinem seelischen Feingefühl mag als späte wehmütige Huldigung für Robert Schumann gelten. Aus dem E-dur-Intermezzo Nr. 6 geben wir zwei kurze Beispiele als Belege für den wundervoll reifen, fast verklärten Satz des späten Brahms: Beispiel 27a ist ganz in akkordischen

Klang gebettet und doch mit der melodieführenden Oberstimme, der anfangs chromatischen und dann gelösten Mittelstimme und dem wunderbar klaren Baß zugleich auch stimmig erlebt; Beispiel 27b löst das Akkordische in schimmernde Triolenbrechungen, die hier wahre Lichtbrechungen bedeuten. Lebhaft bewegt das d-moll-Capriccio (Nr. 7), auch hier wird der Anfang des ersten Teils motivisch in den synkopierten Mittelsatz übernommen wie in Nr. 3.

Von den Drei Intermezzi Werk 117 (geschrieben 1892) ist das erste in Es-dur als „Schottisches Wiegenlied“ besonders bekanntgeworden. Brahms hat dem Stück wieder einmal eine Anregung aus Herders Volksliedersammlung zugrundegelegt: „Schlaf sanft, mein Kind, schlaf sanft und schön. / Mich dauert's sehr, Dich weinen sehn“. Diesmal hält sich Brahms sehr nahe an den Text: man kann ihn nicht nur dem ersten Thema (Beispiel 28 gibt nur

28 Andante moderato

den Anfang, Unterstimme!) ohne weiteres unterlegen, sondern das ganze Tonbild entspricht den Textworten, indem der Hauptsatz das Singen der Mutter, der e-moll-Zwischensatz dagegen ihr sorgendes Sinnen wiederzugeben scheint. Unruhiger, trotz des ausdrucksvollen Andante-Zeitmaßes, das zweite Intermezzo; der b-moll-Hauptteil besteht eigentlich nur aus wehenden, wehen Akkordbrechungen, und nur der Des-dur-Mittelsatz bringt etwas Thematisch-Körperhaftes in das Werk. Straff, ja starr im Rhythmus, dabei verhalten-unwirklich, das Oktaven-Unisono zu Beginn des dritten Intermezzos in cis-moll. Fast wie ein geisterhafter Trauermarsch zieht der erste Teil dahin, stets im piano und pianissimo; seltsam unruhevoll der Mittelsatz: die Begleitstimmen in Akkordbrechungen aufgelöst, die punktierte Thematik hebt ihren Rhythmus selbst wieder auf, weil das Punktierte stets in Synkopen eingebunden wird.

Die Sechs Klavierstücke Werk 118 (1893) bestehen aus recht verschiedengearteten Einzelbildern. Gleich das erste in a-moll heißt zwar Intermezzo, macht aber von den meisten Stücken dieser Gattung insofern eine Ausnahme, als es nicht nach innen, sondern nach außen musiziert, und zwar leidenschaftlich stürmend mit seinen brausenden Akkordbrechungen und dem kurzen Hauptmotiv. Selbst in diesem schmerzvollen, kurzen Intermezzo fehlt das Kunstvolle nicht; vergl. die eingeschobenen Zwischenstimmen, das Auftreten des Hauptmotivs zugleich mit seiner Umkehrung. Ganz klingende Schönheit das A-dur-Intermezzo (Nr. 2). Da läuft alles scheinbar schlicht und naturhaft einher: der Terzenauftakt und das Einsinken in den Sextenklang zu Beginn des Hauptteils, die in fis-moll schwebende Durchsichtigkeit und die gedämpfte Fis-dur-Akkordik des Mittelsatzes; und doch ist jede kleinste Einzelheit durch die Hand eines Meisters geformt (vergl. die verschleiert kanonartige Stimmführung in fis-moll und Fis-dur des Mittelsatzes). Als Nr. 3 erscheint — nach vier Jahrzehnten — wieder einmal eine Ballade g-moll, feurig und kraftvoll in dem gleichmäßig stampfenden Rhythmus des Hauptsatzes, weich und verträumt in den wiegenden, harfend begleiteten Sexten und Terzen des H-dur-Mittelteils. Ein merkwürdig aufgeregtes Stück ist das f-moll-Intermezzo Nr. 4, das im ersten Teil sowohl die kaum wahrnehmbare thematische Linie wie die begleitenden Triolen in nachahmendem Stil von Viertel- zu Viertelnote weitergibt und auch in dem sanften As-dur-Mittelsatz seine einsamen Akkorde und tiefen Baßnoten in gleichem Viertelnoten-Abstand kanonartig weiterrückt. Eine besonders sinnige Gabe schenkt Brahms mit der F-dur-Romanze (Nr. 5). Alles scheint so einfach, so natürlich und ursprünglich, dabei ist die Führung der akkordisch zusammentreffenden Stimmen von hohem, kunstvollem Rang. Das gleiche gilt für den D-dur-Mittelteil, dessen Thema, gewonnen aus einer Achtelbewegung der Mittelstimme im Hauptteil, sachte durch den gleichmäßig weiterpendelnden Orgelpunkt-Baß in wachsende Bewegung hinübergeschaukelt wird, bis es in leisen Trillern, silbern geharften Vorschlägen und zierlichen Läufen verschwindet. Mit „Heroische Landschaft“ könnte man das es-moll-Intermezzo (Nr. 6) überschreiben; denn es hat etwas gemein mit manchen Bildern, die wir unter dieser Bezeichnung kennen, ja, es ist selbst so ein Bild. Zu Beginn eine leise, einsame Schalmeienweise, erschauernde Windstöße in den gebrochenen Akkorden der Begleitung; dann zwei Schalmeien in engen Terzen mit dunklem Echo. Der Ges-dur-Mittelsatz hebt sich mit seiner kühnen Thematik in Akkorden und Oktaven ragend aus dem wehen Schalmeien-Idyll hervor wie eine erinnerungsschwere Burgruine auf hohem Fels und teilt dem wiederkehrenden Hauptteil etwas mit von seiner Haltung; denn die „Schalmeien" tönen voller in Sexten- und Oktavengängen.

Die Vier Klavierstücke Werk 119 (1893) bestehen aus drei Intermezzi und einer Rhapsodie. Über das h-moll-Intermezzo und seine alle Akkorde in leise Adagio-Gänge auflösende Nachtstimmung sagt Brahms: „Das kleine Stück ist ausnehmend melancholisch ... Jeder Takt und jede Note muß wie ritardando klingen, als ob man Melancholie aus jeder einzelnen saugen wolle, mit Wollust und Behagen aus ... Dissonanzen." Das f-moll-Intermezzo (Nr. 2) ließe sich leicht bildhaft deuten mit den erwartungsvoll-unruhig klopfenden Rahmenteilen und dem anmutig-sanft schwingenden E-dur-Ländler des Mittelsatzes, der sein weiches Thema so beziehungsvoll durch Umbildung des klopfenden Themas aus dem e-moll-Satz gewinnt. „Heiterer Spaziergang" darf man das C-dur-Intermezzo (Nr. 3) nennen. Hier gibt es einmal keine rhythmischen Erschwerungen, sondern das einfache Thema wandelt vergnüglich im $^6/_8$-Takt als Mittelstimme zwischen den akkordischen Oberstimmen und den Akkordbrechungen des Basses einher, bleibt nicht immer auf dem Hauptwege, sondern schlägt auch (harmonisch) Seitenpfade ein, auf denen sich zierliche Überraschungen ergeben. Und nun zum Abschluß noch die mächtig ausholende Es-dur-Rhapsodie (Nr. 4) mit den gehämmerten Akkorden des Hauptsatzes

(Beispiel 29), mit den geheimnisvollen, raunenden und rieselnden Erzählungen des Mittelsatzes, der leisen (rhyth-

misch leicht veränderten) Wiederkehr des Hauptthemas und vor allem dem ins Sinfonische gesteigerten, Schwertstreiche austeilenden Schluß, der sich in düsterem Es-moll festrammt.

Bearbeitungen

Brahms hat eine Reihe von „Studien für das Pianoforte" (ohne Werkzahl, zwischen 1869 und 1879) herausgegeben, die ausgesprochen virtuose Zwecke verfolgen, — virtuos freilich im Sinne von Brahms, der sich nie an leere Fingerkunststücke und Klanghaschereien verloren hat. Im Gegensatz zu den kaum bekannten „51 Übungen" sind sie für den öffentlichen Vortrag gedacht und geeignet. Die erste ist eine Bearbeitung von Chopins f-moll-Etüde aus dessen Werk 25, sehr erschwert, aber auch klangmächtiger durch Hinzufügung von Sexten und Terzenparallelen, dementsprechend etwas langsamer im Zeitmaß (Poco presto anstelle von Presto) und in der Baßführung leicht verändert. Als zweite Studie folgt eine Bearbeitung von Webers „Perpetuum mobile" (Rondo der C-dur-Sonate). Sie besteht, allgemein gesprochen, darin, daß Brahms die unablässige Bewegung der rechten Hand im Ursprungswerk in die linke verlegt und die Aufgabe der begleitenden linken Hand der rechten zuweist. Im einzelnen finden sich dann freilich andersgeführte Gegenstimmen, die aber nichts Wesentliches gegen den Bearbeitungsgrundsatz der „umgekehrten Hände" besagen. Nach Johann Sebastian Bach gibt es zwei Presto-

Bearbeitungen, von denen die zweite eine Umkehrung der ersten ist, die ihrerseits bereits in ständiger Gegenbewegung, also auch einer Art Umkehrung, besteht. Am ehesten hört man im Konzertsaal die Bearbeitung von Bachs Geigen-Chaconne d-moll für die linke Hand allein. Brahms schreibt einmal, nur auf eine Weise könne er sich einen sehr verkleinerten, aber annähernden und ganz reinen Genuß des für Sologeige geschriebenen Werkes verschaffen: wenn er es mit der linken Hand auf dem Klavier spiele: „Die ähnliche Schwierigkeit, die Art der Technik, das Arpeggieren, alles kommt zusammen, mich wie einen Geiger zu fühlen."

Außerhalb dieser Gruppe steht die Bearbeitung einer Gavotte von Gluck, die durch ihre klangweichen und klangvollen Terzen, Sexten und Oktaven auch heute noch — jedenfalls auf dem Klavier — mehr anspricht als das (allerdings für Orchester gedachte, aus der Oper „Paris und Helena" stammende) Ursprungswerk.

Genannt werden müssen ferner die Bearbeitungen der ursprünglich für Klavier zu vier Händen gesetzten „Walzer Werk 39" und der ebenfalls für vierhändiges Klavierspiel gedachten „Ungarischen Tänze" (ohne Werkzahl). Denn diese eigenen Übertragungen für nur einen Spieler sind heute wahrscheinlich bekannter als die vierhändigen Fassungen und eignen sich — das gilt besonders für die Walzer — sogar ausgezeichnet für den Konzertvortrag. Über die Werke selbst wird unten das Erforderliche gesagt.

Klavier vierhändig

Neben den verschiedenen vierhändigen Bearbeitungen der Orchester- und Kammermusik von Brahms, zu denen man, um sie kennenzulernen, um so lieber greift, als sie vom Tondichter selbst stammen, stehen solche Werke, die von vornherein für Klavier zu vier Händen bestimmt waren.

1861 schrieb Brahms die „Variationen über ein Thema von Robert Schumann in Es-dur“ Werk 23. Schumann hatte das Thema 1854 aufgezeichnet in dem Wahn, es sei ihm von Schubert und Mendelssohn übergeben worden. Es ist durchaus schwach, aber die zehn Variationen von Brahms tauchen es in mannigfache romantische Lichter; die Urgestalt schwindet bald dahin, so daß wir Charaktervariationen vor uns haben, die mehr von Brahms als von Schumann zeugen. Nr. 1 in wehmütig verrinnenden Sechzehnteln, Nr. 2 bringt Gegenstimmen, Nr. 3 singt schmerzlich-schwärmerisch in Terzen und Sexten, Nr. 4 wieder polyphon gefärbt mit abgedämpften Moll-Klängen, Nr. 5 hebt eine den Schmerz überwindende Melodie heraus, Nr. 6 ist betont kraftvoll, Nr. 7 schwärmt in Erinnerungen, Nr. 8 leitet mit seiner Unruhe die Schlußsteigerung ein, die in Nr. 9 ins Kämpferische und in Nr. 10 ins Sieghafte und Verklärende erhoben wird. — Das Ganze in der Freiheit gegenüber dem Thema und in der Gedankenfügung eine sinfonische Dichtung.

Den „Walzern“ der Werkzahl 39 (1865) begegnet man in der zweihändigen Bearbeitung des Tondichters (zum Teil in andere Tonarten übertragen) immer wieder in Konzerten, ein Zeichen dafür, daß sie nach Gehalt und Formgebung im hellsten Licht der Öffentlichkeit zu bestehen vermögen. Ursprünglich hat sie Brahms für Klavier zu vier Händen geschrieben und sie als „kleine unschuldige Walzer in Schubertscher Form“ bezeichnet. Für das vierhändige Musizieren gibt es kaum etwas Edleres und Liebenswürdigeres als diese sechzehn kurzen Tänze. Von den ersten Takten an (Beispiel 30) spürt man die ruhig-sicher zeichnende Hand des Meisters und die lebendige Natürlichkeit des Einfalls. Neben der innigen Verbindung des Meisterhaften und des Natürlichen bezaubert die Selbstverständlichkeit, mit der die bald glanzvollen und bald versonnenen, bald fröhlichen, bald wehmütigen, bald gestrafften, bald sich wiegenden Tänze zu größerer Einheit gebunden sind. — Erwähnt seien in diesem Zusammenhang die „Liebeslieder-Walzer“

Werk 52a (1869) und die „Neuen Liebeslieder-Walzer“ Werk 65a (1877); es handelt sich um Bearbeitungen der gleichnamigen Sammlungen von Liederwalzern für vier Singstimmen und Klavier zu vier Händen. Auch wer diese Bearbeitungen schätzt, wird zugeben, daß sie den „Walzern“ der Werkzahl 39 nicht gleichkommen.

Ein bedeutendes Werk dagegen sind die „21 ungarischen Tänze“ (1869 und 1880). Sie tragen keine Werkzahl; damit wollte Brahms wahrscheinlich andeuten, daß sie von ihm nicht „erfunden“, sondern nur „gesetzt“ seien. Einen großen Teil der Themen hat er nämlich Zigeunerkapellen abgelauscht, sie dann allerdings so straff gefaßt und in Form gegossen, daß die „Bearbeitung“ wertvoller geworden ist als die Anregungen. Die ersten zehn Tänze und ein Teil der späteren sind so bekannt, daß hier nichts über sie gesagt zu werden braucht.

*

Die Werke für zwei Klaviere sind eigene Übertragungen und Bearbeitungen; wir erwähnen sie daher nur am Rande. Um reine Übertragungen handelt es sich bei der dritten und vierten Sinfonie und bei den zwei Klavierkonzerten. Dagegen hat Brahms seine Haydn-Variationen (für Orchester) leicht und sein f-moll-Klavierquintett stärker bearbeitet, das letzte als „Sonate für zwei Klaviere", die auch heute noch Beachtung verdient. Über den Gehalt der übertragenen und bearbeiteten Werke unterrichten „Schumanns Orchesterbuch" und „Schumanns Kammermusikbuch".

ADOLF JENSEN

Geboren am 12. Januar 1837 in Königsberg. Bildete sich im wesentlichen selbst zum Musiker aus, vorübergehend Schüler u. a. von Liszt. 1856 Musiklehrer in Rußland, 1857 Kapellmeister in Posen, 1858 in Kopenhagen (zusammen mit Gade), 1860 wieder in Königsberg als Musiklehrer, 1866/68 als Lehrer an Taussigs Schule in Berlin, dann in Dresden und Graz, endlich in Baden-Baden, wo er am 23. Januar 1879 gestorben ist. Schrieb Lieder, Chöre, Oratorien, eine Oper, Klavierwerke.

Dem großen Ansturm gegen die Romantik scheint der Liedmeister Adolf Jensen (sein „Murmelndes Lüftchen" zählte einst zu den bekanntesten Liedern) zum Opfer gefallen zu sein. Noch hält sich dieses oder jenes Lied; aber sein Klavierschaffen kennen nur wenige. Ein Teil davon wird auch kaum wieder auferstehen, vor allem das, was sich allzu stark an Schumann oder Liszt anlehnt (bis zu den Überschriften wie „Liebestraum" oder „Aufschwung"). Anderes aber gehört zum schätzenswertesten Musikgut der sogenannten „kleinen Meister der Schumann-Nachfolge".

So die aus Jensens mittlerer Schaffenszeit stammende „Deutsche Suite" Werk 36, in der die Kernsätze der Barocksuite Allemande/Courante/Sarabande/Gigue und eine vor der Gigue eingeschobene Doppelgavotte (die zweite als Musette-Trio) sorgfältig nachgezeichnet, aber mit spätromantischer Farbe zart übermalt wurde. Ein Blick auf das Thema der Gigue (Beispiel 1) mag dazu verlocken, dieses kostbare Werk wieder hervorzuholen.

Ganz anders die Tonsprache des „E r o t i k o n" Werk 44, sieben Stücken („Kassandra / Zauberin / Galatea / Elektra / Adonisklage / Eros / Kypris"), denen jeweils ein Wort griechischer Tragiker vorangesetzt wird. Jensen gestaltet die einzelnen Bilder zu leidenschaftlichen, alle Klangmöglichkeiten romantischen Überschwangs nutzenden Liedern ohne Worte. Nicht süßlich wie Mendelssohn, sondern schwärmerisch wie Schumann, großflächig wie Liszt, wühlend oft wie Chopin. Dabei verschmäht er auch Wirkungen nicht, die dem bloßen Aestheten billig, dem unverbildeten Hörer und Spieler aber prachtvoll erscheinen. Die vielen Freunde des Klavierspiels, die eine melodiensatte, harmonisch farbige, klanglich kräftige und wirkungsvolle Musik suchen und infolge unzureichender Kenntnis immer wieder zu allerlei Opernparaphrasen und lendenlahmen „Salonstücken" greifen müssen, kommen bei Jensens „Erotikon" auf ihre Kosten, ohne ihre Freude mit Geschmacksopfern bezahlen zu müssen.

Als drittes Sammelwerk Jensens nennen wir die „S c è n e s c a r n a v a l e s q u e s" Werk 56. Gewiß, nicht nur der Titel ist durch Robert Schumann angeregt; aber diese achtzehn Karnevals- und Tanzbilder sind so lebendig in der Haltung, so kraftvoll in der Erfindung und so sauber in der Fassung, daß sie uns mehr ansprechen als manches häufiger gespielte schwächere oder mittlere Werk des großen Vorbildes. Als Gegenstück zu Jensens „Deutscher Suite" mit ihrem Barockeinschlag könnte man diese Karnevalsszenen als „Romantische Tanzsuite" bezeichnen.

Wer durch die vorstehenden Werke Jensen schätzen gelernt hat, wird auch in den übrigen Sammelwerken schöne Einzelbilder finden: in den „Inneren Stimmen", den „Fantasiestücken", den „Romantischen Studien", den „Wanderbildern", den reizenden „Ländlern aus Berchtesgaden" usw. Dagegen spricht die Sonate in der romantischen Tonart fismoll heute nicht mehr an.

* *
*

Das vierhändige Klavierspiel ist durch Jensen um einige Prachtwerke bereichert worden. Die „Drei Stücke" Werk 18, die „Abendmusik" Werk 59, die „Lebensbilder" Werk 60, die „Silhouetten" Werk 62 und vor allem die „Hochzeitsmusik" Werk 45 gehören zum Besten, was die Gattung aufzuweisen hat. Vom innig-stillen Musizieren bis zum wirkungsvollen Klangfeuerwerk findet man in den vierhändigen Kompositionen alles nur irgend denkbare, und zwar — was besonders hervorzuheben ist — in einem Stil, der wirklich stoffgerecht erscheint und nicht anmutet wie die nachträgliche Bearbeitung eines ursprünglich für Klavier zweihändig geschriebenen Gedankens. Mit welcher Kraft Jensen zu schaffen weiß, mögen zwei Takte aus der „Hochzeitsmusik" zeigen (Beispiel 2); von solchen Stellen hat

2 Allegro risoluto
(rechte Hand eine Oktave höher)

mancher Spätere gelernt, der für Jensen heute nur noch ein wohlwollendes Lächeln hat. Leicht sind die Stücke freilich nicht immer; man muß sie schon ein wenig studieren. Sie lohnen dafür die Arbeit durch Geschmacksbildung und zündende Wirkung.

MODEST PETROWITSCH MUSSORGSKY

Geboren am 21. März 1839 in Karewo als Sohn wohlhabender Eltern. Keine regelrechte musikalische Ausbildung. Anfangs Gardeoffizier, ging dann zur Musik über. Seit 1865 aus Not wieder in russischen Staatsdiensten. Mit Balakirew, Borodin, Rimskij-Korssakow und Cui bildet er die Jungrussische Schule (die „Fünf Novatoren"). Gestorben am 28. März 1881 in Petersburg. Hauptwerke: Opern, Orchesterstücke, Lieder, Klaviermusik.

Der russischste unter den russischen Tondichtern zeichnet sich aus durch eine kühne Nichtachtung aller zivilisierteuropäischen Musik. Er verachtet sie nicht; doch dient ihm alles Überkommene nur als Rohstoff, mit dem er sein russisches Erleben rücksichtslos und unmittelbar aufbaut, auftürmt. Auch in seinen Klavierwerken sind alle musikalischen Ausdrucksmittel des mißachteten Europa vorhanden; aber er gibt ihnen einen anderen, seinen Sinn, den Sinn Rußlands, wie er es sieht, hört, schmeckt, fühlt und riecht. Auf solche Weise werden die meisten seiner Werke zu Klangdichtungen, die man nicht nur mit dem Ohr, sondern mit allen Sinnen aufnehmen muß. Besonders bezeichnend: wie seine Orchester- und Bühnenwerke nicht eigentlich „orchestral" im verfeinerten westeuropäischen Sinne geschrieben sind und doch gerade dadurch so unvergeßlich wirken, so setzt er auch seine Klavierstücke nicht klaviermäßig in der uns geläufigen Art, und wiederum wirken sie gerade durch Mussorgskys eigenwilligen Satz.

Unter den kleinen Klavierstücken steht ein h-moll-Intermezzo, das mit einer zähflüssigen, schwer lastenden Melodie im Einklang beider Hände beginnt, — aber zwei, drei Takte genügen, um uns mit unwiderstehlicher Kraft in die Stimmung des alten Rußland zu versetzen.

Ähnliche Wirkung haben das Volksbild „Im Dorf“ und der unverbildet ursprüngliche Tanz „Gopak“.

Mussorgskys bekanntestes Klavierwerk jedoch sind die „Bilder einer Ausstellung“. Westeuropäische Tonmeister hat es immer wieder gereizt, diese klangmächtige Klaviersinfonie für Orchester umzuschreiben. Zwar mit guter Wirkung, aber der ursprüngliche „Geruch“ des Werkes geht dabei verloren. Ich darf hier anführen, was ich in meinem „Orchesterbuch“ über diese Klavierschöpfungen gesagt habe:

„Mussorgsky stellt in dem Werk dar, wie er durch eine Ausstellung geht und die einzelnen Bilder in sich zu Klang werden läßt. Von besonderem Reiz ist der Taktwechsel in den eigentümlichen „Promenaden“, die den umherwandelnden Betrachter versinnbildlichen (Beispiel). Die Bildüberschriften machen es leicht, der musikalischen Schilderung zu

folgen. 1. „Gnomus“, — ein buckliger Zwerg, der sich offenbar Mühe gibt, in guter Haltung einherzugehen, aber ständig über seine eigenen Beine stolpert. 2. „Das alte Schloß“ — ein Minnesänger bringt der Dame seines Herzens ein wehmütiges Ständchen. 3. „Tuilerien. Spielende Kinder im Streit“, — ein kindlicher Reigen, über den sich die Kleinen nicht immer verständigen können. 4. „Bydlo“, — ein Ochsenwagen, der langsam vorüberrumpelt. 5. „Ballett der Küchlein in ihren Eierschalen“, — ein mit piepsenden Vorschlägen und Trillern durchsetztes Scherzo. 6. „Samuel Goldenberg und Schmuyle“, — zunächst der reiche, dicke Goldenberg mit würdigen und unwirschen Redensarten, dann der arme, schnatternde Schmuyle, endlich beide durcheinander ruddelnd. 7. „Der Marktplatz von Limoges“, — schreiende,

keifende, streitende Marktweiber. 8. „Die Katakomben. Mit den Toten in der Toten Sprache", — Mussorgsky gibt selbst die Erklärung: der Schöpfergeist des Malers leitet ihn zu den Schädeln und ruft sie an, die Schädel leuchten im Innern sanft auf. 9. „Die Hütte der Baba-Yaga", — Zug der Hexen. 10. „Das große Tor von Kiew", — großartige klangliche Vorstellung, wie ein Krönungszug bei Glockengeläut durch das Tor der alten heiligen Zarenstadt wallt.

EDVARD GRIEG

Geboren am 15. Juni 1843 in Bergen (Norwegen). Erster Unterricht bei der Mutter, dann Musikstudium in Leipzig. Reisen durch Deutschland und Italien. 1871—1880 Leiter des von ihm gegründeten Musikvereins in Christiania (heute Oslo). Seit 1880 wieder in Bergen. Dort ist er am 4. September 1907 gestorben. Hauptwerke: Orchesterstücke, ein Klavierkonzert, Schauspiel-Musiken, Chöre, Lieder, Klavierstücke, Sonaten, Kammermusik.

Edvard Grieg war nach Form, Stil und Gehalt seiner Werke eine ganz ausgesprochene Klavierbegabung; im Konzertsaal aber mag man offensichtlich von seinen Klavierwerken nichts wissen, während er in der Hausmusik um so mehr Freunde besitzt. Man führt das gern darauf zurück, daß in Griegs sehr stark betontem „musikalischem Nationalismus" eine unleugbare Stärke, aber auch eine nicht zu verkennende Enge liege; diese Enge verwehre ihm Wirkung in die Weite, also in die Welt und auf den Konzerthörer. Dazu komme die Bevorzugung kleinerer Formen, die ebenfalls einer Breitenwirkung hinderlich sei. Eine solche Auffassung ist unhaltbar. Gegen sie spricht schon der äußere Erfolg: in der Hausmusik ist das Klavierschaffen des norwegischen Meisters weltberühmt geworden, hat also seine Fähigkeit zur Breitenwirkung hinreichend erwiesen. Und es ist nicht einzusehen, daß diese erprobte Wirkung im Konzertsaal versagen sollte, zumal das wirklich künstlerische Wesen der Werke nirgendwo ernsthaft bestritten wird. Freilich hat man auch wohl niemals ernstlich versucht, Griegs Klaviermusik im Konzertsaal heimisch zu machen (selbst das Klavierkonzert mit Orchester wurde oft vernachlässigt). Allerdings findet man den Tondichter bei der beklagenswerten, im 19. Jahrhundert aufgekommenen Scheidung von Hausmusik und Konzertmusik weder auf der einen noch auf der anderen Seite. Er hatte den Ehrgeiz, das innere Leben seines Volkes in Tönen nachzudichten, wohl auch in der Welt davon zu künden; ob sich diese selbstgewählte Sendung im Konzertsaal oder im häuslichen Musikraum verwirklichen werde, mag ihm belanglos erschienen sein. Daher ermangelt sein Klavierstil jenes Glanzes, der dem eigentlichen Konzertspiel das besondere Funkeln verleiht; daher fehlt ihm jene Mächtigkeit, die einen großen Zuhörerkreis — gewohnheitsmäßig, nicht naturnotwendig! — in Bann schlägt. An die Stelle des Glanzes aber tritt bei Grieg eine starke natürliche Farbigkeit und an die Stelle der Mächtigkeit eine selbstverständliche, in sich ruhende Kraft. Die Klaviermusik Griegs will nie mehr scheinen, als sie ist, — darin liegt ihre Stärke, ihre Echtheit und Wahrheit.

Von zwei Punkten ist Grieg in seinem Klavierschaffen ausgegangen: vom Klavierstück Schumannscher Prägung und damit ganz allgemein von der deutschen Romantik, die er in seinen Leipziger Studienjahren gründlich kennen gelernt hat, sowie von den norwegischen Volksweisen, die sein Schaffen so stark bestimmt haben, daß man oft nicht weiß, ob er ursprüngliches volksmusikalisches Heimatgut bearbeitet oder ob das Werk auch in der Erfindung von Grieg selbst stammt. Auch dieser heimatliche Einfluß hat zwei Wurzeln: zunächst knüpfte Grieg bei Gade an, dann aber fand er durch den jungen norwegischen Tondichter Nordraak einen neuen, den endgültigen Weg: „Erst durch ihn (Nordraak) lernte ich die norwegischen Volksweisen und meine eigene Natur kennen. Wir verschworen uns gegen den Gadeschen, Mendelssohnvermischten, weichlichen Skandinavismus und schlugen mit Begeisterung den neuen Weg ein."

Dieses betont Nordische, die volksliedartige Melodik, die häufige Verwendung von Tanzformen, vor allem aber eine geniale, gleichzeitig bauende und färbende Harmonik, dazu die vielfach schwermütig-schwerblütige Stimmung machen auch heute noch manchem Beurteiler Schwierigkeiten: sie betrachten und beurteilen Grieg von sich aus, anstatt sich zugleich von denjenigen Maßstäben leiten zu lassen, die sich aus der anderen Natur und Landschaft, aus dem Andersvölkischen und besonders aus dem Werk selbst ergeben.

Der Zugang zu Griegs Welt, in der Bild, Erleben und Ausdruck so unvergleichlich eins geworden sind, ist am leichtesten über die „Lyrischen Stücke". Diese Gattung hat den Tondichter sein ganzes Leben begleitet: die ersten Stücke stammen aus den sechziger Jahren des 19., die letzten aus den ersten Jahren des 20. Jahrhunderts (66 Stücke unter den Werkzahlen 12, 36, 43, 47, 54, 57, 62, 65, 68, 71). Man könnte also annehmen, aus ihnen ließe sich die „Entwicklung" des norwegischen Meisters ablesen. Dem ist nicht so; wohl spürt man eine wachsende Sicherheit des Ausdrucks, eine gewisse Verdichtung; aber Geist und Haltung haben sich in den vier Jahrzehnten ebensowenig gewandelt oder entwickelt wie die norwegische Landschaft. Und mit feiner Absicht bindet Grieg das letzte Stück thematisch zurück an das erste: schärferer Ausdruck, neue Form- und Ausdrucksbestandteile (selbst Wagnerisches und mancherlei Französisches) haben am Grundwesen dieser künstlerischen Tagebuchblätter nichts zu ändern vermocht. Tagebuchblätter, — in der Tat gebührt den Lyrischen Stücken diese Bezeichnung; was dem Tondichter an innerem und äußerem Erleben, an Gedanken und Stimmungen, an Traum und Wirklichkeit, an Volkssagen und Familienfesten, an Erinnerungen und Tagesereignissen bemerkenswert erschien, hat er in den lyrischen Stücken aufgezeichnet und gestaltet. Nichts bleibt äußerlich, nachgeahmt, alles gibt echte Stimmung in wohlgeformtem Gewande. So reichen diese Kleinbilder vom leisen „Wiegenlied" bis zum schmerzlichen „Vorüber", vom kraftvollen „Vaterländischen Lied" bis zur einzeln erlebten „Illusion", sie mischen Landschaftsbilder („Sommerabend") und Menschengesichter („Gade"), lassen den norwegischen „Springtanz" lebendig werden und zeichnen schwermütig die Verlassenheit des „Einsamen Wanderers" nach, steigen ins Märchenland („Kobold", „Zug der Zwerge", „Elfentanz") und feiern den „Hochzeitstag auf Troldhaugen" (Griegs Landhaus). Daneben stehen kleine Beobachtungen aus der Natur („Vöglein", „Bächlein") und aus dem „Salon", weiter Erinnerungsbilder wie „Aus jungen Tagen", „Großmutters Menuett", „Es war einmal", aber auch „reine Musikformen" wie Kanon, Valse-Impromptu, Notturno, Scherzo.

Überhaupt muß man vorsichtig sein mit der Beurteilung der Lyrischen Stücke als „programm-musikalischer Bilder". Ohne Zweifel tragen sie oft diesen Charakter. Daneben aber finden sich zahlreiche Stücke, deren Bezeichnungen vom musikalisch Wesentlichen abzulenken vermögen. So mag man aus dem „Schmetterling" (Nr. 17) allerlei Flattern und Wiegen und Gleiten herauslesen, darf aber nicht übersehen, daß es sich hier (vergleiche den Beginn in Beispiel 1) um eine technisch wie musikalisch gleich treffliche Etüde handelt

1 Allegro grazioso

„Großmutters Menuett" ist bei aller Bildhaftigkeit eine Studie für zierlichstes Leggierospiel, ganz nahe am Stakkato und doch im letzten noch von ihm getrennt. Eine andere Etüde ist das „Bächlein": wieder leggiero, aber nun in schneller Bewegung, also fast perlend. Und so finden sich — entweder als ganze oder als Teilstücke — noch mancherlei etüdenartige Aufgaben für die Spieler. Daß Grieg für seine spieltechnischen und gestalterischen Zwecke sich des Tongedichts bedient hat, wollen wir ihm hoch anrechnen und nicht überlegen abtun, wie es zuweilen geschehen ist.

Es ist üblich geworden, diejenigen der Lyrischen Stücke, an denen die Liebe der meisten Hörer und Spieler besonders hängt, als kitschige Reißer zu bezeichnen. Also etwa den „Hochzeitstag auf Troldhaugen" (der übrigens ursprünglich „Die Gratulanten kommen" hieß), „An den Frühling" und „Erotikon". Solche Urteile stützen sich wohl mehr auf die Darbietung in allerlei „Salonbesetzungen" als auf die Klavierfassung selbst. Oder aber die Beurteiler verlangen — freilich ohne es zu wissen —, daß Grieg in diesen und ähnlichen Stücken auf die norwegische Tönung verzichten und sich deutschen Hörern bequemen solle. Das Schwerrinnende, Zähe, Haftende des „Erotikon" erscheint dem Norweger (und, wie die Erfahrung lehrt, auch dem unvoreingenommenen Andersvölkischen) besonders echt, nicht aber sentimental. Nicht anders steht es mit der volkstümlichen Bildfolge des „Hochzeitstages". Und was endlich „An den Frühling" betrifft, so darf man wohl darauf aufmerksam machen, daß dieses Stück den n o r w e g i s c h e n Frühling besingt und die Stimmung eines Norwegers wiedergibt; es preist nicht den deutschen Frühling, nicht den französischen Printemps und nicht die italienische Primavera; es heißt eben „Til Foraaret".

Es ist unmöglich, in kurzen Notenbeispielen Griegs Hand-

2 (Allegro giocoso)

schrift der Lyrischen Stücke wiederzugeben. Abgesehen von der Vielfalt des in ihnen dargestellten und gestalteten Lebens liegt die Unmöglichkeit in des Meisters Eigenart, den ausgesprochenen Gedanken durch leise, stets überraschende Rükkungen (zumeist harmonischer Art) oder durch gewaltsam scheinende, jedoch naturhaft echte Umbiegungen in immer neuem Licht erscheinen zu lassen. Beispiel 2 gibt eine solche Stelle aus „Heimwärts". Der Wendung von E- nach D-dur folgt bald eine entsprechende von D- nach C-dur; bezeichnend auch die Art, wie sich die Harmonie durch ständigen Wechsel von C- und A-dur-Akkorden mit breiten Pinselstrichen wieder nach E-dur zurückfärbt. Die Eigentümlichkeit ruhender Bässe (hier in der für Grieg charakteristischen Fassung von Quinten) über springender Melodie und wechselnden Harmonien findet sich immer wieder. So zu Beginn des „Norwegischen Bauernmarsches" (Beispiel 3) mit dem gehaltenen C unter den beiden färbenden Mittelstimmen

3 Allegretto marcato

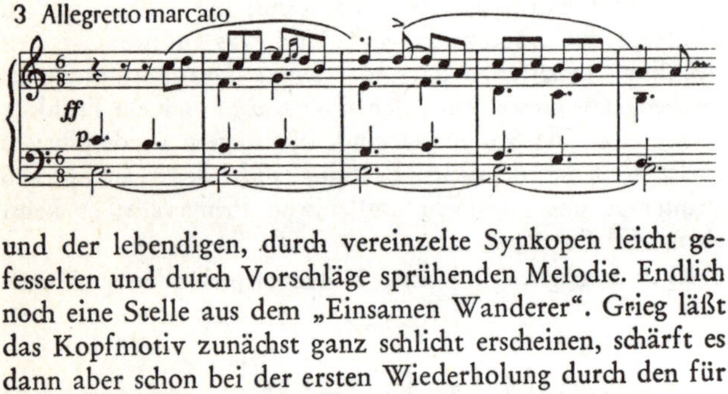

und der lebendigen, durch vereinzelte Synkopen leicht gefesselten und durch Vorschläge sprühenden Melodie. Endlich noch eine Stelle aus dem „Einsamen Wanderer". Grieg läßt das Kopfmotiv zunächst ganz schlicht erscheinen, schärft es dann aber schon bei der ersten Wiederholung durch den für

4 (Allegretto semplice)

(linke Hand mit der Melodie eine Oktave tiefer)

seinen Stil kennzeichnenden, pralleränhlichen Vorschlag; die nächste Veränderung ist harmonischer Art (Beispiel 4 erster

Takt), der dann im übernächsten Takt eine schneidend herbe Harmonisierung folgt, mit gleichzeitig gesteigerter Bewegung. Die Überleitungsteile dieses Stimmungsbildes zeigen auf kleinstem Raum die charakterisierend verwendete Polyharmonik des Tondichters.

Wer die Lyrischen Stücke lieben gelernt hat, wird gern auch zu den anderen Kleinwerken greifen. Bei den „Vier Stücken" der Werkzahl 1 wird man freilich nur gelegentlich den Grieg der Lyrischen Stücke, den wirklichen Grieg, wiederfinden: das Eigene ist noch allzusehr umkleidet von den Eindrücken der Leipziger Studienjahre (Schumann, Mendelssohn). Ähnliches gilt auch von den „Sechs poetischen Tanzbildern" Werk 3; sie lohnen das Durchspielen, kaum aber ein regelrechtes Einstudieren.

Die „Humoresken" Werk 6 sind Richard Nordraak gewidmet, sind also Bekenntnis und Dank zugleich. Mit den unter der Bezeichnung Humoresken bekannten Stücken anderer Komponisten haben diese vier Tonbilder wenig gemein; vielmehr handelt es sich um ganz regelrechte Volkstänze aus Norwegen. Das Norwegische spürt man in jeder Wendung. Gleich der erste „Walzer" (Beispiel 5 gibt den

5

Beginn, für Grieg bezeichnend die Koppelung von Triole und punktiertem Rhythmus) läßt sich zwar norwegisch

6 (Allegretto)

tanzen, nicht aber wienerisch schleifen. Auch das Menuett (Nr. 2 gis-moll) gehört nicht in den europäischen Salon, sondern in die norwegische Gebirgslandschaft. Wie sehr Grieg seinen volkhaften Stil nun schon gefunden hat, zeigt besonders schön eine Zwischenstelle aus dem dritten Stück (Beispiel 6). Urwüchsig das Hauptthema des vierten Tanzes, sehr fein der sanfte Zwischensatz, mächtig die alles überrennende Schlußsteigerung.

Die drei Stücke „Aus dem Volksleben" Werk 19 tragen den Untertitel „Humoresken" zum Teil mit größerem Recht. Das erste Stück „Auf den Bergen" erinnert mit dem vom pianissimo zum fortissimo gesteigerten Stakkato-Hauptteil stark an die „Halle des Bergkönigs" aus „Peer Gynt". Sehr schön gestaltet der A-dur-Mittelteil, dessen stille Melodik im Verlauf machtvoll mit dem Thema des Hauptteils kontrapunktiert wird (Beispiel 7). Allbekannt das zweite Stück, der „Norwegische Brautzug im Vorüberziehen", dessen Thema mit dem punktierten Rhythmus und den Sextolen so neckisch, aber auch so gewaltig das Tonbild

7

beherrscht. Erst das dritte Stück „Aus dem Karneval" läßt erkennen, daß die drei Szenen als Einheit gedacht sind. Grieg nimmt die Tonart des ersten (a-moll mit A-dur-Trio) und den punktierten Rhythmus des zweiten Stückes wieder auf; dann läßt er mitten im fessellosen Karnevalstreiben zunächst den Begleitrhythmus und weiterhin das Thema des „Brautzuges" ganz zart wieder aufklingen, und der Prestissimo losstampfende Schlußtanz des „Karnevals" ist nichts anderes als das von $^3/_4$ nach $^4/_4$ umrhythmisierte Thema des ersten Stückes „Auf den Bergen". Man ist also berechtigt, sich auf Grund der Überschriften sowie der musikalischen Beziehungen zwischen den Sätzen ein „Programm" der drei Stücke auszumalen.

Die vier „Albumblätter“ Werk 28 umfassen Stücke aus verschiedenen Jahren. Das erste (As-dur) stammt aus des Meisters Frühzeit und ist — trotz aller melodischen Schönheit und harmonischen Verschränkung — eines der unzähligen, unverbindlichen Albumblätter, wie sie als Ausdruck einer zufälligen einzelpersönlichen Stimmung immer wieder geschrieben werden. Etwa ein Jahrzehnt später entstanden die übrigen Stücke. Schon am zweiten (F-dur) mit seiner Chromatik und seiner leichten Verwandtschaft zum „Erotikon“ der Lyrischen Stücke spürt man die wachsende Reife. Und die nächsten beiden vollends sind tönende Zeugen norwegischen Lebens: das dritte (A-dur) gemahnt an manche norwegischen Tanzbilder des Tondichters, und das vierte (cis-moll) verschmilzt Norwegisches und Griegsches zu untrennbarer Einheit mit der herben, etwas klagenden Melodik, mit der besonderen Harmonisierung und den bezeichnenden Dezimenparallelen (Beispiel 8 gibt den Beginn)

8 Andantino serioso

im Hauptsatz und mit den verschwiegenen Heimlichkeiten der beiden kleinen Trios in Des-dur.

Die beiden „Improvisata über norwegische Volksweisen“ Werk 29 möchten wir nur erwähnen; Grieg hat auf diesem Gebiet Besseres geschaffen und vor allem die an sich schönen Gedanken nicht so potpourri-artig gereiht wie hier. Wenig bemerkenswert auch „Gebet und Tempeltanz“ Werk 50, eine Nachdichtung orientalischen Geistes, die in Teilstücken der „Peer-Gynt-Suite“ wesentlich gehaltvoller wirkt als in diesem kleinen Klavierwerk. Mit den „Stimmungen“ der Werkzahl 73 greift Grieg noch einmal zurück in den Bereich der Lyrischen Stücke; das zeigen schon Überschriften wie „Resignation“, „Volkston“, „Valse-Impromptu“. Überragendes Stück dieses Heftes ist der großartig aufgefaßte „Nächtliche Ritt“, eine der machtvollsten nordischen Erzählungen des Meisters.

Mit zweiundzwanzig Jahren hat Grieg die e-moll-Sonate Werk 7 geschaffen; in späteren Jahren hat er sich mit dieser Gattung nicht mehr beschäftigt. Die Sonate ist voll jugendlichen Überschwanges und nicht minder voll des „Gelernten“ (die Sonatenform wird sorgsam ausgezeichnet), voll endlich auch von der besonderen Wesensart Griegs (Kurzgedanken und Kurzbilder). Es wäre unrecht, sie nach Gestalt und Gehalt zu messen an den Werten der großen klassischen Sonate; so wie sie dasteht, trägt sie ihr Gesetz in sich selbst. In ihr lebt alles auf, was den jungen Tondichter damals — vielfach nur halb bewußt — erfüllte: die nordische Welt mit ihrem Sagendämmer und Wirklichkeitssinn, mit brausendem Heldengesang und geheimnisvollem Märchenzauber. Erstaunlich, was allein in den Themen steckt. Etwa in dem piano eingesetzten Hauptthema (Beispiel 9), das zunächst

9 Allegro moderato

durch fallende Linie und unruhig treibende Sechzehntelbegleitung unterirdisch leidenschaftlich wirkt, sich dann aber kühn wendet, durch heftige Sechzehntelfiguren und trotzige Akkordschläge in die erste Wiederholung springt, im Fortissimo der nachahmenden Einsätze (Oktaven) eine ungeheure Kraft entfaltet, die ins Ungestüme und Klangprächtige zielt. Dazu gut eingefügte Seitengedanken und Zwischensätzchen, die in der Durchführung zusammen mit dem Hauptthema erstaunlich sicher verarbeitet werden. Wie der Zweiundzwanzigjährige motivische Arbeit, Klangentfaltung und echte Leidenschaft zu binden weiß, das lehrt unter anderem eine Stelle aus der herrisch gesteigerten Koda (Beispiel 10); der

10

Kontrapunkt des Themenkopfes ist die erwähnte erste Sechzehntelfigur aus dem Thema selbst. Das liedhafte, volksliedhafte, weiterhin balladenartige Andante ist thematisch und motivisch unauffällig dem ersten Satz verpflichtet und nimmt vor allem schon vieles der letzten Sätze voraus. Motivisch an die übrigen Sätze gebunden ist auch das „Alla Menuetto" mit seinem männlich-höfischen Tanzhauptteil und den heimatlich-landschaftlichen Klängen des Mittelteils. Übergipfelt wird das Werk vom Schlußsatz (Molto allegro). Dessen erster Teil entwickelt zunächst ein rhythmisches (punktiertes) Motiv von piano zu fortissimo und wieder zum pianissimo. Wie ferner Märchenton aus alter Zeit klingt dann ganz leise das Seitenthema auf, das sich im Verlauf als eigentliches Hauptthema erweist (Beispiel 11); es ist im Grunde eine um-

11 (Molto allegro)

rhythmisierte Vergrößerung des ersten Andantethemas. Als Anhang gesellt sich ihm der punktierte Rhythmus des Satzbeginns. Dessen Entwicklung beansprucht wiederum erheblichen Raum. Darauf wird zunächst das rhythmisch punktierte Kopfmotiv in dynamisch scharf gegensätzlichen Teilen durchgeführt, bis — nunmehr in E-dur — das Seitenthema wieder einsetzt und in eine Steigerung von orchestraler, ja opernhafter Wucht gehoben wird, ein Sinnbild dafür, wie halbverborgenes, altes Sagengut unmittelbare Kräftewirklichkeit in der Gegenwart zu werden vermag. Und so ist es gewiß auch mehr als nur ein Zufall, daß der Nibelungen-Schmiede-Rhythmus Wagners gerade diesen Satz von Anfang bis Ende so machtvoll durchzieht.

Ein großartiges Stück nordischer Tondichtung, weniger leidenschaftlich als die Sonate, dafür um so reifer, ist die Ballade g-moll mit Variationen Werk 24. Der Ausdruck dieser bedeutendsten Klavierschöpfung Griegs reicht von zart-schmerzlicher Seelenkeuschheit bis zu wilder Schicksalsbejahung, er kündet von Vergangenheit und Gegenwart, von menschlichen Charakteren und ihren landschaftlichen Entsprechungen. Zur klanglichen Verwirklichung seiner inneren Gesichte bedient sich Grieg satztechnischer Mittel, die bei der ruhigen Stimmigkeit manches wehmütigen „Lyrischen Stükkes“ beginnen und bei dem äußerlich glänzenden Klavierstil Liszts enden. Der stark chromatische, harmonisch herbe Balladengedanke (Beispiel 12 gibt den Anfang) wird in ver-

12 Andante espressivo

schiedenen Variationen spieltechnisch und inhaltlich immer neu gestaltet. In der ersten Variation (Poco meno andante, pianissimo) bleibt die chromatisch sinkende Baßlinie im wesentlichen erhalten, darüber schweben zart nachschlagende Doppelgriffe in Triolen. In der zweiten (Allegro agitato) liegt die Melodieführung in der Mittelstimme, stürmische Akkordpassagen der Oberstimme, heftige — die Chromatik betonende — Akkordschläge in der linken Hand. In der dritten Variation haben die beiden Daumen — in ständigem Terzabstand — die Aufgabe, das gehaltene und verhaltene Adagio mit singendem Klavierton zu erfüllen, während sich die beiden Außenstimmen in leisen Akkordbrechungen um den Zwiegesang ranken. Im Allegro capriccioso wird die tragende Chromatik des Themas zur auszierenden Zwischenfigur. Sehr merkwürdig das anschließende Più lento mit seinem ständigen Wechsel von andrängendem, dann wieder verlangsamtem Rezitativ und den kleinen „Landschaftsklängen" in Triolen. Das nun einsetzende Allegro scherzando ist eine Doppelvariation; in jeder wird ein winziger Themensplitter zum Anlaß für eine enggeführte, kanonartige Jagd, das erste Mal in Doppelgriffen, das zweite Mal in Stakkato-Sechzehntelfiguren. Jetzt beginnt ein neuer, großer Abschnitt. Läßt sich der erste Teil ganz umrißhaft als einzelpersönlich in der Stimmung und klavieristisch im Klanglichen bezeichnen, so tritt im zweiten Abschnitt das Landschaftliche, Volkhafte und zugleich ein ins Orchestrale geweiteter Ausdruck hervor. Erschauernde Einsamkeit spricht aus dem Pianissimo der Lento-Variation mit ihren breiten, enggesetzten Akkorden, den dumpfen Nachschlägen der tiefen Bässe und den fast unwirklich dünnen Nachschlägen des hohen Diskants. Die fließende Achtelbewegung der nächsten Variation (Un poco andante) sucht sich — zuweilen sogar mit heftiger Gebärde — dem lastenden Düster des Lento zu entziehen, sinkt aber wieder in sich zusammen (dreifache Fermate am Schluß). Der Tondichter sucht nun den Ausweg aus übermächtiger Beklemmung durch die unnahbare Natur im frohen Leben des einfachen Volkes und stürzt sich (Un poco allegro ed alla burla) in die hüpfende Heiterkeit einer ländlichen Tanzszene. Und nun, wo er sich aus der Einsamkeit und fremden Hoheit der Natur gerettet und an das Leben seines Volkes angeschlossen hat, bricht es wie Befreiung aus seinem Inneren. Zunächst (più animato) noch zögernd und nur schrittweise: während der Tanzrhythmus in der Begleitung still weiterklingt, meldet sich in leisen Akkorden das Kopfmotiv der Ballade, nun aber schon von Bruchstücken des lebendigen Rhythmus durchsetzt, die Klangstärke wächst vom ppp stufenweise zum f, die Bewegung beschleunigt sich, der Tanzrhythmus triumphiert. Er bleibt auch — als Klangfüllung und als Sinnbild — bestehen in der nächsten Variation, die das Volkhafte gewissermaßen ins Vaterländische erhebt: das Thema wird zum machtvollen Hochgesang, den der Volkstanz-Rhythmus festlich durchläutet (Beispiel 13). Immer heftiger wird die Steigerung nun auch im Zeitmaß:

13 Maestoso

zunächst ein Allegro furioso mit rauschend-harfenden Vorschlägen und ständiger Forzato-Betonung, dann ein noch stürmischeres Prestissimo mit Glockenklang, Oktaven und ineinanderschwimmenden nachahmenden Einsätzen. Wenn das langanhaltende, tiefe Doppel-Es langsam schwindet, setzt noch einmal das Thema in der Urgestalt ein.

Als größeres Werk dürfen wir auch die Suite „Aus Holbergs Zeit" ansehen (Werk 40). Grieg hat sie 1884 geschrieben zur Zweihundertjahrfeier von Holbergs Geburtstag. Ludwig Holberg, der „Molière des Nordens", Ausgangspunkt des neueren norwegischen Schrifttums, lebte 1684 bis

1754 (geboren in Griegs Vaterstadt Bergen), war also ein Zeitgenosse Bachs und Händels, so daß es nahelag, einer tönenden Huldigung des Dichters das Gewand einer alten Suite umzulegen. Grieg bedient sich sogar entsprechender Zeit-Themen; um so reizvoller, wenn zuweilen der Geist des 19. Jahrhunderts und — sicher ganz bewußt — der Geist des Tondichters selbst in das Spiel hineinlugt. Zunächst war die Suite für Orchester bestimmt; Grieg scheint jedoch gespürt zu haben, daß sie sich auf dem Klavier noch besser verwirklichen läßt, und hat ihr daher nachträglich eine Klavierfassung gegeben. Stärkstes Stück ist das Präludium mit den weiträumig dahinschreitenden Akkordfigurationen und dem (zuweilen versteckten) Grundmotiv. Würdevoll und stilecht die Sarabande; auch die Gavotte gibt sich zunächst ganz altertümelnd, doch verrät ihre Musette die nordische Herkunft. Ausdrucksstark das „Air" (der Mollsatz dieser G-dur-Suite), diesseitig und fröhlich — selbst im ruhigeren Moll-Trio — der Rigaudon.

Mit der Holberg-Suite haben wir das zwiespältige Gebiet Griegscher Klavierbearbeitungen eigenen und fremden Gedankenguts betreten. Zwiespältig erscheinen diese Bearbeitungen, weil neben prächtigen Werken dieser Art noch mehr schwache oder nur halb gelungene stehen. Zu den guten zählen außer der Holberg-Suite die „Nordischen Tänze und Volksweisen" Werk 17. Das Gedankengut dieser Stücke hat der Tondichter der Volksmusik seiner Heimat entnommen; aber wie er die melodischen Linien nachzeichnet, wie er sich in ihr harmonisches, rhythmisches und klangliches Wesen einzuhören und es für Klavier umzugestalten vermochte, das wird von Norwegern immer wieder rühmend hervorgehoben. Dem Nichtnorweger ist natürlich diese innere Beziehung nicht gegeben; er steht vor diesen Stücken voller Bewunderung, spürt das Volkhafte, würde aber niemals merken, daß die Melodien nicht von

Grieg stammen. Höheres Lob kann man freilich diesen „Bearbeitungen" kaum zollen.

Noch einmal hat Grieg eine solche Höhe der Bearbeitungskunst erreicht, ja, sie vielleicht noch übertroffen: in den „Slatter" der Werkzahl 72. Mit Slat bezeichnet der Norweger den Bauerntanz. Aufgezeichnet wurden diese norwegischen Bauerntänze von Johan Halvorsen (geb. 1864), und zwar „nach einem alten Spielmann in Telemarken". Halvorsens Ausgabe für Geige und Griegs bearbeitete Ausgabe für Klavier sind gleichzeitig erschienen. Grieg schreibt zu seiner Klavierbearbeitung u. a.: „Wer für diese Klänge Sinne hat, wird über ihre große Originalität, ihre Mischung feiner und zarter Anmut mit derber Kraft und ungezähmter Wildheit in melodischer wie ganz besonders in rhythmischer Beziehung entzückt sein. Diese Überlieferungen aus einer Zeit, wo die norwegische Bauernkultur in den abseits gelegenen Gebirgstälern von der Außenwelt ausgeschlossen war und gerade deshalb ihre ganze Ursprünglichkeit behalten hat, tragen alle das Gepräge einer ebenso kühnen wie bizarren Phantasie. Meine Aufgabe bei der Übertragung für das Pianoforte war ein Versuch, durch eine, ich möchte sagen: stilisierte Harmonik diese Volkstöne auf ein künstlerisches Niveau zu heben. Es liegt in der Natur der Sache, daß das Klavier auf viele der kleinen Verzierungen, welche im Charakter der Bauernfiedel sowie in der eigentümlichen Bogenführung zu suchen sind, verzichten mußte. Dafür hat aber das Klavier den großen Vorteil, durch dynamische und rhythmische Mannigfaltigkeiten sowie durch neue Harmonisierung der Wiederholungen eine zu große Einförmigkeit vermeiden zu können. Ich habe mich bestrebt, klare, übersichtliche Linien aufzuziehen, überhaupt eine feste Form zu schaffen . . ." Man braucht lange Zeit, um die Feinheiten dieser Klavierbearbeitungen völlig zu erkennen; daran mag es liegen, daß die Slatter verhältnismäßig wenig bekannt sind. Um ihre Art wenigstens ganz allgemein zu kennzeichnen, geben wir zwei kurze Beispiele. Beispiel 14 stammt aus

14 (Marcia)

der ersten Nummer „Giböens Brautmarsch", Beispiel 15 aus

15 Allegro maestoso e marcato

der fünfzehnten Nummer, „Die Skuldalsbraut" genannt. Die immer wieder zum Gis erhöhte Quarte in D-dur ist ein besonderes Merkmal der Slatter.

Nicht so bedingungslos vermögen wir den übrigen Bearbeitungen Griegs zu folgen. Am wenigsten den Liedbearbeitungen; es handelt sich um die „Stücke nach eigenen Liedern" der Werkzahlen 41 und 52 und um die „Zwei Melodien nach eigenen Liedern" Werk 53. Schon als Worttongebilde sind die Lieder nicht in jedem Falle ansprechend; durch die Klavierbearbeitung vollends verlieren selbst die besten vieles von ihrer Besonderheit. Ferner hat Grieg auch die beiden „Peer-Gynt-Suiten", die ja für Orchester bestimmt sind (Werk 46 und 55), für Klavier zweihändig (auch vierhändig) bearbeitet. Es sind so gute, brauchbare Klavierauszüge geworden, die zuweilen auch recht klaviermäßig klingen, aber die Originalfassung in keinem Takt erreichen. Über die beiden Suiten ist das Erforderliche gesagt in „Schumanns Orchesterbuch".

Die drei Originalbeiträge Griegs zur Musik für Klavier vierhändig sind verschiedenwertig. Als Vorarbeiten für eine (niemals geschriebene) Sinfonie geben sich die „Pièces symphoniques" Werk 14; sie erfüllen weder die Voraussetzungen der sinfonischen Weite noch die des vierhändigen Klavierstils. Durchaus beachtenswert dagegen die (auch für Klavier zweihändig erschienenen) „Walzer-Kapricen" Werk 37; sie sind gehaltvoll, einfallsreich, klingen und sind auch im wesentlichen stilgerecht gesetzt. Überragend jedoch die „Norwegischen Tänze" Werk 35 (ebenfalls zweihändig erschienen). Eigenarten der norwegischen Volksmusik und Besonderheiten der Griegschen Künstlerpersönlichkeit bilden ein so inniges Ganzes, daß schon um deswillen dieses Werk einen hervorragenden Platz in der Klavierliteratur einnimmt. Dabei stammen, wie von Kennern der norwegischen Musik versichert wird, die scheinbar so echten volksmusikalischen Bestandteile nicht etwa aus der Volksmusik selbst, sondern ausnahmslos vom Tondichter, der sich so als Melodiker als Kind seines Volkes erweist und im Rhythmischen, Harmonischen und Gestalterischen sein künstlerisches Feingefühl aufleuchten läßt. Zugleich ist der vierhändige — durchaus nicht schwere — Satz stilgerecht und wirkungsvoll. Es handelt sich um vier Tänze oder genauer: Tanzdichtungen; zwar ist das Tänzerische überall erhalten geblieben, doch stets der Form wie dem Gehalt nach ins Künstlerische, Dichtende überhöht. Das umfangreiche erste Stück in d-moll ist aus verhältnismäßig kleinen Keimen sehr großzügig entwickelt, da die ersten Takte über das thematische Werden nicht nur des Hauptsatzes, sondern auch des Trios entscheiden. Dabei dient die akkordische Figur zu Beginn in der Hauptsache rhythmischen und klanglichen Zielen (vergl. besonders den mächtig gesteigerten Schluß), während die Figur nach der Generalpause den Grundstoff für den motivischen Aufbau des Tanzes darstellt. Arbeitet der Hauptteil mit starken dynamischen Gegensätzen, so hält sich das singend-klagende Trio (D-dur und fis-moll) in dieser Hinsicht stärker zurück. Anmutig und zierlich das zweite Stück in A-dur, ruhig im verklammernden Allegretto, betonter und treibend im Allegro-Mittelteil. Wieder motivische Verwandtschaft der beiden Teile. Noch deutlicher die thematische Verwandtschaft in Nr. 3, einem Marsch in gemäßigtem Allegro (G-dur). Der g-moll-Mittelsatz hat nämlich keine gesonderte Zeitmaßbezeichnung, sondern baut sich einfach über einer Vergrößerung des nach Moll gewandelten Hauptthemas auf. Diese leichte Veränderung genügt aber, im Verein mit der verschiedenartig gefaßten Dynamik und dem volleren Satz des Hauptteils geradezu heftige Gegensätze hervorzurufen. Größeren Umfang hat wieder das Schlußstück in D-dur. Es ist eine regelrechte kleine Tondichtung mit zweiteiliger Einteilung, rahmendem Hauptsatz, ruhigerem Mittelsatz und zweiteiliger Koda. Die Einleitung entwickelt den thematischen Stoff: zunächst das vergrößerte Thema des Mittelsatzes, dann den Rhythmus des Hauptthemas. Dieses Thema (Beispiel 16) wirkt durch sich selbst und durch die begleitenden leeren Quinten wie ein

16 Presto con brio

Volkstanz, während der Mittelsatz (weniger bewegt) Landschaftschilderungen gibt, teils still, teils heftig (vergl. die Gegensätzlichkeit des Unisono-Themas im Baß und die reibenden Dissonanzen der akkordischen Oberstimmen). Naturhaft kraftvoll das fortissimo dahinfegende Schlußprestissimo.

ISAAC ALBENIZ

Geboren am 29. Mai 1860 in Camprodon (Nordspanien). Als Sechsjähriger bereits Schüler von Marmontel in Paris. Dann Konzertreisen als pianistisches Wunderkind durch Europa und Amerika. Studierte eine Zeitlang in Brüssel, pilgerte dann wieder als Virtuose durch alle Welt. Gestorben am 16. Juni 1909 in Cambo. Schrieb u. a. Klavierwerke, Lieder, Opern, Operetten.

Man bezeichnet Albeniz als bedeutendsten der neueren spanischen Klavierkomponisten; aber man muß wohl Spanier sein, um die eigentümliche Mischung spanischer Tanzmusik und französischer Klangaufspaltung vollauf würdigen zu können, zumal sie noch virtuos dargeboten wird. Die

rein äußere Wirkung mancher Klavierwerke des spanischen Meisters kann freilich nicht bestritten werden.

Wir brauchen nur zwei Werke von Albeniz kurz zu erwähnen: die „Suite espagnole", bestehend aus acht tänzerischen Einzelbildern, die für unseren Geschmack sich am vorteilhaftesten in spanischen Konzertcafés darbieten, sowie die entschieden wesentlichere „Iberia-Suite". Wiederum eine Folge von tänzerischen Sätzen, die gleichzeitig zuweilen als tönende Verkörperung spanischer Stadtviertel oder Orte dienen. Das 1907/08 erschienene Werk ist nur für den Konzertsaal geeignet, aber auch zu umfangreich, als daß man die zwölf Sätze hintereinander spielen oder anhören könnte. Bekanntgeworden vor allem das 6. Stück (Nr. 3 des zweiten Heftes): „Triana" mit dem zügigen, im Verlauf alles überrumpelnden Hauptgedanken (Beispiel 1) und der — im wörtlichen Sinne — blendenden Virtuosität des Satzes. Welcher Art die Farbenkunst von Albeniz ist, zeigen auch so ganz einfache Stellen wie der ganz leise den Rhythmus trommelnde Beginn von „El Albaicin" aus dem dritten Heft sowie der Anfang von „Jerez" aus dem vierten Heft (Beispiel 2), wo die harmonische Farbigkeit überwiegt; auch in diesem Stück entwickelt sich aus dem verhaltenen Beginn eine wilde Fortissimo-Virtuosität; bezaubernd der mehrgriffige, feingetönte Schlußabschnitt in vierfachem Piano.

CLAUDE DEBUSSY

Geboren am 22. August 1862 in St. Germain-en-Laye. Besuch des Pariser Konservatoriums, erhielt den „Rompreis", wurde aber mit einer Pflichtarbeit als „zu modern" von der Konservatoriumsleitung abgewiesen. Lebte nur seinem Schaffen. Gestorben am 26. März 1918 in Paris. Schrieb Orchesterstücke, Schauspielmusik, eine Oper, Gesänge mit Klavier, Kammermusik, Klavierwerke.

Debussy hat den Impressionismus wirklich erlebt — so heftig er sich auch dagegen verwahrte, als Impressionist bezeichnet zu werden. Aber er hat den Impressionismus auch durchstoßen und mit manchen Eigentümlichkeiten seiner Sprache musikalische Richtungsweiser aufgerichtet, die ihm zwar keine eigentlichen Nachfolger brachten, wohl aber von neueren Komponisten mehr und mehr beachtet wurden und noch werden. Impressionistisch an Debussy ist eine letzte Verfeinerung, Überfeinerung harmonischer, melodischer und rhythmischer Klangeinfärbung. Zwar stellt er die „Natur über die Kunst", doch bildet er sie nicht, wie sie *ist*, sondern wie sie ihm *erscheint*. Er zielt auf das Ungreifbare, Schwebende, Verschwimmende, Halbdeutliche, Außerwirkliche. In der bunten Farbenpalette fehlen selbst russische und fernöstliche Einstrahlungen nicht. Auf der anderen Seite steht Debussys bewundernde Verehrung für Bach, für die französischen Clavecinisten, für französische Formenklarheit. Manche seiner Werke spiegeln mehr die eine, manche die andere Seite des Komponisten, und man muß begreifen lernen, daß viele Musikfreunde zuweilen befremdet, wenn auch bewundernd vor dem Orchideengarten Debussys stehen. Erreicht wird der Klangfarbenreichtum dadurch, daß vor allem die Harmonik zwar noch tonal bleibt, jedoch verschleiert wird durch Preisgabe der funktionalen Tonalität und ihrer bisher formbildenden Kraft. Die dadurch entstehende Vieldeutigkeit, die durch bisher „verbotene“ Parallelen von Quarten, Quinten, ja Nonen vermehrt und durch ungewöhnliche (z. B. Ganz-)Tonleitern verstärkt wird, führt zu ganz neuen Konsonanzbegriffen. In nur scheinbarem Gegensatz dazu steht die neugewonnene Selbständigkeit des Einzeltons, der bald seine Individualität in freiem Ausschwingen kundtut, bald in flüchtiger Reizbarkeit durch die Notenlinien eilt.

Wir erwähnen die charakteristischen Klavierwerke des Meisters. In der „Bergamaskischen Suite“ von 1890 steht ein Satz, der als Ausgangspunkt von Debussys Klavier-Impressionismus gelten kann: „Clair de lune“ (also „Mondenschein“), ganz zart und farbig verdämmernd; die übrigen Sätze der Suite sind zwar nicht impressionistisch, sprechen aber stärker an (Menuett!). Das Farbempfinden verdichtet sich in den rauschhaften, doch noch zusammengehaltenen Szenen der „Isle joyeuse“ von 1904. Die drei Klavierstücke „Präludium, Sarabande, Tokkata“ von 1901 zeigen dann Debussy am Scheidewege; auch in ihnen lebt vorwiegend ein Empfinden der Farbe, doch haben sie noch Rückgrat und Kraft. Zwei Jahre später hat sich Debussy bereits entschieden: die drei „Estampes“ („Stiche“) geben sich ganz der Stimmung hin, und zwar wachsend von den „Pagoden“ über den in Klang getauchten „Abend in Granada“ bis zu den „Gärten im Regen“ (dieses ein beliebtes Konzertstück, in dem man seine Fingergelenkigkeit und Anschlagskunst glänzen lassen kann).

Aus den sechs „Bildern“ (1905/07) geben wir einige Takte wieder, die eine allgemeine Vorstellung von Debussys Schreibweise vermitteln mögen. Beispiel 1 stammt aus dem

1

Bild „Et la lune descend sur le temple qui fut“; aber es ist

gar nicht das „auf den Tempel herabsteigende Mondlicht", von dem die Überschrift spricht, vielmehr handelt es sich um eine abseitige, mit Tempel und Mond nur mittelbar zusammenhängende Stimmung. Demzufolge sind Thema, Harmonie und Rhythmus aller gegenständlichen Beziehung entkleidet und zu reinen Farbwerten, zu Farbtupfern geworden. Beispiel 2 (aus den „Cloches à travers les feuilles")

2

täuscht in dem in Bewegung aufgelösten Satzbild eine Art Stimmigkeit vor, doch besteht der Takt nur aus verschiedenen Ganztonleitern, die lediglich verschwimmende Farben geben.

Letzte Verwirklichung seines klavieristischen Strebens bilden Debussys „Vierundzwanzig Präludien" (1910/13). Die Anregung zu diesen Tonbildern gibt er nicht in Überschriften an, sondern er fügt sie nachträglich unter den einzelnen Stücken hinzu: „Klänge und Düfte schwingen in der Abendluft", „Tritte im Schnee", „Welke Blätter", „Huldigung an S. Pickwick, Esquire", „Feuerwerk" usw. Bezeichnend auch eine Vortragsangabe wie die über Nr. 3 des II. Heftes: „Habanera-Zeitmaß mit schroffen Gegensätzen von äußerster Heftigkeit und leidenschaftlicher Zartheit". Faßt Debussy in den „Präludien" gewissermaßen das Ausdrucksmäßige seiner neu gewonnenen Klaviersprache zusammen, so gibt er in den „Zwölf Etüden" von 1915 gewissermaßen nachträglich das technische Rüstzeug, dessen der Spieler solcher Werke bedarf. Offenbar war er der Meinung, einen Weg in die Zukunft gewiesen zu haben.

Zur Einführung in Debussys Werk sei noch auf die heiteren, gar nicht so einfachen Stücke der „Children's Corner“ verwiesen (1906/08).

FERRUCCIO BUSONI

Geboren am 1. April 1866 zu Empoli bei Florenz als Sohn einer deutschen Pianistin und eines italienischen Klarinettenvirtuosen. Die Philharmonische Akademie ernannte den frühreifen Künstler bereits 1881 zu ihrem Mitglied. 1888 Lehrer in Helsingfors, 1890 in Moskau, 1891 in Boston. Seit 1894 in Berlin, von wo aus er seine berühmten Reisen als unübertroffener Klavierspieler machte. Gestorben am 27. Juli 1924 in Berlin. Schrieb Opern, Orchesterstücke, Konzerte, Kammermusik, Gesänge, Klavierwerke.

Der Deutsch-Italiener Busoni erinnert in vielem an Liszt: Weltbürger, pianistisches Genie, richtungweisend in eine Zukunft, in der andere ernteten, was er gesät hat. Aber die Zeit ist über Busonis Klavierwerke noch grausamer hinweggeschritten als über die von Liszt: während bei diesem nur jener (allerdings erhebliche) Teil verschwunden ist, der sich allzu sentimental und virtuos erwiesen hat, droht Busonis Klavierschaffen sehr schnell völlig zu versinken. Gefahrvoller noch als Sentimentalität wird der Musik der Intellektualismus, besonders wenn der überwache Verstand wie bei Busoni die einzige Klammer bildet, die weltbürgerliches Wesen und wilde Buntheit des Schaffens zusammenhält. Wer von Bach bis Debussy und Schönberg alle Stile in sich vereinigt, wer in einer „Fantasia contrappuntistica" Bachs Kunst der Fuge überbauen will und in einer „Carmen-Fantasie" die längst überwundenen Opernparaphrasen wieder aufleben läßt, der bedarf trotz aller musikalischen Begabung eines stärkeren inneren Haltes, als ihn der Intellekt allein zu gewähren vermag. Jeder Takt offenbart den ungeheuren, überragenden Könner, das Ganze hat der Musik der Neuzeit als schier unerschöpfliche Rüstkammer gedient, der Klavierkomponist hat Großes (auch im Kleinen!) gewollt, doch sein

Verstand ließ ihn sich nur an die Kenner wenden. Das aber ist der Tod jeder Kunst, wenn sie sich ins Laboratorium begibt und die Türen hinter sich verschließt und versiegelt. Manches aber sollte aus dieser Geheimwerkstätte für die Gesamtheit gerettet werden, — und wenn man die Türen gewaltsam wieder aufbrechen müßte.

Was Busoni in seinen frühen, für sein Wesen nur wenig bezeichnenden Klavierstücken niedergelegt hat, ist überwiegend geboren aus pianistischer Freude an Klang und Glanz (etwa die Chopin-Variationen mit Fuge von 1885, die Tanzstücke von 1891, der Konzertwalzer von 1893). In den sieben „Elegien" von 1908/09 macht sich seine Blutmischung (die Mutter deutsch, der Vater italienisch) fast überdeutlich bemerkbar; man vergleiche nur das erstaunlich dürre, erklügelte erste Stück („Nach der Wendung"), das offenbar deutsch sein soll, mit dem zweiten („All' Italia"), in dem sich Busoni zu Italien bekennt.

Als wertvolle Arbeiten brachte das Jahr 1909 die meisterhafte kontrapunktische „Fantasie nach J. S. Bach", die auch inhaltlich wie klanglich unmittelbar anspricht, sowie die in vier Teile zerlegte Sammlung „An die Jugend", sehr ernst gestaltet und durchdacht, doch recht ungleichwertig. Heft I (Preludio/Fughetta/Esercizio) ausgesprochen schwach und nichtssagend, Heft II (Preludio/Fuga/Fuga figurata) gibt Bachs Präludium und Fuge D-dur aus dem ersten Teil des Wohltemperierten Klaviers und verbindet dann die beiden Werke kontrapunktisch. Ähnlich Heft III (Giga/Bolero/Variazione), wo Mozarts Klaviergigue G-dur und ein Tanzsätzchen aus „Figaros Hochzeit" ineinandergearbeitet werden. Heft IV (Introduzione/Capriccio/Epilogo) fantasiert über Paganini-Themen; der Schluß wieder schwach.

1910 erschien die „Fantasia contrappuntistica", ohne Zweifel Busonis bedeutendstes Klavierwerk. Und doch klafft gerade hier besonders schmerzlich der Abstand zwischen Wollen und Vollbringen. Mit schier unbegreiflichem Können ist das Werk aufgebaut und durchgearbeitet; es trägt die Bezeichnung „kontrapunktische Fantasie" zu Recht: zunächst ein Choralvorspiel über „Allein Gott in der Höh' sei Ehr'", als nächster Großabschnitt das Riesengebilde einer einfachen, doppelten und dreifachen Fuge (mit dem B-A-C-H - Thema aus Bachs „Kunst der Fuge"). Das Bach-Thema strahlt noch hinüber in das „Intermezzo" mit seinen drei kontrapunktischen Variationen, wirkt weiter in der anschließenden „Cadenza", die zur vierfachen Fuge führt, der Choral wird wieder eingebaut, und die Schlußstretta türmt alles übereinander. Ein ungeheures, kontrapunktisch erstaunlich gefügtes, prachtvoll gegliedertes Werk — und doch unbefriedigend, weil man den Sinn der Klangreibungen nicht zu fassen vermag; diese treten zwar nicht anspruchsvoll hervor, erscheinen darum aber nicht minder unverständlich.

In der Sonatine C von 1910 erscheint noch einmal das — etwas ergänzte — Heft I der Sammlung „An die Jugend". Die „Sonatina seconda" von 1912 ist nicht einmal entartete Kunst, sondern allenfalls entartete Künstelei. Vielleicht stände es um die moderne Musik besser, wenn man solche (eines Busoni ebenso wie der Tonkunst unwürdige) Werke sogleich beim Erscheinen mit aller Schärfe abgelehnt hätte. Freilich, wer bringt den Mut auf, sich als „unmodern" verachten zu lassen. Busoni selbst hat in seinen späteren, doch gewiß auch nicht gerade klangsüßen Sonatinen den Versuch der „Sonatina seconda" nicht fortgesetzt. Die dritte Sonatine bestimmte er selbst „ad usum infantis" (zum Gebrauch des Kindes); auch heute noch werden sich viele Eltern hüten, ihr Kind solchen Sonatinen auszuliefern, obwohl sie kunstvoll-schlicht, sehr übersichtlich und in dem kleinen Marsch und der Schlußpolonäse sogar fröhlich musikantisch gehalten ist (erschienen 1916). Eine vierte Sonatine trägt die Bezeichnung „In Diem Nativitatis Christi (zum Geburtstag Christi) 1917"; in ihr scheint ein geistig

Enttäuschter einem Kinde gewollt-schlichte Erinnerungen an die Weihnachtstage seiner Jugend zu erzählen. Die „Sonatina brevis" von 1919, „in freier Nachdichtung von Bachs Kleiner Fantasie und Fuge d-moll" ist zur behutsamen Einführung in den neuen Stil der Musik recht geeignet, — nur darf man, um den Erfolg nicht zu gefährden, keinesfalls Bachs kleines Werk anschließend in der Urgestalt spielen.

Die Versuche Busonis, der Musik neue Ausdrucksmöglichkeiten zuzuführen, erklären sich (wie in der Dichtung und der bildenden Kunst unmittelbar vor dem ersten Weltkriege) vorwiegend aus dem Glauben, die überlieferte Sprache der Tonkunst habe sich erschöpft und bedürfe einer Blutzufuhr. Busoni versuchte eine solche Zufuhr durch gedankliche Künsteleien, aber auch durch Anleihen bei fremdvölkischer Musik: so im „Indianischen Tagebuch" von 1916, „vier Klavierstudien über Motive der Rothäute Amerikas" (der Gleichlauf mit der Südsee-Malerei und der Übernahme von Negerrhythmen im Jazz liegt offen zutage). Daß solche Bemühungen scheitern mußten, liegt nicht so sehr an der schrillen Harmonik dieser die Tonalität preisgebenden, linearen Stücke als vielmehr an der Untauglichkeit des Versuches, einer im europäischen Kulturkreis gewachsenen Tonkunst unfruchtbare Reiser aufzupfropfen.

Um die Gespaltenheit von Busonis Wesen und Ringen zu erkennen, braucht man nur zwei Werke aus seinen letzten Lebensjahren nebeneinanderzusetzen: die auf äußere Konzertwirkung zugeschnittene, allerdings sehr sorgfältig gearbeitete „Kammer-Fantasie über Carmen" (1921 erschienen), also eins der, wie man glauben sollte, gerade für einen so kühl denkenden Musiker wie Busoni längst überwundenen Stücke aus der Gattung der Opern-Paraphrasen, und die ein Jahr später veröffentlichte „Toccata. Preludio, Fantasie, Ciacona" mit ihren kaum erträglichen Härten und rücksichtslosen Klangüberschneidungen, ein Werk, das allem widerspricht, was Busoni zur gleichen Zeit mit Worten kündete. Drei Widersprüche in den gleichen Jahren: Opernfantasie — schneidende Kontrapunktik — neue Klassizität. Welches ist nun der wahre Busoni?

Sehr empfehlenswert — freilich nur aus technischen Gründen — die „Klavierübung", deren fünf Hefte der ebenso überragende wie erfahrene Klavierspieler in den Jahren 1918/22 (zum Teil unter Benutzung früher Geschaffenens) zusammengestellt hat. Ein hervorragendes Studienwerk zur Einführung in die neuzeitliche Klaviertechnik.

* *
*

Die „Fantasia contrappuntistica" liegt auch in einer Ausgabe für „zwei Klaviere" vor und wirkt in dieser weitaus konzertmäßiger als in der sehr hochstehenden zweihändigen Fassung. Weniger umfangreich, doch ebenfalls wertvolle Arbeiten sind die „Improvisation über Bachs Chorallied ‚Wie wohl ist mir'" und das von Busonis Mozartliebe zeugende „Duettino concertante nach Mozart".

MAX REGER

Geboren am 19. März 1873 in Brand (Oberfranken) als Sohn eines Lehrers. Erster Unterricht beim Vater, dann bei Adalbert Lindner und Hugo Riemann. Nach längerer Lehrtätigkeit in Wiesbaden und München wurde er 1907 als Konservatoriumslehrer und Universitätsmusikdirektor nach Leipzig berufen. 1911 leitete er die Meininger Hofkapelle, behielt aber die Lehrtätigkeit in Leipzig bei. Wohnte seit 1914 in Jena. Gestorben am 11. Mai 1916 in Leipzig. Hauptwerke: Orchesterschöpfungen, Konzerte, Kammermusik, Orgelwerke, Chorwerke mit und ohne Orchester, Lieder und Gesänge, Klavierwerke.

Reger war ein vortrefflicher Klavierspieler. Als solcher hatte er allerdings nie den Ehrgeiz, mit Virtuosenprunk zu glänzen: Bach, Beethoven, Schumann, Brahms — das etwa waren die Schutzgeister von Regers Spiel. Und der Klavierkomponist Reger hat sich ebenfalls im wesentlichen an diese vier Großen gehalten. Im wesentlichen, — zuweilen nämlich machte sich der Meister auch Eigentümlichkeiten der Lisztschen Spieltechnik zunutze und übernahm auch wohl dessen freskenhaften Großstil, wenn es seinen inneren Klangvorstellungen geeignet erschien. So entstand ein reiches Klavierschaffen, das im Kern die romantische Welt von Schumann bis Brahms umfaßt, Beethovens leidenschaftliche Kraft hinzunimmt, sie gelegentlich zu Lisztscher Gebärde steigert, das Ganze aber immer stärker mit der an Bach geschulten polyphonen Denkweise des Meisters selbst durchsetzt. Diese polyphone Denkweise wiederum ist jedoch nicht nur linear-thematisch bestimmt, sondern ebenso farbig-harmonisch. Denn Reger hat die Harmonik des 19. Jahrhunderts vielfach noch weit überboten, sie fülliger und farbiger noch gefügt, sie freilich auch noch stärker ihrer Übersteigerung zugeführt.

So nähert er sich oft einer breiten Massigkeit, dann wieder gelegentlich einem fast impressionistischen Schillern, ja, wenn er zuweilen jeden Einzelton einer thematischen Linie harmonisch besonders deutet, so entsteht neben dem Linearen eine akkordische Reihung verwickeltster Art. Es ist nicht immer leicht, Bau und Einzelheiten der Regerschen Klavierwerke zu überschauen, weil sie oft bepackt sind mit Schwierigkeiten aller Art. Doch kaum je hat man dabei den Eindruck des Unechten, Gekünstelten; immer fließt alles so, wie es dasteht, aus dem Erlebniskern Regerschen Wesens. Insofern ist alles echt (von schnell hingeworfenen Gelegenheitsarbeiten muß man billigerweise absehen). Und es kann auch gar nicht anders sein; denn Reger war in allen seinen musikalischen Äußerungen jederzeit ehrlich, und was in ihm nach Klang und Ton verlangte, hat er stets noch durch den Filter eines meisterhandwerklichen Gestaltens gehen lassen, bevor es das Ohr der Öffentlichkeit erreichte. Daß sich nicht jeder von allen Klavierschöpfungen Regers angesprochen fühlt, steht auf einem anderen Blatt. Abgesehen davon, daß die Klavierwerke nicht durchaus gleichwertig sind, liegt es nicht jedem, sich von einer harmonischen Überraschung in die andere stürzen zu lassen, sich bald durch akkordische Massigkeit hindurchzuwinden und bald in duftigen Zierlichkeiten zu bewegen, jetzt eine vielverästelte Rhythmenbildung zu entwirren und gleich darauf durch glatte Abläufe dahinzugleiten, bald das Melodische in allerlei Dickicht erstickt zu sehen und bald eine einfache Blume schlichtester Melodik in der Hand zu halten. Und doch ist alles echt, wahr, ehrlich, ungekünstelt, insofern es eben Regers innerem Wesen entsprossen ist, — echt in der Zerrissenheit, echt im gläubigen Wollen, echt im gemeißelten Können wie im hingebenden Empfinden.

In Regers Klavierschaffen sehen wir das weitaus bedeutendste seiner Zeit. Ja, Reger gehört zu den schlechthin Großen der Klavierkomposition aller Zeiten, auch wenn sein

Schaffen nur zum Teil Ewigkeitswerte birgt. Gerade die Vielspältigkeit des Meisters hat dafür gesorgt, daß jeder seinem Klavierwerk etwas entnehmen kann, was ihn unmittelbar anspricht, — selbst wenn ihn anderes fremd anmutet.

Frühwerke

Die bis zur Jahrhundertwende entstandenen Klavierwerke umschließen überwiegend Kleinbilder nach dem Vorbild von Schumann, Brahms und anderen Romantikern. Insbesondere fühlte sich Reger immer wieder hingezogen zu Brahms, zu dessen Emfindungswelt, Klang und verschleiert polyphonem Denken. Mißt man diese frühen Klavierstücke mit dem Maßstab der späteren großen Schöpfungen, so muten sie nicht bedeutend an; doch erhalten sie mancherlei Feinheiten, die um ihrer selbst willen beachtet zu werden verdienen.

Von den 1894 erschienenen „Sieben Walzern" Werk 11, die auf Wunsch des Verlegers geschrieben wurden, und zwar, wie Reger selbst gesagt hat, „ohne künstlerische Anteilnahme", ist allerdings nur zu sagen, daß sie immerhin besser sind als die meisten der damals von anderen Komponisten geschriebenen Unterhaltungsstücke.

Auch die im gleichen Jahre erschienenen „Losen Blätter" Werk 13 erscheinen noch recht unpersönlich, wenn man von gelegentlichen Wendungen der Harmonik und der Stimmführung absieht. Es sind vierzehn kleine Stücke, meist an Schumann angelehnt (sogar an bestimmte Stücke Schumanns), zuweilen auch an Brahms und andere. Doch so musikalisch, daß ein gelegentliches Durchspielen sich lohnt.

Ganz offenbar Schumanns „Album für die Jugend" nachgebildet sind die kleinen einfachen Klavierdichtungen „Aus der Jugendzeit" (erschienen 1895), eine der besten Nachahmungen des freilich niemals erreichten Schumannschen Werkes.

Schon wesentlich dichter die sieben „Improvisationen" Werk 18 (1896 erschienen). Man hört noch Verwandtschaftliches mit Schumann, mit Brahms, zuweilen mit Grieg; aber man hört darüber hinweg, weil sich in der zupackenden Griffigkeit des harmonisch selbständigwerdenden Satzes, in der Motivverflechtung und besonders in der vielspältigen Stimmung zusehends Eigenes auszusprechen beginnt. Manche dieser Improvisationen vermögen heute noch zu bestehen.

Früher, aber nun bereits vollgültiger Reger, die „Fünf Humoresken" Werk 20 (1898). Der Form nach sind sie einander insofern ähnlich, als jedesmal ein ruhiger Mittelsatz von einem bewegteren Hauptteil umschlossen wird. Zwischen wildem und wehmütigem Humor, zwischen zärtlichem Lächeln und handfester Heiterkeit wechseln die Stimmungen. Es fehlt auch nicht an den (später übertrieben verwendeten) Anspielungen; so beantwortet im Andante der zweiten Humoreske die Oberstimme eine „falsche Dissonanz" der Mittelstimme mit einem spöttischen „Du bist verrückt, mein Kind". Auch die anderen Humoresken sind nicht rein musikalisch gefaßt, sondern haften an irgendwelchen Vorstellungen. Welcher Art diese sind, ist nicht bekannt; und das ist gut so, weil die Stücke völlig durch sich selbst zu wirken vermögen mit ihren teilweise schroffen, jedoch begründeten Gegensätzen, mit ihrem Wechsel von gelockertem Klaviersatz und verdichteten Akkorden, mit ihrem Klangsinn und ihrer motivischen Arbeit. Sehr schön die Wirkung, wenn Reger z. B. in der fünften Humoreske den Hauptteil zunächst duftig und prickelnd hält (abgesehen von einigen dreinfahrenden Fortissimo-Griffen), als Gegensatz einen volltönenden akkordischen Mittelteil einschiebt und dann der Hauptteil-Wiederholung einen spritzigen, behende trippelnden Kontrapunkt in Staccato-Sechzehnteln gesellt.

Ganz anders die im gleichen Jahre geschriebenen „Sechs Stücke" Werk 24 (Valse impromptu, Menuett, Fantastische Träumerei, Moment musical, Gesang der Nacht, Rhapsodie). Französisch der Titel („Six Morceaux pour le piano composés par M. R“), französisch auch die Bezeichnung der meisten Einzelstücke, im Satz teilweise an den — Reger durchaus wesensfremden — Chopin angenähert, dann wieder (in der Rhapsodie) bewußt eine Nachbidung von Brahms' Klaviersprache, alles gekonnt, aber auf äußere Wirkung angelegt, nicht erlebt. Wollte sich der junge Komponist mit diesen Stücken in weiteren Kreisen bekannt machen?

Zu den frühen Werken gehören auch die „Aquarellen“ Werk 25, obwohl sie erst 1902 veröffentlicht wurden. Es handelt sich um fünf kleine Tonbilder (Canzonetta, Humoreske, Impromptu, Nordische Ballade, Mazurka), in denen eine durchaus schon Regersche Satzweise mit Griegs lyrischer Welt eine eigentümliche Verbindung eingeht.

Die „Sieben Fantasie-Stücke“ Werk 26 sind 1898 entstanden. Erscheinen sie auch nicht sehr eigengeartet, so zeigen sie doch den umfangreichen Erlebniskreis des Werdenden in der gebundenen, gleichwohl durchsichtigen „Elegie“, in der anmutigen Beweglichkeit des „Scherzos“, im weichen Gleiten der „Barcarole“, in der dahinhuschenden, aber auch derb zupackenden „Humoreske“, in der tief atmenden „Resignation“, in dem leidenschaftlich glühenden „Impromptu“ und in dem gegensatzreichen „Capriccio“. Über der „Resignation“ steht der Todestag von Brahms, Ausdruck und Satzart entsprechen manchem Brahms-Intermezzo, die Schlußtakte greifen das Andantethema aus des geliebten Meisters vierter Sinfonie auf. Doch auch die übrigen Stücke knüpfen an Brahms an.

In den 1899 geschriebenen „Sieben Charakterstücken“ Werk 32 tobt und wühlt es mächtig. Die aufrührerische Stimmung ist echt; nur vermag man aus der Musik noch nicht recht zu erkennen, ob sie sich gegen innere oder äußere Fesseln richtet. Wütender Trotz in der „Improvisation“ (gleich die ersten Takte möchten alles einreißen), zorniges Lachen im Wechselspiel der Hände im „Capriccio", heiteres Drohen in den dynamischen Gegensätzen der „Burleske", leidenschaftliche Nachtstimmung im fis-moll-„Intermezzo", Leid und Schmerz im a-moll-„Intermezzo", fast grimmiger Eigensinn in der „Humoreske", denkbar wilde Gegensätze in dem bald dröhnend-rollenden, bald beklemmend schwebenden „Impromptu".

Zierlich und launig dagegen die „Bunten Blätter" Werk 36, — und doch im gleichen Jahr entstanden wie die gärenden „Charakterstücke". Wie duftet es in diesen neun kleinen Bildchen, wie reiht sich eines zärtlich an das andere, wie fein ist Spieltechnisches mit Dichterischem verwoben! Spieltechnisch fesselt vor allem die sinn- und wirkungsvolle Übernahme Lisztscher Eigentümlichkeiten wie das ablösende Zusammenwirken beider Hände bei geschwinden Akkord- oder Oktavengängen; aber nirgends wird diese leichte Virtuosität Selbstzweck. Jetzt tauchen auch immer wieder einmal laufende Mittel- oder Gegenstimmen auf, die das Bild bereichern und lebendig machen. Zum ersten Male begegnen wir nun neben Charakterstücken (Humoreske, Albumblatt, Träumerei usw.) auch einer altklassischen Form: der Gigue.

Innerlich und äußerlich gehören die „Zehn leichten Vortragsstücke" Werk 44 in die gleiche Reihe (entstanden 1900). Wiederum kleine Tonbildchen, meist Charakterstücke (Albumblatt, Es war einmal, Moment musical usw.), aber auch altklassische Formen wie Gigue und nun sogar eine Fughette (diese bezeichnenderweise schon im Thema chromatisch), wieder zuweilen das spieltechnische Ablösen der Hände, vor allem: wirkliche kleine Dichtungen. Reger brauchte nicht so bescheiden zu sein, sie als für den „Gebrauch beim Unterricht" bestimmt zu bezeichnen.

Aus den zahlreichen Frühwerken Regers (also etwa bis zur Jahrhundertwende) mit ihrer Fülle von Gesichten, angefangen von lockerem Frohsinn und endend mit leidenschaftlich-düsteren Seelengemälden, ragen die „Sechs

Intermezzi" der Werkzahl 45 (1900) besonders hervor. Sie gehören zu den stärksten Spiegelungen des Romantischen (Spätromantischen) in des Meisters Art. Wir sahen schon, wie Reger immer wieder unter den Einfluß der großen Romantiker gerät. In den Intermezzi nun bekennt sich die romantische Seite seines Wesens noch einmal nachdrücklich zu den Vorbildern, übersteigert jedoch das Bekenntnis so stark, daß unversehens das Eigene mit ungeheurer Kraft und Leidenschaft daraus hervorspringt. Man spürt es bereits in der Art des Satzes; dieser reicht nun von dichter akkordischer Ballung bis zum virtuosen Figurenspiel. Mächtig, fast übermächtig die Sprache (besonders harmonisch). Eine gewaltige Umschmelzung geht in dem Meister vor. Das zeigt sich deutlich daran, wie er die Anregungen nur noch äußerlich übernimmt (die Intermezzi von Brahms), sie aber in wachsender Selbständigkeit gestaltet. Nr. 1 (d-moll) mit seinen Oktaven- und Akkordsynkopen bekennt sich noch stärker zu Brahms. Nr. 2 (b-moll) ist in Klang und vielfach in der Spieltechnik von Liszt her beeinflußt, in seinen heftigen Ausbrüchen aber bereits ein echter Reger. Nr. 3 (es-moll) trägt zwar eine Schumannsche Bezeichnung, ist jedoch mit seiner leidenschaftlichen Zerklüftung, schneidenden Schärfe (vergl. besonders den Schluß) und rhythmischen

Vielfalt (Beispiel 1 gibt den Beginn) durchaus eigengewachsen. Auch Nr. 4 (C-dur) trägt wesentliche Merkmale Regers:

„So schnell als möglich, mit Humor“, unvermutete, gleichwohl sinnvolle harmonische Schärfen, heftige dynamische Gegensätze, ständiges Ansetzen im pianissimo und schnelles Anwachsen zum fortissimo (am Schluß sogar zum ffff mit nachfolgendem Crescendo!), wilde Kraft im ablösenden Akkord- und Oktavenspiel und zwischen all diesen Äußerungen eines humorvollen Wetterns ein ganz zartes, schmerzlich-modulierendes „Quasi andante sostenuto“. Nr. 5 (g-moll) zeigt bereits in den ersten Takten (Beispiel 2) die ungeheure

2 Mit großer Leidenschaft und Energie

Spannweite folgerichtigen harmonischen Erlebens und Gestaltens; überhaupt ist dieses Intermezzo wohl das dichteste von allen, obwohl es scheinbar aus ganz verschiedengearteten Gedanken besteht. Außerordentlich gestrafft ist Nr. 6 (e-moll) mit seinem gehämmerten, in schnellstem Zeitmaß dahinjagenden, in Terzverwandtschaften und Chromatik schillernden Hauptteil und dem ständig modulierenden ruhigeren Mittelsatz.

Wenige Monate später schrieb Reger die sieben „Silhouetten“ Werk 53. Als fühle er sich nun nach den „Intermezzi“ sicher, den übermächtigen Einfluß der Romantiker überwunden zu haben, verabschiedet er sich jetzt von den Vorbildern und zeichnet deren liebgewordenen Umriß noch einmal dankbar nach: Schumann, Chopin, Brahms und Grieg tauchen empor (Grieg sogar mit einem deutlichen Nachbilden seines lyrischen Stückes „An den Frühling“ in der dritten Silhouette). Doch vermögen die sieben Tonbilder sehr wohl für sich zu bestehen; es sind klingende Kostbarkeiten von hohem Geschmack und feinem Satz.

Wesentlich schlichter die „Kleinen Kompositionen" der Werkzahl 79a, zehn gestichelte Tonbildchen (Humoresken, Intermezzi, Melodien usw.), nicht eben bedeutend, aber ansprechend in ihrer lichten Anmut.

Der Erwähnung bedürfen unter den Frühwerken schließlich noch die „Kanons durch alle Dur- und Molltonarten" (1895, ohne Werkzahl). Es handelt sich um 63 zwei- und 48 dreistimmige Kanons in den verschiedensten Abständen und Bewegungen, deren Thematik Reger teilweise aus bekannten Stücken (Volksliedern, Sonatinen) übernommen hat. Der junge Komponist hat sie zu Lehrzwecken geschrieben, wie er im Vorwort selbst sagt, für „eine vollständig gleiche Ausbildung der Hände", als „ein nicht nur die technischen Zwecke, sondern auch das musikalische Verständnis förderndes Werkchen für den Schüler". Man erinnert sich bei diesen Worten unwillkürlich an Bachs Bemerkungen zu den Inventionen. Die 111 Kanons sind freilich mehr als „Vorübungen" für das polyphone Spiel; wer sie zu spielen und darzustellen vermag, darf sich getrost an größere Werke wagen.

Werke der Reife

Im Jahre 1904 schrieb Reger die „Variationen und Fuge über ein Thema von Joh. Seb. Bach" (Werk 81). Soviel er zuvor auch für Klavier geschaffen hatte, so bedeutende Einzelheiten sich in den Frühwerken bis zum Jahre 1901 finden, — erst jetzt, mit den Bach-Variationen, schuf er sein Meisterwerk, und nun gleich ein Werk, um dessentwillen man ihn unter die größten Klavierkomponisten überhaupt einreihen darf. Ja, unter den Werken dieser Gattung gibt es nur ganz wenige, die einen ähnlich hohen Rang einnehmen. Schwer zu sagen, was man an dieser Klavierschöpfung am meisten bewundern soll: die selbstschöpferische Variierungskunst, die Eindringlichkeit der vollen Sprache, die Kraft des Gedankens, die oft religiöse Tiefe des Erlebens, das sichere Gestalten (alle früheren Einflüsse sind ebenso eingedämmt wie die wilden Ausbrüche eigener Leidenschaft), — alles das zusammengenommen bildet Gehalt und Gestalt des Werkes. Wollte man noch Äußeres hervorheben, so vielleicht den durchaus klaviermäßigen Satz, der von strenger Stimmigkeit bis zum Virtuosen reicht, sich gleichwohl dem Gesetz der einheitlichen Wirkung unterwirft und niemals zum Selbstzweck wird. Daß die Variationen und die Fuge so einheitlich wirken, ist um so mehr zu bewundern, als Reger ganz verschiedenartigen Variationsgrundsätzen nachgeht: bald ist das Thema erhalten, bald wird es umgeformt, bald verschwindet es fast ganz und wird durch eine Fantasie über die Grundstimmung ersetzt. Zwischen Fuge und Thema motivische Beziehungen herzustellen, dürfte überhaupt unmöglich sein, und doch erscheint die Fuge als durchaus folgerichtiger Abschluß. Das vielgestaltige Thema (Beispiel 3 gibt nur die Anfangstakte)

3 Andante

stammt aus einem Duett der Bach-Kantate „Auf Christi Himmelfahrt allein ich meine Nachfahrt gründe". Diese Melodie (ursprünglich Oboe) prägt sich schwer ein und wäre aus diesem Grunde für das Variieren nicht eben besonders geeignet; aber Reger kam es wohl mehr auf die Stimmung (vielleicht auch auf die der Textworte?) an. Zunächst freilich behält Reger das Thema bei: melodisch und harmonisch wird es in der 1. Variation nicht verändert, sondern nur mit leicht umgestalteten Gegenstimmen versehen, und auch in der zweiten Variation bleibt es erhalten, während die Gegenstimmen durch Veränderung des Rhythmus (Triolenwirkung durch Einführung des 18/16-Taktes) noch strömender erscheinen und der Satz durch Oktaven und Akkorde sowie durch dynamische Steigerung gegen Schluß zu machtvollem Klang anschwillt. Völlig anders die 3. Variation: der Beginn (Beispiel 4, zu beachten auch die Metronom-Ziffer) hat mit

dem Thema als solchem nichts mehr zu tun; dieses taucht vielmehr nur noch bruchstückhaft im sechsten Takt und in den letzten Takten auf. Die ganze Variation ist nur eine ausdrucksstarke, zwischen ppp und fff ausgebreitete Nachdichtung der eigenen Stimmung des Meisters. In der 4. Variation schließt sich Reger wieder genau an den Aufbau des Themas an, umkleidet es jedoch mit Vorhalten, Zwischenfiguren und leicht virtuosem Beiwerk. Die 5. Variation bringt den Themenbeginn in starker Verkürzung und läßt ihn auf mancherlei Tonstufen immer neu erklingen. In der 6. Variation erscheint der Anfang des Themas in mächtigen Sprüngen, virtuos in Klang und Grifftechnik. Die 7. Variation hebt sich von der 6. scharf ab: langsames Zeitmaß, fast durchweg leise, nur Teile des Themas, die mählich von einer harmonischen Stufe auf eine andere gehoben werden. Dieses harmonische Gleiten bereitet innerhalb der gesamten Variationsreihe etwas Neues vor: mit der 8. Variation verläßt nämlich Reger zum ersten Male die Grundtonart h-moll und geht nach C-dur über. Quadernhaft der Aufbau dieser dröhnenden Variation: viermal setzt der Themenbeginn in Baßoktaven ein, zu mächtiger Gegenbewegung der punktierten Akkorde in der rechten Hand, viermal schäumt die Kraft in Harmonie- und Figurenbrechungen weiter, aber viermal wird sie durch die Gebärde des Beginns gewaltig wieder eingefangen. Die 9. Variation zeichnet das Gerüst des Themas erneut auf, leise schwebt die Melodie über dem samten schillernden Untergrund der in weiten Akkordgriffen dahinfließenden harmonischen Wendungen. Die 10. Variation bringt das Thema in Baßoktaven, und zwar melodisch vergrößert (statt der ursprünglichen Engstufigkeit in Dreiklangschritten, die Tonart ist gis-moll), und die 11. Variation gibt bald kleine, bald größere Thementeile in ausdrucksvoller Mischung (cis-moll). Ruhig und verhalten dichtet Reger in der 12. Variation zunächst wieder seine eigene Stimmung nach (vergl. Nr. 3) und kehrt erst im Verlauf zum Thema zurück (H-dur). Mit der 13. und 14. Variation wird dann auch die Grundtonart h-moll wieder aufgenommen, beide Variationen stark auf spielerischen Glanz und prunkenden Klang gestellt, beide ausklingend im fffz. Reger braucht diesen dröhnenden Ausklang der Variationen, um die nun einsetzende F u g e — wie er es oft liebt — ganz leise, ja kaum wahrnehmbar beginnen lassen zu können: nicht nur pianissimo, sondern noch „una corda". Das Wesen der Fuge — oder vielmehr der Doppelfuge — läßt sich an wenigen Takten aufweisen. Die erste Hälfte baut sich streng über dem Hauptthema auf (Beispiel 5), ruhig, gemessen, stimmig,

5 Sostenuto

alle Steigerungen innerlich bedingt. Der zweite Teil (beginnend mit dem 79. Volltakt) nimmt sein Thema aus der Urgestalt des ersten Themas, ist aber rhythmisch bewegter und wächst bald in klangliche und harmonische Breite und Mächtigkeit. Immer vollgriffiger wird der Satz, die Themen werden im fff mit Oktaven vorgetragen und türmen sich bei ständiger Verbreiterung des Zeitmaßes riesenhaft übereinander (Beispiel 6 gibt einen Ausschnitt: erstes Thema in den

6

Baßoktaven, zweites Thema in akkordisch gefüllten Oktaven der rechten Hand, dazu Engführungen). Das Werk verhallt in vierfachem Forte und breitestem Zeitmaß. Ein herrliches Spiegelbild der Persönlichkeit des Meisters; strengste Stimmigkeit als Ausdruck gläubiger Innerlichkeit und scharfen Denkens, ausladende Klangentfesselung als Widerspiel seiner nachromantischen, fast schon überlauten Freude an prunkenden Farben und Massen.

Mit dem Werk 82 „Aus meinem Tagebuch" führt uns Reger nach der gewaltigen Tat der „Bach-Variationen" unvermutet in den stilleren Bereich der Hausmusik. Diese kleinen Stücke sind zu verschiedenen Zeiten entstanden: Heft I mit zwölf Stücken 1904, Heft II mit zehn Stücken 1906, Heft III mit sechs Stücken 1911 und Heft IV mit sieben Stücken 1912. Sämtliche Stücke zeichnen sich dadurch aus, daß sie — im Gegensatz zu ähnlichen früheren Werken — durchaus eigengewachsen anmuten und nicht mehr unter dem übermächtigen Einfluß der großen romantischen Meister stehen. Wohl spürt man zuweilen „Ähnlichkeiten“ mit Chopin, Schumann, Brahms und anderen; aber jetzt ist das nicht mehr Abhängigkeit, sondern ein bewußter Gruß an die Vorbilder von einst. Weitaus am stärksten die zwölf Stücke des ersten Heftes. Von diesen ist das fünfte (später „Gavotte“ genannte) ein kleines Tanzbildchen, das sich eine „Reger-Gemeinde“ geschaffen hat; besonders reizvoll die bei Reger gewiß nicht häufigen liegenden Bässe des Musette-Mittelteils. Doch auch die übrigen Stücke dieses Heftes verdienen Beachtung, etwa die schwebende Nachtstimmung des F-dur-Sostenuto (Nr. 6) oder die gefühlsechten, warmen Bilder der Nummern 11 und 12 (Beispiel 7).

7 Larghetto

Die vier Hefte bilden insofern zwei Gruppen, als die Stücke von Heft I und II nur durch Zeitmaßangaben überschrieben sind, während in den Heften III und IV alle Stücke mit regelrechten Überschriften versehen wurden (Lied/Humoreske/Fuge/Silhouette usw.). Hat Reger gespürt, daß er in den späteren Heften „nachhelfen“ mußte? Jedenfalls sind die Stücke des ersten Heftes durchweg ursprünglich und frisch, während man in manchen späteren Stücken mehr das Wollen als das Vollbringen hört. Und doch befindet sich auch unter ihnen kein einziges ausgesprochen schwaches Werk. Hervorzuheben sind etwa das kraftvoll jagende Vivacissimo (Nr. 8) des II. Heftes, die zierlich anmutende Gavotte (Nr. 3) aus Heft III, die fließende Arabeske (Nr. 4) des IV. Heftes. Durch das „Tagebuch“ wird sich auch der mit Regers Stil noch nicht Vertraute bald angesprochen fühlen: der Satz ist (verhältnismäßig) locker, der Ausdruck schlicht und eindeutig.

In die gleiche Reihe gehören die vier „Sonatinen" der Werkzahl 89 (die ersten beiden 1905, die übrigen 1908 geschrieben), vier Arbeiten, die den abgegriffenen Namen „Sonatine" wieder geadelt haben. Klarer Inhalt und durchsichtiger, gleichwohl „Regerscher" Satz, die bei dem Meister so oft zu beobachtende Mischung von Einfachheit und Fülle kehren auch in diesen vier Sonatinen wieder. Die erste steht in e-moll: im Hauptsatz (Beispiel 8 gibt den Beginn)

8 Allegro moderato e con espressione

fesselt die eigentümliche Verbindung von homophoner und stimmiger Sprache, im zweiten Satz stehen fast mozartische Andante-Variationen, auch das geistvolle Schlußvivace könnte man als „modernen Mozart" bezeichnen. Die D-dur-Sonatine erinnert ebenfalls an Mozart in der durchsichtigen Feinheit des Kopfsatzes, im stillen Fließen des F-dur-Andantinos, in der selbstverständlichen Einfallskraft des Scherzos und der feinen Fügung des Schlußsatzes. Die F-dur- und die a-moll-Sonatine erreichen nicht immer die Höhe der zuerst genannten Werke; doch sind sie so vortrefflich gearbeitet, daß man sie preisen würde, wenn Reger in den ersten beiden eben nicht noch bessere Werke geschrieben hätte. Auf jeden Fall gehören alle vier Sonatinen zu den wichtigsten Frühschöpfungen der neueren Klaviermusik.

Von den „Sechs Präludien und Fugen" Werk 99 (1907) möchte man sagen, Reger habe mit ihnen zeigen wollen, daß man neuen Geist in alte Formen bannen könne, ohne besonderen äußeren Aufwand treiben zu müssen. Es sind durchweg Stücke der Stille, des beseelten Nachtastens zeichnerischer Werte, des geistigen Auskostens ineinandergreifender Gedanken. Und doch: welche Vielfalt der Stimmungen, welcher Reichtum des Erlebens! Im D-dur-Präludium (Beispiel 9) zierlich-anmutige Spielfreude an

9 Vivace con grazia

Akkordbrechungen, eine Freude, die im a-moll-Präludium in rollendem, inventionsartig gesetztem Laufwerk wiederkehrt (ähnlich im G-dur-Präludium). Verästelter das e-moll-Präludium mit seiner ausdrucksvollen Chromatik. Fesselnd das d-moll-Präludium, das so schön von Stimmung zu Stimmigkeit gleitet. Das h-moll-Präludium endlich nimmt die französische Ouvertüre zum Grundriß, entwickelt die beiden Hauptteile aus dem gleichen motivischen Kern (Beispiel 10 und 11), das erste Mal klagend, dann jedoch köstlich humor-

10 Largo 11 Allegretto

voll. Auch die Fugen umschließen verschiedenartige Stimmungen. Zwei davon sind wie Giguen gestaltet: die in D-dur mit einem hüpfenden, die in G-dur mit einem chromatischen Thema; alle übrigen Fugen haben langsames, mindestens gemäßigtes Zeitmaß. Auch hier fehlt natürlich nicht die Chromatik (natürlich, weil Regers Vorliebe für harmonische Modulationen notwendig zur Chromatik führen muß). Es fehlt auch nicht die Doppelfuge. Wir geben zwei Takte aus dem d-moll-Werk (Beispiel 12), die Reger kennzeichnen:

12 Moderato

Hauptthema in der Oberstimme mit echter Reger-Zeichnung von zwei gebundenen und zwei Staccato-Noten (zweiter Volltakt), zweites Thema im Baß, und zwar chromatisch im ganzen Ablauf. Übrigens führt diese Doppelfuge auch klanglich zu mächtiger Steigerung.

Die 1910 geschriebenen „Episoden, Klavierstücke für große und kleine Leute" Werk 115 gehören zu den Charakterstücken etwa nach der Art des „Tagebuches". Es ist eigentlich erstaunlich, wie sicher Reger die beiden großen Stilarten, die er beherrscht, das Polyphone und die spätromantische Homophonie auseinanderzuhalten weiß. Gerade bei den „Episoden" ist das romantische Charakterstück so echt nachgeformt, daß man überhaupt nicht mehr an Reger

13 Andante

als den bedeutendsten Meister der neueren Polyphonie denkt (vergl. Beispiel 13, den Anfang des ersten der acht Stücke).

Eine gewisse Schwierigkeit liegt in dem harmonischen und rhythmischen Reichtum der „Episoden". Der Satz ist durchweg reich und voll, auch fehlen nicht Huldigungen an die Vorbilder von einst (der Anfang von Nr. 4 mutet an wie von Brahms). Neben versponnenen Schwärmereien — etwa 1, 2 und 4 — stehen kraftvolle Ausbrüche wie das scherzoartige Vivace Nr. 6 und neckische Heiterkeiten wie das d-moll-Vivace Nr. 7. Die Satzart hat sich gegenüber dem „Tagebuch" verdichtet und zugleich verfeinert.

Die 1914 geschriebenen „Variationen und Fuge über ein Thema von G. Ph. Telemann" Werk 134 unterscheiden sich grundsätzlich von Regers Bach-Variationen. Das frühere Werk ist erfüllt von tiefsinnigen Gedanken und einer zuweilen religiösen Inbrunst; demzufolge wird das Thema vorwiegend als Anlaß zu eigenwilliger Nachdichtung herangezogen. Die Telemann-Variationen dagegen sind hell, diesseitig und klar in der Haltung; dementsprechend bleibt das Thema in den Variationen (nicht so in der Fuge) stets Träger des Geschehens. Die Bach-Variationen erscheinen daher als romantisch im tiefsten Sinne, die Telemann-Variationen aber als klassisch, und zwar nach Form und Inhalt. Ob der abermalige Wandel in Regers Wesen, wie ihn dieses Werk offenbart, der letzte gewesen wäre, wenn der Tod den Meister nicht so früh abberufen hätte, ist schwer zu sagen; doch selbst als Zwischenstufe hat die neue Art des Erlebens und des Ausdrucks besondere Bedeutung: sie kennzeichnet die Abkehr von aller Überfracht geistiger, seelischer und auch klanglicher Art, ist ein Bekenntnis zu „neuer Klassizität". Man braucht nur einen flüchtigen Blick auf die Telemann-Variationen zu werfen, um zu erkennen, daß ein ganz anderer Reger am Werke ist als der der Intermezzi und der Bach-Variationen: es herrschen wieder die Gesetze der einfachen Harmonie und Melodie wie des einfachen Rhythmus, das Variieren besteht aus spielerisch schmückendem Verändern, nicht mehr aus völliger Umdeutung des musikalischen Stoffes, klar wie das Notenbild ist auch die innere Haltung. Ohne weiteres deutlich wird dieser Variationsstil, wenn man die ersten vier Takte des Themas (Beispiel 14) — es stammt aus Telemanns kammermusikali-

14 Tempo di Minuetto

schem Werk „Tafelmusik" — vergleicht mit dem Beginn der 1. Variation (Beispiel 15), aus denen der vorklassische und

15

klassische Variationsstil hervorleuchten. Die 2. Variation figuriert ähnlich, geht nur auf Zweiunddreißigstel-Bewegung weiter. In gleicher Weise gehören die nächsten beiden Variationen zusammen: die 3. gibt in Achteltriolen, die 4. in Sechzehnteln Akkordbrechungen, und zwar jedesmal mit leittonartigen Vorhalten. Es folgt abermals eine Gruppe, nämlich in Doppelgriff-Triolen; diese wechseln bei Nr. 5 von der einen zur anderen Hand, und erscheinen in der 6. in beiden Händen gleichzeitig. Leise herabrieselnde Sextolen zu weiten Akkordbrechungen in Triolen der linken Hand kennzeichnen das Wesen von Nr. 7. In der 8. Variation bedient sich Reger wieder einmal Lisztscher Spieltechnik beim schnellen Ablösen der Hände (Beispiel 16), während die 9. mit ihren beidhändigen Sprüngen an manche Paganini-Variation von Brahms erinnert. Nr. 10 und 11 gehören wieder zusammen: es sind die ersten langsamen Variationen; die eine chromatisch, die andere ebenfalls von Halbton-Schritten und -vorhalten stark

16

durchsetzt, beide empfindungstiefe Kostbarkeiten. In Nr. 12 wechseln Akkord- bzw. Oktavgriffe unablässig mit schnellen Doppelgriffen, ein prächtig virtuoses Scherzo. Schneller Wechsel auch in Nr. 13, wo eine Sechzehntelfigur unablässig von einer Hand zur andern huscht, jeweils abgeschlossen von einem zierlichen Stakkatoschlag, fast durchweg pianissimo. Nr. 14 nimmt die Melodie Telemanns betont spitz und deutlich wieder auf, dazu rollende Sechzehnteltriolen und straffe Akkorde. Dann folgen drei langsame Variationen. Nr. 15 in sanft gleitender Bewegung, Nr. 16 akkordisch voller und gleichwohl verhalten in tiefer Innerlichkeit, Nr. 17 durch sanft schwebende Triolen ausgeziert. 16 und 17 stehen in b-moll; diese Tonart wird auch in Nr. 18 beibehalten, jedoch schnelleres Zeitmaß, ständiger Wechsel von Oktaven bzw. Akkorden und geschwind geharften Akkordbrechungen, die den Oktaven bald folgen und bald vorangehen. Nr. 19

17 Vivace

(B-dur) eine duftige Oktavenstudie und Nr. 20 eine Doppel griffstudie für die rechte Hand, beide feinste dichterische

Gebilde. Dann zwei glitzernde Virtuosenstücke: Nr. 21 mit beidhändigen weiten Oktavenbrechungen, Nr. 22 mit gestrafftem Doppelrhythmus (Beispiel 17); beide prachtvoll in der Wirkung. Großartiger noch die 23. Variation mit der mächtigen Akkordik im Hauptteil als Gegensatz zu dem verschleiernden Ineinandergreifen beider Hände im Zwischensatz. Eine ergreifende Überleitung (Molto adagio), harmonisch reich, tief nachdenklich in den halbtonweise dahingleitenden Baßoktaven, sehr leise, doch ausdrucksvoll, führt zur Schlußfuge. Die Vorschriften Regers für den Beginn des Themas (Beispiel 18) sind ganz genau und wörtlich

18 Vivace con spirito

zu nehmen: ppp, also pianissimo possibile, d. h. so leise wie möglich, dazu noch „una corda", — fast unhörbar muß das Thema vorgetragen werden. Denn Fugen dieser Art steigern sich bei Reger nicht nur architektonisch, also durch das Hinzutreten und Verschlingen neuer Stimmen, sondern auch klanglich: diese Fuge endet nach wildem Hämmern synkopierter (oder wenn man lieber will: nachschlagender) Oktaven beider Hände im dreifachen Forte. Das mag auf „äußere Wirkung berechnet" sein (das gleiche gilt für das wirkungsbewußte Einsetzen von Vergrößerung, Engführung usw.); aber es ist folgerichtig, weil das Telemann-Thema selbst ebenfalls nach außen gewendet, glanzvoll und diesseitig ist. Damit im Zusammenhang steht die homophone Tönung mancher Einzelheiten. Einmal sieht es so aus, als wolle sich die Fuge zur Doppelfuge weiten; doch scheint dieser kurze Abschnitt nur eingefügt zu sein, um die weitere Steigerung zu unterbauen.

Mit den zwölf kleinen Klavierstücken der „Träume am Kamin“ Werk 143 (1916) träumt sich Reger noch einmal zurück in die Welt des „Tagebuches“ und ähnlicher Charakterstücke. Es sind zierlich-anmutvolle Gebilde, schon fast verklärt in ihrem feinen Empfinden, sehr reif in der selbstverständlichen Leichtigkeit, mit der auch Verwickeltes ausgesprochen wird. Dabei im einzelnen sehr unterschiedlich. Der erste — und zugleich Regers letzter! — Gruß gilt Brahms (vergleiche Nr. 1 mit dem langsamen Satz der f-moll-Sonate von Brahms); aber auch Schumann und Chopin werden nicht vergessen. Und doch ist alles Reger, und zwar ebenso in der modulatorisch reichen Harmonienfolge (Nr. 9) wie in der scherzenden Heiterkeit (Nr. 10), im vergnüglichen Spaß (Nr. 8 benutzt nur die weißen Tasten) wie im stillen Sinnen und Träumen der langsamen Stücke. In den vergangenen Jahrzehnten ist nur wenig Klaviermusik (vor allem für das Haus) entstanden, die sich neben dem inneren Adel und dem edlen Satz der „Träume am Kamin“ behaupten kann.

Werke für Klavier vierhändig

Reger hat schon sehr frühzeitig Werke für vierhändiges Klavierspiel geschrieben. Auch in ihnen knüpft er bei den Romantikern an (vor allem Schubert und Brahms). Die vierhändigen Stücke sind nicht eben leicht zu spielen (die „Burlesken“ geben selbst tüchtigen Pianisten einiges zu knacken), aber überaus förderlich, geschmackbildend und oft recht wirkungsvoll.

Im Jahr 1890 entstanden die „Walzerkapricen“ Werk 9 und die „Deutschen Tänze“ Werk 10, durchweg kurze Stücke, inhaltlich nicht gleichwertig, aber sorgfältig gearbeitet, wenn auch vielfach — gemessen am Inhalt — etwas überladen. Sehr reizvoll das motivische

Spiel und die rhythmischen Bildungen. Schon in den Walzerkapricen findet sich dieses Ablösen und Ineinandergreifen der Motive, dieses Gegeneinander verschiedener Motivbildungen (vergleiche Nr. 2), das Nebeneinander andersartiger Rhythmen (Nr. 10). In den Deutschen Tänzen wird das „Secondo“ stärker auf Begleitaufgaben zurückgedrängt, um so deutlicher tritt dafür das Harmonische hervor, während die motivische Arbeit im „Primo“ womöglich noch dichter wird. Nr. 13 bringt sogar einen Kanon in der Gegenbewegung (Beispiel 19, vier Systeme auf zwei zusammengezogen). Im letzten der zwanzig Deutschen Tänze werden Bruchstücke

19 Andantino non troppo

aus den vorangehenden Stücken zu einem vergnüglichen Mosaikbildchen zusammengesetzt. — In die gleiche Reihe gehören die „Sechs Walzer“ Werk 22 (1899); nur ist hier die Tonsprache viel gelöster und freier. Eine Perle stellt der letzte Walzer dar mit seinem melodischen Schwung und dem prachtvollen harmonischen Dahingleiten. — Ebenfalls aus dem Jahre 1899 stammen die „Cinq pièces pittoresques“ Werk 34, fünf Charakterstücke mit allerlei kniffIichen Aufgaben für technisch gewandte, aber zugleich geistvolle Spieler, die den Witz mancher Stellen wirklich darzustellen wissen.

Ein ganzes Feuerwerk heiterer Einfälle prasselt los in den „Sechs Burlesken“ Werk 58 (1901). Es handelt sich um scherzoartige Sätze von durchweg sehr schnellem Zeitmaß, hakeligwiderborstigen Rhythmen und Modulationen, schwungvoll, unbeschwert und ausgelassen. Freilich sehr schwer zu spielen, prächtige Stücke für den Konzertsaal. Wie urgesund Reger seinen derben Humor sprudeln lassen konnte, lehrt besonders Nr. 6, wo der „Liebe Augustin" weidlich durch allerlei „Fremdharmonien" geschlenkert wird.

Ganz anders die „Sechs Stücke" der Werkzahl 94 (1906). An Tiefe des Ausdrucks und Meisterschaft des Satzes bestehen sie unschwer neben den bedeutendsten Werken der Gattung. Inhaltlich gehören die Stücke zusammen und sie bilden — wenn man einmal von der Form absieht — eine gedankentiefe, empfindungsstarke Klaviersinfonie. Die meisten stehen in langsamem Zeitmaß (allerdings von bewegteren Teilen durchsetzt); nur eines ist ein Vivace. Homophonie und Polyphonie (Nr. 6 ist eine Doppelfuge), die Reger immer streng auseinanderhält, erscheinen nur als verschiedene Ausstrahlungen des gleichen Wesenskerns. Hervorzuheben der ausdrucksvolle balladenhafte Hauptteil von Nr. 1 (Andante sostenuto), das feine Motivspiel von Nr. 2 (Andante con moto), das herrlich singende Larghetto Nr. 3 mit dem dahinhuschenden Zwischensatz, das glanzvolle Treiben im b-moll-Vivace Nr. 4, das dichte Gewebe des e-moll-Andantes Nr. 5 und die mächtige Überkuppelung des Ganzen durch die gegen Schluß riesenhaft im Klang sich aufreckende Doppelfuge.

Werke für zwei Klaviere

Es gibt nicht viele Meisterwerke für zwei Klaviere. Reger hat die Gattung gleich mit zwei Riesenschöpfungen bereichert. Wir sehen dabei ab von den „Variationen und Fuge über ein Thema von Mozart"; denn sie sind ursprünglich für Orchester geschrieben (vergleiche „Schumanns Orchesterbuch") und dann erst von Reger für zwei Klaviere übertragen worden. Freilich, sie zu spielen ist ein Genuß, der wahrlich nicht geringer ist als der bei den

„eigentlichen“ Werken dieser Art: den „Beethoven-Variationen“ und der „Introduktion, Passacaglia und Fuge“.

Die „Variationen und Fuge über ein Thema von Beethoven“ Werk 86 (1904) nehmen die 11. Bagatelle aus Beethovens Werk 119 zum Anlaß. So freundlich und durchsichtig das Thema, so kunstvoll und verwickelt die zwölf Variationen. Man sehe darauf gleich die erste an: nach der B-dur-Welt des Themas steht sie in G-dur, quillt über von Durchgangstönen, entbreitet ein für das Ohr allein nicht mehr entwirrbares Gewebe vielrhythmischer Art, so daß ein mehr farbiger als zeichnerischer Reiz entsteht, allerdings ein sehr zarter Reiz, über dem die Melodie ausdrucksvoll dahinschwebt. Wechsel von Tonart und Takt ist überhaupt das wichtigste Gesetz dieser Variationen; und das zweite heißt: rhythmische Verschiedenheit der beiden Klaviere. So erwächst eine Klangmächtigkeit (gelegentlich allerdings auch eine Klangmassigkeit), die an das Orchester denken läßt. Dazu tritt noch ein harmonisch reiches Gewand, so daß die Beethoven-Variationen durch Klang ersetzen, was ihnen gegenüber den (zweihändigen) Bach-Variationen an Tiefe und Innerlichkeit abgeht. Aber die Freude an wuchtigen und heiteren, jedenfalls immer diesseitigen Klängen führt niemals zu bloßer Äußerlichkeit; alles fließt aus echtem, lebendigem Empfinden. Das Bedeutendste ist die Schlußfuge. Reger entwickelt sie vor allem dynamisch, d. h., vom Beginn bis zum Schluß führt eine gewaltige Steigerung der Lautstärke, und die scheinbaren Unterbrechungen dieser Linie bedeuten stets nur einen neuen Anlauf zu noch größeren Steigerungen. Die gewissermaßen trotzige Zierlichkeit des Anfangs versinkt mehr und mehr und wandelt sich in immer mächtiger heranwachsende Kraftfelder. Ins Überlebensgroße stürmt die Fuge, wenn zum Fugenthema und zu den aus ihm abgeleiteten Gegenstimmen das ursprüngliche Variationenthema tritt (Beispiel 20, vergrößertes Kopfmotiv des Variationenthemas in der Oberstimme des 1. und Fugenthema in der Oberstimme des 2. Klaviers). Mit ungeheurer Kraftentfaltung (dreifaches Forte, Doppeloktaven gleich-

20

zeitig in Sechzehnteln und nachschlagenden Achteltrioler., Verbreiterung des Zeitmaßes) setzen die letzten Takte den Schlußstein.

Das zweite Großwerk dieser Gattung, die „Introduktion, Passacaglia und Fuge in h-moll" Werk 96 (1906) zwingt den Hörer noch stärker in Bann. Spieltechnische und musikalische Schwierigkeiten sind hier übereinandergetürmt, die klanglichen Ausbrüche haben etwas

21 Grave assai

Wildes, Gequältes, Überlastetes. Und doch mag man gerade bei diesem Werk (im Gegensatz zu mancher anderen Reger-

Schöpfung) nicht davon sprechen, es sei überladen. Denn ein musikalisches Werk kann doch wohl nur dann als überladen gelten, wenn ihm äußerlich mehr aufgepackt ist, als es innerlich zu tragen vermag; gerade hier aber hat man den Eindruck, als handele es sich um Bekenntnismusik einer bedrängten, von schweren Seelenlasten gepeinigten Persönlichkeit. Dabei ist nichts lediglich herausgeschleudert, sondern alles sicher gestaltet. Von der ungeheuren musikalischen und seelischen Spannung des Werkes künden sogleich die ersten Takte (Beispiel 21 gibt, obwohl vier Systeme zusammengezogen sind, bereits eine zureichende Andeutung): mächtige Akkordik, dreifaches und noch ansteigendes Forte, wuchtig gezackter Rhythmus — dann ganz leise verrieselnde Linie über ruhigen Akkorden. Die Chromatik des Beginns ist zugleich Urmotiv des ganzen Werkes: Thema der Passacaglia (Beispiel 22) und der Fuge (Beispiel 23) sind ebenfalls durch

22 Andante sostenuto

23

Halbtonschritte bestimmt; diese bedeuten — wie immer bei Reger — harmonische Vielfalt. Neunundzwanzigmal kehrt das Passacaglienthema wieder, zunächst mehrfach in der Grundgestalt, dann entsprechend freier; neunundzwanzigmal wird es von immer neuen Gestaltungen überbaut. Wiederum reiht sich Gegensatz an Gegensatz, und doch ist die Passacaglia gegliedert (vergl. etwa die Höhepunkte in der 8., 11., 18., 21. und 26. Veränderung). Die Fuge beginnt wieder pianissimo possibile (buchstäblich „so leise wie möglich" zu nehmen) und entwickelt sich mit den bei Reger bekannten Zwischenanläufen zu einer ungeheuren dynamischen (durch

Verlangsamung des Zeitmaßes auch verbreiterten) Steigerung. In dieser innerlich begründeten, satztechnisch meisterhaften Steigerung gehen die kontrapunktischen Feinheiten fast verloren, wie an einem mittelalterlichen Dom die Einzelheiten unter dem Gesamteindruck zurücktreten, aber doch nicht fehlen dürfen. Freilich, d i e s e r Dom ist weniger aus Gottgläubigkeit denn aus Menschentrotz gebaut. —

MAURICE RAVEL

Geboren am 7. März 1875 in Ciboure (Südfrankreich). Hauptunterricht am Pariser Konservatorium (Rompreis). Gestorben am 28. Dezember 1937 in Paris. Hauptwerke: Klavierstücke, Kammermusik, Lieder und Gesänge, Opern.

Ravel schreibt wie sein Landsmann Debussy ausgesprochen klangbetonte Klaviermusik, jedoch verschreibt er sich nicht dem Impressionismus; dieser bedeutet für ihn vielmehr nur einen Durchgang, und in späteren Werken bedient sich der Komponist der impressionistischen Ausdrucksmittel nur zur Einfärbung seiner durch formale Zucht und melodischen Aufriß bestimmten Werke. Debussy-Nachahmer oder auch nur -Nachfolger wollte er nicht sein, weil er kraftvoller, triebhafter und wirklichkeitsnäher empfunden hat. Immerhin übt

sein Klavierwerk noch immer nicht die Wirkung aus wie manches Orchesterstück („Bolero“, „La Valse“).

Auf die frühe „Pavane pour une Infante défunte" (1899), ein anmutig feines Kleinwerk, folgte bereits 1901 eine seiner bekanntesten Schöpfungen: „Wasserspiele", die, einfühlend gespielt, durch neuartige, farbenfrohe Klangwirkungen auch heute noch zu fesseln vermögen, wenn ihnen auch eine nachhaltige Wirkung versagt bleibt (die von Ravel auch gar nicht angestrebt wird). Unsere Beispiele wollen einige Farbentupfer aus der fast überreichen Klangpalette der „Wasserspiele" wiedergeben.

Eine weitere Verfeinerung nach der klanglichen Seite bedeuten dann die „Spiegelbilder" („Miroirs") von 1905, fünf Naturschilderungen oder besser: Stimmungen aus der Natur (u. a. „Traurige Vögel", „Eine Barke auf dem Meer", auch ein spanisches Stück „Alborada del gracioso"), in denen Ravel mit Debussys nervöser Farbenkunst erfolgreich wetteifert. Aus dem gleichen Jahre stammt eine dreisätzige „Sonatine", die wir nur erwähnen, um anzudeuten, daß sich Ravel auch mit älteren Formbegriffen — freilich auf seine Weise — auseinandersetzt. Auch das nächste Werk „Gaspard de la Nuit" (drei Tonstücke nach Dichtungen von Bertrand, 1908) ist noch impressionistisch, doch melden sich hier bereits gedankliche Vorstellungen, die das rein Impressionistische untergraben. Letztes größeres Werk ist das „Grabmal Couperins" (bis 1917); in seiner Satzfolge Präludium/Fuge/Forlana/Rigaudon/Menuett/Tokkata schließt es sich an suitenartige Gestaltungsgrundsätze an, läßt das Impressionistische hinter sich und strebt mit gutem Erfolg auf neuen Wegen alten Zielen zu.

Etwas im Schatten ihrer nachträglichen Fassung für Orchester stehen die „Valses nobles et sentimentals" (1911), ins Französische des 20. Jahrhunderts verpflanzte Absenker von Schuberts gleichnamigen Walzern, szenisch umgebaut wie Webers „Aufforderung zum Tanz", teils wienerisch verspielt, gespickt mit Dissonanzen, die durch ihre Heftigkeit das Festhalten der Tonalität betonen und in dieser Art heute noch die „leichte Musik" kräftig würzen.

WALTER NIEMANN

Geboren am 10. Oktober 1876 in Hamburg als Sproß einer Musikerfamilie (der Vater Rudolf N. war hervorragender Pianist, der Großvater Organist). Unterricht beim Vater und bei Humperdinck, später bei Hugo Riemann. Lebte seit Jahrzehnten als Freischaffender in Leipzig. Schrieb Orchester- und vor allem Klaviermusik. Bekannt auch als Herausgeber älterer Klavierwerke und als Musikschriftsteller. Gestorben am 17. Juni 1953 in Leipzig.

Unter den Klavierkomponisten des 20. Jahrhunderts muß Walter Niemann mit Auszeichnung genannt werden. Gewiß, er stürmt keinen Himmel und schürft nicht in Tiefen, er verschließt sich auch allem, was man seit dem ersten Weltkriege als „Neue Musik" zu bezeichnen pflegt, und gilt daher manchem als nicht mehr zeitgemäß. Aber gerade die Beschränkung auf seine Welt hat den Tondichter vor den Gefahren der Verkrampfung und des allzu Absichtsvollen bewahrt, denen nicht wenige unter den neuen Stürmern erlegen sind. In seinem Empfinden ist Niemann Romantiker, der die kleinen, feinen Dinge als beseelt erlebt; sein Ausdruck wurzelt in der Neuromantik, geht jedoch auch impressionistischen Wirkungen nicht aus dem Wege, wie sich denn Niemann überhaupt allen Einflüssen und Strömungen auftut, soweit sie sein inneres Wesen und seine ungewöhnlich entwickelten Klangvorstellungen ansprechen. Brahms und moderne Tanzrhythmen, Grieg und Debussy, Rokoko und Ravel — alles das findet sich bei Niemann, ohne je als Nachahmung zu wirken. Auch die äußeren Anregungen (und deren scheint er unbedingt zu bedürfen) stammen aus allen Zeiten und allen Ländern: er komponiert nach Bildern („Spitzweg-Suite" Werk 84, „Die Alten Holländer" Werk 134), nach Kleinplastiken („Meißner Porzellan" Werk 6, „Porzellan" Werk 120), nach Romanen und anderen Dichtungen („Aus einem alten Patrizierhause“ Werk 121, „Aus alter Zeit“, eine Suite nach Worten von Th. Storm, Werk 39, „Phantasien im Bremer Ratskeller“ nach Hauff, Werk 113, „Suite nach Hermann Hesse“ Werk 71), nach Ländern und Landschaften („Alt-China“ Werk 62, „Orchideengarten“ Werk 76, „Japan“ Werk 89, „Bali“ Werk 116, „Brasilianische Rhapsodien“ Werk 110, „Geschichten aus den Bergen“ Werk 41, „Kocheler Ländler“ Werk 135, „Hamburg“ Werk 107, „Janmaaten“ Werk 136). Und so geht es weiter mit „Jura-Sommer“, „Jahreszeiten“, „Bunten Blumen“, „Epheu und Rosen“, „Masken“, „Moderne Tanzsuite“ und dergleichen. Vieles davon ist wirkliche Programm-Musik, d. h. Charakterstücke, bei denen man die dem Tondichter vorschwebenden Bilder oder Dichtungen kennen muß, wenn man ihn verstehen will; vieles aber wird in absoluten musikalischen Formen musiziert (besonders Barockformen). Umgekehrt finden sich in den verschiedenen Klavierwerken Niemanns, die reinmusikalische Bezeichnungen tragen, programmatische oder wenigstens stimmungsmäßige Bezeichnungen. So steht über dem ersten Satz der „Kleinen Sonate“ Werk 88 ausdrücklich: „In deutscher Waldesseligkeit“; beim langsamen Satz der „Heiteren Sonate“ Werk 96 soll mit „tiefer, schwerer Innerlichkeit“ gespielt werden. Im übrigen sind die Werke mit „absolut-musikalischen“ Namen auch inhaltlich recht verschieden. Die zwei „Kleinen Sonaten“ Werk 98 sind durchaus zeichnerisch gehalten, die „D-moll-Sonate“ Werk 83 schwelgt dagegen in kleinen, farbigen Bildern, „Präludium, Intermezzo und Fuge“ Werk 73 hingegen enthalten das, was man von ihrem Namen erwartet.

Das ist nur ein kleiner Ausschnitt aus Niemanns reichem Klavierschaffen. Wer das über hundert Stücke umfassende Werk einmal im Zusammenhang durchblättert und durchspielt, wird erstaunt, ja, befremdet sein über die scheinbare Planlosigkeit der Sprache, die sich munter zwischen impressionistischen Verspieltheiten und barocker Straffheit tummelt. Wir geben zwei Beispiele, die keineswegs — das wäre billig — die größten Gegensätze darstellen, sondern sich mehr der mittleren Linie nähern (Beispiel 1 aus dem Schluß-

1

satz der Kleinen Sonate Werk 88, Beispiel 2 ist der Beginn eines Rondinettos aus Werk 130). Trotz aller Buntheit und

2 Giocoso con moto

Verschiedenheit spürt man bald die Einheit: Niemann ist ein guter Kenner der Klaviermusik aller Zeiten, ihm ist die „Relativität“ des Stils offenbar in jedem Augenblick bewußt; er vermag sich in alles einzufühlen, wenn es nur Gehalt hat, im schönsten Sinne „klingt“ und wenn es wirklich klaviermäßig erfunden ist. Er selbst lebt ganz im „Klang“ und schreibt einen Klaviersatz, der aus dem Tasteninstrument geboren ist. Hier liegt der Mittelpunkt seines Ausdrucks. Und insofern unterscheidet sich Niemann von vielen zeitgenössischen Klavierkomponisten: er entlockt dem neuzeitlichen Flügel alle klanglichen Möglichkeiten, schreibt also mindestens stoffgerechter als jene, die den Flügel gern als eine Art Schlagzeug ansehen möchten. Ja, ein Werk wie „Präludium, Intermezzo und Fuge“ könnte manchem Komponisten zeigen, wie man die alten Formen wirklich wieder lebendig macht.

JOSEPH HAAS

Geboren am 19. März 1879 in Maihingen (Bayern) als Sohn eines Lehrers. Schüler von Max Reger. 1911 Kompositionslehrer in Stuttgart, später in München. Schrieb: Orchesterwerke, Oper, Oratorien, Messen, Gesänge, Kammermusik, Klavierwerke. Gestorben 30. März 1960 in München.

Haas ist ein Schüler Regers, der von sich selbst sagte, „er reite unentwegt links"; aus der Schule von Haas wiederum sind viele fortschrittlich gesinnte junge Komponisten hervorgegangen. Haas selbst jedoch gehört nicht, wie man meinen könnte, zur „Moderne". Gerade in seinem Klavierwerk hat er sich die unbeirrbare Sicherheit des echten, alle Satzkünste beherrschenden und zugleich volkhaft empfindenden Musikers bewahrt, jene Sicherheit, die traumhaft und triebhaft vor jenen Grenzen haltmacht, an denen die Gefahr lauert, einem falsch verstandenen Zeitgeist zu opfern oder Musik nur für unentwegt vorwärtsstürmende Fachgenossen zu schreiben. Aus jedem Takt von Haas' Klaviermusik spricht der Musiker des zwanzigsten Jahrhunderts, spricht aber auch die ewige Romantik, die ein wesentliches Kennzeichen deutscher Tonkunst ist. Während Haas früher ziemlich viel Klaviermusik geschrieben hat, die seiner heiter-lebendigen Art (vor allem im lyrischen und im Charakter-Stück) entsprach, scheint er später den Wettbewerb aufgegeben zu haben.

Daß Haas — wie es eigentlich selbstverständlich sein sollte — mehr an die Musik als in die Musiker denkt, zeigt sich schon in seinen frühen Klavierwerken. Sammlungen kleiner Stücke, wie „Kinderlust" Werk 10, „Lose Blätter" Werk 16 oder „Wichtelmännchen" Werk 27, wenden sich in echt Schumannschem Geist an die Jugend jeden Alters, sind mit außerordentlicher Feinheit gezeichnet, ursprünglich erfunden und in gepflegtem, durchsichtigem Satz gestaltet. Andere Werke wachsen mit stillem Humor ganz unmerklich in geistig anspruchsvollere Gebiete: die sechs Humoresken der „Frohen Launen“ Werk 18, die „Gespenster“ Werk 34, vor allem aber die für häusliches Musizieren wie für den Konzertsaal gleich ergiebigen „Eulenspiegeleien. Allerhand Variationen über ein kurzweiliges Thema“ Werk 39, in denen sich heitere Stimmung und geistvolle Verarbeitung die Hand reichen. Erlesene Kostbarkeiten umschließen die drei Hefte „Hausmärchen“ der Werkzahlen 35, 43 und 53, jeweils neun kleine Stücke, in denen Gehalt und Gestalt sich mustergültig decken. Dem „Schumann des 20. Jahrhunderts“ begegnet man dann wieder in den zyklisch angeordneten „Deutschen Reigen und Romanzen“ Werk 51; Wechsel und ständiges Fortschreiten beruhen auf nicht ausgesprochenen Bild- und Empfindungsfolgen. Ebenfalls zyklisch die „Schwänke und Idyllen“ Werk 55. Niemals vergißt Haas die Jugend: Werk 36 heißt „Jugendfreuden“, Werk 69 besteht aus „Stückchen für die Jugend“ (drei kleine Suiten und sieben kleine Vortragsstücke), und als Werk 70a sind 1927 die „Märchentänze“ (Suite) erschienen, erfüllt von edler Romantik, doch niemals redselig.

Das innerlich Romantische, Lyrische nimmt Haas auch in die beiden kleinen Sonaten der Werkzahl 61a und b hinüber (D-dur und a-moll); dem Umfang und dem Gehalt

nach sind es Sonatinen. Zur Zeit der Veröffentlichung (1923) gehörte ein gewisser Mut dazu, Stellen wie den Beginn des dritten Satzes der D-dur-Sonate zu schreiben (Beispiel): wer so schrieb, setzte sich der Gefahr aus, zum alten Eisen geworfen zu werden. Haas wagte es — und steht heute noch blitzblank da, während manche der „stählernen Rhythmen der Zeit", wie man so gern sagte, längst zusammengerostet sind. Eine andere (nun wirklich große) Sonate in a-moll Werk 46 wird unverdienterweise arg vernachlässigt. Der brahmsisch angehauchte, kraftgeladene Kopfsatz, das bildhafte Scherzo, der ruhig-ernste langsame Satz, der zügig straffe Schlußsatz — alles das birgt nicht nur prachtvolle Einzelzüge, sondern wächst sehr fein zur Einheit zusammen.

Endlich sei gedacht der „Alten, unnennbaren Tage. Vier Elegien" Werk 42. Sie lassen den heiteren, diesseitig frohen Haas ganz vergessen und versenken sich in unnennbare Tiefen menschlicher Trauer und männlichen Ernstes. Höherwertiges ist in dieser Gattung seit der Veröffentlichung des Werkes (1915) kaum bekanntgeworden.

JULIUS WEISMANN

Geboren am 26. Dezember 1879 in Freiburg (Breisgau). Schüler u. a. von Rheinberger, Thuille, Herzogenberg. Lebte meist als Freischaffender in seiner Vaterstadt. Gestorben am 22. Dezember 1950 in Singen. Schrieb Opern, Schauspielmusik, Sinfonien und andere Orchesterwerke, Konzerte, Kammermusik, Chorwerke, Lieder, Klavierwerke.

Stark wirkt Weismanns Klaviermusik überall dort, wo sie als unmittelbarer Ausdruck seines feingeistigen und feinsinnigen Wesens erscheint; überschreitet er die Grenzen dieser Eigenart, schreibt er virtuos-glanzvoll oder „modern", statt seiner vergeistigten Nachromantik treu zu bleiben, so verliert man die Verbindung zu seiner verinnerlichten Art. Ausgezeichnet der Klaviersatz, der nur gelegentlich größere Anforderungen technischer Art stellt (besonders in den „Etüden" der Werkzahl 109, die allerdings vorwiegend als bildende und ausbildende Studien gedacht sind).

Aller Modernität abhold die vier schönen „Impromptus" Werk 17 mit dem beseelten Schlußstück. Kraftvoller, man möchte fast sagen: männlicher die „Neun Variationen und Fuge über ein eigenes Thema" Werk 21; ohne daß Weismann dem Spieler besondere spieltechnische Schwierigkeiten zumutet, bringt er durch klugen Satz konzertmäßige Wirkungen zustande. Ähnlich in der „Passacaglia und Fuge" Werk 25, in der romantisches Empfinden und barocke Form sich gegenseitig durchdringen. Romantisch beseelt auch die leichte „Kleine Sonate" der Werkzahl 51. Erlesene Freuden bereitet es, dem verhaltenen Schweben der kleineren Stücke nachzulauschen: der melodischen „Tanzmusik" Werk 35, den verwandten „Zehn kleinen Walzern" Werk 59, den empfindungsreichen Stücken der Sammlung „Aus meinem

Garten“ Werk 48, der zierlich gesponnenen „Sonatine“ Werk 68. Etwas anspruchsvoller im Stil, freilich auch ein wenig veräußerlicht die vier Fantasien der „Traumspiele“ Werk 76. Das echt Romantische Weismanns tritt in den späteren Klavierschöpfungen zuweilen zurück, dafür mehren sich die herben, festen — um nicht zu sagen: harten Züge. An die Stelle der „programmatischen Überschriften“ setzt der Tondichter nun Formangaben: „Suite“ (Werk 93 und 95), „Vier kleine Stücke im polyphonen Stil“ (Werk 94).

Die Vielspältigkeit Weismanns zeigt sich in der a-moll-Sonate Werk 87 (1924) auf jeder Seite. So beginnt die Sonate mit einem schlichten, ja: kindlichen Thema in einfachster Fassung (Beispiel 1a); in der Durchführung erscheint es (Beispiel 1b, Unterstimme des ersten, Oberstimme des zwei-

ten Taktes) als Linie unverändert wieder, durch die Harmonisierung hat es jedoch sein Wesen völlig geändert. Freilich muß man sich dabei an die Jahre der Entstehung erinnern; denn in der 1940 geschriebenen dreisätzigen B-dur-Sonate Werk 127 geht es wieder gleichmäßig schlicht zu, wozu allerdings beiträgt, daß dieses Werk im Grunde eine leicht spielbare Sonatine ist (mit einer Chaconne als Schlußsatz).

Endlich „Achtzehn Inventionen" (Werk 101, geschrieben 1929). Konnte man zunächst noch annehmen, Weismann habe die alten Formen für sich entdeckt, so zeigen gerade die zuletzt genannten „Inventionen", daß er geglaubt hat, dem „Zeitgeist" huldigen zu müssen. Die Inventionen sind zumeist zweistimmig (zum Teil mit Hinzufügung einer freien dritten Stimme), nur die 1., 12. und 18. sind streng dreistimmig. Sämtliche Inventionen zeugen von echter Beherrschung der polyphonen Satzkünste, fesseln auch rhythmisch, überzeugen jedoch nicht davon, daß die gelegentlichen (gewiß verhältnismäßig maßvollen) Klangreibungen der im übrigen tonal gebundenen Stücke innerlich notwendig sind, das will sagen: aus dem Kern von Weismanns Art entspringen. Stellen wie der Beginn der 18. Invention wirken bei ausgesprochenen Neutönern zahm, bei Weismann dagegen fremd.

Wir verweisen schließlich auf die „Neun Variationen über ein Thema in A-dur" Werk 64 für zwei Klaviere. Diese Variationen sind stark gegensätzlich, bald zierlich (Beispiel 2 gibt den Anfang der ersten Varia-

tion, Thema in der Oberstimme des zweiten Klaviers), bald kraftvoll, bald ausdrucksgesättigt und bald spielfroh. Nach dem vollen Satz der sich klanglich ergänzenden und stützenden beiden Instrumente in den meisten Variationen wirkt die Schlußvariation mit ihrer „visionären" Verhaltenheit besonders ergreifend.

ARMIN KNAB

Geboren am 19. Februar 1881 in Neu-Schlaichach (Unterfranken). Berufsjurist und Komponist. Schrieb vor allem Lieder, Chöre, Kammermusik, Klavierwerke. Seit 1934 Professor an der Berliner Staatl. Hochschule für Musikerziehung und Kirchenmusik. Gestorben am 25. Juni 1951 in Bad Wörishofen.

An Knabs Klaviermusik — wie an seinem ganzen Schaffen — bewundert man die ruhige Gelassenheit, mit der er allem Programmatisch-„Zeitgenössischen“ aus dem Wege geht. Einig ist er mit den jüngeren Komponisten lediglich in einem: in der Ablehnung alles nur Füllenden; im übrigen musiziert er schlicht, stark, eigen. Nur einen Ehrgeiz scheint er zu haben: nicht für den Fachgenossen, sondern für den musikalischen Menschen zu schreiben, — ein scheinbar bescheidenes, in Wirklichkeit hohes Ziel. Daß er dabei an Schubert anknüpft, ist fast selbstverständlich. Dazu tritt ein starker, doch sich nicht aufdringlich gebärdender Sinn für Stimmigkeit.

Reizend die „Ländlichen Tänze“, einfach zu spielen, erfüllt von warmer Musikalität. Ihre Sprache wird ausgebaut in den „Lindegger Ländlern“, die nach Schubertscher Art, doch ins Oberbayrische verpflanzt, Wesentliches in erstaunlich gut getroffenem Volkston geben. Reines Musizieren auch in der „Suite G-dur“, die noch einmal die alte Tanzsuite aufleuchten läßt — nur um des Musikalischen willen, nicht um zu zeigen: „So macht man das heute“. 1928 — man erinnere sich einen Augenblick, was damals als „modern“ galt — erschien eine viersätzige „Klaviersonate“, zu jener Zeit gewiß unzeitgemäß in Stil und Haltung, und doch eine der schönsten, durchaus nicht schwer zu spielenden Sonaten des 20. Jahrhunderts.

Wie ruhig und selbstverständlich die Steigerung vom Kopfsatz über den romantisch erfüllten „Nachtgesang" (ein Nachtstück, in dem Mensch und Natur ihr Wesen tönend verströmen), weiter über den zauberhaft schlichten dritten Satz zu dem herrlich gerafften Finale. Auch in diesem Werk keinerlei Liebäugeln mit Konzertwirkungen. Knabs Art läßt sich am besten erlauschen in den 1933 geschriebenen acht „Klavierchorälen". Alte Choralweisen werden nachgezeichnet, meist in kanon-artiger Stimmfolge, mit fließenden Gegenstimmen versehen, bald „zart", bald „lebhaft, energisch, festlich", bald in vollem Oktavenklang und bald in stiller Ein-Linie. Ein kleines Andachtsbüchlein, andächtig vor Gott — und vor der Musik.

BELA BARTOK

Geboren am 25. März 1881 in Nagy Szent Miklos (Ungarn). Ausbildung in Budapest, dort seit 1907 Professor für Klavierspiel. Schrieb Opern, Tanzpantomimen, Orchesterwerke, Konzerte, Kammermusik, Klavierwerke. Auch bedeutender Volksliedforscher. Gestorben am 26. September 1945 in New York.

Von den Klavierwerken des Führers der neuzeitlichen ungarischen Musik wird auch derjenige mit Achtung sprechen, der selbst nach etlichen Jahrzehnten moderner Musik sein Ohr noch nicht auf die neue Ausdrucksweise hat „umstellen" können. Bartóks Verwurzelung in echter Volksmusik und seine ursprünglich musikantische Natur zwingen den Hörer, an die makellose Echtheit von Bartóks Musizieren zu glauben, auch wenn er ihm nicht zu folgen vermag.

Die frühesten Werke dürfen hier außer Betracht bleiben; denn die „Fantasie", das „Scherzo" (1903 erschienen) oder die „Rhapsodie" (1904) sind zwar für das Normalohr recht ansprechende, wenn auch pianistisch reichlich bepackte Kompositionen, doch können sie, als stark von Liszt beeinflußt, noch nicht als selbständige, charakteristische Schöpfungen des Meisters gelten.

Der eigentliche Weg Bartóks beginnt mit den „14 Bagatellen" Werk 6 (1908). In diesen Stücken versucht der Komponist, nur das Wesentliche zu sagen und alles Unwesentliche, Ausschmückende zu unterdrücken. Hart und nackt stehen die Gedanken im Raum, auf die knappste Form gebracht, kantig die Thematik, ohne Rücksicht auf „Wohlklang" die Harmonik; diese wiederum uneinheitlich, weil sie einerseits gestaltbildend, andererseits färbend (etwa im impressionistischen Sinne) eingesetzt wird. Wirklich überzeugend nur die fest zupackende Rhythmik. Einflüsse der Volksmusik sind nicht zu überhören, doch ist das Ganze mehr ein Werk für Fachleute. Freilich, schon ein Max Reger, dieser wahrhaft fortschrittliche Musiker, lehnte die „Bagatellen" Bartóks ab. Und seine Ablehnung besteht heute noch zu recht. Das gleiche gilt von den „Leichten Klavierstükken" (ebenfalls 1908), den „Burlesken" (bis 1911), den „Skizzen" (bis 1910). Mit dem einen Unterschied, daß die Gedankenarbeit in diesen Werken etwas zurücktritt und dem Empfinden ein wenn auch bescheidener Einlaß gewährt wird. Zu erwähnen die „Zwei Elegien" aus den gleichen Jahren, weil sie mit ihrem überlasteten Klaviersatz und ihrer etwas unklaren Ausdrucksweise als Zeugen dafür anzusehen sind, daß Bartók durchaus nicht mit aller Gewalt nur „spekulativ" arbeitet, sondern sich auch Stimmungen hingibt. Und daß es sich nicht um eine Ausnahme handelt, beweisen die bedeutenden „Vier Klagegesänge" („Nénies") von 1910. Etwa in der Mitte der widerstrebenden Antriebe stehen die „Zwei rumänischen Tänze" (1910). Sie sind straff gefaßt, man möchte sagen: auf kürzeste Formeln gebracht (Beispiel 1 gibt die Hauptformel des ersten Tanzes), die Anregungen entstammen der

1 Allegro vivace

Volksmusik, das Eigenempfinden wird nicht ganz unterdrückt, und die Knappheit der Sprache entspricht den Grundsätzen der „Bagatellen".

Bekanntestes Klavierstück Bartóks ist das „Allegro barbaro" (1911). Vielleicht soll die Namengebung andeuten, daß etwas „Barbarisches" einbrechen müsse in die abgestandenen romantischen (unecht-romantischen) Begriffe Mitteleuropas. Wirklich überzeugend nur der harte Rhythmus, der das ganze Stück — abgesehen von einem knappen

Mittelsatz — in gleichmäßig geschlagenen Oktaven und Akkorden durchzieht, überwiegend in maschinenartigem Wechsel von linker und rechter Hand. Harmonisch ist das Werk an die Grundtonart fis-moll gebunden, dazu treten kirchentonartliche Einstrahlungen. Das „Sensationelle“ des Werkes ist heute verblaßt, und nach den Einflüssen des Jazz mutet das Allegro barbaro Bartóks heute nicht minder abgestanden an als die unechte Romantik aus der Zeit vor dem ersten Weltkriege.

Die „Suite“ Werk 14 (1916) nimmt zwar eine alte Formbezeichnung wieder auf, gestaltet den Suitencharakter jedoch völlig um. Die Sätze haben mehrere Themen, haben auch mit der alten Tanz-Folge nichts gemein (allenfalls die Tonarteneinheit oder -verwandtschaft, nämlich B-dur/b-moll/d-moll/B-dur), sondern sind einem Bewegungsgrundsatz unterstellt: mäßige Bewegung im heiteren Allegretto, wirbelnde Lebendigkeit im Scherzo, rasendes Treiben im Allegro molto, dann als schärfster Gegensatz ein verhaltenes Sostenuto. Im ganzen eher eine freigestaffelte Sonate als eine Suite. Der Weg führt dann weiter über die „Improvisationen“ Werk 20 (1920), freien, recht eigenwilligen Variationen über ungarische Bauernlieder, nicht ohne Reiz für den Fachmann, aber infolge ihrer reichlich erdachten Variationsart und ihrer nicht immer zu begreifenden Harmonik für den normalen Mitteleuropäer nur schwer genießbar. Sechs Jahre später entstand eine „Sonate“ (1926). Sie ist dreisätzig, vorwiegend rhythmisch und dynamisch bestimmt, enthält auch einige ansprechende Einfälle, muß aber zufolge ihres Gehalts und ihrer Schlagzeugnachahmung aus dem Bereich verwiesen werden, der uns durch die überlieferte Klaviersonate zum Begriff geworden ist. Anscheinend hat Bartók selbst die Sackgasse erkannt, in die er mit seiner Klaviermusik geraten ist; denn seither hat er nichts Wesentliches mehr an größeren Klavierwerken veröffentlicht.

Wirklich überzeugend sind im Grunde nur Bartóks Bearbeitungen ungarischer Volks- und Bauernlieder, rumänischer Weihnachtslieder und Volkstänze und ähnliche Werke. Hier hat man das Gefühl, ein kenntnisreicher, einfühlungsfähiger und wahrhaft schöpferischer Musiker lege mit wenigen Strichen das innerste Wesen volkhaften Musikgutes frei.

* * *

Bartóks „Mikrokosmos" ist zwar ein Lehrwerk, doch von so wesentlicher Bedeutung, daß einige Worte auch in unserem Zusammenhang darüber gesagt werden müssen. In diesen Heften führt Bartók den Klavierbeflissenen von den ersten technischen Anfängen bis zu erheblicher spielerischer Reife. Wichtiger aber ist, daß er zugleich sein musikalisches Denksystem praktisch entwickelt. In den kleinen, teilweise winzigen Stücken legt er seine knapp gefaßten, jedoch umfassenden Gedanken musikalisch nieder, und zwar so genau, daß er den Stücken ihre Zeitdauer bis auf die Sekunde vorschreibt. Alle nur möglichen metrischen und rhythmischen Bildungen werden vorgeführt, ebenso die wesentlichen musikalischen Erscheinungsformen. Greifen wir zwei der Stücke heraus. Beispiel 2 gibt den Anfang eines der Sechs

2 Allegro molto

Tänze in bulgarischem Rhythmus (Nr. 152). Rein zählmäßig enthält jeder Takt neun Achtel; aber Bartók schreibt eben nicht $^9/_8$, sondern $^{2+2+2+3}/_8$ vor, weil sonst der bulgarische Volkstanz-Rhythmus nicht zustandekommen würde. Er läßt

ihn auch zunächst einige Takte lang frei ertönen, damit er sich einprägt, bevor die eigentliche Melodie einsetzt. Beispiel 3 bringt den Beginn der chromatischen Invention

3 a

3 b

(Nr. 145). 3a gibt die ersten drei Takte in der Urgestalt, 3b ist eine zweite Fassung der Invention: sie läßt sich nämlich völlig umkehren und in der Umkehrung als selbständige Invention spielen. Mehr noch: Invention und Umkehrung können von zwei Spielern auf zwei Klavieren gleichzeitig gespielt werden! Unsere Beispiele geben (allerdings nur andeutungsweise) zugleich einen Beleg dafür, wie Bartók sein Tonmaterial verwendet. Beispiel 2 steht zweifelsfrei auf dem Grundton A, Beispiel 3 auf D. Aber man erkennt nicht nur die Großbindung an einen Grundton, sondern zugleich das Verfahren, vermittels freier Tonleitern zu freien Zwölftongebilden zu kommen, eine Kompositionsweise, die sich von der nur-logischen Art Schönbergs grundsätzlich unterscheidet und sich eher Hindemith nähert, wobei freilich zu beachten bleibt, daß Bartók auf der südosteuropäischen Volkmusik aufbaut.

IGOR STRAWINSKY

Geboren am 23. Mai 1882 in Petersburg. Schüler von Rimsky-Korssakoff. Ging bald nach Paris. Lebt in den Vereinigten Staaten und Paris. Klavierspieler, Dirigent, Komponist. Hauptwerke: Opern, Orchesterstücke, Ballettmusiken, Konzerte, Lieder, Kammermusik, Klavierwerke.

Der bedeutende Wegbereiter der neuen Musik, der hemmungslose Urrusse und scharf denkende „Internationale", der ursprünglich begabte und meisterlich geschulte Strawinsky spiegelt seine Wandlungen auch in der Klaviermusik. Die 1908 erschienenen „Vier Etüden" bieten ausgeklügelte rhythmische Schwierigkeit, verleugnen aber nicht die überlieferte Haltung. Es folgen dann mehrere Bearbeitungen des Komponisten nach eigenen Werken: die rhythmisch wiederum gepfefferten, technisch kaum zu bewältigenden „Trois Mouvements de Pétrouchka" (gearbeitet nach dem Ballett „Petruschka" von 1911), die „Große Suite nach der Geschichte vom Soldaten" (1918, wiederum sehr schwer; verfehlt, weil die ursprüngliche Fassung des gleichnamigen Opern-Melodrams ertötend), der „Rag Time" (ebenfalls 1918 nach dem gleichnamigen Stück für elf Instrumente). Ein Jahr später (1919) wurde die „Piano-Rag-Music" veröffentlicht, von den Schnelläufern der „Moderne" bewundert und noch schneller vergessen. Dann, mit umgekehrtem Vorzeichen, die Gehirnprimitivität der „Fünf Finger" (acht leichte Stücke über fünf Noten, 1921). Inzwischen war Strawinsky auf den Geschmack gekommen, Stilmusik nach Pergolesi zu schreiben (1920), wofür ein „Scherzino" und eine „Gavotte mit Variationen" Zeugnis ablegen. An diesen Fremdbearbeitungen und Nachzeichnungen merkt man, welche erlesenen Kunstmittel der Komponist beherrscht. Mit der „Sonate“ von 1924 stellt dann Strawinsky in neuzeitlichem Geist den Anschluß an den frühklassischen Sonatenstil her. Sie ist dreisätzig, wahrt zwar nicht die Tonarteneinheit im Gesamtwerk, wohl aber in den einzelnen Sätzen, die nun untereinander in Terzverwandtschaft verbunden sind (C-dur/As-dur/e-moll). Der erste Satz ist besonders klar und schlicht in der Zeichnung, ihm ähnlich der dritte, während das Adagietto sein Melos reich, fast rokokohaft ausziert. Der Übersichtlichkeit wegen ist sehr viel auf drei Systeme geschrieben.

Die vorstehende, wenn auch knappe Übersicht läßt bereits erkennen, daß Strawinsky nicht allzuviele Originalwerke für Klavier geschrieben hat. Um so nachdrücklicher sei verwiesen auf die „Sonate für zwei Klaviere“ (erschienen 1945). Denn der Meister ist nicht nur einer der bedeutendsten lebenden Komponisten, sondern hat sich stilistisch so oft gewandelt und diesen Wandel (den wir übrigens bei ihm eher eine folgerichtige Entwicklung nennen sollten) so rückhaltlos offengelegt, daß es wesentlich zu wissen ist, wo nach vier Jahrzehnten musikalischen Neuerungstrubels gerade dieser Mann steht, der um seiner besessenen Kunstehrlichkeit willen stets so rücksichtslos gegen den Hörer und gegen sich selbst gewesen ist. Diese Sonate für zwei Klaviere darf man als klassisch bezeichnen, wobei man unter diesem Wort Klarheit, Ebenmaß und Beschränkung auf Wesentliches zu begreifen hat. Es handelt sich um drei knappe Sätze (Moderato/Thema mit vier Variationen/Allegretto) von schlichtem, formalem Bau, sauberer, fast nüchterner Melodieführung, übersichtlicher Harmoniegliederung und ganz einfachen Rhythmen (vergleiche die Satzanfänge in unserem Beispiel. Alle nach oben gestrichelten Noten gehören zum ersten, alle nach unten gestrichelten dem zweiten Klavier an). Zudem ist das Werk auch technisch nicht schwer zu spielen. Am stärksten wohl der Mittelsatz mit dem in ruhigen Halben und Vierteln still dahinziehenden Thema, der langsamen ersten Schlagvariation, der in duftige Akkord-

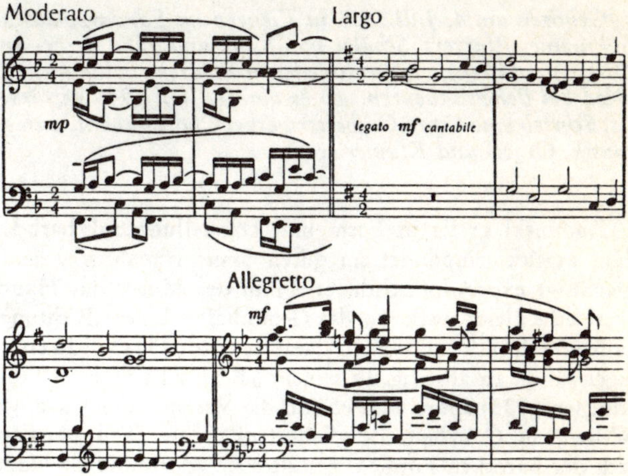

brechungen aufgelösten zweiten, der gestrafften dritten Variation und dem Schlußteil, in dem das Thema über langgehaltenen Akkorden noch einmal leise aufklingt.

Das vorangehende (1935) „Concerto per due pianoforti soli" ist vielleicht nicht so eingängig. Seine vier Sätze Con moto / Notturno (Adagietto) / Variazioni / Preludio e fuga, ganz aus dem Wesen echt zweiklavierigen Spiels geboren, unterliegen zwei Gesetzen: dem des motivisch-thematischen Werdens und dem sorgsamer Konstruktion — kompositorisch wie spielmäßig. Kern des Ganzen ist das rhythmisch scharf geschnittene, viertonige Kopfmotiv der Fuge.

HEINRICH KAMINSKI

Geboren am 4. Juli 1886 in Tiengen im Schwarzwald als Sohn eines Pfarrers. Schüler von Kaun und Juon. Lehr- und Dirigententätigkeit in verschiedenen Städten. Lebte meist in Ried bei Benediktbeuren, wo er am 21. Juni 1946 gestorben ist. Schrieb eine Oper, Orchesterwerke, Chorwerke, Kammermusik, Orgel- und Klavierwerke.

Kaminski greift in Form und Darstellung auf barockes Gut zurück, empfindet im guten Sinne romantisch, denkt gemäßigt expressionistisch, erlebt in der Musik das Handwerkliche gleich stark wie das Gemüthafte. Einer „Richtung" läßt er sich nicht zuordnen; dazu ist er als Persönlichkeit zu eigenwillig, zu abseitig. In seinem „Klavierbuch" (erschienen 1935) spürt man ebenso die Vereinsamung wie den Willen zur Ganzheit. Er gliedert es in drei Teile, bedient sich der barocken Formen, gestaltet sie aber nicht als Nachahmer, sondern als Selbständiger, als Mensch des 20. Jahrhunderts. Vieles im Satzbild mutet kühl, linienhaft, streng und fast starr an; aber die zahlreichen, oft von Takt zu Takt weiterleitenden Spielanweisungen (etwa „stark verbreiternd/ sehr ruhig / fließend / verzögernd / a tempo / plötzlich beschleunigen / Tempo I", das sind sieben Angaben in fünfein-

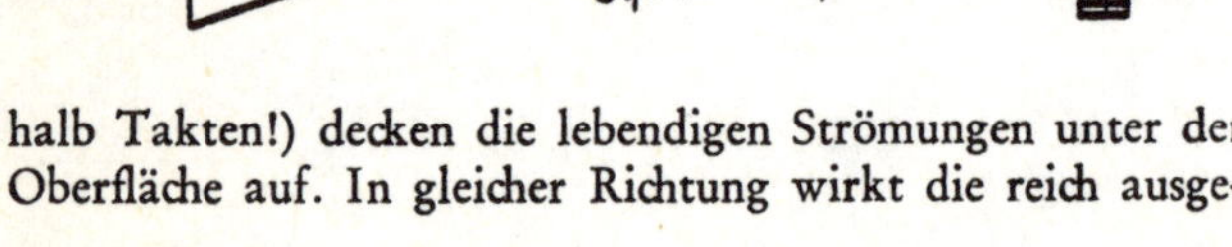

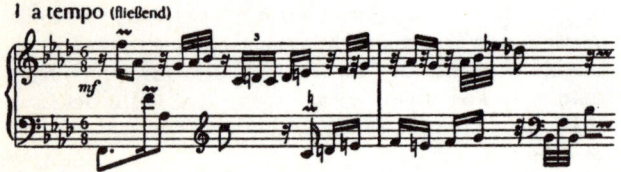

halb Takten!) decken die lebendigen Strömungen unter der Oberfläche auf. In gleicher Richtung wirkt die reich ausgeführte rhythmische Zeichnung, zuweilen durch Taktwechsel verstärkt. (Beispiel 1 stammt aus dem zweiten „Duett" des ersten Heftes). Der erste Teil umschließt eine A-dur-Suite mit den Sätzen Präludium/Courante/Sarabande/Polonäse sowie drei Duette, also zweistimmige polyphone Sätze. Der zweite Teil heißt „Tanzspiel" und setzt sich aus folgenden Sätzen zusammen: Eröffnungsmusik / Festlicher Tanz der Paare (Beispiel 2 gibt den Beginn dieses polonäsenartigen

2

Satzes) / Schwertertanz der jungen Männer / Tanz der jungen Mädchen / Rundtanz-Ländler. Den dritten Teil bilden zwei geschlossene Werke, nämlich Präludium und Fuge sowie Präludium und Sarabande, eigenwüchsig in Thematik und Rhythmus, zuchtvoll im Geistigen, polyphon verästelt.

SERGE PROKOFIEFF

Geboren am 23. April 1891 in Sosnowka (Südrußland). Schüler von Ljadow, Rimsky-Korssakow, Tanejew. Lebte u.a. in Japan, Deutschland (Ettal), Frankreich. Hauptwerke: Sinfonien, sinfonische Dichtungen, Orchesterstücke, Konzerte, Opern (so „Die Liebe zu den drei Orangen"), Ballette, Lieder, Klavierwerke. Gestorben 4. März 1953 bei Moskau.

Neben Strawinsky ist Prokofieff einer der bedeutendsten Vertreter der neueren russischen Musik. Mag Strawinsky der stärkere Anreger und Beweger sein, — das Geschaffene von Prokofieff überragt das Klavierwerk von Strawinsky bei weitem, weil es, obwohl ebenfalls sorgsam durchdacht, in der Hauptsache musikalischer, ungekünstelter erscheint. Schon der Schnitt seiner Themen wirkt ungesucht, der Rhythmus, obwohl neuzeitlich in jedem Sinne, drängt sich nicht auf, die Sprache bleibt verständlich und lebensnah, der Ausdruck offenbart stets ein wirkliches (wenn auch zuweilen kühles) Empfinden. Wie Strawinsky hat sich auch Prokofieff in seinen Klavierwerken gewandelt. Man kann etwa sagen: der Tondichter gelangt von überladener russischer Nachromantik zu schwerbepackter Polytonalität, von dort zu betonter, klarer Diatonik und schließlich zu polyphonem Denken.

Zur ersten Gruppe gehören die Kompositionen der Werkzahlen 1 bis 4 (eine leidenschaftgeladene, überschwengliche Sonate f-moll in einem Satz, vier Etüden, zweimal je vier „Stücke"; etwa bis 1911). Prokofieffs Russentum äußert sich zum ersten Male unverhüllt in der „Tokkata" Werk 11 mit ihrem hart zupackenden Rhythmus, der rücksichtslos schwierigen Spieltechnik und ihrem finsteren, wild-herben Klang; das Werk ist ohne Zweifel überladen, ein hervorragender Spieler wird es jedoch auch heute noch mit Erfolg durchsetzen können.

Die Sonate von 1912 (d-moll, vier Sätze) spricht schon wesentlich persönlicher als die erste Sonate, erweist Prokofieffs prächtigen Humor (Scherzo!), schwankt aber merklich zwischen charakterisierendem Mißklang und Freude am Schönklang. Am zugänglichsten ist Prokofieff (auch spieltechnisch) in den „Zehn Einzelstücken“ Werk 12 von 1913. Sie bestehen aus einem Marsch, einer Gavotte, einem Rigaudon, einer Mazurka, einer Kaprice, einer Legende, einem Präludium, einer Allemande und zwei Scherzi. Hier zeigt sich ebenso die klare Sprache (Beispiel 1 gibt den Beginn der Kaprice) wie das Spiel in allerlei

1 Allegretto capricciosamente

Formen und vor allem eine überraschende Vielseitigkeit des Empfindens. Als einen Versuch oder eine Studie muß man wohl die „Sarkasmen“ Werk 17 auffassen (1912); diese Art von Polytonalität (jede Hand spielt ihre eigene, von der der anderen Hand abweichende Tonart) ist als gelegentliches Mittel denkbar, nicht aber als Grundsatz. Mit den zwanzig „Flüchtigen Visionen“ Werk 22 übernimmt Prokofieff etwas von der Stimmungskunst des französischen Impressionismus; es sind duftige, oft ausgesprochen lyrische Stücke, nicht allzu schwer zu spielen und daher zusammen mit den „Zehn Einzelstücken“ als Zugang zu des Meisters Art zu benutzen. (Wer aber dennoch den Namen Prokofieff als eines „allzu Modernen“ fürchtet, der spiele die Gavotte aus der „Klassischen Sinfonie“ und vor allem den Marsch aus der „Liebe zu den drei Orangen“, zwei bezaubernde Stücklein, vom Tondichter selbst für Klavier umgesetzt.)

Weiter sei auf die drei Sonaten der Werkzahlen 28 (a-moll, in einem Satz), 29 (c-moll, drei Sätze) und 38 (C-dur, drei Sätze, 1923) verwiesen. In ihnen verpflichtet sich der Tondichter immer stärker der klassischen Sonatenform, führt eine klare, gefühlsbetonte (natürlich nicht sentimentale) Sprache, verzichtet nicht auf neuzeitlichen Ausdruck, doch wird dieser niemals Selbstzweck. Als Kennzeichen für die beherrschte Gefühlsbetonung mag hier der Anfang des zweiten Satzes aus der c-moll-Sonate stehen (Beispiel 2). In diesen Sonaten — übrigens auch in den viel

2 Andante assai

späteren „Sonatinen" von 1931 — spürt man die tiefe Freude des Komponisten, mit der er sich die Klassik erobert und zu eigen gemacht hat; daß auch Brahms gelegentlich durch die Klänge lugt, beweist die Vorurteilslosigkeit des russischen Meisters. Bei den zwei Jahre später entstandenen „Gedanken" (Werk 62) mit ihrer vielsträhnigen Stimmführung und nachdenklichen Tiefe könnte ebenfalls Brahms mit seiner polyphonen Neigung Pate gestanden haben.

Die drei „Kriegs-Sonaten" der Werkzahlen 82, 83, 84 in A-, B- und B-dur erinnern nicht nur durch ihre Entstehungszeit (1941/43) an den Krieg, sondern führen des Komponisten Ausdruck wieder stark ins „Russische" mit ihren fast brutalen Eck- und übersentimentalen Mittelsätzen. Herrscht hier immerhin noch Spannung und Gestaltungswille, so scheint in der 9. Sonate von 1955 (Werk 103, C-dur) die Spannkraft nachzulassen.

PAUL HINDEMITH

Geboren am 16. November 1895 in Hanau als Sproß einer schlesischen Handwerkerfamilie. Schüler von Arnold Mendelssohn und Bernhard Sekles. 1915 Konzertmeister am Frankfurter Opernhaus, später Bratscher im Amar-Quartett. Dann Professor für Komposition an der Berliner Hochschule für Musik. Als er aus politischen Gründen gezwungen wurde, diese Stellung aufzugeben, ging er ins Ausland. Lebte als Schaffender, Ausübender und Unterrichtender in den Vereinigten Staaten von Nordamerika und in der Schweiz. Schrieb u. a. Opern, Orchesterwerke, Konzerte, Kammermusik, Klavierwerke, Chorwerke, Lieder. Gestorben am 28. Dezember 1963 in Frankfurt/M.

Hindemith ist ein Komponist schlechthin, das heißt, es ist nicht möglich, ihn als einen für ein bestimmtes Kompositionsfach besonders veranlagten Musiker zu bezeichnen. Von der Solosonate für alle Instrumente bis zur großen Orchestersinfonie, vom Lied bis zur Oper reicht sein Schaffensgebiet, und bewundernswert genug: jedes dieser vielen Sondergebiete wird von ihm mit Werken bedacht, die auf genauester Materialkenntnis beruhen. Verfolgt man dann noch den Werdegang des Komponisten, so stellt man abermals eine erstaunliche Einheit fest: auf jeder Entwicklungsstufe entsprechen sich die Kompositionen aller Schaffensbereiche. Solche Einheit findet natürlich ihre letzte Erklärung in der Persönlichkeit des Schaffenden, obwohl der Praxis Hindemiths als Orchester- und Quartettspieler sowie seiner gewissenhaft ausgeübten Lehrtätigkeit eine wesentliche Bedeutung zukommt.

Der einstige Kampf um Hindemith ist heute zu ende. Die musikkundige und die musikliebende Welt erkennen in ihm einen der bedeutendsten Tonschöpfer der Gegenwart. Geistige Selbstzucht, ungewöhnliche polyphone Veranlagung, nur mit Reger vergleichbares handwerkliches, handwerksmeisterliches Können und ein immer wieder überraschendes Musikantentum sind nun seit Jahrzehnten schon eine Verbindung eingegangen, die jedes neue Werk reifer erscheinen läßt. Zugegeben, daß nur der dem Komponisten und seinen Werken wirklich nahekommen kann, der seine theoretischen Ansichten kennt („Unterweisung im Tonsatz"); aber das ist wohl in einer Stilwende, wie sie sich in der ersten Hälfte des 20. Jahrhunderts vollzogen hat und noch vollzieht, kaum anders möglich. Wer sich einmal in seine Gedankenreihe — logische Beziehung aller Töne der chromatischen Leiter auf den Grundton, Gleichberechtigung aber nicht Gleichwertigkeit aller Töne, Grundtöne nicht nur für Obertöne, sondern auch für Intervalle, je größer die harmonische Kraft der Intervalle (Quinte, Terz, Septime usw.), desto geringer ihre melodische Kraft — wer sich, um nur diese knappen Andeutungen zu geben, einmal in diese Fragen hinein g e d a c h t hat, wird sich in die Musik verhältnismäßig leicht hineinh ö r e n und erkennen, daß Hindemith sich einer folgerichtig erweiterten Tonalität bedient, nicht aber der Atonalität (was übrigens ein verunklarendes Schlagwort ohne festen Inhalt ist).

Entscheidend aber ist, daß zu den besonders gearteten harmonischen, melodischen und polyphonen Kräften noch ein Rhythmus tritt, dessen Aufspaltung in immer neue Gebilde nur selten (wenigstens in den Werken der Reifezeit) errechnet, sondern meist als lebendige Vielgliedrigkeit, das will sagen: naturhaft wirkt.

Eine ganz andere Frage ist es, ob man die Zukunft der Musik in der Richtung zu suchen hat, die Hindemith einschlägt. Diese Frage hier zu beantworten, ist unmöglich, weil das eingehender Untersuchungen bedürfte.

Mit der „K l a v i e r s u i t e 1 9 2 2" Werk 26 (Marsch/Jimmy/Nachtstück/Boston/Ragtime) zahlte Hindemith jenem unerfreulichen Jahr einen unerfreulichen Zoll. Die „K l a -

viermusik" (1925/27) macht den Versuch, aus den Verstiegenheiten der Frühzeit zu einer Art zwar mißklingenden, doch sehr sorgfältig und reich gearbeiteten Neubarocks hinüberzuleiten. Es folgen dann Lehrstücke wie „Kleine Klaviermusik" (1929) und „Wir bauen eine Stadt" (1931).

Im Jahr 1936 erschienen dann gleich drei Klaviersonaten, die wenigstens teilweise die Hoffnungen zu erfüllen begannen, mit denen man trotz allem das Schaffen des jungen Hindemith begleitet hatte. Mag manches an ihnen mehr Ingenieurarbeit als Schöpfung sein, — der künstlerische Ernst steht außer Zweifel.

Die erste Sonate (angeregt durch Hölderlins Gedicht „Der Main") strebt in ihren fünf Sätzen, von denen der ruhig bewegte Kopfsatz allerdings wohl nur eine Art Einleitung darstellt und das Hauptmotiv der Sonate (Beispiel 1)

festlegt, ins Große, Weiträumige, gleichwohl Verdichtete. Ihm ähnelt der vierte, nur auf eine andere Ebene verlagerte Satz in weitem Maße. Im Gegensatz zur klassischen Sonate gibt Hindemith nicht so sehr eine dramatische Entwicklung bestimmter musikalischer Gedanken als die Darstellung tragischen Seins. Dadurch kommt in das Ganze eine eherne Strenge, freilich nicht in alle Teile; denn zuweilen wird der Unterschied zwischen Wollen und Vollbringen recht deutlich, ja, man könnte sagen: der Komponist will zuviel und lauscht zu wenig auf das, was ihn geheimnisvoll durchströmt. (Wozu allerdings zu bemerken wäre, daß er damit der Grundhaltung, der Grundabsicht vieler auf künstlerischen Gebieten tätiger Menschen entspricht.) Vor einem aber muß sich auch der kritische Beurteiler neigen: vor dem zweiten Satz, einem mächtigen Trauermarsch mit seiner Erinnerung an Beethovens Trauermarsch aus Werk 26. Von der düsteren Großartigkeit des Satzes mag Beispiel 2 eine

2 (Sehr langsamer Marsch)

Vorstellung geben.

Die *zweite Sonate* ist knapper gefaßt, durchsichtiger geschrieben, ähnelt einer Sonatine, ohne daß nun das Polyphone verschwände. Am schlichtesten der Kopfsatz (Beispiel 3 gibt den Beginn). Auch der zweite Satz bleibt

3 Mäßig schnell

zierlich in der Zeichnung und selbst an akkordischen Stellen

4 (Lebhaft)

verschleiert stimmig (vergl. in Beispiel 4 die sinkende Baß- und die steigende Oberstimme). Dem Schlußsatz geht eine rhythmisch straff punktierte langsame Einleitung voran, bis dann das Rondothema einsetzt (Beispiel 5). Beachtenswert,

5 Bewegt

wie sich der Grundgedanke entwickelt: die engstufige Melodieführung weitet sich ebenso wie die anfängliche Dichte der Akkordik; der Baß trägt wieder polyphone Funktionen.

In der d r i t t e n S o n a t e lautet die Satzfolge „Ruhig bewegt/Sehr lebhaft/Mäßig schnell/Lebhaft". Satz 1, 2 und 4 schließen in nachdrücklich klarem B-dur, Satz 3 in Es-dur;

6 Sehr lebhaft

was sich aber innerhalb der Sätze abspielt, mögen zwei Beispiele wenigstens andeuten. Beispiel 6 ist der Beginn des zweiten Satzes: Tonalität, erweiterte Tonalität auf chromatischer Grundlage, Taktklarheit, Akkordik, kurze Motivformeln, Stimmigkeit und Scheinstimmigkeit (vergl. die Quintenparallelen im sechsten Volltakt) durchdringen einander und schaffen völlig neue Klangräume. Beispiel 7 ist

7

das Thema einer auch klanglich gewaltig gesteigerten Fuge (4. Satz). Hier ist aber auch alles genau erdacht: die beiden Kopfglieder (große steigende und kleine fallende Sekunde, getrennt durch die verminderte Quinte, den sogenannten Tritonus, den „Teufel in der Musik"), weiterhin die hartnäckig betonten, zur Formel werdenden doppelten Quartenanstiege mit nachfolgender fallender Sekunde und Quarte, die starre Taktaufteilung (Halbe — zwei Achtel — drei Viertel). Ein errechnetes, erklügeltes Thema ohne ursprüngliche Kraft. Um so erstaunlicher, wie dann die Rechnung im Verlauf aufgeht, wie aus totem Stoff durch meisterhafte Fügung ein sich weitender, durchlichteter Bau entsteht, wie der Musiker zum Architekten, der Architekt zum Musiker wird.

Ludus tonalis

1943 erschien der „Ludus tonalis. Kontrapunktische, tonale und klaviertechnische Übungen", — eine Augenweide für den des musikalischen Satzes kundigen Fachmann, aber ein Ohren- und Fingerschreck für den im Überlieferten aufgewachsenen Musikliebhaber. Auf der von Hindemith aufgestellten Reihe

C/G/F/A/E/Es/As/D/B/Des/H/Fis werden zwölf Fugen gebaut, die durch elf Zwischenspiele (Interludien) verbunden und durch ein Vor- beziehungsweise Nachspiel gerahmt sind. Wer die strengen Ergebnisse von Hindemiths musikalischlogischem Denken kennenlernen will, kann an diesem Werk nicht vorübergehen, mag es ihn auch schwer genug ankommen. Bei aller Bewunderung und Liebe der reifen Werke des Meisters, — vor dem Ludus tonalis bringe ich nur die gleiche Achtung auf wie vor der klaren, kühnen Zweckkonstruktion einer Stahlbrücke.

Das Präludium, beginnend nach Art mancher alten Orgeltokkata, ist mehrfach untergeteilt, die einzelnen Abschnitte sind stilistisch verschiedengeartet, das Ganze also etwa eine Phantasie-Einleitung, zum Einspielen der Finger und zum allgemeinen Einhören in das Kommende. Erster großer, erstaunlicher Kunstgriff: das dieses Werk beschließende Postludium (Nachspiel) ist Umkehrung und Krebs des Präludiums, das heißt grob gesprochen: wenn man das Notenheft auf den Kopf stellt und mit dem Schlußtakt des Postludiums beginnt, so erhält man im wesentlichen das Präludium.

Präludium, Postludium und Interludium kommen ihrem Wortsinn genau nach: es sind vorbereitende, abschließende und überleitende „Spiele“, kommen dem Spieltrieb des Pianisten entgegen. In ihnen werden alle möglichen Zeitmaße, Rhythmen und Spieltechniken angewendet, während der eigentliche Überleitungscharakter nicht immer erkennbar wird. Sie reichen vom Molto largo bis zum Allegro pesante, vom Marsch bis zum Walzer, von gleichmäßig geschlagenen Akkorden im Wechsel der Hände bis zur Ornamentik der französischen Clavicinisten, vom starren Nebeneinander tupfender Achtel und klingender Sechzehntel bis zum imitierenden Wechselspiel verzwickter Motive. (Beispiel 8 gibt einen kleinen Ausschnitt aus dieser Verschiedenartigkeit.) Immer aber dienen sie — bei sorgfältigstem Satz — der Auflockerung, Entspannung, dem „Spiel“.

Ganz anders die Fugen; denn sie sind ehern gefügt, folgen ohne Rücksicht auf Schönklang dem Gesetz der horizontalen Stimmigkeit, verzichten (bis auf ganz wenige Stellen) auf größere dynamische Steigerungen oder Klangverstärkung. Daß es nur auf die Stimmigkeit ankommt, geht schon daraus hervor, daß sie sämtlich dreistimmig sind, — und es kostet so schon genug Mühe, diese (für das Ohr harmonisch ungestützte) Stimmigkeit zu verfolgen. Infolge der anders verstandenen Tonalität erscheint das Thema beim dritten Male zwar meist auf der Tonika, beim zweiten jedoch auf der Quarte, Sexte, Terz und nur zuweilen auf der Quinte (Dominante). Da wir hier keine Fachanalysen geben, beschränken wir uns auf einige Hinweise.

Die erste Fuge in C fließt mit ihren drei Themen sehr ruhig dahin. In der zweiten Fuge in G erscheint als sehr geschwindes Thema eine lustige $^5/_8$-Melodie mit spitzen Tonwiederholungen als Kopf und heiter-knickender Fortführung (vergl. auch die Beispiele unter 9). Ganz gedrängt, fast abstrakt die dritte Fuge in F, deren Thema auf dem Zwölftonsystem beruht. Fuge vier in A ist dreiteilig: zwei energische Teile umschließen ein in kunstvoll verschwebenden Zierfiguren gesticheltes Lento; der Schlußteil setzt die verschiedenen Abschnitte des Hauptteils kontrapunktisch zueinander in Beziehung. Kern der fünften Fuge in E ist

ein schwingendes Giguenthema, das dem ganzen Stück und seiner Verarbeitung (Umkehrung) das Gepräge gibt. Zierlich die nachdrücklich wiederholte Grundformel (mit Zweiunddreißigstel-Triole) der ebenfalls spielerischen sechsten Fuge in As. Wesentlich formelhaft (punktierter Rhythmus) auch das Thema der siebenten Fuge in As, die jeden Themeneinsatz weiträumig-spielerisch auskostet. Mit den drei vorangehenden bildet die achte Fuge in D eine Gruppe spielfreudigerer Stücke; das Formelhafte des Themas wird leicht verschleiert, weil der ersten Achteltriole ein Zweiunddreißigstel vorangeht, während die zweite synkopisch in das vorangehende Viertel eingebunden ist, wodurch bei der Engführung ein recht verwickelter Rhythmus entsteht. Sehr dicht gearbeitet ist die Scherzando-Fuge Nr. 9 in B; in ihr gibt es Themenumkehrung, Krebs und Krebsumkehrung (von anderen kontrapunktischen Künsten abgesehen). Die zehnte Fuge in Des kann als Musterbeispiel für Umkehrung gelten; denn sie führt im zweiten Teil das umgekehrte Thema genau durch. Fuge elf in H ist ein kurzer, langsamer

Kanon über einer geisterhaften Baßstimme. Seltsam die Schlußfuge in Fis; bei ihr ist nicht der Themenkopf (zweimal cis — g) entscheidend, sondern die Weiterführung.

* *
*

Die 1942 erschienene Sonate für zwei Klaviere zeigt auf den ersten Blick, daß sie formal mit der klassisch-romantischen Sonate nicht mehr viel gemein hat; sie hat fünf Sätze mit den Überschriften „Glockenspiel/Allegro/Kanon/Rezitativ/Fuge“. Unter Beachtung der Attakka-Angaben gehören freilich die ersten beiden zusammen, ebenso die letzten beiden, so daß sich somit eine Art Dreisätzigkeit ergibt. Und der Allegroteil nähert sich doch erheblich dem klassisch-romantischen Sonatengrundriß mit (allerdings erheblich kontrapunktischer) Durchführung und verschränktem Wiederaufnahmeteil. Die alte Einheit des motivischen Stoffes ist klar erkennbar: buchstäblich in Satz I, II und IV (jeder beginnt mit c/es/f/g), sinngemäß auch in den anderen beiden Sätzen. Auch das Rezitativ (IV) selbst ist nicht so ungewöhnlich, wie es anfänglich scheint: es ist nämlich die silbengenaue Vertonung eines englischen Liedes aus dem Mittelalter, und man wird sich erinnern, daß beispielsweise Brahms im Andante seiner 1. Klaviersonate ähnlich verfahren ist („Verstohlen geht der Mond auf ...“). — Diese wenigen Andeutungen mögen dem Leser zeigen, daß die ernstzunehmenden Vertreter der „Neuen Musik“ durchaus nicht alles Frühere verleugnen, sondern es auf ihre Weise zu erweitern suchen. — Die Thematik ist (vergl. die Beispiele unter 10) zumeist einem unorthodoxen Zwölftonsystem zuzuordnen. Noch ein paar Worte zu den einzelnen Sätzen. Das in Zweiunddreißigstel-Ketten klingelnde und dröhnende „Glockenspiel“ ist beileibe keine Klangspielerei, sondern trotz allem Klangwillen zuchtvoll-sorgfältig gesetzt. Das „Allegro“

zwar sonatenartig geformt, doch kontrapunktisch dicht ausgebaut, der „Kanon“ ein kunstvoll gefügtes und gleichzeitig

10

stimmungsschweres Lento-Stück. Um in das „Rezitativ“ (mir scheint, es ist der eigentliche Ausgangspunkt für das Gesamtstück) einzudringen, sollte man den Text unterlegen (vergl. den Nachtrag in der neueren Schott-Ausgabe). Die dreithemige Fuge gehört zu jenen kunstvollen, rhythmisch nicht einfachen Fugen Hindemiths, auf deren Noten das Auge bewundernd verweilt, längst bevor das Ohr — von dem sofort zu erfassenden mächtigen Ersteindruck abgesehen — sich in die, ich möchte sagen: gotische Vielgliedrigkeit hineingehört hat. Großartig die Schlußsteigerung.

Ein überaus reizvolles Werk ist die S o n a t e für K l a v i e r z u v i e r H ä n d e n (1938, Uraufführungsjahr des „Mathis“). In den drei Sätzen wird gewissermaßen Orgelmäßiges, Orchestrales und Klaviermäßiges in bald stimmiger, bald akkordischer Spielweise klanglich verwoben.

HERMANN REUTTER

Geboren am 17. Juni 1900 in Stuttgart. Schüler von W. Courvoisier und F. Dorfmüller. Bald Kompositionslehrer an der Stuttgarter Musikhochschule, jetzt an leitender Stelle der Hochschule für Musik in Frankfurt a. M. Schreibt vor allem große Chorschöpfungen, Opern, Konzerte, Kammermusik, Klaviermusik.

Vor Reutters Klavierschaffen wird dem Betrachter wieder einmal deutlich, daß ein großer Teil der Komponisten des 20. Jahrhunderts offenbar daran zweifelt, das Klavier zum Träger neuzeitlicher Tonkunst machen zu können. Nach einem starken Ansatz, den besonders die pianistisch durchgebildeten Komponisten fast ausnahmslos durchlaufen, stockt das Schaffen für Klavier, und der Künstler wendet sich anderen Gebieten zu. Es ist dafür recht bezeichnend, daß Hermann Reutter, selbst ein ausgezeichneter Klavierspieler, als Komponist einer der Begabtesten, echt und tief empfindender Lyriker, mit starker Neigung zur Mystik, zugleich ein wacher Denker, voll ursprünglicher Sehnsucht nach dem Volkhaften, bei der Verwirklichung dieser Sehnsucht jedoch ein wenig überbetont, — daß also dieser vielseitige, echte Musiker nach einem mächtigen Auftakt nun schon seit mehr als einem Jahrzehnt kein Klavierwerk veröffentlicht hat. Erscheint seinem großen Wollen das Klavier zu „solistisch", vermag er seine Klangvorstellungen besser in mehrfach besetzten Instrumentalgruppen zu verwirklichen, hat ihm sein waches Wissen die Hemmungslosigkeit bedenkenlosen Schaffens geraubt? Oder trifft alles das zusammen? Wenn nicht bei ihm, so doch bei vielen des jüngeren Komponistengeschlechts.

Ungewöhnliches, Großes möchte Reutter geben, äußere und innere Bewegung sollen sich decken. Dafür zeugt sein zuerst veröffentlichtes Klavierwerk „Fantasia apocalyptica. Erscheinungen zweier Choräle" (1926, Werk 7). Nur einer jugendlich kraftvollen, von Bewußtseinshemmungen freien und ungewöhnlich begabten Natur konnte es gelingen, die scheinbar widerstrebendsten Ausdrucksmittel dieses Werkes zu einheitlicher Wirkung zu führen. Die beiden Choräle („Ein' feste Burg" und „O Haupt voll Blut und Wunden") verkörpern trotzige Eigenkraft und mystische Ergebung, Bachsches Grundgefühl und Tschaikowskysche Klangraserei treffen sich auf einer neuen Ebene, straffe, oft durch Doppeloktaven gehärtete Rhythmen treten neben fließendes Motivspiel, lineare Kontrapunktik steht neben klangbedingter Polyharmonik, kurzgliedriges Spiel neben weitausschwingender Bewegung. Der Stimmführungs- und Klangkunst ist ein starker Ausdruckswille übergeordnet; er äußert sich bereits in der Häufigkeit und Art der Vortragsanweisungen wie „Äußerst heftig und erregt/Immer mehr anstürmen/Wuchtig schreitend, in jagendem Rhythmus/Sehr feierlich/Von hier ab große Steigerung/Allmählich klangvoller". Es fällt schwer, von dem Wesen dieser mächtig gebauten und dicht gefügten, sich gleichermaßen an die Sinne wie an den Geist wendenden Musik ein charakteristisches

Notenbeispiel zu geben. Wir setzen daher nur zwei „Bausteine" hierher (Beispiel 1 und 2), beide herausgebrochen aus der „Festen Burg", beide kennzeichnend für die Art, durch fortwährende Wiederholung des gleichen (oder nur wenig veränderten) Grundstoffes großflächige Wirkungen zu erzielen, beide ferner rhythmisch kennzeichnend und das mehrharmonische Wesen des Werkes andeutend.

Aus der gleichen Zeit stammen die „Variationen über Bachs Choralllied ‚Komm süßer Tod'" Werk 15. Sie sind weniger dramatisch und sparsamer in den Klangmitteln als die „Fantasia apocalyptica", kehren das Verinnerlicht-Lyrische des Tonschöpfers hervor und überzeugen vor allem durch Sicherheit der Zeichnung. Ein stilles, tiefes Werk mit Ausblicken in außerirdische Welten.

Außerirdische Welten stellt Reutter dann in der „Passion in neun Inventionen" dar (Werk 25, 1930 veröffentlicht). Es handelt sich um neun „Stationen von Christi Leidensweg", wie sie die bildenden Künstler des Mittelalters darzustellen pflegten, und zwar „Abendmahl/Christus in Gethsemane/Gefangennahme/Geißelung/Dornenkrönung/Gang nach Golgatha/Kreuzigung/Grablegung/Am Ostermorgen". Manches ist mit realistischen Mitteln gezeichnet, etwa das Psalmodieren bei der Einsetzung des Abendmahls, der Marsch bei der Gefangennahme, die heftigen Schläge und Triller bei der Geißelung; aber das Ganze ist weit mehr als eine Bildfolge. Reutter versenkt sich in den mystisch-religiösen Kern, der den biblischen Szenen zugrundeliegt. Diese Versenkung ist so persönlich geartet, daß es außerordentlicher Einfühlung bedarf, um des Tondichters Erleben nachzuspüren. Eine Stelle aus der „Dornen-

krönung" (Beispiel 3) mag verdeutlichen, daß neben den realistischen auch rein musikalische Mittel das Geschehen bestimmen. Das eigentliche Thema dieser Intervention (Unterstimme, „fließende Achtel" schreibt der Komponist vor) ist aus der Choralmelodie „O Haupt voll Blut und Wunden" genommen; es wird hier mit der Vergrößerung (Oberstimme) kontrapunktiert, wobei die Vergrößerung die eigentliche Choralmelodie bildet. Die Takteinteilung — Reutter gibt in den neun Inventionen nur zweimal einen feststehenden Takt an — offenbart die Bevorzugung freier Rhythmen; also auch musikalisch ist die Einfühlung nicht allzu leicht, — trotz verhältnismäßig leichter Spielbarkeit. Das Ganze — im Gegensatz zur Fantasia apocalyptica — kein Konzertwerk, sondern in Haltung und Technik auf verinnerlichtes Hausmusizieren gerichtet. Bewundernswert, wie hier ein vorwärtsgerichteter, vor keiner Klangreibung zurückschrekkender Komponist des 20 .Jahrhunderts Männern um Kuhnau und Bach wieder nahekommt.

Seither hat Reutter, soweit wir sehen, dem Klavier nichts Wesentliches mehr anvertraut; hoffentlich wirkt die verinnerlichte Gedanken- und Gefühlswelt in dem Tondichter weiter und läßt eines Tages ähnlich gerichtete Klavierwerke entstehen. — Das Zwischenspiel der „T a n z - S u i t e" (1928, Werk 29) ist ein Nebenerzeugnis aus den Jahren, denen mancher jüngere Komponist einen Zoll gezahlt hat, ohne ihnen in Wahrheit verpflichtet zu sein.

ERNST PEPPING

Geboren am 12. September 1901 in Duisburg. Schüler von W. Gmeindl. Lebt als Lehrer an der Kirchenmusikschule in Spandau. Schrieb A-capella-Chöre, Werke für Orchester, Kammermusik, Orgel, Klavier.

Was Pepping in seiner 1934 erschienenen Schrift „Stilwende der Musik“ gedanklich niedergelegt hat, ist in seinen Klavierwerken nur andeutungsweise verwirklicht. Das braucht kein Bruch in des Komponisten Gedankengang zu sein: in dem Buch ging es um Klärung und deutliche Abgrenzung allgemeiner Begriffe; denn das Alte wird dort nicht „abgelehnt“, sondern entwicklungsgeschichtlich begriffen und anerkannt, jedoch als nicht verbindlich für alle Zukunft bezeichnet. Von hier aus behält Pepping das Recht, überkommene Stilmittel weiter zu verwenden und sie mit den neuen Mitteln zu vereinigen. Verwundern könnte allenfalls, daß gerade im Harmonischen mehr Bindung und Stütze gesucht wird, als Pepping in der „Stilwende“ zuzugestehen bereit war. So ist der Ausgleich zwischen neuzeitlicher Linienhaftigkeit und älterem harmonischen Denken nicht ganz vollzogen. Glücklicherweise, möchte man sagen, war bei der Gestaltung der Klavierwerke der Tondichter stärker als der begriffliche Denker. Eine gewisse Scheu vor dem Klanglichen läßt vieles in den frühen Werken unausgereifter erscheinen, als es in Wahrheit ist.

Als Dreißigjähriger veröffentlichte Pepping eine „Sonatine“ (1931). Der vorwiegend zweilinig dahinfließende erste Satz, das Formelspiel des zuweilen durch Stakkato-Akkorde gestützten zweiten („Lebhaft“, scherzoartig) und das reiche, sorgsam ausgezeichnete Figurenwerk des dritten Satzes („Sehr langsam“) lösen freilich mehr denkerische als musikalische Aufgaben, während das Musikantische in dem giguenartigen Schlußsatz prachtvoll das Linienwerk durchglüht. Grundtonart ist b-moll.

Auch die drei Sonaten der Jahre 1937/38 sind tonal verankert, — wenn auch an einer langen Ankerkette. Die Erste Sonate (1937) steht zweifelsfrei in D-dur. Bei den ersten Takten (Beispiel 1) des Kopfsatzes ist man über-

1 Allegro

rascht; die Überraschung wird zur ständig wachsenden Verwunderung, wenn man den zierlich klingenden, fein gestrichelten, dabei wirklich gebauten Satz weiterspielt, zu der er in der gemächlich dahinmarschierenden Serenade (zweiter Satz) gelangt und weiter zu dem abschließenden Allegro vivace mit seinen duftig getupften Stakkati, den Terzen und Akkorden. Erst zum Schluß löst sich das Rätsel, wie ein gedanklich vorwärtsstürmender Musiker des 20. Jahrhunderts zu einer solchen Musik kommt. Winzig klein gedruckt steht unter dem letzten Takt: „Für mein Klavichord . . .“ Es handelt sich also nicht um eine Klavier-, sondern um eine Klavichord-Sonate. Daher das Gestichelte, alles klanglich Verletzende trotz neuzeitlicher Haltung Vermeidende.

Die Zweite Sonate (ebenfalls 1937 veröffentlicht) steht in C-dur. In Durchsichtigkeit des Satzes und still musizierender Haltung der „Klavichordsonate“ verwandt, bald die Welt Haydns streifend und bald schlichtromantischen Eigenarten Zutritt gewährend. Solche Vielfalt gleich im ersten Satz, einer „Canzone con variazioni“, viel Sextenparallelen, dann auch akkordisches Klangspiel neben zärtlicher Linienzeichnung. Alle diese Bestandteile kehren im „Rondo pastorale" wieder, nur in anderer Anordnung. Im Schlußsatz („alla marcia") überwiegt eine behutsam getrommelte akkordische Schlagtechnik, die zur klanglichen Verwirklichung eines feinsinnigen Humors eingesetzt wird.

Fülliger die Dritte Sonate (1938). Die Satzfolge „Elegia capricciosa / Tokkata / Romanza / Allegro giocoso" überzeugt weniger als manche Einzelheit des Werkes. Trotz trefflicher Gedanken wirkt der Kopfsatz nicht von innen heraus; daß er mit einem Quartsextakkord schließt, soll wohl das „Elegische" unterstreichen. Geschlossener die Tokkata mit dem mächtigen Beginn (Beispiel 2) und den vielseitigen,

2 Maestoso

gehaltvollen Umbildungen. In der Romanze spricht das Melodische stärker als manche harmonische Wendung. Ohne Pause hängt sich der heiter-spielerische Schlußsatz an.

Die „Zwei Romanzen" von 1935 sind kurze Klavierstücke, deren Bedeutung mindestens darin besteht, daß man durch sie lernen kann, zeitgenössische Melodieführung zu würdigen. Peppings Neigung (oder ist es zielbewußtes Streben?) zur Hausmusik verkörpert sich am reinsten, nämlich fast „lehrhaft" im besten Sinne in dem Heft „Tanzweisen und Rundgesang" (1939), kleinen Skizzen von leicht moderner Schreibweise, aber überkommener Haltung.

Die „Drei Fugen über Bach" (1944) tragen die Bezeichnungen Allegro sostenuto - Andante - Maestoso passionato; auch abgesehen von diesem äußeren Merkmal geben sie sich inhaltlich als eine Art Fugensonate, so daß es beispielsweise in der dritten Fuge kaum solcher Vortragsanweisungen bedürfte wie „tumultuoso“, um erkennen zu lassen, daß Sonatengeist in Fugenform gegossen wurde. Das Thema b-a-c-h wird jeweils anders rhythmisiert, mit den Satzbezeichnungen entsprechenden Kontrapunkten versehen und entsprechend verschieden durchgeführt. Daß Pepping nun die Scheu vor Klavierwirkungen verloren hat, zeigen nicht nur Stellen wie die kraftvollen Engführungen und Verkürzungen unseres Beispiels 3 (kurz vor dem Schluß der ersten Fuge),

3

sondern die durchgehenden Steigungen und Zurücknahmen nach Klangstärke und Zeitmaß. Der technisch reife Satz mit seiner dichten, doch nicht überladenen Polyphonie und klaren Harmonik (die Sätze schließen in C, B und A) überzeugt nicht minder als der hohe künstlerische Gehalt.

Während diese Fugen sich deutlich als Klavierfassung des ursprünglichen Orgelwerks gleichen Namens zu erkennen geben, sind die 4. Sonate (1944), die Variationen von 1947, vor allem auch die vier Variationensätze „Zuhause“ (1948) wieder rein klaviermäßig gefaßt, ebenso die in strenge Zucht genommenen zwölf „Phantasien“ (1945).

WOLFGANG FORTNER

Geboren am 12. Oktober 1907 in Leipzig. Schüler von Kroyer und Grabner. Wirkt als Kompositions- und Theorielehrer am Evangelischen kirchenmusikalischen Institut der Universität Heidelberg. Schrieb u. a. Chorwerke, Konzerte, Orchesterwerke, Kammermusik, Orgel- und Klavierwerke.

Fortner strebt nach Klarheit, ohne in Nüchternheit zu verfallen, denkt linienhaft, ohne sich der Linearität bedingungslos zu verschreiben, empfindet romantisch, ohne überschwenglich zu werden, musiziert neuzeitlich, ohne dogmatisch zu sein. Der Anfang seiner Sonatina von 1934 zeigt, wie er aus Kleinformeln allmählich aufbaut: formelhaft die Motivik der Oberstimme, formelhaft auch der ostinate Baß. Im ersten Satz setzt er Flächen gegeneinander, der zweite Satz („Aria") ist ein Siciliano, ähnlich dem aus Casellas „Kinderstücken", der dritte ein prächtig musizierendes „Rondo nach schwäbischen Volkstänzen".

Seiner „Kammermusik für Klavier" (1948) vermag wohl nur zu folgen, wer die Neue Musik überhaupt bejaht. Wie sich hier wesentliche Eigenarten Fortners kundtun, zeigt unser Beispiel aus der „Serenata" der Kammermusik. Fortner läßt die achttönige Begleitformel (aufgeteilt in vier Sechzehntel, eine Sechzehnteltriole und ein Achtel) unablässig durch das ganze Stück erklingen; sie setzt aber von Takt zu Takt um ein Achtel später ein, so daß sich rhythmisch-metrisch eine fünftaktige neue Großformel ergibt. Dazu tritt eine rhythmisch scharf gegliederte, gegensatzreiche Melodie mit nach oben offenem Bogen, die kontrapunktisch zweistimmig zum Ostinato der Baßformel geführt wird. Das alles ist ohne Zweifel erklügelt; auch kenne ich keine Frau, die beglückt wäre, wenn ihr ein solches Abendständchen gebracht würde. Und doch webt hinter dem Ganzen eine verhaltene Stimmung, die zarter ist als diese Klänge.

Einen Schritt weiter gehen die „Sieben Elegien" von 1950, in denen Fortner mit ungewöhnlichem Kunstverstand daran geht, neu erworbene Anregungen aus der Zwölftonmusik (Schönberg, Webern) zu verbinden mit den alten Formen und zwar in einer auch pianistisch-klanglich sehr wirkungsvollen Art.

KURT HESSENBERG

Geboren am 17. August 1908 in Frankfurt a. M. Musikstudium in Leipzig (Günther Raphael). 1933 Lehrer an der Staatlichen Hochschule für Musik in Frankfurt a. M. Schrieb u. a. Orchesterwerke, Bühnenmusik, Lieder, Kammermusik, Klavierwerke.

Über das Klavierwerk Hessenbergs läßt sich nur schwer ein abschließendes (vorerst abschließendes) Bild gewinnen, weil seine Kompositionen anscheinend noch immer nicht restlos veröffentlicht wurden. Die von 1936 bis 1949 entstandenen oder gedruckten Werke lassen immerhin erkennen, daß hier eine starke und zugleich zurückhaltende Persönlichkeit ein wenig eigenbrötlerisch ihren Weg geht. Die Leipziger Schule hat Hessenberg kontrapunktisches Können an die Hand gegeben, über die neuere Musikentwicklung scheint er eindringlich nachgedacht zu haben, schließt sich ihr jedoch nicht bedingungslos an (obwohl er harte Reibungen harmonischer Art nicht scheut), weil er Sinn hat für das in der Vergangenheit Gewachsene und im tiefsten Grunde seines Wesens wohl Romantiker im echtesten Sinne des Wortes ist.

In einer Invention der „Sieben kleinen Klavierstücke" (Werk 12) findet sich eine Stelle, die den Kontrapunktiker, den herben Harmoniker, den lebendig Erfinden-

1 (Sehr rasch und übermütig)

den und — bei genauem Lauschen — auch den Romantiker in wenigen Takten erkennen läßt (Beispiel 1).

Die Sonatine (Werk 17) strebt nach sparsamer Zeichnung im Melodischen; ob die harmonischen Schärfen diese

Zeichnung nicht verdicken, darf dahingestellt bleiben. Widerspruchsvoller noch erscheint die „Kleine Hausmusik. Vierzehn Bagatellen" (Werk 24). Ist die häusliche Musikpflege in Deutschland wirklich schon so weit, daß diese „Kleine Hausmusik" in ihr Raum findet? Dabei ist doch wohl der Beginn des ersten Stückes (und nicht nur dieses) merklich mit Grieg verwandt; das heißt aber: die Entscheidung über herb und rücksichtslos ist noch nicht getroffen.

Vergleicht man die frühen Werke mit den 1949 erschienenen „Zehn kleinen Präludien" Werk 35 (gedacht für „Klavier oder Klavichord"!), so spürt man auf den ersten Blick, wie sich das musikalische Denken Hessenbergs gefestigt hat. Der im echten, unvergänglichen, nicht zeitbedingten Sinne romantisch erlebende Komponist ist zu ehrlich, als daß er sich von anderen Gesichtspunkten bestimmen ließe als denen seines musikalisch-künstlerischen Gewissens. Und so kehrt er zurück (oder schreitet fort) zu einer nicht nur erweiterten, sondern bereicherten Tonalität. Die folgenden Beispiele (2) aus den Kleinen Präludien zeigen

2 

das an dem zauberhaft fließenden ersten Präludium, dem chaconnenartigen Thema des fünften und dem Beginn des klar fugierten neunten Präludiums.

Eingehenden Studiums wert schließlich noch die c-moll-Sonate Werk 34 für vier Hände.

HARALD GENZMER

Geboren 1909 in Blumenthal bei Bremen. Musikstudium in Berlin (Hindemith). Arbeitete mehrere Jahre an der Breslauer Oper. Gegenwärtig Lehrer für Komposition in Freiburg (Breisgau). Schrieb u. a. Orchesterwerke, Konzerte, Kantaten, Lieder, Kammermusik, Orgel- und Klavierwerke.

Der Hindemith-Schüler Genzmer verrät in der musikalischen Handschrift stets die handwerksmeisterliche Schulung durch den Lehrer, doch hat er längst seinen eigenen Weg gefunden, einen Weg, den ihm seine still-beschauliche Natur vorschreibt. Viele Gebiete der Musik, von der Blockflöte bis zum Orchesterkonzert mit Trautonium (einem elektrischen Musikinstrument) hat er mit bester Gebrauchsmusik bereichert; wobei unter Gebrauchsmusik eine Musik hohen Ranges zu verstehen ist, deren der Spieler von heute bedarf. (Um kein Mißverständnis aufkommen zu lassen: die meisten Werke von Bach sind Gebrauchsmusik.) Aus Genzmers Klavierwerken greifen wir folgende heraus:

An die Spitze seiner Sonate 1938 setzt er einen langsamen Satz, der die — trotz aller Freiheit — Grundtonart H-dur klar durchklingen läßt und auf der Dominante Fis-dur schließt. Der zweite Satz („lebhaft") ist vorwiegend stimmig, und zwar meist zweistimmig, gehalten und bezieht seine Antriebe aus dem breiten Themenkopf und der beweglichen Achtelfortsetzung; er schließt in D-dur. Klanggebunden in seiner Akkordik der dritte Satz („In ruhiger Bewegung", mit einem lebhaften Mittelteil); Schlußakkord Fis-dur. Als Finale eine sehr schnelle Fuge mit Einleitung und Abschluß. Hier am deutlichsten das noch nicht recht Ausgeglichene des Werkes: die mit verschiedenen Kunstmitteln arbeitende Bewegungsfuge (geschwinde Sechzehntel) und die überladenen Akkordpackungen (14.—12. Takt vor Schluß) fügen sich nicht zusammen. Wildes Fortissimo legt in weit auseinandergezogenen Akkorden der letzten drei Takte die Grundtonart H-dur nachdrücklich fest.

Aus der dreisätzigen S o n a t i n e von 1940 geben wir die Anfangstakte der Sätze (Beispiel 1, 2, 3): der motivische

Kern ist überall der gleiche, in den Ecksätzen wirkt er durchsichtig spielerisch, im Mittelsatz lyrisch-zart. Mir scheint, diese Sonatine biete einen besonders leichten, eingängigen Zugang zu „moderner Musik".

D i e S o n a t e v o n 1 9 4 2 ist formal wie inhaltlich stärker wie die von 1938. Genzmer steigert hier sein lyrisches Grunderleben ins Lyrisch-Dramatische. Als Mittel dienen ihm Klang und Farbe, etwa die langen ruhenden Akkorde im ersten Satz, die Vollgriffigkeit im zweiten und vierten Satz, die bis zu vierzehntönigen Akkorden geht, die huschenden Achtel des dritten Satzes und die — etwas manieristisch wirkende — Verwendung von Oktaven. Erster und dritter Satz entsprechen sich als Bewegungsstücke, während der Trauermarsch des zweiten und die Fuge des Schlußsatzes auch motivisch verklammert sind. Chopinsche Innenbilder sind im zweiten und dritten Satz nicht zu verkennen.

Die Sonate für zwei Klaviere aus der jüngsten Zeit deutet in ihrer kristallischen Kühle und Durchsichtigkeit auf einen gewissen Stilwandel Genzmers. Ohne Zweifel ist sie meisterhaft gearbeitet; doch verdeckt ihre geradezu neuklassizistische Außenseite vieles von der sauberen Gefühlsechtheit, die sonst einen der schätzenswertesten Züge des Komponisten ausmacht.

Wie so manche Komponisten des 20. Jahrhunderts hat auch Genzmer sein pädagogisches Streben in einigen Klavierwerken verwirklicht. Zu nennen „Das kleine Klavierbuch" (1946) sowie das „Erste und zweite Spielbuch" (1943).

ERGÄNZENDE ÜBERSICHT

An den Werken der im Hauptteil besprochenen dreiundsechzig Klein- und Großmeister des Klaviers wurden die Hauptentwicklungslinien der Klavierkomposition dargelegt. Die folgende Übersicht ist kein Nachtrag, sondern bietet dem Leser die Möglichkeit, das aufgezeichnete Liniennetz weiter zu verdichten. Nach Geburtsjahren geordnet, werden mehr als hundert Klavierkomponisten aus viereinhalb Jahrhunderten mit kurzen charakterisierenden Bemerkungen vorgestellt. Rund zwei Drittel dieser Komponisten schrieben im 20. Jahrhundert.

Frescobaldi, Girolamo (1583—1643, Italiener), bedeutend als Orgelkomponist, mutet uns auf dem Klavier fremdartig, kühl, lebensfern an, wozu der vielfach noch auf die Orgel verweisende Stil beitragen mag. Seine geschichtliche Erscheinung bleibt davon natürlich unberührt. Einige Orgelwerke lassen sich mit Glück auf dem Klavier wiedergeben. Im übrigen genügen als Kostproben das „Capriccio über den Kuckuck“, ein Scherz, der später oft nachgeahmt wurde, hier freilich durch die ewige Wiederholung des Kuckucksrufes etwas ermüdend wirkt, sowie die „Aria detta La Frescobalda“, eine Variationenkette, die sich im Aufbau bereits der Suitenform nähert (Froberger war Schüler von Frescobaldi).

Poglietti, Alessandro (Geburtsjahr unbekannt, 1683 in Wien von den Türken umgebracht), einer der erstaunlichsten frühen Programm-Musiker, stark spielerisch-virtuos. Schrieb Suiten und Tokkaten, in denen er das Hühnergeschrei ebenso nachbildet, wie er „über den Aufstand von Ungarn“ mit weiterem Verlauf („Gefangennahme / Prozeß / Verurteilung / Hinrichtung“ usw.) sich vernehmen läßt. Leicht zugängig die „Aria mit einigen Variationen“, ein bezaubernder internationaler Bilderbogen von innerem Gewicht und äußerer Wirksamkeit.

Chambonnières (eigentlich: Jacques de Champion de Ch., 1602—1672, Franzose), Lehrer des älteren Couperin, erster Kammercembalist des „Sonnenkönigs" Ludwig XIV., veröffentlichte „Pièces de clavecin" (1670), eine Sammlung zurückhaltend gestalteter, fein empfundener Klavierstücke französischen Frühbarocks.

Krieger, Johann (1651—1735), etwa Pachelbel vergleichbar, schrieb „Sechs musikalische Partien . . . auf einem Spinett oder Klavichord zu spielen" (1697 erschienen), Suiten mit den üblichen Kernsätzen, denen zuweilen die „Modesätze" (Menuett, Gavotte usw.) angehängt werden. Dem üblich gewordenen Brauch will sich Krieger also nicht verschließen, wohl aber verwehrt er den modischen Sätzen den Zutritt ins Innere seiner Suiten; ferner enthält die „Anmutige Klavierübung" (1699) verschiedene Klavierstücke wie Präludium, Fuge, Ciaconna (einiges unzweifelhaft für Orgel, manches für Orgel oder Klavier gedacht).

Murschhauser, Franz Xaver Anton (1663—1738), Schüler von Kerll, schrieb u. a. Variationen, in denen sich reines Bewegungsspiel mit volkstümlicher Haltung paart.

Mattheson, Johann (1681—1764), Jugendfreund Händels, bekannter als Theoretiker denn als Komponist; dabei bergen seine Klaviersuiten wertvolles Gut, ebenso bewundernswert in der Satzkunst wie erfrischend im Einfall.

Daquin, Louis-Claude (1694—1772, Franzose), bezaubert heute noch durch sein entzückendes kleines Rondo „Der Kuckuck"; in den Bilder-Suiten, die er Fr. Couperin nachgestaltet, findet sich wenig Lebensfähiges.

Hasse, Johann Adolf (1699—1783), schrieb Sonaten, bei denen nicht der zwischen Frühbarock und Frühklassik schwankende Stil fesselt, sondern die elegante Sicherheit des Satzes und die kraftvolle, meist etwas aufgeplusterte Sprache, die stets an Barockoper erinnert und die immer ein wenig orchestral-theatralisch anmutet, auch wenn man nicht wüßte, daß Hasses Berühmtheit auf seinen (italienischen) Opern beruht.

Rolle, Johann Heinrich (1718—1785), besonders hinzuweisen auf eine Es-dur-Sonate von Beethovenschem Schwung, wenn auch ohne dessen Ausdruckstiefe, dabei unverkennbar von Bach und dessen Söhnen herkommend.

Benda, Georg (1722—1795), schrieb u. a. Klaviersonaten aus der Vorstellungswelt Ph. E. Bachs, nicht so bedeutend wie dieser, doch in seiner Art liebenswert. Beachtenswert das ganz verinnerlichte Larghetto aus der vierten, das sauberklare Tempo di Minuetto aus der fünften Sonate, lebendig und sprühend das F-dur-Presto.

Schulz, Johann Abraham Peter (1747—1800), bekannter Liederkomponist (u. a. „Der Mond ist aufgegangen“), Schüler von Kirnberger. Geht in seinen Klavierwerken etwa von Ph. E. Bach aus, nähert sich jedoch im Stil auch seinen Zeitgenossen Haydn und Mozart. Guten Einblick geben die „Sechs verschiedenen Stücke“ von 1778.

Türk, Daniel Gottlob (1751 oder 1756—1813), hat Werke für den Unterricht geschrieben, die bei aller durchdachten Sorgfalt von frischem Leben strotzen, den Geist wie die Finger bilden und auch geschulten Erwachsenen eine Quelle heiteren Genusses sein können (Leichte Klaviersonaten, Handstücke). Die Art des Tondichters — fein gezeichnete Klassik mit romantischem Einschlag — spiegelt sich besonders schön in den „Tonstücken“ für Klavier vierhändig.

Clementi, Muzio (1752 oder 1746—1832, Italiener mit deutschblütigem Einschlag), allbekannt als Verfasser hervorragender Übungswerke, wenig bekannt als Komponist von z. T. künstlerisch hochwertigen Klaviersonaten. Freilich war er ein Vielschreiber; doch einzelne Sonaten oder Sonatensätze sind wahrhaft bedeutend. Sie zeigen bald Mozarts flüssige, figurenreiche Ausdrucksweise, bald Haydns thematische Feinarbeit, bald Beethovens leidenschaftlich-fülligen Ausdruck, bald altklassische Kontrapunktik. Wertvolles bergen vor allem die späteren Werkzahlen (über 30) und hier wiederum besonders die gruppenweise zusammengefaßten Sonaten der Werkzahlen 40 und 50. Hervorragend auch die Sonaten für Klavier vierhändig und die Werke für zwei Klaviere. An innerem Gehalt treten Clementis Klavierwerke nur gelegentlich in den Bereich der drei großen Wiener Klassiker; um so unbeschwerter könnte mancher zeitgenössische Komponist von Clementi lernen, was flüssiger Klaviersatz ist. Wohlverstanden: nicht im Stil, sondern in der stoffgerechten Behandlung des Tasteninstruments.

Dussek, Johann Ladislaus (1761—1812, Tscheche), Schüler von Ph. E. Bach, schrieb Dutzende von Sonaten, dazu Sonatinen, Stücke usw.; manches davon auch heute noch lebendig durch Musikalität, Liebenswürdigkeit und Reichtum des Ausdrucks. Steht zuweilen in der Nähe von Beethovens frühen Werken, nimmt aber auch die junge Romantik vorweg (berühmt „La consolation“).

Tomaschek, Wenzel Johann (1774—1850, Tscheche), macht die Ausdruckskraft Beethovens dem lyrischen Tonstück dienstbar, hat zwar auch fünf Klaviersonaten geschrieben, gibt aber sein Eigentliches in „Rhapsodien“ und „Eklogen“.

Henselt, Adolf (1814—1889), vielen nur mehr aus Unterrichtssammlungen bekannt; verschiedene seiner künstlerisch wertvollen Etüden eignen sich nach ansprechender Melodik, übersichtlicher Harmonik und feiner klanglicher Einkleidung auch als Vortragsstücke.

Gade, Niels Wilhelm (Däne, 1817—1890), in seinen Klavierwerken stark von Mendelssohn, aber auch von Schumann beeinflußt. Schrieb vor allem Sammlungen lyrischer Stücke (Frühlingsblumen, Sylphiden, Albumblätter, Idyllen, Fantasiestücke, Aquarellen usw.). Nur wenig nordischer Einschlag; Grieg wandte sich später gegen den „mendelssohnverweichlichten Skandinavismus Gades“. Die Sprache ist liebenswürdig, geschmeidig und gelöst. Empfehlenswert einige der „Aquarellen“ Werk 19, die e-moll-Sonate Werk 28 (vor allem die Mittelsätze) und besonders die dichterisch geschauten Jugendstücke aus „Der Kinder Christabend“ Werk 36. Ansprechend auch die vierhändigen Stücke: „Nordische Tonbilder“ Werk 4, vielleicht auch die „Drei Klavierstücke in Marschform“ Werk 18.

Kiel, Friedrich (1821—1885), begann mit 15 Kanons (Werk 1) und 6 Fugen (Werk 2), schrieb viele Klavierstücke, auch Sonaten, die heute vergessen sind, obwohl sie manches Vortreffliche enthalten. Ausgezeichnet die Variationen und Fuge, Werk 17. Ferner verschiedene Werke für Klavier vierhändig (u. a. Sonatinen, Walzer, Humoreske, Variationen).

Smétana, Friedrich (1824—1884, Tscheche), der eigentliche Begründer der neueren tschechischen Kunstmusik, verdankt zwar viel der deutschen Romantik von Schumann bis Liszt, gibt aber sein Bestes in heimatlich angereicherten Werken. U. a. die sechs Charakterstücke „Träume“ (1875, nur teilweise kennzeichnend für des Tondichters Art), zahlreiche „Polkas“ von hinreißender Musikalität (zwischen 1855 und 1861), „Tschechische Tänze“ (1879), Kompositionen, die den entsprechenden Stücken aus der „Verkauften Braut“ wesensverwandt sind.

Reinecke, Carl (1824—1910), einer der bedeutendsten Komponisten künstlerisch wertvoller Unterrichtsmusik und als solcher hochzuschätzen (mit Auswahl; denn Reinecke hat ungeheuer viel geschrieben). Darüber sollte man aber die anderen Werke dieses etwa aus der Romantik Schumanns kommenden, einen ausgezeichneten Klaviersatz pflegenden Meisters nicht vergessen. U. a. die As-dur-Ballade Werk 20, die Variationen Werk 52, manches von den vierhändigen Stücken, vor allem für zwei Klaviere das „Impromptu“ Werk 66, „La belle Griselidis“ Werk 94 und die drei Sonaten (mindestens Einzelsätze) der Werkzahlen 240 (F-dur) und 275 (G-dur und C-dur).

Reubke, Julius (1834—1858), Sohn eines bekannten Orgelbauers, hat eine mächtige b-moll-Sonate geschrieben, die zwar in keiner Hinsicht das Vorbild von Liszts h-moll-Sonate verleugnet, aber mit so ungewöhnlicher Kraft geladen ist, daß sie zu unrecht vernachlässigt wird. Schließlich war Liszts Sonate in ihrer ganzen Art bedeutend genug, um jüngere Komponisten zu Ähnlichem anzuregen.

Saint-Saëns, Camille (1835—1921, Franzose), schreibt einen guten Klaviersatz, gestaltet schwungvoll, rassig, wurzelt zwar in der Klassik, ist aber klanglich Neuromantiker. Seine Werke für Klavier zweihändig sind fast vergessen (Salonstücke, Etüden, Variationen usw.) Bedeutender seine Werke für Klavier vierhändig, insbesondere das wahrhaft dichterische, prächtig klingende „König Harald Harfagar". Ganz hervorragend die Werke für zwei Klaviere, und zwar nicht nur die bekannten „Variationen über ein Beethoven-Thema", sondern auch die „Polonaise", das „Scherzo", die „Caprice arabe", auch die „Caprice hëroique" verdienten stärkere Beachtung.

Balakirew, Mily (1837—1910, Russe) erinnert in seiner b-moll-Sonate an Mussorgsky. Mit der vom Spieler das Letzte verlangenden orientalischen Fantasie „Islamey" überträgt er Lisztsche Virtuosität ins Russisch-Asiatische. Die Brutalität des (im übrigen wirklich gestalteten) Hauptteils ist selbst heute — dreiviertel Jahrhundert nach dem Entstehen — nicht übertroffen.

Rheinberger, Joseph (1839—1901), hervorragender Kontrapunktiker und Melodiker spätromantischer Prägung, im Empfinden etwa Schumann nahestehend, im planenden Bauen dagegen eher Beethoven. Viele unzweifelhaft blasse Klavierstücke haben es mitverursacht, daß er in den Jahrzehnten der „neuen Musik" hochachtungsvoll zum alten Eisen geworfen wurde. Dabei hat er mancherlei geschrieben, was dem gesund Empfindenden auch heute noch etwas zu sagen hat, — eben weil es nicht nur kunstvoll, sondern auch gesund ist.

Versunken sind zahlreiche Charakterstücke, wohl auch — von Einzelheiten abgesehen — die Sonaten (am stärksten die „Romantische Sonate“ Werk 184). Wertvolles geben dagegen seine Tokkaten, die Charakterstücke in kanonischer Form (Werk 180), die Zwölf Vortrags-Studien (Werk 183), Präludium und Fuge zum Konzertvortrag (Werk 33), dann die prachtvolle Tarantella für Klavier zu vier Händen (Werk 13) und das a-moll-Duo für zwei Klaviere (Werk 15).

Goetz, Hermann (1840—1876), der bekannte feinsinnige Romantiker, hat nur wenig für Klavier geschrieben. Die „Losen Blätter“ Werk 7 (1869, neun Stücke mit Überschriften wie „Durch Feld und Buchenhallen / Einsamkeit / Frühlingsgruß“ usw.) sind etwas vergilbt, auch nicht immer recht persönlich; ausgezeichnet die beiden „Sonatinen“ Werk 8, für deren ziere Sprache wir heute wieder aufgeschlossen sind. Ferner: beachtenswerte Sonate für Klavier vierhändig, zu empfehlen auch die Bearbeitung seiner F-dur-Sinfonie und der „Frühlings-Ouvertüre“ für zwei Klaviere (die Sinfonie auch vierhändig).

Tschaikowsky, Peter (1840—1893, Russe), hält sich in den Stücken für Klavier allein auffallend zurück; an seine Sinfonien und Klavierkonzerte wird man nicht erinnert, allenfalls in der zupackenden G-dur-Sonate Werk 37. Was er sonst für Klavier geschrieben hat, sind Übertragungen deutsch-romantischen Geistes in den Salon des zaristischen Rußlands. Wertvoll „Die Jahreszeiten“ Werk 37a. Jedem Monat wird ein Bild beigeordnet, etwa Januar / Am Kamin — März / Lied der Lerche — August / Die Ernte. Manche dieser weltberühmten Hausmusikstücke sind zu förmlichen Weltschlagern geworden, wie die Juni-Barkarole oder die November-Troikafahrt. Ganz vorzüglich das Kinderalbum Werk 39, zu empfehlen jedoch auch dieses oder jenes kleine Charakterstück.

Dvořak, Antonin (1841—1904), Tscheche), ist als Klavierkomponist in Deutschland vor allem bekanntgeworden durch die Werke für vierhändiges Klavierspiel: „Slawische Tänze" (Werk 46 von 1878 und Werk 72 von 1886), sechzehn prachtvolle Tanzstücke nach der Art von Brahms' Ungarischen Tänzen, urwüchsig und kunstvoll zugleich. Weiter die sechs stimmungsdichten Charakterstücke „Aus dem Böhmer Wald" (Werk 68, 1883/84); ferner die zehn fein gezeichneten „Legenden" (Werk 59, 1881). Alle diese vierhändigen Kompositionen hatten einen derartigen Erfolg, daß sie der Tondichter nachträglich für Orchester bearbeiten konnte. Nicht so bedeutend die zweihändigen Werke. Weltberühmt die siebente der acht „Humoresken" (Werk 101, 1894); doch findet man auch in den übrigen Sammelwerken manches erfreuliche Stück. So in den acht „Variationen" Werk 36 (1879), in den dreizehn „Poetischen Stimmungsbildern" Werk 85 (1889), in den „Abendliedern", den „Schottischen Tänzen", den „Furianten", den „Walzern" usw.

Herzogenberg, Heinrich von (1843—1900), pflegte bewußt den Brahms-Stil, hat aber innerhalb dieses Ausdrucksbereiches etwas Eigenes zu sagen. U. a. verschiedene Sammlungen von "Klavierstücken"; bedeutender die geistvoll-heiteren „Variationen über das Menuett aus Don Juan"; am besten das „Capriccio", dessen sechstes Stück so gewichtig aufgebaut wird, daß es den fünf vorangehenden die Waage halten kann (alle Stücke über ein einziges Grundthema). Für Klavier vierhändig u. a. „Walzer", „Variationen über ein Thema von Brahms", eine Sammlung „Allotria", sämtlich hervorragend gesetzt und wirklich für vierhändiges Klavierspiel erfunden. Sehr ernst zu nehmen auch „Thema mit Variationen" für zwei Klaviere.

Scharwenka, Philipp (1847—1917, deutsch-polnischer Abstammung), Nachromantiker, schrieb viele feinsinnige kleine Stücke, auch ansprechende Werke für Klavier zu vier Händen.

Scharwenka, Xaver (1850—1924, Bruder von Philipp Sch.), virtuoser, großzügiger, rassiger als Ph. Sch., bekannt durch die zahlreichen polnischen Tänze. Außer zweihändigen auch vierhändige Stücke.

Huber, Hans (1852—1921), umfassendster Klavierkomponist der Schweiz, sicher gestaltender Nachromantiker, schreibt einen wirklich „ehrlichen" Klaviersatz, will nie mehr scheinen, als er ist, hat immer etwas zu sagen, klangschön, sicher geformt, stark empfunden. Vor allem Kleinstücke wie „Blätter und Blüten", „Bilderbuch ohne Bilder", „Nachtgesänge", „Stimmungen", „Hadlaub" (Charakterstücke nach Gottfried Keller) usw.; ferner eine Es-dur-Sonate zu „Maler Nolten" (nach Mörike). Hervorragend die Werke für Klavier vierhändig, in denen er fast jeder Spielstufe künstlerisch wertvolle Stücke schenkt, wie „Ländler vom Luzerner See", „Humoresken nach Scheffel", „Suite C-dur", „Walzer", „Italienisches Album", „Präludien und Fugen in allen Tonarten" (eine der besten neueren Schöpfungen für vierhändiges Spiel) und vieles andere. Nicht sehr bekannt, aber unbedingt zu empfehlen, die Kompositionen für zwei Klaviere (Sonaten, Improvisationen).

Nicodé, Jean Louis (1853—1919, Deutscher aus einer zugewanderten Hugenottenfamilie), bekannt als Komponist hervorragender Chorwerke, auch Orchesterwerke. Als Klavierkomponist ziemlich vergessen; doch verdienen einige Werke ob ihres an den Romantikern (Schumann) gebildeten, aber vom Komponisten weitergeführten Stils, ob ihrer schönen Klanglichkeit, ihrer echten Empfindung und des guten Klaviersatzes alle Beachtung. So die „Variationen und Fuge" Werk 18 mit ihrem herrlichen Klang, in den die Polyphonie so prachtvoll eingebettet ist, dann mindestens der erste Satz der f-moll-Sonate Werk 19, z. T. auch die „10 Poesien. Ein Liebesleben" Werk 22. Auch wertvolle Musik für vierhändiges Klavierspiel wie die „Ballszene", die „Bilder aus dem Süden" und die feinen „Walzerkapricen".

Sinding, Christian (1856—1941, Norweger). Kennzeichnend für seine Art das in aller Welt bekannte „Frühlingsrauschen“ (Werk 32 Nr. 2): hier rauscht es wirklich in den ausgebreiteten Akkordbrechungen und Halbtonleitern, in der farbigen Harmonik, in der charakterisierenden Thematik, in dem klanglich unterbauten Schwung; hart an der Grenze des „Reißers“. Ein großer Teil von Sindings zahlreichen Klavierstücken spricht heute nicht mehr an, weil wir den Widerspruch spüren zwischen der ursprünglichen Weichheit des Empfindens und der überbetonten, zuweilen massigen Fülle und Härte des (sehr geschickten) Klaviersatzes. Doch zwischen den vielen, durch überladene Homophonie ermüdenden Stücken finden sich verschiedene, die man zu einer lebensfähigen Auswahl zusammenstellen sollte. Sehr wirkungsvoll auch die vierhändige „Suite“ Werk 35 und die beiden „Duette“ für zwei Klaviere Werk 41.

MacDowell, Edvard (1861—1908, Nordamerikaner), einst ob seiner geistreichen, zuweilen auch empfindungsvollen, harmonisch-malerischen Kleinbilder (Waldidyllen/Seebilder/Poesien usw.) sehr geschätzt, heute fast vergessen. Er übersetzt gewissermaßen Grieg ins Gemäßigt-Impressionistische; aber sein Vorbild wirkt stärker als die Übersetzung. Ferner u. a. Sonaten, Etüden.

Kaun, Hugo (1863—1932), hat eine ganze Anzahl Klavierwerke geschrieben, deren nachromantische Art durch vornehme Gesinnung und zuchtvolle Haltung geadelt wird, meist Sammlungen von Kleinbildern wie „Vielliebchen“, zweimal „Vier Stücke“, die vier bezaubernden Episoden „Pierrot und Colombine“, weiter die nicht schweren, doch fein durchgezeichneten „Vier Spitzweg-Bilder“ und „Mümmelmann. Fünf Waldgeschichten“ (nach Löns). Sehr schön auch die „Drei Sonatinen“. Besonders hinzuweisen ist auf die „d-moll-Passacaglia“ Werk 81 für zwei Klaviere.

Nielsen, Carl (1865—1931, Däne), hat sich in das Klaviermäßige erst hineinkomponieren müssen. Eigenes Gesicht haben nur das „Thema mit Variationen“ Werk 40 und vor allem die „Luziferische Suite“ Werk 45, neuzeitlich im Geistigen, nicht in der Manier, wie man überhaupt diesen eigenwüchsigen Musiker schwer einer Richtung zuordnen kann.

Glasunow, Alexander (1865—1936, Russe), beeinflußt von Liszt, Rimskij-Korssakoff, der deutschen Romantik und der russischen Volksmusik, daher nicht eben einheitlich, stets aber wirkungsvoll durch lebendige Klangvorstellungen. Daher ungleich in den Sonaten (b-moll Werk 74, e-moll Werk 75, beide um 1901), von denen immer nur die Einzelsätze etwas aussagen, nicht aber das Ganze. Stärker die „fis-moll-Variationen" (1900, Werk 72) über ein Thema von sieben Takten, das wirklich geistvoll verändert wird. Gehaltvoll und zugleich von konzertmäßiger Gebärde die „Vier Präludien und Fugen" (Werk 101). Empfehlenswert die kleineren Werke: „Drei Etüden" (Werk 31), „Drei Miniaturen" (Werk 42), die „Nocturnes" (Werk 37), die „Impromptus" (Werk 54). Etwas aus dem Rahmen fallend, aber gewiß ein treffliches Stück: „Präludium und Fuge" Werk 62.

Sibelius, Jean (1865—1957, Finne), eindrucksvoll in seinen Orchesterschöpfungen, während die immerhin zahlreichen Klavierwerke uns nicht ansprechen; vielleicht sind sie nicht schwach und ausdruckslos, vielleicht müßte man Finne sein, um sie zu erleben. U. a. Sonate, Bagatellen, Walzer, Rondinos, kleine Stücke.

Schumann, Georg (geb. 1866), Nachromantiker, begann mit Klavierstücken im Banne von R. Schumann, Chopin, Liszt, ja, Richard Wagner („Drei Klavierstücke", „Stimmungsbilder", beides 1886). Auch in der Zeit wachsender Selbständigkeit blieb er dem kleinen Klavierstück treu („Traumbilder", „Mazurka und Gavotte", „Improvisationen", „Bourrée und Valse Caprice", Musette", „Intermezzi", „Drei Stücke", dazwischen auch „Thema und Variationen", 1890 bis 1900). Es folgten dann die ebenso bildenden wie gehaltvollen „Fantasie-Etüden", die programm-musikalischen „Harzbilder", die „Sechs Fantasien" voller Empfindung und

Wohllaut (bis 1904). Nach langer Pause (1916) erschienen dann die wundervollen, vielseitigen und vielsinnigen vierundzwanzig Stücke „Durch Dur und Moll“, wiederum dichterisch und programm-musikalisch, die viel zu wenig beachteten „Variationen und Fuge über ein eigenes Thema“ und die „g-moll-Ballade“. Nach weiteren kleineren Werken wurde 1938 ein neues Variationenwerk bekannt, „Variationen und Rondo über ein Thema von Mozart“, im nachromantischen Stil, gewiß „unmodern“, aber geist- und gehaltvoll. Für Klavier vierhändig: „Reigen“ (zehn Stücke in Walzerform) und „Vier Stücke“; für zwei Klaviere: „Variationen und Fuge über ein Thema von Beethoven“.

Granados Campina, Enrique (1867—1916, Spanier), schrieb u. a. eine bedeutende Folge nach Bildern seines berühmten Landsmannes, des spanischen Malers Goya: „Goyescas“. Nachromantisch, auf Melodie und farbigen Klang bedacht, lehrreich zu hören, wie ein hervorragender Musiker Spaniens „seinen“ Goya erlebt.

Halm, August (1869—1929), einst Musiklehrer in Wikkersdorf, bedeutend als Musikerzieher (Klavierschule) und Musikdenker (Erneuerung des musikalischen Barocks). Schrieb „Leichte Klaviermusik“ (Stücke, Suiten, Sonatinen für kleine Hände) und „Werke für Klavier“ (überwiegend Barock, kontrapunktisch).

Pfitzner, Hans (1869—1949), hat nur ein Klavierwerk veröffentlicht: „Fünf Klavierstücke“ Werk 47 (1941) mit den hochromantischen Einzelüberschriften „Letztes Aufbäumen / Ausgelassenheit / Hieroglyphe / Zerrissenheit / Melodie“. Bei aller Achtung vor diesem überlegen gestalteten Rückblick auf die musikalische Heimat, — den eigentlichen Pfitzner trifft man in seinen anderen Werken.

Novak, Vitezlav (1870—1949, Tschechoslowak), ebenso begabt wie musikantisch besessen, ebenso der slawischen Volksmusik verbunden wie der neueren Kunstmusik verhaftet. U. a. vier „Eklogen“ Werk 11, eine Suite „Exotikon“

(Werk 45, das Exotische reicht von Lappland bis Arabien und China, für uns nicht immer verständlich), die fünfsätzige Tondichtung „Pan“ (Werk 43, eine weitausgeführte Klaviersinfonie, die nur mit stärkster innerer und äußerer Leidenschaftlichkeit befriedigend wiedergegeben werden kann), schließlich „Tschechische Tänze“, „Walachische Tänze“, „Slowakische Suite“.

Skrjàbin, Alexander (1872—1915, Russe), ging als Klavierkomponist aus von Chopin — und zwar von der weichen, müden Seite von dessen Wesen — und endete in einem unverständlichen psychologischen Mystizismus. Seine ungewöhnliche Begabung offenbart sich darin, daß er zur Verwirklichung seiner Absichten einen nur ihm eigenen Klavier-Ausdrucksstil geschaffen hat. Maßvoll und verständlich, aber des Komponisten innerstes Wesen (müdes Versinken neben krampfhaftem Aufbäumen) bereits erkennen lassend, manche früheren Werke; so die „Vierundzwanzig Präludien“ Werk 11, „Präludien und Nokturno“ Werk 9, die vor allem rhythmisch fesselnden, musikalisch wertvollen „Etüden“ der Werkzahlen 8, 42 und 65, die „Impromptus“ der Werkzahlen 10, 12 und 14, auch manche der späteren (sehr zahlreichen) Präludien, Mazurken und Walzer. Weitaus die meisten „Poëmes“ (Werk 32, 34, 36, 41 und 44) wirken überreizt. Peinlich berühren viele der zahlreichen „Stücke“ (fünf Hefte) und vollends die seelischen Düsterkeiten der Präludien Werk 74. Aus den zehn Klaviersonaten lassen sich Aufstieg und Verfall eines reichen Geistes ablesen. Bis zur 4. Sonate (Fis-dur) spürt man die fruchtbare Weiterbildung des überkommenen, vorwiegend romantischen Gutes; was dann folgt, bedeutet musikalisch und geistig einen Verfall, den man nur mit Schrecken verfolgen kann. Eine Sonate nennt Skrjàbin „Weiße Messe“, eine andere „Schwarze Messe“. Und wenn am Schluß der letzten Sonate steht „mit sanfter Ermattung, mehr und mehr verlöschend“, so glaubt man auch in den Tönen das Bild eines langsam verlöschenden Menschen wahrzunehmen.

Graener, Paul (1872—1944), ist mit seinen Klavierwerken bei weitem nicht so bekannt geworden wie mit seinen Bühnen- und Orchesterschöpfungen; dabei schlägt dieser echte Musiker und außergewöhnliche Könner mit ein paar Takten Dutzende einst bestaunter Auchkomponisten aus dem Felde. Vielseitig im Ausdruck und Stil. Voller Empfindung die „Drei Intermezzi" Werk 77 und die „Wilhelm-Raabe-Musik" Werk 58 (Graener hat nach Wilhelm Raabe auch Kammermusik geschrieben), fein durchdacht die mehr lineare „Gotische Suite" Werk 74. Alles nicht zu schwer und dankbar.

Juon, Paul (1872—1940, Sohn schweizerischer Eltern, aufgewachsen in Rußland, später Deutschland und Schweiz), erreicht in seinen Klavierwerken nicht die Höhe seiner Kammermusik; beeinflußt von Brahms, dem Impressionismus und den Russen. U. a. „Préludes et Caprices", „Intime Harmonien", „Sonatina", „Kakteen".

Schäfer, Dirk (1873—1931, Niederländer), echter Romantiker, der auch das Virtuose zu veredeln weiß; am besten „Interludes" Werk 17 und die hinreißende, wirklich klaviermäßig empfundene, im schönen Sinne virtuose „Toccata" Werk 18.

Rachmaninow, Serge (1873—1943, Russe, lebte später meist in Frankreich und Amerika), in gewissem Sinne Chopin verwandt durch eine Mischung von Slawentum und internationaler Salonstimmung, von klanggeschmeidiger Weichheit und gelegentlichem Zupacken, heute etwas verblaßt (vor allem die nur in Einzelzügen ansprechenden Sonaten d-moll und b-moll). Manche seiner zahlreichen „Préludes" werden sich noch lange halten, auch diese oder jene seiner „Etudes-Tableaux". Prachtvoll die „Variationen über ein Thema von Chopin" Werk 22; R. variiert das (auch von Busoni bearbeitete) Chopin-Präludium c-moll

(Werk 28 Nr. 20) gleich wirksam für die Haus- wie für die Konzertmusik; nur für diese gilt der krachende Schlußsatz.

Schmidt, Franz (1874—1939, Österreicher), schrieb verhältnismäßig wenig für Klavier allein, darunter aber eine der wert- und wirkungsvollsten Tokkaten der Neuzeit (1938), ein Werk, das für sich allein genügen würde, die Lebenskraft der Romantik im 20. Jahrhundert zu beweisen.

Ives, Charles (1874—1954, Nordamerikaner), mit dreizehn Jahren als Organist angestellt, erstaunlich abgekapselter Einzelgänger. Experimentierte mit Poly-tonalität, -metrik, -rhythmik, Atonalität, dissonanten Kontrapunkten, bevor diese Begriffe überhaupt bekannt waren. In der berühmten „Concord-Sonate“ (1909/15) die ersten „Tontrauben“ (Niederdrücken aller schwarzen bzw. weißen Tasten mit einem Holzbrett).

Courvoisier, Walter (1875—1931, Schweizer), schrieb zwei nicht eben „aufregende“, dafür um so tiefere Klavierwerke, in denen er nachromantisches Empfinden in neuzeitlichem Gewande wiederaufleben läßt. Passacaglia und Fuge Werk 20, Variationen und Fuge Werk 21.

Falla, Manuel de (1876—1946, Spanier), setzte für Klavier allein vorwiegend Bearbeitungen von Tänzen aus seinen Ballettmusiken. In den „Vier spanischen Stücken“ (1912) und vor allem der „Baetischen Fantasie“ (1919) offenbart sich ein melodisch gebundener und besonders rhythmisch gekräftigter Impressionismus.

Dohnanyi, Ernst von (1877—1960, Ungar), sehr wirkungsvoll im Klaviersatz, überaus gepflegt, dagegen nicht immer eigenpersönlich. Am stärksten in schnelleren Stücken, ausgehend von Liszt und Brahms, deren Art er geschmackvoll zu vereinen weiß. Brahmsisch vor allem die frühen „Vier Klavierstücke“ (Werk 2) und „Variationen und Fuge über ein Thema von E. G.“ (Werk 4). Die „Passacaglia“ (Werk 6) wird bewußt nicht streng, sondern balladenhaft aufgebaut. Glanzvoll in der Wirkung die „Vier Rhapsodien“ (Werk 11).

Dankbar die zehn Bagatellen des „Winterreigens" (Werk 13) und vor allem die „Fünf Humoresken in Form einer Suite" (Werk 17), in denen Polyphonie und nachromantischer Klaviersatz schöne Verbindungen eingehen. Über die „Drei Stücke" (Werk 23, mit reizendem Walzer), die „Suite nach altem Stil" (Werk 24) und die schwierigen „Sechs Konzertetüden" (Werk 28, bekannt das f-moll-Capriccio) führt der Weg aus der zwischenstaatlichen in die betont ungarische Musik: „Variationen über ein ungarisches Volkslied" (Werk 29), „Ruralia hungarica" (Werk 32a), „Ungarisches Weihnachtslied. Pastorale" (ohne Werkzahl).

Karg-Elert, Sigfried (1877—1933), bekannt vor allem als Vorkämpfer des kunstvollen Harmoniumspiels. Musikantisch besessen, jeder neuen Richtung aufgetan, starker Sinn für Harmonie und Klangfarben, dann wieder sich in thematische Beziehungen und Verflechtungen kühnster Art hineinwühlend, allen Stilen bis zum Impressionismus und Expressionismus huldigend. Dabei jedem neuen Reiz ehrlich hingegeben. Schrieb sehr viele Folgen von Kleinbildern. Interessant die „Partita in geschlossener Folge" Werk 113, die es sich zur Aufgabe stellt, barocke Formen (Toccata, Sarabande und Giga mit ausgedehnten Zwischensätzen), straffe Thematik und impressionistische Farbharmonien zu verbinden mit konzertmäßig virtuosem Klaviersatz, der nun wiederum orchestralen Vorstellungen nachjagt: wohl ziemlich alle Orchesterinstrumente werden zitiert: „quasi Fagotto, gran Cassa (große Trommel!), Flauto, Corni usw.", ja, an einer Stelle soll die Oberstimme „wie Bratsche" und die linke Hand in Oktaven, davon die tiefen Töne gebunden wie „Kontrabaß mit Bogen" und die höheren gezupft „wie Cello" spielen. Endlich fehlen auch nicht Angaben wie „mit mixturartigem Glanz".

Palmgren, Selim (1871—1951, Finne) schrieb kleine Charakterstücke von hervorragendem Klaviersatz, klangschöner Einkleidung, betont finnisch, ohne sich einzuspinnen.

Medtner, Nikolai (1880—1951, deutsche Vorfahren, in Rußland geboren, lebt in Frankreich), Romantiker von Geblüt, deutsch (man möchte sagen: brahmsisch) in der Verhaltenheit, russisch in jähen Ausbrüchen, stark genug, um auf modernen Aufputz verzichten zu können, ausgezeichneter Klaviersatz, weder auf Klang noch auf Linie eingeschworen, spricht vielmehr in jedem Augenblick so, wie es der innere Vorwurf gebietet. Nicht gleichmäßig. Sehr verschieden schon die zwischen 1904 und 1933 veröffentlichten Sonaten: schwungvoll die in f-moll Werk 5 mit ihrer jugendlichen Leidenschaft und Redseligkeit, stärker durchgefeilt die g-moll-Sonate Werk 22, balladenhaft singend die „Märchensonate“ c-moll Werk 25 Nr. 1, sehr edel die in a-moll Werk 30, von prachtvollen Einzelheiten durchweht die „Sonate-Ballade“ Werk 27, klanglich sehr bepackt, doch in manchem hinreißend die „Sturm-Sonate“ Werk 53 Nr. 2. Außerdem zahlreiche kleine Stücke persönlichster Prägung.

Scott, Cyrill (geb. 1879, Engländer), glänzte um 1920 auf jeder Spielfolge eines „modernen Klavierabends“, heute in Deutschland fast vergessen. Übertrug in größtem Umfang den französischen Impressionismus Debussys nach Großbritannien und wendete ihn gern zur Darstellung asiatischer, amerikanischer und sonstiger ausländischer Bildvorwürfe an („Indische Suite“, „Lotosland“, „Dschungelbuch“, „Alt-China“, Ägypten“ usw.); gelegentlich widmete er sich auch einheimischen Weisen, wenig überzeugend („British Melodies“, „Cherry Ripe“). Daß er bei solcher Artung mit der „Sonate“ (Werk 66) nicht viel anzufangen weiß, ist selbstverständlich. Ihn kennenzulernen, ermöglichen die „Regenbogenforelle“ (durchaus impressionistisch) und die „Pastoral-Suite“, in der wirklich musiziert wird.

Bleyle, Karl (geb. 1880), betonter Romantiker von starker Formbegabung, schrieb u. a. die orientalischen Tonbilder „Tausend und eine Nacht“ Werk 18, „Sechs Klavierstücke“

Werk 33, „Fünf Klavierstücke“ Werk 48, mit denen er, wenn auch in kleinem Rahmen, beweist, daß echte Romantik zeitlos ist.

Wolfurt, Kurt von (geb. 1880, Deutsch-Balte), ein ernster Musiker aus der Reger-Schule kann mit seinen 1936 erschienenen „Zehn leichteren Klavierstücken“ Werk 29 (Präludium/Ländler/Invention/Intermezzo/Marsch usw.) manchen Spieler anregen, sich mit der neuzeitlichen Sprache in der Tonkunst auseinanderzusetzen; denn der nur sehr zurückhaltend komponierende Wolfurt ist nie ein Mitläufer gewesen. Ein anderer Spieler wiederum mag sich fragen, welches wohl der Sinn dieser ständigen Abschweifungen in immer neue Harmonien gerade bei so schlichten Stücken sein könne.

Kodály, Zoltán (1882—1967), Ungar), wie sein Landsmann Bartók bekannt als Volksliedforscher, aber weniger stark auf das Klavier gerichtet, schrieb recht unterschiedliche Kleinwerke für Klavier wie „Valsette“, „Meditation über ein Motiv von Debussy, „Neun Stücke“, „Elf Stücke“, „Ballettmusik“, ferner verschiedene Bearbeitungen von Volkstänzen. In den Originalwerken (z. T. mit richtungweisenden Überschriften: „In der Stadt regnet es“) will sich keine rechte Einheit finden lassen: bald Salonmusik, bald Impressionismus, bald Erklügeltes und bald Bühnenmäßiges.

Malipiero, G. Francesco (geb. 1882, Italiener), leidet in seinen Klavierwerken an einem bei italienischen Tondichtern nicht seltenen Zwiespalt: man fühlt sich in Melodie und Klang verwurzelt, möchte aber zugleich den Anschluß an die Wandlungen der internationalen Musik herstellen, was eben nur selten gelingt. Unmittelbar die frühen Werke mit ihren Naturbildern. Großes Können und sicheres Einfühlen bringt M. zu spielerischen und ernsthaften Nachahmungen und Nachbildungen (vergl. etwa „A Claudio Debussy“ von 1920 und „I Minuetti di Ca'Tiepolo“ von 1932). Wirklich bedeutend die 1926 erschienenen „Drei Vorspiele zu einer

Fuge", kraftvoll zusammengerafft, altklassisch, klassisch und neuzeitlich in einem.

Marx, Joseph (geb. 1882), nachromantische, klangfüllige „Sechs Klavierstücke" aus der inneren und äußeren Heimat Hugo Wolfs, freilich ohne dessen Herbheit.

Turina, Joaquin (1882—1949, Spanier), Spätimpressionist, der sich von Gegenständlichem anregen läßt („Sevilla" „Santa Cruz", „Mallorca", „Zirkus", „Andalusische Gärten", „Spanische Frauen", „Radio Madrid" und ähnliches) und das meiste tändelnd-tänzerisch nachzeichnet, zuweilen volkhaft und zuweilen ein wenig überwitzig.

Szymanowski, Karol (1883—1937, Pole), triebhaft-ursprünglicher Musiker, der die verschiedenen Einflüsse (Chopin, Brahms, Reger, Debussy, Skrjàbin, Schönberg, Volksmusik) äußerlich großartig, innerlich aber überhaupt nicht zu verarbeiten wußte. Meisterhaft seine spätimpressionistischen Farbenkünste („Métopes", „Masken", „Etüden"); aber das ganze Werk (auch drei Sonaten, eine ganze Anzahl Mazurken) fesselt heute wohl mehr den forschenden und vergleichenden Musiker als den Hörer.

Pander, Oskar von (geb. 1883), veröffentlichte 1916 eine großflächige c-moll-Ballade, die offenbar wenig bekannt ist; ihr von Oktaven und Doppeloktaven, Akkorden und Akkordbrechungen strotzendes Klanggewand (ohne jeden nur virtuosen Aufputz) sollte die Konzertpianisten eigentlich reizen, das mächtige Werk hervorzusuchen. Nachromantik, gewiß, aber ehrlich erlebt und vornehm gestaltet.

Klenau, Paul von (geb. 1883, Däne), schrieb u. a. zweimal je „Sechs Präludien und Fugen' (1939 und 1941) mit der bei den skandinavischen Komponisten nicht seltenen Mischung von kühnem Vorwärtsblicken und überlieferungsgebundener Rückschau, ein beachtenswertes Werk von persönlicher Prägung. Zwölftonmusik in mehrfachem Sinne: die zwölf Präludien und Fugen durchmessen alle Tonarten von C chromatisch aufsteigend bis H (abgesehen von Nr. 10 a-moll sämtlich in Dur); zum andern bestehen alle Fugenthemen aus verschiedener Reihung der zwölf Töne des Klaviers, endlich gehören auch die Präludien in die Zwölftonreihe, nicht so sehr thematisch als harmonisch. Das erscheint zuweilen konstruiert, ist aber stets von lebendigem Atem durchweht. Unser Beispiel (zweiter Themeneinsatz aus der

7. Fuge, Unterstimme) mag zeigen, daß hier neuzeitliches Denken durchaus an alte Formen anzuknüpfen vermag. Präludium und Fuge gehen stets auf den gleichen Gedankenkern zurück, der sich meist auch motivisch deutlich offenbart. Im zweiten Heft tritt das Pianistisch-Klangliche stärker hervor als im ersten. Das H-dur-Werk ist ein förmliches Prunkstück pianistischen Glanzes.

Casella, Alfredo (1883—1948, Italiener), ursprünglicher Musiker, der sich durch intellektuelles Hin- und Herwenden in allen Stilen um tiefe oder auch nur nachhaltige Wirkung gebracht hat. Schrieb neuromantisch (Barcarole von 1910), impressionistisch (Tokkata von 1904), altklassisch mit neuzeitlichem Einschlag (Chaconne, Sarabande von 1908), gab sich dann übermodern und bewußt klang-scheußlich (Neun Stücke von 1914, Dreisätzige Sonatine von 1916, „Zwei Gegensätze" von 1916/19), verschmähte in den gleichen Jahren auch nicht eine Rückkehr zu impressionistischem Farbenspiel (In tiefer Nacht von 1917). Gleichzeitig entstanden so frech-witzige, herzlich geistlose Dinge wie die „Kleinigkeiten" (1918) und die „Kindlichen Stücke" (1920), deren absichtsvoll dünner Satz anscheinend ebenso modern sein soll wie das gleichzeitige Spielen beider Hände in verschiedenen Tonarten. Dann komponiert Casella „A la manière de . . .", also, „nach Art von ...“ nämlich: von Wagner, Fauré, Brahms, Debussy, Strauß, Franck; das sind Klavierstücke, von denen man nicht mit Sicherheit sagen kann, wo die Nachahmung aufhört und der Spott beginnt.

Unger, Hermann (geb. 1886), vornehm empfindender Musiker, erlesene Harmonik, zuweilen impressionistisch angehaucht, äußerer Wirkung abhold, ohne ihr ängstlich aus dem Wege zu gehen. U. a. „Notturno“ (Fantasien), „Improvisationen“, „Aus der Ukraina“ (Skizzen nach volksmusikalischem Gut), ferner sehr gewählte Hausmusik und Kinderstücke.

Rüdinger, Gottfried (geb. 1886), setzt die Schreibweise seines Lehrers und Vorbildes Reger in wesentlich aufgelokkerter, melodienfreudiger Art fort. U. a. kleine Stücke wie „Tagebuchblätter“, „Bunte Skizzen“, „Truderinger Kirchweih“ (nach Art seiner Orchesterschöpfung „Sinfonietta bajuvarica“); zwei erlesene Sonatinen (Werk 57a in a-moll, Werk 68 in G-dur), die nach bündiger Formung, beschwingter Melodik, frischer Bewegung und durchdachter Harmonie zu den besten Sonatinen der neueren Zeit gehören (keineswegs nur für Unterrichtszwecke!); zwei Sonaten: Werk 12 e-moll mit einem prachtvollen Fugenausklang, Werk 28 G-dur nicht recht zusammengefaßt, aber in jedem der vier Sätze musikantisch und wesentlich zugleich.

Trapp, Max (geb. 1887), Juon-Schüler, überzeugt beson-

ders in der 1932 veröffentlichten „Sonatine“ Werk 25 von der selbstverständlichen Frische seines musikalischen

Gestaltens, von der Spielfreudigkeit seines nur scheinbar kühlen Klaviersatzes und vor allem von der Fähigkeit, barockes Formdenken, ältere und neuere Spieltechnik sowie neuzeitliches Empfinden ineinanderzufügen. Diese Sonatine ist ein kleines Meisterwerk (unser Beispiel gibt die Anfangstakte der drei Sätze Präludium, Arietta, Finale). Zu erwähnen auch die „Vier Klavierstücke" Werk 35 (Spiritoso/Amoroso/Serioso/Giocoso).

Toch, Ernst (1887—1964) Österreicher, lebte in den Vereinigten Staaten), ist ein gescheiter, hochgebildeter, einfallsreicher Kopf. Seine Wendung zur Atonalität, Polytonalität und erweiterten Tonalität scheint jeweils zweckbedingt zu sein. Von seinen Klavierwerken (Sonate, Capriccios, Klavierstücke, Burlesken usw.) hatte nur eines wirklichen Welterfolg, nämlich die dritte der Burlesken, bekannt unter dem Titel „Der Jongleur" (1924), eines der witzigsten Stücke der Klavierliteratur.

Alexandrow, Anatol (geb. 1888, Russe), sei hier genannt wegen seines Versuches, die Romantik eines Skrjàbin in die neurussische Musik hinüberzuretten (u. a. sechs Sonaten auf tonaler Grundlage, Visionen, Präludien, Etüden).

Butting, Max (geb. 1888), herbes Empfinden, das freilich manchmal bewußt zur Schau getragen wird, starke lineare Zeichnung und daraus erwachsende Harmonik, straffer Klaviersatz (Fantasie Werk 28 von 1924, Vier Stücke Werk 31 von 1925, Fünfzehn kurze Klavierstücke Werk 33 von 1927).

Martinu, Bohuslav (1890—1959, Tscheche) hervorragender in Paris geschulter (Roussel) Komponist der Tschechoslowakei. Von seinen Klavierwerken sind bei uns nur die „Ritournelles" bekannt. Vor rund zwanzig Jahren entstanden, huldigen sie einem durch die neuere Musikentwicklung gestrafften Impressionismus mit vielfachen Quarten- und Quintenparallelen, aufgelösten Metren und weggelassenen

Taktstrichen. Für den Meister der großen Orchester-, Chor- und Bühnenwerke sind sie kaum bezeichnend.

Ibert, Jacques (1890—1962, Franzose), läßt sich von zeitgenössischen Stilrichtungen nur so weit anregen, als sie seinen jeweiligen eigenen Absichten entgegen kommen. Schrieb für alle Gebiete, von der Kammermusik bis zum Film. Berühmt geworden vor allem durch das sinfonische Werk „Les Escales" und den „Chant de folie" (mit Chor) sowie durch zahlreiche Klavierstücke wie die schillernden „Rencontres" (1924), besonders die 10 „Histoires" (1922), reizvolle Kleinbilder, darunter der allbekannte „Kleine weiße Esel".

Martin, Frank (geb. 1890, Westschweizer), wird meist neben seine Landsleute Honegger und W. Burkhard gestellt. Wuchs nach langen, sorgsam überdachten Umwegen (deutsche Romantik, französischer Impressionismus, Jaques-Dalcrozes Rhythmuslehren) in die Zwölftonmethode hinein, die er jedoch frei handhabt. Bedeutend die acht "Préludes" (1948), spielerisch glanzvoll und zugleich vergeistigt gebunden.

Bliss, Sir Arthur (geb. 1891, Engländer), kehrte nach langen Ausflügen ins Moderne in glanz- und klangvollen Romantizismus zurück. Beispiel die auf vier Notensysteme gebrachte „Sonata" aus den fünfziger Jahren.

Finke, Fidelio (geb. 1891), zügig musizierend, sicher gestaltend, nicht einheitlich in der Stilprägung. U. a. „Romantische Suite" (nachromantisch-impressionistisch), „Gesichte" (expressionistischer Einschlag), „Marionettenmusiken" (neusachlich, heitere Zerrbilder), „Reiterburleske" (mit der Widmung „Dem Don Quichote in mir und Allen").

Kornauth, Egon (geb. 1891), Neuromantiker von schwelgerischem Klanggefühl, gleichwohl nur selten zerfließend, stets ehrlich, also auch im Klangrausch nicht aufgebauscht. U. a. As-dur-Sonate (frühes Werk), die an eine sinfonische Dichtung erinnernde „es-moll-Fantasie", „Vier Klavierstücke", „Kleine Suite", Drei Stücke".

Lemacher, Heinrich (geb. 1891), beachtlich durch klaren, unsentimentalen Satz; insofern „modern", doch verzichtet er fast ganz auf harte Klangreibungen. Sehr schön das schlichte „Trifolium" Werk 10 (erschienen 1937), stille Wiederbelebung altklassischer Formen (Präludium/Fantasie/Invention), dabei weder nachgeahmt noch klanglich verzerrt. Nicht überzeugend die am Schluß der Invention nach Einklang beider Hände in Gegenbewegung einsetzenden Quartenakkorde (auch wenn sie durch Quartenmotive vorbereitet waren).

Weber, Ludwig (geb. 1891), schrieb 1929 fünf „Tonsätze für Klavier". Kunstvolle Arbeit bei äußerer Schlichtheit, ernsthafte Gesinnung auch in der einfachsten Linie. Und doch, bei aller Achtung vor des Komponisten Wollen, — man glaubt, Weber habe mehr alles Überkommene meiden als etwas Neues schaffen wollen. Das Herumprobieren an Quartenmotiven und Quartenklängen (Nr. 2) sollte man nicht als „Versonnen" überschreiben dürfen. Weber hat sich inzwischen anderen Schaffensgebieten stärker zugewandt.

Petyrek, Felix (1892—1951), gab als Dreiundzwanzigjähriger eine starke Probe seines Könnens in den regerischen „Variationen und Fuge", warf dann die satztechnische Überfracht ab, versuchte sich an Variété-Kunststückchen („Sechs groteske Stücke"), fing sich aber wieder ein: 1924 erschienen die beiden Werke „Choral, Variationen und Sonatine" und die „Suite über den Namen Szegoe", beide nicht weniger kunstvoll als die „Variationen und Fuge", aber sparsamer im Satz, klarer durchgezeichnet, betont neuzeitlich. Weiter u. a. „24 ukrainische Volkslieder", „Sechs griechische Rhapsodien"

Honegger, Arthur (1892—1955, Sohn schweizerischer Eltern, lebte meist in Frankreich), einer der stärksten aus der „Gruppe der Sechs", hat zwar eine Reihe von Klavierwerken geschrieben, doch ihnen von seinem wahren Selbst nur verhältnismäßig wenig anvertraut (ähnlich in seiner Kammermusik). Honegger hat auf anderen Gebieten längst eine überzeugende Sprache gefunden; von seinen Klavierkompositionen hat wohl nur die „Tokkata und Variationen" (1916) noch heute Bedeutung. In diesem mächtig zupackenden Stück sind Linie und Farbe wirklich einheitlicher Ausdruck eines jugendlich stürmenden Geistes. Das später Geschaffene sind tastende Versuche, sich auf kleinem Raum mit der Sprache moderner Meister auseinanderzusetzen (Schönberg, Roussel, Bartók).

Jarnach, Philipp (geb. 1892, Deutscher, geboren in Frankreich, der Vater Spanier, die Mutter Flämin), hat recht verschiedengeartete Klaviermusik veröffentlicht: die ersten Werke („Albumblätter", „Humoresken", beide vor dem ersten Weltkrieg) ansprechender und natürlicher als die späteren. Besonders die „Drei Klavierstücke" von 1924 wirken gequält und gekünstelt, weil Jarnachs echte, starke Musikalität in diesen Stücken („Ballabile", „Sarabande", „Hurlesca") durch allzu gewollte, gedankliche Bildungen und dann wieder durch Überklänge erdrückt wird. Allzu gedanklich auch die „Sonatina" von 1925, Werk 18, eine ernstzunehmende Schöpfung aus der Busoni-Nachfolge. Als sie erschien, glaubten wir, uns mit ihr auseinandersetzen zu müssen; heute erkennt wahrscheinlich auch der Komponist das Uneinheitliche, Ausweglose dieser zwischen harter Linearität und überhitzter Harmonik schweifenden Sonatine (am stärksten der Schlußsatz). 1937 erschienen „Zwei Humoresken", die besonders dort aufschlußreich wirken, wo der Komponist früher Geschaffenes noch einmal umgestaltet. Zu erwähnen das behutsam bildhafte „Amrumer Tagebuch" (1947), die drei Klavierstücke „Marsch, Wiegenlied, Pastorale" (1948), die stimmige Sonate II (1948).

Milhaud, Darius (geb. 1892, Franzose, zumeist in Amerika lebend), gehört zur „Gruppe der Sechs", bleibt ihren antiromantischen, antideutschen, profranzösischen Vorstellungen in seinem umfangreichen Werk treu, hält sich trotz Bi- und

Polytonalität fern von allem Atonalen, reichert aber sein Werk durch klangliche Überfracht an. Hier zu erwähnen: „Erinnerungen an Brasilien“ (1920), „Herbst“ (1932, abermals Erinnerungen, nunmehr an Portugal), zwei zeitlich weit auseinander liegende Sonaten (1916, 1949), die „Muse ménagère“ (1944, „Household Muse“, 15 amüsante Spielstückchen aus dem täglichen Familienleben), „Der siebenarmige Leuchter“ (1951).

Herrmann, Hugo (geb. 1896) macht in der flächig gereihten, innerlich gebundenen „Tokkata gotica“ (erschienen 1928) den Versuch, altdeutsche Melodie- und Klangvorstellungen mit neuzeitlichen, wohl dem Orchester abgelauschten Klangmischungen zu vereinen.

Lang, Walter (geb. 1896, Schweizer), begann im überlieferten Stil, entdeckte dann seinen Sinn für rhythmische Besonderheiten in den „Sieben Stücken“ und vor allem in der kleinen Suite „Bulgaria“, ferner „Konzertetüden“. Eine kleine Einführung in die moderne Musik bilden die „Siebzehn Miniaturen“, durch die der bereits Überzeugte noch mehr überzeugt werden mag.

Vogel, Wladimir (geb. 1896 in Moskau, deutscher Vater, russische Mutter, lebt in der Schweiz), angeregt durch Skrjabin und Busoni, später durch A. Berg und A. Schönberg, bekannt durch Orchesterwerke, Konzerte, Oratorien. In seinen Klavierwerken zwingt er alle Anregungen unter sein Eigenwollen und den klanglich weit ausladenden „russischen Klavierstil“. In den Stücken der „Nature vivante“ (Gegenteil von Still-Leben, 1921) deuten schon Bezeichnungen wie „direkt unangenehm“, „müde und jammernd“ auf das Ausdrucksmäßige hin. Virtuosenwerke sind die „Etude-Toccata“ von 1926 und die „Variétude-Chaconne“ von 1932 (mehr als die üblichen zwei Notensysteme). Letztes bisher bekannt gewordenes Klavierwerk ist die „Grabschrift für Alban Berg“ (1936), jetzt auf gar sechs Notensysteme aufgeteilt.

Heiß, Hermann (1897—1966), einer der sehr ernstzunehmenden Zwölfton-Musiker von Rang. Seine Klavierwerke sprechen — mindestens vorerst — freilich nur den Fachmann an. U. a. eine „Chaconne" (1936) und zwei „Modi für Klavier" (1951), zwei Folgen von sechs bzw. fünf Sätzen. „Komposition in drei Teilen" (1954).

Geiser, Walther (geb. 1897, Schweizer), schrieb zahlreiche Orchester- und Chorwerke. Ging aus vom französischen Impressionismus, wechselte aber zu seines Lehrers Busoni „Neuer Klassizität". Zu nennen eine Klaviersonatine (1922), vor allem eine „Suite für Klavier" (1952) mit motivisch-rhythmischer Filigranarbeit in den schnellen, und zwingend verdichteten Ausdruckslinien in den langsameren Sätzen.

Moeschinger, Albert (geb. 1897, Schweizer) baut in Orchester- und Kammermusik das „Überlieferte" neuzeitlich aus, nimmt Anregungen von Zeitgenossen auf (Strawinsky, Schönberg), läßt sie aber auch wie den „Radikalismus der Zwölftonmusik wieder fallen". Zu nennen etwa die „Drei Toccaten" mit ihrer mächtig aufrauschenden Vitalität, auch die feinen Stimmungsbilder aus dem „Walliser Skizzenbuch" („D'un cahier valaison"). Fesselnd die „Harmonischen Veränderungen über ein Thema von Strawinsky" (1948).

Auric, Georges (geb. 1899, Franzose), gehörte zur „Gruppe der Sechs", teilt deren Ablehnung komplizierter Schreibweise, läßt sich aber durch die beschwingte Leichtigkeit seines Schaffens und sein unbestreitbares Können zu manchen Oberflächlichkeiten verführen. Bekannt vor allem durch Ballett-, Bühnen- und Filmmusik („Rififi"). Neben kleineren Klavierstücken sind zu nennen die Sonate in F (1932), Fünf Bagatellen vierhändig (1926), vor allem die wohlgebaute Partita für zwei Klaviere (1955).

Poulenc, Francis (1899—1963, Franzose), der Folgerichtigste aus der neufranzösischen „Gruppe der Sechs", fühlt sich in seinen Klavierwerken den frühen französischen, italienischen und deutschen Meistern (bis hin zu Haydn) ebenso verpflichtet wie einem neuzeitlich-sachlichen, klaren Stil. Kennzeichnend vor allem die kleinen, zierlichen, fein ausgewogenen Stücke.

Tscherepnin, Alexander (geb. 1899, Russe), schrieb zahlreiche kleinere Klavierstücke. In ihrer harten Rücksichtslosigkeit, in der maschinenhaften Bewegung, im Vermeiden jeglichen Wohlklangs, in der ingenieurhaften Berechnung gewiß fesselnd, aber seelenlos. Gelegentlich auftauchende musikalische Einfälle (etwa in den „Heimweh-Präludien" oder den „Inventionen") wirken im bisher bekanntgewordenen Gesamtwerk geradezu als Entgleisungen. Zum „Kennenlernen" genügen die beiden tobenden Tokkaten Werk 1 und 20 sowie die „Kanzona" Werk 28 mit ihrem Gebrumm in den tiefsten und dem Gepiepse in den höchsten Klavierlagen sowie die „Zehn Bagatellen".

Antheil, George (1900—1959, Nordamerikaner), setzte anfangs die musikalische Welt in Schrecken durch Werke, in denen er „das Abstrakteste vom Abstrakten" zu Gehör bringen wollte. Berühmt sein „Mechanisches Ballet". In der Klavierkomposition (Stücke, Sonate) zieht er wie andere die Fäuste und den Unterarm heran.

Burkhard, Willy (1900—1955), einer der bedeutendsten schweizerischen Komponisten, zeitgemäß linear, etwa in der Nachfolge Hindemiths und Bartóks, stark mystisch und religiös bestimmt. Für Klavier u. a.: Kleine Stücke Werk 31, eine Weihnachtssonatine Werk 71, Sonate Werk 66, die geistvollen, feinsträhnigen Six Préludes Werk 99, die Phantasie für zwei Klaviere Werk 43.

Křenek, Ernst (geb. 1900, Österreicher), wandelte seinen Stil so oft wie Strawinsky vom Wildwuchs über einen Allerweltsbühnenstil zum Neuklassizismus, weiter zur Zwölftonmethode, ins Serielle und zur Elektronik, stets urmusikantisch und intellektuell zugleich. Aus dem nicht allzu bekannten Klavierwerk sind zu nennen: Toccata und Variationen (1922), sechs Sonaten (bis 1951), Zwölf kurze Klavierstücke in 12-Ton-Technik (1938), Acht Klavierstücke (1946), die Variationen Hurrican (1944) und George Washington (1950), die ihren Namen zurecht tragenden „Sechs Vermessenen“ (1958) mit ihren genau errechneten, kaum wiederzugebenden metrischen und rhythmischen Klanggestalten. In die gleiche Reihe gehört die „Basler Maßarbeit“ für zwei Klaviere (1960).

Egk, Werner (geb. 1901), einer der stärksten dramatischen Komponisten unserer Zeit (Oper, Ballett), hat nur wenig für Klavier geschrieben. Fesselnd die „Klaviersonate 1947“ in ihrer streng formalen Gestaltung: durchgehend zweistimmig und doch virtuos-farbig, fünf Sätze (Andante - Allegro molto - Andante - Allegro molto), von denen der erste dem fünften und der zweite dem vierten weitgehend entsprechen; der dritte Satz wird somit in den Mittelpunkt gerückt, jedoch durch Wiederaufnahme des Kernthemas der Sonate (Beispiel 1) an die anderen Sätze gebunden. Die Themen — man möchte eher sagen: Grundformeln werden nicht entwickelt, sondern strahlen auf immer neuen Ebenen

gleichmäßig und doch in verschiedener Beleuchtung ihre Kräfte aus. Häufiger Taktwechsel in den schnellen Sätzen ($^4/_8$, $^3/_8$, $^5/_8$, $^3/_4$) bewahrt vor formelhafter Erstarrung. Beispiel 2 gibt die Grundformel des beherrschenden Mittelsatzes; der ganze Satz schwebt glasklar zwischen den Melodiespitzen und der Baßführung.

Beck, Conrad (geb. 1901, Schweizer), hat aus langjährigem Aufenthalt in Paris mancherlei Anregungen mitgebracht (Honegger, Roussel), die er mit mathematisch zu nennender Denkkraft eigenwillig weiterverarbeitet. Das bekommt seinen (übrigens wenigen) Klavierwerken besonders dort nicht, wo seine überwiegende Verstandesnatur den Einzelnen anzusprechen versucht: in der Hausmusik. Weder seine Sonatinen noch seine „Klavierstücke für den Hausgebrauch" finden da den rechten Ton.

Jelinek, Hanns (geb. 1901, Österreicher), hat aus der im Jugendalter erzwungenen Tätigkeit als Unterhaltungsmusiker zwar die „leichte Hand" bewahrt, ist jedoch durch straffes Studieren in die Gebiete der Zwölftonmusik hineingewachsen. Sehr anregende, studierenswerte Klavierwerke dieser Methode: „Zwölftonwerk I" (1947/49), „Vier Strukturen" (1952), endlich die „Zwölftonfibel, 12 mal 12 leichte bis schwere Übungen und Spielstücke, nebst allerlei Varianten und Tonleitern" (1953/54).

Maler, Wilhelm (geb. 1902), Haas-Schüler, gibt in dem „Jahreskreis. Kleine Inventionen über deutsche Volkslieder" (1933) und in den „Drei kleinen Klavierstücken über alte Weihnachtslieder" (1938) hausmusikalische Beispiele für seinen gefühlsherben, gedanklich zuchtvollen Ausdruck. Stärker und vor allem einheitlicher (die Koppelung alten volkhaften Liedgutes mit modernem Ausdrucksstil, wie in den zuerst genannten Werken, ist nicht ohne Bedenken) die beiden Sonaten in C-dur und e-moll (1940). Zufolge ihres sparsamen Satzes sind sie für den Konzertsaal weder geeignet noch beabsichtigt. Das Sparsame, zuweilen Zierliche, äußert sich nicht allein in dem dünnen Liniengewebe, sondern in einer, ein ganz klein wenig lehrhaften, doch unterhaltsamen Art: seht, so zeichnet der Musiker von heute. Unser Beispiel aus den „Drei kleinen Stücken" (1948) spiegelt ein reizvolles Spiel mit Quarten, die sich später vor-

übergehend zu Quinten im Baß erweitern und geeignet sind, als Übung im Intervall- (nicht Akkord-) Hören treffliche Anfangsdienste zu leisten. Insgesamt 6 Sonaten (1937/46).

Wolpe, Stefan (geb. 1902), fügte den zahllosen, immer neu gesehenen und neu gestalteten Passacaglien ein höchst interessantes Werk hinzu. Seine „Passacaglia" von 1936 ist nach Intervallen gebaut: den innerhalb der Oktave möglichen elf Intervallen entsprechen elf kontrapunktische Linien, deren jede wiederum einem bestimmten Intervall zugeordnet ist. Das ist verarbeitungsmäßig höchst kunstvoll, vielleicht sogar konstruiert, wird aber durch den Klaviersatz klanglich lebendig und überzeugend.

Noetel, Konrad Friedrich (1903—1947), bewegt sich eigenständig auf den Wegen seines Lehrers Hindemith. Seine „Fünf kleinen Stücke" (1935), die „Variationen" von 1936 und eine D-moll-Sonate von 1942 lassen sich besonders gut verwenden als Einspielen und Einhören in die mittlere Periode des musikalischen Umbruchs.

Blacher, Boris (geb. 1903), schreibt einen linearen, rhythmisch und metrisch gepfefferten Stil („variable Metren"), der aber durch tänzerische Leichtigkeit aufgelockert wirkt (vor allem in den Balletten). Auf die nicht besonders charakteristische „Klaviersuite" von 1930 folgten elf Jahre später „Zwei Sonatinen" in freier Tonalität und vielgegliederten Rhythmen und Metren. Der Weg führt über die „Drei Klavierstücke" von 1947 folgerichtig weiter zu den sieben Sätzen der „Ornamente" (variable Metren, Werk 37) und zu der bisher einzigen „Sonate" des Komponisten (Werk 39).

Raphael, Günter (1903—1960), ungewöhnlich satzsicherer Komponist der Leipziger Schule. Berühmt seine Chor- und Orgelwerke, auch Kammermusik. Trefflich gearbeitet die Klaviersonaten (a-moll, Es-dur, 1939). Kennzeichnend für den Komponisten, daß er unter der Werkzahl 51 (1944) eine Sonatina seria und eine Sonatina giocosa nebeneinander stellt, und das zu einer Zeit, in der er unter „rassischer Verfolgung“ litt. Wertvoll die „Toccata“ für zwei Klaviere, Werk 45.

Thomas, Kurt (geb. 1904), vor allem durch seine bedeutenden Chorschöpfungen bekannt, hat das Klavier mit nur wenigen Werken bedacht. In der C-dur-Sonate Werk 13 (1929) stehen verschiedenartige Vorstellungen und Ausdrucksmittel mehr gereiht als gebunden nebeneinander, etwa die Ganztonleiter in Doppeloktaven neben dem zierlich-heiteren Hauptthema des ersten Satzes, die akkordische (durchaus romantische) Sattheit zu Beginn des zweiten Satzes, das Figurenwerk des anmutigen Mittelteils und anderes. Noch auffälliger das schwer zu verbindende Nebeneinander der drei Sätze: der erste trotz aller Fröhlichkeit irgendwie abseitig, der letzte (fugiert, $^5/_8$-Takt) nüchtern und zum Teil wie für ein Schlaginstrument, der mittlere eine Zusammenziehung des sonst üblichen „langsamen“ und des „Scherzo“-satzes, anscheinend durch außermusikalische Vorstellungen angeregt, dann wieder ganz und gar spielerisch. Die Bezeichnung als „C-dur-Sonate“ läßt lichtere Harmonie- und Klangverhältnisse erwarten. In den „Sechs zweistimmigen Inventionen“ (Werk 16a, 1931) und den „Fünf dreistimmigen Inventionen“ (Werk 16 b, 1932) entfaltet Thomas eine ungewöhnliche Kunst des polyphonen Satzes. Satzart und Bestimmung für Klavier oder Cembalo bezeichnen die Inventionen als Rückwendung zu Bachs stimmiger Welt, die klanglichen Reibungen dagegen entstammen modern-linearem Denken.

Schröder, Hermann (geb. 1904), macht in den 1939 erschienenen „Minneliedern" den Versuch, die Welt alter deutscher Lieder dem Klavier anzuvertrauen; dieser Versuch ist hervorragend ins Werk gesetzt, obwohl Schröder eben mehr an die „Minnelieder" als an das Klavier denkt. Merkwürdig die „Aria" einer a-moll-Sonate von 1948. Gleich zu Beginn mischen sich herbes Ostinato, engstufige Bogenmelodik, klare Durakkorde als Unterbau zu einem klanggeborenen Impressionismus (vergl. auch die gleitenden Quartintervalle im 13. Takt); und doch ist Schröder sonst kaum dem Impressionismus zuzuordnen. Drei Sonatinen: 1947/48/60.

Skalkottas, Nikos (1904—1949, Grieche), Schüler von Jarnach und Schönberg, das umfangreiche Werk ist noch ungesichtet. Ausgeprägter Sinn für ältere Formen (z. B. Sonate), stilistisch freier Zwölftonmusiker. Nur Teilstücke seines Klavierschaffens sind bekannt: Vier Suiten (1936/41), Fünfzehn kleine Variationen (1927), Zweiunddreißig Stücke (1940), darunter eine mächtige, straff gebundene, instrumentalgerechte Passacaglia.

Jolivet, André (geb. 1905, Franzose), zu den wichtigsten Werken angeregt durch die magischen Vorstellungen und wilden Geräuschmontagen von Edgar Varèse (1885—1966), geschätzt von Messiaen, dem er in manchem ähnelt, sieht in der Musik eine „vitale, kosmische Notwendigkeit", eine klangliche Verwirklichung des Kampfes zwischen Stoff und Geist. Schrieb Werke für Bühne, Orchester, Chor- und Kammermusik. Abgesehen von den frühen Stücken sind seine Klavierkompositionen nicht einfach zu fassende Vorgriffe auf spätere Entwicklungen. U. a. die sechs Klavierstücke „Mana" (1935), die in der Namengebung schon bezeichnende „Cosmogonie" (1938), Zwei Sonaten (1945, 1957), Indianischer Schlangentanz für zwei Klaviere (1948).

Frommel, Gerhard (geb. 1906), Schüler von Grabner und Pfitzner, erstrebt mit seiner dreisätzigen „Sonate in F-dur" von 1935 konzertmäßige Wirkungen, besonders in dem von lebendiger, stürmischer Bewegung erfüllten Kopfsatz (der erste Hauptteil ist zu wiederholen) und dem bald gelenkigen, bald akkordisch hämmernden Schlußsatz („quasi una grotesca“), während der über einer hartnäckigen Begleitfigur aufgebaute Mittelsatz (Andante cantabile) in warmer, leiser Melodik verhält. Ein starkes Werk, dessen gelegentliche „Mißklänge“ mehr aus spielbesessener Leidenschaft denn aus musikalischen Notwendigkeiten geboren scheinen. Fesselnd die „Sechs Caprichos“. Drei weitere Sonaten 1930/41/44.

Schostakowitsch, Dmitrij (geb. 1906, Russe), bekannt durch seine großartigen Sinfonien, hat auch einige Klavierwerke geschrieben. Ich kenne davon nur die „24 Präludien“ Werk 34 (1933), die man als Spielstücke neben die Präludien von Chopin stellen könnte, obwohl sie inhaltlich recht zersplittert wirken; sie reichen von Jazzspielerei (d-moll) und witzigem Spott (D-dur, eine verzerrte Clementi-Etüde) bis zu finsterer Erhabenheit (es-moll; liegt auch für Orchester vor). Dann eine Sonate von 1943/44 (Werk 64) mit einem Variationen-Schlußsatz; als Ganzes wirkt das gutgearbeitete Werk etwas spröde, wie eine Übergangsstudie zu etwas Größerem.

Badings, Henk (geb. 1907, Niederländer), bedingungsloser Neutöner, der sich mit seiner Sonate (1934) und dem „Tema con variazioni“ (1938) der rückläufigen Bewegung des letzten Jahrzehnts widersetzt. Ferner eine „Sonatine“ und „Reihe kleiner Klavierstücke“ (1942).

Höller, Karl (geb. 1907), hat bisher nur wenig Klaviermusik veröffentlicht. Diese spiegelt aber das Wesen des Komponisten zureichend wider: Formensicherheit, ursprüngliche musikantische Kraft, zwar „neuzeitlich“ getönt, auch gelegentlich rücksichtslos in Stimmführung, Harmonie und Rhythmus, doch mit betonter Freude am Klang. In der Sonatine von 1942 steht an der Spitze ein Quartenmotiv, und doch wird man mehr an die bekannten klassischen Vorbilder des aufsteigenden Themas erinnert als an moderne Quartenhäufung. Der zweite Satz bekennt sich zur ewigen deutschen Romantik, ausdrucksvoll im akkordischen Klang wie in der Zeichnung der später einsetzenden spitzigen Mittelstimme zu schwingender Melodik der Oberstimme. Kostbar die Beweglichkeit und ungekünstelte Kraft des tänzerischen Schlußsatzes. Die beiden Sonaten der Werkzahl 41 sind starke Arbeiten, die sich vielleicht im Konzertsaal nicht so durchsetzen werden wie in der anspruchsvollen, gepflegten Hausmusik. Ihre ausdrückliche Bezeichnung als d-moll- und als G-dur-Werk nehme ich als Sinnbild, daß Höller eindeutig bekennt, wohin er innerlich gehört: zur erweiterten, aber festgegründeten Tonalität. — Ausgezeichnet die „Tokkata, Improvisationen und Fuge" für zwei Klaviere, Werk 16 (1937), ganz auf Konzertwirkung gestellt; teilweise recht herb die gehämmerte Tokkata, bewundernswert die Themaverwandlungen der Improvisationen, mächtig die Fugensteigerung, auf deren Höhepunkt das Thema der Improvisationen mit dem der Fuge klanggewaltig gekoppelt wird.

Distler, Hugo (1908—1942), Schüler von Grabner und Ramin, bereicherte die Literatur für zwei Klaviere durch eine „Konzertante Sonate" (1931) und das „Konzertstück für zwei Klaviere" (1939, Werk 20, 2), eine Umformung der Musik für vier Streichinstrumente Werk 20, 1, besonders erkennbar in dem kontrapunktisch fein gewebten 3. Satz. Hingewiesen sei auf die für die Jugend bestimmten „Elf kleinen Klavierstücke" von 1942.

Staempfli, Edward (geb. 1908, Schweiz, lebt in Deutschland), schreibt Bühnen-, Vokal-, Orchesterwerke, Kammermusik. Seine Zwölftonmusik nach Schönberg verrät dennoch immer wieder seine Studien bei Jarnach und Dukas, verdichtet sich nach innen (Vieltonakkorde). Seine Klavierkompositionen nennt er meist „Stücke", so: „Zehn kleine Stücke" (1944), „Sieben Stücke" (1954), „Drei Sätze" (1959, diese in Reihentechnik).

Suchoň, Ernst (geb. 1908, Slowake), sehr bekannt durch Opern („Katrena"), große Orchesterwerke („Metamorphosen"), Chorschöpfungen, Kammermusik. Näherte sich schrittweise und unter ständiger Kontrolle seines eigenen Wesens und des slowakischen Volkscharakters der Zwölftonmethode. Klavierwerke: vor allem die großartig gebaute Passacaglia aus der „Kleinen Suite" (1931), die Suite „Bilder aus der Slowakei" (1957) mit der „Sonata rustica"; diese „Bilder" liegen in verschiedenen Instrumentalfassungen vor.

Dobiáš, Václav (geb. 1909, Tscheche), arbeitete vorübergehend mit Vierteltönen. Bekannt durch sinfonische und vokale Großwerke (Kantate „Stalingrad"). Zu nennen Drei Toccaten (1941), Drei Sonatinen (1946), „Poetische Polkas" (1950).

Barber, Samuel (geb. 1910, Nordamerikaner), hat sich nach einer frühen dissonanzenreichen Periode der „Konformität" seiner Landsleute genähert. Berühmte Dirigenten führten seine Orchesterwerke auf. Bekannt auch Ballette (z. B. „Medea"), eine Oper „Vanessa". Amüsant die vier „Excursions" (1945) mit Nachahmung der Eisenbahn, der Mundharmonika. Ausladendes Stück für den Konzertsaal die Es-moll-Sonate (1950). Die „Souvenirs" Werk 26 liegen in zwei- und vierhändiger Fassung vor.

Degen, Helmut (geb. 1911), Schüler u. a. von Jarnach, betont schon im Titel seines ersten größeren Klavierwerks, der 1938 erschienenen „Konzertmusik in zwei Teilen", das Konzertmäßige, in die Breite Wirkende. Das Werk hat, angefangen von den Orgelpunkten und Rezitativen der Einleitung, etwas Gebärdenhaftes, das der sinfonischen Programmdichtung ebenso verwandt ist wie dem Oratorium und der Oper. Daraus geht mindestens hervor, daß Degen etwas sagen, etwas ausdrücken will. Ausdrucksmusik mit zum Teil virtuosen Mitteln, stark im Gehalt, wirkungsvoll in der Gestalt. Wohltuend der Sinn für Klang. Überwiegend Spielfreude dagegen in dem „Capriccio scherzando" von

1939: Mittelstück ein kapriziöses Walzerchen, Rahmenteile nach Art eines Perpetuum mobile, das Ganze ein ansprechendes, freudiges Konzertstück. Glänzendes Studienmaterial bieten die „30 Konzert-Etüden". Vier Klaviersonaten aus den Jahren 1942 bis 1945 sind Bestätigungen des früher Geschaffenen: keine „großartigen Werke", sondern — von Einzelheiten abgesehen — spielfreudige Gebrauchsstücke, und mir scheint, die sind zur Zeit wichtiger als Ingenieurarbeiten.

Reizenstein, Franz (geb. 1911 in Deutschland, lebt in England), Schüler von Hindemith und Vaugan Williams. Viel Bühnen- und Filmmusik, Orchester- und vor allem Kammermusik, später als Chorkomponist hochgeschätzt. Daß er selbst hervorragender Pianist ist, verraten seine Klavierwerke, u. a.: Vier Stücke (1932), Vier Silhouetten (1935), eine kontrapunktische H-Dur-Sonate mit Schlußfuge (1944), Phantastisches Scherzo (1950). Es verlohnt sich, die Zwölf Präludien und Fugen (1953) mit Hindemiths „Ludus tonalis" zu vergleichen.

Cage, John (geb. 1912, Nordamerikaner), führte in seinen Klavierwerken neue Klangmöglichkeiten des Instruments ein, indem er die Hämmer mit verschiedenen Stoffen überzog, zwischen die Saiten mannigfache Materialien eindrückte (Holz, Gummi, Metall usw.). Dadurch entstehen völlig abseitige Klänge oder Geräusche (Präpariertes Klavier). Am besten zu studieren in den „Sechzehn Sonaten und Vier Zwischenspielen" (abgeschlossen 1948). Damit nicht genug, läßt Cage später das Klavier noch mit Schraubenziehern, Schlüsseln und dergleichen an allen möglichen und unmöglichen Stellen beklopfen. Spätere Werke führen noch den Zufall und das Belieben der Ausführenden in den Ablauf ein.

Françaix, Jean (geb. 1912, Franzose), schreibt mit ebenso leichter wie sicherer Hand allerlei Musik, gewürzt mit Zutaten aus allerlei Stilen. Solche Vorurteilslosigkeit hat ihre Gefahren, aber auch ihre Vorteile, und diese sehe ich besonders darin, daß hier Musik gemacht und nicht gedacht wird.

Seine „Fünf Porträts junger Mädchen", übermütig gestrichelte, auf Umriß gestellte Skizzen, greifen auf die Bildnisreihen von Couperin zurück („Die Launische / Die Zärtliche / Die Anmaßende / die Nachdenkliche / Die Moderne"). Spielfreude beherrscht das „Lob des Tanzes" und das amüsante „Scherzo". Eine Sonate und „Acht exotische Tänze" für zwei Klaviere sind ebenso brillant komponiert wie spielerisch elegant ausgestaltet.

Lutoslawski, Witold (geb. 1913, Pole), studierte zu gleicher Zeit Musik und Mathematik. Daher wohl das erstaunlich präzise Durchdenken seiner Kompositionen. Schrieb Bühnen-, Orchester-, Chor-, Kammermusik. Vieles davon — darin Bartók verwandt — mit frei verarbeiteter Folklore. Für Klavier u. a. Etuden, Volksmelodien, leichte Stücke, vor allem die glanzvollen Variationen über das oft verwendete Thema von Paganini (für zwei Klaviere, 1941).

Puetter, Hugo (geb. 1913), veröffentlichte u. a. Sonaten

und eine Suite, dazu ein Duo concertante für zwei Klaviere. Alles wirklich klaviermäßig geschrieben, ohne langes Nachdenken erfunden und insofern ursprünglich; beeinflußt von Strawinsky, Bartók und in gelegentlichen Wendungen von — mit Verlaub — Grieg. Die Satzanfänge der zweiten Sonate (Beispiel) mögen für sich sprechen.

Bräutigam, Helmut (geb. 1914, gefallen 1942), hat eine umfangreiche Sonate geschrieben (Werk 6, 1937), deren drei Sätze — ein „leicht gehender" Sonatensatz / ein „heiter beschwingtes" Thema mit fünf Veränderungen / ein „sehr lebendiger" Schlußsatz — die Vorliebe des jungen Komponisten für die Vereinigung von Bewegungsantrieben und polyphonem Denken nachdrücklich unterstreichen.

Searle, Humphrey (geb. 1915, Engländer), studierte bei Anton von Webern Schönbergs Theorien; daher die Sicherheit, mit der er auch die Zwölftonmethode verwendet. Bisher Opern (u. a. nach Ionesco), Ballette, Orchester-, Kammer-, Chormusik. Von Klavierwerken sind zu nennen: eine „Ballade" 1947, „Threnos und Toccata" (1948), vor allem die Sonate von 1951, in der er die kompositorische Reihentechnik und Liszts ausholenden Klavierstil zu erstaunlich einheitlicher Wirkung verbindet.

Zimmermann, Bernd Alois (geb. 1918), Unterricht bei Lemacher und Jarnach, wurde letzthin besonders bekannt durch z. T. umstrittene Opern („Volpone", „Die Soldaten") und Orchesterwerke. Für Klavier u. a. „Extemporale" (1947), „Konfigurationen" (1956). Für zwei Klaviere: „Perspektiven" (1956) und „Monologe" (1964).

Baur, Jürg (geb. 1918), gleichermaßen geschätzt als Kantor wie als Lehrer für Komposition, schrieb Orchestermusik (Sinfonia montana), Kammermusik, Chöre. Von den Klavierwerken in Zwölftonmethode sind zu erwähnen: „Klaviermusik 1956", die zwei Jahre später erschienenen „Zwölf Aphorismen", anscheinend gedacht als hübsche Einführung in Spiel- und Kompositionsweise der Zwölftonmusik, sowie das Capriccio „Studie nach einer Zwölftonreihe“, bei dem das Kapriziöse sich im Versteckspiel des Themas, in rhythmischen Verschiebungen und metrischen Veränderungen äußert.

Schibler, Armin (geb. 1920, Schweizer), Unterricht bei Willy Burkhard, später stark beeindruckt durch Lehrer der Zwölftonmethode. Durchschritt in seinem alle Schaffensgebiete bedenkenden Weg (Oper, Ballett, Chor, Orchester, Kammermusik, Klavier) viele Stadien von der Altklassik bis zur Zwölftonmusik, die er durchaus eigenständig weiterbildet. Zu nennen: „Aphorismen“ (1951), „Ornamente“ (1952, vergl. Notenbeispiel, elf-zwölf-tonig), „Rhythmische Etüden“ (1952), Dodekaphonische Studien für den Unterricht.

Schibler, „Ornamente“

Maderna, Bruno (geb. 1920, Italiener), Unterricht bei Malipiero, wandte sehr bald die Zwölftontechnik an, leitet mit L. Berio ein Institut für elektronische Musik. Bekannt durch Orchesterwerke, Konzerte, Kammermusik. Recht interessant eine Phantasie über B-A-C-H für zwei Klaviere, in der die Motive zwar in gleichen Rhythmen, doch wechselnden Intervallen auftreten.

Fricker, Peter Racine (geb. 1920, Engländer), ein eigenwilliger Kopf, der die Formgerüste aus allen geschichtlichen Epochen nimmt und sie in seinen Instrumentalwerken mit den verschiedensten Stilen von Hindemith bis zur Zwölftonmethode mischt, ohne sich selbst preiszugeben. Vier Fughetten, Vier Impromptus, Variationen u. a.

Driessler, Johannes (geb. 1921), betätigte sich schon als Knabe an der Orgel, studierte Schulmusik, war Orchestermusiker. Das alles schlägt sich in seinem Schaffen nieder

(Opern, bedeutende Chorwerke, Orchester-, Kammermusik). Versieht seine hochstehende Kontrapunktik mit polytonalen Wirkungen. Vortrefflicher, nicht zu schwerer Klaviersatz. U. a. Werk 2 (1946/47) „Kinderlieder-Fantasien" und die zweiteilige, rhythmisch scharf geschnittene „Musik für Klavier". In Werk 29 abermals zwei Gruppen „Drei Toccaten" und „Drei Sonatinen", Meisterstücke ihrer Art, während die 22 kleinen „Aphorismen" klare Formung und sicheren Satz fast pädagogisch (im guten Sinne) verbinden.

Heiller, Anton (geb. 1923, Österreicher), einer der bedeutendsten Kirchenmusiker, greift in der polyphonen Stimmführung bei Wahrung der erweiterten Tonalität noch weiter zurück als bis Bach. Neben Orgel-Sonaten und -Partiten ein beachtliches Werk für zwei Klaviere: die frühe Toccata von 1945, stark vom Spielerischen bestimmt und nach außen wirkend.

Erbse, Heimo (geb. 1924), bekannt durch Bühnenwerke (Oper, Ballett) und Orchestermusik, verleugnet auch in der Klaviersonate Werk 8 nicht den Einfluß seines Lehrers Blacher, rhythmisch kompliziert im Vorwärtstreiben.

Forsman, John Väinö (geb. 1924, Finne), ein Wanderer zwischen den Welten, von Finnland nach Paris und Italien, von Höffding über Honegger zu Hindemith, von der Orchestermusik über Bühnenstücke zu Unterrichtswerken, von der Romantik zur gemäßigten Moderne. U. a. Sonatinen, Sonaten, Suiten und kleinere Stücke.

Kelemen, Milko (geb. 1924, Jugoslawe), wird vielfach als führender Kopf in der Modernisierung der jugoslawischen Musik bezeichnet. In gewisser Weise Bartók ähnlich durch die Schroffheit seiner Dissonanzen und die Verwurzelung in der Volksmusik. Als Dreißiger näherte er sich der Art Messiaens. Hervorzuheben eine kraftvolle Sonate von 1953 und die sieben „Dessins commentés" (zehn Jahre später entstanden) mit ihren behutsam angewendeten Verfremdungen des Klavierklangs.

Berio, Luciano (geb. 1925, Italiener), gelangte in seinem Schaffen (Kammer-, Orchester-, Chormusik) bald zur Zwölftonmethode, weiter zur Reihen- und schließlich zur elektronischen Komposition. Charakteristisch für das neueste Schaffen eine „Sequenza“ von 1966.

Klebe, Giselher (geb. 1925), besonders bekannt geworden durch Opern („Die Räuber“) und Orchesterwerke („Die Zwitschermaschine“), verschmilzt Zwölfton- und Reihentechnik sowie die metrisch-rhythmischen Anregungen durch B. Blacher mehr und mehr zu einem von bedeutsamen „Rückblicken“ nicht freien, gelösten Eigenstil. Marksteine auf dem Weg sind die „Sonate für zwei Klaviere“ (1948), die neun „Wiegenlieder für Christinchen“ (1951/52), die „Vier Inventionen“ (1957) und die „Drei Romanzen“ von 1963; mit diesen Romanzen scheint der Eigenstil Klebes endgültig festgelegt.

Henze, Hans Werner (geb. 1926), geht in den „Variationen“ (1949) mit seiner ganzen Unbekümmertheit an das

Henze, „Zwölftonreihe der Klaviervariationen”

Zwölftonsystem heran. Schon das Grundgerüst der Zwölftonreihe übergeht mit den Quinten, Terzen, Dreiklangs- und Leittonwirkungen alles Orthodoxe und zeigt schon hier keimhaft den späteren, freiwaltenden, auf Verständlichkeit zielenden Komponisten (auch in manchen der Variationen selbst). In der „Sonata per pianoforte“ (1959) sind Tonberechnung, formale Anlage und Spielvirtuosität auf einen großartigen Nenner gebracht; drei Sätze mit Schlußfuge. In den „Divertimenti“ für zwei Klaviere (1963/64) herrscht dann ein Spieltrieb, der mit allerlei virtuos gemachten, jederzeit eingängigen Stellen aus seinem Bühnenwerk „Der junge Lord“ munter umgeht.

Joubert, John (geb. 1927 in Südafrika, wirkt in England) ist zu nennen als Komponist eines neubarocken, verhältnismäßig leicht spielbaren Divertimentos für zwei Klaviere.

Leighton, Kenneth (geb. 1929, Engländer), zählt zu jenen englischen Komponisten, die von der neueren kontinentaleuropäischen Musik nur das aufnehmen und verwerten, was ihrer traditionsbewußten Haltung entspricht. Bei Leighton finden sich z. B. Spuren von Bartóks Rhythmik, von neubarocker Satzart, von Zwölfton- und Reihenkomposition. Beachtlich eine „Fantasia contrappuntistica" (1956), Sonatinen, Sonaten, Etüden, vor allem die zwölftonigen „Variationen" von 1965 mit erweiterter Tonalität.

Mayuzumi, Toshiro (geb. 1929, Japaner), gehört mit gleichaltrigen Komponisten Japans (Takemitsu, Yashiro, Matsushita, Moroi) zu jener fortschrittlichen Gruppe, die nicht nur die Bindung an die ältere japanische Musik aufgegeben hat, sondern auch hinausgeschritten ist über die langen Perioden, in denen europäische, vor allem deutsche Komponisten, Dirigenten und Lehrer die Musik Japans an die der westlichen Welt herangeführt und Japans Musikpflege neu organisiert haben. Nur ein Grundgefühl scheint geblieben zu sein: die Kraft des Beharrens und damit das Bestreben, knapp und sachlich zu formulieren. Daher vielleicht die Wahl der Vorbilder: A. Webern, Boulez und verwandte Europäer. Erstaunlich noch der ausgeprägte Sinn für Klangspiele. Mayuzumi schrieb für „prepared piano" nach John Cage, vielleicht in Erinnerung an japanische Zupf- und Schlaginstrumente.

Moroi, Makato (geb. 1930, Japaner), wurde von seinem Vater Saburo M., der u. a. in Deutschland Musik studierte, viel Instrumentalmusik schrieb und als Lehrer wie als Organisator einen großen Einfluß auf die neueste Musik Japans ausübt, schon frühzeitig in die Klangwelt Weberns und Messiaens eingeführt. Auch seine Werke für Orchester, Kammermusik und Klavier sind nicht „japanische Musik" (vergl. auch „Mayuzumi"), sondern folgen den allerjüngsten Weltentwicklungen bis zur elektronischen Musik. Sein Klavierwerk „Alpha et Beta" (1954) wurde auch bei uns aufgeführt. Schrieb ferner „Klavierstück 1956". Die Verehrung für Bach, der in Japan „Pflichtfach" ist, schimmert in der Form zuweilen durch.

Kagel, Mauricio (geb. 1931), Sohn russischer Eltern, geboren und ausgebildet in Argentinien, wirkt in den Ver. Staaten und in Deutschland. In den sechziger Jahren heftig abgelehnt wegen seines ständigen Experimentierens und Mischens von instrumentalen, elektronischen, konkreten und irgendwie denkbaren oder nicht denkbaren Klängen und Geräuschen in der von J. Cage begonnenen Linie. Ihm schwebt offenbar eine nicht mehr zu trennende Einheit aller Mittel vor, die das menschliche Ohr aufnehmen kann. Für Klavier „Metapiece" (1961). Dieses „Aufeinanderfolge-, Wechsel- oder Veränderungs-Stück" kann auch gespielt werden, wenn gleichzeitig ein anderes zeitgenössisches Werk erklingt.

AUF NEUEN WEGEN

Von Schönberg bis Stockhausen

Seit dem Beginn unseres Jahrhunderts ist in der Tonkunst etwas eingetreten, das recht verschwommen als „Neue Musik" bezeichnet wird. Verschwommen, weil in immer kürzer werdenden Zeitabständen eine Neue Musik der andern folgt, einst Neues verschwindet oder nur mehr untergründig weiterwirkt, das Neueste das nur Neuere verdrängt und das einst Neue als überholt und abgestanden betrachtet. Das Beiwort „neu" scheint unausrottbar zu sein. So sprechen wir im 20. Jahrhundert von Neubarock, Neuklassik, Neuromantik, neuer Sachlichkeit und mancher anderen neuen Stilrichtung, ohne daß sich ein wirklicher Gesamtstil, der wenigstens in großen Umrissen das Gewordene und Werdende abgrenzt, abzeichnet. Was freilich umso schwieriger ist, weil in vielen Komponisten, noch mehr jedoch im öffentlichen Konzertleben, die älteren, noch einigermaßen geschlossenen Stilrichtungen weiterwirken und das „Neue" mindestens mengenmäßig zurückdrängen.

Noch verschwommener als die Bezeichnung „Neue Musik", ja völlig falsch ist es, das von Komponisten im 20. Jahrhundert Geschaffene summarisch „atonal" zu nennen. Nur ein Teil der Komponisten hat die überkommene Tonalität verlassen, oft genug lediglich in einzelnen Werken. Selbst der als Vater der Atonalität angesehene Arnold Schönberg schrieb noch dreißig Jahre nach seiner ersten atonalen Komposition eine Kammersinfonie in f-moll, der frühe Bürgerschreck Paul Hindemith nennt — von anderen Werken ganz abgesehen — ein wichtiges Klavierwerk „Tonales Spiel" (ludus tonalis), Bartók oder gar Strawinsky als atonalen Komponisten anzusehen, wäre allzu einfach und für Kenner verdrießlich.

Was den noch in der Tradition geschulten Hörer und den Spieler unserer Jahrzehnte erschreckt, ist etwas anderes. Die klare, so selbstverständlich hingenommene Gegensätzlichkeit von Konsonanz und Dissonanz vergangener Jahrhunderte löst sich immer mehr auf (schon bei Wagner oder Richard Strauss). Dissonanzen werden — keineswegs etwas Neues in der Geschichte der Musik — mehr und mehr als Konsonanzen gehört und empfunden (selbst in der Unterhaltungsmusik), bis schließlich Konsonanz und Dissonanz nur mehr als leere Begriffe erscheinen. Auf diese Weise wird dem Hörer eine Aufnahme-Stütze nach der anderen entzogen: die durch Jahrhunderte beherrschende Harmonie und die aus ihr emporwachsende Melodie. Ob das nicht zu einer Verarmung der musikalischen Sprache führt, soll hier nicht erörtert werden.

Der Hörer, soweit er nicht Fachmusiker ist, hält jedenfalls vergeblich nach den gewohnten Wegweisern Ausschau und das in einer musikalischen Landschaft, die sich auch sonst in mannigfacher Hinsicht von allem Gewohnten erheblich unterscheidet. Die einst im wesentlichen gleichbleibenden, den Zeitablauf messenden Metren (Takte) ändern sich plötzlich von Taktstrich zu Taktstrich (z. B. Blachers variable Metren) und entziehen dem physischen und psychischen Pulsschlag das Nachvollziehen des Ablaufs in der Zeit. Der Rhythmus verästelt sich mehr und mehr, zerstäubt in Kleinstfiguren und Kleinstsplitter, die den gewohnten Filter des Ohrs kaum zu durchdringen vermögen (z. B. Messiaen). Der Klang spaltet sich entweder auf in eine Reihe zeitlich wie der Höhe nach weit auseinanderliegender Einzeltöne oder massiert sich zu bald brutalen Tontrauben (z. B. Charles Ives), bald zu nicht differenzierbaren Schwingungen (z. B. Zwölftonakkord).

Treten derartige Erscheinungen, wie meist üblich, gleichzeitig auf, so ermattet der Hörer zudem noch durch den vergeblichen Versuch, neben den Einzelmerkmalen auch noch irgendeine musikalische Form zu entdecken oder ein dem Werk innewohnendes Gesetz aufzuspüren. Umso erstaunter ist er dann freilich, wenn man ihm die Noten vorlegt. Da vermag er selbst nachzuprüfen oder wenigstens nachzurechnen, daß die wirklich bedeutenden Werke der „Neuen Musik" keineswegs Ausgeburten zügelloser Willkür sind, sondern sich strengen Gesetzen und Regeln unterwerfen wie nur irgendein Kunstwerk. Gesetzen, die sogar den Zufall und den jeweiligen Einfall der Ausführenden mit einbeziehen.

Das komplizierteste, fast rein mathematische Verfahren ist die Reihentechnik, zumal die der All-Reihe (z. B. Messiaen). In ihr werden die Elemente der Musik (Tonhöhe, Tondauer, Tonstärke, Klangfarbe, Rhythmus) für jedes Werk vom Komponisten geordnet, auf mannigfache Weise umgebildet und durchgeführt. Bei solcher Kompositionsweise kann der Komponist sich darauf berufen, daß es auch früher schon „Reihen“ gegeben hat (so in den allerdings feststehenden Reihen der Kirchentonarten, während heute für jedes Werk eine eigene Reihe erdacht wird) und daß im Mittelalter vielfach Musik ebenfalls berechnet wurde (Musik, Geometrie, Algebra und Astronomie gehörten zusammen). Der redliche Komponist wird daraus jedoch nicht die Forderung ableiten, der Hörer von heute müsse sich an solche historischen Begebnisse erinnern und sich daher willig den vielfältigen Rechenaufgaben der Gegenwartsmusik auftun; denn damals war es gelehrte Musik für Gelehrte, und ein öffentliches Konzertleben existierte nicht. Auf der anderen Seite darf sich der redliche Hörer nicht von vornherein allem Neuen, und sei es noch so kompliziert gebaut, verschließen. Bei unvoreingenommenem Hören wird er bald spüren, daß er zwar vieles nicht „versteht“ und vielleicht nie verstehen wird, daß aber von bedeutenden Komponisten in ehrlichem, heißem Bemühen Tore zu einer anderen, ungewohnten Klangwelt aufgestoßen wurden, einer Welt, über deren Art, Dauer und Zukunft wir nichts wissen und über deren Wert wir daher bis heute kein endgültiges Urteil abgeben können.

Seit dem erstmaligen Erscheinen des vorliegenden Buches sind manche kompositionstechnisch fesselnden Klavierwerke geschrieben worden; kaum eines von ihnen hat sich jedoch im Konzertsaal den festen Platz erobern können, den hunderte Standardwerke von Bach bis Prokofieff einnehmen. Immerhin sind gegenwärtig gewisse Schwerpunkte erkennbar, die sich als ungefähre Orientierungsmarken durch die nicht einfach zu durchschauende Landschaft der neueren Klaviermusik verwenden lassen.

In diesem Zusammenhang ist die Klaviersonate von Alban Berg (1885-1935) nur als zwar bedeutendes, doch nicht entscheidendes Werk anzusehen, als atmosphärische Vorahnung eines kommenden Umbruchs. Geschrieben wie die Drei Klavierstücke Schönbergs im Jahre 1908, weist sie in ihrer einsätzigen Form, dem grundsätzlichen Festhalten an der Tonalität, der bebenden Rhythmik und tristanisch spätromantischen Expressivität eher zurück auf die zwei Jahre zuvor geschriebene 1. Kammersinfonie Schönbergs.

Es ist kaum ein Zufall, daß das erste, allem Vorangehenden trotzende Werk der Neuen Musik für Klavier geschrieben wurde. Ein auf dem Klavier einmal angeschlagener Ton ist so gut wie nicht mehr modulationsfähig, kann nicht schwellen, widerstrebt also jedem Versuch, ihn mit wechselnden Gefühlsschwingungen auszustatten, er ist klar, eindeutig, sachlich im Klang und eignet sich daher wie ein geschärfter Stichel bei der Radierung zur unmißverständlichen, nicht zu verfälschenden Darstellung des neuen kompositorischen Wollens.

Das erste, radikal in neue Richtung weisende Klavierwerk sind die 1908 geschriebenen „Drei Klavierstücke" op. 11 von Arnold Schönberg (1874—1951), dem Begründer der sogenannten Wiener Schule und — neben Matthias Hauer (1883-1959) — Vater der Zwölftonmethode. In ihnen ist die Harmonik aller „Fesseln" entledigt, die alte Ordnung der Klänge aufgehoben, ja ausdrücklich weggewischt. An die Stelle von Gefüge, Bindung und Überleitung tritt die aus sich selbst sprechende, die alten Formen wie eine Schlangenhaut abstreifende expressive Kraft der reinen Anschauung und schrankenlosen Phantasie. Besonderes Kennzeichen sind die schroffen Gegensätzlichkeiten der drei Stücke untereinander und innerhalb der Stücke selbst. Im ersten Stück folgt auf ein getragenes melodisches Motiv in dichtem Satz ein unvermutetes Aufstäuben in Zweiunddreißigstel-Passagen über fast vier Oktaven, wobei sich bei mehrfachem Hören oder Spielen allmählich eine variationenähnliche Verwandtschaft der Gegensätze enthüllt. Ganz in sich zurückgezogen das zweite Stück, in dem das Nichtgesagte fast beredter ist als das Ausgesprochene. Im dritten, wohl dem wichtigsten Stück ist nichts mehr zu spüren von einer ruhenden Mitte oder einem magnetischen Kern; alles scheint frei im Raum zu schweben, alle Energien werden aktiviert in flüchtigen Spielfiguren, schneidenden Intervallen, stechenden Kurzmotiven, dissonanten Akkorden und Akkordreihen, fff-Aufschreien und ppp-Verschwimmen, engen und sogleich wieder weit ausholenden Intervallen. So scheint alles Melodische und Harmonische zersprengt, ins Unkenntliche pulverisiert, alles wirkt wie zeitlos (das Metrum scheint kaum noch faßbar). Dieses Nah und Fern, Derb und Zart, Kreisen und Verharren verlockt die hörende Phantasie, an eine ungreifbare, unfaßbare Sternenwelt in Tönen zu denken, allerdings eine solche, die nicht wie zufällig ausgestreute Lichtpunkte und

Schönberg, aus op. 11,3
(Mäßig)

-pünktchen erscheint, sondern bei genauerer Betrachtung als mehr oder minder deutlich erkennbare Gruppierung um einzelne Sonnen.

1911 folgten die „Sechs kleinen Stücke“ op. 19, winzige Kleinstbilder expressiver Art mit minutiösen Vortragsangaben und kaum wahrnehmbaren, doch wichtigen Bauelementen. In den „Fünf Klavierstücken“ op. 23 (1920-1923) verdichten sich die Bauelemente; es finden sich nicht nur Formenandeutungen wie Invention, Passacaglia oder Walzer, es treten, entwicklungsgeschichtlich wichtiger noch, gewisse „Reihen“ oder „Grundgestalten“ auf, die im Walzer zu einer ersten Zwölftonreihe noch ziemlich schlichter Art anwachsen. Schon fast vollkommen und folgerichtig wird die

Zwölftontechnik angewendet in der „Suite“ op. 25 (1921 bis 1923). Den sechs Sätzen (Präludium, Gavotte, Musette, Intermezzo, Menuett, Gigue) nach altklassischer Prägung, doch mit völlig neuem Inhalt liegt eine einzige Zwölftonreihe zugrunde, die nun bereits in jenen Gestalten erscheint (Urform, Umkehrung, Krebs, Umkehrung des Krebses), die für die Zwölftonkompositionen der nächsten Jahrzehnte verbindlich wurde. Völlig souverän geht Schönberg mit der Zwölftontechnik dann in den 1928 und 1931 entstandenen „Zwei Klavierstücken“ op. 33 um. Alles Stilisiert-Starre ist verschwunden, die Zwölftonreihen fluten horizontal-melodisch und vertikal-akkordisch (das erste Stück enthält in den einleitenden drei Vierton-Akkorden bereits sämtliche zwölf Töne) wie spielerisch selbstverständlich.

Mit, neben und nach Schönberg haben zahlreiche Komponisten in aller Welt der Zwölftonmethode und der Reihentechnik ihre Reverenz erwiesen, so daß Schönbergs Vorbild, obwohl vielfach als „schon wieder überholt“ bezeichnet, auch in der Klavierkomposition der Jahrhundertmitte fruchtbar geblieben ist. Hier ist vor allem zu nennen Anton von Webern (1883-1945). Von ihm ist zwar nur ein einziges Klavierwerk bekannt geworden, die dreisätzigen „Variationen“ op. 27; dafür hat es eine womöglich noch größere Wirkung auf spätere Musiker ausgeübt als Schönberg. Im dritten Teil der verschiedenartig gestalteten Sätze findet sich ein Zwölftonthema, dessen asketische Verdünnung, extreme Sprünge,

von Webern „Variationen“ op. 27,3

beredte Pausen und punkthafte Verteilung der in jedem Augenblick wichtigen, in sich ruhenden und zugleich der Gesamtreihe verpflichteten Einzeltöne als ausstrahlender Kern für viele jüngere Komponisten gewirkt haben (auch in Orchesterwerken). Daneben wären etwa zu nennen Hans Erich Apostel, Wolfgang Fortner, Ernst Krenek, Hanns Jelinek, Armin Schibler (Schweiz), Luigi Dallapiccola (Italien), Peter Racine Fricker und Humphrey Searle (beide Engländer), Nikos Skalkottas (Grieche). Doch auch manche der in den letzten Jahrenn immer stärker beachteten japanischen Pianisten und Klavierkomponisten wie Makato Moroi, die freilich mehr zu Webern als zu Schönberg neigen.

In scharfem Gegensatz zu dem vorher genannten steht ein zweiter Schwerpunkt der neuzeitlichen Klaviermusik: der von Frankreich ausgehende, in seiner Entschiedenheit bald nachlassende und doch bis heute nachwirkende Neuklassizismus. Den ersten Anstoß empfing er wohl durch Erik Satie (1866-1925) und seine zumeist laienhaften, alle Form und Satztechnik verachtenden Klavierstücke, die man bald mit Lachen, bald mit Kopfschütteln und bald mit leichtem Verdruß spielt, die aber doch zuweilen aufhorchen lassen und ihre anregende Wirkung auf bedeutendere Komponisten nicht verfehlt haben. Zu diesen gehören u. a. die eigentlichen Neuklassizisten Georges Auric, Francis Poulenc sowie in besonderen Werken Arthur Honegger und Darius Milhaud. Der französische Neuklassizismus (und im Gefolge mancher nichtfranzösische Komponist) lehnt alle Kompliziertheit in der Musik ab, stellt sich z. B. gegen Wagner, Schönberg und den feinnervigen Klang-Ästhetizismus Debussys. Der alte Sinn der französischen Clarté sollte in Form und Klaviersatz wiederhergestellt werden. Die mehr und mehr verschwimmende oder ganz verschwindende Tonalität wurde hervorgeholt und besonders durch Verwendung der Diatonik in schlichter Weise zu neuem Leben erweckt. Mögen die richtungweisenden Klavierwerke der Frühzeit teilweise in Vergessenheit geraten, ihr starker Impuls auf bedeutende Komponisten des 20. Jahrhunderts (etwa Strawinsky) sichert dem Neuklassizismus einen bleibenden Rang.

Ist der ursprüngliche Neuklassizismus ausgegangen von der allgemein-französischen Eigentümlichkeit der Klarheit von Satz und Form, so ruht ein dritter Schwerpunkt der neueren Klaviermusik auf dem spezifischen Untergrund der jeweiligen Volksmusik, der Folklore. Dabei werden teilweise volksliedartige Melodien, vor allem aber aus dem Volkstum hervorgegangene Rhythmen verwendet. Vielleicht ist „verwendet" schon zuviel gesagt. Es handelt sich für die in Frage stehenden Komponisten eher darum, aus dem Geist, dem die jeweilige Volksmusik entstammt, Neues, Verwandtes, streng Künstlerisches zu schaffen. An der Spitze dieser Gruppe von Klavierkomponisten steht Béla Bartók, der in seinen Kunst- wie in seinen Lehrwerken wesentlich zurückgreift auf die klingende Welt der südosteuropäischen Völker und sie in einen oft harten, robusten Klavierstil bindet und dabei stets auf das Wesentliche, Knappe, Schmucklose bedacht ist. Zu den Folkloristen gehören Bartóks ungarische Landsleute Zoltan Kodály und Mátyás Seiber (1905-1960, auch Zwölftonwerke), der Jugoslawe Josip Slavenski (1896 bis 1955), die Russen Tscherepnin, Schostakowitsch und in manchen Werkteilen Prokofieff, ferner Amerikaner wie Aaron Copland (geb. 1900) und Roger Sessions (geb. 1896), dann Briten wie Benjamin Britten (geb. 1913) und Alan Rawthorne (geb. 1905). Unter den Deutschen erscheint uns Armin Knab besonders bezeichnend für die „folkloristische Gruppe", der das zuweilen ins Sentimentale abgleitende Volksliedhafte mit unauffälliger Sicherheit ins stimmig Gebundene führt.

Mit dem viel gebrauchten Wort vom „Neubarock" läßt sich kaum eine mehr oder minder geschlossene Gruppe von Komponisten bezeichnen. Angesichts der vielfach verfließenden oder verschwimmenden Formen in der Musik greifen zahlreiche Komponisten, die sich ansonsten weit von einander unterscheiden, in ihrem Gesamtwerk, in Einzelstücken oder in bestimmten Perioden ihres Schaffens auf Eigentümlichkeiten der barocken Formung (Invention, Suite) oder Satzweise (Polyphonie) zurück und verfestigen auf diese Weise das formale Gerüst. So bedeutsam dieses Verfahren ist, weil es ein konstruktives Prinzip darstellt und nicht nur ein halbkünstlerisches Spiel mit Erinnerungen („Suite im alten Stil", „Aus Holbergs Zeit" usw.) — zu einem geschlossenen, einheitlichen Stil einer bestimmten Gruppe von Komponisten hat es nicht geführt und sollte es wohl auch nicht führen. Zum Vergleich möge man heranziehen Bartóks Inventionen aus dem „Mikrokosmos“, die Inventionen von Willy Burkhard, die Passions-Inventionen von Hermann Reutter, die vier Inventionen von Giselher Klebe, um nur einige zu nennen.

Wohl aber hat die neubarocke Bewegung sehr viele Komponisten in eine Richtung gewiesen, die bis in unsere Tage anhält und auch künftig ihre tiefen Spuren hinterlassen dürfte. Dabei muß man — das sei wiederholt — daran denken, daß nicht das Gesamtwerk der Komponisten entsprechende Züge aufweist, sondern stets nur wesentliche Teilstücke, sei es im Zuge der Entwicklung, sei es instrumentalbedingt oder lehrhaft, sei es aus Freude an der Beherrschung aller Stilmittel, wie es etwa einen universalen Geist wie Strawinsky auszeichnet.

Der jedem Barock innewohnende Bauwille, die Kraft, neue Klangräume zu erschließen, sie jedoch zugleich einem Zentralkern zuzuordnen, äußert sich am stärksten in einigen Werken von Paul H i n d e m i t h , der damit zum Leitbild für manchen jüngeren Komponisten wurde. Die drei Sonaten von 1936 und der Ludus tonalis von 1943 bilden die entscheidenden Marksteine. Die Tonalität wird zwar erweitert, bleibt aber bestimmend, der Satz ist linear-polyphon, ohne auf Akkordik zu verzichten, die barocke Fuge spielt eine wichtige Rolle, das klar durchgehaltene Metrum durchschreitet und bemißt unerschütterlich den zeitlichen Ablauf, der Klang, auch wenn ihn nicht jeder als „schön“ empfindet, schafft immer neue Räume, und in ihnen treibt eine urmusikantische Besessenheit ihre klavier-gerechten Spiele, über denen man die exakte Planarbeit des Ganzen oft vergessen mag. Zu Hindemiths Umkreis zählen mit manchen ihrer Werke Wolfgang Fortner, Hugo Distler, Kurt Hessenberg, Paul Höffer, Willy Burkhard u. a.

In den letzten Jahrzehnten hat sich das Bauenwollen ins Ingenieurhafte ge- oder übersteigert, manche der Jüngeren sind von Komponisten zu Konstrukteuren geworden, das

Notenbild ist gewissermaßen nur zu entziffern durch Zuhilfenahme von Rechenmaschinen und Logarithmentafeln. Die serielle Musik, die alle Elemente wie Tonhöhe und Tondauer, Intervalle und Pausen, Rhythmen und Stärkegrade usw. nach strengen Prinzipien der Serie aufbaut und ineinandergreifen läßt wie Zahnräder, auf von früher her gewohnte Zusammenhänge (Melodie, Harmonie) dagegen oft verzichtet, hat auch in der Klaviermusik ihren Einzug gehalten und diese bis an eine vorläufige Grenze getrieben, die der Komponist nicht mit voller Sicherheit zu zeichnen weiß und für die zweckmäßigerweise elektronische Instrumente verwendet werden sollten, falls die Bau-Ingenieure es nicht vorziehen, die Grenze zu überspringen und zur elektronischen Musik hinüber zu wechseln.

Dieser Konstruktivismus gibt sich keineswegs einheitlich, sondern fächert sich nach verschiedenen Richtungen hin auf. Bald herrscht ein System von Zahlen, bald wird alles unter das Gesetz der All-Reihe gestellt, bald besteht das Werk aus scheinbar zusammenhanglosen Bausteinen („Strukturen"), wobei eins ins andere spielen kann.

Wichtigster Vertreter dieser Richtung — wenn man ihn überhaupt einer Richtung zuordnen kann — ist der ebenso begeistert gefeierte wie heftig abgelehnte, in seiner Bedeutung jedoch nicht hoch genug einzuschätzende Olivier Messiaen (geb. 1908), der mit Baudrier, Lesur und Jolivet die Gruppe „La jeune France" gründete. Sein Klavierwerk gibt nur ein bescheidenes Bild von der ungeheuren, zuweilen ungeheuerlichen Klangwelt seiner Schöpfungen; daher mögen einige Andeutungen genügen, zumal auch die Klavierkompositionen selbst nur ganz wenigen Pianisten zugänglich sind. Verwirrend wirkt bei Messiaen vor allem die innige Verbindung von fast plattem Naturalismus mit höchst genauer gedanklicher Bauarbeit und katholischem Mystizismus. Jeder Ton, jeder Klang, jeder Rhythmus dient der Herrlichkeit Gottes und all seinen Schöpfungen. Dementsprechend sind seine Werke religiös gestimmt, reichen von großartigen Visionen Gottes bis zu Banalitäten, vom Kosmos bis zur Mücke, die ja alle Emanationen der Göttlichkeit seien. Um dieses

Allumfassende auszudrücken, bedient er sich alter überlieferter, neuerer vorgeformter und selbständig neu entdeckter Mittel. Die alten Tonleitern mischen sich mit selbstgebildeten sechs „modes“ (Folgen), unversehens springt eine Zwölftonreihe auf, dann wieder wird versucht, die diatonisch oder chromatisch nicht genau wiederzugebenden Gesänge aller möglichen Vögel und deren ebenfalls nicht zu realisierende („nicht umkehrbare“) Rhythmen nachzugestalten. Auch indische Rhythmen und Weisen und indische Mystik entsenden ihre Wässer in das umfassende Strombett von Messiaens inneren, ebenso intuitiven wie architektonischen Klangvorstellungen. Er preist die „göttliche Melodie“, schreibt aber Tonfolgen, die das Ohr nur schwer oder gar nicht nachvollziehen kann — so wenig wie seine Rhythmen, obwohl er sich darum bemüht, der begrenzten Aufnahmefähigkeit des Ohres so weit nachzuhelfen, daß dem Hören der Zugang zu allem Irdischen und Unirdischen (was für ihn ein und dasselbe ist) mehr und mehr geöffnet wird. Auch daraus erklärt sich zu einem Teil, daß Messiaen von Werk zu Werk „anders“ schreibt. Besonders kennzeichnend ist seine Aufteilung der Zeit: von der Ewigkeit über die fast unendlich lange Sternenzeit, über die Jahrmillionen der Gebirgsbildung, die geschichtlichen Jahrhunderte, die menschlichen Jahrzehnte, die Kurzzeit von Kleinstinsekten bis zum Zeit-Punkt bildet er eine Stufenleiter von 64 Zeitwerten (das Mittelalter kannte deren nur sechs). Ähnlich verfährt er mit Rhythmen, Klang-

Messiaen, aus „Modes de valeurs et d' intensites"

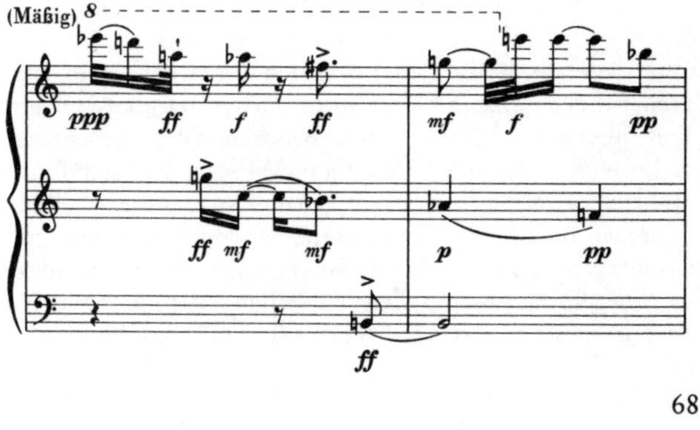

intensitäten, Klangwertigkeiten und dergleichen. Daß all das nicht abstrakt zu verstehen ist, sondern wieder und wieder von der Einheit Gott-Mensch-Natur kündet, dafür zeugen bereits die Namen der meisten Klavierwerke. „Visions de l'Amen" für zwei Klaviere (Amen der Schöpfung, der Engel, des Gerichts usw., 1943), „Vingt regards sur l'Enfant Jesus" (Zwanzig Blicke auf das Jesuskind, 1944/47), „Catalogue d'Oiseaux" (Verzeichnis der Vogelgesänge, 1956/58). Zu nennen noch die „Modes de valeurs et d'intensités" (Folgen von Tondauern und Ausdrucksstärke, 1949/50) und aus den gleichen Jahren die „Neumes rythmiques".

Messiaens Landsmann Pierre Boulez (geb. 1924) geht noch einige Schritte weiter. Sein oberster Gott ist nicht mehr die „Herrlichkeit des Schöpfers und alles Geschaffenen", sondern die Zahl in allen mathematischen und mechanischen Verwendungsmöglichkeiten. Sein Klavierstil ist in den entscheidenden Werken athematisch, arhythmisch, aharmonisch, ametrisch, also scheinbar zerrissen, punkthaft, ungefügt, verworren; in Wahrheit aber steht hinter allem ein streng kalkulierender Verstand. So schüttelt er z. B. die charakteristischen Konstanten von Tonhöhe, Tondauer, Tonstärke und Klang (Anschlagsart) vertauschbar durcheinander, setzt sie in bestimmte mathematische Verhältnisse zu einander. Die „modes" von Messiaen werden zwar zahlenmäßig verringert, dafür aber zu festen Gefügen, Gruppen, Strukturen, alle dem Gesetz der Serie unterworfen und zugleich vielfach von plötzlichen Ausbrüchen von Freiheit oder Willkür unterbrochen. „Structures" für zwei Klaviere nennt Boulez sein bisheriges Hauptwerk (zwei Teile, 1952 und 1962). Angesichts dieser auch für den geschulten Pianisten kaum spielbaren, für den willigen Hörer nicht nachvollziehbaren Klänge (Tontrauben d. h. gleichzeitiger Anschlag vieler nebeneinander liegender Tasten, weit auseinander liegende, durch Pausen getrennte Tonpunkte, nur mit dem Auge unterscheidbare Tondauer und deren Unterwerte, übermäßige Vortragsbezeichnungen und dergleichen) fragt es sich, ob sie ein tönendes Spiegelbild unserer Zeit darstellen oder zu betrachten sind als nahezu abstrakte Vorstudien für ein kommendes

Etwas in der Musik. Außer den „Structures“ sind zu nennen drei Klaviersonaten („Es gibt weder Haupt- noch Nebenstimmen“, sagt Boulez zu seiner zweiten Sonate). Der beim Durchsehen oder Anhören von Boulez’ Klavierwerk leicht unwillig werdende Beurteiler sei daran erinnert, daß der Komponist nicht ein amusischer Rechner ist, sondern z. B. als Dirigent in Bayreuth („Parsifal“) ein ungewöhnlich feines Gefühl für Klangwirkungen der überlieferten Musik bewiesen hat.

Allen klugen Worten aller gutwilligen Beurteiler zum Trotz läßt sich eine von Messiaen über Boulez zu Karlheinz Stockhausen (geb. 1928) wachsende Ratlosigkeit nicht verhehlen. Parallel dazu steht die von den Komponisten selbst empfundene Notwendigkeit, ihren Klavierwerken immer ausführlicher werdende Erklärungen und Analysen beizugeben, wobei Fremd- wie Eigenanalysen zumeist über rechnerisch-technische Bemerkungen nicht hinauskommen. Daneben aber steht die Tatsache, daß sich zahlreiche europäische und außereuropäische Komponisten mit Feuereifer auf die Neuerungen stürzen und sie sich zu eigen machen. Das gilt besonders für Stockhausen (auch in seinen elektronischen Arbeiten). Seine „Klavierstücke I bis XI“ (1954-1962) gehen zuweilen bereits über die Grenzen des auf dem Klavier Darstellbaren hinaus — trotz zahlreicher Notationszeichen, Bewegungskurven, Zeitmaßangaben (Metronom bis 50,5!) und dergleichen. Da gibt es zweihundertfache „Akkord“wiederholungen in abgestuften Stärkegraden, dann wieder schwieriges „Nachhallen“, nie dagewesene Glissandi neben massigen Tontrauben. Fast überall, wenn auch nicht leicht aufzuspüren, herrscht das Gesetz der Serie. Für die rhythmischen Bildungen mit ihren komplizierten Unterwerten muß man förmlich Berechnungen aufstellen, um sie begreifen zu können. Bei alledem bleibt, mehr oder minder deutlich erkennbar, das nicht zu erschütternde Selbstverständnis des Einzeltons oberstes Prinzip. Jeder Einzelton will für sich erkannt werden als in sich ruhender, sich selbst genügender Ton-Punkt. Mit anderen Ton-Punkten bildet er nach dem Gesetz der Serie Ton-Felder. Diese wiederum werden voneinander abgesetzt durch Dichte, Klangintensität, Klangwertigkeit und dergleichen. Aus ihnen entstehen Gruppen. „Eigenschaften einer Gruppe versteht man erst, wenn man sie mit den anderen Gruppen im Grad der Verwandtschaft versteht" (Stockhausen). Daraus ergibt sich bereits, daß es ganze Reihen von Gruppen geben muß. Aus diesen wenigen Andeutungen geht hervor, daß eine Art Doppelhören erforderlich ist: die Einzeltöne wollen ihr Recht, nicht minder aber soll in großen Zusammenhängen gehört werden. So peinlich genau das meiste berechnet ist — zuweilen läßt Stockhausen die Zügel etwas lockerer. Dann spricht er von „statistischer Form", bei der die verschiedenen Bauelemente und ihre klangliche Verwirklichung mit Bezeichnungen wie „etwa, ungefähr, annähernd, durchschnittlich" versehen werden. Auch dem ausführenden Pianisten werden gewisse Freiheiten gewährt, vor allem durch den „Würfelzufall" (Aleatorik). Als Beispiel dafür diene das „Klavierstück XI". Auf einem Blatt von einem halben Quadratmeter Größe stehen 19 verschiedene der genannten Gruppen. Der Spieler wählt als Anfang eine beliebige Gruppe in beliebiger Geschwindigkeit, Lautstärke und Anschlagsart. Am Schluß der Gruppe findet er die Anweisungen für Geschwindigkeit, Lautstärke und Anschlagsart, die er zu befolgen hat, wenn er irgend eine neue Gruppe in Angriff nimmt. Reihenfolge der Gruppen, auch das Weglassen bleibt dem Spieler überlassen.

Nach dem auf den letzten Seiten Dargestellten dürfte erkennbar geworden sein, daß sich der bisher gewohnte Klavierklang bei den neuesten der Neuerer zusehends verfremdet. Auch vom Instrumental-Technischen her ist diese, von den genannten Komponisten fallweise benützte Verfremdung entstanden. Die Amerikaner Henry Cowell (1897-1965) und der drei Jahre jüngere George Antheil zogen, teilweise schon vor dem ersten Weltkrieg, Handfläche, Fäuste und Unterarme zum Anschlag heran, so daß ganze „clusters" (Trauben, Büschel, Haufen) von Tönen gleichzeitig erklangen. So wurde das Klavier eine Art Schlagzeug, wie es später der junge Hindemith und teilweise auch Strawinsky, allerdings abgewandelt, ansahen. Einen kräftigen Schritt weiter ging dann John Cage, der das „prepared piano" erfand, worüber unter dem Stichwort Cage einige Einzelheiten gesagt werden.

Wohin das skizzierte Wegesystem der „Neuen Klaviermusik" führen wird, weiß heute niemand zu sagen. Einiges mit Sicherheit zur elektronischen Musik, anderes vielleicht zur Konstruktion neuartiger Klaviere, dieses und jenes wahrscheinlich in Sackgassen. Die endgültige Entscheidung liegt bei den wirklich ernstzunehmenden Komponisten und — wie immer — auf die Dauer bei der großen Gemeinde williger Laien, seien es Spieler, seien es Hörer. Ein Zurück mag es auf d i e s e n Wegen nicht geben. Wohl aber gilt es anzumerken, daß ein Teil der lebenden Komponisten von Klaviermusik sich von den allerneuesten Wegen entweder völlig fernhält oder sie nur soweit betritt, als sie zur Anreicherung der Ausdrucksmittel und des künstlerischen Wollens dienen.

FACHWÖRTER-ERKLÄRUNG

A

Absolute Musik, Musik, die nur durch ihre eigenen Formgesetze (also nicht durch dichterische usw.) bestimmt wird.

Achtel, der achte Teil einer ganzen Note.

Adagio, ruhig.

Affettuoso (con affetto), gemütvoll, mit viel Ausdruck, zuweilen leidenschaftlich.

Agitato, aufgeregt, erregt, sehr lebhaft.

Air, eigentlich soviel wie „Arie"; aber nicht für die menschliche Stimme, sondern als Instrumentalstück geschrieben.

Akkord, Zusammenklang mehrerer Töne verschiedener Höhe.

Alberti-Bässe, ständige einfache Akkordbrechungen der linken Hand als Begleitfiguren, benannt nach Domenico Alberti.

Allegretto, etwas langsamer als allegro.

Allegro, heiter, rasch.

Allemande, „Deutscher Tanz" mit geradem Takt in rhythmisch schlichter Bewegung. Seit etwa 1700 mit Auftakt und nicht mehr eigentlich tanzmäßig, sondern künstlerisch stilisiert, regelmäßig erster Satz einer Suite.

Altklassik, etwa die Zeit Bach/Händel.

Amoroso, liebevoll.

Andante, andantino, schreitend, gehend.

Appassionato, leidenschaftlich.

Arie, kunstvolles, meist ausgeziertes Gesangsstück (dreiteilige Form).

Arpeggio, geharfte, schnelle Akkordbrechung, d. h., die Akkordtöne werden nicht gleichzeitig, sondern in geschwinder Folge nacheinander angeschlagen.

Assai, sehr.

Atonalität, Nichtachtung der Tonalität (unscharfe Bezeichnung), s. Abschnitt „Auf neuen Wegen".

Attacca, plötzlicher, fast pausenloser Übergang von einem Satz zum andern.

Auftakt, vor dem Taktstrich stehende, meist unbetonte Noten, die innerlich zum folgenden Takt gehören.

B

Ballade, Sagen erzählendes Lied (ursprünglich Tanzlied), häufig als „erzählendes" Instrumentalstück verwendet.

Barkarole, Gondellied („Barken"-Lied).

Bässe, die tiefen Stimmen, tiefen Töne des Klaviers.

Bebung (vergl. Klavichord).

Bourrée, altfranzösischer Tanz im 3/4-Takt mit Auftakt und häufiger Synkopierung des 2. und 3. Viertels. In den Suiten der Altklassik bereits stilisiert.

Burleske, die „Spaßhafte", scherzhaftes Tonstück mit betont derben Gegensätzen.

C

Cantabile, singbar, gesangsartig.

Capriccio, in frühen Werken ein fugenartiges Instrumentalstück; dann, entsprechend dem Wortsinn (Laune, Grille) eine Art Scherzo.

Cembalo, eigentlich „Clavicembalo", ein Vorläufer des heutigen Klaviers. Die Saiten werden — durch Niederdrücken der Tasten („claves") — nicht mit einem Hämmerchen angeschlagen, sondern mit einem Federkiel gerissen oder gezupft. Form etwa wie der heutige Flügel. Größere Instrumente mit zwei Manualen (Tastenreihen) und mehreren Registern zur Klangmischung. Klang fein, silbern, etwas „drahtig" bis rauschend, harfend. Vergl. auch Spinett und Klavichord.

Chaconne (ciacona), altes Instrumentalstück im 3/4-Takt, in dem ursprünglich ein höchstens achttaktiges Thema ständig wiederkehrte und immer neu umspielt wurde. Dann überhaupt Variationen solcher Art.

Coda (siehe Koda).

Comodo, gemächlich.

Con brio, mit Schwung, mit Feuer.

Con moto, mit Bewegtheit.

Con spirito, mit Geist, mit Witz.

Courante, alter französischer Tanz im dreiteiligen Takt („laufend"). In der altklassischen Suite künstlerisch stilisierter Stammsatz.

Chromatik, (von „chroma" = Farbe), strenggenommen die Aufeinanderfolge von Tönen, die sich nur durch ein Versetzungszeichen unterscheiden; z. B. f-fis oder a-as. Dann aber auch allgemein eine Folge von Halbtönen überhaupt.

Cluster, soviel wie Büschel, Haufen, Traube. Bedeutet in unserem Fall gleichzeitiges Niederdrücken zahlreicher Tasten durch Handteller, Unterarm oder Brett.

D

Dämpfer, Vorrichtung, durch die man den Klang des Instruments abdämpfen kann. Beim Klavier durch das linke Pedal zu betätigen. „Una corda", d.h. mit nur einer Saite statt des Saitenchors, wird erreicht durch „Verschiebung" der Klaviatur mittels Pedaltritt.

Deciso, entschieden.

Dezime, zehnte Tonstufe (vom Ausgangston gerechnet) der Tonleiter, etwa C-e.

Diatonisch ist eine Tonfolge, wenn sie von einem Ton der Tonleiter zum benachbarten Leiterton fortschreitet.

Diskant, Töne in hoher Lage.

Divertimento, wörtlich „Unterhaltung“. Instrumentalstück von fünf oder mehr Sätzen, die kurz, unterhaltsam und einfach gearbeitet sind.

Dolce, sanft, süß.

Doloroso, schmerzlich.

Dominante, wörtlich „die Herrschende“. Quinte einer Tonart (in C-dur also g) und der auf der Quinte aufgebaute Akkord (in C-dur also G-dur). Da er in der tonalen Musik zur Haupttonart zurückführt, sie also beherrscht, nannte man diesen Akkord Dominante.

Doppelfuge, Fuge, in der zwei Themen durchgeführt und schließlich gleichzeitig erscheinen. Werden sie nur nacheinander und nicht gleichzeitig gebracht, spricht man zweckmäßiger von einer Zweithemen-Fuge.

Double, „Verdoppelung“, eigentlich eine Wiederholung des Themas oder Suitensatzes in ausgezierter Art. Also einfache Variation.

Dreiklang, Zusammenklang von drei Tönen, im allgemeinen nur für Dur und Moll gebraucht (siehe diese).

Dur, vom lateinischen „durus“ (hart). Tonart mit der großen Terz, hell und „hart“ klingend, im Gegensatz zum Moll (von mollis, „weich“), der Tonart mit der kleinen Terz. C-dur-Dreiklang: c-e-g; c-moll-Dreiklang: c-es-g.

Durchführung: Im Sonatensatz derjenige Teil, in dem die zuvor aufgestellten Themen verarbeitet werden; früher an bestimmte Vorschriften über Reihenfolge und Tonarten gebunden. In der Fuge heißt D. das einmalige Durchlaufen des Themas durch alle Stimmen.

E

Ecksätze sind die Außensätze eines Werkes (bei einer viersätzigen Sonate der 1. und 4. Satz).

Energico, kraftvoll.

Engführung, Stimmführung, bei der die Themen und Gegenstimmen ineinandergeschoben werden, d. h., der zweite Stimmeneinsatz beginnt, bevor der erste Gedanke zu Ende geführt ist.

Engstufig ist ein Thema, wenn die einzelnen Schritte nicht weit ausgreifen, sondern kurz, eng sind.

Enharmonisch sind Töne, die zwar verschieden notiert werden, aber praktisch gleich sind; z. B. fis und ges.

Eroica, „die Heldische“.

Espressivo, ausdrucksvoll.

F

Fantasie, früher als „Fantasia“ ein fugiertes Instrumentalstück; später eine freie Gestaltung musikalischer Gedanken ohne Bindung an bestimmte Formen,

Felder, Tonfelder, entstehen, wenn man eine Anzahl für sich selbst bestehender Einzeltöne (Tonpunkte) nach dem Gesetz der Serie zusammenstellt, wobei dann die Felder von einander unterschieden werden nach Klang, Stärke, Dichte usw. Der nächste Schritt führt zur Bildung von Gruppen, ein Ausdruck, der zuweilen auch für Strukturen oder Bausteine steht.

Figuration, etwa Rankenwerk; Auflösung eines musikalischen Gedankens in zierende Spielfiguren.

Finale, Schlußsatz.

Forte, stark, kräftig.

Fortissimo, sehr stark.

Forzato, siehe Sforzato.

Fugato, fugenartige, aber nicht strenge Einsätze.

Fuge, mehrstimmiges polyphones Stück, in dem ein Thema von sämtlichen Stimmen in verschiedener Tonlage „nachahmend" durchgeführt wird; oft mit Zwischenspielen.

Fughette, kleine Fuge.

Funktionale Harmonik, eine Harmonielehre, in der die Akkorde nicht einfach nach „Stufen" bezeichnet und verbunden werden, sondern nach ihrem wechselseitigen Verhältnis und ihrer aufeinander bezogenen Funktion (Sinnbedeutung, Auffassung im Verlauf usw.) erscheinen. Einfachster Fall: in C-dur ist c-e-g die Grundtonart, die Tonika (abgek. T), F-A-c die im Spannungsverhältnis zur Tonika stehende Subdominante (S), G-H-d die zur Tonika zurückführende, sie beherrschende Dominante (D); alle sonstigen Akkorde, gleich welcher Art, gelten als von diesen drei Funktionen abgeleitete, gemischte oder zusammengesetzte Nebenfunktionen.

G

Ganze Note:

Gavotte, altfranzösischer Tanz im zweiteiligen Takt, mäßiges Zeitmaß.

Gigue, alter drei- oder viertaktiger Geschwindtanz. In der altklassischen Suite gewöhnlich stilisierter, fugenartiger Schlußsatz, dessen zweiter Teil in Umkehrung beginnt.

Grandioso, großartig.

Grave, schwer.

Grazioso, anmutig.

Gruppe, s. Felder

H

Halbe die Hälfte einer ganzen Note.

Halbtonschritte, Tonfolgen wie e / f / fis / g oder g / ges / f / e usw. Vergl. Chromatik.

Harmonie, eigentlich Gefüge. Im engeren Sinne: Zusammenklang zusammengehöriger Töne.

Homophon ist heute eine Satzweise, in der eine Stimme (Melodiestimme) hervortritt, während alle anderen nur begleiten. Gegensatz: polyphon (vergl. d.)

I

Impressionismus, etwa „Eindruckskunst". Der musikalische I. zielt nicht auf Wiedergabe fester Inhalte in festen Formen, sondern auf vorübergehende, sich verflüchtigende Eindrücke, gibt daher Mischfarben, Mischklänge- Mischbewegungen usw.

Improvisieren, Stegreifspiel, aus der Augenblickseingebung geboren.

Intermezzo, Zwischensatz, oft auch Einzelstück unbestimmter Art.

Intervall, „Zwischenraum" zwischen zwei Tönen verschiedener Höhe. Der Innenwert des Intervalls bestimmt sich nach dem mehr oder weniger weiten Abstand der Töne von einander, beim Nacheinander-Erklingen (melodisches I.) nach der Richtung (nach oben oder unten), bei gleichzeitgem Erklingen (harmonisches I.) nach der Stellung zu weiteren Akkordtönen. Beispiele: es-g können konsonant (ruhend) sein als Prim und Terz in Es-dur oder als Terz und Quinte in c-moll, jedoch auch dissonant (gespannt), etwa g als Leitton nach as. Den Innenwert des I. begreift man nur in seiner Stellung im Gesamtablauf.

Introduktion, Einführung, Einleitung.

K

Kadenz, „Schlußfall". In unserem Sinne: entweder eine mit zwingender Schlußkraft ausgestattete Harmonienfolge oder stegreifartiges Spiel von konzertmäßiger Haltung vor dem Schluß eines Satzes (meist Passagen usw.).

Kanon, strenge Form der sogenannten Nachahmung. Mehrere Stimmen machen die gleichen Tonschritte, jedoch nicht gleichzeitig, sondern nacheinander, wobei die eine Stimme nicht immer abzuwarten braucht, bis die andere ihr Thema beendet hat.

Klassik, im engeren Sinne die musikalische Sprache der Zeit Haydns, Mozarts und Beethovens (der „Wiener Klassiker").

Klavichord, neben dem Cembalo ein Vorläufer des heutigen Klaviers. Anschlag nicht durch Hämmerchen (Klavier) oder Federkiel (Cembalo), sondern durch kleine Stifte (Tangenten). Der Stift berührt die Saite (chorda), solange die Taste (clavis) heruntergedrückt ist. Durch Nachdrücken oder Bewegung des drückenden Fingers wird die Saite gerieben, so daß ein zitternder Ton entsteht, die „Bebung". Äußerst schwacher, aber beseelter Ton. Beliebtes Tasteninstrument des empfindsamen 18. Jahrhunderts.

Koda, „Schwanz", Anhang, Schlußstück eines Sonatensatzes (vergl. Sonate).

Konkrete Musik (s. musique concrète)

Kontrapunkt, Kunst, mehrere selbständige Stimmen zu vereinigen.

Kopfmotiv, auch Grundmotiv, das am Beginn eines Themas steht.

Krebs, das von der Schlußnote an rückwärts gelesene Thema.

L

Lamentoso, klagevoll.

Larghetto, ziemlich breit, nicht ganz so langsam wie largo.

Largo, breit, langsamstes Zeitmaß.

Legato, gebunden.

Lento, langsam.

Linear, linienhaft. Also nicht durch „senkrechten“ Zusammenklang, sondern durch „waagerechte“ Tonfolge bestimmt.

Loure, langsamer Einschubsatz in der Suite, französischer Tanz im dreigeteilten Takt, der Sarabande verwandt. Motivbildung synkopenartig.

M

Maestoso, majestätisch.

Mazurka, „masurisch“, polnischer Tanz im langsamen $^3/_4$-Takt. Siehe unter Chopin, Mazurken.

Meno, weniger.

Menuett, altfranzösischer Tanz in mäßig bewegtem $^3/_4$-Takt.

Moderato, mäßig rasch, gemäßigt.

Modulation, Übergang von einer Tonart zur anderen.

Moll, siehe unter „Dur“.

Molto, viel, sehr.

Mosso, bewegt.

Motiv, kleinste musikalische Spannungseinheit.

Musette, Mittelteil von Gavotte und Menuett. So bezeichnet, weil die Bässe solcher Mittelteile den Dudelsack (= Musette) nachahmen.

Musique concrète nimmt ihr Material aus Geräuschen, Tönen, jeder Art von Schall, gleich ob aus Natur, Technik, menschlichen Stimmen, Instrumentalklängen usw. Diese werden zunächst auf Band aufgenommen (gespeichert) und später auf verschiedene Weise verarbeitet.

N

Nokturno (Nocturne, Notturno), Nachtstück von meist träumerischer Art.

Nono, nicht.

None, die neunte Tonstufe der Tonleiter (vom Ausgangston gerechnet).

O

Oktave, achte Stufe der Tonleiter (vom Ausgangston gerechnet).

Orgelpunkt, lang ausgehaltener oder ständig wiederkehrender Baßton, über dem die Harmonien wechseln, gleich, ob sie zu dem Baßton „passen“ oder nicht.

Ostinat, hartnäckig wiederkehrend.

Ouvertüre, „Eröffnungsstück“. In der Suite oft Bezeichnung für das Gesamtwerk nach der einleitenden Ouvertüre. Die „Französische O.“ beginnt mit einem langsamen Teil, dann folgt ein schneller, meist fugierter Teil, abschließend kehrt der langsame Teil wieder. Die „Italienische O.“ stellt den langsamen Teil in die Mitte.

P

Partita, soviel wie Suite (siehe d.).

Partitur, Aufzeichnung sämtlicher Stimmen eines Tonstückes taktweise übereinander, wobei jede Stimme ihr eigenes Liniensystem erhält.

Passacaglia, alter Tanz in dreiteiligem, langsamem Takt. Dann entsprechendes Instrumentalstück, das sich variationenartig über einem immer wiederkehrenden musikalischen Gedanken (meist im Baß) aufbaut.

Passepied, alter französischer Rundtanz in heiterem Zeitmaß und dreiteiligem Takt. Stilisiert als Einschubsatz in der Suite.

Phantasie (siehe Fantasie).

Pianissimo, äußerst leiste.

Piano, leise.

Più, mehr.

Poco, wenig.

Polonaise, polnischer Tanz in mäßig bewegtem $^3/_4$-Takt, zumeist mit dem Rhythmus

Vergl. Chopin: Polonäsen.

Polyphonie, Zuordnung mehrerer gleichberechtigter, selbständiger Stimmen, Gegensatz: Homophonie (siehe d.).

Polytonalität, „Viel - Tonartlichkeit", Beziehung nicht auf e i n e Grundtonart, sondern auf m e h r e r e (siehe Tonalität). Ebenso gleichzeitiges Erklingen mehrerer Tonarten.

Portamento, „Hinübertragen" von einem Ton zum anderen, vom Legato unterschieden, weil die Töne nicht ineinandergebunden werden, sondern trotz Bindung noch betonte Eigenbedeutung behalten.

Pralltriller (Praller, Schneller), eine Verzierung, bestehend aus geschwindem Wechsel der Hauptnote mit der Obersekunde.

Präludium, Vorspiel, Einleitung, oft auch als Bezeichnung eines einzelnen Tonstücks verwendet.

Präpariertes Klavier, Verfremdung des Klavierklangs, indem man z. B. Holz-, Metall- oder Lederstückchen zwischen die Saiten klemmt, irgend welche Gegenstände auf die Saiten legt, damit sie klirren usw.

Presto, schnell.

Prim, erster Ton der Tonleiter.

Primo, beim vierhändigen Klavierspiel Bezeichnung des oberen („rechten") Spielteils oder Spielers.

Programm-Musik, . Musik, für die nicht reinmusikalische Gesetze bestimmend sind, sondern eine außermusikalische Vorstellung, ein „Programm". Gegensatz: absolute Musik.

Punktierter Rhythmus, Der Punkt hinter einer Note verlängert ihren Wert Hälfte. Etwa:

Punktueller Stil, Verfahren, an die Stelle einer gleitenden Tonfolge einzelne, in sich eigenwertige Töne zu setzen, die gleichwohl in einem mehr oder weniger deutlichen Zusammenhang stehen oder mindestens so gehört werden sollten.

Q

Quarte, der vierte Ton einer Leiter (vom Grundton aus gerechnet).

Quartsextakkord, Dreiklang mit der Quinte im Baß (etwa G/c/e), daher nur scheinbare Schlußwirkung.

Quasi, gleichsam.

Quinte, der fünfte Ton einer Leiter vom Ausgangston gerechnet.

R

Reihe, insbesondere in der Zwölftonmusik (s. diese) das Grundgerüst eines musikalischen Gedankens. Diesen stellt der Komponist für jedes neue Werk gesondert auf und gestaltet aus der Reihe durch Aufteilung nach Höhe, Stärke, Klang, Rhythmus usw. das eigentliche thematische Material. Die Töne brauchen nicht hintereinander („melodisch“) gereiht zu sein, können vielmehr auch gleichzeitig („akkordisch“) auftreten (s. auch „Serielle Musik“).

Reprise, „Wiederaufnahme“. Ursprünglich nur Wiederholung eines Teils; im Sonatensatz steht die R. hinter der Durchführung und stellt nicht eine notengetreue Wiederholung des Thementeils dar, sondern eine gedankliche Wiederaufnahme, die mehr oder minder ausgeschmückt, verlängert oder verkürzt sein kann.

Rezitativ, Sprechgesang.

Rhapsodie, Tonstück in freier Form unter Benutzung volksliedartiger Weisen.

Rhythmus, Grundmaß ständig wiederkehrender Unterschiede von Tönen längerer oder kürzerer Zeitdauer. Nicht zu verwechseln mit „Takt“ (siehe d.). Z. B. stehen
Polonaise

und Mazurka
zwar im gleichen ($^3/_4$-) Takt, haben jedoch durchaus verschiedenen Grundrhythmus.

Ricercar, Frühform der Fuge.

Rigaudon, altprovenzalischer Tanz in lebhafter Bewegung.

Rokoko, wörtlich „Grottenwerk“. Stilrichtung des 18. Jahrhunderts, in der anmutige Verzierung und schnörkelndes Linienwerk stark bestimmen.

Romantik, im engeren Sinne die musikalische Sprache der Zeit Webers, Schuberts, Schumanns u. a. Im allgemeinen Sinne: die gemüthaft-innerliche Empfindungsweise.

Romanze, liedartiges Gesangsstück, in der Instrumentalmusik an keine bestimmte Form gebunden.

Rondo, „Rundgesang“. Instrumentalstück, in dem der Hauptgedanke mehrmals wiederkehrt, während sich Nebengedanken zwischen die (mehr oder weniger veränderten) Wiederholungen schieben.

S

Sarabande, ursprünglich ein spanischer, etwas gravitätischer Tanz. In der Suite einer der Stammsätze in dreiteiligem Takt (mit verlängtertem zweiten Viertel) und mit Verzierungen.

Scherzo, („Scherz, Spaß“), geschwinder, vorwiegend rhythmisch bestimmter Sonatensatz (aber auch einzeln) von meist heiterem Gepräge. Hat etwa seit Beethoven in Sonate und Sinfonie das Menuett verdrängt.

Sechzehntel, der 16. T
einer ganzen Note.

Secondo, beim vierhändigen Klavierspiel die tiefe („linke“) Partie.

Sekunde, Abstand zweier benachbarter Töne.

Septime, der siebente Ton der Tonleiter (vom Ausgangston gerechnet).

Sequenz, „Folge". Weiterschieben eines musikalischen Gedankens durch die Tonleiter, Wiederholen auf immer anderen Tonstufen.

Serielle Musik, Kompositionsverfahren, nicht nur die Abfolge der Töne in der „Reihe" (siehe diese) gesetzmäßig zu ordnen, sondern auch alle übrigen Elemente der Musik reihengemäß zu verwenden, so Klang, Stärke, Dauer, Rhythmus usw. Führt bis zur „All-Reihe".

Sexte, der sechste Ton der Tonleiter (vom Ausgangston gerechnet).

Sforzato (sf oder sfz oder fz), starke Sonderbetonung von Einzeltönen oder Einzelakkorden.

Siciliano, langsamer, doch leicht beschwingter Tanz im 6/8- oder 12/8-Takt.

Sonate, ursprünglich nichts anderes als „Klangstück" zum Unterschied von Kantate, „Gesangsstück". Später ein drei- oder viersätziges Tonstück für meist ein- oder zwei Instrumente. Außensätze gewöhnlich schnell, dazu ein langsamer und ein „tanzartiger" (Menuett, Scherzo) Innensatz. Der erste Satz soll „Sonatenform" haben: Aufstellung der Themen (meist ein Gegensatzpaar mit Zwischengliedern) - Durchführung - Reprise - Koda (vergl. die einzelnen Stichworte). Die Form der übrigen Sätze wechselt stark.

Sostenuto, gehalten.

Spinett (Virginal), frühes Tasteninstrument, Vorläufer von Cembalo, Klavichord und Klavier. Die Saiten liefen quer zur Tastenstellung und wurden durch Niederdrücken der Tasten mit einem „Dorn" (śpina) angerissen.

Staccato, gestoßen.

Suite, „Folge". Instrumentalwerk von meist vier bis sechs Tonstücken tanzartiger Grundhaltung. Die Bezeichnung wird frei gebraucht. Vergl. die Einleitung zu unserer Besprechung von Bachs Französischen Suiten.

Synkope, Verbindung eines schwachen Zeitwerts mit einem guten, z. B. „gegen den Takt".

T

Takt, höhere Einheit mehrerer Zählzeiten. Z. B. ist im 4/4-Takt jedes Viertel eine Zählzeit, vier Viertel zusammen bilden den Takt. 1. und 3. Viertel sind dabei meist betonte, „gute" Taktteile, 2. und 4. Viertel unbetonte, „schlechte". Nicht verwechseln mit Rhythmus! (siehe d.).

Tanto, sehr.

Terz, dritter Ton der Tonleiter (vom Ausgangston gerechnet).

Thema, musikalischer, in sich abgeschlossener Gedanke, größer als Motiv.

Themenaufstellung, in einem *Tonstück* (besonders im Sonatensatz) der erste Hauptteil, in dem die Themen (meist ein Gegensatzpaar) aufgestellt, durch eine Überleitung verbunden und durch ein Schlußstück abgeschlossen werden.

Tokkata, ursprünglich Tonstück für Tasteninstrumente (toccare = berühren). Dann vollstimmiges Tonstück von meist kurzen Notenwerten.

Tonalität, Beziehung von Tönen oder Akkorden auf einen Grundton oder Grundakkord.

Tonart, Festlegung des Tongeschlechts und des Grundtons dieses Tongeschlechts; also Dur oder Moll über einem bestimmten Grundton.

Tontrauben, s. cluster

Tremolo, Beben.

Tremulant der Orgel, eine Einrichtung, die den Ton beben läßt.

Triller, schneller (mehrfacher) Wechsel eines Tones mit seinem Nachbarton.

Trio, eigentlich jede Dreiheit. In unserem Sinne: das langsamere Mittelstück eines meist tänzerisch bewegten Tonstückes bes. des Scherzos oder Menuetts.

Triole, drei Töne von gleicher Zeitdauer an Stelle zweier von gleicher Gesamtdauer.

Tritonus, Abstand von drei Ganztönen, so f-h; schwer zu treffen, daher im strengen Satz gern vermieden.

Troppo, zu sehr, zu viel.

U

Umkehrung, die Stimmschritte eines musikalischen Gedankens erfolgen in umgekehrter Richtung der Urgestalt. Z. B.

Una corda („eine Saite"), mit Dämpfer.

Unisono, einstimmig, im Einklang.

V

Variable Metren, ständig wechselnde Metren (Zeitmaße), also eine Folge von etwa 3/8 - 4/8 - 7/8 - 2/8 usw. Auch sie lassen sich dem Gesetz der Serie unterwerfen wie 2/8 - 3/8 - 4/8 - 5/8 - 6/8 - 7/8 - 6/8 - 5/8 - 4/8 - 3/8 - 2/8.

Variation, Veränderung. Harmonische, melodische oder rhythmische Verwandlung eines musikalischen Gedankens, aber so, daß er in irgendeiner Art noch erkennbar bleibt.

Vergrößerung oder Verlängerung, Streckung eines musikalischen Gedankens auf längere Notenwerte. Z. B.

Verkürzung, der umgekehrte Vorgang wie bei der Vergrößerung.

Viertel,
vierter Teil
einer ganzen Note.

Vierundsechzigstel,
der 64. Teil einer
ganzen Note.

Virginalisten, frühenglische Klavierkomponisten (vergl. bei Byrd und Bull). Der Name kommt von der damaligen Bezeichnung des englischen Klaviers „virginal" (Herkunft nicht ganz klar; siehe auch Spinett).

Virtuos, tüchtig (meist in rein technischen, zuweilen äußerlichen Sinne).

Vivace, lebhaft.

Vorklassik, im engeren Sinne etwa die Zeit Ph. E. Bachs.

W

Würfelzufall (Aleatorik), eine dem Spieler vom Komponisten erlaubte Möglichkeit, die allzu starre „Serie" dadurch aufzulockern, daß er die einzelnen Teile einer Komposition nach Belieben („wie der Würfel gerade fällt") in irgend einer Reihenfolge erklingen lassen kann. Oder der Spieler beginnt mit einem beliebigen Teil und findet an dessen Schluß den Hinweis, welchen Teil er nun spielen soll und so fort („gelenkter Zufall").

Z

Zweiunddreißigstel,
der 32. Teil einer ganzen Note.

Zwölftonmusik, will die frühere Beziehung der zwölf Töne der Halbtonleiter auf einen Grundton oder einen Grundakkord (Tonalität) ersetzen durch beziehungsfreies Nebeneinander der zwölf Töne.

Strengste Form: kein Ton darf erklingen, bevor die anderen elf Töne der Reihe verwendet wurden. Gemäßigte Form: die Töne sind zwar gleichberechtigt, aber nicht gleichwertig, also auf einen Grundton bezogen. (Zwölftonmusik kann also nicht immer mit Atonalität gleichgesetzt werden.) Viele Zwischenstufen sind möglich und vorhanden. Neben diesen mannigfachen Zwölfton-Gedankensystemen gibt es auch unwillkürlich gewordene Zwölftonmusik; vergl. die sieben Anfangstakte der Einleitung zu Wagners „Tristan und Isolde".

ALPHABETISCHES NAMEN- UND WERKVERZEICHNIS

ALPHABETISCHES NAMEN- UND WERKVERZEICHNIS

C

D

I J

K

N

P

T

U

V

W

Z